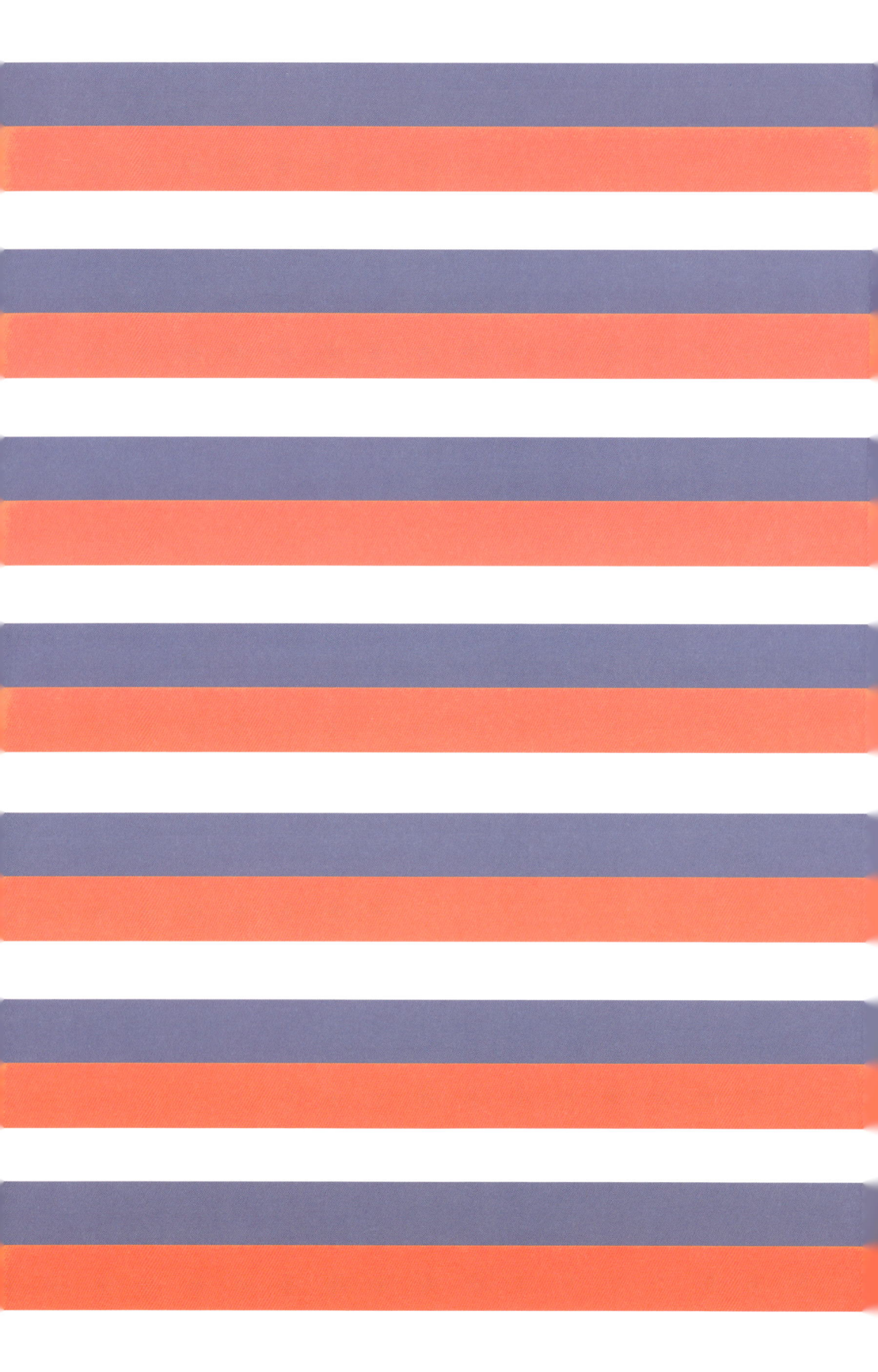

中国社会科学院老年学者文库

俄罗斯经济二十年
(1992~2011)

RUSSIA'S ECONOMY OF 1992-2011

陆南泉 主编

社会科学文献出版社
SOCIAL SCIENCES ACADEMIC PRESS (CHINA)

前　　言

1991年年底苏联发生剧变，这意味着执政多年的苏联共产党，在短短的时间内被冲垮，丧失了执政党的地位；剧变后独立执政的俄罗斯宣布彻底与斯大林时期形成与发展起来的高度集中的政治、经济体制决裂，改革也不再是对斯大林－苏联模式的社会主义制度的完善与发展，而是朝着人类社会创造的文明和西方所认同的价值观念方向发展，具体地说，体制朝着经济市场化、政治民主化方向转型。

苏联剧变已过去二十多年，在这期间，从经济转型与发展视角分析其经济体制发生的变化及发展趋势，引起了国内的高度关注，对正在深化改革的中国来说，更是值得研究的一个十分重要的问题。

俄罗斯经济转型起始阶段，即叶利钦时期的经济体制的转型是要摆脱在斯大林时期建立起来的、已失去发展动力的高度集中的计划经济体制模式，建立市场体制模式。俄罗斯经济体制转型是与整个制度变迁同时进行的。俄罗斯是一个面临十分艰巨与复杂改革任务的转型国家。在1999年的最后一天，叶利钦在辞职讲话中说："我已经完成了我一生的主要任务。俄罗斯将永远不会再回到过去，俄罗斯将永远向前迈进。"这里讲的主要任务，就是指8年来的制度性转型，冲垮了苏联时期传统的社会主义政治与经济体制模式，形成了新的政治与经济体制模式的框架。

从经济体制转型来看，在叶利钦时期通过激进的改革方式，俄罗斯很快就冲垮了传统的计划经济体制模式，笔者认为，1996年，俄罗斯形成了市场经济体制的框架，这主要表现在：

一是通过私有化，打破了国家对经济的垄断，形成了私营、个体、集体、合资、股份制与国有经济多种经济成份并存的多元化格局。俄罗斯的一些政要还认为，通过私有化较顺利地实现了其政治目标：（1）铲除了社会主义计划经济体制的经济基础，使经济体制转轨朝向市场经济体制模式不可逆转；（2）培育与形成一个广泛的私有者与企业家阶层，成为新社会制度社会基础的政治保证。1996年，俄罗斯以转让国有资产为主要内容的大规模的产权私有化已基本结束。私有化企业在俄罗斯企业总数中的比重与其生产的产值占全俄国内生产总值（GDP）的比重分别约为60%与70%。

二是按西方国家模式，构建适应市场经济要求的宏观调控体制：在银行体制方面，俄罗斯建立了以中央银行为主体、商业银行与多种金融机构并存的二级银行体制。通过立法，明确了中央银行的独立地位，实行利率市场化。在财税体制方面，俄罗斯通过改革使国家财政向社会共同财政转化，缩小财政范围。财政职能转变的重点有两个：（1）财政作为政府行为不再直接干预企业的生产经营活动，主要是解决市场不能满足的一些社会公共需要；（2）由于在市场经济条件下，国家调控宏观经济的方式由直接行政方法为主转向间接经济方法为主，因此，要强化财政对宏观经济的调控作用。通过实行分税制，在联邦预算中建立转移支付项目。联邦、联邦主体和地方三级税收体制已基本建立。在外汇管理方面，由一开始实行的自由化转向实行有管理的浮动汇率制度。

三是确立了社会保障体制改革的方向。俄罗斯在这一领域的改革是朝以下方向进行的：（1）逐步放弃国家包揽一切的做法，实现社会保障的资金来源多元化；（2）在处理社会公平与效率的相互关系问题上，重点由过去的注重公平而忽视效率转向效率兼顾公平。

四是在经济建设法规方面也取得了一定的进展，制定了大量的法规。

但应看到，叶利钦时期形成的市场经济框架，是极其不成熟的。俄罗斯市场是在苏联经济的行政命令体制崩溃的过程中产生的，其产生于强大的国家体制削弱与瓦解过程中，这样，国家调节市场的能力很差，加上在市场形成过程中充满着政治斗争，这使得市场经济运作中出现无序、混乱、经济犯罪和影子经济。

叶利钦时期的经济体制转型，并没有使俄罗斯摆脱经济困境，而是给人民生活带来了很大困难，为此，叶利钦在辞职讲话中"恳请大家原谅"。他说:"我苦思该采取何种举措来确保国人生活得安逸,哪怕是改善一些。在总统任期内,我再没有比这更重要的施政目标了。"

1992~1999年的8年中,俄罗斯经济除了1997年和1999年分别增长0.9%和5.4%外,其余6年都是负增长,1992年GDP下降14.5%,1993年8.7%,1994年12.7%,1995年4.1%,1998年4.6%。经济转型以来,俄罗斯GDP累计下降40%。

很明显,对于俄罗斯经济转型,从制度建设来看,取得了一定进展;但从经济发展来看,改革是不成功的。叶利钦时期的经济转型,不仅没有达到振兴经济的目标,反而使经济出现了严重的转型危机。

2004年,普京在其连任后第一次发表的总统国情咨文中说,从20世纪90年代初起,俄罗斯在发展中走过了几个阶段。第一阶段是打破过去的经济体系,随之人们习惯的生活方式也被打破,出现了尖锐的政治和社会冲突,社会经历了严重困难。而第二阶段是清除旧建筑坍塌的废墟,同时成功地制止了最危险的经济和政治发展趋势。普京认为,在不久前才开始走向发展现代化俄罗斯国家的第三阶段,在这个阶段俄罗斯才有可能高速发展,有可能解决大规模的社会问题,才有了足够的经验和必要的手段,可以为自己提出真正长期的目标。

显然,俄罗斯发展的第一阶段系指叶利钦执政时期,第二阶段系指普京总统的第一任期,而第三阶段系指始于普京当选第二任总统。普京把他第一任期即俄罗斯发展第二阶段的主要政绩,简要地归结为成功地制止最危险的经济和政治发展趋势。

普京执政以来,在建立一个强有力的国家政权体系、强化国家权威与政治上中央集权化趋势不断加强的同时,在经济领域,一方面要使市场从混乱走向有序;另一方面要集中力量发展经济。

为了实现上述经济任务,普京强调通过政治上建立强有力的国家政权体系与加强中央权力,保证俄罗斯实现市场经济的改革。1999年11月,普京就明确地说:"我相信,只有市场经济能让我们实现目标。政府必须把市场经济改革一直进行下去,直至市场经济能够全面运作时为止。"[①] 2000年1月18

[①] 转引自陆南泉《苏联经济体制改革史论——从列宁到普京》,人民出版社,2007,第757页。

日，普京在新一届杜马的讲话中也表示俄罗斯将广泛实施以市场为导向的经济模式，他敦促国家杜马批准久拖未决的土地私有化工作。同时，普京强调，这种市场经济不是像叶利钦时期那样野蛮的资本主义市场经济，而是文明的、建立在法律与平等竞争基础上的市场经济，这也是一种符合市场经济一般原则要求的"自由经济"。普京认为，在强有力的中央政治控制下推行"自由经济"，对推动市场经济改革与经济发展可取得最佳效果。

普京为了实现市场经济的改革方针，针对叶利钦时期存在的问题，特别强调以下几点：

第一，加强国家对经济的调控。这一点，普京在其《千年之交的俄罗斯》一文中指出："俄罗斯必须在经济和社会领域建立完整的国家调控体系。这并不是说要重新实行指令性计划和管理体系，让无所不包的国家从上至下为每个企业制定出工作细则，而是让俄罗斯国家成为国家经济和社会力量的有效协调员，使它们的利益保持平衡，确立社会发展最佳目标和合理参数，为达到这一目的创造条件和建立各种机制。"他还强调："在确定国家调控体系的规模和机制时，我们应遵循这样一个原则：'需要国家调控的地方，就要有国家调控；需要自由的地方，就要有自由。'"[①]

第二，在经济转型的方法上，今后"只能采用渐进的、逐步的和审慎的方法实施"，切忌如20世纪90年代那样机械搬用西方经验的错误做法，强调俄罗斯必须寻觅符合本国国情的改革之路。

第三，重视社会政策。普京强调："对俄罗斯来说，任何会造成人民生活条件恶化的改革与措施基本上已无立足之地。"因为，俄罗斯国内出现了十分普遍的贫困现象。1998年初，世界人均年收入大约为5000美元，而俄罗斯只有2200美元，1998年金融危机之后，这一指标更低了。普京还指出，俄罗斯人民生活水平大幅度下降是个尖锐的社会问题，政府应制定新的收入政策，新政策的目的是在增加居民实际收入的基础上确保居民的富裕程度稳步提高。这几年来，普京十分重视职工工资与退休人员养老金的提高。

第四，反对重新国有化。

---

① 《普京文集》，中国社会科学出版社，2002，第13页。

第五，要有经济发展战略。过去没有切实可行的长期的经济发展战略，对此，普京强调，为了使俄罗斯有信心走出危机，走向振兴之路，增强国内凝聚力，需要制定经济发展战略。

普京执政8年，俄罗斯各领域中的消极因素日益得到抑制，政治秩序混乱、无序状态有了根本性的好转，加上多年来经济发展保持了良好的态势，人民生活水平有了较大改善，8年间俄罗斯国内生产总值增长了70%，年均增长率为6.9%，居民实际收入增加了一倍。

在总结普京执政期间经济转型的特点时，笔者不赞成将普京的经济发展道路简单地归结为"可控的市场"（有人指出这是普京构建的可调控的市场经济模式），它亦是针对失去国家调控的无序的与混乱的市场经济而言。可调控的市场经济这个概念，在20世纪90年代末苏联围绕如何向市场经济过渡时，早就争论过，当时就有人不赞成使用这个概念，因为任何市场经济都是可以也应该得到调控的。笔者认为，"可控的市场"是普京根据俄罗斯的具体情况所推行的、在特殊历史时期的一种特殊政策。所以，笔者认为，把"可控的市场"视为一种经济体制模式，或视为俄罗斯经济发展道路的提法缺乏理论根据。

2008年5月7日，梅德韦杰夫正式成为俄罗斯第三任总统，8日，普京被俄国家杜马批准为政府总理。这样，"梅普政权"正式形成。"梅德韦杰夫和普京联手意味着现政府开始的改革进程会继续下去，这也是将会更加重视经济问题的一个重要信号。"[①] 为了使普京执政时期的经济政策继续下去，加快经济与社会的发展，普京在其离任前的2008年2月8日在俄罗斯国务委员会扩大会议上作了题为《关于俄罗斯到2020年的发展战略》的讲话（以下简称《发展战略》）。《发展战略》的基本政策如下：

> 从战略目标层面来讲，与普京一上台就提出的和执政8年期间推行的富民强国战略是一致的。普京在讲话中集中论述了今后12年俄罗斯经济社会发展战略和与此相关的重要政策，其基本点仍是加快经济发展，

---

① 〔俄〕《观点报》2007年12月17日。

提高经济效益，尽快提高人民的物质文化生活水平。

从政策层面来讲，《发展战略》与普京执政8年期间相比，更加突出以下几个相关联的问题：（1）经济实行创新型发展。（2）增加人力资本投入。（3）积极发展高新技术，因为这是"知识经济"的领航员。（4）调整经济结构。

从推行经济发展与改革层面来讲，朝着经济更加自由化的方向发展。不论西方还是俄罗斯国内，普遍认为2008年2月8日的讲话，"是普京近年来自由主义色彩最浓的一次讲演，其社会领域的主张更加温和"。他的战略"重点是发展有竞争的市场经济、强大的国家和负责任的社会政策"①。

以上我们从经济社会发展的几个层面，分析了普京提出的俄罗斯到2020年的发展战略。这是俄罗斯今后12年发展的综合计划，也是普京政府要推行的基本经济社会发展政策。

应该说，在梅普组合初期，两人的发展战略目标是一致的，都要实行富民强国战略，加速经济发展，提高人民生活水平，强化市场化改革方向。梅德韦杰夫一再强调，将沿着普京的路线走下去，要继续执行普京执政时期的政策。

但随着时间的发展，梅德韦杰夫的治国理念逐步与普京出现分歧。从经济社会发展思想来看，梅德韦杰夫的主张更自由化一些。俄罗斯经济评论网2008年2月11日的一篇评论说："梅德韦杰夫被认为是普京亲信中自由化程度最高和反西方色彩最低的人物。商界精英和西方都在实施自由化方针上对他寄予厚望。"美国媒体说："梅德韦杰夫具备相对有力的准自由主义经济和政治资格。"②

在实现国家现代化问题上，梅普都主张国家现代化，但存在不同的理解。梅德韦杰夫的现代化包括经济、政治、社会等领域的国家全面现代化，特别

---

① 参见俄罗斯政治评论网2月11日刊登的政治艺术中心分析部主任塔季扬娜·斯坦诺瓦娅题为《集体普京的"集体计划"》一文。
② 〔美〕《东西双边关系》，2008年1月。

强调政治现代化，加速推进民主化的进程。而普京主要强调经济现代化，普京在2012年1月16日《消息报》发表的题为《俄罗斯正在养精蓄锐，以应对我们必须应对的挑战》一文中指出："现在原料型经济的潜力即将枯竭，最重要的是，它缺乏战略前景。"他在4月11日的政府报告中说，他在新的总统任期内要比总理任期内更加强调经济，推动经济现代化。

无疑，国家现代化的一个重要内容是经济现代化，在俄罗斯转型20年间，它的粗放经济增长方式并未发生实质性变化。2009年9月，梅德维杰夫总统在《前进，俄罗斯！》一文中指出："我们大部分企业的能源有效利用率和劳动生产率低得可耻。这还不是很糟糕。最糟糕的是，企业经理、工程师和官员们对这些问题漠不关心。"①

至于经济发展模式，俄罗斯独立以来一直在努力从资源出口型向以高新技术、人力资本为基础的创新型经济发展模式转变，但并未取得多大进展，梅德维杰夫总统在上面提到的那篇文章中指出："20年激烈的改革也没有让我们的国家从熟悉的原料依赖中摆脱出来。""简单地依靠原料出口来换取成品的习惯导致了经济长期的落后。"他还提出了一个严肃的问题："我们应不应该把初级的原材料经济……带到我们的未来？"目前，俄罗斯能源等原材料出口占出口总额的80%左右，高科技产品出口不仅数量少，而且逐年下降。2004年，俄高新技术产品出口占世界的比重为0.13%，这一比例比菲律宾少67%，比泰国少78%，比墨西哥少90%，比马来西亚和中国少92%，比韩国少94%。俄罗斯要改变经济发展模式与经济结构，面临一系列的制约因素，这将是长期的和复杂的历史过程。

笔者认为，研究像俄罗斯这样的国家的经济转型，时至今日，不能仅局限于计划经济体制向市场经济转型问题，而应该深入研究在这一转型过程中，如何解决经济增长方式、经济发展模式的转变与经济结构调整问题。这三方面的问题俄罗斯没有很好解决。所以，笔者认为，当今在研究经济转型问题时，必须深入探讨以上三个既有相对独立性又相互紧密联系的重要问题。这三个问题困绕着俄罗斯经济的可持续发展，亦是实现经济现代化必会面临的

---

① Дмитрий Медведев Россия, вперёд! http://kremlin.ru/news/5413.

问题。

这里还应指出的是，总体而言，像原苏东、中国等转型国家，在转型的过程中，都要集中解决以下七个相互关联、相互影响的问题：（1）经济运行机制从高度集中的指令性计划经济体制转向市场经济体制；（2）转变经济发展方式；（3）改变经济发展模式；（4）调整不合理的经济结构；（5）实现政治民主化，建立法治国家；（6）转变文化观念与意识形态，即人的现代化；（7）处理好与发达资本主义国家的关系，成为开放型的国家。以上问题的解决，其最终目标是实现国家现代化。

俄罗斯经济现代化的主要问题是要着力解决由资源型向创新型转变。为此，梅德韦杰夫提出，今后一个时期要在高效节能技术、核子技术、航天技术、医学技术与战略信息技术五个战略方向展开工作，并在莫斯科近郊科尔科沃建立类似美国"硅谷"那样的高科技园区，建立俄版"硅谷"。

实现上述转变的必要性十分明显，但这将是一个缓慢的过程。因为在俄罗斯，由于受多种因素的制约，创新型经济发展缓慢，在相当一个时期内经济发展无法摆脱能源等原材料部门，这必然使俄罗斯经济难以在短期内实现现代化，保证稳定和可持续发展。

至于俄罗斯今后经济发展态势，普京在 2011 年 4 月 20 日的一次讲话中说，到 2020 年，俄罗斯将进入世界五大经济体行列。在 2009 年俄罗斯公布的 2008 年制定的《到 2030 年前俄罗斯能源战略》文件中，从今后俄罗斯能源发展的种种不同条件对经济长期发展作了预测，提出了三种方案（见表 0-1）。

表 0-1 俄罗斯 2011~2030 年 GDP 年均增长率

单位：%

方　案	2011~2015 年	2016~2020 年	2021~2025 年	2026~2030 年
1	6.3	6.4	5~6	4.8
2	6.8	6.9	6.0	5.2
3	6.1	6.2	5.3	4.4

资料来源：根据《到 2030 年前俄罗斯能源战略》编制。

根据上述经济发展的预测，俄罗斯经济在世界经济总量中所占份额将不断提高，由2006年的2.6%，分别提高到2015年的3.3%、2020年的4.3%和2030年的5%。俄罗斯的人均GDP到2015年将为2005年的两倍，到2020年为3倍、2030年为4.5倍，人均GDP可达到3.5万美元。

本书分三编，共14章。第一编论述俄罗斯20年来经济体制转型；第二编分析俄罗斯20年来经济发展进程；第三编为俄罗斯20年来主要经济指标汇编（各表所列资料均根据俄罗斯官方历年出版的统计年鉴编制）。

本书作者分工如下：

陆南泉：中国社会科学院荣誉学部委员、俄罗斯研究中心副主任、博士生导师，负责本书框架设计与定稿，撰写前言与第一、七、十章；

郭连成：东北财经大学研究生院院长、教授、博士生导师，撰写第二、六章；

刘军梅：复旦大学经济学院副院长、副教授，撰写第三章；

刘晓音：上海财经大学博士，撰写第四章；

李建民：中国社会科学院俄罗斯东欧中亚研究所研究员、博士生导师，撰写第五、十一章；

庞昌伟：中国石油大学（北京）国际石油政治研究中心教授，撰写第八章；

郭晓琼：中国社会科学院俄罗斯东欧中亚研究所博士，撰写第九章、编写第三编；

马蔚云：黑龙江大学俄罗斯研究院教授、博士，撰写第十二、十三、十四章。

本书的资料引用到2011年。由于各章从各自要论证的问题出发，个别章节在引用的资料上会有某些交叉。俄罗斯经济转型与发展虽已过去20多年，由于涉及的问题较多，其转型进程又远未结束，不少问题尚待今后不断深入研究，书中定有不少缺点与错误，恳望读者与同行批评指正。

郭晓琼博士协助主编做了不少技术性工作，在此表示感谢！

陆南泉
2012年10月30日

目　　录

第一编　经济体制转型

第一章　经济体制转型进程简述 …………………………………… 3
第一节　经济体制转型的历史背景 ………………………………… 3
第二节　缘何最后选择"休克疗法"式激进型方式 …………… 10
第三节　各个时期经济转型的任务 ……………………………… 20

第二章　宏观体制转型 ……………………………………………… 26
第一节　财政体制转型 …………………………………………… 26
第二节　税收体制转型 …………………………………………… 43
第三节　银行体制转型 …………………………………………… 61

第三章　经济全球化过程中的对外经贸体制改革 ………………… 78
第一节　从半封闭到开放 ………………………………………… 79
第二节　对外经贸体制改革的主要内容 ………………………… 83
第三节　积极参加国际经济组织 ………………………………… 93

第四章　社会保障体制改革 ………………………………………… 97
第一节　住房保障制度改革 ……………………………………… 97
第二节　医疗保障制度改革 ……………………………………… 104

第三节　养老保障制度改革 …………………………………… 111
　　第四节　教育制度改革 …………………………………………… 124

第五章　国有企业转型 ……………………………………………… 132
　　第一节　转型前所有制的特点 …………………………………… 132
　　第二节　俄罗斯国有企业转型的途径 …………………………… 137
　　第三节　国有企业转型的过程 …………………………………… 141
　　第四节　俄罗斯的公司治理 ……………………………………… 151
　　第五节　所有制转型的评价 ……………………………………… 161

第六章　农业改革和政策调整与农业发展 ………………………… 167
　　第一节　土地私有化 ……………………………………………… 168
　　第二节　集体农庄和国营农场的改组 …………………………… 176
　　第三节　主要农业政策及其调整 ………………………………… 179
　　第四节　农业状况分析 …………………………………………… 186
　　第五节　简要评述 ………………………………………………… 190

第二编　经济发展

第七章　经济发展进程 ……………………………………………… 195
　　第一节　严重的经济转型危机 …………………………………… 195
　　第二节　普京时期的经济增长 …………………………………… 202
　　第三节　金融危机对经济的影响与前景 ………………………… 208

第八章　能源工业概况与能源战略 ………………………………… 213
　　第一节　能源工业发展概况 ……………………………………… 213
　　第二节　能源工业对经济增长的支撑作用 ……………………… 225
　　第三节　能源战略 ………………………………………………… 228
　　第四节　能源工业发展前景 ……………………………………… 234

第九章　经济结构的演变与调整 …… 244
- 第一节　三次产业结构的变化 …… 244
- 第二节　工业内部结构的变化 …… 253
- 第三节　所有制结构的变化 …… 259
- 第四节　企业规模结构的变化 …… 265
- 第五节　地区经济结构的变化 …… 272

第十章　经济现代化 …… 282
- 第一节　简要的历史回顾 …… 282
- 第二节　提出经济现代化的背景 …… 295
- 第三节　经济现代化过程中将会遇到的问题 …… 299
- 第四节　当今中国应思考的问题 …… 301

第十一章　金融市场发展现状及前景 …… 306
- 第一节　金融市场发展概述 …… 306
- 第二节　金融市场机构改革 …… 322
- 第三节　打造莫斯科国际金融中心 …… 327

第十二章　东部地区发展战略与政策 …… 336
- 第一节　东部地区概况 …… 336
- 第二节　苏联时期发展东部地区政策概述 …… 341
- 第三节　俄罗斯开发与开放东部地区战略 …… 347
- 第四节　东部地区发展面临的主要问题 …… 355
- 第五节　发展前景 …… 361

第十三章　影响经济安全的主要因素 …… 365
- 第一节　技术创新乏力 …… 365
- 第二节　过度依赖能源部门 …… 369
- 第三节　劳动力不足 …… 370
- 第四节　落后的经济增长方式 …… 374
- 第五节　中小企业发展缓慢 …… 377

第六节　影子经济 ·· 380
  第七节　腐败严重 ·· 384

第十四章　居民生活水平透析 ····································· 388
  第一节　转型起始阶段出现的困难 ······························· 388
  第二节　调整分配政策 ·· 393
  第三节　居民生活水平状况 ···································· 399

第三编　主要经济指标汇编

表目录

表1-1 苏联经济增长率下降趋势 …………………………………… 5
表2-1 2000年俄罗斯各级预算支出权限和职能的实际划分 ………… 29
表2-2 1994年俄罗斯联邦的分税制 …………………………………… 32
表2-3 2000~2005年三大主体税种在联邦预算和联邦主体综合
　　　预算间的共享比例 …………………………………………… 34
表2-4 俄罗斯财政援助基金的基本特征 ……………………………… 36
表2-5 2001~2005年俄罗斯财政援助资金规模 ……………………… 37
表2-6 2002年俄罗斯税制结构（从直接税和间接税的对比看） …… 52
表2-7 2002年俄罗斯税制结构（从主体税及其在各级预算之间的
　　　分配看） ………………………………………………………… 52
表2-8 1991~2004年俄罗斯基本税种及其变化情况 ………………… 54
表2-9 联邦税法变化情况一览 ………………………………………… 59
表2-10 1991~2010年俄罗斯经济增长 ……………………………… 74
表2-11 2003~2008年俄罗斯银行业部分指标（截至各年年初） … 75
表2-12 2005~2010年俄罗斯银行业部分指标（截至每年1月1日）
　　　　………………………………………………………………… 75
表3-1 苏联与俄罗斯出口贸易的产品结构（1950~1990年） ……… 82
表3-2 俄罗斯对外贸易政策调整一览（1993~1999年） …………… 87
表4-1 俄联邦预算对卫生保健事业支出情况（2007~2010年） …… 108
表4-2 俄罗斯人口变化（1989~2010年） …………………………… 112

表4-3	俄罗斯人口年龄构成和抚养比（2007~2009年）	113
表4-4	俄罗斯养老保障体系构成	118
表4-5	俄罗斯前十大非国有养老基金的资产状况（至2012年4月1日）	120
表4-6	2012年平均退休金数额及变化	122
表5-1	1990年苏联固定资产所有制结构	136
表5-2	国有部门的国际比较（占总产量的百分比，年度不同）	136
表5-3	各种方式在私有化过程中的运用	142
表5-4	按所有制形式划分的企业数量分配（1月数字）	144
表5-5	不同工业部门企业股份中联邦所有的国家股所占平均比重	145
表5-6	俄拟私有化超大型国企和银行名录	147
表5-7	所有权结构及其各类股东所占比重	152
表5-8	1994~2000年俄罗斯大中型股份公司所有制结构的变化（对法定资本的占比）	153
表5-9	俄罗斯抵押拍卖情况	154
表5-10	联邦所有股份公司在基础部门中的分布情况	157
表5-11	不同部门股权构成中各类股东持股比重	157
表6-1	俄罗斯集体农庄和国营农场的改组情况	176
表6-2	俄罗斯各种经营类型占农业产值的比重（2001~2002年年均数）	178
表6-3	1990~2001年俄罗斯私人农场的发展动态	180
表6-4	2002~2007年俄粮食产量	187
表6-5	2005~2007年俄主要粮食作物产量	187
表6-6	2004~2007年俄主要粮食作物进出口情况	188
表6-7	2008~2012年俄小麦生产及出口规划	189
表6-8	各种农业生产类型农业产值比重的变化情况	191
表7-1	1999~2006年能源及其他原材料产品的国际价格涨幅情况	206
表7-2	俄罗斯GDP 2011~2030年年均增长率	211
表8-1	1992~2002年俄罗斯主要能源产量	213

表 8 – 2	1995～2002 年俄罗斯对独联体之外国家能源出口情况	214
表 8 – 3	2003～2008 年俄罗斯石油和凝析油出口情况	217
表 8 – 4	2003～2008 年俄罗斯石油产品出口情况	217
表 8 – 5	2003～2008 年俄罗斯天然气出口情况	218
表 8 – 6	1970～2008 年俄罗斯与世界石油产量	218
表 8 – 7	俄罗斯和世界天然气产量	222
表 8 – 8	1970～2008 年俄罗斯西西伯利亚各联邦主体天然气产量	223
表 8 – 9	俄罗斯天然气工业运行的一些技术经济指标	223
表 8 – 10	1995～2008 年俄罗斯各联邦区天然气生产	224
表 8 – 11	1995～2008 年俄罗斯天然气生产结构（联邦区）	225
表 8 – 12	2007～2009 年俄罗斯经济中能源含量	226
表 8 – 13	2000～2009 年俄联邦原油出口情况（根据俄罗斯海关和统计局数据）	227
表 8 – 14	2030 年前俄罗斯燃料动力平衡预测	229
表 8 – 15	2030 年前天然气开采量分阶段预测	232
表 8 – 16	2030 年前石油开采量分阶段预测	232
表 8 – 17	2009～2030 年石油和成品油出口预测	233
表 8 – 18	俄罗斯东西伯利亚和远东原油与油品需求预测	240
表 8 – 19	俄罗斯东西伯利亚和远东天然气需求预测	240
表 8 – 20	2030 年前俄罗斯对亚太地区原油和油品出口预测	240
表 8 – 21	2030 年前俄罗斯对亚太地区天然气出口预测	241
表 8 – 22	2007 年亚太地区和美国太平洋沿岸油气开采、消费和净进口情况以及 2030 年前预测	241
表 9 – 1	三大产业的产出结构	246
表 9 – 2	1990～2011 年俄罗斯工业结构	255
表 9 – 3	经济转型前所有制结构的变化	259
表 9 – 4	1992～1994 年俄罗斯所有制结构的变化	261
表 9 – 5	1995～1997 年俄罗斯所有制结构的变化	261
表 9 – 6	1997～2004 年俄罗斯所有制结构的变化	262

表9-7	2004~2011年国有制经济的扩大	263
表9-8	1996~2001年俄罗斯企业规模结构	267
表9-9	2002~2006年俄罗斯企业规模结构	268
表9-10	2007~2010年俄罗斯企业规模结构	269
表9-11	GDP在各大联邦区中的分布	272
表9-12	固定资产在各大联邦区中的分布	273
表11-1	莫斯科银行间外汇交易所金融交易所交易额	310
表11-2	莫斯科银行间外汇交易所交易额	310
表11-3	俄罗斯交易系统金融交易所交易额	310
表11-4	圣彼得堡外汇交易所（СПВБ）交易额	311
表11-5	2005~2010年俄罗斯公司债券数量和发行量	313
表11-6	2005~2010年国债市场额	314
表11-7	2005~2010年期票市场额	315
表11-8	2007年年底市值最大的20支股票清单	317
表11-9	俄罗斯股票在国内和国外市场交易额对比	318
表11-10	俄罗斯资本市场的国际比较	320
表11-11	金融市场流通中的股票市场容量	331
表11-12	对实体经济贷款额	332
表11-13	外资控股银行指标	332
表11-14	外汇流通总额及发展中国家在世界外汇市场占比	333
表11-15	莫斯科在国际金融中心综合竞争力中的排名	334
表15-1	俄罗斯国内生产总值（按现价计算）	409
表15-2	1995~2011年俄罗斯国内生产总值（按2008年价格计算）	409
表15-3	1996~2011年俄罗斯国内生产总值增长率（与上年相比）	410
表15-4	各类经济活动总增加值（按现价计算）	410
表15-5	2002~2011年各类经济活动总增加值（按2008年价格计算）	411
表15-6	2003~2011年各类经济活动总增加值增长率（与上年相比）	412

表 15 - 7	按收入法计算的国内生产总值（按现价计算）	413
表 15 - 8	2003~2010 年劳动生产率变化（与上年相比）	414
表 15 - 9	1992~2012 年俄罗斯人口状况	414
表 15 - 10	1990~2008 年俄罗斯人口变化状况	415
表 15 - 11	俄罗斯人口性别分布	416
表 15 - 12	俄罗斯人口年龄分布（1 月 1 日人口数）	417
表 15 - 13	俄罗斯人口的出生率、死亡率和自然增长率	419
表 15 - 14	俄罗斯居民平均寿命	420
表 15 - 15	俄罗斯居民人均货币收入（1998 年前单位：千卢布/月，1998 年之后单位：卢布/月）	421
表 15 - 16	俄罗斯居民收入构成	421
表 15 - 17	俄罗斯居民退休金	422
表 15 - 18	俄罗斯居民人均货币收入差距	422
表 15 - 19	俄罗斯居民货币收入分配	423
表 15 - 20	俄罗斯居民最低生活保障（人均）	423
表 15 - 21	生活在最低生活保障线以下的居民人数及货币收入赤字	424
表 15 - 22	俄罗斯经济活动人口数及就业人数	425
表 15 - 23	俄罗斯各行业年均就业占比	426
表 15 - 24	俄罗斯失业人口数量	427
表 15 - 25	俄罗斯就业率和失业率	427
表 15 - 26	俄罗斯经济各部门工人月均名义工资（卢布，1995 年）	428
表 15 - 27	俄罗斯工人工资分布状况	431
表 15 - 28	俄罗斯工人按十分组法每组工人工资总额占全体工人工资总额的比例	432
表 15 - 29	俄罗斯职员工资的行业及性别分布	432
表 15 - 30	俄罗斯职员工资的职业分布	434
表 15 - 31	俄罗斯职员工资的年龄分布	434
表 15 - 32	俄罗斯教育主要指标	435
表 15 - 33	俄罗斯医疗机构状况	439

表 15 – 34	俄罗斯母婴医疗救助状况	440
表 15 – 35	俄罗斯各类犯罪案件数量	441
表 15 – 36	俄罗斯居民住房条件主要指标	442
表 15 – 37	俄罗斯破旧房屋及危房总量	443
表 15 – 38	俄罗斯农产品生产（按实际价格计算，1998 年之前单位：万亿卢布）	443
表 15 – 39	俄罗斯农产品生产结构（按实际价格计算）	444
表 15 – 40	俄罗斯农业生产指数（按可比价格计算，与上年同期相比）	445
表 15 – 41	俄罗斯农业播种面积	446
表 15 – 42	俄罗斯农作物总收成	449
表 15 – 43	俄罗斯种植业主要产品生产指数（与上年同期相比）	452
表 15 – 44	俄罗斯农业企业种植业主要产品销售状况	452
表 15 – 45	俄罗斯畜牧业牲畜存栏数（年末数据）	453
表 15 – 46	俄罗斯畜牧业单位产出	454
表 15 – 47	俄罗斯畜牧业主要产品产出量	455
表 15 – 48	俄罗斯畜牧业产品生产指数（与上年同期相比）	455
表 15 – 49	俄罗斯农业企业主要农机设备	456
表 15 – 50	俄罗斯工业生产指数（与上年同期相比）	458
表 15 – 51	俄罗斯工业自主生产的产品、工程及服务的销售额	460
表 15 – 52	俄罗斯各联邦区用电量	460
表 15 – 53	渔业和养鱼业企业主要指标	461
表 15 – 54	俄罗斯渔业主要产品产量	461
表 15 – 55	建筑业主要指标	461
表 15 – 56	各种所有制下建筑业企业产值	462
表 15 – 57	建筑企业数量	463
表 15 – 58	2011 年各种所有制下建筑企业数量	463
表 15 – 59	建筑业固定资产投资	463
表 15 – 60	建筑业固定资金情况	464

表 15-61	建筑业经营状况评估	464
表 15-62	限制建筑企业发展的因素	464
表 15-63	新投入使用住房	465
表 15-64	交通运输业主要指标	466
表 15-65	各类运输方式载重量	467
表 15-66	国际运输载重量	467
表 15-67	各种运输方式货运量	468
表 15-68	国际运输货运量	468
表 15-69	各类运输方式载客量	469
表 15-70	各种运输方式客运量	469
表 15-71	交通工具现状（年末数据）	470
表 15-72	通信业主要指标	470
表 15-73	通信服务产值（按现价计算，2000年以前单位：十亿卢布）	471
表 15-74	居民通信服务产值（按现价计算，2000年以前单位：十亿卢布）	472
表 15-75	邮政发展主要指标	472
表 15-76	电话及移动通信主要指标	473
表 15-77	俄罗斯企业信息技术使用主要指标	474
表 15-78	企业中个人计算机用户占比	475
表 15-79	各部门中使用信息技术企业的占比	476
表 15-80	各部门中使用全球信息网络的企业占比	478
表 15-81	企业中的个人计算机用户	480
表 15-82	使用互联网与产品供应商及订货商联系的企业数量	480
表 15-83	企业使用信息技术的各种费用占比	481
表 15-84	企业从事商业活动的主要指标	482
表 15-85	商业企业流转额（按现价计算）	483
表 15-86	商业企业商品的生产及销售的支出结构	485
表 15-87	零售贸易流转额	486

表15-88	人均零售贸易流转额	486
表15-89	零售贸易流转额实际增长指数	487
表15-90	零售贸易商品来源	487
表15-91	批发贸易流转额	487
表15-92	商品交易所活动的主要指标	488
表15-93	居民付费服务产值	489
表15-94	各类付费服务实物量增长指数	489
表15-95	居民付费服务结构	490
表15-96	从事研究和开发的机构数量	491
表15-97	各类机构中从事研究和开发的机构数量	492
表15-98	国家科学院中从事研究和开发的机构数量	492
表15-99	与纳米技术相关的研究人员和研究支出	492
表15-100	从事研究与开发的人员数量	493
表15-101	各类机构从事研究与开发的人员数量	494
表15-102	国家科学院中的研发人员数量	494
表15-103	各类研究人员数量	496
表15-104	研究生培养的主要指标	497
表15-105	各学科研究生人数	498
表15-106	博士研究生培养的主要指标	498
表15-107	2011年各学科博士研究生入学及毕业人数	499
表15-108	联邦预算的科研拨款	500
表15-109	研发的内部成本	500
表15-110	研发内部成本的资金来源（1995年单位：亿卢布）	501
表15-111	各类机构研发的内部成本（1995年单位：亿卢布）	501
表15-112	研发内部成本明细（1995年单位：亿卢布）	502
表15-113	按工作形式分内部经常性开支明细（1995年单位：亿卢布）	502
表15-114	国家科学院研发内部经常性支出明细	503
表15-115	知识产权专利的申请及授予	505

表 15－116	领先技术的数量	505
表 15－117	2011 年技术进出口类型明细	508
表 15－118	2011 年各类机构技术进出口明细	508
表 15－119	2011 年各种形式所有制技术进出口明细	509
表 15－120	创新的主要指标	509
表 15－121	工业企业的创新积极性	510
表 15－122	工业企业技术创新支出的资金来源	512
表 15－123	工业企业创新产品及服务的产值及在总销售收入中的占比	513
表 15－124	2005～2011 年俄罗斯联邦综合预算	514
表 15－125	2011 年俄罗斯联邦预算支出使用情况	516
表 15－126	1995～2001 年俄罗斯联邦预算赤字情况（1998 年以前单位：万亿卢布）	516
表 15－127	2002～2004 年俄罗斯联邦预算赤字情况	517
表 15－128	2005～2007 年俄罗斯联邦预算赤字情况	518
表 15－129	2008～2011 年俄罗斯联邦预算赤字情况	518
表 15－130	俄罗斯联邦稳定基金	519
表 15－131	俄罗斯联邦储备基金及国家福利基金	519
表 15－132	俄罗斯外债结构	519
表 15－133	货币供应量	519
表 15－134	企业、自然人和信贷机构的贷款	520
表 15－135	信贷机构的数量	521
表 15－136	信贷机构存款	521
表 15－137	主要外币兑卢布的官方汇率变化	522
表 15－138	政府证券市场主要指标	523
表 15－139	保险机构的主要指标	524
表 15－140	2011 年经济各部门企业负债（年末数据）	525
表 15－141	2011 年经济各部门企业负债结构	526
表 15－142	非金融资产投资结构	527

表15-143	固定资产投资	527
表15-144	按类型分固定资产投资	528
表15-145	各类所有制形式的固定资产投资	529
表15-146	固定资产投资的资金来源	529
表15-147	经济中各部门固定资产投资（1995年单位：万亿卢布，按现价计算）	531
表15-148	经济中各部门固定资产投资结构	533
表15-149	经济中各部门固定资产变化（与上年同期相比）	535
表15-150	经济各部门固定资产投资中外资金额（按现价计算）	537
表15-151	各类型外资金额及占比	539
表15-152	经济中各部门外资金额及占比	540
表15-153	主要外资来源国	542
表15-154	俄罗斯对外投资	543
表15-155	消费价格和生产者价格指数	544
表15-156	商品和劳务的消费价格指数（当年12月与上年12月相比）	544
表15-157	平均生产者价格和主要能源产品平均购买价格	545
表15-158	主要资源生产者平均价格与石油价格的对比	546
表15-159	主要资源购买价格指数（与上年相比）	546
表15-160	2011年俄罗斯国际收支平衡表	547
表15-161	俄罗斯对外贸易额（按国际收支法统计，按现价计算）	549
表15-162	俄罗斯对外贸易额（根据海关统计数据）	550
表15-163	与独联体国家的对外贸易额（按现价计算）	551
表15-164	俄罗斯出口商品结构（按现价计算）	552
表15-165	俄罗斯进口商品结构（按现价计算）	553
表15-166	俄罗斯劳务进出口额	554
表15-167	俄罗斯劳务进出口结构	554
表15-168	出口商品实物量及平均价格变化（与上年相比）	555
表15-169	进口商品实物量及平均价格变化（与上年相比）	556

表 15 – 170	人口数量	557
表 15 – 171	人口的出生率、死亡率和自然增长率	559
表 15 – 172	年平均就业人数	561
表 15 – 173	总失业人数	562
表 15 – 174	工人实际工资增长（2000 年 = 100%）	563
表 15 – 175	国内生产总值增长率（按可比价格计算，2000 年 = 100%）	564
表 15 – 176	总固定资产增长率（按可比价格计算，2000 年 = 100%）	566
表 15 – 177	工业生产增长率（2000 年 = 100%）	567
表 15 – 178	2009 年俄罗斯重要工农业产品生产的世界排名	568
表 15 – 179	农产品生产指数（与上年相比）	568
表 15 – 180	铁路运输货运量（十亿）	570
表 15 – 181	铁路客运量（十亿）	571
表 15 – 182	零售贸易流转额（按可比价格计算，2000 年 = 100%）	572
表 15 – 183	消费价格指数（2000 年 = 100%）	572
表 15 – 184	进出口总额	574
表 15 – 185	各国在世界进出口总额中的比例	577

图目录

图3-1 苏联及俄罗斯各领导人时代的世界石油价格 …………………… 83
图3-2 俄罗斯石油产品的出口额与出口量的比较 …………………… 92
图3-3 1992~2010年俄罗斯原材料出口金额 …………………… 93
图4-1 俄联邦住房贷款流程 …………………… 99
图4-2 俄罗斯房地产市场结构图 …………………… 100
图4-3 2007~2011年俄联邦实际住宅供应量 …………………… 101
图4-4 2010年俄罗斯人口年龄金字塔（2010年） …………………… 112
图4-5 俄罗斯养老保障体系改革各个阶段 …………………… 114
图4-6 俄罗斯联邦非国有养老基金结构 …………………… 119
图4-7 俄罗斯高等教育结构图 …………………… 126
图4-8 俄罗斯教育机构经费结构图 …………………… 129
图8-1 俄罗斯能源战略在政府战略性文件系统之中的地位 …………………… 228
图9-1 1945~2011年俄罗斯霍夫曼系数 …………………… 254
图9-2 2002年各联邦主体在全俄固定资产投资中的比重 …………………… 274
图9-3 2010年各联邦主体在全俄固定资产投资中的比重 …………………… 275
图9-4 2002年各联邦主体在全俄预算收入总额中的比重 …………………… 276
图9-5 2010年各联邦主体在全俄预算收入总额中的比重 …………………… 276
图9-6 2002年各联邦主体在全俄零售贸易总额中的比重 …………………… 277
图9-7 2010年各联邦主体在全俄零售贸易总额中的比重 …………………… 277
图9-8 2002年各联邦主体在全俄新投入使用住房面积中的比重 …………………… 278
图9-9 2010年各联邦主体在全俄新投入使用住房面积中的比重 …………………… 278
图11-1 俄罗斯股票市场产业结构（2007年1月1日） …………………… 318

第一编
经济体制转型

第一章
经济体制转型进程简述

俄罗斯于1992年1月2日正式启动向市场经济转型，至今已过了20个年头。研究俄罗斯经济转型的复杂性在于：一是作为苏联继承国，俄罗斯是中央集权的计划经济体制的发源地，实施这一体制时间最长。因此，俄罗斯经济转型任务最为艰巨，在转型过程中出现的问题极为复杂，转型危机也十分严重。二是俄罗斯经济转型与国家制度变迁紧密联系在一起，是同一过程，这样，经济转型过程中参与了很多复杂的政治因素。俄罗斯经济转型任务远未完成。普京在2008年的一次讲话中尖锐地指出："俄罗斯经济今天所面临的问题主要就是效率极低。""国家管理的一个主要问题依然是权力过分集中。"俄罗斯经济转型在继续进行之中，且仍在不断深化。

第一节 经济体制转型的历史背景

研究俄罗斯经济体制转型，如果不去研究苏联解体时俄罗斯所面临的是什么样的体制模式与经济，不去研究苏联历次改革缘何没有从根本上触动苏联20世纪20~30年代形成的高度集权的行政指令性计划经济体制，以及由此造成的严重经济后果，那么，对俄罗斯经济转轨的研究就难以深入，亦往往得不出符合实际的结论。

作为苏联继承国的俄罗斯，不仅继承了苏联的大部分领土（占苏联总面积的76.3%）、经济实力（占不包括土地、森林和矿藏在内的国民财富的64%）、生产固定基金（占63%）、社会总产值与工业产值（均占60%）、科技力量（占64%）与军事力量（占2/3），而且继承了传统的经济体制与极其复杂、严峻的经济问题。

斯大林之后的苏联历次经济体制改革都未取得成功,其原因很多。如果从经济角度来看,最为重要的共性原因是未把建立市场经济体制模式作为改革目标。如果从政治角度来看,苏联历次经济体制改革都没有与政治体制改革结合起来,政治体制成为经济体制改革的主要障碍。

到戈尔巴乔夫执政的后期,经过激烈争论,"到80年代末,俄罗斯的大多数政治力量和居民在必须进行自由化和向市场经济过渡方面实际上已达成共识"[①]。普遍认为,"人类还没有创造出比市场经济更为有效的东西","市场经济是人类在经济运行方面所取得的成果,不应把它拒之门外",经济体制改革不能停留在继续寻找计划经济与市场经济的"最佳结合点"上,否则,"对传统体制起不了治本的作用",因此,"除了向市场经济过渡,别无选择"。但是,戈尔巴乔夫还未来得及实施以市场经济模式为目标的改革,他就下台了。这样,当俄罗斯独立执政后才决定推行以市场经济为目标的改革。

苏联时期历次经济改革的失败,使其经济日趋困难,经济形势十分严峻:苏联经济在相当长的一个历史时期内,利用高度集中的指令性计划经济体制,使经济增长速度大大快于西方发达资本主义国家。对苏联70多年经济的评价,如果从发展速度来看,苏联在相当长的时期(特别在斯大林时期)比西方大多数国家快得多;如果从整个工业来看,苏联在较短的时间内建立起部门齐全的工业体系;如果从与军事工业密切相关的重工业发展来看,苏联在不长的历史时期里不少部门与重要产品赶上和超过了一些发达的资本主义国家;如果从军事力量与军备竞赛来看,苏联的赶超速度也是十分惊人的,到了勃列日涅夫时期,军事实力不仅与美国达到平衡,并在某些领域超过了美国,从而成为超级大国。如果我们对苏联经济发展综合地、从社会主义发展经济的本质要求与目的的视角来考察,那么就会发现苏联在70多年的经济发展过程中,在取得重大进展的同时,也存在不少严重的问题。可以清楚地看到,高度集中的指令性计划经济体制对苏联经济发展的制约作用,对经济发展造成严重后果,这主要表现在以下几个方面:

---

① 〔俄〕Л. Я. 科萨尔斯等:《俄罗斯:转型时期的经济与社会》,石天等译,经济科学出版社,2000,第59页。

一 经济增长率递减发展到危机

高度集中的指令性计划经济体制，没有也不可能一直保证苏联经济持续稳定的发展，而是到后来出现了社会主义国家不应出现的经济危机。

随着斯大林经济体制模式的功效日益衰退，苏联经济增长率出现了递减，即出现了由高速、低速、停滞到危机的局面。从20世纪60年代起经济增长速度递减趋势已十分明显（见表1-1）。

表1-1 苏联经济增长率下降趋势

单位：%

指标 \ 年份	1966~1970年	1971~1975年	1976~1980年	1981~1985年	1986~1990年	1990年
社会总产值	7.4	6.3	4.2	3.3	1.8	-2
国民收入	7.8	5.7	4.3	3.2	1.0	-4
劳动生产率	6.8	4.5	3.3	3.1	—	-3

资料来源：根据苏联有关年份国民经济统计资料编制。

由于经济增长速度下降并出现危机，导致苏联与美国的经济差距出现了扩大的趋势。据苏联官方公布的资料，如1980年苏联国民收入为美国的67%，到1988年下降为64%。从国民生产总值（GNP）来看，1990年约为美国的40%，而十月革命前的1913年俄国这一指标为39%[1]。据俄一些学者分析，按人均计算1989年苏联的GDP为美国的30%，工业产值为42%，农业产值为38%。根据联合国开发计划署1990年按购买力平价方法计算，苏联的实际GDP为美国的39.67%，人均GDP为34.96%。

这里要指出的是，20世纪70年代中期苏联经济增长，很大程度上也是在不正常的基础上，靠一些临时性的因素达到的，这是指靠在当时的国际市场上高价出售石油和大量生产与出售对人体健康有害的酒精饮料达到的[2]，如果排除这些因素，差不多有4个五年计划期间国民收入的绝对额没有增加。

以上情况告诉我们，对苏联经济发展速度要客观地加以分析，不少问题

---

[1] 就是从斯大林执政高速发展的30年来看，到了20世纪50年代初，苏联在世界上的经济地位仍未超过沙皇时期。

[2] 据保守的估计，1974~1984年苏联获得的石油收入为2700亿~3200亿美元。

值得进一步研究。笔者认为，很难以经济增长速度作为积极评价苏联经济的一个重要根据。

二 落后的增长方式长期不能改变

苏联经济难以保证持续增长，并最后出现经济危机，其中的一个重要原因是，落后的粗放型经济增长方式长期得不到改变。就是说，经济的增长是靠大量投入新的人力、物力与财力达到的，是一种拼消耗、浪费型的经济。

苏联自20世纪30年代消灭失业后到80年代末，平均每年增加劳动力200万人。基建投资不仅增长幅度大，而且增长速度快，它一般占国民收入的30%左右，约占国家预算支出的50%。基建投资增长速度快于国民收入增长速度，如1961~1987年，国民收入平均增长率为5.4%，而基建投资为5.6%。苏联生产每单位产品的物资消耗很大，如在20世纪70年代末，生产每单位国民收入用钢量比美国多90%，耗电量多20%，耗石油量多100%，水泥用量多80%，投资多50%。

20世纪70年代初，苏联经济面临的主要任务是：扭转已开始出现的速度下降趋势与提高经济效益。要做到这一点，必须使经济发展由粗放型转向集约化。1971年，苏共二十四大正式提出经济向集约化为主的发展道路过渡。由于整个70年代至80年代初，苏联在改变经济增长方式方面未取得进展，80年代又重新强调经济转向集约化的方针，1986年，苏共二十七大又进一步确定"生产的全面集约化"、"整个国民经济转向集约化轨道"的经济发展方针。

苏联一直到1991年底解体，基本上仍是粗放经济，经济效益没有得到提高，如基金产值率继续下降，每卢布生产性固定基金生产的国民收入从1970年的55戈比下降到1990年的28戈比。20世纪80年代中期生产的切屑机床的金属耗用量比美国、日本、德国和法国同类新产品高1~1.5倍。

经济增长方式反映了一个国家经济的综合素质。落后的苏联经济增长方式决定了它不可能实现持续稳定的经济增长。当发展经济的粗放因素（大量投入人力、物力与财力）日益受制约的时候，就不可避免会出现经济增长速度逐步下降乃至发展到危机。我们在分析苏联经济增长速度问题时，就清楚地向人们展示了这一情况。

三 经济结构严重畸形，比例严重失调

长期以来，苏联实质上推行的是经济军事化政策，经济的发展战略、政策主要是为扩军备战和与美国进行军备竞赛服务的。从斯大林执政开始，一直到勃列日涅夫时期，苏联推行的经济赶超战略，其核心是军事力量的赶超。这样的结果是，甲、乙两类工业的增长期难以平衡，增长速度的差距不断拉开，即由 1966~1970 年的 1.04∶1 扩大至 1971~1980 年的 1.28∶1。在重工业内部，与军事工业密切相关的部门发展更快，1971~1980 年机器制造业产值增长速度要比工业总产值的增长速度高 1.7 倍。苏联工业的 80% 与军工有关。由于偏重发展重工业，牺牲农业，把农民害得很苦，苏联农业长期处于落后状态。苏联时期三农问题一直没有得到很好解决。国民经济的军事化给苏联经济造成了巨大的压力。苏联"在一些年份里，用于军事准备的开支达到了国民生产总值的 25%~30%，也就是说，比美国和欧洲北约国家的同类指标高出了 4~5 倍"[①]。"没有任何敌人能像军国主义化那样吞没一切，给经济造成如此严重的破坏。这是在人民面前犯下的罪行。"[②]

可以毫不夸张地说，在世界大国中，苏联经济结构畸形与比例失调的情况是最为严重的。70 多年来，苏联经济从来都是不协调地、不按比例地发展着，因此，这给苏联继承国俄罗斯在调整经济结构上带来极大的困难，也是阻碍俄罗斯当前与今后一个时期经济发展的主要因素之一。

四 半封闭的经济

长期以来，苏联经济处于半封闭状态，60% 左右的对外经贸合作是与经济互助委员会（以下简称"经互会"）成员国进行的。苏联与经互会成员国的经贸关系实际上是其国内指令性计划经济体制的延伸，市场经济机制并不起作用，经济不是走的开放式发展道路，这样，竞争机制基本上不起作用。因此，苏联对外经济关系发展水平大大低于西方一些国家。1988 年，苏联对外贸易出口额占其 GNP 的 7.7%，而 1980 年，其世界贸易出口额就已占世界

---

① 〔俄〕米哈伊尔·戈尔巴乔夫：《对过去与未来的思考》，新华出版社，2002，第 211 页。
② 〔俄〕亚·尼·雅科夫列夫：《一杯苦酒——俄罗斯的布尔什维克改革运动》，徐葵等译，新华出版社，1999，第 169 页。

GNP 的 21% 以上①。至于苏联在国外的投资与国外对苏联的投资，那更无法与西方一些国家相比。这些因素决定了苏联经济素质难以提高，其竞争能力一直处于低下水平。

五 不少经济政策往往脱离人民的切身利益

苏联发展经济的政策，往往不是立足于尽快提高人民生活水平。苏联大力发展军事工业，与美国搞军备竞赛，是在经济实力有限的情况下进行的，这样，苏联人民生活水平的提高必然受到严重影响。长期以来，苏联市场紧张，一直被称为"短缺经济"。1950 年，苏联居民年均肉消费量比 1913 年少 3 公斤，粮食少 28 公斤②。1952 年，英国工人每小时的收入所购买的食品数高于苏联 3.6 倍，美国则高于苏联 5.5 倍③，到苏联解体前夕，市场供应越来越紧张，市场上真是"空空如也"。奈娜回忆起 1991 年随叶利钦访问德国的情况时说："当时他们应邀参观市场和路旁的店铺，那里商品丰富，琳琅满目，使她想到了俄罗斯商店里商品奇缺的情况，羞愧得恨不得一头钻到地底下，心想，我们一辈子都在工作，完成五年计划，但是，为什么我们什么都没有呢？"④ 这亦说明，长期以来，苏联治国的主导思想是强国而不是富民。

苏联经济中出现的严重问题，有其复杂的主、客观原因，但最为主要的是长期不能适时地改革过度集中的指令性计划经济体制。这种体制日益不符合经济发展的要求，通过体制反映出来的生产关系与生产力不相适应的情况日益明显，并且变得越来越尖锐。这种体制又不能适时地进行改革，排斥市场的作用，资源得不到优化配置，落后的经济增长方式也不可能得到根本性的改变，经济效益也很难提高。这是因为一定的经济运行机制决定着相应的经济增长方式，而经济运行机制基本上是由经济体制决定的。从微观经济层面讲，在苏联传统的计划经济体制条件下，无论是国有企业还是集体企业，经营机制不是按市场经济的要求进行的，它对市场的敏感性与适应性很差，投入产多出少的情况比比皆是；从资源配置层面讲，在传统的计划经济条件

---

① 陆南泉主编《苏联经济简明教程》，中国财政经济出版社，1991，第 12 页。
② 〔苏〕《1970 年苏联国民经济》（俄文版），莫斯科，1971，第 561 页。
③ 转引自左凤荣《致命的错误——苏联对外战略的演变与影响》，世界知识出版社，2001，第 155 页。
④ 《北京晨报》，2002 年 3 月 17 日。

下，资源配置是由指令性计划决定的，这必然导致经济结构不合理并且长期难以调整，造成资源的巨大浪费；再从宏观层面讲，在传统的计划经济条件下，政府对宏观经济调控的主要方法是直接的行政命令，而不是间接的经济方法。这样也就排斥了市场的作用，使官僚主义的唯意志论盛行，往往造成重大的政策失误和经济损失。苏联经济是长期被束缚在这种缺乏动力的体制下发展的，最后出现社会经济危机。所以，邓小平说："社会主义基本制度确立以后，还要从根本上改变束缚生产力发展的经济体制，促进生产力的发展，这是改革。"这说明，经济体制改革是发展生产力的必由之路。"只有对这些弊端进行有计划、有步骤而又坚决彻底的改革，人民才会信任我们的领导，才会信任党和社会主义。"① 应该说，对束缚生产力发展的经济体制不能及时进行根本性的改革，是最后导致苏联发生剧变的一个十分重要的原因。这亦表明，苏共既不是先进生产力的代表，也不是先进文化的代表，因此，苏联经济的发展亦难以体现人民的根本利益。

邓小平在东欧一些国家发生剧变后的 1990 年 3 月 3 日与中央几位负责同志的一次谈话中说，"**世界上一些国家发生问题，从根本上说，都是因为经济上不去**"（黑体是笔者所加）②。后来在 1992 年年初，也就是在苏联发生剧变后，邓小平说："不坚持社会主义，不改革开放，不发展经济，不改善人民生活，只能是死路一条。"③ 胡耀邦同志谈及苏联问题时说："苏联在世界上的形象很不好，内部建设和对外关系都存在很多严重问题。看来主要问题有：第一，经济建设没有搞好，人民生活日用品至今还解决不了，集体农庄粮食产量仍然很低，工人农民不满，都有意见；第二，外交政策很失败，不仅在社会主义国家中以'老子党'自居，还在国际社会中实行大国霸权主义，把革命强加于人，企图统治全世界；第三，民族团结问题也没有搞好，实行大俄罗斯主义，以社会主义大家庭的口号掩盖民族间的矛盾，但是掩盖不了；第四，民主问题、领导作风问题、'家长制'、专制独裁，等等。问题还有不少。"很清楚，在这里，胡耀邦同志把苏联存在的主要问题，首先归结为经济建设没有搞好。

以上情况说明，苏联剧变后，不论谁上台执政，必须对传统经济体制进行根本性的转型。

---

① 《邓小平文选》第 3 卷，第 370 页；第 2 卷，第 333 页。
② 《邓小平文选》第 3 卷，第 354 页。
③ 转引自宫达非主编《中国著名学者苏联剧变新探》，世界知识出版社，1998，第 2 页。

第二节 缘何最后选择"休克疗法"式激进型方式

关于这一问题在戈尔巴乔夫执政末期,即1990~1991年讨论向市场经济过渡时争论已十分激烈,并提出了一些过渡方案。著名经济学家、时任苏联部长会议副主席、经济改革委员会主席的阿巴尔金院士,根据过去几年经济改革的经验和其他国家改革的实践,提出了经济改革的构想,构想中提出了向市场经济过渡的"渐进的"、"激进的"(后来被称为"休克的")和"适度激进的"三种方案。

时任俄罗斯财政部第一副部长的乌留卡耶夫认为,根据1991年年底苏联解体时十分严峻的社会经济情况,得出的结论是:"俄罗斯的经济改革政策不是由改革家的理论思维确定的,而是由通货膨胀危机(严重的宏观经济比例失调反映在公开的通货膨胀加剧和所有商品市场严重短缺上)、支付危机(黄金外汇储备严重短缺和国家贷款能力下降导致了被迫大量削减进口)和体制危机(各级国家权力机关丧失了调解资源配置能力)同时并发决定的,这些危机在外部表现为生产的急剧衰退。"因此,"在经济和体制危机并发这种极为严重的情况下进行根本的经济体制改革",只能实行"由总统下令而不管苏维埃的意见"的"激进改革"[①]。

实行激进的"休克疗法",其基本内容一般归结为自由化、稳定化与私有化。俄罗斯在1992年年初围绕这"三化"推行的激进改革措施是:(1)俄罗斯实行"休克疗法"最重要和最早出台的一项措施是,从1992年1月2日起,一次性大范围地放开价格,结果有90%的零售商品和85%的工业品批发价格由市场供求关系决定。(2)实行严厉的双紧政策,即紧缩财政与货币,企图迅速达到无赤字预算、降低通胀率和稳定经济的目的。紧缩财政的措施主要有,普遍大大削减财政支出;提高税收、增加财政收入,规定靠预算拨款支付的工资不实行与通胀率挂钩的指数化。紧缩货币的主要措施是,严格控制货币发行量与信贷规模。(3)取消国家对外贸的垄断,允许所有在俄罗斯境内注册的经济单位可以参与对外经济活动,放开进出口贸易。(4)卢布在俄罗斯国内可以自由兑换,由原来的多种汇率过渡到双重汇率制(在经

---

① 转引自宫达非主编《中国著名学者苏联剧变新探》,世界知识出版社,1998,第26~27页。

常项目下实行统一浮动汇率制,在资本项目下实行个别固定汇率制),逐步过渡到统一汇率制。(5)快速推行私有化政策。在1996年,私有化的企业占俄罗斯企业总数的比重和非国有经济的产值占GDP的比重分别约为60%和70%。

1992年年初,俄罗斯政府之所以最后决定实行"休克疗法"式的激进改革,有些人认为,这主要是由在政治上刚刚取得主导地位的民主派,为了在经济转型过程中取得西方的支持所决定的。还有人认为,这是民主派屈从于西方压力的结果。实际上,当时以叶利钦、盖达尔为代表的俄罗斯民主派之所以选择"休克疗法"式的激进改革,主要是由当时俄罗斯的国内情况决定的。

一 从苏联历次经济改革失败得出的结论

斯大林之后的苏联历次经济体制改革都未取得成功,最为重要的共性原因是,未把建立市场经济体制模式作为改革目标。只是到了戈尔巴乔夫执政的后期,经过激烈争论,"到80年代末,俄罗斯的大多数政治力量和居民在必须进行自由化和向市场经济过渡方面实际上已达成共识"[①]。俄民主派在确定以建立市场经济模式为改革方向之后,总结过去改革的教训,决定改变过去把改革停留在口头上、纸上的做法,采取实际行动,快速向市场经济过渡,以此来解决当时俄罗斯面临的依靠传统体制根本无法解决的严重社会经济问题。这说明,当时俄罗斯"转型进程启动缘于人们越来越确信中央集权的计划经济已经走到了尽头"[②]。

二 极其严峻的经济形势,是促使俄罗斯新执政者实行激进改革的一个最为直接的原因

1992年1月2日作为俄罗斯"休克疗法"式激进转型的起点,那么,必须分析一下在此前苏联的经济与市场状况,否则,就不能理解新执政者为何

---

① 〔俄〕Л.Я.科萨尔斯等:《俄罗斯:转型时期的经济与社会》,石天等译,经济科学出版社,2000,第59页。
② 〔波兰〕格泽戈尔兹·W.科勒德克:《从休克到治疗——后社会主义转轨的政治经济》,刘晓勇等译,上海远东出版社,1999,第3页。

如此果断地选择了激进改革方案。

到了1990年,苏联社会总产值、国民收入和社会劳动生产率分别比上年下降2%、4%和3%。而到苏联解体的1991年,其经济状况进一步恶化,国民收入下降11%,GDP下降13%,工业、农业生产值分别下降2.8%和4.5%,石油、煤炭开采量下降11%,生铁产量下降17%,食品生产量下降10%以上,粮食产量下降24%,国家收购量下降34%,对外贸易额下降37%。1991年,国家预算赤字比计划数字增加了5倍,占GDP的20%。财政状况与货币流通已完全失调。消费品价格上涨了1倍多(101.2%),而在1990年价格还只是上涨了5%。外汇危机十分尖锐,载有进口粮食的货轮停靠在俄罗斯港口而不卸货成为惯常现象,因为没有外汇去支付粮款、装卸费和运输费[1]。经济状况严重恶化,使得市场供应变得十分尖锐。1990年,在1200多种基本消费品中有95%以上的商品供应经常短缺,在211种食品中有188种不能自由买卖。到1991年,国家不得不在所有城市实行严格的票证供应。到1991年年末,苏联居民食品供应量是:糖——每人每月1公斤,黄油——每人每月0.2公斤,肉制品——每人每月0.5公斤。即使实行这个标准也缺乏实际保证。零售贸易中的商品储备减少到破纪录的最低水平——只够消费32天。1992年1月,粮食储备约为300万吨,而当时俄国粮食消费每月为500万吨以上。在89个俄罗斯地区中,有60多个地区没有粮食储备,都在"等米下锅"[2]。"社会局势紧张到了极点,人们纷纷储备唯恐食品完全匮乏。"[3] 1991年10月~1992年4月,笔者在苏联(俄罗斯)科学院经济研究所作为访问学者考察当时正处于准备与起始阶段的经济改革,亲眼目睹这个时期苏联(俄罗斯)市场商品奇缺的状况,它比人们想象的要严重得多,真是"空空如也"。奈娜回忆起1991年随叶利钦访问德国科隆的情况时说:"当时我们应邀参观市场和路旁的店铺,那里商品丰富,琳琅满目,使我想到了俄罗斯商店里商品奇缺的情况,羞愧得恨不得一头钻到地底下,心想,我们一辈子都在工作,完成五年计划,但是,为什么我们什么都没有呢?"[4]

对新上任的俄罗斯领导人来说,面对如此紧张的社会经济局势,实行渐

---

[1] 参见〔俄〕А.В.乌留卡耶夫《期待危机:俄罗斯经济改革的进程与矛盾》,石天等译,经济科学出版社,2000,第17~20页。

[2] 参见〔俄〕А.В.乌留卡耶夫《期待危机:俄罗斯经济改革的进程与矛盾》,石天等译,经济科学出版社,2000,第18、20页。

[3] Л.Я.科萨尔斯等:《俄罗斯:转型时期的经济与社会》,石天等译,经济科学出版社,2000,第28页。

[4] 《北京晨报》2002年3月7日。

进改革已不大可能。正如俄学者指出的："在俄罗斯（苏联）利用中国改革经验，也许在这一经验出现前的十几年是可行的。因为当中国改革的经验出现的时候（70 年代末），俄罗斯的原社会经济体制已经病入膏肓，无法医治，与其说是需要医生，不如说是需要挖坟者了。"①

三　巨大的心理与政治压力

俄罗斯新任执政者一上台，就在以什么样的速度推行经济体制改革问题上，面临巨大的心理与政治压力。人们已把旧体制对社会经济造成的严重恶果看得清清楚楚，同时又看到西方国家的市场经济，从官方到普通居民产生一种"幻想与错觉"，似乎经济只要一向市场经济转轨，马上就可摆脱危机，很快就可以缩短与发达国家的距离，并可以达到发达国家的经济水平。正是这种压力成为加快俄罗斯改革步伐的催化剂。从这个意义讲，俄罗斯采用激进式的"休克疗法"进行经济体制转轨，是公共选择的结果，在较大程度上反映了当时的民意。下列情况亦可能从一个侧面证明这一点。俄 1992 年初推进"休克疗法"后，"从街上回来的人，惊慌失措，神情沮丧。然而，根据民意测验，1992 年年底有 60% 的居民支持市场改革"②。

四　通过激进改革尽快摧垮传统计划经济体制的基础，使得向市场经济的转轨变得不可逆转

1991 年年底苏联解体，俄罗斯独立执政，民主派取得了领导权。但是，民主派的领导地位并不十分巩固，面临以俄共为代表的左派力量的挑战，在当时的俄罗斯国内，各种反对派的力量，对民主派实行以私有化为基础的资本主义市场经济体制并不都持赞成的立场。就是说在民主派上台初期，俄国内面临国家向何处去的争论与斗争。斗争的核心是俄罗斯国家发展道路问题。另外，虽然以叶利钦总统为中心的国家权力执行机关已成为国家强有力的权力，但亦应看到，另一个国家最高权力机关——人民代表大会，是由左派俄共等反总统派居主导地位的。在上述政治背景下，在民主派看来，必

---

① 〔俄〕A. B. 乌留卡耶夫：《期待危机：俄罗斯经济改革的进程与矛盾》，石天等译，经济科学出版社，2000，第 6 页。
② 〔俄〕格·萨塔洛夫等：《叶利钦时代》，高增训等译，东方出版社，2002，第 217 页。

须加速经济体制转轨进程，特别是要加快国有企业的私有化速度，从根本上摧垮以国有制为基础的计划经济体制，最后达到体制转轨不可逆转的目的。被称为"私有化之父"的阿纳托利·丘拜斯认为，俄罗斯的转轨到了 1996 年才可以说已不可逆转了，一个重要的标志是，这个时候已基本完成私有化任务。2001 年 12 月 29 日，叶利钦在俄电视台《明镜》电视节目发表谈话时谈到，1999 年年底，他之所以能下决心辞职，是因为他坚信在俄罗斯改革已不可逆转。

五　政治局势也是促使新执政者推行经济激进转型的重要原因

我们在上面着重分析了苏联解体前后所面临的复杂而又严峻的经济形势，但在政治领域情况也十分严重。1991 年 "8·19" 事件后，那时由戈尔巴乔夫领导的苏联，改革实际已停顿。"联盟国家机关已经寿终正寝并且四分五裂。""无论是什么样的国家监控实际上都不起作用。"① 这是因为，"俄罗斯市场是在苏联经济的行政命令体制崩溃过程中产生的。它产生于强大的国家体制削弱和瓦解过程之中"，这在"客观上导致了旧的国家调节经济机制陷入崩溃"②。在这一期间，大家忙于政治斗争，重大事件一个接一个，取缔苏共，最后是苏联解体。这样，俄罗斯在已不存在强有力的政治核心力量、民主派掌权的政治情况下，下决心实行激进的改革。"改革战略的实质不仅在于要进行极为迫切的经济改革，而且还在于要建立俄罗斯民族国家，这个国家具有一切必要的属性，如预算、稳定的并可兑换的本国货币、税收制度、边防军队、海关、有效的货币制度、可控制的国家银行，等等。"③ 这也说明，当时俄罗斯可供选择的改革途径已经是十分狭窄了。有俄罗斯学者认为，当时俄罗斯最高领导只要愿意，就完全能建立和形成一个权威机构，因此，这不能成为否定当时存在渐进改革的理由。但另一些学者指出，这种说法是脱离当时俄罗斯实际情况的，"这只在办公桌上是可能的"，"在纸面上一切都好摆

---

① 〔俄〕А.В. 乌留卡耶夫：《期待危机：俄罗斯经济改革的进程与矛盾》，石天等译，经济科学出版社，2000，第 21、22 页。
② 〔俄〕Л.Я. 科萨尔斯等：《俄罗斯：转型时期的经济与社会》，石天等译，经济科学出版社，2000，第 30 页。
③ 〔俄〕А.В. 乌留卡耶夫：《期待危机：俄罗斯经济改革的进程与矛盾》，石天等译，经济科学出版社，2000，第 26 页。

弄，但忘记了存在峡谷。而目前的俄罗斯政治经济现实是接连不断的峡谷"①。正如弗拉基米尔·毛在论证"为什么俄罗斯不能像中国那样，通过渐进的方式启动和实现经济转轨"时指出："中国模式的关键是（转轨开始时），中国的党政集权制度仍然有效地控制着全国局势，……而俄罗斯的自由化改革开始时，不仅没有强大的政府，而是根本就没有政府——苏联已经解体，俄罗斯作为一个主权国家仍只是停留在纸上。"②

六　合乎历史逻辑的发展

从历史逻辑来看，以叶利钦、盖达尔（当时任俄罗斯副总理、代总理，负责经济体制转型问题，是一位著名的经济学家，但并不是成功的改革家。他下台后创办了转型经济研究所，于2009年12月16日去世，终年53岁）为代表的民主派推行的激进改革，是承袭了戈尔巴乔夫下台前的1990～1991年所形成和提出的改革设想。经过激烈的争论与斗争，在1990年苏联先后提出了四个向市场经济过渡的文件③。我们在前面分析戈尔巴乔夫执政时期经济体制改革过程时，对向市场经济转轨的沙塔林的500天纲领、亚夫林斯的400天构想都作了介绍。不论是400天构想还是500天纲领，都是快速转轨的计划。这说明，在戈尔巴乔夫执政后期，苏联各政治派别不仅就经济改革的市场目标达成了共识，而且快速向市场经济转轨的主张也已占主导地位。因此，叶利钦、盖达尔执政后，从历史逻辑上来说，推行激进改革是顺理成章的事。

上述分析说明，20世纪90年代初，俄实行激进改革是由特定的历史条件决定的。这也充分说明，到了这个时期，苏联社会中已积累了能够破坏一切的能量，寻找一个宣泄这股破坏性能量的出口是俄罗斯转轨的当务之急。从这个意义上讲，激进式"休克疗法"不过是释放1991年俄罗斯经济与社会生活中所积累的破坏性能量的一种较为可行的策略选择，亦是一种无可奈何的危机应对策略。正如盖达尔所说，到了1990年秋天，很明显一场危机就要爆

---

① 〔俄〕A. B. 乌留卡耶夫：《期待危机：俄罗斯经济改革的进程与矛盾》，石天等译，经济科学出版社，2000，第33页。
② 转引自《俄罗斯研究》2003年第3期。
③ 1991年3月，我国国家体改委国外经济体制司委托特约研究员陆南泉组织有关研究人员翻译了这四个文件，以供国内跟踪研究苏联经济体制改革进程参考。在此前，时任苏联部长会议主席的雷日科夫于1990年9月签署了《苏联关于形成可调节市场经济的结构和机制的政府纲领》。

发了。一场革命就要来临，在这种背景下，有秩序的改革是根本不可能的，唯一剩下的就是如何对付危机①。丘拜斯在分析20世纪90年代初俄罗斯之所以采取激进转轨方式时指出，盖达尔政府开始的改革，"不是别人强加给我们的，不是有人从外面命令我们做的。这是已经成熟了的、使人困扰已久的变革，是由整个俄罗斯的历史进程所准备好了的变革。这是我们国家命运中不能避免的转折"②。雅科夫列夫在谈到这一问题时说，盖达尔政府"从所有可能的方案中选择了最简捷的，但也是最脆弱的方案——休克疗法"。"我自己最初就感到这个方案至少是冒险的，代价会很大，是注定要失败的，这一点我在1992年2月就说了。物价放开需要有个竞争环境，然而当时并没有这种环境。在市场上，土地、住房、生产资料都不上市。没有制定应有的保护企业家、特别是生产者的法律。""但是我既不充当预言家，也不想充当裁判员。在怀疑'休克疗法'主张的同时，我依然认为，当时政府根本没有别的选择。"③ 我国程伟教授对俄当时之所以采用激进式改革提出的结论之一是："俄罗斯经济转轨启用激进方式，即使是不合适的，却是不可避免的。"④ 我们再看看，在俄罗斯连坚决反对叶利钦、盖达尔经济转轨的阿巴尔金在他主管苏联经济改革期间，亦曾设想过激进的改革方案，他回忆说："时间会令人忘却一些事情，而今日的激愤又限制了历史的记忆。但是应该直说，激进经济改革的构想是有过。……你可能喜欢它或者不喜欢它，但这是另一个问题。"⑤ 后来，阿巴尔金赞成的是实行适度激进方案。有人说，在俄罗斯除选择激进转轨方式外，别无他途的说法，十足是一种宣传伎俩，是给不明真相的人强行灌输的一种观念；另有人说，俄罗斯选择激进转轨方式，纯粹是出于意识形态的理由；还有人说，俄罗斯实行激进转轨方式是完全屈从于西方国家的压力；等等。笔者一直认为，对俄罗斯采取激进转轨方式原因的分析，应该从当时俄罗斯面临诸多复杂的主客观因素去探究，切忌简单化，更不能想当然地认为套用中国的做法才是正确的。

有关激进与渐进两种转轨方式的评价，是一个十分复杂的问题，学术界

---

① 参见徐坡岭《俄罗斯经济转轨的路径选择与转型性经济危机》，《俄罗斯研究》2003年第3期。
② 〔俄〕阿纳托利·丘拜斯主编《俄罗斯式的私有化》，乔木林等译，新华出版社，2004，第12页。
③ 〔俄〕亚·尼·雅科夫列夫：《一杯苦酒——俄罗斯的布尔什维主义和改革运动》，徐葵等译，新华出版社，1999，第262~263页。
④ 程伟：《计划经济国家体制转轨评论》，辽宁大学出版社，1999，第166页。
⑤ 〔俄〕《阿巴尔金经济学文集》，李刚军等译，清华大学出版社，2004，第90页。

至今存在不同看法。它既关系到经济转轨的理论问题，也关系到对这两种不同经济转型方式实际绩效的评价问题。这里，笔者提出一些粗浅的看法。

第一，不能以激进和渐进来划分市场经济体制模式，这只是过渡方式的区别。不论是激进还是渐进，都只不过是一种手段与方式。市场经济体制模式基本上有两种：自由市场经济模式和社会市场经济模式。这是大家所公认的。

第二，从过渡速度来划分渐进与激进也是相对而言的。有不少激进的改革措施具有局部性与临时性的特点。从波兰头5年来的激进改革过程看，也很难认为全部变革都是采取激进的方式。俄罗斯政府也在不断调整政策，逐步放弃"休克疗法"初期的一些做法。中国采取渐进方式进行经济体制改革，是从这二十多年来的整个改革过程来讲的。在各个领域、各个时期，改革的速度也不都是一样的，有时慢一些，有时快一些。应该认识到，"即使是激进的改革也有渐进的性质"[①]。

第三，国外有些学者有这样的说法，即认为渐进式向市场经济过渡必然要失败，这种说法是没有根据的。当然也不能笼统地认为渐进方式一定要比激进方式好。俄罗斯实行"休克疗法"的过渡未取得成功，不等于波兰也不成功。波兰1990年实行"休克疗法"之后，在较短的时间内渡过了最困难的时期，并较快地出现了经济增长，1992年国内生产总值增长2.6%，1993年增长3.8%，1994年估计增长5%左右；通货膨胀也得到了遏制，1992年通货膨胀率为43%，1993年为32.2%，据计算，1994年为29.5%。这表明波兰实行激进式过渡，较快取得了成效。

第四，一个国家采用激进式的过渡方式往往是不得已而为之。它们或者是在多次采取措施而仍无法控制通膨时，被迫一次性放开价格；或者是在国内市场极其不平衡、赤字庞大、通膨失控、国家行政管理体系完全崩溃的条件下，通过政府有效地控制、逐步地实行价格改革已不可能，而不得不采用激进方式。

第五，从实行渐进式向市场经济过渡的一些国家情况来看，也并不像有些人所想的那样渐进式过渡必然拖得很长，进程很慢。拿匈牙利来说，它是东欧诸国中实行渐进式过渡的典型。虽然在转轨的头几年它离发育完善的市场体制还有较大距离，但匈牙利在向市场经济过渡方面也取得了很

---

① 〔美〕杰里·霍夫：《丢失的巨人》，徐葵等译，新华出版社，2003，第324页。

大进展,即价格早已基本放开,价格结构有了很大调整,传统的计划体制已经被打破,市场调节的作用大大加强,市场经济的因素明显增多。另外,匈牙利的某些措施,如在企业破产方面,比实行"休克疗法"的波兰迈的步子要大得多。所以,渐进式绝不是慢慢来,更不是走走停停,而同样需要迈大步。

第六,人们对激进过渡方式所产生的问题容易看得比较清楚,如生产下滑速度快,通膨失控,人民生活水平大幅度下降,失业人数增加,承担的风险大等。但容易忽视渐进过渡方式存在的问题,如过渡时间拖得较长,在较长时间内价格仍不是市场价格,价格仍不能成为衡量经济效率的标准,不利于产权关系的改革,本国价格与国际价格长期脱节等。渐进式过渡方式,容易把问题与矛盾掩盖起来,搞得不好,有可能使问题越积越多,使改革难以取得实质性进展。另外,由于渐进式过渡方式时间较长,在过渡期会出现双轨体制的运行状态,尤其是价格双轨制,难免会导致经济秩序混乱,企业行为短期化,会为官倒、私倒创造条件,成为产生腐败的一个重要因素。所以,不能忽视渐进式改革的负效应,而应该力争在实行渐进式改革过程中把它带来的负效应降到最低限度。

第七,不论采取哪种方式向市场经济过渡,过渡的主要内容是相同的:一是通过对国有企业的改造,改变独占的、单一的所有制结构,建立起多种所有制形式,在此基础上,使企业成为独立的商品生产者;二是为了使市场机制在实现社会资源优化配置方面起决定性作用,转换经济的运行机制,即由传统计划经济条件下形成的行政机制转换成市场机制;三是改变政府调控宏观经济的手段与方法,即由直接的行政方法的调控改为间接的经济方法的调控,为此就必须转变政府职能;四是在形成与培育市场经济的同时,建立起完善的社会保障体系。

第八,从原苏联与东欧各国向市场经济过渡方式的发展过程看,其趋势是渐进与激进两种方式的混合,但侧重于渐进式。笔者认为,搞激进转型的国家,经过一段时间后转向渐进,并不意味着是对前一段时间激进改革政策的根本否定,亦不是什么纠偏,是合乎逻辑的发展。因为原苏东国家要从传统的计划经济体制向市场经济体制过渡,不可能一蹴而就。转轨是一个推陈出新的过程,一些国家通过激进式转轨是为未来整个经济改革过程与制度建设创造初始条件。按科勒德克的看法,经济稳定化和自由化可以以激进方式实现,而结构改革、制度安排与现存生产力的微观结构重组则必须是渐进行的①。所以，笔者认为，如果从通过转轨达到制度建设的目的这一角度讲，所有计划经济体制向市场经济体制过渡的国家，其经济体制转轨实质上都是渐进的，必然是一个渐进的过程。关于这一点，应该是不存疑问的。

以上分析说明，不要对激进与渐进转型方式存有绝对化的理解，实际生活中往往出现这种情况：在"某个人看来是渐进的转型，或许在另外一个人看来就是激进的改革"。例如，"科尼亚（Cornia）和波波夫（Popov）则把越南视为休克方式的典型，主要是指其快速放松价格管制并保持宏观经济的稳定。他们因此而将俄罗斯和乌克兰计入实施非连续休克（inconsistent shock）战略的国家之列，也就是迅速放开价格，但未能保持宏观经济稳定"②。拿中国改革来说，一般认为是渐进的典型，而吴敬琏教授在分析中国改革战略问题时指出："不能用'渐进论'概括中国的改革战略。"他自问自答地说："'渐进改革论'是否符合中国改革的实际？是否符合小平同志经济体制改革的战略思想？我的回答是否定的。"他解释说："从中国改革的实际情况看，在国有经济（包括有工商企业、国家银行和国家财政）的范围内，改革的确是渐进进行的，15年来基本上只做了一些小的修补，而没有根本性变革。……直到1993年党的十三届三中全会以后，都没有采取实际步骤对国有经济进行全面改革。""从1981年开始，中国改革在国有经济领域中实际上是停顿了。"因此，"中国改革举世公认的成就，并不是因为国有经济采用了渐进改革的方法才取得的"。中国改革取得的成就主要是由于在"1980年秋到1982年秋短短2年时间内，就实现了农村改革，家庭联产承包责任制取代了人民公社三级所有制的体制。1982年以后，乡镇企业大发展，进而带动了城市非国有经济的发展。加上搞了两个特区和沿海对外开放政策，使中国一部分地区和国际市场对接，而且建立了一批'三资企业'。……一个农村改革，一个对外开放，构成了1980年以后中国改革的特点。1980～1984年所取得的成就在很大程度上与这一特点有关"③。而搞农村改革、特区和对外开放，其速度都是快的，也并不是以时间拖得很长的渐进式进行的。杰弗里·萨

---

① 参见〔波兰〕格译戈尔兹·W. 科勒德克：《从休克到治疗——后社会主义转轨的政治经济》，刘晓勇等译，上海远东出版社，2000，第35～37页。
② 〔波兰〕格译戈尔兹·W. 科勒德克：《从休克到治疗——后社会主义转轨的政治经济》，刘晓勇等译，上海远东出版社，2000，第35、47页。
③ 转引自吴敬琏等《渐进与激进——中国改革道路的选择》，经济科学出版社，1996，第1～3页。

克斯也说:"我并不认为中国的成功是渐进主义发挥了特别的作用,真正起作用的是开放农村、开放沿海地区、鼓励劳动密集型生产、允许外资与技术的输入,等等。一句话,允许足够的经济自由,从而最好地利用了中国的结构。"①

第三节 各个时期经济转型的任务

一 叶利钦时期的转型任务是建立市场经济体制框架

叶利钦时期的转型是与整个制度变迁同时进行的。因此,总的任务是,俄罗斯新的执政者,通过政治与经济体制的转型,要改掉在斯大林时期建立起来的、已失去发展动力和人们不再信任的苏联社会主义模式。为此,当时俄罗斯确定了明确的转型目标,即在政治上建立民主体制和在经济上建立市场体制。

叶利钦在俄罗斯之所以能执掌政权8个年头,主要原因是,他在俄罗斯推行的转型就其大方向而言,是符合社会历史发展潮流的②。这8年的转型有进展也有失误,甚至出现过严重错误,从而民众对他往往徘徊在希望与失望之间。否则,就无法解释为什么1996年7月,在俄罗斯一千年历史中,首次通过全民投票选举国家首脑时叶利钦能获胜。

从国内来讲,俄罗斯是一个面临十分艰巨与复杂改革任务的转型国家。在1999年的最后一天,叶利钦在辞职讲话中说:"我已经完成了我一生的主要任务。俄罗斯将永远不会再回到过去,俄罗斯将永远向前迈进。"这里讲的主要任务,就是指8年来的制度性转型,冲垮了苏联时期传统的社会主义政治与经济体制模式,形成了新的政治与经济体制模式的框架。

从经济转型来看,通过激进的改革方式,俄很快就冲垮了传统的计划经济体制模式,1996年形成了市场经济体制的框架,这主要表现在:

(1) 通过私有化,打破了国家对经济的垄断,形成了私营、个体、集体、合资、股份制与国有经济多种经济成分并存的多元化格局。俄罗斯的一些政要还认为,通过私有化较顺利地实现了政治目标:一是铲除了社会主义计划

---

① 转引自吴敬琏等《渐进与激进——中国改革道路的选择》,经济科学出版社,1996,第166页。
② 这指的是政治上民主化与经济上市场化。

经济体制的经济基础，使经济体制转轨朝向市场经济体制模式变得不可逆转；二是培育与形成一个千阶层，成为新社会制度社会基础的政治保证。1996年视为在俄罗斯形成市场经济框架，其一个主要标志是，1996年，俄罗斯以转让国有资产为主要内容的大规模产权私有化已基本结束。私有化企业在俄罗斯企业总数中的比重与其生产的产值占全俄GDP的比重分别约为60%与70%。

（2）按西方国家模式，构建适应市场经济要求的宏观调控体制：在银行体制方面，俄建立了以中央银行为主体、商业银行与多种金融机构并存的二级银行体制。通过立法，明确了中央银行的独立地位，实行利率市场化。

在财税体制方面，俄通过改革使国家财政向社会共同财政转化，缩小财政范围。财政职能转变的重点有两个：一是财政作为政府行为不再直接干预企业的生产经营活动，主要是解决市场不能满足的一些社会公共需要；二是由于在市场经济条件下，国家调控宏观经济的方式由直接行政方法为主转向间接经济方法为主，因此，要强化财政对宏观经济的调控作用。通过实行分税制，在联邦预算中建立转移支付项目。联邦、联邦主体和地方三级税收体制已基本上建立。

在外汇管理方面，由一开始实行的自由化转向实行有管理的浮动汇率制度。

（3）确立了社会保障体制改革的方向。俄在这一领域的改革是朝以下方向进行的：一是逐步放弃国家包揽一切的做法，实现社会保障的资金来源多元化；二是在处理社会公平与效率的相互关系问题上，重点由过去的注重公平而忽视效率转向效率兼顾公平。

（4）在经济建设法规方面也取得了一定的进展，制定了大量的法规。但应看到，叶利钦时期形成的市场经济框架是极其不成熟的。由于俄罗斯市场是在苏联经济的行政命令体制崩溃过程中产生的，产生于强大的国家体制削弱与瓦解过程中，这样，国家调节市场的能力很差，加上在市场形成过程中，充满着政治斗争，就使得市场经济运作中出现无序、混乱、经济犯罪和影子经济。

叶利钦时期的经济体制转型，并没有使俄罗斯摆脱经济困境，而是给人民生活带来了很大困难，为此，叶利钦在辞职讲话中"恳请大家原谅"。他说："我苦思该采取何种举措来确保国人生活得安逸，哪怕是改善一些。在总统任期内，我再没有比这更重要的施政目标了。"

很明显，俄罗斯经济转型，从制度建设来看，的确取得了一定进展；但从经济发展来看，改革是不成功的。叶利钦时期的经济转型，不仅没有达到振兴经济的目标，反而使经济出现了严重的转轨危机。对此，博戈莫洛夫说，叶利钦时期的转轨，"在政治方面，这个时代推动了我们前进，但是，在经济方面，我们走的是一条通向灾难的道路"①。

二 普京执政时期实行修补与整治等政策，使混乱无序的市场转向有序

2004年，普京在其连任后第一次发表的总统国情咨文中说，从20世纪90年代初起，俄罗斯在发展中走过了几个阶段。第一阶段是打破过去的经济体系，习惯的生活方式也随之被打破，出现了尖锐的政治和社会冲突，社会经历了严重困难。而第二阶段是清除旧建筑坍塌的废墟，同时成功地制止了最危险的经济和政治发展趋势。普京认为，在不久前才开始走向发展现代化俄罗斯国家的第三阶段。在这个阶段俄罗斯才有可能高速发展，有可能解决大规模的社会问题，才有了足够的经验和必要的手段，可以为自己提出真正长期的目标。显然，俄罗斯发展的第一阶段系指叶利钦执政时期，第二阶段系指普京总统的第一任期，而第三阶段系指始于普京当选第二任总统。普京把他第一任期即俄罗斯发展第二阶段的主要政绩，简要地归结为成功地制止最危险的经济和政治发展趋势。

可以认为，普京时期与后普京时期，他的治国思想是他1999年年底发表的《千年之交的俄罗斯》纲领性文章中提出的"俄罗斯思想"②。它包含的内容是：(1) "爱国主义"，即对"自己的祖国、自己的历史和成就而产生的自豪感"，也是为建设强大国家的一种"心愿"；(2) "强国意识"，强调俄罗斯过去与将来都是"强大的国家"，这"决定着俄罗斯人的思想倾向和国家的政策"；(3) "国家观念"，即认为拥有强大权力的国家"是秩序的源头和保障，是任何变革的倡导者和主要推动力"；(4) "社会团结"，强调俄罗斯人向来重视"集体活动"，"习惯于借助国家和社会的帮助和支持"来"改善自己的

---

① 〔俄〕O.T.博戈莫洛夫：《俄罗斯的过渡年代》，张弛译，辽宁大学出版社，2002，第113~114页。
② 关于"俄罗斯思想"基本内容的论述，详见《普京文集》，中国社会科学出版社，2002，第7~10页。

状况"。十分明显,"俄罗斯思想"实质上是带有浓厚俄罗斯民族主义色彩的爱国主义,其核心是"国家"的观念,即突出国家的地位与作用,恢复俄罗斯的大国和强国地位。关于这一点,普京在 2000 年 7 月 8 日向俄罗斯联邦会提交的总统国情咨文中说得更加明确。他说:"俄罗斯唯一的选择是选择做强国,做强大而自信的国家,做一个不反对国际社会,不反对别的强国,而是与其共存的强国。"① 普京认为,为了使俄罗斯成为强国,"需要有一个强有力的国家政权体系。历史已雄辩地证明,任何专制和独裁都是短暂的,只有民主制度才能长久不衰。尽管民主制度也存在着种种不足,但人类还没有想出比这更好的制度。在俄罗斯建立强大的国家政权,即是指建立一个民主、法制、有行为能力的联邦国家"②。

可以说,在普京时期,他治国的基本原则与政策体现俄罗斯思想。普京在 2004 年 5 月 26 日发表的总统国情咨文中明确地说:"我们政策的基本原则不会发生任何改变。""彻底改变经济政策,对外交政策全面修正,所有偏离历经磨难的俄罗斯所选择的历史道路的做法只会带来不可逆转的灾难。必须坚决杜绝这些行为。"笔者看来,在普京时期,从俄罗斯国内政策的总趋势来看,所推行的改革政策与措施,都是围绕加速发展经济与加强中央权力这两个轴心来进行。

可以说,普京在经济体制转型方面强调的战略是,通过政治上建立强有力的国家政权体系与加强中央权力,保证俄罗斯实现市场经济的改革。1999 年 11 月,普京就明确地说:"我相信,只有市场经济能让我们实现目标。政府必须把市场经济改革一直进行下去,直至市场经济能够全面运作时为止。"③ 2000 年 1 月 18 日,普京在新一届杜马的讲话中也表示俄罗斯将广泛实施以市场为导向的经济,他敦促国家杜马批准久拖未决的土地私有化。同时,普京强调,这种市场经济不是像叶利钦时期那样的野蛮的资本主义市场经济,而是文明的、建立在法律与平等竞争基础上的市场经济,这也是一种符合市场经济一般原则要求的"自由经济"。普京认为,在保持强有力的中央政治控制下推行"自由经济",对推动市场经济的改革与经济发展可取得最佳效果。他在 2000 年的总统国情咨文中说:"我们极为重要的任务是学会利用国家工具保证各种自由:个人自由、经营自由、发展公民社会机构的自由。""我们的

---

① 《普京文集》,中国社会科学出版社,2002,第 77 页。
② 《普京文集》,中国社会科学出版社,2002,第 10~11 页。
③ 转引自陆南泉《苏联经济体制改革史论——从列宁到普京》,人民出版社,2007,第 757 页。

战略方针是：减少行政干预，增加经营自由——生产、买卖和投资的自由。"①
2000年7月在对《消息报》记者谈话时普京又强调"应该保护经济自由"②。
2001年7月在一次记者招待会上说："我们明白俄罗斯努力方向是什么，即追求经济的自由化，杜绝国家对经济的没有根据的干预。我要说明一点：只是杜绝没有根据的干预，不是完全取消国家的调节职能，而是要杜绝没有根据的干预。"他接着还说："在经济领域，始终不渝地反对经济官僚化，而主张经济自由化。"③ 在2001年10月的一次讲话中他指出："我们主张经济制度的自由化。"④

普京为了实现其市场经济的改革方针，针对叶利钦时期存在的问题，特别强调以下几点：

第一，加强国家对经济的调控。这一点，普京在其《千年之交的俄罗斯》一文中指出："俄罗斯必须在经济和社会领域建立完整的国家调控体系。这并不是说要重新实行指令性计划和管理体系，让无所不包的国家从上至下为每个企业制定出工作细则，而是让俄罗斯国家成为国家经济和社会力量的有效协调员，使它们的利益保持平衡，确立社会发展最佳目标和合理参数，为达到这一目的创造条件和建立各种机制。"他还强调："在确定国家调控体系的规模和机制时，我们应遵循这样一个原则：'需要国家调控的地方，就要有国家调控；需要自由的地方，就要有自由'。"⑤

第二，在经济转型的方法上，今后"只能采用渐进的、逐步的和审慎的方法实施"，切忌像20世纪90年代那样机械搬用西方经验的错误做法，强调俄罗斯必须寻觅符合本国国情的改革之路。

第三，重视社会政策。普京强调："对俄罗斯来说，任何会造成人民生活条件恶化的改革与措施基本上已无立足之地。"因为，俄罗斯国内出现了十分普遍的贫困现象。1998年年初，世界人均年收入大约为5000美元，而俄罗斯只有2200美元，1998年金融危机之后，这一指标更低了。普京还指出，俄人民生活水平大幅度下降是个尖锐的社会问题，政府应制定新的收入政策，新政策的目的是在增加居民实际收入的基础上确保居民的富裕程度稳步提高。

---

① 《普京文集》，中国社会科学出版社，2002，第81、86页。
② 《普京文集》，中国社会科学出版社，2002，第102页。
③ 《普京文集》，中国社会科学出版社，2002，第373、382页。
④ 《普京文集》，中国社会科学出版社，2002，第446页。
⑤ 《普京文集》，中国社会科学出版社，2002，第13页。

这几年来，普京十分重视职工工资与退休人员养老金的提高。

第四，反对重新国有化。

第五，要有经济发展战略。过去没有切实可行的长期的经济发展战略，对此，普京强调，为了使俄罗斯有信心走出危机，走向振兴之路，增强国内凝聚力，需要制定经济发展战略。

普京执政8年，俄罗斯各领域中的消极因素日益得到抑制，市场经济无序状态有了根本性的好转。

三 "梅普组合"到"普梅组合"后向经济现代化方向转型

2008年5月7日梅德韦杰夫正式成为俄罗斯第三任总统，8日普京被俄国家杜马批准为政府总理。这样，"梅普政权"正式形成。2012年3月总统大选后，普京又当选总统而梅德韦杰夫改任总理，从而形成"普梅组合"。从"梅普组合"到"普梅组合"时期，主要向经济现代化方向转型，本书有专门一章加以论述，这里就不展开分析。

第二章
宏观体制转型

俄罗斯宏观经济体制的转型，其主要特点是，基本上搬用了西方国家市场经济模式。价格自由化，是俄罗斯在向市场经济快速过渡起始阶段一项最为直接与明确的、十分重要的宏观改革政策与措施。具体做法可简单归结为一次性大范围放开价格。实行价格自由化的改革政策的必要性，从当时俄罗斯的情况来看，突出表现在与实行激进方式向自由市场经济过渡的需要有关。没有价格自由化就不可能形成市场经济体制。本章对宏观经济体制的转型研究，主要论述反映和国家与经济相互关系有关的财政、税收及银行体制的转型问题。

第一节 财政体制转型

财政体制转型是俄罗斯向市场经济转轨的重要举措之一。俄财政体制转型的主要目标，是"建立一种能够促进国民收入有效分配和再分配的财政资金形成和使用机制，其目的是发展生产力，建立市场经济结构，巩固国家，保障广大居民阶层的很高生活水平和生活质量，实行经济的结构改革，拉平不同地区的经济和社会发展水平"[①]。

[①] И. П. Николаева, Теория переходной экономики, Москва, Издателъство политической литературы "Единство", 2001, с. 290~291.

一 进一步划分事权与财权（财政支出）

事权划分是财权划分的基础。俄罗斯1993年新宪法第71条和72条对联邦政府、联邦主体政府（地区政府）和地方政府这三级政府的职权范围进行了较为明确的划分。与此相一致，俄罗斯的预算管理体制是以预算联邦制为基础和主要特征的多级预算管理体制，包括联邦预算、联邦主体预算（地区预算）和地方预算三级，并以此来划分三级预算各自的权责。然而，虽然1993年宪法中明确了财政支出责任的划分，并将很大一部分财政支出责任分别划归联邦政府或由联邦和联邦主体（地区）政府共同承担，但由于对地方政府所应承担的财政支出责任规定不清，从而各级政府的事权和财政支出权限界定模糊，中央与地方政府在一些职权和管辖权问题上相互推诿扯皮。正如有学者指出的，这一时期，俄罗斯联邦政府与地方政府之间严格说来并没有进行明确的财政职能界定，也没有进行明确的支出责任划分。政府间的财政关系是政府之间通过谈判主观决定的，建立的是一种不公开透明的财政收支体系安排，这并不符合国际惯例。根据俄罗斯的财政制度，政府在每一个财政年度必须重新进行一次政府支出责任的划分。而与这种模糊不确定的支出责任划分形成强烈对比的是，俄对政府间财政收入的划分则是相当明确的。因此，俄罗斯联邦各级政府间关系的制度安排似乎有些本末倒置：联邦以下政府的财政支出安排，不是以支定收，而是以收定支[1]。

虽然此后这种状况有了一定的改变，但总的来看，在1998年之前，俄罗斯各级政府之间的财政支出权限还是缺乏明确划分。这种情况无论是在联邦与联邦主体权力机构之间，还是在联邦主体与地方政府之间均不同程度地存在。形式上，俄罗斯为地区和地方政府确定了财政支出权限和范围，并将对住宅公用事业和运输业的补贴支出，以及维护地区级道路的支出都固定给了地方。此外，地方政府与联邦中央政府之间对教育、卫生、社会政策和经济补贴等共同性支出的拨款责任也做了划分。但俄罗斯联邦政府在把支出责任和义务划定给各级财政时，并不为其提供自主确定财政规模和财政拨款的实际权力。由此看来，俄地方财政大部分支出的规模和结构仍由联邦政府实行

---

[1] 参见〔美〕理查德·伯德等主编《社会主义国家的分权化：转轨经济的政府间财政转移支付》（中译本），中央编译出版社，2001，第304页。

硬性调节。而且，在20世纪90年代，根据相关的联邦法规，联邦政府通常将没有收入来源作保证的很大一部分支出责任和义务交由地区财政和地方财政来承担。联邦政府的这种做法虽然有助于平衡联邦预算，并缓解联邦政府的财政赤字压力，但这种转移不符合支出责任的划分原则，也会扭曲联邦政府的财政支出责任体系。因此，总体上看，俄罗斯各级财政支出权限划分不明确、不合理的基本问题并没有彻底解决。

俄罗斯预算法典虽然对固定财政支出权限和责任问题做了明确规定，但距离中央与地方政府间财政关系的改革目标尚有一定差距。更准确地说，预算法典只是对联邦主体和地方政府增加财政支出规定了限制措施，强调各联邦主体和地方政府无权在一个财政年度内通过能够造成财政支出增加或其他财政收入减少的有关决议，即各级地方政府的财政支出权限和责任只能限定在联邦法律规定的范围内，不能自行加以变更。此外，虽然早在预算法典生效前的1999年，俄财政部就对规定各级政府财政支出义务和权限的有关法规进行了重新清理，并提出了划定联邦预算、地区预算和地方预算支出权限的基本方案，但联邦法规规定地区预算和地方预算要承担没有拨款来源做保证的各种义务，仍是造成各级地方预算收支长期不平衡的基本原因，也是政府间财政关系改革的主要障碍。有资料表明，1999年，仅一些最大的不拨付资金的"联邦政府委托项目"，就约占GDP的8%，即相当于地区自有收入的60%。因此，从法律上保证缩减"联邦政府委托项目"，更明确地确定地区政府对"联邦政府委托项目"拨款的职责范围，在当时成为俄罗斯专家、学者和政府官员的共识。

综上所述，由于俄罗斯中央与地方政府间的财政职能界定不清，支出责任划分不甚明确或不具体。一方面，容易造成联邦中央政府支出责任的转移和重新分配，形成对地方财政的"摊派"，扭曲中央政府与地方各级政府的财政支出责任；另一方面，又促使地方政府同中央政府在财政收支问题上讨价还价，并从中不断攫取地方经济利益。更有甚者，俄罗斯政府间财政支出责任划分得不清晰或不具体，与政府间财政收入的明确划分形成了尖锐的矛盾和强烈的对比。在这种情况下，联邦政府既框定中央与地方各级政府的财政收入，又限制地方政府根据自己的需要进行财政支出，但中央政府的财政支出责任又可以随时转移给地方，从而加重地方政府的财政支出压力。也就是说，由于政府间财政支出责任划分不明晰，地方政府往往要在财政收入既定的情况下承担超过其财政收支计划的额外支出。这就是这种矛盾造成的直接后果。

针对上述问题，俄罗斯于 2003 年重新修订了《俄罗斯联邦地方自治机构基本原则法》，进一步明确了各级政府的管辖范围和权限，以及各级政府的具体财政支出权限和责任，从而使俄向真正的联邦主义迈出了关键性的一步。实际上，随着《至 2005 年俄罗斯联邦预算联邦制发展纲要》的实施，特别是其中有关划分中央与地方预算支出的五项原则（从属原则、区域一致原则、外部效用原则、区域差别原则、规模效用原则）的落实，俄各级预算支出范围的划分具有了以下两个特点：一是与国家整体利益相关的、具有较强外部性特征的全国性公共产品和服务支出划为联邦支出，包括外交、国防、安全、立法、司法、基础研究，以及能源、交通运输、宇航等联邦主要经济部门。二是与区域或地区关系密切的基础设施建设、执行地区专项纲要、社会保障、社会服务、社会文化领域的支出等，划归联邦主体支出范围。此外，向地方预算提供财政援助也是联邦主体即地区财政的一笔重要支出。而教育、文化、卫生、体育、市政、住宅和公用事业等支出属于地方预算的支出范围。

当然，这种划分也未能从根本上明确各级政府的支出责任，俄分权体制中支出责任的交叉和重叠现象是十分明显的，表 2-1 反映了这一情况。

表 2-1　2000 年俄罗斯各级预算支出权限和职能的实际划分

支出项目	法律规定的支出权限	实际执行情况
环境保护	联邦、地区、地方预算	联邦、地区、地方预算
交　　通	联邦、地区预算	联邦、地区、地方预算
教　　育	联邦、地区、地方预算	联邦、地区预算
自然资源	联邦、地区预算	联邦、地区、地方预算
收入支持	联邦、地区、地方预算	联邦、地区、地方预算
工业农业	联邦、地区、地方预算	联邦、地区、地方预算
护法活动	联邦、地区预算	联邦、地区、地方预算
保健卫生	联邦、地区、地方预算	联邦、地区、地方预算

资料来源：〔俄〕赫利斯捷卡：《预算间关系和地区财政管理：经验、问题、前景》，莫斯科，事业出版社，2002，第 24 页。

从表 2-1 可见，俄罗斯在大多数支出领域都是由三级政府的预算来共同分担责任，造成支出责任的重叠。鉴于各级财政职能界定不清，支出责任划分不明确或不具体等问题，《至 2005 年俄罗斯联邦预算联邦制发展纲要》提出的下一步预算联邦制改革重点，仍是要致力于地区和地方预算的支出权能与财政资金之间的平衡,包括:进一步明确各级政权机构的支出权限和范围;为各联邦主体和地方自治机构自主管理本级预算支出提供保证;对法定的预算义务要有必要的财政资金做保证,减少以至彻底取消"不予拨款的联邦委托项目";以立法形式规定部分支出权限变更的程序。

二 实行分税制,合理划分财政收入

在划分各级政府之间的事权和财权即财政支出权限与责任的基础上,还必须合理划分各级预算的收入来源,以使各级政府拥有与其事权相一致的财力保证。

(一) 按各级政府的职能和权限划分税种

在独立后的最初几年,俄罗斯对中央与地方财政在税收方面的关系进行了调整,对税种在中央与地方之间做了重新划分。当时归联邦中央政府征收的税种主要有增值税、消费税、机构单位利润税、特别税(对银行、保险、股票及商品交易所、证券经营等行业课征的税率较高的税)、自然人所得税、关税、印花税、道路税、遗产税等。归地方征收的税种主要有企业财产税、木材费、自然资源税、环境污染税、个人财产税、土地税、广告税、运输税、教育税、企业注册费等。尽管从数量上看,归地方政府征收的税种并不少,但由于税收总额不大,税收收入占地方财政总收入的比重较低,一度引起地方政府的强烈不满,它们要求扩大对税收的支配权。迫于地方政府的压力,俄联邦中央政府划出一些税收给地方:将增值税收入的20%~50%划给地方;从32%的利润税中划出22%给地方,其中,又将12%划归州财政,10%划归州以下的地方财政;自然人所得税全部归地方。但这种划分的有效期仅为5年。要求地方在5年内建立自己的税收体制,这就意味着允许地方政府自行征税。因此,地方政府在税收方面的权限已较前扩大。

虽然中央政府对地方政府在税收权限上做了很大让步,但地方政府越权截留中央税收的现象仍很严重,且大有愈演愈烈之势。鉴于此,俄联邦政府曾专门发布命令,对税收越权和违法行为采取严厉的制裁措施,但此种现象仍屡禁不止。据有关资料,1993年有30多个联邦主体截留联邦税款,个别地方政府甚至将该地区90%的税款留为己用。究其原因,一方面,地方本位主义和地方民族主义作祟固然是重要因素,但另一方面,地方政府财政困难也是事实。而根本的原因还有以下三个方面：其一，中央与地方的事权划分不明确，相应的财权划分也不甚清楚，因而不仅造成各级政府税收管理上的模糊和混乱，而且也使地方政府由于税收权限模糊和税收管理混乱而有机可乘。其二，虽然当时赋予地方政府自行征税的权力，但在严重经济危机、生产大滑坡和人民生活水平急剧下降的情况下，在地方课征新税并非易事。其三，各地区经济发展不平衡，俄在税收政策上对民族地区和困难地区倾斜不够，造成这些地区私自截留联邦中央税款来平衡地方财政收支。针对上述问题，俄罗斯首先明确了中央与地方的事权和财权，然后采取税款留成的调节办法努力平衡地方预算。当时，增值税的35%、利润税的66%、消费税的47%都留给了地方。

1999年1月1日《俄罗斯联邦税法典》生效，情况发生了很大变化。税法典规定了构建俄罗斯税制的基本原则，特别是确定了税种以及设立联邦主体税和地方税的基本原则。税法典第1条首次明确规定，国家整个税制的法律基础由以下法规组成：（1）税法典以及根据税法典通过的联邦税法；（2）俄罗斯联邦主体立法（代表）机关通过的法律和其他税收法规；（3）地方自治机构在税法典规定的范围内通过的法规。根据这些原则，俄罗斯将税收分为：（1）联邦税，该类税只能由税法典做出规定，只能由税法典提出变更或取消，是在俄全境必须征收的税种；（2）俄罗斯联邦主体税或称地区税，该类税是根据税法典规定并由联邦主体法律颁布实施，在有关联邦主体辖区内征收的税种；（3）地方税，该类税是根据税法典规定并由地方自治机构颁布实施，在有关市政辖区内征收的税种。

（二）分税制及其具体实施

俄罗斯独立之初，由于承袭前苏联的财政体制，并没有根据地方各级政府的支出责任来具体划分相应的税收收入，以保证地方各级政府完成本级财政的财力需要。在经济转轨进程中，俄罗斯联邦政府在将一部分财政支出责任转移给下级地方政府，从而增加地方政府财政负担和加剧财政赤字的同时，也在不断调整和推行分税制，以缓冲地方政府的财政压力，安抚财政超负荷运转的地方政府。尤其是自1994年以来，俄罗斯在税收体制上进入了对中央和地方关系进行实质性改革的时期，主要方向是实行分税制，分税制成为俄罗斯处理各级政府税收权限问题的重要手段。表2-2反映了俄罗斯1994年实行分税制之初的具体情况。

表 2-2　1994 年俄罗斯联邦的分税制

收入来源	地方各级政府的分享收入	与地方各级政府的收入分享方法	评　价
个人所得税	100%	按劳务发生地进行分配	该税完全归属区政府
公司所得税	税率接近 38%，中央分享税率为 13%	按劳务发生地进行分配	州政府可能会降低税率
增值税	25%	按征税来源地原则，在征税地进行收入分配	75% 归属联邦政府，其中收入的 22% 对地方各级政府进行政府援助
酒类消费税	50%	按征税来源地原则，在征税地进行收入分配	—
其他消费税	100%	按征税来源地原则，在征税地进行收入分配	对摩托车征收的消费税完全归属联邦中央政府
对自治区的政府援助和转移支付	通过谈判确定	通过谈判确定	大部分根据批准的财政赤字以及特别项目进行

资料来源：俄罗斯联邦财政部，转引自〔美〕理查德·伯德等主编《社会主义国家的分权化：转轨经济的政府间财政转移支付》（中译本），中央编译出版社，2001，第 320 页。

1994 年，俄罗斯个人所得税完全归属各级地方政府，但 1995 年个人所得税的 15.5% 纳入联邦中央预算；1994 年企业所得税税率为 35%，其中，22% 归州预算，其余 13% 缴入联邦中央预算。州政府可以将税率提高至 38% 或降低至 33%，但不管怎样都必须保证联邦预算应分享到的 13% 这一部分；1994 年，增值税在地方预算与联邦预算之间的分享比例分别为 25% 和 75%。

总的来看，在俄罗斯独立后的几年，中央政府和地方政府在职能和税收权限划分上取得了一定进展。一方面，规定税收立法权集中在中央；另一方面，地方拥有一定的税收管理权限，尤其是联邦主体的执法机关和代表机关有权规定纳入地方财政的那部分税收的税率，有权新增税种。地方政府在财政和税收领域独立性的加强，使俄罗斯财政收入再分配向着有利于地方财政的方向发展，地方预算在俄罗斯联合预算中的比重增加到 51%。但 1999 年 1 月 1 日生效的《俄罗斯联邦税法典》规定，首先，要进一步强化联邦中央政府的税收立法权，强调税法典所列税种清单不可增补。其次，不允许各级地方政府自行新增地区税或地方税。最后，取消 13 种地方税费，缩小地方政府的税收收入。可见，这些法律规定大大收缩了地方政府的税收权限。

分税制实际上可分为两种类型：彻底的分税制和适度的分税制。所谓彻底的分税制,其主要特点是只设中央税和地方税,不设共享税,而且中央政府和地方政府在税收立法、税收征管等方面的权限和责任完全分开。它们各自根据本级财政的实际需要和实际可能独立确定税费的征收。税收收入也全部纳入本级财政。所谓适度的分税制,其主要特点是既设中央税和地方税,也设共享税,而且税收立法权集中在中央。联邦中央政府规定明确且详尽无遗的各种税费清单,但地方政府有权在法律规定的范围内设立一些具体税种,具有一定的税收管理权限。从俄罗斯1999年1月1日《俄罗斯联邦税法典》生效前的情况看,俄实行的是适度的分税制。这种分税制的最大特点,是联邦中央集中了税收立法权,而且明确规定了中央和地方的税收管理权限及应征收的税种,地方政府在税收上享有一定的自主权。税法典生效后,俄在中央与地方政府间税收权限的划分问题上有了一些新变化。俄实行的既不是彻底的分税制,也不是适度的分税制,与二者均相区别。实际上,俄罗斯中央政府在税收上仍实行集权,税收的立法包括征收的税种、税率、征税条件和怎样分配,都由中央政府统一制定。具体的税收条例、法令由国家财政部和国家税务总局制定,地方政府只能按中央政府的税收政策、法令执行,无权各行其是。但划入地方预算的那部分税收的税率可由地方政府来确定,而中央政府则对地方政府规定的税率总规模加以限定。例如,利润税是联邦税,该税的设立和征收办法由联邦中央法律做出规定,而联邦主体只能对该税划入本级地区财政的那部分改变税率。尽管这样会减少地方政府在税收政策上的权限,但能使国家在全国范围内实行一贯的税收政策。此外,根据需要,俄在税收的划分上也表现出一定的灵活性。例如,《2001年联邦预算法》规定,将所有100%的增值税计入联邦预算。另外,为了把一部分税收收入固定给各联邦主体的联合预算,从2005年起,水税收入也全部划归联邦预算。

  应当说,推行分税制是俄罗斯在经济转轨进程中调整中央与地方政府间财政关系,改革税收收入分配的核心问题。但在分税制的推行过程中,主体税种在各级次预算之间共享比例的划分标准并不固定,除了利润税和统一社会税这两个税种在各级预算间的分成比例在《俄罗斯联邦税法典》(第二部分)中有专门的规定外,其他主体税种在各级预算间的分成比例主要是通过每年的联邦预算法另行确定。增值税、一般类型企业的利润税、自然人所得税这三大联邦税种在联邦预算和联邦主体综合预算间的共享比例如表2-3所示。

表 2-3　2000~2005 年三大主体税种在联邦预算和联邦主体综合预算间的共享比例

单位:%

税　种	2000 年		2001 年		2002 年		2003 年		2004 年		2005 年	
	联邦预算	联邦主体综合预算	联邦预算	联邦主体综合预算	联邦预算	联邦主体综合预算	联邦预算	联邦主体综合预算	联邦预算	联邦主体综合预算	联邦预算	联邦主体综合预算
增值税	85	15	100	0	100	0	100	0	100	0	100	0
利润税	37.1	62.9	37.1	62.9	31.25	68.75	25	75	27.1	72.9	27.1	72.9
自然人所得税	16	84	1	99	0	100	0	100	0	100	0	100

资料来源：根据相关年份俄罗斯联邦预算法和《俄罗斯联邦税法典》（第二部分）的有关数据整理。

从表 2-3 可以看到，增值税自 2001 年起完全划入联邦预算；而自然人所得税则从 2002 年起 100% 划归联邦主体综合预算。一般类型企业的利润税在联邦预算和联邦主体综合预算之间的分成比例，2000 年和 2001 年相同，均分别为 37.1% 和 62.9%；2004 年和 2005 年也相同，均分别为 27.1% 和 72.9%；2002 年分别为 31.25% 和 68.75%；2003 年则分别为 25% 和 75%。这说明，利润税在联邦预算和联邦主体综合预算之间的分成比例并不是固定的，而是有变化的。实际上，在 2001 年颁布的《至 2005 年俄罗斯联邦预算联邦制发展纲要》中就已明确规定，从中长期看，应将利润税不少于 70% 的收入、将 100% 的自然人所得税以立法形式固定给联邦主体（地区）预算。从表 2-3 可见，俄罗斯已经达到了该纲要所确定的目标。

三　实行财政转移支付制度

在俄罗斯独立后的最初几年，财政体制和政府间财政关系改革的重点之一，是解决中央与地方政府间的税收划分或税收分享问题。至于政府间的财政转移支付制度，当时并没有得到较大的发展，也没有受到应有的重视，因而其在俄财政体制中所发挥的作用是十分有限的。即使是联邦政府向地区级政府提供一定数量的财政援助，其规模和分配方向均带有随意性，即缺少转移支付的法律基础和制度保证。自 1994 年起，俄罗斯对财政援助制度不断进行调整，以"拉平各地区的预算条件"。为此，将需要财政援助的地区划分为接受"一般援助"的地区和接受"特别援助"的地区，并确定两类地区所需的两种规模不同的财政援助数额。在此基础上，中央政府对财政收入低于平均水平的地区按所划定的标准提供"一般援助"或"特别援助"，以使各受援地区的财政收入水平与俄全国的平均水平接近。有资料显示，1994年，为实行财政转移支付制度，筹措财政援助资金，俄联邦中央政府将来自增值税分享收入的16%用于建立财政援助基金，用这笔资金和来自其他渠道的资金向58个地区级政府提供了"一般援助"，另对23个地区级政府提供了"特别援助"。1995年，用于建立财政援助基金的资金已占联邦中央政府增值税分享收入的27%，约相当于增值税收入总额的20%[①]。尽管如此，当时用于转移支付的财政援助基金仍远远不能满足需要。而且，这种转移支付制度除了能够在一定程度上拉平不同地区的预算条件，达到平均受益水平外，对各受援地区的经济发展和各级地方政府的经济行为产生的刺激作用远不像联邦中央政府所期待的那样明显。

为扭转不利局面，俄罗斯政府于1998年7月30日通过了《1999～2001年俄罗斯联邦预算间关系改革构想》的第860号决议。该决议规定要改变对联邦主体财政援助资金的分配方法，拉平各地区的财政资金保证条件，执行各联邦主体在联邦财政面前的平等原则，并在各地区实行合理的财政政策。与此相适应，俄罗斯开始调整各级财政之间的收支划分，减少地区财政和地方财政的债务，试图消除中央和地区之间在税收和财政关系方面存在的随意性，以及"个别问题个别处理"的不正常现象。此后，俄政府2001年8月15日第584号决议又批准了《至2005年俄罗斯联邦预算联邦制发展纲要》。该纲要的主旨是保证地区财政和地方财政收入来源的稳定，明确划分各级财政的支出和收入权限，对用于各地区的财政援助资金实行新的分配办法，保证地区和地方政府的财政独立性和责任，支持地区的经济发展。实际上，俄罗斯在编制2001年联邦预算时，就采用了《1999～2001年俄罗斯联邦预算间关系改革构想》中提出的对联邦主体财政援助资金的分配方法。这种方法规定要拉平各地区的预算资金保证条件，并在各地区实行合理的预算政策。

《俄罗斯联邦预算法典》第16章第133条规定了联邦预算对联邦主体预算财政援助的四种形式："提供补贴用以拉平联邦主体的最低预算保障水平；

---

① 参见〔美〕理查德·伯德等主编《社会主义国家的分权化：转轨经济的政府间财政转移支付》（中译本），中央编译出版社，2001，第323～324页。

提供津贴和补助金用于某些专项支出的拨款；提供预算贷款；提供预算借款来弥补联邦主体预算执行中出现的临时性现金缺口。"① 与之前相比，俄预算法典扩大了联邦中央向联邦主体提供财政援助的范围，将津贴和有偿提供的预算贷款也作为财政援助的形式之一。在这几种财政援助形式的基础上，俄罗斯通过建立援助基金的方式来实现对联邦主体的财政援助。如上所述，目前这类基金共有五种：（1）地区财政援助基金，这是联邦预算提供财政援助的主要形式，用以拉平各联邦主体的最低预算保障水平；（2）社会支出共同拨款基金，主要用于加强联邦主体对教育、卫生等公共服务的投入；（3）补贴基金，主要是向联邦主体提供津贴和补助金等专项财政援助，用于某些专项支出的拨款；（4）地区发展基金，用于支持地区基础设施建设的投资和基本建设支出的拨款；（5）地区改革基金，主要是用以支持和加强各地区的预算改革。俄财政援助基金的基本特征如表2-4所示。

表2-4 俄罗斯财政援助基金的基本特征

基金类别	用途与目的	分配原则	财政援助类型	提供条件
地区财政援助基金	拉平各联邦主体间的预算保障水平	以公式形式评估税收潜力和支出标准	补助	对特殊补助地区由联邦国库现金供应
补贴基金	实现联邦法律所规定的社会支付，如居民优惠	分配公式以确定具有社会援助（优惠）权利的个人为依据	对联邦授权的补助金	有目的的资金使用
社会支出共同拨款基金	加强优先支出和社会领域改革支持，如文化、教育、卫生等	根据改革进程确定支出标准和对支出实行部分补偿	确定支出项目（部门）的补助金	最低支出标准和社会领域改革纲要的执行水平
地区发展基金	地区基础设施的投资支持	以投资计划的选择为基础	对投资计划和纲要融资的补助金	一次性拨款
地区改革基金	支持和加强预算改革	选择性（视改革纲要及其执行情况而定）	根据支出类型提供补助金	纲要改革情况

资料来源：《至2005年俄罗斯联邦预算联邦制发展纲要》，由俄政府2001年8月15日第584号决议批准实行。

---

① Бюджетный кодекс Российской федерации, Москва, Агенство (ЗАО) "Библиотечка РГ", 2001, c. 122.

表 2-4 所列五类基金除了用途不同，其设立或启用的时间也不相同：地区财政援助基金的设立时间为 1994 年；补贴基金为 2001 年；社会支出共同拨款基金为 2002 年；地区发展基金为 2002~2003 年；地区改革基金为 2001~2004 年。

如果从俄罗斯财政援助资金占 GDP 和占预算支出的比重看，其规模是一种逐渐缩小的趋势，如表 2-5 所示。

表 2-5　2001~2005 年俄罗斯财政援助资金规模*

单位：亿卢布，%

年份	财政援助资金总额	占 GDP 的百分比	占预算支出的百分比
2001	2300	2.54	17.4
2002	2654	2.42	13.6
2003	2584	1.98	11.0
2004	2737.8	1.79	10.3
2005	2699.8	1.52	8.8

* 表中除 2001 年的财政援助资金为实际执行数外，其余年份均为联邦预算法批准数。

资料来源：〔俄〕《经济学家》2002 年第 11 期；《经济问题》2002 年第 11 期；俄罗斯 2004 年和 2005 年联邦预算法。

应当指出，直到目前，俄罗斯财政转移支付制度本身及转移支付的核算方法仍是不完善的。无论是联邦中央政府转移给地区级政府的财政援助资金的分配，还是地区内部地区级政府转移给下属各地方政府的财政援助资金的分配，仍然存在很大程度的主观性因素。相当一部分财政援助资金未经预算批准就进行分配。虽然自 1999 年俄罗斯实行财政转移支付的新机制和新方法后出现了某些积极的变化，但新方法也存在一定的缺陷，包括：（1）预算调节的范围过大；（2）对联邦主体的同一预算需要多渠道拨款；（3）在政府间财政关系上依然存在着"个别问题个别处理"的情况；（4）对地区的财政支持缺乏明确的目的性；（5）确定财政转移支付的过程与进行的改革缺乏相互联系；等等。虽然俄政府试图解决这些矛盾和问题，而且强调不能把财政之间的关系仅仅理解为来自联邦政府的财政援助，但上述问题和矛盾并未得以消除。不仅如此，由于联邦政府每年都改变提给地方财政的联邦调节税提成定额，因而无法保证划归地方的联邦调节税基础定额的稳定性。例如，2001 年，联邦预算法规定将 2001 年的增值税收入 100% 列入联邦预算，这样一来，地方政府就得不到应保证划给它们的增值税调节收入。这是与《俄罗斯联邦地方自治的财政基础》这一联邦法的规定直接相矛盾的。

四 中央与地方政府间财政关系的进一步发展

《至2005年俄罗斯联邦预算联邦制发展纲要》指出："俄罗斯形成的预算之间关系体系，虽然在20世纪90年代进行了改革，但仍不符合预算联邦制的基本原则，不符合国家长期发展战略的要求"。该纲要指出了俄罗斯中央与地方政府间现行财政关系体系的主要缺陷：（1）由联邦中央政府各类法规严格规定的联邦主体和地方政府的税收预算权限极其有限；（2）地区财政和地方财政负担过重，联邦中央政府往往让其承担过重的责任和义务，但又不提供相应的拨款来源做保证；（3）对地区财政和地方财政基本支出部分的集中性规定过于严格；（4）依靠联邦税收提成形成的地区财政收入比重过高；（5）地区财政和地方财政过分依赖每年规定的联邦税收分割比例；（6）地区财政和地方财政的透明度不够；（7）没有从法律上明确固定拉平预算条件的方法。这些问题导致财政资金的无效使用，继续加大了各地区间的比例失调，加剧社会和政治紧张局势[①]。

我们认为，上述问题的症结，一是各级政府之间的支出权限缺乏明确划分，这在中央与地区之间以及地区级政府与其下属的地方政府之间均不同程度地存在。二是联邦中央财政的转移支付没有充分发挥应有的效能和作用，从而使各地区之间的社会经济差距继续拉大。三是联邦中央财政与地区财政之间的收入分配问题没有得到很好解决；四是没有根本解决地区财政与地方财政之间的相互关系问题。联邦主体与地方之间的财政关系实际上完全由联邦主体的法规决定并进行调节，联邦中央政府法规的作用反而很小。正是由于以上诸多问题的存在，《至2005年俄罗斯联邦预算联邦制发展纲要》提出，今后必须在俄罗斯中期发展总战略目标内，开始新一轮的政府间财政关系体系的改革。这些改革包括如下几个方面：

（一）调整预算结构，达到财政体制的真正分权化

近些年，俄罗斯联邦综合预算税收收入的近一半集中于地区和地方预算。

---

① 〔俄〕阿利穆尔扎耶夫等：《对预算之间关系的新学说观点与联邦政府的预算政策》，《俄罗斯经济杂志》2001年第9期。

从这一数字看，俄罗斯财政体制的分权化程度似乎已经很高。但如上所述，由于地方政府要承担大量不给拨款的"联邦政府委托项目"和其他摊派任务，而地方财政收入除一些地方税费外主要来自联邦税收提成和财政援助资金，收入的总规模有限，因而在地方财政收入与支出之间往往出现很大的不平衡，财政体制的分权化程度也因此而大打折扣。尤其是在俄罗斯仍实行全国统一预算的情况下，分权化的优势非但难以发挥，反而容易导致出现社会性支出的拨款不平衡、透明度降低、财政舞弊行为等问题。因此，重新调整预算结构，真正实现财政体制的分权化，是今后俄罗斯调整和改革中央与地方政府间财政关系的首要任务之一。为此，《至 2005 年俄罗斯预算联邦制发展纲要》建议"将地方自治划分为两个层次：与地区的区域行政区划相一致的大城市和大区一级；更低层次的市镇"①。诚然，通过调整预算结构真正扩大地方自治权并实现财政体制的分权化，并不意味着要大大削弱联邦中央财政。恰恰相反，就俄罗斯情况而言，在扩大地方自治权的同时，短期内甚至还可能会增加联邦财政的相对规模。这是因为，一方面，由地区和地方财政承担的相当大的一部分居民社会保障支出，可能改由联邦财政承担并进行更有效的管理。而且，加强联邦政府对居民社会保障的直接参与，还能够减少地区对一般性财政援助资金的需求。另一方面，既然地区财政和地方财政承担没有拨款来源做保证的各种义务，尤其是"联邦政府委托项目"是造成各级地方财政收支长期不平衡的重要原因，那么，缩减"联邦政府委托项目"，特别是将这类委托项目的财政责任转给联邦中央，会有利于这些项目的优化，但同时也会增加联邦财政支出。当然，从长远看，随着俄罗斯中央与地方政府间财政关系调整和改革的深入，如果保证地方财政独立性和财政责任的机制真正得以建立，各地区发展不平衡的差距缩小和社会不平等问题减少，俄联合预算中地方预算所占的比重会不断增加，而联邦预算的比重则会逐渐下降。这是一个总的发展趋势。

（二）进一步完善和改进财政支出权限的划分

多年来，财政支出权限划分上存在的缺陷一直是困扰俄罗斯中央与地方政府间财政关系的一个"痛点"，因而关于财政支出权限划分问题的争论也一直没有停止过。鉴于此，《至 2005 年俄罗斯联邦预算联邦制发展纲要》规定，

---

① 〔俄〕马克西莫娃：《俄罗斯联邦至 2005 年预算联邦制发展纲要》，《财政》2001 年第 10 期。

应当将"支出权限"这一概念以法律形式明确固定下来,并在兼顾地区协调一致性、考虑外部效应、地区差别和规模效益等原则的基础上,确定各级财政支出拨款的总方向。在财政支出权限和责任的划分问题上,俄有关部门以及专家、学者达成的一个基本共识是,今后必须采取有力措施,使地方财政摆脱没有拨款来源作保证的"联邦政府委托项目"的沉重负担。禁止以任何法律和法规等形式向地方财政摊派超过其权限范围的追加支出。对用于居民社会保障支出的联邦委托项目,可以采取两个方案:一是由联邦财政直接拨款;二是由联邦财政向地方财政提供专项补助金用于居民社会保障支出。第二个方案虽然能够调动地方积极性并发挥地方优势,但最主要的问题是容易导致地方财政向中央财政讨价还价,竭力从中央得到更多的专项补助金,为地方攫取经济利益。实践也证明,第二个方案弊端较多。因此,第一个方案应是俄罗斯今后完善财政支出权限划分的首选。

(三) 进一步界定并划分税收权限和收入来源

俄罗斯预算法典虽然确定了地方财政的独立性原则,明确了地方政府在形成收入和实现支出方面的权力,但并没有详细规定地方财政自有收入的具体名目,以及自有收入规模和收入来源,从而保证地方财政自有收入达到能够满足最低社会需要的应有水平。因此,保证地方政府的独立性,只确定地方自有收入来源的原则而不对其做具体规定,还远远不够。更何况,大部分地方财政收入是依靠联邦和联邦主体的财政援助资金及联邦与地区调节税税收提成形成的。在这种情况下,如果地方财政没有属于自己的、真实的自有收入来源,就谈不上地方政府在解决地方问题上的任何独立权限。而且,为了能够得到财政援助资金,地方政府往往不得不按国家政权机关的指令或意图来改变自己解决地方问题的政策。再者,税法和预算法每年都要进行修改,导致经常削弱地方财政的收入基础甚至造成地方财政收入来源的丧失。为克服这些弊端,进一步界定并划分地方财政的税收权限和收入来源势在必行。

第一,必须保证地方财政收入形成来源的稳定性,主要保障措施是将自然人所得税和自然资源使用税费,以及利润税收入的大部分长期固定给地区财政。而从长远看,地方税费应当成为形成俄罗斯地方财政自有收入来源的基础。鉴于此,应当将那些能够保证地方政府稳定地方财政收入的税收固定给地方财政,这对地方是有重要意义的。与此相关,俄罗斯许多专家、学者建议要对税法典以及其他联邦税法进行修改和补充,以便对一系列税费做有利于地方财政的再分配。俄罗斯国家杜马地方自治问题委员会主席莫克雷甚至建议,将税法典第一部分中列为联邦主体税的企业财产税、不动产税、总收入税也归入地方税。土地税则应当全部列入地方财政,而不转交给上级财政①。

第二,逐步放弃长期以来一直实行的在各财政级次之间分割税收收入的原则,特别是不再将税收划分为自有税、固定税和调节税。所有的税收收入都"各有其主",即不再以固定税和调节税等形式分割给各级财政。最终达到联邦税收入全部纳入联邦财政;地区税收入全部归地区财政;地方税收收入则完全列入地方财政,并将这些税收权限以法律形式固定下来。也就是说,在实质性扩大地方政府税收权限的条件下,按"一种税归一级预算"的原则划分税收收入,并以此作为划分各级财政收入的终极目标。不仅如此,税收权限和收入来源将以注重稳定性、经济效益、税基的地区机动性、社会公正和财政责任等原则为基础,在各级财政之间进行明确划分。

(四)拉平预算条件

时任总统的普京在2001年总统预算咨文中指出,应当着手建立有助于在地区实行经济和预算改革的财政机制,继续完善拉平预算条件的方法,并在法律上固定这种方法的基本原则。据分析,今后一个时期,俄罗斯拉平各地区预算条件的主要方法,仍是建立财政援助基金的形式,由联邦中央财政向各联邦主体提供财政帮助。只不过是要从各地区的客观条件和税收潜力出发,采取有利于拉平各地区预算保障条件的新的分配办法。而且,财政援助基金的形成和分配方法由联邦法规和国家中期财政计划加以确定,但可以在一年一度的联邦预算法审核时根据具体情况加以修正。

(五)完善相关法律法规

俄罗斯中央与地方政府间财政关系的巩固与发展必须建立在坚实的法律基础之上,应从法律上确保各地区和地方的自主权,明确划分它们的税收和支出权限,即为地方政府的财政独立性提供法律保证。但实践证明,俄在这方面的法律法规并不健全。目前,俄罗斯已经通过的联邦法律有《俄罗斯联

---

① В. Мокрый, Межбюджетные отношения и финансовые основы местного самоуправления, *Финансы*, 2001, No.6, с.4.

邦地方自治组织的总原则法》、《俄罗斯联邦地方自治的财政基础法》、《俄罗斯联邦预算法典》和《俄罗斯联邦税法典》等，今后还会通过一些与完善中央与地方政府间财政关系有关的重要联邦法规。

(六) 近期的主要任务

根据"俄罗斯联邦2006~2008年提高预算间关系的效果和提高国家财政与市镇财政管理质量的构想"，俄罗斯在发展预算联邦制和加强预算间关系、处理中央与地方政府间财政关系方面有以下几项主要任务[①]：

1. 巩固和加强联邦主体的财政独立性

虽然《俄罗斯联邦预算法典》明确规定要保证地区财政和市镇财政的稳定性，如明确划分由联邦税费划入各级次预算的收入，如果一年内支出责任发生变化时必须修改预算法，等等，但这些措施对加强联邦主体和地方的财政独立性作用并不是很大。为了扩大联邦主体国家政权机关和地方自治机构在预算计划和管理领域的独立性并提高其责任，需要进一步明确预算分类的构成，制定对俄联邦预算体系的各级预算都划一的预算收入分类标准和支出分类标准。与此同时，每个联邦主体和地方政府都应根据每一级预算的特点和实际需要来独立细化预算分类。此外，还必须规定改变预算间转移支付的形成和分配原则所应严格遵守的程序，确定特殊情况下如在税法变更和事权受限时调整这类资金分配的办法。

必须进一步完善预算间转移支付制度，包括切实遵守财政援助资金的分配应考虑联邦主体的预算保障水平这一原则，特别是应当集中财政援助资金来保证联邦主体国家政权机关和地方自治机构行使自己的权限。

2. 增加联邦主体预算和地方预算收入，提高支出效果

增加联邦主体预算和地方预算收入，特别是促使联邦主体增加自有收入，并使预算保障程度较低的联邦主体的预算保障程度逐步提高，是俄政府的一项主要任务。根据联邦预算拨付的预算间转移支付占联邦主体自有预算收入总额的比重，可以将联邦主体分为三类，并对每一类做出不同的规定：一是对预算收入中从联邦预算获得的财政援助资金的比重不超过自有收入20%的这一类联邦主体，适用俄联邦预算法做出的一般性规定，包括对联邦主体的

---

① Концепция повышения эффективности межбюджетных отношений и качества управления государственными и муниципалъными финансами в Российской Федерации в 2006 – 2008 годах, *Финансы*, 2006, No. 5, с. 15 – 21.

国债和预算赤字规定最高限额。二是对预算收入中从联邦预算获得的财政援助资金的比重占自有收入 20%～60% 的这一类联邦主体，必须规定更加严格的限制措施，包括限制用于维持国家政权机关的支出和用于联邦主体国家公务员的劳动报酬支出等。三是对预算收入中从联邦预算获得的财政援助资金的比重超过自有收入总额 60% 的联邦主体，必须采取诸如限制国债规模和预算赤字、提高预算资金的使用效率等措施来监督预算资金的有效使用。

3. 提高地区财政和市镇财政的透明度

俄政府认为，增加联邦主体国家政权机关和地方自治机构活动的透明度，提供真实可靠的信息，是保证国家财政和市镇财政有效管理和稳定管理的必要条件。要达到这一目标，要求公开披露有关联邦主体国家政权机关和地方自治机构的工作计划和执行结果方面的信息。提高透明度便于社会对国家财政和市镇财政的管理实行有效的监督，提高联邦主体国家政权机关和地方自治机构的决策责任，也有助于加强国家和市镇机关的内部纪律。俄罗斯联邦主体和市镇的财政状况，以及国家财政和市镇财政管理等方面的信息披露应当真实、可靠和及时。

鉴于联邦国家政权机关、联邦主体国家政权机关和地方自治机构之间的权限划分，俄罗斯预算法典规定，必须在预算体系的各层级实行支出责任登记制度，并向俄财政部提交俄联邦主体登记表和市镇登记表。还必须实行联邦主体国家政权机关和地方自治机构的年度公开决算（报告）制度，并制定年度公开决算的编制细则。联邦主体国家政权机关和地方自治机构的年度公开决算（报告）应当包括上期活动结果和提高计划期内地区财政和市镇财政管理效率的计划。

上述措施的实施能够保证俄联邦预算间关系改革的顺利进行，并在俄联邦的各级政权机构间建立起有效的、稳固的和透明的财政相互关系体系，使这一体系能够在各层级预算独立性原则与其共同利益统一原则相结合的基础上得以独立发展。

第二节　税收体制转型

税收体制转型在俄罗斯经济转型中占有十分重要的地位。这是因为，税收体制转型与经济转型的每一个环节几乎都相关联。它既是经济转型的重要组成部分，又在很大程度上制约或决定着经济转型的进程。同时，税收体制转型也牵涉每个人和每个利益集团的切身利益。因此，从一定意义上说，税收体制转型关系到俄罗斯经济转型的成败。也正因如此，俄罗斯在经济转型进程中一直将税收体制转型置于特殊地位，并不断向前推进。

一 税制改革与税收制度的演进

俄罗斯税制改革的帷幕自其宣布独立后就已经正式拉开，其主要标志，是在1991年12月27日即刚刚宣告独立几天后就颁布了有关税收体制的一系列法规，包括《俄罗斯联邦税收体制的基本原则法》、《俄罗斯联邦增值税法》、《俄罗斯联邦企业和组织利润税法》、《俄罗斯联邦个人所得税法》。后来，又制定并颁布了《俄罗斯联邦关税法典》。这些税收法规构成了俄税制改革的主要内容和税收体制的基本框架。以这些法规为准绳，俄罗斯进行了重大税制改革，并在独立后的最初几年内建立了新的税收体系。

第一，将周转税改为增值税和消费税。增值税的课征范围比周转税要广：该税是对所有产品和劳务的增加值课税，对产品从加工生产到批发、零售的每一个环节课税，而且该税一律由需求方缴纳，不是由出售方缴纳，不计入出售方的成本。消费税是苏联在20世纪20年代曾采用过的税种，该税后来并入周转税，1992年又重新开征。消费税只对部分高级消费品课征，包括酒类、饮料、鱼子酱、巧克力、香烟、小汽车及其轮胎、皮毛制品、高级瓷器、水晶玻璃制品、地毯、真皮服装等。该税税率为商品自由批发价格的10%～90%不等。

第二，将利润上缴改为利润税。利润税是对企业商品和劳务的经营所得和营业外所得征税。所谓经营所得，是指企业出售商品和提供劳务的收入，减去增值税、消费税和生产费用后的利润。营业外所得是指企业拥有的股票股息、银行利息、亏损补贴、财产租赁等收入。利润税的基本税率是按企业所得的32%征收，后于1993年1月1日降为30%。当时对交易所和中介商的利润税税率规定为45%。

第三，把过去苏联实行的居民所得税改为自然人所得税。其征税特点是，税收起征点随公民年收入的增加而提高，按累进税率征收。1992年年初规定，公民年收入超过42000卢布，按12%～60%的税率征税。后来，由于恶性通货膨胀，货币贬值，公民年收入也在名义上大大提高，因此，自然人所得税的课税限额也不断调高。开始调到 20 万卢布，到 1993 年下半年已调到 100 万卢布，但最高税率由原来的 60% 降到 30%。具体来说，年收入 100 万卢布者，按 12% 的税率征收所得税，年收入 101 万～200 万卢布者，税率为 20%，201 万卢布以上者，税率为 30%。与此同时，还实行自然人所得税新的税收优惠政策。如果将个人所得用于住房建设或义务缴纳俄罗斯养老基金，这部分所得不课征自然人所得税。

第四，调整进出口关税。1992 年上半年，鉴于当时国内商品匮乏的实际，俄罗斯曾一度对所有进口商品免征进口税。结果不但造成大量伪劣商品流入国内，而且国家财政收入减少。因此，俄罗斯于 1992 年 6 月后重又开始实行进口税制。从 1992 年 7 月 1 日起实行平均为申报价 15% 的统一关税税率，又将 14 种商品的进口税率由 5%～25% 调高到 15%～50%。接着，从 1993 年 2 月起，对部分进口商品开征增值税和消费税。1993 年 4 月，又对 94 类商品实行新的统一进口税率。在此期间，俄经过多次调整能源、燃料和战略性原料的出口税，统一了这些商品的出口税制度。1993 年 8 月，根据新《海关税法》的规定，俄开始对进口商品采用国际上通行的从价税、从量税和综合税来课税。

第五，新设立若干税种，如财产税、不动产税、木材费、物价调节税等。财产税税率为财产价值的 0.1%；不动产税税率为不动产价值的 3%；物价调节税按 25% 的税率从石油、天然气的销售价中提取。

《俄罗斯联邦税收体制的基本原则法》规定了联邦和地方税费共 47 种：增值税、消费税、银行收入税、保险收入税、交易税、有价证券买卖税、海关关税、矿物原料基地再生产税、自然资源使用税、企业利润税、自然人所得税、道路基金税、印花税、国家规费、继承与赠与税、使用"俄罗斯"或"俄罗斯联邦"名称税、外国货币购买税、博彩生意税、办理边防手续费、企业财产税、林业税、水付费、教育税、销售税、自然人财产税、土地税、登记税、在旅游区兴建生产性项目建设税、旅游税、贸易权税、用于民警局的专项税、广告税、小汽车和计算技术设备及个人电脑转卖税、养狗税、酒水制品贸易权许可证签发手续费、地方拍卖和彩票交易的交易权许可证税、占用住宅税、机动交通工具停放场税、使用地方纪念物税、跑马费、跑马得胜税、赌马税、交易所成交项目税、电影和电视活动权税、居民点清扫税、博彩生意开张税、住宅维护税。

应当指出，此次税制改革尽管取得较大进展，但仍存在着税种繁杂、税收负担过重、有些税法条款相互矛盾的问题。特别是1994年叶利钦颁布关于对联邦主体下放一些税收立法权、同意地方可以收费的总统令后，使各地区和地方有可能自行决定征收某些税费，造成税收秩序的混乱，一度使联邦税费增加到40种，联邦主体税费（地区税费）达到70种，地方税费竟达140种。三级税费累计共达250种。税制杂乱无章，不但增加了税收征管的难度，而且实际上难以完成国家的税收任务。

为了与世界税制接轨，建立能够适应市场经济发展需要的税收体制，整顿税收秩序，完善税制，俄罗斯后来针对税制的弊端又采取了一些追加的改革措施。

第一，时任俄总统的叶利钦于1997年颁布总统令，宣布取消各地的200多种税费，并明确强调，今后这方面的立法权不再下放给地方。叶利钦的这个总统令，实际上是对他1994年关于给联邦主体下放一些税收立法权、答应地方可以收费的那个总统令的修正。

第二，加紧制定新的税法典，从法律上规范税收制度。

第三，加大税制调整和改革的力度。为此，叶利钦发布了关于《俄罗斯联邦税制改革的基本方针及加强税收和纳税纪律的措施》的第685号总统令，推动税制改革的进程。此次改革的主要内容，一是强调对纳税人合法权益的保护，建立兼顾国家和个人利益、促进经济发展、促进国民财富和公民福利增长的合理税制。二是规范地方政府的征税，取消名目繁多的征收项目。消除双重征税，降低产品生产者的税负。三是收缩税收优惠政策的范围，包括取消企业利用所得利润对生产和住宅进行再投资的税收优惠；部分取消教育部门将利润用于教学需要时所实行的利润税优惠政策；取消新闻媒体和消防部门在缴纳增值税和利润税方面的优惠政策；减少对残疾人就业企业的税收优惠；取消增值税优惠政策；减少对小企业的税收优惠等。据俄国家杜马当时估计，由于取消了上述税收优惠，每年可为国家多增加120万亿卢布的税收收入，按当时的汇率约折合2亿多美元。四是完善税收立法，建立统一的税收法律基础；建立稳定的、统一的税收制度。

此次税制改革的其他措施还有：（1）修改税法中关于生产成本扣除的规定，允许企业扣除因取得经营收入而发生的合理和必需的正常费用，改变原来因限制生产成本扣除而造成企业实际税率高于名义税率的不合理状况。（2）将折旧率分为四类，每一类折旧率有两档：一般折旧率和适用于小企业的较高折旧率。这两种折旧率对建筑物分别为5%和6%；对轿车、办公设备和家具分别为25%和30%；对技术、能源、运输和其他设备与有形资产分别为15%和18%；对无形资产，则在其使用寿命期内按比率折旧，如果不能确定使用寿命，则按10%折旧。(3) 对企业财产出售做出新规定。拥有期在两年以上的财产，其销售收入如果超过账面金额50%以上，即作为计税所得合并征收。(4) 降低税款滞纳的处罚标准。从1996年5月20日开始，税款滞纳罚款比率由每日0.7%降到0.3%。(5) 从1997年1月1日起实行新的增值税发票管理办法。规定销售商品和劳务应在10日内给买方开发票并据以征税；买方取得进项发票应设专门的日记登记；发票上必须填写购销双方的行业、企业的等级及编码，双方的地址、电话号码、纳税人号码，银行名称、地址、账号，销方的总经理、总会计师及经销人员要签名，买方收取支票的人员也要签名。

综上所述，经过几年的税制改革与调整，俄罗斯已基本建立起有自己特点的税收体制。但这种税收体制依然是不完备的，主要问题是过分注重税收的"国库收入"作用而忽略税收的经济调节功能。其主要表现是，税收体制的调整与改革均以不减少预算收入为前提，在税收政策上则强调增加税负和提高税率，加重企业和其他纳税人的负担。结果，造成纳税人隐瞒收入，资本从合法部门流向地下经济，甚至流入国外。此外，俄试图效仿西方发达市场经济国家的税收体制模式，使税收体制在一定程度上脱离了俄罗斯的实际。在税收体制上也没有处理好中央与地方的关系。以上这些原因，致使税收征缴困难，税收流失严重。不仅欠税数额巨大，而且偷税漏税和逃税抗税事件屡有发生。因此，继续深化税制改革就成为俄罗斯迫在眉睫的重要任务。

二 以税法典颁布为标志的税制改革及其特点

1999年1月1日《俄罗斯联邦税法典》（第一部分）开始生效，两年后，《俄罗斯联邦税法典》（第二部分）于2001年1月1日开始生效。税法典的生效标志着俄税制改革的进一步深化。

如果将《俄罗斯联邦税法典》及与之相关的改革综合起来分析，可以将俄罗斯税制改革的措施和特点归结为以下几个方面：

（一）简化税制，减少税种

税法典将《俄罗斯联邦税收体制的基本原则法》规定的47种联邦和地方税费经调整改革后减至28种，其中，联邦税费16种：增值税、某些商品

(劳务)和某些矿产原料消费税、机构单位利润(收入)税、资本收入税、自然人所得税、国家预算外社会基金付费、国家规费、海关关税和海关规费、地下资源使用税、矿物原料基地再生产税、开采碳氢化合物额外收入税、动物和水生物资源使用权税、林业税、水资源税、生态税、联邦许可证签发手续费;联邦主体税费(地区税费)7种:企业和组织财产税、不动产税、道路交通税、运输税、销售税、博彩生意税、地区许可证签发手续费;地方税费5种:土地税、自然人财产税、广告税、继承或赠与税、地方许可证签发手续费。与此同时,各地区和各级政府自立名目自行征收的200余种税费,根据叶利钦的总统令和税法典的规定都被取消。按《俄罗斯联邦税法典》(第一部分)第12条第5款的规定,除税法典规定的税种外,不允许自行新增地区税或地方税。

(二)降低纳税人的税收负担

在俄罗斯,如果纳税人按税法规定的所有税收诚实纳税,就必须把自己近60%的收入用于交纳各种税费,这远远超过了世界公认的纳税额一般不应超过纳税人总收入40%的合理界线。足见俄罗斯纳税人税负之沉重。据时任俄政府副总理兼财政部长库德林提供的数字,俄罗斯2002年的税负从占GDP的33.9%降到32.9%,明显低于欧盟国家的相关指标(40.9%)。税负的降低使纳税人不必隐瞒收入,有利于促进生产的发展,改善企业的财务状况。这又保证了税基的扩大,从而能够增加预算的税收收入[①]。尽管如此,当时俄罗斯对企业的直接课税仍然很高,其课税水平之高可以用企业利润税来说明。而且,税收负担在各部门企业之间的分配很不均衡。许多企业不得不将一半甚至更多的名义利润作为税收缴纳。为使名义税负接近于税收的实际征缴率,从而使俄罗斯在税负水平方面接近西方发达国家(例如日本和美国的税负占国内生产总值的29%),俄先后采取了若干具体措施,一是取消大部分流转税,包括取消公路使用税、住宅公用事业与社会领域设施维护税、燃油销售税(该税按燃油销售收入25%的税率缴纳)、汽车运输工具购置税(该税根据汽车运输工具的类型及其销售价格按10%~20%的税率缴纳)。二是把对劳动报酬基金的课税从38.5%降低到35.6%。三是降低企业利润税税率和自然人收入税税率,后来又降低了统一社会税税率。除此之外,俄总统普京提出,

---

① А. Кудрин, Федералъный бюджет: итоги и задачи, Финансы, 2003, №.1, с.3.

俄政府要"对中小企业实行更加优惠的课税体制",即"缩减总的税收负担"并"简化核算和报表制度"。俄国家杜马也于 2002 年 7 月 1 日通过了简化小企业纳税方法和降低小企业税负的法律,并于 2003 年 1 月开始生效。该法规定对小企业实行五税合一,将利润税、销售税、财产税、统一社会税和增值税合并为一个税种,即"小企业统一税"。凡年营业额不超过 1500 万卢布,职工人数不足 60 人的企业,都可以改为交纳小企业统一税,按营业额的 6% 或按利润额的 15% 交纳,小企业可以自主选择两者之一。当时,俄财政部估计,改为小企业统一税后,小企业减轻税负可达 50%～80%。另外,普京在《2002 年预算政策》的总统预算咨文中还提出,在 2003 年前,必须在税收体制中全部取消从商品(工程、劳务)销售收入中支付的税费,取消外汇购买税。在大大降低企业利润税和自然人收入税的同时,增加与自然资源利用有关的税收和财产税。由于俄罗斯把降低税负作为税制改革的主要目标之一,俄 2001 年国家综合预算少收入近 1000 亿卢布,约占国内生产总值的 1.5%。

(三) 取消税收优惠和特惠制,为所有纳税人拉平课税条件

俄经济学家认为,对一些纳税人实行税收优惠就意味着对另一些纳税人追加税负。因此,减少甚至取消税收优惠的种类和数量,一直是俄罗斯税制改革的重要内容和税收政策调整的重点。叶利钦执政时就提出要通过大量减少税收优惠的数量来拉平课税条件。普京当政后也强调要取消一切没有根据的税收优惠,取消对企业的各种直接、间接补贴。尤其是自税法典颁布以来,俄采取若干措施缩减或取消不合理的税收优惠。例如,取消企业所得税的部分优惠,减少对小企业和残疾人就业企业的税收优惠,部分取消增值税的税收优惠等。特别是《俄罗斯联邦税法典》(第二部分)第 23 章规定了取消自然人收入税(之前称为自然人所得税)的社会性优惠。从 2001 年起,所有的自然人,包括海关、法院和检察院工作人员,都开始首次交纳该税。

俄罗斯税收体制改革的另一个重要方向,是限制和整顿向纳税人提供的各种特惠。税收特惠是一个比税收优惠更广泛的范畴。税收特惠通常是指对某些纳税人或单个纳税人减少税收义务的特殊税收优惠政策,其中包括:逾期和分期纳税;税收贷款(包括投资税收贷款);纳税简化;确定税基的特权;等等。俄专家认为,滥用这些税收特惠是俄罗斯长期发生预算危机的主要原因之一。据俄财政部提供的数据,当时俄各种税收优惠每年的总额超过 2000 亿卢布。2001 年,仅联邦主体提供的税收优惠额就超过 1000 亿卢布,

其中利润税的优惠为555亿卢布。

(四) 调整税率

在税制改革中,俄罗斯一直注意税率的调整。《俄罗斯联邦税法典》(第二部分)第23章规定按13%的税率对所有自然人的收入课税,实行统一税率。与此相关,此前曾经实行的税率分别为12%、15%、20%、25%、30%和35%的累进所得税制即告废除。应当说,调整后的自然人收入税税率在欧洲也是最低的。对自然人收入税税率的调整,俄各方反映不一。俄官方和一些学者认为,这次自然人收入课税的变化具有积极意义。实行13%的统一税率,旨在保护国家的国库利益,因为以前对高收入者的过高课税,收到的是适得其反的效果,不但国家税收收入难以增加,反而促使高收入者千方百计隐瞒收入,偷税漏税。有资料显示,1999年,俄只有不足1%的纳税公民按35%的税率纳税。这说明,高收入公民逃避纳税的范围很大。仅此一项,俄罗斯每年少收入的税款就估计有800亿卢布。而实行13%的自然人收入税统一税率,高收入者会感到按这种低税率照章纳税总比绞尽脑汁违法逃税要好,促使他们主动纳税。但更多的人认为,实行统一税率加重了90%低收入公民的纳税负担,因为他们的所得税税率由原来的12%上调到13%,而高收入者收入高纳税低。这样,在俄罗斯出现了对占纳税人总数90%的低收入者提高税率,而对高收入者大大降低税率的情况,这有悖于税收公平原则。因此,只有实行累进所得课税才能保证社会公平公正,维护绝大多数人的利益。尽管存有争议,但俄罗斯还是于2001年年初开始实行13%的统一税率。

此外,俄罗斯还通过了相关法规,将企业利润税从35%降到24%。银行的利润税则从43%降到24%,其下降幅度之大前所未有。24%的利润税税率在欧洲也是最低的税率之一。

(五) 新增统一社会税

俄罗斯于2001年开征统一社会税,以取代此前实行的向国家预算外基金缴纳保险费的制度。这些保险费和缴款包括:俄罗斯联邦养老基金、联邦社会保险基金、联邦和地区强制医疗保险基金。开征统一社会税的目的,是动员资金来实现俄罗斯公民享受国家养老和社会保障、享受医疗救助的权利。对社会税实行统一的上缴额度、统一的核算与监督形式和统一的惩治违法措施。俄规定,从2001年起,只能由税务机关对统一社会税的正确计算、足额和及时向国家预算外基金缴纳实行监督。不仅如此,《俄罗斯联邦税法典》（第二部分）第 24 章在描述统一社会税课税的基本要素时,取消了一系列过时的相关规定和细则。统一社会税的实行,不仅减少了税负,而且对企业简化了课税手续和课税监督。据有关资料,2002 年统一社会税税率从 39.5% 降至 35.6%。2003 年后,统一社会税税率又进一步降低。俄打算将统一社会税收入的减少部分通过强化海关税收等途径加以弥补。俄罗斯 2002 年联邦预算收入总额中税收收入为 16961 亿卢布,占总收入的 77%。税收收入中,统一社会税收入为 3395 亿卢布。

（六）实行关税改革

俄罗斯在关税改革中首先放弃了关税补贴系数法和其他一系列关税优惠。而且俄平均进口税率降到 14%,外贸税收收入占财政总收入的 1/4。按照国际货币基金组织贷款协议和世界贸易组织提出的"入世"要求,俄罗斯已从 1996 年起逐步减让关税,减少纳税商品范围。为做好加入世界贸易组织的准备工作,俄提出了新的关税改革方案。按该方案,俄从 2001 年起对万余种进口商品实行 5%、10%、15% 和 20% 四种关税税率。其中,对进口原料类商品征收 5% 的最低关税,对进口工艺设备征收 20% 的最高关税。据俄经济发展与贸易部的资料,关税改革的最初阶段虽然会短时造成国家财政收入减少 1.1 亿~1.2 亿美元,但由于降低关税税率的改革能够刺激进口增加 10%~15%,并提高海关关税的征收率,因而财政收入的损失不但应该得到弥补,而且还有可能增加关税收入。据统计,由于采取加强海关监管和打击走私等项措施,2001 年,俄进口额增长 22%,而进口关税则增收 80%；2001 年,海关收入为 190 亿美元,比 2000 年增加 55 亿美元。

应当说,税法典的颁布实施及与之相关的一系列税制改革,不仅使俄罗斯建立了良好的税收制度,而且为其税制与世界税制接轨奠定了坚实基础。不仅如此,经过多年的税制改革和税收政策调整,税收收入已成为俄罗斯国家财政收入的主要来源,占财政总收入的 80% 以上,且税收仍呈不断增长的趋势。2001 年,联邦税收增长 50%,地方税收增长 30%。俄罗斯以简化税制、减少税种、下调税率、降低税负、取消优惠为主要内容的税制改革,不仅没有减少国家的税收收入,反而使税收状况有所改观。这主要得益于在税制改革的同时实行"降低税率（税负）,扩大税基,加强征管"的税收政策,从而使全部税收占 GDP 的比重超过 40%。

总之，经过多年的努力，俄罗斯税制改革确已取得重大进展。原有的税收体制已得到根本改造，改革后的税制已基本与世界接轨。特别是税法典的颁布实施，是俄罗斯税制改革进入实质性阶段和建立良好税收制度的重要标志。根据税法典和相关税收法规的规定，俄罗斯进行了以简化税制、减少税种、下调税率、降低税负、取消优惠为主要内容的税制改革，从而如普京所言，俄罗斯已"成为一个建立了良好税收制度的国家"。俄在税制改革中实行"降低税率（税负），扩大税基，加强征管"的税收政策，这在世界上许多国家的实践中都被证明是有效的。

三 税制的进一步调整与改革

从以上所述可见，在税法典颁布实施的1999～2001年，俄罗斯实行了大规模的税制改革。此后，自2002年起，俄进入了税制改革的调整与进一步深化阶段。这期间，俄税制结构由于经常性的调整而不断发生变化。表2-6和表2-7反映了2002年俄罗斯经过调整的税制结构情况。

表2-6 2002年俄罗斯税制结构（从直接税和间接税的对比看）

税 收	综合预算		联邦预算	
	占总额的（%）	占GDP的（%）	占总额的（%）	占GDP的（%）
直 接 税	33.54	8.89	76.13	1.59
间 接 税	49.72	12.80	79.32	11.89
其他税收	15.73	4.05	13.46	2.10

资料来源：Л. Лыкова: Налоги и налогообложение в России. Москва. Изд. "Дело". 2004 г. с. 94。

从表2-6不难看出，间接税在综合预算和联邦预算中分别占GDP的12.8%和11.9%，而直接税则低得多，分别为8.9%和1.6%。而且，联邦预算要比联邦主体预算在更大程度上依靠间接税来形成，约占税收收入的79%。

表2-7 2002年俄罗斯税制结构（从主体税及其在各级预算之间的分配看）

税 收	综合预算		联邦预算		联邦主体预算	
	占税收收入总额的（%）	占GDP的（%）	占税收收入总额的（%）	占GDP的（%）	占税收收入总额的（%）	占GDP的（%）
利润税	16.57	4.27	10.15	1.59	26.46	2.68

续表

税　收	综合预算		联邦预算		联邦主体预算	
	占税收收入总额的（%）	占GDP的（%）	占税收收入总额的（%）	占GDP的（%）	占税收收入总额的（%）	占GDP的（%）
自然人收入税	12.81	3.30	0.00	0.00	32.55	3.30
增值税	26.93	6.93	44.39	6.93	0.00	0.00
消费税	9.44	2.43	12.67	1.98	4.47	0.45
关税	11.56	2.98	19.07	2.98	0.00	0.00
销售税	1.79	0.46	0.00	0.00	4.55	0.46
统一认定收入税	0.91	0.24	0.19	0.03	2.03	0.21
企业财产税	4.17	1.07	0.00	0.00	10.59	1.07
矿藏开采税	9.84	2.53	12.07	1.89	6.40	0.65
土地税	0.91	0.23	0.20	0.03	2.00	0.20
自然资源利用的其他付费	1.08	0.28	0.36	0.06	2.20	0.22
博彩生意税	0.09	0.02	0.07	0.01	0.11	0.01
国家规费	0.15	0.04	0.12	0.02	0.20	0.02
其他税费	3.75	0.97	0.71	0.11	8.44	0.85
税收收入总计	100	25.74	100	15.61	100	10.13
统一社会税*		3.13		3.13		

* 2002～2004年，一部分统一社会税计入联邦预算收入，用于劳动退休金基础部分的拨款。因而在报表的"税收收入"一栏中不做统计。

资料来源：Л. Лыкова：Налоги и налогообложение в России. Москва. Изд. "Дело". 2004 г. с. 95。

从表2-7可见，增值税是俄罗斯综合预算收入的主要税收来源，约占税收收入的27%。而增值税在联邦预算中的作用更大，其比重超过44%。在综合预算中处于第二位的是利润税，其比重约为17%，虽然该税在联邦预算收入中占比略高于10%，但在联邦主体预算收入中其比重则超过26%。自然人收入税在综合预算中位列第三，占综合预算税收收入总额的近13%，但该税在联邦主体预算收入的形成中发挥十分重要的作用，其比重占联邦主体预算税收收入总额的近33%。在综合预算税收收入中占第四位和第五位的是关税和矿藏开采税。在俄罗斯综合预算和联邦预算收入中，关税分别约占12%和19%，矿藏开采税则分别占10%和12%。

2002年后，特别是在2004年，俄罗斯对税法典中规定的税种做了一次较大修改，将联邦税、联邦主体税（地区税）、地方税三个级次的税种减至15种，其中，联邦税为10种：增值税、消费税、自然人所得税、统一社会税、利润税、矿藏开采税、继承或遗产税、水税、动物和水生物资源使用权税、国家关税。联邦主体税（地区税）为 3 种：企业和组织财产税、博彩生意税、运输税。地方税仅为 2 种：土地税、自然人财产税。这样，自 1999 年 1 月 1 日《俄罗斯联邦税法典》生效到 2004 年年底，俄税种已由 28 种减为 15 种[1]。可见税种得到进一步简化。但另有资料显示，2004 年，俄罗斯实行的税种共为 22 个，表 2-8 反映了 1991~2004 年 14 年间俄罗斯税制和税种的变化情况。

表 2-8 1991~2004 年俄罗斯基本税种及其变化情况*

税　种	1991	1992	1993	1994	1995	1996	1997	1998	1999	2000	2001	2002	2003	2004
1. 增值税														
2. 消费税														
3. 银行收入税														
4. 保险活动收入税														
5. 自然人所得税/自然人收入税														
6. 统一社会税														
7. 利润税														
8. 有价证券业务税														
9. 自然资源使用费（税）														
10. 印花税														
11. 国家规费														
12. （继承或赠与的）财产税														
13. 使用"俄罗斯"或"俄罗斯联邦"名称税														
14. 水利设施使用费（税）														
15. 矿藏开采税														
16. 动物和水生物资源使用权税														
17. 外币购买税														
18. 公路使用者税														
19. 汽车运输工具购置税														
20. 燃滑油料销售税														
21. 运输工具所有者税														
22. 关税														

[1] 刘微：《转型时期的俄罗斯财政》，中国财政经济出版社，2005，第 145 页。

续表

税　种	1991	1992	1993	1994	1995	1996	1997	1998	1999	2000	2001	2002	2003	2004
23. 矿物原料基地再生产提成			■	■	■	■	■	■	■	■	■			
24. 对国民经济最重要部门的财政援助专项税				■	■									
25. 统一认定收入税								■	■	■	■	■	■	■
26. 企业财产税		■	■	■	■	■	■	■	■	■	■	■	■	■
27. 林业收入税		■	■	■	■	■	■	■	■	■	■	■	■	■
28. 使用水利系统的水付费		■	■	■	■	■	■	■	■	■	■	■	■	■
29. 教育机构事业税		■	■	■	■	■	■	■	■	■				
30. 销售税	■							■	■	■	■	■	■	
31. 运输税				■	■	■	■	■	■	■	■	■	■	■
32. 博彩生意税								■	■	■	■	■	■	■
33. 简化课税制度下征收的税						■	■	■	■	■	■	■	■	■
34. 统一农业税												■	■	■
35. 自然人财产税		■	■	■	■	■	■	■	■	■	■	■	■	■
36. 土地税		■	■	■	■	■	■	■	■	■	■	■	■	■
37. 从事企业活动的自然人注册费		■	■	■	■	■	■	■	■	■	■	■	■	■
38. 疗养区生产性设施建设税		■	■	■	■	■	■	■	■	■	■	■	■	
39. 疗养税		■	■	■	■	■	■	■	■	■	■	■	■	
40. 交易权税		■	■	■	■	■	■	■	■	■	■	■	■	
41. 维持民警、地区公用事业及其他用途的专项税		■	■	■	■	■	■	■	■	■	■	■	■	
42. 广告税		■	■	■	■	■	■	■	■	■	■	■	■	■
43. 小汽车、计算技术设备和个人电脑转卖税		■	■	■	■	■	■	■	■	■	■	■	■	
44. 养狗税		■	■	■	■	■	■	■	■	■	■	■	■	
45. 居民点清扫税		■	■	■	■	■	■	■	■	■	■	■	■	
46. 住宅与社会文化领域设施维护税		■	■	■	■	■	■	■	■	■				

＊表中涂黑的部分表明一个税种开征和持续征收的年限，例如，利润税自1991年开征后，至2004年一直在征收；表中的空白处则表示该税种当时未征收（涂黑部分的左边）或已被取消（涂黑部分的右边），例如，外币购买税1991～1997年尚未征收，1998～2002年连续征收5年后，又于2003年及之后被取消。

资料来源：Л. Лыкова, Налоги и налогообложение в России, Москва, Изд. "Дело", 2004 г. с. 97－99。

表2-8反映了1991~2004年俄罗斯税收体系中大部分税种的"生命周期"。该表是按下列顺序划分税种的：1~25项为联邦税；26~33项为联邦主体税；34~45项为地方税。但实际上这一时期俄罗斯税制存在很大变数，税种的数量经常有增减，而且有些税由联邦税变为联邦主体税，有些税甚至在正式取消之前就已经停止征收，还有当时税法规定可以开征的15种地方税也未列入表2-8中。因此，表2-8并不能详尽无遗地反映俄罗斯税制和税种的变化情况，只能反映俄罗斯税收体制总的发展状况和基本趋势。从表2-8可见，俄1991年仅开征了5种税；但1992年税种一下子增加到32个，1992~2000年，税种的数量一直保持在30个以上；自2001年税种开始减少，截至2004年，共有24种税停止征收。

根据俄政府的税制改革计划和确定的改革方向，2004~2005年，俄税制改革的主要任务和目标，一是进一步简化并完善税制，减少税种。俄2004年取消了销售税，该税是联邦主体预算即地区预算的重要收入来源。此外，2004年还取消了教育机构事业税、从事企业活动的自然人注册费、疗养税、居民点清扫税等。二是继续实行进一步降低税负的方针，将其作为保证经济增长和实现经济多样化的条件之一。这方面的主要措施是降低名义税负。为降低名义税负，俄将增值税和利润税等的税率下调。利润税税率从35%降至24%，增值税税率从20%降至18%，统一社会税税率也从35.6%降至26%。三是实行简化课税体制。这是一般课税体制下由机构单位和个体企业主自愿采用的一种专门税制。其实质是纳税人（机构单位和个体企业主）以支付按纳税期经济活动结果计算的统一税的形式，将俄联邦税法规定的几种税合并征收。按照税法典的规定，实行简化课税体制的机构单位要交纳统一税，以取代利润税、增值税、财产税、统一社会税，即实行四税合一。这样不仅会减少税种并简化税收的征收，而且会大大减轻企业的税负，特别是会使小企业的税负明显减轻。这对于鼓励小企业发展，尤其是刺激建立更多的小企业，有着十分积极的意义。

俄罗斯总统普京在联邦会议所作的《关于2005年预算政策》的预算咨文中专门谈到了2004~2005年税收政策的基本方向。他指出："2004~2005年要基本结束税制改革。税收体系应保证预算需要的拨款，但不能加重经济主体的负担，不能阻碍他们竞争力的提高和经营积极性的增强。课税条件应当明确，不允许做随意解释，以便能够区分合法避税和犯罪逃税的情况。必须使税收体系促进良好住宅市场的形成，促进教育和医疗卫生事业的发展。要改革统一社会税，……降低统一社会税的有效税率。……2004年应通过若干章税法典，这涉及继承和赠与税、不动产税和土地税三章。这些税应当……成为地区预算和地方预算收入的稳定来源。税法典还应当增补水税这一章，并规定缩减优惠和课税对象的数量。"① 此外，普京还发出了对国家规费、自然资源使用费（税）、增值税等的改革与调整信号。不难看出，俄罗斯在2004~2005年试图加大税制改革的力度，将统一社会税、继承和赠与税、土地税、国家规费、自然资源使用费（税）、增值税等作为下一步的税改目标，并打算新增不动产税和水税。但俄罗斯后来的实践表明，这些计划进展缓慢，特别是普京提出在"2004~2005年要基本结束税制改革"的目标没有如期实现。此后，俄税制改革仍在持续。

俄总统普京在2006年年初曾表示，俄政府将继续进行税收改革，以便进一步简化税制，减轻纳税人的税收负担。

第一，继续降低税率，减轻税负。俄财政部副部长乌柳卡耶夫曾表示，2006~2007年，利润税税率要从24%降至20%，而且从2006年起，政府要取消遗产和赠与税。在未来几年内，增值税税率可能从18%降至13%；统一社会税税率也会从26%逐年以2%~3%的速度递减②。事实上，俄政府提出的这一税制改革目标并没有实现。俄2009年才开始调低企业利润税税率4个百分点至20%，小企业的利润税从15%下调至5%③。总体来说，这一时期俄罗斯每年降低的税负总额约占GDP的1%④。

第二，进一步深化税制改革与调整。根据2005年的总统预算咨文和俄政府批准的《2008~2010年俄罗斯税收政策的基本方向》，从2006年起，俄已开始实施一系列新的改革措施，这主要表现在对以下几个税种的改革与调整：一是2007~2009年要继续对消费税实行改革。自2007年起，对石油产品征收的消费税不再以纳税人购买的汽油作为课税对象，而改由石油产品的生产企业交纳消费税。而且，按汽油的质量对汽油消费税实行差别税率，即对高质量汽油规定较低税率，对低质量汽油规定较高税率。二是调整矿藏开采税，

---

① Бюджетное послание Федеральному собранию, "О бюджетной политике в 2005 году", Финансы, 2004, No.8, c.5.

② http://post.baidu.com.

③ 《俄罗斯明年起调低企业利润税税率四个百分点至20%》，http://stock.hexun.com/2008-11-20/.

④ С. Шаталов, Приоритеты налоговой политики, Финансы. 2006. No.7. c.3.

从2007年开始,根据石油开采条件对矿藏开采税设置差别税率。同时,对东西伯利亚和大陆架地带的新油田实行矿藏开采税零税率,对已开采的品位高的矿产地实行较低的税率。从2008年起,对煤、泥炭、盐、普通矿藏、矿泉水和其他矿藏实行矿藏开采税特别税率,并将这种与世界市场价格联系紧密的石油矿藏开采税特别税率延长至2017年。三是调整增值税,确定固定资产增值税的简化抵扣办法。从2007年起加快出口产品增值税的退税,从2009年起,实行统一增值税税率,将增值税税率由18%降至12%～13%。四是从2006年起,将统一认定收入税变成地方税,并由地方法规加以调节。五是计划将企业财产税、自然人财产税和土地税三税合一,征收统一不动产税。俄财政部计划于2013年在俄各地区征收该税。

四 税制改革存在的问题

第一,税制改革依然过分注重税收的"国库收入"作用和效应。俄罗斯学者将国家税收政策分为三类:第一类是实行"把能拿走的都拿走"原则的税收极限化政策;第二类是确定合理税收的政策,这一政策通过创造有利的税收环境来促进企业发展;第三类是在居民有一定社会保障的前提下规定相当高课税水平的政策。经济发达国家一般实行第二和第三类政策,而俄罗斯则实行第一类注重国库收入型的税收政策,这一政策给国家设下了"税收陷阱",造成税收的提高并没有带来国家收入的增加①。

第二,尽管俄罗斯一再努力取消不合理的税收优惠,为所有纳税人拉平课税条件,但这一努力收效并不明显。而由于过度实行税收优惠措施,给国家财政造成巨大的经济损失。因此,不断改进和完善税收优惠制,使之符合市场经济发展的要求并发挥应有的刺激作用,仍是俄罗斯面临的艰巨任务。

第三,还应注意到俄在税制改革中实行自然人收入税统一税率所带来的某些现实问题。俄罗斯把自然人收入税税率统一规定为13%,放弃了累进税率。俄总统普京在2002年还肯定了"对自然人收入税实行13%的统一税率"这一做法,并强调"俄罗斯今后几年原则上不改变这个税率"。而从发达国家成熟的课税实践看,税收的征收应与纳税人的实际负担能力相符,即按纳税

---

① Ю. Швецов, Налоговая система России: можно ли исправить существующие недостатки?, Вопросы экономики, 2007, No. 4, c. 140.

人的负担能力课税，高收入者多缴税，低收入者少纳税，无保障者免税。如果不遵循这一原则，取消累进税率，实行13%的统一税率，从而使税率不能随纳税人收入的增加或减少而提高或下降，就会违背一个最重要的课税原则，即课税的公正性。仅从这个角度看，俄罗斯将自然人收入税不加区别地改为13%的统一税率，而放弃累进税率，是有一定弊端的。

第四，俄罗斯税收体制和税收政策目前还存在其他一些主要问题：一是纳税人的税收负担仍过重，而且将基本税负转嫁给生产部门；二是缺少能够促进实体经济部门发展的刺激因素；三是直接税的比重有扩大的趋势；四是新开征税种的效果大大低于预期；五是大量的课税潜力集中在影子经济中，因而这部分税收也难于征收，逃税现象既普遍又十分严重①。

第五，税法多变、政策缺乏连续性和稳定性，是俄罗斯税收体制改革和税收政策调整中的通病。虽然俄政府一再强调税制改革要保持税收体制的稳定性和税收政策的连续性，但由于税法的不完善又不得不经常提出对税法典的"技术性修正案"，对税法典进行频繁的修订或修改。税法典第一部分刚刚颁布几个月，就修改了120多处。近些年，俄罗斯对税法特别是税法典的修改仍很频繁，表2-9反映了2005年俄罗斯联邦税法的一些变化。

表2-9 联邦税法变化情况一览

联邦法	所做修改与基本规定
2005年6月6日《关于修改俄罗斯联邦税法典第二部分和俄罗斯联邦其他一些税法》的第58号联邦法	与机构单位利润税的计算和缴纳方法相关的修改，以及基本建设投资的优惠
2005年6月3日《关于修改俄罗斯联邦税法典第二部分第346.9条》的第55号联邦法	改变统一农业税预付款的支付期限
2005年5月18日《关于修改俄罗斯联邦税法典第二部分第333.3条》的第50号联邦法	改变某些水生物资源工程项目使用费的费率，使税费率降低
2005年6月29日《关于修改俄罗斯联邦税法典第二部分第26.1章》的第68号联邦法	改变机构单位和个体企业主向支付统一农业税过渡的条件
2005年6月18日《关于修改俄罗斯联邦税法典第二部分第346.29条》的第64号联邦法	改变个别活动种类的统一认定收入税课税体系中的基础收入额和活动类型
2005年6月18日《关于修改俄罗斯联邦税法典第二部分第346.26条》的第63号联邦法	进一步明确可以对个别活动种类采用统一认定收入税课税体系的服务项目的清单

---

① Ю. Швецов, Налоговая система России: можно ли исправить существующие недостатки?, *Вопросы экономики*, 2007, No. 4, с. 141－142.

续表

联邦法	所做修改与基本规定
2005年6月18日《关于修改俄罗斯联邦税法典第二部分第363条》的第62号联邦法	规定向自然人呈送有关支付运输税税收通知书的原则
2005年7月21日《关于修改〈关于俄罗斯联邦税法典第二部分生效和修改某些俄罗斯联邦税法〉的联邦法第20条》的第105号联邦法	授权政府确定将以2001年1月1日为准的机构单位具有的保险费债务重组为国家预算外社会基金的方式和条件
2005年7月1日《关于承认俄罗斯联邦某些法令（法令的条例）失效和由于取消以继承或赠与形式完成的财产税而修改俄罗斯联邦某些法令》的第78号联邦法	根据所通过的关于继承或赠与的法律加以修改
2005年6月30日《关于修改俄罗斯联邦税法典第二部分第182条》的第74号联邦法	明确石油产品消费税的课税对象
2005年6月30日《关于修改俄罗斯联邦税法典第二部分第217条》的第71号联邦法	对卫国战争老战士、卫国战争致残人员和过去法西斯集中营受迫害者2005年得到的货币形式和实物形式的救济和赠品的价值，免征自然人收入税
2005年7月21日《关于修改俄罗斯联邦税法典第二部分和承认俄罗斯联邦某些法令的条例失效》的第107号联邦法	消费税和矿藏开采税税率指数化
2005年7月21日《关于修改俄罗斯联邦税法典第二部分第26.2章和26.3章、修改俄罗斯联邦某些税法，以及承认俄罗斯联邦某些法令的条例失效》的第101号联邦法	完善对小企业的课税
2005年7月21日《关于修改俄罗斯联邦税法典第二部分，以及承认俄罗斯联邦某些法令的条例失效》的第106号联邦法	取消开设信贷组织分支机构的国家规费
2005年7月22日《关于修改俄罗斯联邦税法典第二部分第21章和承认俄罗斯联邦税法的某些条例失效》的第119号联邦法	完善对增值税的管理方式，进一步明确涉及生产周期长的机构单位预付款支付方式的条例
2005年7月22日关于《俄罗斯联邦经济特区》的第116号联邦法	建立为期20年的工业生产区。课税的特点：加速折旧，并承认用于科学研究和试验设计工作的支出，将统一社会税税率降至14%
2005年7月22日《关于修改俄罗斯联邦税法典第二部分第21章》的第118号联邦法	机构单位改组情况下的课税特点
2005年7月22日《由于〈俄罗斯联邦经济特区〉联邦法的通过而对某些法令加以修改》的第117号联邦法	对税法典、海关法典，以及土地法典和有关外国投资和对外贸易活动国家调节的联邦法律加以修改

资料来源：Ю. Боръян, Налоги и налогообложение: основные изменения в налогообложении в 2006 году, Москва, Изд. "Экономика", 2006 г. c. 24 – 27。

五　简要结论

自俄罗斯实行经济转轨和税收制度变迁以来，1999~2001年的大规模税制改革阶段对俄具有基础性和实质性的意义，税法典的颁布实施是俄罗斯进入实质性税制改革阶段的重要标志，与世界接轨的税制的建立则是这一阶段税制改革最重要和最直接的成果。而自2002年至今的新一轮税制改革，是俄罗斯进一步调整税制和深化税制改革的又一重要阶段。这一阶段如果结束，就意味着俄罗斯税制改革的基本结束。当然，目前这一阶段仍在持续，并没有像普京所预期的那样在"2004~2005年基本结束税制改革"。但不管怎样说，俄罗斯税制改革已经进入收尾阶段，而对税制的微调和不断完善将是一个长期的过程。

第三节　银行体制转型

银行体制转型是俄罗斯经济转型的重要内容之一。多年来，俄罗斯一直在不断探索如何建立适应社会经济发展需要的银行体制和实行符合本国国情的货币信贷政策问题，取得了一定的进展。俄银行体制已经发生很大变化，二级银行体制得以建立。实际上，早在1990年12月颁布的《苏联国家银行法》和《银行及银行活动法》，已从法律上进一步明确了二级银行体制的建立，并对中央银行和商业银行的职能做出了明确划分。在此后几年，由于国家对银行业的垄断被打破，中央银行被赋予新的职能和作用，商业银行开始得到迅速发展，银行的业务活动被纳入法制化的轨道。

实践表明，俄罗斯银行体制转型和二级银行体制的建立，打破了原来国有银行一统天下的局面，形成了国有银行、私人银行、股份制银行和外资银行并举的多元化银行体制。随着市场经济的发展和银行自身运行机制的改革，俄罗斯各类银行形成了相互竞争的态势。

一　二级银行体制的建立和发展

俄罗斯二级银行体制的建立和发展可以分为四个阶段：

第一阶段是从1987年至1991年。这一阶段的主要任务是建立银行业的制度基础，并改组现有银行，建立新的银行体系，对各类银行的职能也做了具体划分。与此同时，还出现了第一批以国有企业为创始人和股东的商业银行和合作制银行，而且这类银行从最初的40家发展到202家。

第二阶段是自1992年至1995年。虽然在1990年12月苏联就通过了银行改革的基本法律并建立起二级银行体制的基本框架，但真正开始向二级银行体制过渡并取得实质性进展，还是始于1992年俄罗斯向市场经济过渡、实行经济转型时期。总的来看，第二阶段是俄罗斯银行体系在恶性通货膨胀情况下只求数量不顾质量的盲目发展阶段。在这一时期，由于比较容易申领到从事银行业务的许可证，俄境内先后建立了大量的而且后来实践证明是短命的银行，这些银行主要是在金融市场从事短期投机业务，难以履行信贷和支付中介等基本职能。因此，俄罗斯银行部门在促进经济发展中的作用是十分有限的。有资料显示，俄银行总资产与GDP之比由1992年的80%降至1995年的30%。对经济的贷款额占GDP的比重1992年为28%，1995年仅为13%。即便如此，各类银行的数量依然有增无减。从商业银行看，截至1992年10月就超过1600家，其分支机构已接近2800家；1993年增加到1700家，分支机构3100家；1994年达到2000家，分支机构4500家；1995年增至2500家，分支机构5500家。后来，到1998年年初，俄登记注册的商业银行达2555家[①]。但这些银行多半是中小银行，拥有发达分支机构的大银行则很少。这是第二阶段俄罗斯商业银行发展的一个明显特点。当然，对这一发展阶段俄商业银行数量迅速扩张的利弊应做具体分析。从一方面看，在短短几年时间内，商业银行数量猛增，其网络遍及整个俄罗斯，这对于形成市场关系和建立市场经济体制是十分必要的。但另一方面，商业银行数量的迅速增加导致银行资本过于分散，特别是大量中小银行的存在造成管理上的困难，既难以保证银行体系的稳定性，也难以提高银行服务质量。

第三阶段是从1996年至1997年。这一阶段俄银行体系得到较稳定的发展，并呈现以下几个特点：一是进一步规范商业银行的业务活动。为适应商业银行发展的需要，1996年年初，俄央行对《关于商业银行活动调节办法》做了若干修改，包括：提高商业银行的自有资本额度，从1996年4月起，凡新注册的商业银行，其自有资本至少要相当于200万欧洲货币单位，而且这

---

① Госкомстат, Россия в цифрах, Москва, 1999, c. 313.

个限额以后要逐年提高；降低商业银行经营风险，特别是对商业银行的贷款额加以限定。规定商业银行对单个借款人的贷款额，从 1996 年 7 月 1 日起不能超过商业银行资本的 60%，从 1997 年 2 月 1 日不能超过商业银行资本的 40%。二是银行资本集中过程加快，大型商业银行的核心及分支机构网络形成。到 1998 年年初，拥有资本相当于 100 万以上欧洲货币单位的银行已占俄银行总数的 58% 以上，这些银行的资产超过当时所有信贷机构总资产的 97%，成为俄罗斯银行系统的基础与核心。而且，资本和资产在向大型银行集中的同时又不断向各地区扩张。在第三阶段，通过建立银行集团（控股公司）来集中银行资本的趋势，以及银行资本与工业资本融合的趋势都更加明显。有资料显示，截至 1997 年 9 月，正式注册的金融工业集团就发展到 70 多家，这些金融工业集团联合了包括"梅纳捷普银行"和"俄罗斯贷款银行"等大型银行在内的近 100 家银行机构和 1500 余家工业企业。而到 1997 年年底，金融工业集团的数量猛增至 170 个。三是商业银行的专业化趋势得到加强。俄罗斯的商业银行有相当一部分是在银行体制改革过程中由原来的国家专业银行或其分支机构改造而成的，也有的是以部和主管部门为依托成立的。这些商业银行专业化很强，都有各自的投资活动领域和投资重点，例如，石油化工银行、石油天然气建设银行、海运银行、航空银行、无线电工业银行和通信银行等，都属于这一类。四是外资银行和合资银行得到了较快发展。据有关资料，到 1996 年年底，在俄的外资银行分行和代表处共有 15 个，有外国资本参股的商业银行 133 个。截至 1997 年 1 月 1 日，投向俄罗斯银行部门的外国投资总额为 8086 亿卢布，登记注册的有外国资本参股的合资银行 152 家。这些银行的分布情况是：65.8% 在莫斯科，9.9% 在西西伯利亚地区，7.9% 在乌拉尔地区，13.2% 位于其他地区[1]。另有资料显示，到 1998 年年初，在俄境内有 16 家外国独资银行，有 10 家外资参股 50% 的银行，有 145 家外国股东参股银行。截至 1998 年 1 月 1 日，外国资本占俄罗斯银行系统总资本的比重为 4%[2]。

第四阶段是从 1997 年年末和 1998 年年初开始直至 1998 年 8 月金融危机前。在这一时期，俄罗斯银行系统已经出现了不稳定局面，这主要表现在两

---

[1] Институт экономических проблем переходного периода, Экономика переходного периода, Москва, 1998 г. с. 507 – 509.

[2] Ю. А. Константинов, Финансовый кризис: причины и преодоление, Москва, ЗАО "Финстатинформ", 1999 г. с. 129 – 130.

个方面：一是商业银行的数量呈递减趋势，从1996年4月1日的2599家减少到1997年7月1日的1841家，1998年4月1日降为1641家，1998年7月1日又下降到1519家。商业银行逐年减少的原因是多方面的，主要是一些商业银行因经营不善而倒闭，被淘汰；再者，是因为国家对银行业进行政策调整和清理，银行间开始重新组合与合并。二是银行系统开始发生深刻危机。有资料显示，1998年1月1日，陷入严重金融困境和财务状况极度恶化的商业银行已达到550家，占银行总数的36%以上。这些银行的资产占总资产的6.8%。此后，随着危机的加剧，"问题银行"的资产占银行总资产的比重在1998年4月1日和7月1日分别上升到8.6%和16.7%。从1997年10月1日至1998年8月1日，没有发生财务困难的银行总数减少了一半以上。1997年12月，亏损银行的数量为268家，到1998年8月1日增加到511家[①]。

二 银行重组：起因、过程、措施

严重金融危机使俄罗斯银行系统彻底偏离了既有的发展轨迹。俄央行认为，俄罗斯大范围和全方位的银行危机实际上始于1997年12月。因为从这时起，俄央行不得不放弃维持国家短期债券和联邦公债券市场低收益率政策，使国内金融市场的利率急剧攀升。在这种情况下，银行已没有可能按低利率吸收资金，因而也不可能向企业提供低利贷款，企业更无力支付高利贷款。而事实上，俄罗斯银行系统的全面危机发生在1998年7~8月。尤其是俄政府和央行1998年8月17日宣布放宽"外汇走廊"上限，并延期偿还短期国债，更进一步加剧了这一危机。金融危机使俄罗斯银行系统遭到重创，造成灾难性的后果。银行危机的主要表现：一是银行客户和存款人从银行账户上大量提取现金，造成银行资金急剧减少，财务状况不稳定，尤其是银行的清偿力迅速下降，其可以动员的资金规模也迅速缩小。据有关资料，商业银行客户账户上的资金仅1998年8~9月就实际减少了36%；二是银行间结算中断，支付系统瘫痪，银行客户之间无法进行正常付款；三是商业银行15%的资产被冻结，尤其是投资国家有价证券的数量相当大的一部分银行资产被冻结，使银行损失惨重；四是商业银行在国外的代理银行账户遭查封，造成出

---

① Ю. А. Константинов, Финансовый кризис: причины и преодоление, Москва, ЗАО "Финстатинформ", 1999 г. с. 132.

口外汇收入的流入量大大减少；五是外国信贷机构对俄罗斯银行的贷款渠道关闭；六是美元汇率上升，卢布大幅贬值，这既导致银行大范围亏损，又造成银行债务成倍增加；七是客户对银行的信任度急剧下降，由此造成银行间信贷市场停摆，也使客户由于对银行不放心而频繁选择和变换为其服务的银行，造成不稳定。

俄罗斯银行危机的发生既有银行体系自身的原因，如长期积累的内部管理问题，也有外部因素的影响，这些因素如国家预算赤字增加和初级产品的世界价格下跌等。除此而外，国家决定停止支付国家短期债券和联邦公债券也对商业银行危机产生了极大影响。这是因为，有许多银行将客户的存款投资于这两种债券，由于国家拒绝偿付债务，使商业银行因资金不足而无法与存款人结算，再加上危机时期大量银行存款被提走，几乎将这些商业银行推向了破产的边缘，甚至有些银行的确因此而破产或倒闭。另据俄罗斯中央银行的资料，银行危机时期俄银行系统资本的损失超过了 1000 亿卢布。仅 1998 年 8~10 月银行资本总额就减少了近 1/3，10 月初银行资产短缺额也达到 223 亿卢布，占资产总额的 38.5%[①]。

鉴于银行危机及其所暴露出来的银行发展方面的问题，俄政府和央行决定对银行系统进行重组，开始实施政府和中央银行早在 1998 年 11 月就通过的《关于俄罗斯联邦银行体系的重组措施》的决议。按照该决议，凡属于下列四种类型之一的银行都应当实行重组：第一类是在日常清偿力管理方面没有遇到很大困难的稳定运营的银行，这类银行无须国家采取追加的支持措施就能够正常经营，并独立解决自己的日常问题。第二类是地区银行，这类银行是在俄罗斯未来的地区银行体系中可以成为支柱和中坚力量的银行。第三类是不可能继续独立经营银行业务的一些大银行，这类银行从道理上虽说应当关闭，但关闭的社会和经济成本过高。第四类是清偿力低下或自有资本严重不足的银行。对上述每一类银行都规定了不同的重组措施和国家支持办法，但就整体而言，综合性的或共同性的措施主要有以下几个方面：

（一）成立信贷机构重组代理公司

为有效实施国家对银行重组的支持与管理，俄罗斯于 1999 年 1 月首先成立了信贷机构重组代理公司。该代理公司为有限责任股份公司，属于非银行

---

① 〔俄〕《金融通报》1998 年 12 月 2 日。

信贷机构，注册资本为100亿卢布，其创办者是俄联邦中央银行和联邦政府下属的"俄联邦财产基金"，两者分别持股49%和51%。董事会主席由时任央行行长的格拉先科出任，总经理由央行副行长杜尔巴诺夫担任。信贷机构重组代理公司的主要职能是：购买丧失资本银行的控股（法定资本份额），并对这些银行实行管理；接受担保并接收银行股票，对这些股票实行管理；根据委托并由央行和俄政府注资重组银行的法定资本，在这些银行中代表国家的利益；参与受重组银行财务整顿计划的制订和实施；变卖受清理银行资产时对这类资产实行购买、销售和中介；对在银行购买的有问题资产实行管理，包括以后销售这些资产；吸引必要的投资来实施银行重组措施；启动并参与银行破产和清理程序；为信贷机构重组代理公司开展工作吸收必要的财力，包括通过发行有价证券的方式吸收资金。所有这些内容既纳入信贷机构重组代理公司的主要职能范围，实际上也是银行重组所采取的主要措施。

信贷机构重组代理公司自1999年4月正式开始运作，是代表国家管理俄罗斯银行重组的唯一机构。到2001年1月1日，信贷机构重组代理公司的资产总额就达到125亿卢布，同年年底利润达4.47亿卢布。当时，俄罗斯通过信贷机构重组代理公司来实施国家对银行重组的支持与管理，并在以下几个方面采取了有效措施：一是充实银行资本金，克服流动性危机；二是俄央行直接或间接地以所持有的国债或所发行债券向银行增资。在危机时期中央银行总共向商业银行拨出了164亿卢布的稳定化贷款，用以补充资本金；三是改善资产质量，将银行不良资产（逾期贷款、借款人债务、流动性差的有价证券、不可变卖的不动产等）转给信贷机构重组代理公司，换取良好资产或形成对该代理公司的长期债权；四是提高资金流动性。危机造成大量的银行间拖欠和支付危机，为缓解流动性危机，俄中央银行动用了300亿卢布的存款准备金来化解银行间拖欠，并向商业银行提供抵押贷款，与信贷机构重组代理公司之间交换银行资产，重组银行的资产负债期限。

俄罗斯在完善银行活动的法律法规、加强中央银行的监管、为银行重组提供法律和制度保障方面也有重要的举措。按照《信贷机构破产法》的要求，俄建立了信贷机构破产预警制度。在央行的参与下，俄国家杜马还通过了《联邦信贷机构破产法修改和补充草案》。该草案规定，对自有资本下降到低于法定资本的信贷机构采取破产预警措施。央行的所有地方机关都对信贷机构的资本充足率等指标进行月度分析，以便及时掌握哪些银行需要重组、哪些银行需要转由信贷机构重组代理公司管理、对哪些银行需要提出破产预警等。到2000年7月1日，俄央行地方机关组织实施的212家预警破产的信贷机构中，通过及时调整和实施财务健康化计划，有71家恢复了正常状态，说明破产预警制度有利于提高央行监管的效率。此外，对那些违反联邦法律和央行规定、丧失偿付能力的银行，吊销其银行业务许可证，这不仅是俄央行加强监管的重要措施，也是银行体系重组的另一个制度性特征。有资料显示，从1998年8月到2000年8月，中央银行共吊销了237家银行的经营许可证，迫使这些没有支付能力和濒临破产的银行完全退出市场。1998~1999年，俄最大的18家银行中曾有6家被央行吊销了经营许可证。

(二) 力促银行合并，加强资本的集中

这一举措主要是在2000年至2002年年初实施的。这个阶段俄银行重组的主要目的，一方面是为了增加银行资本和改善资本质量；另一方面则是要适当加强资本的集中。而银行资本的集中是通过银行合并，将不同银行的资本融合在一起的途径实现的。例如，罗斯银行与奥涅克西姆银行于2000年9月合并，成立了新的银行，其法定资本为3亿美元。实际上，早在1998年8月，俄罗斯联合进出口银行、桥银行和梅纳捷普银行就已经宣布合并，3家银行组成了俄罗斯最大的股份制银行，成为符合国际标准和运作规范的大型金融机构。

还应当指出，在银行合并与重组之初，俄罗斯在实践中采取的是降低银行资产和负债，以及资本的集中程度、缩减大银行和特大银行占银行总资产比重的截然不同的做法。有资料显示，从1998年10月1日至1999年11月1日，25家拥有资产最多的大银行在俄银行总资产中的比重从60%降到55%；而1500家拥有资产最少的小银行占俄银行总资产的比重则从12%上升到17%。再从资本占有量看，截至1998年8月1日，25家最大银行的资本占商业银行总资本的48%，1500家最小银行的这个比重为17%，而到1999年10月1日，这种情况发生了完全相反的变化：最大银行的这个比重仅为7%，而最小银行的这个比重则猛升至84%[①]。

(三) 重组银行债务

俄罗斯对银行债务的重组，主要采取两种办法：一是通过与债权人达成

---

① "Вестник Московского университета"（сер. 6，экономика），2002，No. 1，c. 111 – 112.

协议,将其债权转换成为银行资本,实行债务股份化,从而达到既缓解债务危机又增加俄罗斯商业银行的资本金规模之双重目的;二是重新梳理银行债务,对银行债务进行分类,对其实行分批延期支付。同时,实行贷款债务证券化。

(四) 成立俄罗斯(国家)发展银行

银行重组期间,在俄政府和央行的共同推动下,1999 年成立了俄罗斯(国家)发展银行。其主旨是使国家积极参与国民经济恢复和改革进程,改变国家对经济投资过少的状况。有资料显示,2001 年,俄罗斯国家的投资总额比用于维持护法机构的费用和用于国家管理支出总额的年增长额要少 60%。国家投资总额在俄银行系统所占的比重仅略高于 30%[1]。因此,俄罗斯发展银行的基本任务是要通过国内外各种渠道,以及通过联邦财政来筹集资金用于实体经济部门特别是企业的短期和长期贷款,也包括用于出口供货和进口替代的拨款。但发展银行在成立之初还是走了一段弯路。据有关资料,国家拨付给发展银行 50 多亿卢布的预算资金,然而银行迟迟没能将这笔资金用于对投资项目的贷款,也没有吸引资金用于发展生产,却把预算划拨的很大一部分资金即 15 亿卢布用于有价证券投资。这显然有悖于俄罗斯发展银行成立之初所确定的基本目标[2]。当然,经过一两年的发展,俄发展银行的经营状况有了较大改善。截至 2001 年 4 月 1 日,就股份资本总量而言,发展银行在俄银行系统中已排名第 11 位。而且有专家、学者认为,俄罗斯发展银行将来可能会变成实行国家投资政策的中央投资银行。

总的来看,经过银行重组,俄罗斯银行的数量明显减少。如果说 1995 年俄罗斯有银行 2824 家,1997 年降为 1697 家,那么,到实施银行重组两年后的 2001 年,商业银行减少至 1300 多家,而且其中大多数是中小银行。到 2003 年 3 月,俄罗斯共有银行 1332 家。两年间银行数量没有发生大的变化,但这并不意味着俄罗斯银行重组进程的结束。银行重组实际上是对俄银行系统的结构改造,这种结构改造应是一个长期的持续不断的过程。事实的确如此。2004 年春夏之交,由于俄罗斯央行以涉嫌洗钱为由吊销了一家银行的营业执照,同时披露出多家银行有类似违规行为因而可能会受到查处,由此引

---

[1] 〔俄〕《财政》2001 年第 11 期。
[2] 〔俄〕《经济与生活》2003 年第 3 期。

发了俄罗斯银行间的信任危机。这场信任危机由最初的一部分中小银行出现流动性问题，演变发展成为一些银行遭遇大规模挤提，造成多家银行被迫停业。例如，俄罗斯按核心资本排名第 26 位的古塔银行因无力应付客户蜂拥而至的支付需求而宣布停业。在这一情势下，俄罗斯再次启动银行重组和并购程序，促使俄外贸银行在央行的支持下收购了古塔银行，并让古塔银行在最短的时间内重新开张营业。外贸银行通过本次收购行动，既扩大了客户群和业务领域，也进一步增强了本身的实力，并为今后俄罗斯挽救问题银行和促成银行间的重组和并购提供了可资借鉴的经验。

三 二级银行体制下银行职能的划分

俄罗斯以实行二级银行体制为重点的银行体制改革，不仅从体制上独立划分出中央银行和商业银行，而且从职能作用上对这两级银行做了明确界定和区分，使它们各司其职。

（一）中央银行的职能

俄罗斯中央银行在宪法和《俄罗斯联邦中央银行法》的授权范围内独立开展业务活动，并直接对总统和议会负责，不受中央政府或地方政府的控制与干涉。这与银行体制改革前央行实际上从属于中央政府，是政府政策执行者的状况截然不同，说明俄罗斯央行的独立地位真正得以确立，职能发生了转变。

俄罗斯转型后的中央银行既是"银行的银行"，也是"发行货币的银行"，还是"制定和实施统一货币信贷政策的银行"。但央行已经不再具体经营存款、贷款、汇兑、结算等对企业或居民服务的业务，其服务对象主要是各级各类政府机构和银行。央行货币信贷政策的基本目标是达到财政稳定并降低通货膨胀；维持和保证卢布的稳定，包括保持卢布的购买力和稳定对外币的汇率；发展和巩固银行体系；保证结算系统有效而通畅地运行。

根据《俄罗斯联邦中央银行法》的规定和其他有关资料，可以将俄罗斯央行的主要职能归纳如下：与俄政府共同制定并实行以维持和保证卢布稳定为目标的国家统一的货币信贷政策；垄断现金发行并组织现金流通；对信贷机构行使最后贷款人的权利，组织资金再融通；制定在俄境内实行结算的规则，组织银行间的结算；为银行系统制定从事银行业务、会计核算和报表的规则；对信贷机构进行国家注册；发放和撤销信贷机构审计的组织和单位的许可证；从事各类银行业务；实行外汇监督和外汇调节，包括从事外币买卖业务；保管集中性的黄金和外汇储备；确定与外国的结算方式；参加预测国家的国际收支情况并组织编制国际收支平衡表；分析和预测国家的经济状况首先是货币信贷和外汇金融方面的状况；代理政府管理国家债务，即发行、偿还和经营政府的有价证券，代理政府财政收支；等等①。

俄罗斯央行有权与俄罗斯和外国信贷机构从事下列业务活动：提供以有价证券和其他资产做担保和抵押的期限不超过一年的贷款；买进或卖出偿还期不超过六个月的期票和票据；从事公开市场业务，在公开市场上买卖国家有价证券；买卖外汇；购买、储存和出售贵金属和其他种类的外汇；从事结算、现金出纳和存款业务，保管和管理有价证券及其他财物；提供担保和保证；在俄罗斯和国外的信贷机构开立账户；等等。

此外，俄罗斯中央银行的业务范围还包括：根据不同类型的银行业务制定不同的利率，抑或采取浮动利率来实现其利率政策；引进西方发达国家中央银行的成功做法，建立法定存款准备金，以维持商业银行自身的清偿能力，并增强央行的资金实力和调剂信贷资金的能力，加强其对商业银行支付能力的控制；通过调整再贴现率或再贷款利率来调节信贷规模，从而做到既能影响商业银行和其他信贷机构的贷款利率，又能影响它们向央行借贷的数额；吸收商业银行的一部分闲置资金。通过上述措施即采用直接的宏观经济调控手段而不是采用计划和行政手段来调节市场货币供应量，以实现中央银行的货币信贷政策取向和目标。

同时，俄罗斯对中央银行的权力也有明确的限制：第一，无权与非金融机构、没有许可证的法人及自然人开展银行业务；第二，无权持有信贷机构和其他机构的股份；第三，无权从事不动产业务，但与保证央行经营活动有关的情况除外；第四，不能从事贸易和生产活动；第五，不能延长提供贷款的期限。

自实行二级银行体制和中央银行独立地位确立以来，央行作为俄罗斯宏观经济的调控主体，在一定程度上发挥了调控宏观经济的功能，特别是加强了对货币供应量的宏观调控，从而基本控制了货币发行量的过度增长及其造

---

① Л. П. Кураков, Российская экономика: состояние и перспективы, Москва, ЛОГОС, 1998 г. с. 164 - 165.

成的过度总需求，对遏制通货膨胀发挥了重要作用。

但总的来说，俄罗斯中央银行的独立性问题当时未能得到很好解决。虽然俄建立了以中央银行为主导的二级银行体制，央行的独立性有了提高，但中央银行在一个很长时期内未能改革成为真正的中央银行。这表现在：第一，中央银行的隶属关系与欧美发达国家相比，还有很大的不同。俄罗斯央行对国家杜马负责；俄政府或议会在央行政策制定上起很大的作用，致使中央银行独立制定和执行货币政策的权力受到削弱。但另一方面，尽管俄法律规定中央银行和政府不再是隶属关系，央行要对国家杜马负责，在实践中政府对央行的干预却随心所欲。特别是1998年金融危机后俄法律同时又规定，可以根据总统提议由国家杜马解除央行行长的职务。可见，俄中央银行的改革带有浓厚的转轨色彩，这也是市场经济不成熟的表现①。第二，信贷资金的财政化现象依然存在。由于央行与政府之间的隶属关系没有完全摆脱，中央银行不能有效履行其职能，政府财政预算可以通过向央行透支的办法来解决或达到平衡。更有甚者，1996年总统竞选时竟强制中央银行拿出5万亿卢布支持政府开支②。1998年金融危机以后，俄一改以往不向政府提供用于弥补财政赤字的贷款的规定，又重新规定中央银行可以向政府提供季度性的用于弥补财政收支不平衡的贷款。不仅如此，俄罗斯中央银行自身的问题也制约了其独立性的提高，这一问题就是俄央行在部分商业银行持股。当时，俄央行持有外贸银行99.95%的股权、农业银行75%的股权、储蓄银行57.6%的股权，同时还是多家商业银行的控股股东，俄罗斯1/3的商业银行已经被中央银行控制③。俄央行与商业银行的这种关系使它在制定和执行政策时很难做到客观性、公正性、中立性，从而大大削弱了独立执行货币政策的可能性。

此外，俄中央银行对商业银行的管理也缺乏独立性，央行提供的贷款经常受到政府的干扰，资本流量常由国家来决定而不是由银行根据市场来确定。当然，普京执政后，这种状况得到很大改变。经过银行体制改革和银行重组，俄罗斯银行系统走出危机的影响并出现积极的变化趋势。虽然俄银行系统仍然"不能适应经济现代化和促进经济增长以及建立证券市场的任务和要求"，且银行在俄罗斯经济中所发挥的作用要比其他经济转轨国家尤其是发达国家银行的作用弱得多，但是银行重组和金融改革的深化，使俄罗斯中央银行的

---

① 米军：《中国和俄罗斯中央银行改革比较》，载《经济问题探索》2005年第5期。
② 周尚文：《中俄经济转轨研究》，上海人民出版社，2002，第204页。
③ 范敬春：《迈向自由化道路的俄罗斯金融改革》，经济科学出版社，2004，第41页。

独立性不断扩大,并进一步明确了今后银行与政府是一种合作关系。

(二) 商业银行的职能作用

在发达市场经济国家大致存在两种商业银行体制:单一银行体制和综合银行体制。俄罗斯在建立二级银行体制过程中选择了后者,即实行综合银行体制。这种体制的最大特点是,商业银行的职能与投资银行的职能相交叉,实际上是实行混业制,将两类银行的业务统一起来经营。商业银行既能够从事诸如存、贷、汇等一般意义上的商业银行业务,也可以从事有价证券发行、买卖、承销、代理等在单一银行体制下只能由投资银行而不能由商业银行经营的证券业务,以及其他一些金融业务。

根据1995年颁布并于1996年修改的《俄罗斯银行及银行活动法》的规定,"银行是信贷机构,它拥有特殊的权力综合从事下列银行业务:吸收自然人和法人的货币资金存款,并以偿还、付费、定期性为条件来自行分配上述资金,开立并管理自然人和法人的银行账户"[1]。俄罗斯法律规定的商业银行的业务范围还包括:根据自然人和法人的委托实行结算;代收货币资金、票据、支付凭证和结算凭证,为自然人和法人提供出纳服务;买卖现金和非现金外汇;从事贵金属业务;提供银行担保;从事信托和长期租赁业务;提供咨询和信息服务;等等。此外,商业银行有权从事有价证券业务,但不得从事生产、贸易和保险业务活动。如果将俄罗斯银行活动的法规同其他市场经济国家的相关法规加以比较,不难看到,俄规定的商业银行业务范围与这些国家商业银行的业务活动范围大致相同。这说明,俄罗斯商业银行体制已基本上与市场经济接轨。

俄罗斯中央银行规定,新成立的商业银行的最低法定资本金到1997年1月1日至少应相当于200万欧洲货币单位(实际上从1996年4月就开始执行这个标准);1998年1月1日增加到相当于400万欧洲货币单位;1998年7月1日要达到相当于500万欧洲货币单位。还规定,从1999年1月1日起商业银行的最低自有资本金要达到相当于500万欧洲货币单位[2]。如果商业银行没有能力达到对最低法定资本金和最低自有资本金的要求,就应当受到清理或

---

[1] Институт экономических проблем переходного периода: Экономика переходного периода. Москва. 1998 г. с. 517.

[2] Л. П. Кураков: Российская экономика: состояние и перспективы. Москва. ЛОГОС. 1998 г. с. 171 - 172.

进行重组。

对俄罗斯商业银行可以从不同角度进行分类,《过渡时期经济》一书的作者将其分为四类:第一类是俄罗斯储蓄银行和对外贸易银行。这类银行不仅资产规模大,而且受国家控制。截至1997年年初,俄罗斯储蓄银行的资产占银行系统总资产的比重高达24%,吸收的存款占私人存款总量的70%。不仅如此,其分支机构多达33039个,俄其他商业银行根本无法与之相比。对外贸易银行的资产则占银行系统总资产的3.3%。第二类为大型私人商业银行,约有20家,其资产总量约占俄银行系统总资产的1/4。其中的莫斯科工商银行、农工银行、俄罗斯工业建设银行等三大银行是在原来几个专业银行的基础上改组成的股份制银行,其余基本上是新建立的商业银行。第三类是为数众多的中小型商业银行,其中有近1/4银行的资本少于50万美元。由于资本不足,这类银行不能向客户提供数额可观的贷款,且抵御贷款风险的能力差,盈利水平低,增加资本困难。第四类为外资和合资商业银行。在上述四类商业银行中,第一类和第二类银行的资产约占俄罗斯银行系统总资产的一半稍多。因此,这些商业银行发挥着主导作用,俄整个银行系统的状况如何在很大程度上取决于这些银行的财务状况[①]。

俄罗斯商业银行在发展过程中还存在一些问题,其中主要有:第一,法规不健全,制度不完善,缺乏规范的管理机制。第二,商业银行数量过多且规模过小,尤其是中小银行实力弱,资本金不足,缺乏竞争力,经营风险大。第三,缺少实力雄厚的大银行,特别是拥有发达分支机构的大银行更少,不利于发挥规模效应。第四,商业银行的资金一般主要不是用于生产性投资,而是用于流通领域投机尤其是金融投机上。据有关资料,俄商业银行用于金融领域以外的贷款仅为资产业务的30%,这与发达国家银行将工商信贷作为主要资产业务的实践完全相反,例如,美国商业银行工商信贷的比重高达50%~60%。但俄商业银行资金用于国家有价证券业务的比重则很高[②]。第五,即使用于企业和组织的贷款,商业银行的业务也主要限于3个月以内的短期贷款,一年以上的长期贷款比重很小。

针对上述及其他问题,俄罗斯中央银行于1996年1月30日推出新的管理

---

① Институт экономических проблем переходного периода, Экономика переходного периода, Москва, 1998 г. с. 506 – 508.

② Институт экономических проблем переходного периода, Экономика переходного периода, Москва, 1998 г. с. 521.

办法，后又于1997年5月23日对其进行了重新修订。该管理办法的主旨是促使商业银行有效管理自己的资产与负债，并在从事银行业务时实行合理的政策。此外，俄还出台了其他相关规定和措施，归结起来主要有以下几个方面[①]：一是提高新建商业银行的最低法定资本金标准和现有商业银行的最低自有资本金标准；二是规定并提高商业银行的资本充足率即银行自有资金对其总资产的比率，目的是保持商业银行自有资金在其投资中占有一定的最低比重。应当说，俄央行严格规定资本充足率的做法是与西方发达国家调节商业银行活动的通行做法相一致的；三是确定商业银行清偿力标准，迫使银行根据资金收支流量的规模和期限来平衡收支流量。这些标准包括现时清偿力标准、短期清偿力标准、长期清偿力标准、可用于清偿的资产占银行资产总额的最低必要比重；四是规定商业银行风险标准，以促使银行最大限度地扩大其资产和负债业务范围；五是建立存款保险基金。为保证银行能够返还吸收的居民存款，增强存款人对银行的信心，同时，为补偿银行经营可能出现的亏损，俄罗斯规定建立"联邦存款强制保险基金"。除此之外，各商业银行也要建立存款自愿保险基金，以保证向其客户返还存款并支付存款收益。

四 2008年国际金融危机前后俄银行业的调整与发展

有资料显示，俄罗斯独立后至1998年国内发生金融危机期间（1997年除外），经济严重下滑。但从危机过后的1999年起直至2008年发生国际金融危机，俄经济开始恢复并以较快的速度增长，表2-10反映了这一趋势。

表2-10 1991~2010年俄罗斯经济增长

单位：%

年 份	1991	1992	1993	1994	1995	1996	1997	1998	1999	2000
GDP增长率	-5.0	-14.5	-8.7	-12.7	-4.1	-3.6	1.4	-5.3	6.4	10.0
年 份	2001	2002	2003	2004	2005	2006	2007	2008	2009	2010
GDP增长率	5.1	4.7	7.3	7.2	6.4	7.7	8.1	5.6	-7.9	3.8

资料来源：根据俄罗斯联邦国家统计局网站数据整理，http://www.gks.ru。

---

① 参见 Л. П. Кураков，Российская экономика：состояние и перспективы. Москва，ЛОГОС，1998 г. c. 172-174；Институт экономических проблем переходного периода，Экономика переходного периода，Москва，1998 г. c. 540-543。

由于1999~2008年有利的宏观经济形势，加之不断深化银行体制改革和实行银行重组，俄罗斯银行业得到了快速发展，发生了一些较为明显的变化。有资料显示，2000年1月1日至2001年1月1日，银行系统的总资产增加了31.8%，资本增加了41.7%，而且90%的银行都出现了资本的增加。自1999年1月至2002年12月，俄银行系统的总资产从503亿美元增至1260亿美元。2002年，俄罗斯银行的资本达到179亿美元，比1999年年初增加近140亿美元[①]。尤其是经过几年的银行重组，不仅实现了银行的重新整合，并撤销了250多个"问题银行"的经营许可证，而且加强了金融资本的相对集中。此后几年，俄银行业发展势头依然良好。表2-11和表2-12显示，俄罗斯银行的数量从2003年的1329家减至2008年的1136家；银行总资产占GDP的比重，由2003年的38.3%增加到2008年的60.8%，又升至2010年的75.4%；对非金融机构和个人贷款占GDP的比重从2005年的22.8%增加到2008年的37.1%和2010年的41.3%。

表2-11 2003~2008年俄罗斯银行业部分指标（截至各年年初）

单位：个,%

	2003年	2004年	2005年	2006年	2007年	2008年
银行数量	1329	1329	1299	1253	1189	1136
银行总资产增长率（年均实际）	14.1	20.1	14.0	23.1	32.1	28.8
银行总资产占GDP百分比	38.3	42.3	41.7	44.8	51.9	60.8
银行资本占GDP百分比	5.4	6.2	5.6	5.7	6.3	8.1
银行资本在总资产中的比重	14.1	14.7	13.4	12.7	12.1	13.3
股本收益率（ROE）	18.0	17.8	20.3	24.2	26.3	22.7
资产收益率（ROA）	2.6	2.6	2.9	3.2	3.3	3.0
资本充足率	19.1	19.1	17.0	16.0	14.9	15.5

资料来源：Central Bank of Russia 2003-2009。

表2-12 2005~2010年俄罗斯银行业部分指标（截至每年1月1日）

单位：十亿卢布,%

	2005年	2006年	2007年	2008年	2009年	2010年
银行业总资产	7100.6	9696.2	13963.5	20125.1	28022.3	29430.0
占GDP百分比	41.7	44.8	51.9	60.8	67.3	75.4

---

① 〔俄〕《货币与信贷》2002年第1期；《经济问题》2003年第3期。

续表

	2005 年	2006 年	2007 年	2008 年	2009 年	2010 年
对非金融机构和个人贷款	3885.9	5452.9	8030.5	12287.1	16526.9	16115.5
占 GDP 百分比	22.8	25.2	29.8	37.1	39.7	41.3
占银行业资产百分比	54.7	56.2	57.5	61.1	59.0	54.8
其中						
对个人贷款	538.2	1055.8	1882.7	2971.1	4017.2	3573.8
占 GDP 百分比	3.2	4.9	7.0	9.0	9.6	9.2
占银行业资产百分比	7.6	10.9	13.5	14.8	14.3	12.1
个人存款	1980.8	2761.2	3809.7	5159.2	5907.0	7485.0
占 GDP 百分比	11.6	12.8	14.2	15.6	14.2	19.2
机构存款	2184.1	3138.9	4790.3	7053.1	8774.6	9557.2
占 GDP 百分比	12.8	14.5	17.8	21.3	21.1	24.5
备注：GDP	17048.1	21625.4	26903.5	33111.4	41668.0	39016.1

资料来源：Central Bank of Russia，2011。

受国际金融危机的严重影响和冲击，2009 年，俄罗斯经济再度陷入衰退，GDP 比 2008 年下降 7.9%。俄银行业也受到很大冲击，2009 年 1 月 1 日至 2010 年 1 月 1 日，银行业总资产增长速度只有 5%。俄罗斯政府和央行出台了大量反危机措施，包括降低存款准备金率、提高存款保险限额、提供贷款增加银行流动性等，最终缓解了银行的流动性危机。俄罗斯银行业没有出现大规模的倒闭，保持了相对稳定。但是由于不良贷款迅速增加，银行业对非金融机构和个人贷款总额出现下降[1]。

这一时期，俄罗斯对银行业也实行了一些改革与调整措施：一是在银行业逐步稳定的基础上进行了一定的整合。有资料显示，截至 2010 年 2 月 18 日，俄境内银行数量由 1000 多家降至 999 家。仅 2009 年一年，俄罗斯就有 44 家银行彻底失去经营资格，3 家银行主动宣布破产，12 家银行由于经营不善而被其他 8 家银行并购。自 2010 年 1 月 1 日起，俄罗斯已有 4 家银行倒闭，其中 3 家银行被收购[2]。在危机后期，俄银行业通过并购和整合，国有银行在银行业总资产中的比重有所增加，从 2008 年 9 月的 46.5% 增加到 2009 年 4 月的 54.3%。在前 10 家最大的银行中，有 6 家是国有银行[3]。二是在商业银

---

[1] 参见米军《俄罗斯金融改革回顾与展望》，中国社会科学出版社，2012，第 115 页。
[2] 《俄罗斯银行业遭遇倒闭潮》，《中国青年报》2010 年 2 月 25 日。
[3] Satoshi Mizobata, "The Economic Crisis in Russia: Fragility and Robustness of Globalisation", *Kyoto Institute of Economic Research Discussion Paper*, No. 688, December 2009.

行数量减少的同时，政府加强了对银行业务的监管。三是在全国范围内快速发展分支机构网络。四是积极发展零售银行业务及公司银行业务，加速发展抵押贷款市场。五是引入统一的存款保险系统，国家提供一定量的银行存款安全保证。六是实行强制性真实利率公布制度，禁止银行单方面更改存款利率。

五　简要结论

经过多年的改革，俄罗斯新的银行体制得以建立并不断得到发展。所谓新的银行体制，是指俄罗斯打破几十年不变的由国家垄断的单一银行体制，实行中央银行与商业银行并存的二级银行体制。在这种体制框架下，各类银行的职能得以重新界定和明确划分，中央银行被赋予新的职能和作用，商业银行也得到了长足的发展。俄罗斯银行体制改革和二级银行体制的建立，打破了原来国家银行一统天下的局面，形成了国家银行、私人银行、股份制银行和外资银行并举的多元化银行体制。随着市场经济的发展和银行自身运行机制的改革，俄各类银行形成了相互竞争的态势。不仅如此，还出现了银行业与实体经济相互渗透的金融工业集团，商业银行的综合化经营趋势日益明显。因此，正如时任俄罗斯银行副行长维·尼·梅尔尼科夫2006年3月在北京参加中国"俄罗斯年"系列活动并接受记者专访时所指出的：银行改革和重组后，俄罗斯银行业的发展十分活跃，而且银行部门的所有发展指标都好于国家宏观经济指标及其他经济发展指标，俄银行业的发展速度大大领先于国家总体经济发展及其他经济部门的发展。

第三章
经济全球化过程中的对外经贸体制改革

对外贸易战略从来都是为一个国家的总体发展战略服务的,是国家战略的有机组成部分。贸易战略会随着国家战略目标的变化而适时调整,并始终以维护国家利益为首要目标。而进出口产品的结构在一定程度上也能够反映一个国家的发展水平。一般而言,一个国家的经济越发达,它在世界出口的占比将越高,且在所出口的产品中,高技术含量的产品占比要远远高于初级产品的出口占比。

在苏联以及俄罗斯的发展实践中,其外贸战略的确立与实施也同样秉承着这一根本原则。在苏联的列宁时期,社会主义国家的计划经济体制使其贸易战略在冷战格局的背景下主要服务于国家的"进口替代"战略和"赶超战略";斯大林时代,在两个平行的世界市场的基调之下,苏联的外贸战略与发展中国家区域一体化的"训练场"理论十分接近,在经互会的框架内与社会主义阵营的兄弟互通有无;在20世纪70年代世界经济遭遇两次石油危机时,苏联的外贸战略调整为用石油美元换先进技术和设备以延续"赶超"的梦想;苏联解体之后,叶利钦时代俄罗斯的外贸战略则成为了"休克疗法"的组成部分,对外贸易体制由原来的国家完全垄断变成了国家放任自由,虽说是符合市场经济的原教旨主义原则,但微观经济主体的决策与国家战略无法自动协调,致使私有化后的俄罗斯在微观经济主体利润最大化的行为原则下,产业结构与出口产品结构的能源、原材料倾向性和依赖性日益严重;普京时代的俄罗斯虽然变轨到了"可控的"市场经济,但国家资本主义的创新战略在短期内只能依据比较优势举起"能源大棒"来为"创新型"经济积累资金,为此,俄罗斯外贸以及国家预算对能源、原材料出口的依赖性不但有增无减,而且何时出现拐点,还要受到许多内外部条件的约束。基于此,本章将从苏联的半封闭到开放条件下的改革对俄罗斯外贸战略、外贸体制及贸易政策进行梳理，以期对俄罗斯的经济发展和转型的特点与趋势做出合理的解释和正确的研判。

第一节 从半封闭到开放

从1918年4月22日列宁签署第一项《对外贸易国有化法令》起，苏联开始实行高度垄断的封闭型贸易体制①。而"半封闭"状态是指社会主义的苏联客观上只与社会主义阵营的经互会国家开展国际分工和贸易往来，而与资本主义市场经济的世界几乎没有联系，处于封闭状态。这种封闭在很大程度上是西方世界封锁和扼杀社会主义国家的结果。

一 苏联不同时期对外贸易的作用及相应的制度改进

应该说，苏联在不同时代对外贸易被赋予的经济意义也是不同的。列宁时期，认为需要对外贸进行垄断才能对国内经济起到保护作用，强调的是将买来的国外物质材料为我所用，以加快社会主义国家的建设；斯大林时代，对外贸垄断的看法没有改变，前期苏联仍然把外贸作为调节国内余缺的手段，而后期随着冷战局面的出现、西方国家对苏联的禁运及社会主义阵营的建立，出于政治需要，苏联加强了与经互会国家的经贸往来，而斯大林在20世纪50年代提出的"两个平行世界市场"的理论则客观上进一步限制了东西方贸易关系的发展②。当时，苏联工业化的推进与发展主要依赖高度集中的计划经济体制，通过工农业价格剪刀差来进行内部积累。长期坚持自给自足的经济发展战略，使得苏联的对外贸易在其经济发展中所起的作用一直不是很大，只是用来弥补经常发生的赤字和解决其他问题的平衡机制而已③，当时苏联与经互会国家的贸易往来只占其GDP的10%左右。在体制上，对外贸易由苏联政府绝对垄断，对外贸易部所属的进出口公司严格按照中央计划独家经营全国

---

① 崔日明，刘文革，洪英：《东北亚俄日对外贸易体制改革的比较分析》，《俄罗斯中亚东欧市场》2004年第8期。
② 童书兴：《苏联在各个时期关于对外贸易在国民经济中的地位和作用的理论》，《国际贸易》1983年第2期。
③ 张养志、王娟熔：《对俄罗斯对外贸易发展战略的理论思考》，《东欧中亚研究》2001年第6期。

所有的进出口业务，盈亏统一由财政包干。在金融领域，苏联对外汇的持有和使用实行严格的国家管制，其实行双重外汇制度，汇率由国家计划规定①，对外贸易汇率低于非贸易汇率，且货币不能兑换，这样就使国内价格与国际价格完全脱钩。在关税的设置上，苏联对与自己有最惠国待遇的国家，只征收1%～10%的关税，而对其他国家则平均征收15%的关税。

赫鲁晓夫时代，对外贸易成为了苏联推行"和平共处、和平竞赛"对外政策的主要手段，特别是到了勃列日涅夫时代，苏联已经是世界第二大强国，在一定程度上不再那么担心对外国的依赖问题，倒是迫切希望能够进口国外的先进技术，以缩短苏联与西方的技术差距，认为"在当今世界上，任何一个国家都不能认为自己在经济方面能够与其他国家隔绝"②。为此，大概从1965年开始，随着经济体制的改革，苏联的对外贸易体制也开始发生变化。除了下放权力、扩大外贸企业自主权、实行物质奖励之外，苏联采取了对外开放的经济政策，开始积极参与世界范围内的国际分工，除了稳固与经互会国家的经贸关系外，还逐步发展与西方欧美国家、一级亚非拉发展中国家的经贸关系。这一时期，从对外贸易体制的变化来看，外贸经营权由之前的一元化逐步转向了多元化，一些部委的公司和众多的企业也拥有了外贸经营权。随着国家给这些外贸公司和企业的外汇留成比例的明显提高，创汇额成为衡量其经营活动的重要指标。不过，这一改革的重点在于扩大企业外贸经营的自主权，而不是完全下放外贸经营的领导权。

不过，截至20世纪80年代初，苏联的对外贸易额在世界外贸总额中的比重仍然一直徘徊在2.6%到4.2%之间，到1988增至为7.7%，这与苏联的国际地位极不相称③。为此，随着戈尔巴乔夫时代的到来，苏联开始强调用新的眼光看待对外贸易的作用，认为应该把利用国际分工、提高经济效益作为制定国民经济计划的重要前提之一。于是1986年之后，苏联把对外贸易的总目标改为为"提高国民经济效率"服务，而这是基于各界对比较利益原则认识的进一步加深，认识到只有充分利用国际分工，集中发展本国具有比较优势的产业和产品，才能使国民经济结构逐渐趋于最优化。同时，苏联还逐渐认识到对外贸易可以增加国民收入，为此，从1986年起苏联开始推进对外贸易体制改革，一方面，国有贸易公司的业务范围逐步扩大；另一方面，州级

---

① 冯舜华：《转轨国家对外贸易体制改革比较》，《东欧中亚研究》2000年第4期。
② 吴广文：《苏联贸易政策的变化及中苏贸易前景》，《世界经济》1989年第8期。
③ 吴广文：《苏联贸易政策的变化及中苏贸易前景》，《世界经济》1989年第8期。

和地区级单位也开始被允许进入国际市场。到 20 世纪 80 年代末期时，很多出口产品的生产商都可以直接从事对外贸易了。与此同时，苏联开始建立"自由经济区"，兴办合资企业，以使对外贸易能够从单纯的流通领域扩展到生产领域，使苏联能够参与生产的国际化进程。此外，苏联的对外贸易对象也大为拓展，对美国、经互会、欧洲共同体和亚太地区的经贸往来进行了全方位的开拓。然而，尽管如此，苏联对外贸易的作用仍没有明显显现，数据显示，1989 年，虽然石油的价格上涨了 20%，但俄罗斯贸易额没有发生变化，说明贸易量下降显著；1990 年石油价格上涨了 28%，但俄罗斯贸易总额下降了 4.8%；而 1991 年俄罗斯贸易总额更是下降了 28.4%。

综上所述，苏联的对外贸易从半封闭到逐步开放的过程中，在组织形式、机构设置、管理权限、经营原则和利益分配等方面都经历了一系列制度的逐步完善。但是由于改革的指导思想不彻底、所实施的政策和措施不到位等原因致使苏联外贸体制不适应其经济发展要求的矛盾未能得到彻底解决。

二 石油在苏联对外贸易中的重要性

从进出口商品的结构来看，由于受到"重重轻轻"总体发展战略的影响，苏联的工业制成品出口一直处于落后地位，多年来，机器设备在出口中的比重徘徊在 16% 左右[①]。而石油在苏联对外贸易中的重要性也是逐步形成的。

在 20 世纪 50 年代初期苏联还是一个石油纯进口国，到 50 年代中期才开始少量出口石油。随后，石油出口额在苏联外贸出口总额中所占比重不断增加。1963 年为 11.7%，从 1974 年开始超过 20%，1978 年高达 28.1%，在整个 70 年代，石油出口量基本稳定在产量的 27% 左右。到了 1979 年，苏联的石油出口量已居世界第三位[②]。出口石油不仅是苏联获取外汇的手段，更是培育外部世界对苏联形成依赖性的措施。从出口创汇的角度来看，数据显示，苏联 1976 年原油及油产品的外汇收入达 45.14 亿美元，1977 年达 52.75 亿美元，1978 年达 57.16 亿美元；占当年外汇收入的比重分别为 46.4%、46.5% 和 43.4%[③]。而从国际关系布局来看，苏联通过对经互会成员国石油供应的"有求必应"来强化东欧对苏联的依赖性。在 20 世纪 60 年代和 70 年代，苏联利用经

---

① 解体之后，这种消极局面进一步扩大，1995 年，机器设备出口只占 5.6%。
② 庄咏文：《苏联的石油出口贸易和政策》，《外国经济与管理》1980 年第 1 期。
③ 庄咏文：《苏联的石油出口贸易和政策》，《外国经济与管理》1980 年第 1 期。

互会的力量建造了两条"友谊油管",直接把石油送到了东欧的各大企业,这样,苏联就通过垄断东欧原油市场,把东欧的经济命脉操纵在了自己手中。

之后,随着国际经济局势的变化,苏联利用石油出口也逐步培育出西欧对于苏联以及今天俄罗斯的石油依赖性。20世纪70年代初,阿拉伯国家对西方实行石油禁运,而苏联则借机开始向西欧的石油市场渗透。在西欧能源消费国多方寻找石油来源、急于改变石油供应片面地依赖阿拉伯的状态之时,苏联采用低价策略打进了西欧石油市场[1]。特别是1973年的第一次世界石油危机之后,苏联开始大幅度提高向经互会提供的石油价格[2],并要求东欧从中东进口石油,而将自己的石油出口更多地转向更有利可图的西欧,从而竭力造成缺少能源的西欧国家对其石油供应的依赖性,并以此作为施加政治影响的工具。不过,当苏联的石油在西欧国家占有一定市场份额之后,苏联则趁着第二次世界石油危机的发生,利用世界油价飞涨的时机为自己谋求最大利益,大幅度提高向西欧出口的原油及石油产品的价格,到1975年时已接近世界市场价格。

但任何事物都是具有两面性的,石油也是一样。虽然苏联利用石油成功地在一定程度上制造了西欧对自己的依赖性,但客观上也造成自己出口的商品结构未能得到改善(见表3-1),贸易条件进一步恶化。

表3-1 苏联与俄罗斯出口贸易的产品结构(1950~1990年)

单位:%

原材料与制成品	总额中的占比			
	1950年	1960年	1970年	1990年
全部	100	100	100	100
机械与设备	11.8	20.5	21.5	18.3
燃料和电力产品,矿砂及其精矿,金属及其制品,电线、电缆	15.2	36.6	35.2	51.8
化学产品、化肥、橡胶	4.3	3.5	3.5	4.6
木材及纸浆制品	3.1	5.5	6.5	3.7
农产品	20.6	13.1	8.4	2.0
工业制成品	4.9	2.9	2.7	3.6

资料来源:И. Г. Калабеков:《俄罗斯改革:数字与事实》,http://kaivg.narod.ru/。

---

[1] 这种低价策略曾被称为苏联的"石油攻势",在西方世界引起了震动。
[2] 1979年的价格比1974年上涨了267%,并从1985年1月1日开始,苏联供应东欧国家的石油价格按国际市场前12个月的平均值确定,从此,东欧国家从苏联进口石油,除了不支付硬通货之外,就没有其他优惠政策了。

综上所述，我们看到，苏联本来是想在西欧国家对苏联石油的依赖性"被形成"之后，可以借助石油危机大幅度提高石油出口价格，从而获取巨额收益。然而，意料之外的是，第二次石油危机对世界经济造成的影响呈现出"V"字形反弹，石油价格并未如其所愿稳定在高位。苏联不但没能赚得盆满钵满，反而由于资源品"从投资到收益"之间的时滞，为后来俄罗斯国民经济发展过度倚重石油出口，乃至"荷兰病"的发生埋下了伏笔（见图3-1）。

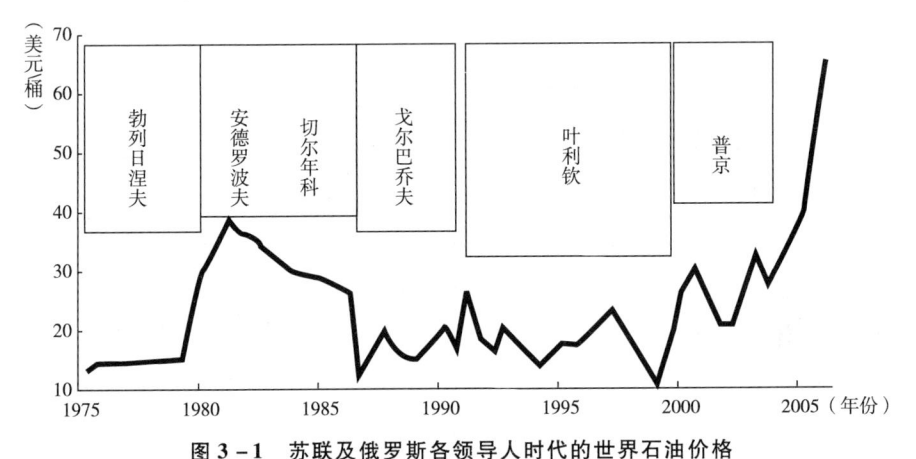

图 3-1 苏联及俄罗斯各领导人时代的世界石油价格
资料来源：И. Г. Калабеков：《俄罗斯改革：数字与事实》，http：//kaivg. narod. ru/。

盖达尔曾经在2006年接受采访时说过这样的话：如果要给苏联何时开始崩溃确定一个日期的话，那么我认为是1985年的9月13日。正是这一天，沙特阿拉伯改变了限油策略，将产量提高了3.5倍。这之后所有的石油产品和天然气的价格开始成倍下跌，此后苏联经济开始崩溃，接下来只剩下以什么形式崩溃而已[①]。

第二节 对外经贸体制改革的主要内容

苏联解体之后，俄罗斯开始整体向市场经济转型，而对外贸易体制是这一系统转型工程的一个组成部分。无论是战略方向还是战术措施，对外贸易都保持了与整体转型的步调一致。从而我们发现，在俄罗斯经济转型的各个

---

① И. Г. Калабеков：《俄罗斯改革：数字与事实》，http：//kaivg. narod. ru/。

阶段，对外贸易的战略和政策也有着相应的重点和方向。这意味着只有在经济体制转型的大背景下理解俄罗斯对外贸易体制的改革，才能得出正确的结论。

对于市场经济国家的外贸体制改革路径而言，国际上一般认为分为两步：第一步是将配额、外汇控制等非关税手段关税化；第二步再将关税水平降低，进而实现贸易自由化。而根据国际经济学家巴格瓦蒂和安妮·克鲁格对发展中国家贸易体制改革的实证研究，发现发展中国家外贸体制改革可以分为五个阶段：政府运用行政手段管理对外贸易—政府逐步放开价格—本国货币贬值—市场价格在对外贸易中发挥主要作用—完全实现贸易自由化[①]。从历史经验来看，新兴市场经济国家的贸易自由化过程也是循序渐进的。然而，俄罗斯的外贸体制改革的任务要复杂得多，作为经济转型国家，俄罗斯对外贸易体制改革还内含着从计划经济向市场经济转轨的任务。为此，俄罗斯的对外贸易体制改革经历了转型初期的一步到位自由化、有管理的自由贸易、以比较优势为基础的多元化，以及为创新战略服务的全面开放等阶段，这一转变历程与俄罗斯经济转型由"完全的自由放任"到"可控的市场经济"的变化是相辅相成的。

一 贸易体制的一步到位自由化阶段（1992~1993年）

1. 贸易体制改革的理论逻辑

向市场经济转型——这是俄罗斯于苏联解体之后在总结过去改革经验基础之上做出的抉择。但市场经济有着不同的模式，俄罗斯选择了一个最为极端的"原教旨主义"的市场经济。对于这一选择的原因我们姑且不论，但就这种市场经济的教义本身而言，它给俄罗斯的经济发展造成了深刻影响。"原教旨主义"市场经济最明显的特点是"小政府"，而俄罗斯在自己的经济领域将其贯彻成了"无政府"主义。政府从计划经济的高度集中、绝对强权的一个极端一下子转型到了另外一个放任自由、完全退出经济干预的极端。俄罗斯最初的"休克式"转型表现为自由化、私有化和宏观经济稳定化，而这些举措都对外贸领域产生了直接的影响。首先，按照整体转型方针，俄罗斯也同时实施了对外贸易的自由化，政府由原来的绝对垄断转为完全放权；其次，

---

① 姜颖：《俄罗斯对外贸易体制转轨的绩效分析》，《俄罗斯研究》2007年第2期。

随着私有化的推进，原来外贸领域的国有大型贸易公司也被私有化；最后，按照贸易自由化纯理论的要求，俄罗斯甚至一度取消了绝大多数进出口关税，以落实贸易自由化的理念。这意味着，俄罗斯实际上是在没有做好任何准备的前提下，直接从高度垄断的贸易体制过渡到完全自由化的贸易体制。改革设计者们希望俄罗斯能够通过贸易的完全自由化融入以市场经济为基础的全球化世界贸易体系中，并依据国际分工获取自己的经济利益。这种"休克疗法"指导下的对外贸易自由化主张对外贸易规模由世界市场的供给和需求决定，各国以获取比较利益为原则来实现资源合理配置。俄罗斯非常渴望能够借助于这一外向型的贸易来调剂余缺，满足国内产品需求，并通过自由贸易带来的竞争机制刺激国内生产供应，并将自己的对外贸易伙伴主要聚焦在了西方发达市场经济国家，幻想着在他们的帮助下迅速投入世界市场的怀抱。然而，现实是残酷的，任何不能结合实践的"书本知识"都会遭受现实的无情打击。俄罗斯在瞬间完全开放市场时没有充分考虑本国的产业及相关企业的竞争力，致使大量外国产品在其国内市场完全开放之后蜂拥而至，本国厂商在毫无还手之力的情况下生产能力骤降，甚至使整个国家陷入了长期的"转型性"衰退。

2. 贸易体制改革的政策选择

从改革具体操作层面的政策选择来说，1991~1993年主要是制定新的操作规则。叶利钦于1991年11月15日签署的《关于俄罗斯境内对外经济活动自由化》法令应该说是外贸领域的决定性转折点和"贸易自由化"的根本性标志。

在贸易主体方面，俄罗斯废除了国家对外贸的垄断以及关于对外贸易的指令性计划，在俄罗斯境内注册的企业不仅可以根据市场的供求状况决定产品的生产和销售，而且被允许从事对外贸易活动，同时允许在俄境内授权进行外汇业务的银行对一切法人和公民开设账户。这意味着从此无论所有权形式，也无须特殊的注册，任何经济主体都可以开展对外经济活动。于是，随着私有化进程的推进，绝大多数国有贸易公司变成了股份制形式和私有制形式的外贸企业，原来一些大型工商企业也都建立了自己的贸易公司，外贸经营主体中由私人资本和外资建立的外贸公司得以迅速发展，并逐步发挥了对外贸易的主导作用。1991年12月，俄罗斯政府进一步通过第90号和第91号命令深化贸易自由化，规定自1992年1月1日起，所有企业不仅可以从事边境贸易，而且可以直接与西方国家进行贸易，一切现行的贸易方式均可采用。

由此，对外贸易的自由化使俄罗斯打破了原有国有外贸公司对外贸的垄断，瓦解了原有外贸体制。

在贸易政策方面，为了落实贸易自由化方针，俄罗斯放松了对进出口的各种限制，向世界各国开放国内市场。在出口政策方面，俄政府不断放宽出口限制，转型初期只对主要原材料出口征收关税，对绝大多数机械产品出口不征收关税。1993年10月30日，俄政府对出口关税税率又做了统一规定，总的倾向是降低或取消出口税。为了鼓励出口，1993年1月，俄对外经贸部提出"出口产品的生产企业可以免交增值税和消费税"，并在财政和金融政策上给予出口企业支持和优惠待遇。在进口政策方面，俄罗斯在转型初期甚至实行零关税政策，这使得进口商品长驱直入，本国企业毫无招架能力，大部分在竞争中失败，导致国内经济形势每况愈下。同时，取消关税还使国家财政收入减少，这在资金异常稀缺的转型时期是致命的。面对严酷的现实，为了保护国内产业和增加财政收入以维持、稳定经济，俄罗斯不得不从1992年6月起对部分商品重新开征进口税；从1993年2月起对某些商品开征增值税和消费税，以遏制进口过猛的势头。于是，我们看到从1993年4月起，俄罗斯对国际协调税目所规定的94类商品分别规定四种进口关税税率：75%的优惠税率，适用于与俄签订双边贸易协定的国家；一般商品5%~15%、最高为150%的基础税率，主要适用于与俄签订最惠国待遇协定的国家；120%的普通税率，适用于没有与俄签订最惠国待遇协定的国家；针对47个最不发免征进口税①。

在外汇管理和汇率制度方面，转型之初俄罗斯就废除了国家对外汇的垄断持有和分配，取消多重汇率②逐步向同一汇率过渡，同时，还实施外汇自由兑换、建设外汇交易市场，这一系列的努力原本是期望能够按照"市场经济理论"，通过外汇管理和汇率制度的"去政府化"安排来配合贸易自由化战略的落实，然而面对捉襟见肘的财政收入和卢布汇率的大幅度下跌，俄罗斯政府又不得不于1992年7月12日发布总统令，规定出口商必须按卢布市场的现行汇率出售其外汇收入的50%，其中，30%出售给俄罗斯中央银行，20%在外汇市场上出售。

---

① 吴浩：《中国和俄罗斯对外贸易体制改革的路径和绩效比较研究》，对外经贸大学，2006。
② 即官方汇率、商业汇率、旅游汇率、黑市汇率等。

二 有管理的自由贸易阶段（1993~1999年）

1. 调整改革方向的理论逻辑

俗话说"患难知真交"，俄罗斯在转型之初之所以选择"休克疗法"在很大程度上是寄希望于西方国家能够信守承诺，在俄罗斯"休克"之后的"治疗"中给予输血，让俄罗斯能够在"500天之内"过上天堂般的市场经济生活。然而，当500天过去之后，俄罗斯发现自己非但没有步入天堂，反而因"口惠而实不至"的西方国家不肯兑现贷款承诺而使经济陷入困境。由此，在经济转型历时两年之后，迫于急剧放开贸易经营权带来意料之外的经济失控，俄罗斯不得不调整对外贸易政策，使政府在某种程度上回归监管，加强了国家对对外贸易的干预，从而进入了调整阶段。具体表现为政府开始使用经济调控手段和行政管理手段对外贸进行干预，使对外贸易活动更加符合市场经济的要求，同时，贸易的地理方向也在兼顾东方又兼顾西方的全方位外交战略的指导下开始重视与东方国家的经贸合作，呈现了双头鹰的贸易战略①。此外，1996年的总统大选和1998年的亚洲金融危机也在很大程度上导致了对外贸易政策的再次调整。1996年的总统大选结果虽然是叶利钦得以连任，但这是通过"债转股"用国有战略资源换来的总统宝座，随后出现的七大金融寡头对俄罗斯的政治、经济乃至外贸都产生了深刻影响。而1998年东南亚金融危机对俄罗斯的冲击以及由此陷入的经济困境，则在更大程度上使其在贸易自由化道路上表现得越发保守，甚至进入了深度调整阶段。

2. 调整改革方向的政策选择

在贸易政策调整方面，为了对外贸领域实施调整以应对过度、过快放任自由带来的后果，俄罗斯政府多次通过颁布法令和法规等形式对进出口贸易活动加以规范。我们不妨通过表3-2的数据加以了解。

表3-2 俄罗斯对外贸易政策调整一览（1993~1999年）

时间	法律、法规及其所规范内容
1993年	《1993~1995年发展、改革和稳定俄罗斯经济》：开始管制外贸公司的注册，提出要压缩和不再增加外贸组织

---

① 冯绍雷：《俄罗斯经济转型》，上海人民出版社，2005，第127页。

续表

时　间	法律、法规及其所规范内容
1994年5月	《关于撤销商品出口和劳务输出的限制和许可证》总统令：从1994年6月（石油及石油产品从1995年5月）起，除了有国际协议的那些出口量自动限制的商品和特殊出口商品外，全部商品废除出口限额和许可证制度
从1994年7月10日起	俄对军火和军民两用产品出口实行出口许可证制度；对石油、石油制品、天然气、化肥等15大类出口商品合同实行登记制；对涉及环保、国家安全和限制出口的商品按国际标准进行调控
1995年3月6日	《关于开展对外贸易活动的基本原则》的总统令：取消只有"专业出口公司"才有权经营"关系国计民生的重要原料商品"的出口许可证审批制度等
1995年以后	俄加强对进口商品的调控，制定了进口限额措施（如对食品和从欧盟进口的地毯等），对部分商品实行进口许可证制度（如酒类、烟草及从独联体以外进口的彩电等），加强安全检查，严格执行卫生检疫标准
1995年	《进口关税正常化原则》：规定最高进口关税为30%，最低为5%
1995年10月13日	《国家调整外贸活动》：俄罗斯必须对外贸给予必要的支持，其中包括国家应对外贸活动提供优惠贷款，并必要时给予国家担保和保险
1996年2月6日	《联邦发展外贸的纲领》：规定了俄罗斯政府每年应支持外贸发展的资金额度占国家GDP的0.3%~0.35%
从1996年7月1日起	俄罗斯完全取消了出口关税（但1998年金融危机后对某些商品重新开征出口税），对出口企业给予财政支持，如为出口机电产品的企业向银行提供信贷保证
1996年	《关于畜产品进口和使用制度》：规定从1998年2月1日起对进入俄罗斯的60类商品报关价格实行从严审价制度
从1998年11月	开始对国内工业采取非关税手段进行保护：比如对油籽（葵花籽、油菜籽、大豆）和未加工的皮革的出口实行许可证管理（出于缓解国内某些产品严重短缺的需要）
1998年俄罗斯发生金融危机后	规定提高出口企业外汇收入中必须出售的份额由50%上升至70%
从1999年开始	对石油、粮食等出口重新征收出口税（出于筹集资金的需要）

资料来源：作者根据相关资料整理。

在外汇管理和汇率安排方面，1998年金融危机之前，俄罗斯政府实施了"外汇走廊"①制度，并取得了一定成效，卢布汇率基本保持稳定，外汇投机大大减弱，外汇供求趋于平衡。这样的汇率政策对俄罗斯的外贸而言是较为

---

① 即对卢布与美元的汇率限制波幅范围。

有利的。然而，在 1998 年金融危机的冲击中，俄罗斯政府要想维持控制汇率的波幅，就必须用仅有的 100 多亿外汇储备与金融大鳄们博弈，但这对于挽救乾坤而言实在是杯水车薪，政府不得不宣布放弃"外汇走廊"制度，从 1998 年 9 月 4 日起改行自由浮动汇率制。同时，俄罗斯政府还采取了加强进出口外汇管理、严格限制外汇投机等一系列限制外汇流动的措施。这在很大程度上加强了进出口贸易盈利的不确定性。

三 以"比较优势"为基础的多元化阶段（2000～2008 年）

1. 普京强调"比较优势"的理论逻辑

普京时代的到来对俄罗斯而言，恰如邓小平于中国。无论是偶然的运气，还是治理能力的实至名归，总之我们看到的事实是俄罗斯终于在 21 世纪初终止了经济颓势，开始了经济复苏。这一时代的普京思想被概括为："恢复国家权威、重新定位政府职能、比较优势的发挥与突破和以人为本的理念"等①。在 2002 年的"国情咨文"中普京曾主张"继续发挥两大优势"，使"俄罗斯巨大潜力为己所用"②。而这其中就内含了普京对于外贸发展战略的理念，即举起能源大棒，发挥比较优势，培育竞争优势，并开始重视贸易伙伴的多元化。

世界经济发展的实践证明：通过比较优势来谋求快速发展和提升实力是最便捷的途径。而俄罗斯在自然资源禀赋上的优势是世界所有"比较优势"中最稳定和不可逆的。普京自然也意识到了这一点，从其任期内对寡头的打击、对战略资源的掌控，以及能源战略的制定与实施中，我们可以清晰地观察到其借用资源比较优势、利用世界能源市场的高价位，以及欧盟对其能源供给的依赖性成就"大国复兴"之梦的意图。于是，普京把俄罗斯定位为"能操纵国际能源市场的能源生产和出口大国"，以其独一无二的"石油大国"地位来营造自己的强势。而能源消费大国对石油的担心、渴望、争夺和战略运筹，让普京对俄罗斯能源经济王牌的威力充满信心③。普京多次强调俄罗斯经济要想复苏，就必须保持高速发展的速度，就必须依靠原材料的出口，

---

① 刘军梅：《强权治理、突破瓶颈、提高福祉——普京"富国强民"经济思想及政策主张分析》，《学术交流》2008 年第 5 期。
② Путин В. В, Послание президента, известия, 19.04.2002, стр. 1.
③ 秦宣仁、韩立华：《普京发展经济的新思路》，《国际石油经济》2004 年第 10 期。

只有这样才能保障财政收入和企业利润，才能换回发展新产业所急需的资金和技术。由此，在普京经济思想的指导下，俄罗斯对外贸易的战略方向进一步调整为"能源产品出口导向"，以期通过石油美元撬动GDP的增长。应该说，这一对外贸易战略的确立是立足于俄罗斯国内的要素禀赋和经济发展水平的，并且在实施过程中借助于世界经济发展和新兴市场经济国家的崛起所引发的石油价格上涨而效果异常显著。

同时，普京还希望能够通过实施轻工产品和食品的进口替代战略来实现对本国经济、产业结构的调整，并通过贸易伙伴的多元化进一步融入世界经济体系。2000年成立的欧亚经济共同体在某种程度上正是可以用来防范中国等发展中国家廉价产品对本国工业挤压的工具。

2. 发挥"比较优势"的政策选择

根据普京充分发挥俄罗斯资源禀赋比较优势的战略目的，俄罗斯根据世界市场的需求逐步提高了经济开放程度，扩大了石油等能源产品在出口贸易中的比重，俄政府通过简化政策措施以及完善基础设施等政策来助推石油和天然气等重要产品的出口，并且通过一系列的政策对国内的能源产业加以扶持，以逐步由出口低附加值的能源产品向出口高附加值的能源加工制成品的转变。同时，俄罗斯还提出了"与外资共建俄罗斯"口号，制定了吸引外资的政策，对鼓励外资的进入做了明确划分。

在贸易政策方面，2000年3月，俄罗斯政府出台了石油及石油产品出口关税的新政策，并规定每两个月根据世界市场价格修改一次税率。因此，此后我们经常会发现俄罗斯政府时常调整石油出口税率，时高时低。同时，从2001年1月1日起，俄罗斯的平均进口关税降为11%。

在外汇管理与汇率安排方面，俄罗斯于2006年7月1日起完全取消了1998年金融危机后紧急实施的针对卢布自由兑换的所有限制，并允许俄公民在国外银行开设账户，意味着卢布完全自由兑换。2006年6月29日，俄罗斯政府又通过了联邦《外汇调节和外汇监督法》修正案草案，取消了对资本流动的所有限制。

此外，在2003~2005年《俄罗斯联邦社会经济发展中期纲要》中也体现出俄罗斯多元化外贸市场与伙伴的意图，其中，俄罗斯对外贸易合作伙伴的优先次序被依次定为欧盟、独联体、美国、亚太地区、中东国家、非洲国家等，并强调俄罗斯将充分利用各国的经济结构和地理位置特点，获取贸易的比较利益，节约交易成本。

四 为创新型现代化战略服务的全方面开放阶段（2008 年全球金融危机之后）

1. 外贸为创新型现代化战略服务的理论逻辑

虽然在 2008 年之后普京不再是俄罗斯总统，但他仍然是总理，这使得普京时代的经济发展战略得以传承和持续。有所不同的是 2008 年之后，梅德韦杰夫和普京面对的是一个又一次在金融危机中遍体鳞伤的俄罗斯。面对 9% 的 GDP 降幅，媒体、政界、学界甚至是老百姓都开始发出这样的质疑：为什么俄罗斯这么脆弱？特别是在与世界、与中国的比较中，这种质疑声愈发强烈。后危机时代全球范围内创新的压力以及世界经济复苏前景的不确定性使得俄罗斯政府进一步明确了要通过创新型现代化战略来应对"过分依赖石油"所造成的经济脆弱性。这一次俄罗斯把战略目标准确地定位在"基于百姓高质量生活的同时确保自己在世界舞台的高威信"。与此同时，俄罗斯在痛定思痛后再次深刻认识到，要想提高俄罗斯经济的竞争力就必须平衡好资源与创新的关系，而现代化战略的实施与国家竞争优势的培育，以及由此带来的国际分工架构的重建、国际贸易与投资的地理方向的变化、区域一体化进程的拓展与深化等密切相关。简而言之，俄罗斯需要通过实施新的贸易战略来实现比较优势向竞争优势的转化[①]。为此，危机之后俄罗斯确定了服务于国家现代化战略的对外贸易战略，旨在改变国家在国际分工体系中的地位，致力于成为内部资金积累的源泉，并服务于提高竞争力、实现现代化以及确保经济增速等战略目标。

2. 外贸为创新型现代化战略服务的政策选择

世界的发展经验显示，现代化战略的贯彻与实施一定是得益于政府主导的目标明确的政策选择与社会潜力的全面调动。为此，危机之后，俄罗斯政府开始正式制定自己的中长期对外贸易战略，并在 2008 年 10 月 27 日颁布了《2020 年前俄罗斯对外贸易战略》，规定在 2020 年之前，国家对外贸活动扶持的重点首先是与欧亚经济共同体国家的贸易，其次是与伊朗、印度、中国、阿富汗和蒙古这些周边国家的贸易。在出口政策上，政府将支持天然气工业

---

① 赵美娜：《经济全球化视角下的俄罗斯对外贸易战略研究》，黑龙江大学，2010。

公司、联合航空制造公司和联合造船公司等国有大公司巩固自己在国际市场上的地位①。

五 俄罗斯贸易体制改革的效果评判

从苏联解体、俄罗斯经济转型以来,俄罗斯不仅借助于进口满足了转型初期国内消费市场的需求,而且通过外贸带来的关税、增值税、消费税等诸多收入,使对外贸易客观上成为俄罗斯转型、发展甚至现代化的物资保障源泉之一。但与此同时,我们也不得不承认,也正是"资源出口"导向型的外贸战略战术使俄罗斯徘徊在"荷兰病"的边缘,使俄罗斯经济对石油等自然资源的出口依赖性过大,使俄罗斯在2008年的全球金融危机中将自己的脆弱性暴露无遗(见图3-2和图3-3)。

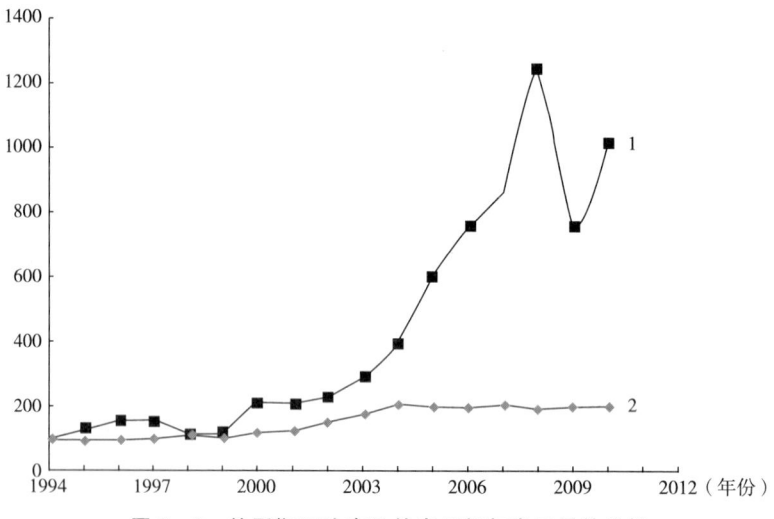

图 3-2 俄罗斯石油产品的出口额与出口量的比较

注:线条1表示石油出口额,线条2表示石油出口量,1994年技术=100。
资料来源:И. Г. Калабеков:《俄罗斯改革:数字与事实》,http://kaivg.narod.ru/。

所幸的是,俄罗斯正在努力改变对石油和原材料的依赖,希望通过服务于现代化战略外贸来实现国家的复兴。未来,俄罗斯的外贸若要"梦想成真"仍须坚持一系列原则:所有措施和工具要有系统性;政府调控需要有针对性;

---

① 熊伊眉:《俄罗斯政府制定2020年前长期对外贸易战略》,《经济参考报》2008年10月30日。

图 3-3 1992~2010 年俄罗斯原材料出口金额

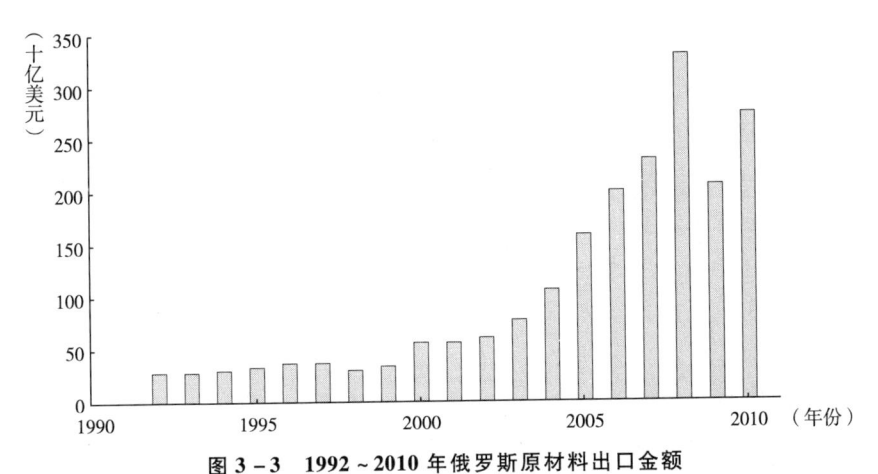

注：根据俄罗斯统计局的资料显示，1992~2010 年俄罗斯共计出口了价值 28870 亿美元的原材料成品。

资料来源：И. Г. Калабеков：《俄罗斯改革：数字与事实》，http://kaivg.narod.ru/。

各种战略措施需要相互协调、互为支撑；在对外经贸的各个层面坚持多元化原则。而在地缘经济框架下俄罗斯外贸战略的具体发展方向应该确定为：通过出口多样化、进口优化等措施与世界性创新进程实现有效的一体化；巩固和强化俄罗斯在运输、通信、旅游、教育、软件等最具活力和潜力的全球服务市场的市场地位；使俄罗斯的企业能够加入国际生产供应链，并在此基础之上扩大获取外国技术与稀缺资金的可能性；在提高俄罗斯经济竞争力的同时实现跨国化，建立企业战略联盟、并购合资或者竞争关系的外资企业，建立自己的国际供应链。

第三节 积极参加国际经济组织

一 俄罗斯对三大国际经济组织态度的转变

国际经济组织是全球化背景下协调全球国际事务的重要角色。众所周知，全球化浪潮曾经在第一次世界大战之前出现过一次，但由于没有国际性经济组织的协调以及受第一世界大战的干扰而中断。第二次世界大战之后，国际社会在美国的主导下成立了国际货币基金组织（International Monetary Fund，简称 IMF）、世界银行（World Bank，简称 WB）和关税及贸易总协定（General Agrreement on Tariffs and Trade，简称 GATT，或关贸总协定）等国际经济组织，分别负责协调国际金融、国际投资以及国际贸易等领域的国际关系与事务。虽然这些国际经济组织曾对战后各国经济的复苏以及国际经济秩序的稳定起到了不可磨灭的作用。但由于美苏对峙，苏联为了建立自己的"东方经济体系"，也为了使自己的经济发展数据不受"西方国家"的监控，拒绝参加国际货币基金组织和世界银行，也因为此苏联就没有被邀请参加 GATT 的谈判，也就自然没有成为 GATT 的缔约方。这样一来，在两个平行世界市场的格局下，苏联与世界三大经济组织之间的关联度很小，直至苏联解体。苏联的解体助推了第二次全球化浪潮的到来，也同时将俄罗斯自身真正地融入了世界经济体系，使俄罗斯从一个半封闭的集团进入全球大市场。在这样的全球化背景下，俄罗斯与国际经济组织的关系也大为改善。经济转型之初，俄罗斯面临严重的资金缺口和对外债务，为此，1991 年俄罗斯申请加入了欧洲复兴与开发银行。1992 年 1 月 7 日，俄罗斯向 IMF 和 WB 递交了加入申请，并于 1992 年 6 月正式成为这两个国际经济组织的成员国。国际货币基金组织和世界银行对俄罗斯的经济转型也给予了资金资助并帮助俄罗斯进行对外债务的重组。1992~2000 年，IMF、世界银行以及欧洲复兴与开发银行分别向俄罗斯提供了 182 亿美元、76 亿美元和 3 亿美元的信贷资金[①]。在俄罗斯经济转型的 20 余年中，国际经济组织所发挥的作用极其复杂，它们在新自由主义思潮的影响下，向俄罗斯灌输了"原教旨主义"的市场经济理念，并以提出各种"标准"作为是否进行信贷资金援助和债务重组的门槛条件。为此，俄罗斯对这些发达市场经济国家主导的国际经济组织可谓是"爱恨交加"，在博弈过程中须找到拓展合作的空间。

二 俄罗斯加入世贸组织的艰辛历程

具体到协调国际贸易事务的世界贸易组织（World Trade Organization，简称 WTO，或世贸组织），俄罗斯在 1990 年成为了世贸组织前身关税及贸易总协定的观察员国，并在加入 IMF 和世界银行之后，于 1993 年 6 月正式向 GATT 提出了加入申请，最终于 2012 年 8 月 22 日正式成为 WTO 的第 156 个成员国，整个过程历时 18 年。在这个漫长的过程中，俄罗斯的入世态度还是相当积极的。毕竟在开放的发展环境下，对外贸易是一个国家实现对外交往

---

① 毛洪坤：《俄罗斯与主要国际金融组织的关系》，《世界经济研究》2004 年第 4 期。

和交换的重要渠道,而世贸组织则是全球多边贸易体制的支柱,在协调各成员贸易政策和平衡国际贸易关系方面发挥着不可替代的作用。WTO的基本原则是通过实施市场开放、非歧视和公平贸易等原则,来实现世界贸易自由化的目标。在其运行的60年间[①],通过多轮多边贸易谈判,促成了成员国间大幅度降低关税,并削减非关税壁垒。尽管各界有不少人士因多回合谈判久拖未决,对WTO的运作机制提出了质疑,但WTO仍是当前最为成熟和有效的多边贸易机制。在俄罗斯加入WTO之前,已经有155个国家成为了WTO的成员国,并且在统一的贸易原则及争端解决机制下进行贸易往来,并受益匪浅。应该说,俄罗斯是当时唯一一个被排斥在这一国际经济组织之外的大国,这对俄罗斯乃至整个世界都是不小的损失[②]。加入WTO对俄罗斯而言,意味着将进一步全方位地融入世界经济。为此,俄罗斯在递交加入申请之后,就开始为成为WTO的正式成员付出积极且不懈的努力。回顾18年的入世历程,俄罗斯可谓饱尝艰辛,究其原因无外乎如下几点:

首先是入世过程中谈判对象多。按照规则,世贸组织各成员方可提出要求与申请者进行双边谈判,最后还必须在部长会议上由2/3的成员表决通过。据俄经济发展部的数据显示[③],有57个WTO成员与俄罗斯就货物贸易进行了双边谈判,另有30个成员与俄罗斯就服务贸易进行了双边谈判,远多于其他国家。由于各国间的利益千差万别,且围绕农业补贴、金融和保险市场开放等敏感问题各国与俄罗斯的分歧不断,导致谈判在相互妥协中进展异常缓慢。此外,2008年俄罗斯与格鲁吉亚发生冲突之后,格鲁吉亚在俄罗斯入世这一问题上也设置了一系列障碍。

其次,关税同盟集体入世的尝试。苏联解体之后,俄罗斯一直致力于推进后苏联空间的一体化进程,分别组建了独联体、欧亚经济共同体等多个区域和次区域经济一体化组织。但这些一体化组织的运作与世界其他一体化组织相比,语言承诺多于实际行动,收效甚微。为此,俄罗斯与白俄罗斯和哈萨克斯坦成立了关税同盟,并于2010年1月1日正式运转。应该说,这是俄罗斯在后苏联空间推进一体化的一次实质性尝试。尽管关税同盟成立初期,

---

① WTO的前身是关税及贸易总协定(GATT),GATT成立于1947年,于1995年被WTO取代,成为一个具有国际法人地位的、与IMF和WB平起平坐的国际经济组织。
② 俄罗斯加入世贸组织之后,不仅使世贸组织覆盖到全世界97%的贸易,而且将通过"鲶鱼效应"的强化为多边贸易体制建设和全球经济治理注入新的活力。
③ 《俄罗斯正式加入世界贸易组织》,《京华时报》2011年12月28日,http://www.dayoo.com/。

俄罗斯获得的收益少于由此而来的问题，但从长远角度来看，三国的经济增长都将从中受益。在关税同盟的筹划期间，俄罗斯曾在2009年提出将与即将成立运转的关税同盟的其他三个国家一起集体"捆绑入世"，这对于世贸组织和欧美国家而言，甚感意外。世贸组织的规则虽然允许一体化组织集体加入，但在实践中还没有过"捆绑入世"的先例。俄罗斯此举的动因各界有诸多猜测，有俄罗斯意图由此推进入世进程的判断，也有俄罗斯想由此放弃入世进程的理解。但无论如何，我们看到的客观事实是，协调俄、白、哈关税同盟与世贸组织的关系在一定程度上拖延了俄入世进程。

诚然，加入WTO对俄罗斯而言，既有机遇也不乏挑战，但无论如何俄罗斯已经通过世贸组织更进一步地融入了世界经济中。未来，在经济全球化的背景下，俄罗斯经济现代化一定离不开对外贸易的渠道与杠杆，期望俄罗斯能够吸取以往对外贸易战略与战术的经验及教训，真正有效地服务于俄罗斯的创新型现代化战略。

第四章
社会保障体制改革

不少经济学家把建立适应市场经济所需的社会保障体制，视为经济转轨继宏观经济稳定化、经济活动自由化与国有资产私有化这三大支柱之后的第四大支柱。

苏联的社会福利制度在苏联解体后被俄罗斯的社会保障制度所取代，主要涵盖住房、养老、医疗、教育等方面。

第一节　住房保障制度改革

苏联时期实行的是高福利保障政策。福利保障都是由国家来承担，住房保障也是如此。伴随着苏联解体，私有化进入各个领域，俄罗斯开始实行以西方自由市场为目标的激进式经济改革，住房制度改革就是其中很重要的部分。

一　苏联时期的住房制度

苏联时期实行的是福利性质的住房制度，住房由国家统一分配，居民无偿使用，有效地提高了居民的住房条件。

因战后需要，安置由于战争原因导致房屋损毁而无家可归的居民，从1957年开始，政府每年建造200万平方米的房屋。这些房屋主要在城市周边大量建设，预制板结构，本着"简易经济"的原则，设计几乎按照同一图纸，外表类似火柴盒，多为五六层，后被称为"赫鲁晓夫筒子楼"。每套住房的面积不大，独户居住，配套齐全，基本解决了因战争破坏带来的居民住房短缺问题。勃列日涅夫时期，苏联政府实行国家和私人共同出资的合作建房机制，房屋住户按一定比例部分出资，用以弥补国家建房费用的不足，房屋的维修养护费统一由国家来承担，这一机制一直延续到苏联解体。

二 俄罗斯时期的住房制度改革

苏联解体后，俄罗斯政府推行了向市场化住房制度过渡的大规模改革，开始实行住房私有化。改变住房政策，国家不再分配住房，私人购买住房成为居民解决住房的主要趋势。

1991年6月，俄联邦政府出台《俄罗斯联邦住房私有化》法案，1992年5月和1993年11月分别颁布了《关于联邦住房原则》草案和《俄罗斯境内住房资源无偿私有化示范条例》。这些法案详细规定了公民参与住房私有化的条件、范围、权利和义务。俄罗斯的住房私有化是按照"自愿、无偿和一次性付款"的原则来进行的。法案明确规定：公房按统一标准无偿转归居民所有，无偿转让的住房面积按俄罗斯人均住房面积确定，但不得少于每人18平方米，特殊条件下可按住房性能再向每户提供9平方米，超标部分由居民自行购买。

为了鼓励和支持个人建房、买房，1994年6月10日，俄罗斯总统叶利钦批准了《住房信贷条例》，建立了住房贷款体系（见图4-1）。该条例明确规定为中低收入者提供住房贷款，期限为15~20年，贷款数额不超过所建住房或所买住房费用的70%。同时，还设立了由国家补助的购房储蓄，即购房者须在指定银行存入相当于所购房屋价格5%的预付金，然后持续缴款，缴款金额达到所购房屋50%的金额便可以得到住房，其余的余款须在3年内付清，贷款利率为8%，大大低于当时的通货膨胀率。

1995年，俄联邦通过《保障每个家庭拥有独立单元房或独栋住房计划》。1996年，联邦政府又推出了《自有住房计划》，开始大量拆除赫鲁晓夫时期建造的五层楼，翻建高层建筑。1997年4月，叶利钦签署《住房公用事业改革》总统令，同年7月21日又推出《国有产权登记法案》，开始实行住房公用事业改革。1998年，联邦政府推出《联邦住房贷款法》，明确规定住房信贷的执行标准。这些法案的实行确立了俄罗斯住房市场私有化的实施，为建立房地产市场创造了条件（见图4-2）。2001年，俄罗斯住房私有化程度接

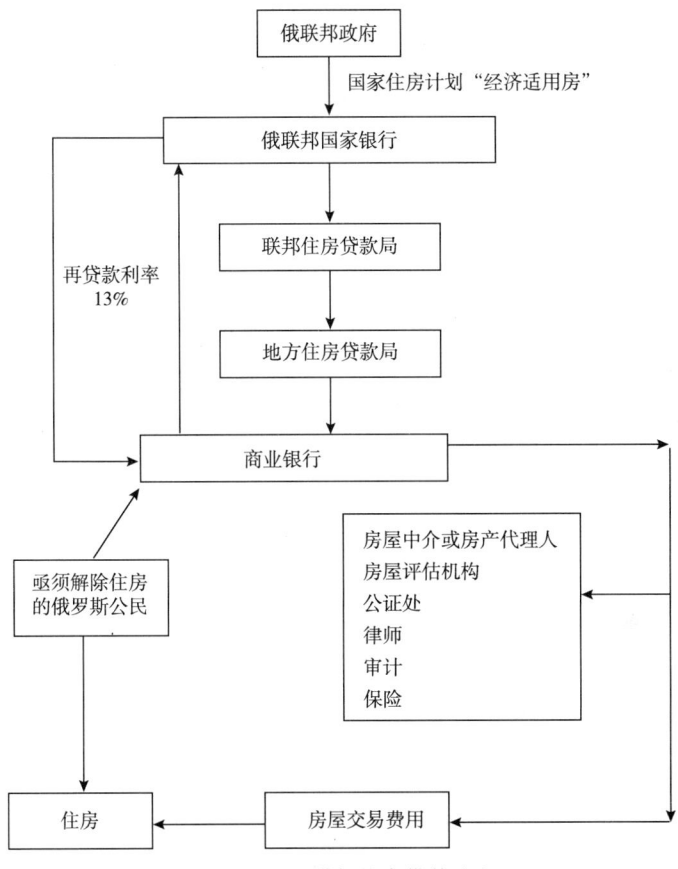

图 4-1 俄联邦住房贷款流程

近西方发达国家水平,私有住房占存量住房的 63%,公房仅占 37%,与 1989 年相比已明显不同,当时 67% 的住房属于公房,33% 为居民私人所有①。

2001 年,俄联邦政府出台"2002~2010 年住房目标纲要",确定了住房改革的基本方针。2004 年 12 月 29 日,俄杜马通过了对 1992 年《住房法》的修改法案,于 2005 年 3 月 1 日生效。法案确立了政府在解决住房问题中的主体地位。此法案的住房政策实行了两种运行机制:一是计划机制,国家依法保障低收入家庭和享受优惠群体的住房,具体实施步骤是"国家住房优先项目";二是住房市场机制运行,创造条件保障国家计划机制外的居民利用抵押贷款和自有资金改善居住条件。

---

① 高晓慧、高际香:《俄罗斯住房制度改革及绩效》,《俄罗斯中亚东欧市场》2008 年第 8 期。

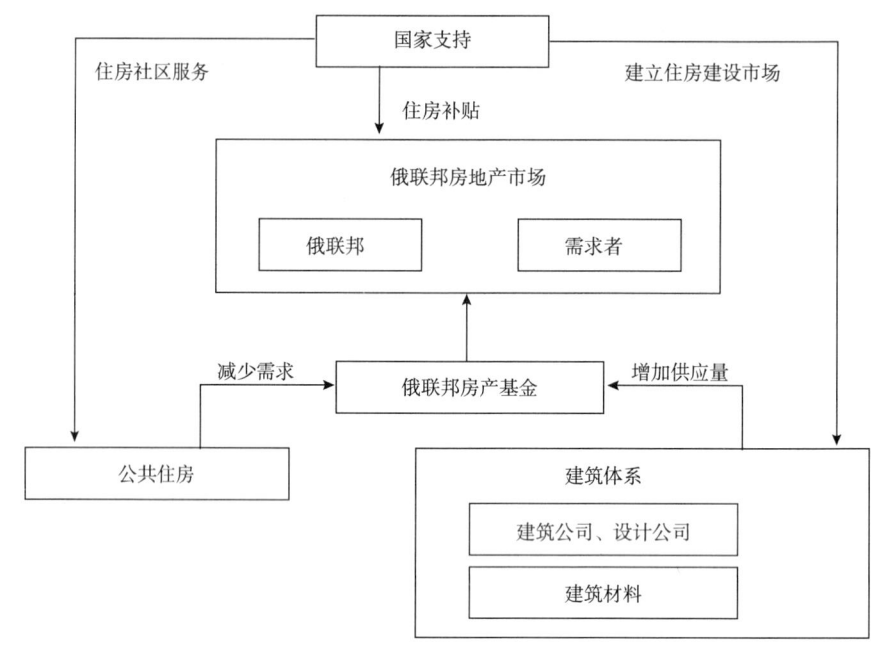

```
                    ┌──────────┐
                    │  国家支持  │
  住房社区服务  ┌────┤          ├────┐  建立住房建设市场
  ┌────────────┘    └────┬─────┘    └──────────┐
  │                  住房补贴                    │
  │              ┌────────▼──────────┐          │
  │              │  俄联邦房地产市场   │          │
  │              │  ┌──────┐ ┌──────┐│          │
  │              │  │俄联邦 │ │需求者││          │
  │              │  └──────┘ └──────┘│          │
  │              └─────────▲─────────┘          │
  │   减少需求       ┌─────┴──────┐  增加供应量   │
  │  ◄───────────── │俄联邦房产基金│ ◄──────────│
  │                 └────────────┘              │
  ▼                                             ▼
┌──────┐                                ┌──────────────┐
│公共住房│                                │   建筑体系    │
└──────┘                                │┌────────────┐│
                                        ││建筑公司、设计公司││
                                        │└────────────┘│
                                        │┌────────────┐│
                                        ││  建筑材料   ││
                                        │└────────────┘│
                                        └──────────────┘
```

图 4-2　俄罗斯房地产市场结构图

这一时期的住房制度改革具体措施主要包括以下几个方面：

1. 增加住房存量，改善居民居住条件

根据"2002～2010 年住房目标纲要"规定，2010 年俄联邦投入使用的住房面积为 8000 万平方米；住房按揭贷款额 4150 亿卢布；2002～2010 年解决属于联邦法保障义务范围内的 22.91 万户家庭的住房问题，其中，2002～2005 年帮助 9.68 万户家庭改善居住条件，2006～2010 年解决其余 13.23 万户家庭的住房问题；2002～2010 年联邦预算资金资助 29.57 万户年轻家庭改善居住条件，其中，2003～2005 年资助 11.4 万户家庭，2006～2010 年资助 18.17 万户家庭。"2002～2010 年住房目标纲要"投资总金额中国家预算投资金额为 2988 亿卢布，但大部分资金被用于计划纲要的后半部分。2006～2010 年各项资金总额为 9024 亿卢布，其中，联邦预算出资 2398 亿卢布，地方预算出资 932 亿卢布，私人投资者和债权人（银行、信贷机构等）出资 4704 亿卢布，公民自有资金和抵押贷款资金（主要是年轻家庭）990 亿卢布[①]。

俄政府通过对住房纲要的大力推行，住房实际供应量大幅度增加。住房

---

① "Федеральная целевая программа "Жилище" на 2002 - 2010 годы", http://www.akdi.ru/gd/jil/82.htm.

实际供应量从 1992 年的 4151 万平方米，增加到 2007 年的 5060 万平方米、2011 年的 6230 万平方米（见图 4－3）。2012 年上半年俄新建住房 25 万套，面积超过 2000 万平方米。但是，俄罗斯现有住房供应量仍无法满足俄罗斯人改善住房的需求，如果按照俄联邦政府要求的最低人均住房面积来计算，到 2016 年住房供应量须增加 2 倍。

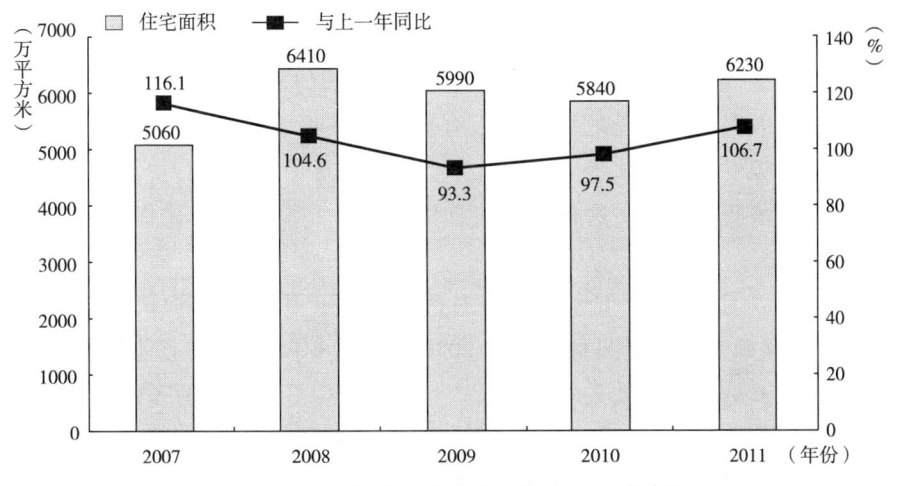

图 4－3 2007～2011 年俄联邦实际住宅供应量
资料来源：根据俄联邦国家统计局数据整理，http://www.gks.ru。

2. 改革国家管理机制，完善公用事业服务

苏联时期，政府实行很多优惠政策，如免费医疗、免费教育、免费物业管理等。苏联解体后，很多优惠政策仍被延续下来，免费物业管理就是其中之一。随着住房制度改革的深入，俄罗斯实行了一系列新的物业管理机制，主要目的就是将竞争机制引入住房的维修、保养领域。实施住房物业管理公开招标制度，积极鼓励私人企业承包参与竞争；按市场原则促使物业管理主体与住房业主组织进行自愿结合，在合同的基础上对住房进行管理；鼓励物业管理企业开发新的服务项目，除了完成市政方面的管理项目外，还可以直接向住户提供额外的收费服务项目。

2004 年，俄罗斯实行了福利货币化改革。当时，俄政府暂时保留了公共住房和物业管理方面的优惠政策，2006 年对这项优惠政策进行了货币化改革，这使得俄罗斯的住房维修与保养付费更趋合理，资金使用效率提高，减少了国家对住房市场的干预，同时也减轻了政府的财政负担。近几年来，俄罗斯通货膨胀一直影响着住宅和公共事业的服务费。2011 年 1～5 月，俄罗斯通货

膨胀率为 4.8%，而住宅和公共事业的服务费用与 2010 年同期相比平均上涨 10.8%。预测 2012 年各地区的住房和公共事业服务费用将上涨 11%①。

3. 发展住房抵押贷款体系，增加住房改善的覆盖人群

俄罗斯长期以来通货膨胀较为严重，住房抵押贷款利率一直居高不下，阻碍贷款的使用数量。2008 年俄罗斯全年住房抵押贷款总额仅占国内生产总值的 2.6%，全国只有 17.8% 的家庭有能力承担住房抵押贷款。2009 年全年俄罗斯住宅商品房成交量将近 200 万套，其中通过按揭方式成交的商品房仅 10 万套。这种情况严重制约了俄罗斯房地产市场的发展②。俄罗斯住房抵押贷款无法被人们广泛接受的主要原因有居民整体收入低、利率高、资金来源不稳定。为吸引住房贷款者，俄罗斯商业银行实行了可以自行填写收入证明，并附上还款预期的方案，这种贷款的首付为 20%，贷款利率比提供正式的收入证明高 1%。

2010 年 7 月 19 日，俄联邦政府通过了《关于住房抵押贷款长期发展战略》。该战略确定的长远目标是，到 2030 年全国 60% 的家庭有能力承担住房抵押贷款（其标准是贷款人的月收入达到住房贷款月还款额的 3 倍）；年均发放住房抵押贷款 160 万笔，达到目前的 15 倍；住房抵押贷款总额占国内生产总值的比重达到 31% 以上。该战略计划分三阶段实施，第一阶段至 2012 年，目标是 19% 的家庭有能力申请住房抵押贷款，全年发放贷款笔数翻一倍，达到 23 万笔；第二阶段至 2015 年，将上述两个指标分别提高到 40% 和 53 万笔，房贷年利率降至 8%~9%；第三阶段至 2030 年达到最终目标。

2011 年，俄罗斯住房抵押贷款金额为 6500 亿卢布，2012 年上半年共发放 29.5 万笔住房抵押贷款，金额达 4300 亿卢布（约合 136 亿美元），同比增长 50%。预计 2012 年抵押贷款规模将达到 1 万亿卢布（约合 340 亿美元），超过金融危机前的水平。

4. 青年家庭住房保障计划

为给青年家庭提供住房保障，俄罗斯联邦推出"青年家庭住房保障计划"，根据家庭子女数量来计算补助金额，为青年家庭提供住房按揭贷款首付款或者自建住房费用。补助金额根据住房面积、家庭成员人数以及市政机构确定的每平方米住房标准价格来确定。补助方式包括货币补贴和优惠利率贷

---

① 《2012 年俄罗斯住房和公共事业服务费约增加 11%》，http://commerce.dbw.cn/system/2011/07/22/000380535.shtml。

② 《俄罗斯拟发展住房抵押贷款业务》，http://money.163.com/10/0205/01/5UNKU13J00253B0H.html。

款等。

对于无子女青年家庭，政府补助不低于住房均价的35%，金融机构则提供45%的资金，家庭出资20%的资金。对于有子女的家庭，政府补助不低于住房均价的40%。在子女出生时，青年家庭可另外获得不少于5%的附加补助。政府补助通过银行转账抵扣家庭购买或建设住房的费用及住房债务，该项补助不得用于其他领域。

5. 特殊群体专项扶持

老战士和残疾人依据《俄联邦老战士法》（1995年11月24日，No.181-ФЗ）和《俄联邦残疾人社会保障法》（1995年1月12日，No.5-ФЗ）享受国家提供的免费住房。对于复员军人、从拜科努尔和北极等地区迁移出来的居民、参与核辐射事故善后处理的人员、强制性移民，国家均以住房优惠券方式发放补贴。住房优惠券可以兑现的数额按他们拟购住房的当地市场价格核定。针对这类人群，2010年拟拨款数额为1330亿卢布，可以解决13.2万户家庭的住房问题。补助标准为：单人家庭33平方米；两人家庭42平方米；三人以上人口的家庭，人均18平方米[①]。

三 俄罗斯住房制度存在的问题

俄罗斯实行以公有住房私有化为主旨的住房制度改革，最终建立起符合市场经济要求的住宅和不动产流通市场，有利于住房在市场上流通，有利于不断改善公民居住条件，以私有住房为主的住房所有制结构。

与此同时，用于支撑住宅和不动产流通市场运行的相关必备条件极其不健全，导致俄罗斯住房市场出现诸多问题。主要表现在：市政机构缺乏住房用地和城市建设规划；尚未制定出有关土地出让和将土地划归住房用地的有效办法；住宅建筑文件审批程序复杂；现有住房存量不能满足需求者的需求；住房公用基础设施老化严重，缺乏管理和修缮；社会保障型住房的建造速度缓慢；住房价格持续上涨，大多数人有住房需求，但是没有能力购买；缺乏有效运行的长期住房信贷体系。

俄罗斯政府非常重视住房问题，再度当选总统的普京在其竞选纲领中表示："关于住房问题，我相信，在未来5年、6年或者7年的时间里，我们一

---

① 高晓慧、高际香：《俄罗斯住房制度改革及绩效》，《俄罗斯中亚东欧市场》2008年第8期。

定能从根本上改变现状。"

第二节 医疗保障制度改革

苏联时期所实行的医疗保障制度是按照"剩余原则"实施预算拨款,以政府的行政手段进行干预,限制市场关系在该领域发展。苏联解体后,俄罗斯对原有的医疗保障制度进行改革。改革是在普遍实行公民强制性医疗保险和非国有化的医疗保障基础上进行的,并在全国范围内建立由国家医疗系统、医疗保险系统和私人医疗系统组成的医疗保障体系。

一 苏联后期医疗保障体系的改革探索

苏联解体前夕,医疗费用严重匮乏,医疗机构基础条件差,医疗设备落后,医护人员缺乏工作热情、责任心不强,这些促进了苏联医疗保障部开始进行试点改革。1988 年,在列宁格勒、克麦罗沃省和古比雪夫省开始试行了一种新的医疗保障模式,并于 1989 年扩大到了 15 个地区。这种新的医疗保障模式,也被称为"新的医疗保障预算拨款模式"[1]。

"新的医疗保障预算拨款模式"的主要内容为:

(1) 国家财政预算拨款按照每位公民固定金额来拨付医疗保障经费。

(2) 改变政府向医疗保障部门拨款的传统方式,向新的拨款方式过渡。传统方式采取的是按照单个项目来进行拨款。新的拨款方式为按照固定额度进行拨款,即获得拨款的多少,取决于该部门提供的医疗保障服务的数量和质量。

(3) 在医疗保障单位实行附加收费制度,即在免费医疗保障服务定额以外提供附加收费服务。医疗保障管理机构与直接提供医疗保障服务的单位和个人签订合同,合同中明确规定服务范围、期限和收费标准。

(4) 赋予医疗保障部门的领导一定范围的自主权。

实行新模式的主要目的是给医疗保障体系注入新的财政资源和刺激创新。这次试点因没有改变原来拨款制度的基本运行原则,未能取得成功,却给未

---

[1] 〔俄〕C. 希什金:《俄罗斯医疗保健改革的变形》,〔俄〕《经济问题》1995 年第 9 期。

来的改革提供了一定的经验。

二　建立医疗保障体系的立法基础

1991年6月28日，俄罗斯通过了《俄罗斯联邦公民医疗保险法》。该法为深化改革奠定了法律基础，提供了医疗保险的制度框架。法案的基本原则是：

第一，强制和自愿医疗保险缴费是医疗保险的主要资金来源；

第二，在职人员的强制医疗保险缴费由企业承担，而非在职人员和预算范围内就业人员的强制医疗保险费由预算拨款支付；

第三，强制医疗保险范围内提供免费医疗服务的条件，依据政府批准的强制医疗保险基本纲要和当地权力机关通过的地方性纲要来执行；

第四，给居民提供医疗救助的费用由非国有的保险公司承担；

第五，除了强制医疗保险之外，还可以在企业额外缴费和公民个人缴费的基础上实行自愿医疗保险。

《俄罗斯联邦公民医疗保险法》规定，实行强制医疗保险和自愿医疗保险相结合的两种医疗保险形式。强制医疗保险普及俄罗斯所有公民，保障公民享受免费医疗救助。而自愿医疗保险则在保证公民得到超过强制医疗保险范围之外的额外医疗服务和其他服务，其方式既可以是集体投保，也可以是个人投保。

1993年7月22日颁布了《俄罗斯联邦公民医疗保健法》。同年，俄联邦政府还出台了《关于建立联邦和地方强制医疗保险基金的规定》，开始逐步推行强制保险和预算拨款混合的医疗保障体制。截止到1995年上半年，俄联邦还颁布了30多项有关医疗改革方面的法规。其中包括医疗保险基金、医疗保险公司及医疗单位的统计和财务报表形式、跨地区结算程序等。

三　建立医疗保险机制

俄罗斯医疗保障制度改革的基本目标，是在维护国家医疗系统和鼓励创建私人医疗系统的基础上，着重发展强制医疗保险制度。实行的主要手段就是建立医疗保险公司、设立医疗保险基金和建立强制性医疗保险基金会。

1. 建立医疗保险公司

按照俄罗斯1991年通过的医疗保险法的有关规定，医疗保险公司是不受医疗保障管理机关和医疗机构支配的独立经营主体。企业和国家管理机关作为投保人同保险公司签订合同，合同主旨是为本单位本部门就业人员提供医疗保险服务。保险公司有权选择能为被保险人提供医疗保险服务的医疗机构，并向医疗机构支付医疗费用。医疗保险公司可代表受保障人的利益对医疗机构所提供的医疗服务质量进行检查和监督，必要时对医疗单位提出索赔和罚款制裁。1991年至1995年的4年间，俄罗斯就建立了536家持有国家保险业务监督局颁发许可证的医疗保险公司。

2. 设立医疗保险基金

俄联邦宪法规定，每个公民都享有保护健康和享受医疗救助的权利。根据这一规定，俄罗斯在保持免费医疗制度的前提下，改变了由国家包揽医疗费的办法，建立了医疗保险基金。

俄罗斯目前存在两种医疗保险形式：一是强制医疗保险，二是自愿医疗保险。强制医疗保险的普及面覆盖俄罗斯所有公民，保障公民享受免费医疗帮助。自愿医疗保险则保证公民得到超过强制医疗保险范围之外的额外医疗服务和其他服务，其方式既可以是集体投保，也可以是个人投保。

强制医疗保险计划由联邦和地方政府制定批准，主要内容包括：

所有俄罗斯境内的常住居民都必须参加医疗保险，保险费由国家、被保险人所在单位和被保险人本人共同承担。对于有工作的居民，所在单位必须按其工资收入的一定比例为其交纳医疗保险费，本人按收入的固定比例交纳。对于没有劳动收入的居民，由国家办理医疗保险，保险费从国家财政预算中支出。该计划确定强制医疗保险框架下免费医疗的范围、条件和医疗保险纳费标准。

强制医疗保险基金的资金来源包括：

（1）各种所有制形式的企业、组织、机构和其他经济主体按法律规定数额缴纳的强制医疗保险费。缴纳费率为劳动报酬[①]总额的3.6%。其中，0.2%上缴联邦基金，3.4%上缴地方基金。这部分基金主要用于支付企业和组织在职人员的强制医疗保险费。

---

① 这里所指的劳动报酬不仅仅指工资和薪金，其包括雇主支付的现金、具有工资性质的实物和等价物收入。但是，工薪以外的股息、利息所得、资本所得利润等不计入社会保险税的税基之内。

（2）国家财政拨款。该拨款主要用于完成联邦强制医疗保险计划的拨款，承担非在职人员和预算范围内就业人员的强制医疗保险费。

（3）社会捐赠及强制性医疗保险基金的投资与受益部分。强制性医疗保险基金的投资与受益部分主要是指强制医疗保险基金的暂时闲置财政资金的使用所得。

3. 建立强制性医疗保险基金会

强制性医疗保险基金的管理机关是在联邦和联邦主体两级建立起来的强制性医疗保险基金会。

1993年4月，俄罗斯通过了《关于建立联邦和地方强制性医疗保险基金会的规定》，作为对医疗保障法的补充。

强制性医疗保险基金会是非商业性金融机构，是独立的商业信贷机构，采用商业经营性基金管理模式，由基金管委会、基金监察委员会、联邦基金主席组成。强制性医疗保险基金会和其分支机构不仅可以同医疗保险公司签订医疗保险合同，而且自己也可以履行承保人的职能。医疗承保方面，各地的做法各不相同，有的由强制性医疗保险基金会独立履行医疗保险职能，有的由保险公司独立履行医疗保险职能，有的由基金会和保险公司共同履行医疗保险职能。不论采取哪种形式，投保人与医疗保障机构都要签订医疗保险合同，确定双方的关系和权利。强制性医疗保险基金会在其业务活动中所产生的收入被免征收入税，但保险公司不享受这一优惠。

强制性医疗保险基金会的建立，意味着在医疗保障系统中出现了新的主体。强制性医疗保险基金会的主要职能是，贯彻实施国家在强制性医疗保险方面的社会政策，负责强制性医疗保险基金的筹集、分配和使用；监督和检查医疗机关服务的数量和质量。同时，还履行给医疗保险公司和医疗保险机构拨款的职能。拨款是按照"两级的"医疗拨款模式进行的，资金首先被划入国家强制性医疗保险基金会，随后由国家强制性医疗保险基金会再将款项划拨给直接与医疗机构签订合同的非国有医疗保险公司。强制性医疗保险基金会保证国家实施在强制医疗保险方面的社会政策，负责强制医疗保险基金的集中、分配和使用，它拥有监督和管理医疗保险公司和医疗机构业务活动的权力。1993年年底，俄罗斯开始正式实行强制医疗保险制度。

经过近一年的改革，至1994年，俄罗斯共建立了82个地方强制性医疗保险基金会和900家分支机构，加入强制医疗保险系统的保险公司有294个。

在政府的大力推行下,到 1998 年年底,除了联邦强制性医疗保险基金会之外,在全国 89 个联邦主体中都普遍建立了地方一级的强制性医疗保险基金会,形成了基本覆盖的局面。

四 医疗保障体系现状及存在的问题

经过历尽周折的改革,俄罗斯新的全民医疗保险制度的实施在一定程度上缓解了转轨过程中出现的严重医疗保障问题,使老年人、残疾人、失业人员等社会低收入群体有了基本医疗保险。

(一) 医疗保障体系现状

2005 年,普京提出了医疗、教育、住宅和农业四大领域的国家优先发展计划。根据此计划,在医疗领域的年投入达到 1456 亿卢布,其中,21% 用于社区诊所,20% 用于医疗设备更新,11% 用于提高医疗服务质量。2006 年 1 月 1 日开始实施的国家优先项目——"健康"计划提高初级卫生保健的优先地位、加强保健预防性、扩大高科技医疗救助的应用,从根本上改善俄罗斯卫生保健事业的形势,为以后的卫生保健现代化建设创造条件。俄联邦政府逐年提高用于卫生保健事业的国家预算支出,促进俄联邦卫生保健事业的发展(见表 4-1)。截至 2011 年年末,俄罗斯强制性医疗保险体系中的医疗机构的数量达到了 8252 家,相比 2010 年的 8162 家有所提高。其中,非国有医疗机构的数量也逐渐增多,由 2010 年的 618 家,增加到 2011 年的 642 家[①]。参与到强制性医疗保险体系的中医疗机构数量的增多,给公民提供了更大范围的选择权利。

表 4-1 俄联邦预算对卫生保健事业支出情况 (2007~2010 年)

单位:亿卢布

项　　目	2007 年	2008 年	2009 年	2010 年
医疗保健、体育	—	—	—	3250.59
常规医疗救助	—	1431.95	1713.72	1724.25
门诊	—	380.90	526.82	562.21

---

① http://www.ffoms.ru/portal/page/portal/newsletters/periods/2012/march/14032012.

续表

项　目	2007 年	2008 年	2009 年	2010 年
急救	—	3.57	4.90	4.32
疗养	—	218.78	307.41	249.69
体育	110.72	145.06	148.66	136.83
其他项目	121.99	276.61	422.03	348.74

资料来源：根据俄联邦统计局数据整理，http://www.gks.ru。

2010 年，俄联邦政府决定开展医疗卫生现代化计划，这是俄罗斯历史上规模最大的医疗计划。2011 年，俄罗斯通过强制医疗保险新法律，规定可以在国家任何地区获得强制医疗保险服务。其中包括国家或市级卫生部门、私营或机构卫生部门。如果该卫生部门是保险项目的参加方，参保者不必额外支付保险包括的治疗和咨询的费用。参保者有自主选择医保公司、医疗部门和医生的权利。同年 11 月 3 日，俄联邦政府通过了《失业人口强制性医疗保险缴纳数额及缴费核算流程的规定》。此法案强调，通过政府对强制性医疗保障体系中失业人员的缴费资助的形式，来均衡由于各地区条件不同造成的区域之间医疗保障的差别。预计到 2015 年，强制性医疗保险基金会的资金将从现在的 5470 亿卢布增加到 1406 万亿卢布，届时每个被保险人将有大约 1 万卢布的保险金额。

(二) 医疗保障体系存在的问题

俄罗斯医疗保险改革的最大成就是建立起了基本符合市场规律的医疗保险制度。但是，在为全民服务并适应经济体制转型的过程中，它还有不完善甚至不合理的地方。

1. 管理权过于"分散"，无法发挥整体力量

苏联解体后，医疗保障体系的管理方式发生变化，由解体前的中央政府进行管理，转变为分散的管理模式。根据《俄罗斯联邦公民健康保护法》(1993 年) 规定，国家公共卫生体系由俄罗斯联邦卫生部以及俄罗斯联邦共和国、自治州、自治区的卫生保健部门和俄罗斯医学科学院、俄罗斯联邦卫生监督国家委员会等组成。这些机构在其管辖范围内制定一系列措施来执行俄罗斯联邦国家政策。执行部门过多、管理权分散、流程繁杂，造成体系运行拖沓，直接导致了各地政府之间工作和财政拨款之间的不协调，各地方的居民医疗救助差异和各地区医疗保障差异逐渐加深。

2. 医疗保障资金缺口巨大，资金来源不足

俄国家医疗体制的资金来源日渐枯竭，强制性医疗保险体系资金严重不足，至2012年年初，资金缺口约为1000亿卢布①。地方财政往往因为没钱而不支付保险费，医疗资金用到病人身上更是微乎其微了。财政拨款和保险费中的大部分被医疗单位用来支付公用事业费。资金缺乏直接导致医院的诊断设备和医疗设备不足，医疗单位面临无钱发展的局面，医院使用的设备、技术、材料、药品、护理手段落后于发达国家。国家医疗系统向病人提供的免费药品也逐年减少。现存的免费只涉及基本的简单的医疗服务，如果病人需要做大手术，或进行昂贵的长期治疗，就不能指望国家的医疗保险了。

3. 医疗保障资源不足，城乡差别大

医疗保障体系的立法不足导致各地区在医疗保障执行中的不完善，中央和地方政府对医疗机构的财政拨款严重不足，造成现代化医疗设备缺少、资源使用率低下。农村医疗条件落后，医院和诊所数量缺少，病床数严重不足。由于薪金不高，医疗保障机构人员编制不足，公民的医疗服务缺失或质量低下。俄罗斯联邦居民公共健康状况的指标显示，伤残水平、居民发病率等指标呈现逐渐上升的趋势，居民对紧急、专业医疗帮助的需求越来越大。

4. 缺乏合理竞争的市场环境，各地区差异大

医疗保险公司之间缺乏竞争，许多地区没有建立医疗保险公司。在建立了医疗保险公司的地区，其业务活动也仅限于各自的势力范围之内，彼此之间没有形成真正的竞争。对许多患者来说，自由选择医生和医疗机构的权利仍只停留在"纸面上"，实践中还有很多障碍。

5. 腐败和分配不公，利益集团阻挠新规则的实行

俄罗斯一直以来存在着政府管理不善、法制不健全的现象，影子经济严重，黑社会势力猖獗，偷税漏税、非法交易、非法获取国家财产的事例层出不穷。腐败和严重的分配不公及利益集团的干预，严重影响了俄罗斯公民得到社会救助的权利。由于监管不严格，没有享受特殊社会救助权利的人群参与到医疗保障以及社会保障基金的分配中。改革往往是利益格局的重新调整，

---

① Дефицит финансирования российской системы обязательного медицинского страхования достиг почти 100 миллиардов рублей, http://www.orthomed.ru/news.php?id=30322.

在既得利益集团的阻碍和干预下，俄罗斯医疗改革乃至整个社保改革都面临重重困难，无法取得关键性的进展。

虽然，存在着转轨成本、公众支持、政治意愿、监管能力等多方面因素的影响，俄罗斯政府所推行的全民强制性医疗保险的总方向从未改变，但是如何实现高效率的基础医疗服务，明确界定医疗服务质量的具体标准参照，为民众提供清晰明确、合理质量保障的服务是俄罗斯今后医改的重点。

第三节 养老保障制度改革

普京在2012年竞选总统前夕，曾发表题为《构建公正——俄罗斯的社会政策》的纲领性文章。文章写道："退休保障也许是我国最大的问题，也是最大成就。""退休养老保障系统应该稳定，其发展应该具有可预见性。"

一 养老保障制度改革的原因

1. 现收现付制的养老保障支付体系无力支撑日益增长的庞大退休金需求

苏联解体后，俄罗斯的经济总量大幅度缩水，经济陷入了长期的危机之中。国家包揽式的"现收现付的养老保险制度已无法保证老年人获得正常的生活费用，已经不能起到社会和经济波动的内在稳定器的作用，从而也就意味着该制度失去了继续存在的必要性，因此现收现付养老保险制度失去了正常运行的基础，这迫使俄罗斯政府对现收现付养老保险制度进行改革，以建立一种适应本国国情的养老保险制度"[①]。

2. 日益严重的人口老龄化危机

人口老龄化问题是一个关乎国家发展和民族命运的重大政治问题和经济问题，对于俄罗斯同样如此。1989~2002年（苏联解体后的前10年）的13年间，俄罗斯人口减少了180万人。2002~2010年的8年间，又减少了230万人，其中农村人口减少的数量是城市人口减少数量的3倍（见表4-2）。

---

① 边恕、孙雅娜：《俄罗斯养老保险制度及其改革趋势》，《外国经济与管理》2004年第3期。

表 4-2 俄罗斯人口变化 (1989~2010 年)

单位：亿人，%

年 份	城市和农村人口	其 中		人口百分比	
		城市人口	农村人口	城市人口	农村人口
1989	1.47022	1.07959	0.39063	73	27
2002	1.45167	1.06429	0.38738	73	27
2010	1.42857	1.05314	0.37543	74	26
2011	143056	—	—	—	—

资料来源：俄罗斯联邦统计局网站，http://www.gks.ru。

自 20 世纪 90 年代中期以来，俄罗斯出生率急剧下降，使人口老龄化趋势加剧，俄罗斯人口形成了一个突出的"倒金字塔"型结构，社会的劳动力储备面临日益枯竭的境地（见图 4-4）。

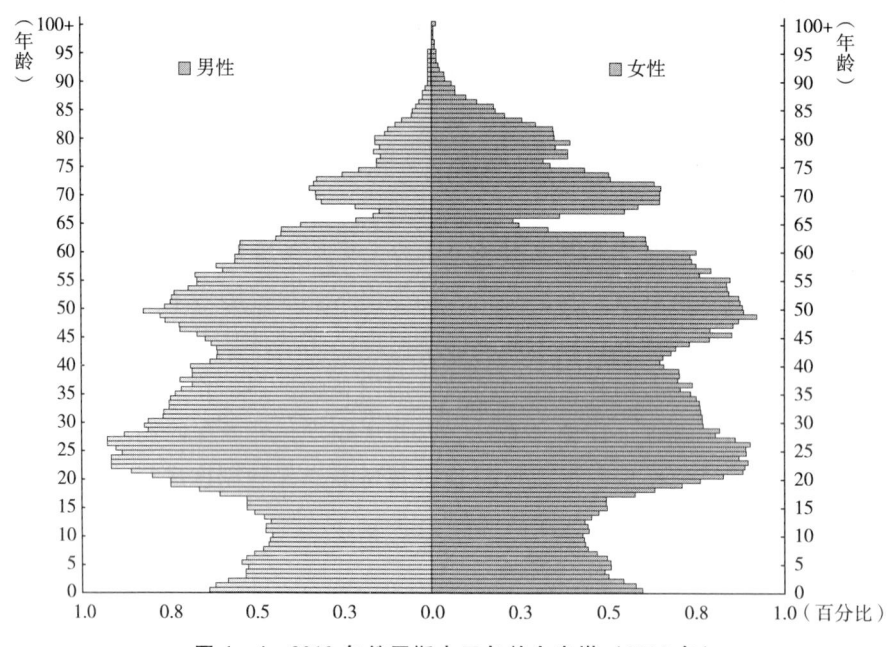

图 4-4 2010 年俄罗斯人口年龄金字塔（2010 年）

资料来源：俄罗斯联邦统计局网站，http://www.gks.ru。

从图 4-4 可以看出，2010 年，俄罗斯人口年龄分布出现了三次明显的波动，波峰分别为 65~70 岁、50~55 岁、20~25 岁，波谷为 63~67 岁、35~40 岁、5~11 岁。从图 4-4 中还可观察到 65 岁的老人比重大，是名副其实的老龄化国家，同时 0~15 岁的人口比重小。对于俄罗斯来说，全国人口持续减少导致的社会老龄化问题早已成为一个全国性的政治和经济难题。20世纪90年代以来，俄罗斯男性的平均寿命是60岁左右，现行的养老保险体系中规定男性领取退休金的起始年龄是60岁，这使得俄罗斯男性缴纳的养老保险费与他们所能享受到的退休金之间失去了平衡性。"俄罗斯的……老年抚养比总体上高达34%~36%。同期世界上老龄化趋势比较严重的国家其老年抚养比分别为日本17.2%~24.2%、英国24.1%~24.3%、德国21.7%~23.7%、法国21.3%~24.8%。从国际比较来看，俄罗斯的老年抚养比处于极高的水平，这表明俄罗斯人口的老龄化程度已经非常严重。"[①]（见表4-3）

表4-3 俄罗斯人口年龄构成和抚养比（2007~2009年）

单位：%

年 份	年龄构成比			抚养比
	0~14岁人口占比重	15~64岁人口占比重	65岁以上人口占比重	
2007	14.7	71.8	13.4	0.4
2008	14.7	71.7	13.6	0.4
2009	14.8	72.1	13.1	0.38

资料来源：世界银行数据库数据整理。

一般认为，人口抚养比越大，说明被抚养人口越多，劳动力和社会负担越重；反之，人口抚养比越小，劳动力和社会负担越轻。但是，从图4-4可以看出，俄罗斯人口抚养比之所以下降，主要是受到人口持续下降的影响。如果再考虑到劳动年龄人口中未参加经济活动的人口，即失去劳动能力的残疾人口、继续升学深造的人口和服兵役的人口，俄罗斯人口抚养比的高低并不能完全准确地证明劳动者的经济负担减轻或加重。目前，俄罗斯劳动年龄人口绝对数量过少，无法为经济发展提供充足劳动力。

不断增加的人口老龄化压力，日益庞大的老年人口的赡养，加剧了劳动年龄人口中在职职工的压力。社会资源分配和供给矛盾重重，原有的养老保障制度受到了严重的挑战。

二 养老保障制度改革历程

苏联解体之后，俄罗斯养老保障制度的改革是俄罗斯政府重要的改革措

[①] 边恕、孙雅娜：《俄罗斯养老保险制度及其改革趋势》，《外国经济与管理》2004年第3期。

施之一，也是关乎民生的重要问题。俄罗斯的养老保障制度改革可以分为三个阶段（见图4-5）。

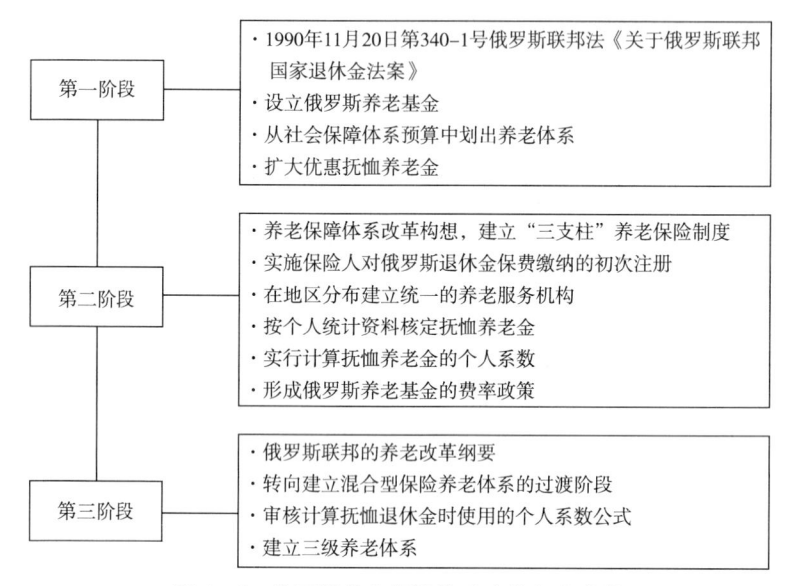

第一阶段
- 1990年11月20日第340-1号俄罗斯联邦法《关于俄罗斯联邦国家退休金法案》
- 设立俄罗斯养老基金
- 从社会保障体系预算中划出养老体系
- 扩大优惠抚恤养老金

第二阶段
- 养老保障体系改革构想，建立"三支柱"养老保险制度
- 实施保险人对俄罗斯退休金保费缴纳的初次注册
- 在地区分布建立统一的养老服务机构
- 按个人统计资料核定抚恤养老金
- 实行计算抚恤养老金的个人系数
- 形成俄罗斯养老基金的费率政策

第三阶段
- 俄罗斯联邦的养老改革纲要
- 转向建立混合型保险养老体系的过渡阶段
- 审核计算抚恤退休金时使用的个人系数公式
- 建立三级养老体系

图4-5 俄罗斯养老保障体系改革各个阶段

资料来源：李新、А Е Карлик 主编《中俄社会保障制度问题：比较分析》，北京交通大学出版社，2010，第19页图，有部分改动。

第一阶段：设立俄罗斯养老基金，并建立非国有退休养老基金制度。1990年11月20日，《俄罗斯联邦国家退休金法案》开始实施，并规定建立包括所有公民在内的退休金制度。此法案的主要内容包括：国家和企业从工人的工资中拿出一定比例，划入个人的养老基金账号，个人亦可根据自身能力把不定数额的货币存入自己的退休金账号，称为个人养老保险。如果个人除工资中占有的退休金份额外，不再往其退休金账号存钱，则他在退休后只能领取最低的退休金。这次改革的主要目的是使退休金的来源多元化，使正在工作的中年人或年轻人在退休后能够依靠退休金过上正常、安稳的生活。

为鼓励居民参与养老保障基金，国家成立了养老保障基金会和非国有的养老保障基金会。国家养老保障基金会的利息低，相比起来非国有的养老保障基金会的利息比较高。尽管养老保障改革设计者的目的是鼓励个人往非国有养老保障基金会存钱，但居民对非国有公司的信任度非常低，还是倾向于国有的养老基金会，改革初的10年间，只有2%的投保居民把钱投向非国有公司。1992年建立的非国有退休养老基金制度，奠定了除国家退休养老基金外第二种形式的退休养老基金,即储蓄式养老基金的基础。

第二阶段:建立"三支柱"养老保险制度①。俄罗斯曾考虑过学习智利的模式,对养老保障体系进行改革,实行个人退休金账户和养老基金的私营化管理。由于当时俄罗斯的市场机制还比较薄弱,私人管理养老基金缺乏相应的监管制度,这种激进的方案遭到了国内和国际组织(如世界银行)的反对。1995 年,俄罗斯政府采纳世界银行的"三支柱"养老保险制度改革思路,制定新的养老保险制度。1997 年,俄罗斯公布了调整后的"三支柱"养老保险制度思路,这成为俄罗斯养老保险制度改革的一个重要里程碑。

"三支柱"养老保障的主要内容如下:

第一支柱:社会养老保险。其仅限于给无力缴纳养老保险费的特困人群提供帮助,资金由政府财政提供,是政府针对社会困难群体实施的救助措施。

第二支柱:强制养老保险。它是养老保险体系中最为核心的组成部分,也是"三支柱"中最重要的部分。所有在职职工和退休工人必须加入,建立个人账户。个人账户由两部分组成,第一部分为现收现付制部分,它采用名义规定缴费(NDC)账户形式,NDC 的资金源于国家财政和企业缴费;第二部分为基金制部分,它采用缴费确定型(DC)账户形式,资金源于企业和个人缴费②。基金制部分缴费比例逐渐上升,最后与现收现付制部分的退休金持平。参保人员在达到退休年龄后,可按月领取个人账户积累的资金(包括 DC 和 NDC)及其投资收益。第二支柱的资金源于受保者的缴费以及基金的收益。

第三支柱:补充养老保险。它是由私人管理的退休计划,所有工人都可以自愿参加。采用基金制的个人账户管理,使职工在得到基本生活保障之外可以通过购买补充养老保险灵活调整退休后的收入。为了进一步鼓励补充养老保险

---

① 自 1994 年世界银行在其出版的讨论退休金制度改革的报告中大力提倡"多元支柱"(multi-pillar)的制度设计后,三层式(三个支柱)的多元支柱退休保障制度成为研究退休金制度改革的主流主张,越来越多的国家开始推行三层式的退休养老制度改革。采取多元支柱的保障制度,就意味着一国的退休保障体制可能会包含不同的退休保障制度模式。世界银行推动的三层式退休养老保障体制中,第一层是实施现收现付式的国民基础年金,以税收方式征收,具有所得重分配及消灭贫穷等功能;第二层是具有强制储蓄功能的强制性职业年金或个人账户制,财务机制采用完全提存准备的确定缴费制;第三层是具有自愿储蓄功能的自愿性职业年金或个人储蓄计划〔参见 World Bank, *Averting the Old Age Crisis: Policies to Protect the Old and Promote Growth*, Oxford University Press, 1994〕。

② 从 2002 年起,企业除了交纳社会保险税(向第一支柱"社会养老保险"计划供款)之外,还要向第二支柱交纳相同比例的缴费,以后第二支柱中企业缴费的比例逐渐下降,个人缴费的比例逐渐上升。

的发展，俄政府还先后采取了一些减免税收的措施，并且还允许私人基金进入养老保险行业，以改革原先公有养老储蓄基金运作效率、收益低下的问题。

俄罗斯政府在1996年通过了《关于在国家养老保险体系中实行单人（人格化）统计》联邦法案，这一法案为创建集中养老保险信息奠定了基础。1997年7月21日，第113~903号《关于计算和增加国家抚恤养老金程序》联邦法案做出规定，从1998年2月1日建立在每位退休金领取人确定个人系数（NKIT）基础上的全新养老保障计算和增加机制，是根据国家平均工资增长而增加各类退休金。1997年，《关于俄罗斯联邦国家抚恤养老金》法案规定在核定退休金数额和根据有关个人账户重新核算退休金时要查明劳动工龄和确定每个月的工资数额。

1998年，金融危机的爆发导致卢布大幅度贬值，很多银行在挤兑狂潮中倒闭，俄罗斯的经济出现了严重衰退。这种情况下，"三支柱"养老保险制度无法得到很好的落实，发挥其应有的功能。

第三阶段：进一步完善"三支柱"养老保险制度，转向建立混合型养老保险体系，建立三级养老体系。2000年普京执政后，俄政府为落实"三支柱"养老保险新制度，开始推行一系列的改革，并于2001年年底连续出台了四个改革养老保险制度的联邦法案。分别是12月15日出台的第166号联邦法《俄罗斯联邦国家养老保险》，第167号联邦法《俄罗斯联邦强制养老保险》，12月17日出台的第173号联邦法《俄罗斯联邦劳动保险》，12月31日出台的第198号联邦法案《俄罗斯联邦税法及关于税收和保险缴纳金规定的增补与修正》。其中，173号联邦法案第5条规定，新的养老保险制度由基础部分退休金、保险部分退休金及积累部分退休金三部分构成。基础部分退休金为固定给付制，即每月给付450卢布；保险部分的退休金给付与工作期间所缴纳的保险费的数额相对应，即多缴费者多得退休金，这个举措使得退休金给付水平与工作期间工资的联系紧密了；积累部分的退休金则根据个人账户基金的运用情况确定给付金额。第17条规定，基础部分和保险部分的退休金采用物价调整指数加以调整，在特殊情况下也允许保险部分的退休金采用工资调整指数。第167号法案的第32条规定涉及养老基金的运用方式，该法案规定在2004年1月1日之后根据被保险者的意愿可将积累部分的资金移交给民间养老基金部门加以运作。根据第198号联邦法规定，养老保险缴费形式变为按统一社会税①的形式缴纳。

---

① 统一社会税属于联邦税种之一，即通常意义上所说的社会保险税。

统一社会税把原来的三种国家预算外基金，即养老基金、社会保险基金、强制医疗保险基金合并到一起。统一社会税按工资总额的 35.6% 征收，其中，28% 用于养老基金，4% 用于社会保险基金，3.6% 用于强制医疗保险基金。由于养老保险分成了三部分，相应的纳税也分为了三部分。其中，用于养老基金部分的 50% 作为退休金基础部分的保险费缴入联邦财政部门，通过联邦财政预算的方式予以发放，另外 50% 作为退休金保险和积累部分的保险费。这些标志着俄罗斯对现收现付的养老保险制度进行了根本性的变革。

2002 年 1 月 1 日，俄罗斯开始在全国实施新的养老制度改革，从养老社会统筹过渡到社会统筹和养老保险相结合。其所依据的基本法律文件包括《俄罗斯强制养老保险法》（2001 年 12 月 7 日）、《俄罗斯联邦劳动退休金法》（2001 年 12 月 17 日）、《俄罗斯联邦国家退休保障法》（2001 年 12 月 15 日）、《俄罗斯联邦强制养老保险个人登记法》（1999 年 4 月 1 日）、《俄罗斯联邦劳动退休金积累部分金融投资法》（2002 年 7 月 24 日）等。上述法律规定了劳动者、雇主及国家养老保险基金各方的权利和义务。

新的养老保险由基本养老金、养老保险金和养老储蓄金构成。

基本养老金由企业和国家承担，企业每月将职工工资总额的 14% 上缴（即统一社会税中 28% 养老金的一半），政府用这笔钱和部分财政拨款发放退休人员的基本养老金。基本养老金数额随着通货膨胀进行相应调整。2001 年 1 月 1 日规定基本养老金为 450 卢布，2003 年 4 月提高到 553 卢布，2010 年为 2500 卢布①。

养老保险金由企业根据每位职工的年龄和性别的不同进行缴纳。2001 年实行的缴纳比例为：对于 45 岁以上女职工和 50 岁以上的男职工，缴纳比例为工资额的 14%（农业职工为 10.3%）；35～45 岁的女职工和 35～50 岁的男职工，缴纳比例为 12%（农业职工为 83%）；而对于 35 岁以下的职工缴纳比例为 11%（农业职工为 7.3%）。2011 年，养老保险金缴纳比例为：年龄在 45 岁及以上（即 1966 年及以前出生）的职工，缴纳比例为工资额的 26%；对于年龄在 44 岁及以下（即 1967 年及之后出生）的职工，缴纳比例为工资额的 20%。养老保险金存入每位职工在国家养老基金设立的个人账户。职工退休后，每月领取的养老金是个人账户上的总额除以领取养老金的总月数。

---

① Базовая часть пенсии одинакова для всех, http://pensiarf.ru/bazovaya - chast - pensii - odinakova - dlya - vsex/.

目前，俄政府暂时规定退休职工领取养老保险金的年限为 14 年。

关于养老储蓄金的缴纳，2001 年实行的缴纳比例为：对于 50 岁以上男职工和 46 岁以上女职工，企业不须为其缴纳；而对 35 岁以上的男女职工缴纳比例为工资额的 2%，35 岁以下为 3%①。2011 年规定 45 岁及以上（即 1966 年及以前出生）年龄的职工不须缴纳；年龄在 44 岁及以下（即 1967 年及以后出生）职工缴纳比例为工资的 6%②。自由职业者也必须缴纳个人养老保险。和企业职工不同的是，这些人退休后无权领取国家发放的基本养老金，只能领取个人养老保险。

养老保险金和养老储蓄金进入职工在国家养老基金的个人账户，将来所领取的养老金的数量将与现在的工资额及缴费额密切相关。同时，为使储蓄升值，从 2004 年 1 月 1 日起，职工可以自由选择国有或私营投资机构，并与之签订合同，委托这些机构对个人的养老储蓄金进行投资运营，其投资收益也将纳入职工个人养老保险账户。如职工未作任何选择，则养老储蓄统一归国家养老基金会代为管理。

2009 年 7 月 24 日，俄罗斯政府通过了关于对退休基金、社保基金、强制性医疗保险缴费的修正法案（第 213 号法案）。此法案的实施确立了三个层次的退休金制度（见表 4-4）。

表 4-4 俄罗斯养老保障体系构成

养老保障种类		资金来源	管理部门
强制性养老保险			
国家退休金	受益人群： 国家机关在职人员 军人 技术灾难的受害者 卫国战争的参加者 丧失劳动能力的人	国家预算	国家机关
劳工退休金	保险部分	缴纳保险金	俄罗斯联邦退休基金
	储蓄部分	缴纳的保险金和投资收益	俄罗斯联邦退休基金和非国有退休基金

---

① Определение размера накопительной части трудовой пенсии по старости, http://trudprava.ru/index.php?id=1567.

② Взносы в 2011 году, http://www.spravkab.ru/information-for-ip/strahovie-vznosi/vznosi-v-2011.html.

续表

养老保障种类		资金来源	管理部门
非国有（补充）退休金保障			
非国有退休金	受益人群： 企业机关工作人员 与非国有退休基金签署合同的公民	企业和公民缴纳的款项以及这些款项的投资收益	非国有退休基金

三 非国有养老基金

1992 年，俄罗斯总统签署了《关于非国有养老基金》的总统令，1993 年，俄罗斯劳动部建立对于非国有养老基金的监管机构；1995 年，俄罗斯杜马通过了关于允许非国有养老基金的决议（见图 4-6）。

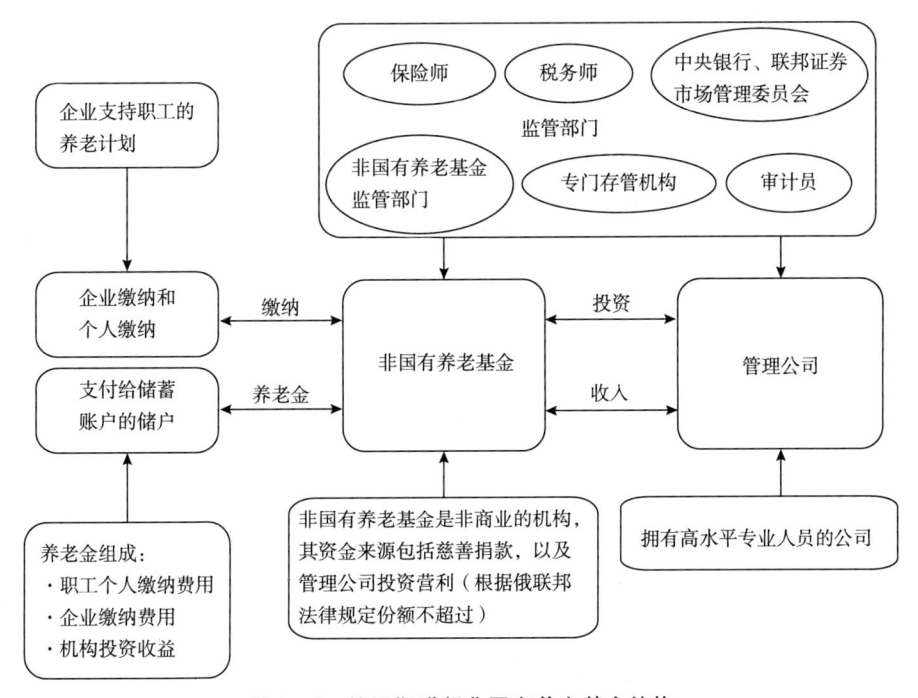

图 4-6 俄罗斯联邦非国有养老基金结构

1998 年 5 月 7 日，俄联邦政府通过了《非国有养老基金法》法案，建立针对非国有养老基金完善的法律和监管框架。该法案规定，公民可以和非国有养老基金签订非国有养老保障合同，被保险人每年有一次自由选择的权利。与投资政策相对保守的国家养老基金相比，非国有养老基金能够使其管理的养老储蓄金进行投资，从而获得较高的收益率。截止到2000年，运营中的养老基金有224只。由于中心大城市经济基础设施相对发达，集中了大部分非国有养老基金。仅莫斯科就拥有127只非国有养老基金，圣彼得堡拥有25只。2004年7月，非国有养老基金被允许纳入强制性养老保险。自此，非国有养老基金取得了在俄罗斯养老基金居民个人账户上为其储蓄养老金的权利。

因非国有养老基金的资产损失风险小，基金有利于提高公司的资本化程度。各集团公司纷纷把注意力集中在非国有养老基金上了，他们通过自己的非国有养老基金最大限度地把握着金融市场，非国有养老基金逐渐呈现出集中趋势。"天然气基金"等几大非国有养老基金占据市场大部分份额，仅"天然气基金"就占了49%的份额，排名前20的非国有养老基金占92.8%的市场份额。近年来，这种现象虽有好转，但仍保持着大型非国有基金占有大部分市场份额的状态（见表4-5）。

表4-5 俄罗斯前十大非国有养老基金的资产状况（至2012年4月1日）

单位：亿卢布，万人

非国有养老基金	资产	养老储蓄金	强制性保险的保险人数	养老储备金	非国有养老基金的客户数量
天然气基金	3795.3	320.5	60.728	3128.9	22.789
福利基金	2377	670.1	166.05	1606.6	113.175
卢克石油保证基金	1084.5	698.3	189.269	161.5	39.664
电力基金	610.3	301.7	73.156	293.2	53.356
诺里尔斯克镍业公司基金	447.9	332.1	105.55	112.6	9.885
俄罗斯石油运输公司基金	404	37.5	4.565	363	16.554
西伯利亚银行基金	362.6	321	64.524	37.4	26.306
Promagro基金	296.5	248.4	130.41	5.7	5.857

资料来源：俄联邦退休基金网，http://www.pfrf.ru。

2009年7月，俄罗斯总统签署了《非国有养老基金法》和《俄罗斯联邦养老储蓄金投资法》修正案。根据规定，非国有退休金管理公司有权利将其管理的养老储蓄金的20%作为公司债券投资。同时，投资同一个证券发行人证券的比例从之前的 5% 增加到 10%，存款的比例从之前的 10% 增加到 25%，投资管理公司和专门托管人子公司的证券比例从之前的 5% 增加到 10%，而投资同一个债券发行人的债券比例从之前的 10% 增加到 20%。

2009 年 9 月，普京总理签署了对 2007 年 1 月 1 日第 63 号联邦决议进行修改的决定。这一决定再次对非养老基金投资政策进行了调整。此次调整主要体现在如下几点：

（1）非国有养老基金可以不通过管理公司，自行在证券市场进行投资。

（2）非国有养老基金可以把其掌握的养老储备金的 80% 存入银行，但是存入一家银行的存款额不得超过养老储备金总量的 25%。

（3）非国有养老基金可以参股、合股投资基金，数量由占其养老储备金总量的 50% 提高到 70%。同时，非国有养老基金还参与专门为职业投资者设置的、不在证券交易所平台进行交易募集资金的单位信托基金，数额占养老储备金总量的 10%。

（4）允许投资同一个证券发行人的证券，证券投资总量从之前的 10% 提高到 25%。但是，投资国家证券和股份投资基金的股票除外；非国有养老基金可把养老储备金总量的 10% 投资到属于对冲基金类型的封闭型单位信托基金。

此次调整还拓展了养老基金的投资力度（范围），即可以对是养老基金存款单位的公司企业进行投资，投资方式为购买其有价证券。按照以前的规定，投资这类公司有价证券的比例不得超过养老储备金总量的 5%，如果此公司的有价证券信用级别达到 A1 标准，则投资额度可为 10%。新的规则规定，基金可以对存款单位分别进行额度为养老储备金总量 5% 的有价证券投资，如果此公司的有价证券达到了 A1 标准，则投资额度可以扩大到养老储备金总量的 10%[①]。

2012 年 7 月 7 日，俄罗斯联邦政府签署了第 693 号《关于确认将非国有退休基金储备资金用于强制性养老保险的使用规范》法案。2012 年 1 月，非国有养老基金养老储蓄金达到了 3937.1 亿卢布，4 月初增长 29.3%，达到 5080.16 亿卢布。养老储备金达到 7175.03 亿卢布，增长 2.45%；保险人数达 151.7 万人，增长 27.73%。

---

① Александр Мазунин, Пенсионным фондам подменяют активы, газета 《Коммерсантъ》, http：//www.ugrafinance.ru/ru/about/UF－press/UF－press_detail.php？ID=383.

四 养老保障体系发展现况及应对举措

2002年之后，俄罗斯开始实行以保险为主的退休金模式，与之前的退休金体系比较，公民的受益不仅仅与工作年限有关，同时也与工资多少和缴纳退休保险的金额有关。到法定享受退休金的年龄，将按照国家规定给予支付退休金。2010年，俄罗斯平均退休金达到7476卢布，与2009年的5191卢布相比增加了44%，至2012年已增加到9414卢布[1]。根据俄罗斯联邦退休基金的数据显示，2012年2月1日劳工退休金上调了7%，至4月1日劳工退休金再次上调3.41%，社会退休金上调14.1%（见表4-6）。

表4-6 2012年平均退休金数额及变化

单位：卢布

	平均退休金数额		平均退休金数额变化
	2012年4月1日前	2012年4月1日后	（2012年4月1日卢布）
领取劳动退休金	9093	9414	321
老年退休者	9482	9817	335
残疾退休者	5869	6069	200
丧失供养人群体	5697	5892	195
领取社会养老保险	5204	5938	743
残疾军人	7833	8937	1104
军人遗属	6603	7534	931
领取双份退休金			
由于战争造成的残疾者	21552	23273	1721
卫国战争参加者	22021	23683	1662
军人遗孀	16106	17366	1260
被授予"被围困的列宁格勒市民"称号的残疾人	16870	17984	1114

资料来源：俄罗斯联邦退休基金网，http://www.pfrf.ru/。

养老保障制度中，与取得改革成效并存着许多不尽如人意的地方，针对这些问题联邦政府采取了一些措施。

---

[1] 俄罗斯联邦统计局数据。

近些年，部分欧洲国家因社会人口老龄化问题突出，再加上世界金融危机影响，采取了减少社会开支、延长退休年龄的方法，来进行退休制度变革。针对人口老龄化问题，2012年4月，俄罗斯政府提出了一个长期的至2050年的养老制度改革方案。在未来38年中，分段提高退休年龄。

政府通过加强养老基金管理，来提高非国有养老基金投资盈利能力。受世界金融危机的影响，非国有退休基金的投资收益率持续低迷，使公民对非国有退休基金投资收益产生质疑。2011年上半年，俄罗斯前20家大型基金中的12家自有资金明显缩水，收益仅比银行年利率略高2%。国家放弃包揽一切的做法，实行多层次的养老保险制度设计更有利于经济、社会的长远发展和国民的身心健康。实行有选择的社会政策，使社会保障资金来源多元化，已成为俄政府社会改革的目标和方向。

政府采取措施提高退休金额度，改善退休者生活水平。2012年，俄罗斯平均退休金为8700卢布（1卢布约折合0.1989元人民币），比2011年增长了11%。预计2012~2014年，俄罗斯退休金将增长约3000卢布。在2014年年底将超过11200卢布[①]。2012年7月17日，俄罗斯总理梅德韦杰夫在政府2013年财政预算和2014~2015年社会政策、劳动关系及文化体育规划会议上表示，俄罗斯公民的劳动退休金从2015年起将至少提高45%。梅德韦杰夫说："尽管受世界经济危机影响且财政有限，但政府仍把社会发展作为优先方向，不会减少社会开支。"

俄罗斯社会保障制度改革中，法制不健全、不规范、不完善，立法工作滞后是一个严重的问题。监管措施不严格，出现了很多不规范的行为。由于改革过程中，存在着各种各样的不确定因素，所以很多执行标准不规范、不明确。公民非常关注储蓄账户部分的再投资收益，因缺乏阶段性的信息发布，公民对养老保险的操作流程存有疑虑。根据规定，管理公司与俄罗斯养老基金所签订的合同，禁止向第三方提供包括管理结果在内的管理过程的任何信息。目前看来，公民只能从俄联邦养老基金公布的报告中了解到管理公司的财务情况，由于信息非常不全面，纵然这些信息能够与其他指标进行比较，仍无法准确把握市场状况。

---

① 俄联邦国家统计局，http://www.gks.ru。

第四节 教育制度改革

俄联邦政府经过对教育体制的多次调整和改革，经历了高等教育由单一结构向多层次结构转化、教育管理由中央集权向分级管理转变，形成了一整套复杂的和多层次的教育体制。

一 义务教育

俄罗斯一直对普通基础教育阶段实施义务教育体制，按照1991年通过的《俄罗斯联邦教育法》规定实行9年义务教育。

1992年7月10日，俄联邦杜马发布实施《俄罗斯联邦教育法》。它是俄罗斯独立后的第一部教育基本法，分总则、教育体系、教育体系的管理、教育系统的经济、实现公民受教育权利的社会保证、教育系统的国际活动等共6章58条。包含国家制定教育政策原则、教育组织形式、各级各类教育的实施、各级政府部门的教育权限、教育机构的权限和职责、教育机构的经营性活动等多方面内容。该法首次系统、全面地规范了俄罗斯联邦的教育关系，为促进俄罗斯联邦的教育改革与其经济改革相适应发挥了积极的作用。除此之外，俄联邦发布的《俄罗斯联邦普通教育机构卫生保健标准》《俄罗斯联邦防火规范》《俄罗斯联邦普通教育机构教学过程及设备标准》等法规也对义务教育阶段的公立学校硬件办学标准做出了明确的规定。

20世纪90年代，俄罗斯国内经济状况恶化，联邦政府无力大规模进行教育投资。对普通教育的财政拨款责任，包括保证供给教科书和管理中小学学校的责任由联邦政府过渡到了地方政府。由于地区经济发展存在巨大差别，偏远地区和大城市的中小学之间存在不平衡现象，在学校数量和教学质量方面差距加剧。

2001年9月13日，俄罗斯联邦政府颁布了《俄罗斯联邦普通教育国家标准法》，该法明确规定了普通教育阶段公立学校统一的教学标准。其中包括国家教育标准、地区教育标准和教育机构标准三部分。国家教育标准对所有教育机构都是一致的和强制的，具体包括基础课程的授课标准、学科课时量、学习内容、联邦基础教学计划、毕业生须达到的受教育水平。国家标准对教学过程所需设备和仪器的标准、拨付给受义务教育学生的款项额度和相匹配的师资力量都有详细规定。相对于国家标准，地区教育标准由俄罗斯联邦各主体自行确定。

2000 年，俄联邦政府通过了为期 25 年的《俄罗斯联邦教育发展纲要》，确定了教育在国家政策中的优先地位、教育的发展战略和方向。2001 年 10 月，俄罗斯政府召开会议，讨论并通过了教育改革方案。教育改革方案的主要内容包括：为了减轻学生的学习负担，完善学生的知识结构，以中小学 12 年学制取代目前的 11 年学制；以全国统考取代中学毕业考试和大学入学考试；改变国家对高校的拨款制度，以提高教育经费的使用效率；提高教师待遇，增加国家对教育的拨款。

《俄联邦宪法》第 43 章第 4 条规定实行 9 年制基本普通义务教育。2007 年 7 月，俄联邦通过了对此条款的修改意见，将基本普通义务教育延长到 11 年，义务教育全程免费，于 2007 年 9 月 1 日开始实行。

二 职业教育

初等职业教育机构的基本目标是培养具有专业技能的工人和职员。招收的学生根据实际受教育水平来确定培养时间长短，在学校读到 9 年级以后的学生要进行 2~3 年的培养，读到 11 年级以后的学生则进行 1~2 年的培养。在某些初等职业技术学校有侧重于中等技术学校倾向的，教学期限会延长 3~4 年。这一层次的教育机构传统类型是职业学校，随着教育制度改革的推进，出现了替换此类学校的新型职业教育机构，也称为培养高技能工人干部的职业中等学校。

俄罗斯中等职业教育是根据两个基本职业教育大纲——基础教育和各级教育来进行教学的。毕业生在完成基础教育大纲后授予毕业生"技师"称号。与基础教育相比，高级教育主要是强化或拓展专业培训，同时学制延长一年。学生接受强化培训，被授予"高级技师"称号，而接受拓宽培训的学生，被授予××领域补充培训的技师（注明具体领域，如经济、信息等）等证书。

中等职业教育大纲的内容是根据国家中等职业教育标准制定的。主要由两部分内容组成：确定全国对培养学生的基本内容和水平要求的联邦性内容和民族—区域性内容。国家中等职业教育标准通过制定民族—区域性内容，进行专业化培训，建立选修课，保持教育内容的灵活性和可变性。

俄罗斯中等职业教育学校形式：

（1）技术学校（专业学校），完成中等职业教育基础教育的基本职业教育大纲；

（2）中等专科学校，完成中等职业教育基础教育和高等教育的基本职业教育大纲。

三 高等教育

俄罗斯联邦的高等教育学制与其他国家有所不同，是根据1996年8月联邦政府颁布的《俄罗斯联邦高等和大学后职业教育法》来建立的（见图4-7）。

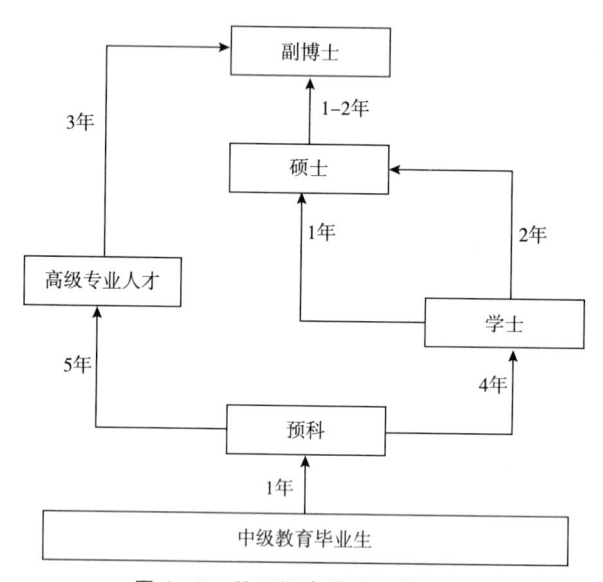

图4-7 俄罗斯高等教育结构图

目前，在俄罗斯新旧两种学制并存，是俄罗斯高等教育过渡产生的现象。一种是苏联时期遗留的旧体制，即专业资格学历证书（专家）—科学副博士（Ph.D）—科学博士；一种是新体制，即学士—硕士—科学副博士（Ph.D）—科学博士学位。其中，科学博士学位的获得是在取得副博士学位和副教授资格后经过长期科研经验的积累取得一定的科研成果，联系某高校或科研机构申请进行博士研究工作，一般需要三年时间完成博士论文的撰写，通过答辩授予科学博士学位。

俄罗斯政府 1992 年颁布的《俄联邦教育法》规定，国家保证俄罗斯公民通过高考竞争在国立高等院校中免费接受高等教育；1996 年颁布的俄罗斯联邦《高等和大学后专业教育法》重申了《俄联邦教育法》中关于"国家保证俄罗斯公民通过高考竞争在国立高等院校中免费接受高等教育"的规定，法案同时提出，高等院校在完成国家招生计划后，可以招收自费生。2003 年 9 月，俄罗斯正式签署了《博洛尼亚宣言》，加入欧洲高等教育博洛尼亚进程，并做出了实质性改革。实施两级学位体制，增加教师和学生的学术流动，扩大毕业生的就业机会等，以提高俄罗斯高等教育的灵活性和有效性。同年 11 月，俄罗斯联邦政府正式颁布《俄罗斯联邦大学法》，这是第一部针对高等教育的联邦法律。2008 年，俄罗斯联邦政府决定建立联邦大学和国家研究型大学。2010 年启动了"我们的新学校"国家教育重点工程。2011～2013 年，俄罗斯将实施 2010 年提出的重点大学扶持计划，为俄罗斯的重点大学提供每年总数 300 亿卢布的资金支持。这些资金将用于支持大学开展创新活动，改善创新基础设施，加强大学与企业合作以及吸引著名学者到大学工作等。

四 成人教育

在俄罗斯解体之初，没有明确的管理成人教育的法规。1992 年的《俄罗斯教育法》对成人教育只字未提，关于与成人教育相关的问题只是部分的被放在补充职业教育领域进行考察。1993 年，为促进成人教育具体形式的发展，俄罗斯政府先后颁布了《保护夜校普通教育体制法案》和《教育中心草案》两部法律草案。法案要求要保证为有为青年和成人提供学习的夜校，规定夜校的基本功能是为缺少普通中等教育的成年人和已就业的青少年提供普通中等教育，并进一步确定了非全日制夜校在成人教育体系中的法律地位。1997 年 11 月 6 日，俄罗斯联邦主体成员国国会会议通过了俄罗斯《成人教育法》，这是俄罗斯第一部完整规范的成人教育法律，是俄罗斯成人教育发展史上的里程碑。对成人教育做了法律界定，包括俄罗斯成人教育概念界定、公民成人教育权利、成人教育内容、成人教育发展原则与管理、成人教育拨款、成人教育奖励、成人教育科研以及独立联体成员间构建成人教育共同空间等各个方面。

成人教育机构主要形式如下：

- 正规教育（在学校内组织并获取正规学位）内的，包括夜间（轮班）中学、职业技术学校、长短不一的职业技术课程函授及夜间中等专门学校；
- 函授和带夜间及函授部的全日制大学；
- 对具有高等、中等专业学历的人设置的旨在进行再培训和提高技艺的系和班级；
- 非正规教育，民办大学以职业培训为方向和文化普及性质的课程等。

2000年10月4日，俄联邦政府批准了《俄罗斯联邦国民教育法案》，规定应"扩大社会对教育管理的参与"，国家应为"教育职业团体参与制定联邦级和地区级的教育政策"提供保障。在此基础上，俄罗斯成人教育管理也进行了改革，实行国家—社会管理成人教育模式。2001年俄罗斯政府通过《俄罗斯补充教育法》。法案规定，成人补充教育的实施必须依据专门的教育大纲，补充教育大纲按照俄罗斯联邦政府规定的程序，并征得相应的联邦执政机关的同意，由从事补充教育的教育机构、实施补充教育大纲的其他教育机构及在补充教育领域开展活动的组织负责制定。

五 教育经费

俄罗斯教育机构经费来源分别为国家财政预算拨款、教育基金、有偿收费（自费学生）、留学生收费、世界银行贷款、企业资助与投资（见图4-8）。

俄罗斯政府对义务教育阶段的拨款采用的是教育券的形式，即按人头拨款制度。联邦政府将教育拨款以教育券或教育支票的形式一次性直接拨给学生，以资助完成义务教育的全过程。这一福利针对每一个俄罗斯公民。

苏联解体后，俄罗斯政局不稳、经济滑坡，一向享受"剩余原则"拨款待遇的教育经费捉襟见肘。俄政府为了使高等教育得以维持和发展，采取了以"高等教育成本共同分担"模式为核心内容的学费制度改革[①]。俄政府调整高等教育学费政策，由"免费+助学金"的苏联模式向"高等教育成本共同分担"学费制度迅速过渡。具体表现为，俄政府允许高校招收部分自费生，招收自费生比例逐步增长。

---

① 许适琳、王烨姝：《俄罗斯"高等教育成本共同分担"：学费制度改革及对我国的启示》，《现代教育管理》2011年第2期。

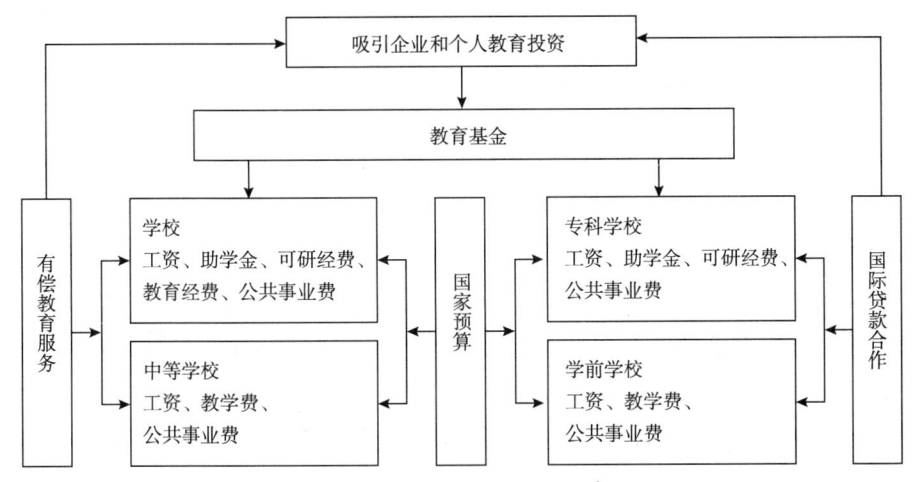

图 4−8　俄罗斯教育机构经费结构图

1992年《俄罗斯联邦教育法》中明确提出把单一的国家财政拨款体制转变为分级财政预算和经费多资源投入的体制，高校的经费由国家财政拨款和学费两大部分组成。1996年《俄罗斯联邦高等和大学后职业教育法》第41条规定，各类教育机构可以获得补充经费，其途径包括提供补充性有偿教育服务。2000年年初，普京总统批准《俄罗斯战略：教育》计划，决定引入统一国家考试以取代传统大学入学考试，同时配套进行"实名制国家财政券"试验。2002年1月14日，俄政府通过了《关于2003～2004年试点以实名制国家财政券形式向某些高校拨款的决议》，其中确定了试点的条件和程序，并责成由教育部和财政部在试点期间制定试点高校拨款的方法，这标志着俄罗斯"实名制国家财政券"的试点正式开始。4月29日，俄教育部和财政部制定了《以实名制国家财政券向参与试点高校拨发联邦预算的规划与方法》，其中详细规定了国家发放实名制国家财政券、高校获取相应经费和学生支付学费的具体办法。2004年6月26日，俄政府通过了《关于2004年延长以实名制国家财政券形式向某些高校拨款试点的决议》。

俄罗斯高等教育经费来源主要分预算内资金与预算外资金两部分，这两部分资金所占份额都在45%左右。其中，预算内资金中联邦预算所占比重将近一半；预算外资金中学费收入占1/3。随着招收自费生比例的不断增加，学费收入所占比例也在逐步增大。

六 教育体制改革的现状及应对举措

1. 政府职能转换，管理绩效提高

2004年年初，俄罗斯总统普京对联邦政府机构进行改组，取消了俄罗斯联邦教育部，将其职能按决策、执行、监督三部分分别划设为三个部门。其中，教育与科学部负责确定相关领域的国家政策方向和制定法律法规活动；教育署是国立教学机构的创办人，负责拨款和分配联邦补贴，因其具有拨款职能和大学与财政部中间人的地位，教育署是主要的教育决策机构；教育督察署负责提供办学许可证，监督教育质量和高校遵守法律情况。2010年，俄罗斯撤销了联邦教育署和联邦科学与创新署，并将其职能权限转移到教育与科学部，并进行了内部人事和管理机制改革，教育行政管理和决策权力又重新集中到教育与科学部。

2. 确立高校质量评价体系，进一步规范非国立高校办学

俄罗斯转型之初，非国有高校逐渐兴起，一些地方政府注重经济利益，放松了对非国立高等院校的监管力度。逐渐形成了一些只注重经济利益，不注重办学质量的短视行为。俄教育部针对非国立高校教学质量差、滥发文凭等问题实施一系列改革举措取消部分不合格非国立高校和国立高校分支及代理机构的办学资格。在对非国立高校的质量监察中，联合多方面机构组成自上而下的监督察委员会，其中包括教育部、非国立高校联合会、各地区校长委员会、教学法协会等。从2003年开始，俄罗斯教育部开始采用新的高等教育质量标准对国立和非国立高校进行统一的质量评价。无论是国立高校还是非国立高校，都要经过许可、评定和鉴定三个程序的考察。对通过质量评价的高校颁发许可证书、评定结论和国家资格鉴定证书，其有效期限为5年。

3. 整合资源，进行重组，提高教学质量和竞争力

2006年，俄联邦颁布《关于自治机构法》，法案明确将一定数量的大学划分在国家拨款体系之外，使其成为"自治机构"，明确了公私混合办学体制的合法性。自治大学首先隶属国家，但不能得到定期和足够的国家保障。它们必须依靠吸引预算外资金保障自身发展的需要。2007年，开始创建联邦大学网络，优化区域教育结构，强化大学服务区域经济和社会职能。截止到2011年，俄罗斯已基本完成有两所具有高度自治地位的巨型大学——莫斯科国立大学和圣彼得堡国立大学，与8所联邦区大学和29所国家型大学组合的重点大学网络架构，为形成新的、高效的俄罗斯高等教育体制奠定基础。

4. 完善法律调节机制，注重制度创新

俄罗斯制定和颁布了一整套法律法规用于规范不同层面的教育教学活动。如《全国统一考试法》保障了全国统一考试的合法性；2007 年颁布了《关于实施两级学位体制的法案》，确保从 2009 年开始新的两级学位制度改革；2008 年颁布了《高等学校管理章程》，以规范高校的办学活动。此外，如《2009~2013 年"创新俄罗斯的科研与教育科研人员"联邦目标纲要》为科研和教育科研人才的成长、稳定科研和教育科研队伍、保存科学和教育领域的代际传承创造条件。俄罗斯教育部在修订培养方向和专业目录的基础上，颁布了第三代高等职业教育联邦国家教育标准。2011~2012 年，俄罗斯大学将全面转向第三代国家教育标准，目前，高校正依据第三代教育标准研制新的教育大纲，实施学分—模块式课程和新的学生评价体系，确保从以前的知识本位向能力本位人才培养模式的转型。

5. 提高对教育的投入，改善教师待遇

俄政府为保障纲要实施不断提高政府预算内拨款的力度。增加教师工资，改革教师的退休金制度；选择教师职业的男性，大学毕业后可免服兵役；增加对教师改善住房建设拨款；银行向示范院校的学生发放助学贷款，毕业后如从事教师职业，贷款由国家支付，反之，由本人支付。

第五章
国有企业转型

中央计划经济向市场经济转轨，无一例外地需要解决所有制关系和国有企业管理体制两个微观经济问题。俄罗斯国有企业改革是在私有化概念下进行的，国有企业大规模转型主要在1992~1996年实施。迄今俄罗斯共通过了三部私有化法，私有化仍在进行当中，但重心已从一开始强调以速度和政治功能为主，转向强调以效率、优化资产结构和结构改革为主。俄罗斯已形成多种经济成分并存的多元化所有制格局和现代企业制度的基本框架，但其企业制度还处于建设和继续完善的过程当中。

第一节 转型前所有制的特点

一 苏联传统所有制形成的理论基础及特点

苏联传统的所有制体制于20世纪30年代最终形成并定型。该体制包括生产资料公有制的两种形式，即全民所有制（国家所有制）和集体所有制。作为演绎于马克思、恩格斯某些经典论断并形成于斯大林时期的全民所有制，被当做社会主义的主要标志和根本特征，是社会主义公有制的高级形态，社会主义计划经济体制财产制度的核心范畴，社会主义国家实行计划调拨、统包统配、统收统支的根基。而集体所有制仅被认为是社会主义公有制的初级形态。

1936年12月5日苏联苏维埃第八次非常代表大会通过的《苏维埃社会主义共和国联盟宪法（根本法）》确定社会主义公有制为苏联的经济基础。1977

年 10 月 7 日苏联第九届最高苏维埃第七次非常会议通过的《苏维埃社会主义共和国联盟宪法（根本法）》第 10 条规定，苏联经济制度的基础是生产资料社会主义所有制。社会主义所有制的形式包括国家（全民）所有制和集体农庄合作社所有制。第 11 条规定，国家所有制是全体苏联人民的共同财产，国家所有制是社会主义所有制的基本形式。第 12 条规定，国家促进集体农庄合作社所有制的发展，并促进其同国家所有制接近①。

在斯大林的亲自指导下，由苏联科学院经济研究所写作的《政治经济学教科书》把国家所有制和由国家机关组织实施的计划经济列为社会主义最基本的经济特征。其中，国家所有制更被看做整个社会主义制度的基础。同时斯大林还认为，必须用有利于集体农庄同时也有利于整个社会的逐渐过渡的办法，把集体农庄所有制提高到全民所有制的水平。"为了把集体农庄所有制提高到全民所有制的水平，必须将集体农庄生产的剩余产品从商品流通系统中排除出去，把它们纳入国家工业和集体农庄之间的产品交换系统。"斯大林时期，苏联长期存在歧视和排斥商品经济的倾向，认为商品经济是与资本主义是相联系的。全民所有制企业的生产资料和集体农庄的土地、拖拉机、工具等都不是商品，"仅仅保持着商品的外壳（计价等）"，"无论如何不能把我国制度下的生产资料列入商品的范畴"。由于两种公有制的存在，所以在社会主义条件下还必须保留"特种的商品生产"。商品交换的范围只限于两种公有制之间，"只限于个人消费品"和外贸领域。

在上述理论的指导下，苏联把国有制和集体所有制分为高级和低级两种形式，追求经济关系的"单一性"和"纯洁度"，采取各种措施使低级形式逐步接近并融合于高级形式。20 世纪 20 年代末，苏联开始逐步排挤、取缔私有经济成分，开展大规模的国有化运动和农业集体化运动。通过国有化运动，确立了国有经济的绝对统治地位。通过大规模的国有化运动，苏联形成了单一的所有制体制，其主要特点如下：

第一，公有制经济（国有经济和集体经济）几乎垄断了全部国民经济，仅在集体农庄中存留有少数个人副业，并认为集体所有制是公有制的低级形式，全民所有制是公有制的高级形式，后者优越于前者。到 1932 年，苏联的中小私有企业被完全消灭，30 年代中期有外资参与的经济也被取缔了。到 1937 年，公有制在生产基金中的比重为 99.6%，在国民收入中的比重为

---

① 《苏联宪法》（1977），http://baike.baidu.com/view/737795.htm。

99.1%，在工业中占 99.8%，在农业中跃升至 98.5%，在零售商品中占 100%。除公有制外，仅存在一种私有经济成分，即无雇佣劳动的个体经济，它在全国的生产基金中仅占 0.4%，创造 5.6% 的价值。这部分经济被视为"残余"和"补充"，允许暂时存在，却没有合法的地位。

第二，在单一的公有制基础上建立了高度集权的经济管理体制。这种经济体制的主要弊端是：国家政权机关是经济管理的主体，把所有权和经营管理权集于一身，经济决策权限高度集中，企业则几乎失去一切自主权。宏观经济和企业的日常经营活动皆由国家实行直接指令性的、以物资平衡为中心的计划管理，基本上不存在企业的经营自主权。企业只是按照国家下达的数十个乃至上百个经济指标组织经营，所生产产品和所获得利润全部上缴国家，所需资金和物资由国家拨给，没有经营的自主权。企业外无竞争压力，内无改进技术、改善管理、提高劳动生产率的动力，因而也就没有活力。同时由于片面地强调国家、集体的利益，而忽视甚至牺牲个人利益，很大程度上限制了劳动者积极性的发挥。最终排斥了市场的作用，使官僚主义的唯意志论盛行，往往造成重大的政策失误和经济损失。

第三，在集体所有制内部和两种公有制形式之间存在商品货币关系，但在国营经济内部不存在商品货币关系。与单一所有制和公有制越大越纯越优越的理论相一致，长期以来，苏联理论界长期排斥商品生产，认为在公有制占统治地位的社会主义不应存在商品货币关系，其基本观点是：（1）商品关系不是社会主义经济的属性，表明社会主义本质特征的是直接社会关系，商品关系处于从属地位；（2）直接社会关系是社会主义经济的内容，而商品关系是形式；（3）在强调必须利用商品货币关系的同时，又强调它的"新内容""新特征"，认为市场机制的一切作用都通过计划来实现；（4）与第三点相联系，不恰当地强调商品货币关系的特殊性，忽视共性，从而导致否定价值规律自发的调节作用。

二 苏联时期对传统所有制的改革及效果

以国有制的高度垄断为特色的单一所有制结构自 20 世纪 30 年代中期形成后，在以后 50 多年的时间里没有发生大的变动。然而随着客观条件的变化，凝固的传统所有制体制对经济的适应性逐年降低，尤其是第二次世界大战以后，苏联的经济发展由高速增长蜕变为逐年下降。根据苏联官方公布的统计数字，战前1929～1940年苏联的国民收入年平均增长14.8%，战后1951～1960年为10.2%，1961～1970年为7%，1971～1980年为5%，1981～1989年不足3%①，在这一背景下，传统的所有制体制的改革被提上议事日程。

赫鲁晓夫时期，针对高度中央集权的弊病进行了改革，受时代限制，改革只局限于管理权限的变化，企业独立商品生产者的地位并没有得到确认。勃列日涅夫时期，曾采纳经济学家利别尔曼的建议，通过柯西金的经济改革，注重调整国家、企业和职工个人之间的利益关系，但同样没有触及所有制问题，在取得一些成绩后就止步不前，最终使经济陷入停顿。

勃列日涅夫去世后，随着各个社会主义国家相继推行经济改革，苏联也开始对传统的所有制理论进行批判，并取得了若干进展。苏联理论界提出：第一，判断所有制是否具有优越性的标准是能否促进生产力的发展而不是公有化程度的高低；第二，国有企业可以实行"两权分离"，这种分离不会改变国有资产的国家所有权；第三，集体所有制对社会生产力具有较强的适应性，应保持其相对稳定性；第四，一个社会的所有制结构是由多种所有制形式共同组成的综合体，经济成分应该多样化。

戈尔巴乔夫上台后，在上述理论的指导和影响下，着手对所有制体制进行改革。1986年11月，颁布了苏联历史上第一个关于个体劳动的法律——《个体劳动活动法》，允许个体经济有限制地在家庭手工业和居民生活服务领域中进行经营活动。1987年6月，苏联最高苏维埃通过了《国有企业法》，确认了企业是社会主义的商品生产者，是独立的生产经营实体。1988年5月，政府出台了《合作企业法》，允许成立新的私营企业和合作企业。1989年4月通过法令，允许国有企业的职工租赁工厂。1990年3月通过《所有制法》，提出要改变单一所有制，实行非国有化和私有化，建立国家、集体和私人的混合所有制。1990年年底，《俄罗斯企业和企业行为法》允许独资、合伙以及封闭或开放的股份合作公司存在，并取消对这些企业行为上的限制。这些改革提出了在原有公有制经济成分外，发展非公有经济成分的考虑，但对国有企业仍然没有摆脱放权让利的思路，没有触及深层次的产权改革问题。到1990年，在苏联的所有制结构中，国有制占比仍高达92%，合作社、集体经济和其他所有制形式仅占8%（见表5-1），苏联仍是世界上生产资料公有化

---

① 孙曼侠、康瑞华：《苏联演变解体的经济根源》，《财经问题研究》1996年第1期。

程度最高的国家之一（见表5-2）。

表5-1 1990年苏联固定资产所有制结构

单位：亿卢布，%

	总 计	国家所有制		其他所有制		
		联盟	共和国	合作社	集体经济	其他
固定资产	18287	56	36	1	5	2
工 业	6149	85	14		1	
建 筑	974	56	43		1	
农 业	2977.8	4	62		30	
运 输	2437	67	33			
通 信	190	30	66		4	
批发贸易	116	51	49			
零售贸易	419	42	38	14	1	
住 宅	3401	38	45	4	1	
服 务 业	852	22	76		2	9

资料来源：1991年苏联国家统计局公布的数据，载《俄罗斯研究》1993年1月号。

表5-2 国有部门的国际比较（占总产量的百分比，年度不同）

单位：%

国 别	年 度	百分比
捷克斯洛伐克	1988	97.0
苏 联	1985	96.0
匈牙利	1984	73.6
东 德	1982	96.5
波 兰	1985	81.7
中 国	1984	73.6
法 国	1982	16.5
西 德	1982	10.7
意大利	1982	14.0
英 国	1983	10.7
丹 麦	1974	6.3
美 国	1983	1.3

资料来源：Branko Milanovic（1991）。

第二节 俄罗斯国有企业转型的途径

俄罗斯向市场经济转轨，首先需要解决两个微观经济问题：一是所有制关系的改造，打破单一的公有制（首先是国有制）格局，建立起多元化的市场主体；二是改革国有企业的管理体制，使之适应市场经济的要求，提高国有经济的效益。这两者之间既有区别又有联系。而对于国有企业来说，则又是一个问题的两个方面，因为国有企业改革的核心是所有制关系的改革与调整。俄罗斯国有企业改革是在私有化概念下进行的，准确理解私有化概念对于把握俄罗斯的私有化和国企改革具有重要意义。

一 私有化的界定

俄罗斯的私有化是一个宽泛的概念，从法律界定看，私有化不仅指把国有资产变为私有，还包括所有制结构的多元化和所有制形式的多样化。从1992年至今，俄罗斯共出台三部私有化法：（1）苏联解体前夕1991年7月3日出台的1531－Ⅰ号俄罗斯苏维埃联邦社会主义共和国《俄罗斯联邦国有和市政企业私有化法》；（2）1997年7月21日出台的123－Ф3《俄罗斯联邦国有资产私有化和市政资产私有化基本原则法》；（3）2001年12月21日出台的178－Ф3《俄罗斯联邦国有和市政资产私有化法》。除这三部正式私有化法外，俄罗斯每年还出台以总统令形式批准的国家私有化纲要。

不同时期的法规对私有化的界定不尽相同。《俄罗斯联邦国有和市政企业私有化法》（1991）第1章第1条"国有和市政企业私有化的概念"规定："国有和市政企业的私有化系指由公民、股份公司从国家、地方人民代表大会获得以下财产并转为私有：企业、车间、生产、地段以及这些企业的其他下属部门、设备、厂房、设施、许可证、专利和企业的其他物质和非物质资产；国家和地方人民代表大会在股份公司资本中的股权；已经私有化企业在其他股份公司、合资企业、商业银行、协会、康采恩、联盟和其他企业联合体中的股权。根据法律条文，国有和市政企业私有化可理解为对上述全部所有权对象的私有化。"①

按照《俄罗斯联邦所有制法》的界定，俄罗斯联邦的所有制形式共包括四类14种：第一类是私有制，包括公民所有制、企业所有制（经济协会、合作社、集体企业、股份公司等）、劳动者在企业财产中的投入和企业家联合体所有制四种形式。第二类是社会组织所有制，包括社会组织所有制、社会基金所有制和教会所有制三种形式。第三类是国家和市政所有制，包括国家所有制、市政所有制、国有和市政所有企业和机构的财产三种形式。第四类是合资企业以及外国公民、组织和国家所有制。显然，在该所有制法中，集体企业和股份公司是被列入私有制类别内的。

1997年颁布的第二部私有化法——《俄罗斯联邦国有资产私有化和市政私有化法原则法》对私有化做了重新界定："国有资产和市政资产的私有化，应理解为把属于俄罗斯联邦、俄罗斯联邦主体或市政机构所有的资产（私有化对象）有偿转让，变为自然人和法人所有制。"②

在新法中已去掉了"变为私有"的提法，针对此有学者提出，这表明俄罗斯改变了最初把股份制划入私有制范畴的认识，所有制改革的目标模式也相应发生了变化，从原来的以建立以私营经济为主体转为以非国有经济为主体的混合所有制结构。2001年颁布的第三部私有化法，在概念界定上与第二部法相同③。

对于私有化企业中私人成分到底应该占多大比重，俄罗斯没有明确的界定。

随着经济转轨的推进，俄罗斯私有化重心从一开始以强调速度和政治功能为主，转向目前以强调效率和优化资产结构为主，在主张大规模私有化的同时，逐步重视国有经济的作用。从1996年起，俄罗斯领导人开始强调要保持必要的国有资产总量，国家要保持对国家安全具有战略意义的股份公司的股票控制额（国家控股50%以上）和参股额（国家掌握25%~50%的股份），更有效地使用国有资产④。

---

① Закон РФ от 3 июля 1991 г, N 1531 – I "О приватизации государственных и муниципальных предприятий в Российской Федерации", с изменениями от 5, 24 июня 1992 г., 17 марта 1997 г.

② Закон РФ от 21 июля 1997 года, N 123 – ФЗ "О ПРИВАТИЗАЦИИ ГОСУДАРСТВЕННОГО ИМУЩЕСТВА И ОБ ОСНОВАХ ПРИВАТИЗАЦИИ МУНИЦИПАЛЬНОГО ИМУЩЕСТВА В РОССИЙСКОЙ ФЕДЕРАЦИИ".

③ Закон РФ от 21 декабря 2001 года, N 123 – ФЗ "О ПРИВАТИЗАЦИИ ГОСУДАРСТВЕННОГО И МУНИЦИПАЛЬНОГО ИМУЩЕСТВАРОССИЙСКАЯ ФЕДЕРАЦИЯ".

④ 1996年总统国情咨文《我们为俄罗斯负责》，《俄罗斯新闻》1996年2月24日；《1997~2000年政府中期纲要构想：结构改革和经济增长》，俄《经济问题》1997年第1期。

目前俄罗斯的国有经济主要分为两大类，一类为官办企业，即按照市场原则其经营是无效或低效，但对社会又是必需的，其活动不以商业标准为方向。另一类为公司化企业，主要是电力、天然气、石油、铁路、航空航天、港口、邮政和市政等部门的企业。1999年9月9日，俄政府通过了关于管理国家财产和私有化的构想，提出将当时1.3万家国有独资公司进一步改造成股份公司和官办公司，规定重组的结果，国有独资企业最终不多于1500家。其做法是公开出售已改造成股份公司的国有企业的股票，对公司（企业）进行重组。在对国有经济的管理上，俄罗斯的做法是将管理国家财产的职能与管理企业活动的职能分开，第一个职能归俄罗斯联邦国有资产委员会，第二个职能由联邦各部和主管部门履行。

二 私有化的目标

实行私有化是俄罗斯改革最关键的一步。由于私有化是在苏联解体后新政权做出的抉择，因此与发达国家和发展中国家不同的是，其私有化战略所谋求的目标，除了一般经济意义外，很重要的是出于政治动机。俄罗斯激进改革的推行者盖达尔称："没有私有化我们永远也不可能有正常的文明经济。"[①] 新上台的执政力量认为，私有化是从高度集中的计划经济向市场经济过渡的必由之路，而市场经济的建立将有助于保证新生的政治体制的稳定，随着私人部门的壮大而崛起的中产阶级也将有助于社会结构的稳定。必须通过自由市场机制和私有化刺激经济的复兴。在自由经营、自由贸易和自由价格下，建立"货真价实"的市场经济体制，走上文明发展之路[②]。正是出于以上考虑，俄罗斯的私有化既是一项要建立以私有制为特征的资本主义生产方式的基本国策，又是"使改革进程具有不可逆转性"[③] 的政治保证。

俄罗斯的改革者们认为，在传统的公有制下，由于没有从根本上解决生产者与生产资料的结合问题，行政命令体制产生了"国家监护、靠他人供养、平均主义、漠不关心和经营不善"[④] 等一系列问题。虽然从20世纪50年代开始，苏联在30多年间不断进行改革，但未能从根本上解决国有企业效绩不佳

---

① 〔俄〕《经济与生活》1992年第38期。
② 引自1993年6月叶利钦总统在美国国会发表的访问讲话。
③ 俄通社—塔斯社莫斯科1993年11月24日电。
④ 中华人民共和国国家体制改革委员会：《苏联向市场经济过渡文件汇编》，第71页。

的问题。为此，在经济转型中，俄罗斯应力图通过"把大部分财产和资源根据不同的条件奉还给人民"，"保证在向市场经济过渡的过程中更为有效地和以主人翁的态度利用这些资源，并避免许多不良现象"①。正是在这种设想下，私有化被赋予了重大的"使命"和一系列目标，俄罗斯明确提出，其私有化的目标是：（1）形成一个广泛的私有者阶层；（2）提高企业的生产效率；（3）用私有化收入对居民进行社会保护和发展社会性基础设施；（4）促进财政稳定；（5）创造竞争环境，打破经济中的垄断；（6）吸引外国投资；（7）为扩大私有化创造条件并建立组织机构②。

三 俄罗斯选择私有化的原因

在向市场经济转型过程中，微观经济的改造问题（即建立多元化市场主体和按照市场经济的要求改革国有企业的问题）具有重要的意义。在国有企业所有制改革中，俄罗斯之所以选择在短期内推行大规模私有化的做法，其主要原因在于：

（1）私有化之所以在各项经济转型政策和经济制度构成中居核心地位，是因为它是向市场经济过渡的最基本条件。市场经济的制度基础是独立自主进行生产经营的企业，而传统的国家所有制企业显然不适应市场经济的需要，为此必须对国营企业进行所有制改造。从苏联到俄罗斯，关于所有制问题的探讨和国有企业改革，在相当长的时期中是围绕如何统一公有制，特别是统一国有制与市场机制这一命题展开的。但无论在理论上还是在实践上，均未求得这一命题的真正解决，政府提出的种种理论、方案均未能实现财产制度公有性质与资源配置市场化之间内在的统一，因此为保证市场机制成为社会资源的基本配置形式，必须放弃公有制。

（2）苏联解体前经济形势的恶化使国家财力已不可能继续维持庞大的国营企业的正常运营。1990~1991年，苏联的财政赤字已达到GDP的10%左右，财政资金的短缺使政府无法像以前那样对国营企业进行全面的投资和补贴，企业的非国有化已势在必行。

（3）为了防止国有资产的快速流失。苏联后期，由于国家政治局势的动

---

① 中华人民共和国国家体制改革委员会：《苏联向市场经济过渡文件汇编》，第53页。
② 〔俄〕《俄罗斯经济杂志》1998年第1期。

荡，政府已无力行使对企业管理者的监督职能，企业的管理者事实上拥有了对企业的全部控制权。早在官方的私有化之前，"自发的私有化"过程已经开始。俄罗斯独立后，改革者意识到，如果不尽快采取有效措施，国家财产很可能会被几千个管理者瓜分光。尽管私有化同样会刺激官员和管理层加速掠夺国有财产，但正式的私有化或许能够限制这种掠夺行为。

第三节　国有企业转型的过程

一　20世纪90年代私有化进程

在私有化概念下，俄罗斯国有企业大规模转型主要在1992~1996年实施。按照俄罗斯私有化法的界定，其私有化分为"小私有化"和"大私有化"两种基本方式，"小私有化"是指对国营零售商业、饮食业、服务业及一些小型工业建筑企业实行的私有化。俄小型企业的标准是，到1992年1月1日，固定资产不超过100万卢布、工作人员人数不超过200人。"小私有化"主要采取公开拍卖、租赁或出售的方式进行。

"大私有化"主要是指将国有大中型企业私有化的过程，俄大型企业的标准是截止到1992年1月1日，固定资产超过5000万卢布或工作人员人数超过1000人。按照私有化法规定，大体通过五种方法实施私有化，即竞标出售企业、拍卖、出售企业在政策资本中的份额、赎买所租赁资产、将企业改造成股份公司。在大私有化过程中，其实际步骤为，先将国有大中型企业改造为股份公司或集团，以变更其所有权，然后使股份公司的股票进入资本市场。"大私有化"分"证券私有化"（1992年7月1日~1994年6月30日，该阶段的特点是通过发放私有化证券无偿转让国有资产）和"现金私有化"（1994年7月1日~1996年年底，该阶段的特点是由以私有化证券无偿转让国有资产过渡到按市场价格出售国有资产）两种方式。从1997年开始，鉴于私有化过程中存在的大量问题，俄罗斯已经停止大规模的私有化，而转入"个案私有化"，即对国有大中型企业实行股份制改造，这已不是原来意义上的私有化。

俄罗斯计划通过上述办法用3~4年时间完成全国私有化，其中"小私有化"1993年年底基本完成，"大私有化"到1994年年底将达全部生产基金总值的40%~50%，到1995年年底将达60%，在商业和服务业这一比重达90%以上。到私有化过程结束时，国家、集体（指各类合作经济和股份经济）、个体经济各占1/3左右，即非国有经济、私有经济占全部产值的60%~70%[1]。

在私有化的第二阶段，除了传统的方式外，俄罗斯还采取了一些新方法，如出售不动产、土地、破产企业及投资招标等。列入私有化范围的不动产主要指企业占用的非住宅性建筑，以及企业占用的土地，包括城市空地等。按私有化法规定，购买不动产的企业，其法定资本中公共资本的比重不得超过25%，即只有75%以上的股权以及私有化的企业，才能以企业为单位购买不动产。这一规定一方面从不动产出售上要求企业加速私有化进程，另一方面确保国有不动产真正出售到私人手中，国家以此切实可以从私人手中收回部分收入。不动产的出售方式有两个特点：一是只允许占用建筑，或占用土地的企业及个人购买所占有的建筑、土地，因此在相当大的程度上限制了竞争，售价不会太高，至少难以达到真正的市场价格水平；二是售价与原来占用者所付租金相联系，一般售价不得超过原占用者缴纳租金的2~3倍。不动产的私有化在俄罗斯私有化进程中意义最大。其一，它极大地推动了企业的私有化；其二，它促进了大私有者的形成，只有大投资者才可能购买企业，并以私有企业的身份去购买不动产，不动产的购买成为吸引大私有者购买企业的重要因素；其三，促使私有化企业在产权关系上最终与国家脱离，不仅将企业生产资料私有，而且将占有的土地私有，使国家与企业之间不再有产权联系；其四，购买不动产的私有化企业的融资能力得以提高；其五，国家从出售不动产中获得的收入，可以缓解财政困难；等等[2]。

表5-3 各种方式在私有化过程中的运用

单位：%

年份	1993	1994	1995	1996	1997
股份制	31.1	44.8	27.7	25.5	18.1
拍卖	6.3	4.4	4.2	3.9	5.5
商业招标	30.4	24.0	15.9	8.9	9.6
投资招标	1.3	1.2	1.1	0.7	0.5

---

[1] 李建民：《私有化和国有企业改造》，载《经济转轨的进程与难题》，黑龙江教育出版社，1996，第39页。
[2] 智效和：《俄罗斯国营企业私有化新阶段的政策调整》，《经济科学》1995年第1期。

续表

年　份	1993	1994	1995	1996	1997
购买租赁财产	29.5	20.8	29.8	32.1	14.6
出售：清理企业或未完工程的财产	0.4	0.5	4.2	5.7	9.1
不动产	—	—	15.4	22.9	38.5
土地	—	—	0.6	1.5	2.6
其他	1.0	3.3	1.1	1.8	1.5
共　计	100	100	100	100	100

资料来源：俄罗斯国家统计委员会《1998年统计年鉴》，莫斯科，1999，第362页。

二　国有企业转型的进展

在俄罗斯私有化过程中，"小私有化"进展比较顺利，到1993年年底，已约有85%的中小型企业实现了私有化，到1994年，这一数字已上升到96%。相比之下，"大私有化"的进展情况要复杂和缓慢得多。"大私有化"是在官方推动下展开的。1992年7月1日颁布了总统令，要求除暂时不得实行股份制的企业外，其他国营企业必须在规定期限内改变成开放型股份公司，自此，大私有化才全面铺开，但截至1993年上半年在长达一年的时间内，"大私有化"仍然"业绩平平"。1993年5月，叶利钦再次签署总统令，要求加快转轨步伐，"大私有化"得以加速推进，10月掀起高潮。据俄官方宣布，到1994年6月30日"证券私有化"结束，工业中70%的大中型企业已实现了私有化，国有经济在国内生产总值中的比重已从1992年年初的87%下降到1994年年中的42%，4000万名居民成为持有大中型企业股票和证券投资基金会股票的股东，占居民总数的40%，100多万人成了小业主。到"现金私有化"结束的1996年年底，实现私有化的企业共12.46万个，占私有化之初国有企业总数的60%，在产出上，国有经济占国内生产总值的28%，非国有经济占72%（其中私有经济占28%）。鉴于私有化前两个阶段的成果和存在的问题，俄罗斯1996年年底宣布，大规模私有化已经结束，从1997年开始转入第三阶段——"个案私有化"阶段。1997年7月21日，俄罗斯总统发布了《关于俄罗斯国有资产和地方资产私有化法令》，提出了与前期不同的新政策，其主要内容是：将有选择地进行私有化，私有化的重心从数量转向质量，强调私有化的中心是增加投资和提高企业效率，取消以往私有化中对劳动集体提供的优惠，私有化成为政府每年必须完成的计划任务，扩大私有化方法的选择，采取在资产原值、账面价格和市场价格综合基础上估计国有资产价值，加强国家对私有化过程的监督等。

从总体看，经过10年的私有化，俄罗斯所有制结构和产权结构发生了重大变化，私有化企业与国有企业的比例数大体为70∶30，截止到2000年1月1日，俄罗斯总计有31000家开放式股份公司和13万家私有化企业。属于国有的公共企业有11000家，国有股份公司3500家①。这表明，国有经济已不再居主导地位，俄罗斯已初步形成了以非国有经济为主体的多种所有制结构。

表5-4 按所有制形式划分的企业数量分配（1月数字）

单位：家，%

	企业（组织）数量		占总数的比重	
	1995年	1996年	1995年	1996年
国家所有制	324594	322240	16.7	14.3
市政所有制	171116	197778	8.8	8.8
社会联合公司（组织）所有制	53505	95014	2.7	4.2
私人所有制	1215938	1425548	62.5	63.4
其他所有制，包括混合所有制、外国法人所有制、公民和无国籍人员所有制	181123	208951	9.3	9.3
总数	1946276	2249531	100	100

资料来源：《1996年俄罗斯统计年鉴》，莫斯科，1997，第686页。

与此同时，国家在俄罗斯工业企业中仍然保持较高的持股比例（详见附表），这一比例与人们的想象有很大差距。截止到2000年1月1日，俄罗斯总计有3.1万家开放式股份公司（即通常所说的股份有限公司）和13万家私有化企业。属于国有的公共企业11000家，国有股份公司3500家②。根据俄罗斯联邦资产注册局2002年3月28日的材料，俄罗斯联邦政府仍在4354家经

---

① 《Приватизация в России》，совместное издание российского информационного агентства《новости》и министерства имущественных отношений росийской федерации номер 2, 2001 г.

② 《Приватизация в России》，совместное издание российского информационного агентства《новости》и министерства имущественных отношений росийской федерации номер 2, 2001 г.

营公司中持股，其中 94 家国家持股 100%，598 家国家持股 50% 以上，763 家联邦政府以特殊的权利（金股）参与管理。目前，已经私有化的企业数量占私有化之初企业总数的 66%[①]。俄国有资产部据此提出，俄罗斯还有进一步私有化的巨大潜力，并明确提出计划，拟将国有公共企业数量削减至 1000～1500 家，国有股份公司削减至 600～800 家，力求通过重组使企业发挥最大效益。

表 5-5 不同工业部门企业股份中联邦所有的国家股所占平均比重

单位：%

工业部门	平均比重
核工业	48.2
机器制造业	30.9
航空工业	28.4
弹药和特种化学生产	30.7
武器生产	32.4
通信业	35.8
无线电工业	37.3
火箭宇航技术工业	35.9
船舶制造业	29.9
电子工业	38.1
化工和石化工业	31.8
医药和微生物工业	27.1
轻工业和化妆品工业	
森林工业	25.5
冶金工业	25.4
甜酒生产工业	47.4
面包制品工业	33.7
石油工业	42.7
天然气工业	25.3
电力工业	28.1
煤炭工业	38.0
能源工业	26.3
黄金-金刚石工业	37.0
所有部门平均比重	34.1

资料来源：俄罗斯政府经济部《公司治理白皮书》。

[①]〔俄〕《21世纪的俄罗斯经济》2002 年 5 月第 2 期。

三 普京时期俄罗斯私有化发展态势

私有化不仅是观察俄罗斯国有企业和社会转型的镜子，也是俄政府经济政策的风向标。2000~2008年，在普京的前两个总统任期中，私有化政策取向截然不同。处理政权与寡头的关系是判断私有化政策走向的一个切入点。在第一任期内，普京一方面明确提出所有制改革的大方向是反对重新国有化，要保留和完善已形成的市场微观基础，认为"不应该谈重新分配俄罗斯资产问题"，要总结私有化中存在的问题和教训，用法律来规范和保护私有产权，通过规范的私有化程序，完成"提高生产效率和增加预算收入的双重任务"。另一方面他主张政企分开，坚决执行政权与金融寡头保持距离的原则，重点打击那些控制媒体、干预政治的寡头。自2002年开始，俄罗斯国有资产部每年都提出新的私有化计划和企业目录。这一时期的私有化基本是按照"个案私有化"的思路进行的，在进行私有化的同时，俄罗斯政府也强调加强对国有资产的管理。1999年9月9日，政府通过了关于管理国家财产和私有化的构想，提出将当时的1.3万家国有独资公司进一步改造成股份公司和官办公司，规定重组的结果，国有独资企业最终不多于1500家。其做法是公开出售已改造成股份公司的国有企业的股票，对公司（企业）进行重组。要实行私有化的是以下三大类企业，即煤炭行业，国有股份比例太低、政府不足以影响公司决策的企业和控股权已归私人所有的企业。

普京第二任期内，俄罗斯政治舞台力量对比和局势均发生了重大变化，国家政治经济走上正常发展轨道的基础已经奠定。在处理与寡头的关系上，则是进一步强化国家对经济的干预和主导作用，彻底摆脱叶利钦时期寡头凌驾于政府之上、干预政治经济的模式，通过市场和司法手段，拆分私人寡头企业，促进国企强强联合，组建超大型国家公司，强化国家对战略性行业的掌控，用国家资本主义取代寡头资本主义。借助打击寡头的机会，俄政府成功收回并掌控了大多数传媒机构和能源、银行、航空、核能、军火出口等主要战略性产业及装备工业。同时确定涉及国防、石油、天然气、运输、电力、外贸、银行、渔业、钢铁制造业等领域的1063家大中型企业为国有战略企业，规定政府无权对这些战略企业实行私有化。俄还任命政府高官直接到战略性企业兼职，力图通过国家控制资源主导发展的方式来确保战略性企业的增长。据俄"三家对话"投资银行和"专家"杂志保守估计，2004~2007

年，国有股在俄资本市场中的占比从 24% 上升到 40%，2009 年达到 50%。1997~2009 年，国有经济比重从 30% 反弹至 67%，银行业、加工业、石油天然气行业中国有股份占比分别达到 60%、50% 和 45%。期间，私有化基本处于停滞状态，每年的私有化计划实际上都完不成任务。

四 "梅普"时期私有化再起波澜

（一）新一轮私有化概况

"梅普"时期，俄罗斯私有化问题再度引起世人高度关注。2010 年 11 月 27 日，普京总理签署政府令，批准了《2011~2013 年联邦资产私有化预测计划和私有化基本方针》。该计划由两部分组成：第一部分阐述了私有化的任务、基本原则、对 10 家超大型国有公司（详见附表）进行私有化的总体建议；第二部分是较小企业名录，包括将在 2011~2013 年进行私有化的 117 家联邦单一制国企、854 家股份公司、10 家有限责任公司和 73 处不动产清单。

根据该规划，俄拟于 2011~2013 年对包括 10 家超大型国有公司、117 家联邦单一制国企、854 家股份公司、10 家有限责任公司和 73 处不动产在内的国有资产实施私有化，范围涵盖金融、石油、电力、粮食、运输、农业、化工、石化等行业，预计收益达 1 万亿卢布，约合 350 亿美元。10 家超大型国有公司股权出售比例分别为：俄罗斯石油公司拟出售 25% 减 1 股、俄水电公司 7.97% 减 1 股、联合船舶公司 50% 减 1 股、联邦电网公司 4.11% 减 1 股、外贸银行 35% 减 1 股、储蓄银行 7.58% 减 1 股、俄农业银行 25% 减 1 股、联合粮食公司 100%、俄铁路公司 25% 减 1 股、俄农业租赁公司 50% 减 1 股。俄在公布私有化计划后又陆续出台具体实施办法，包括公开拍卖、IPO、股权置换、直接交易等。

表 5-6 俄拟私有化超大型国企和银行名录

	公司名称	现国家控股比重	拟出售股份和期限	股票代码
1	Роснефти（俄油公司）	俄油天然气公司控股 75.1%	25% 减 1 股 2015 年前	РТС：ROSN
2	РусГидро（俄水电公司）	57.97%	7.97% 减 1 股 2011~2013 年	РТС：HYDR

续表

	公司名称	现国家控股比重	拟出售股份和期限	股票代码
3	Совкомфлота（联合船舶公司）	100%	2011年25%，2012~2013年25%减1股，2014~2015年联邦股份低于控股额	
4	ФСК（联邦电网公司）	79.11%	4.11%减1股 2011~2013年	
5	ВТБ（外贸银行）	85.5%	2010年10%，2011年10%，2012年15.5%减1股	
6	Сбербанка（储蓄银行）	俄央行控股 57.85%	7.58%减1股 2011~2013年	РТС：SBER
7	Россельхозбанка（俄农业银行）	100%	25%减1股 2015年前	РТС：RSHB
8	Объединенной зерновой компании（ОЗК）（联合粮食公司）	100%	100% 2012年前	
9	Росагролизинг（俄农业租赁公司）	99.9%	联邦控股将保持在50%减1股 2013~2015年	
10	ОАО"РЖД"（俄铁路公司）	100%	25%减1股 2013年之后	

资料来源：俄罗斯国有资产管理署：《2011~2013年联邦资产私有化预测计划和私有化基本方针》。

为提高私有化效率，2010年10月底俄政府已确定由瑞银（莫斯科）、俄外贸银行、德意志银行、德外经银行投资公司、摩根斯坦利、JP摩根、美林、俄复兴资本、俄拍卖中心、高盛集团等10家国际和俄罗斯投行及公司组成咨询机构，负责设计并提出最有效的私有化方案。2010年12月20日，普京总理签署№2349-р政府令，对2010年10月25日№1874-р政府令进行补充，将负责私有化出售咨询工作的投行名单从原10家扩大至23家。俄国内银行有阿尔法银行、天然气工业银行、三方对话投资公司、МДМ银行、俄罗斯储蓄银行，国外银行有巴克莱资本、法国巴黎银行、苏格兰皇家银行、赖夫艾森投资银行、CAC 企业财务顾问公司、花旗全球市场、瑞银银行、意大利联合信贷银行—证券等。

预计 2011~2013 年私有化收益达 1 万亿卢布，5 年的收益将达 1.8 万亿卢布。未来 3 年对第二部分较小企业进行私有化的收益分别为 60 亿卢布、50 亿卢布和 50 亿卢布。

2010 年 12 月 31 日，俄经济发展部公布了《组织和进行国有及市政资产在线拍卖规定》草案。与之前的私有化不同，俄新一轮私有化主要采取在线拍卖方式进行。在线拍卖主要包括拍卖、专门拍卖、竞标、公开发售和未标价资产拍卖五种方式。该文件对参与在线拍卖主体——委托人、申请人、竞标人、拍卖人和买受人及其职能做了明确界定，对组织和实施国有和市政资产在线拍卖的程序做了详细规定。

（二）新一轮私有化受阻原因

此次私有化计划是在受国际金融危机影响，俄 10 年来首度出现预算赤字、现代化计划受阻的背景下出台的，筹资增加预算收入和提高国有资产管理效率是其基本目的。值得关注的是，此次私有化计划特别是超大型国企的私有化虽然高调开始，雄心勃勃，但实际推进却拖沓缓慢，雷声大雨点小。2011 年，除俄外贸银行完成出售 10% 股份的交易（交易额为 957 亿卢布，约合 32 亿美元）任务外，储蓄银行出售 7.6% 股份、外贸银行再出售 10% 股份的计划被推迟到 2012 年，包括俄罗斯石油公司在内的国有能源公司以及一些基础设施公司的私有化情况或不明朗，或大大推迟。

导致新一轮私有化计划推迟的缘由是，国际油价高企使俄罗斯 2011 年预算执行情况好于预期，通过私有化筹资的迫切性放缓，俄对超大型国企进行私有化的政治意愿减弱。更重要的是，俄高层和政府内部对私有化仍存歧见。在政府内部，以主管能源的副总理谢钦和经济发展部为代表的两派针锋相对。谢钦认为，不仅应该保证私有化的经济效益，也要保留计划出售的国有公司的"战略性责任"。关系到国家利益的经济命脉和战略行业（如能源）应该掌握在国家手中，从而能够集中精力开发大型项目，以提高俄罗斯的经济增幅和竞争力。2011 年 10 月，谢钦致信普京，建议推迟大型能源公司的私有化，提出不能以低于 IPO 的价格出售俄罗斯石油公司、储蓄银行和外贸银行的股份，要求彻底取消境外石油公司的私有化计划。普京对此做出了回应，同意在私有化组织工作中考虑谢钦的建议。而俄经济发展部认为，过高的国有比例影响了经济的正常发展，导致竞争萎缩，投资环境恶化。为了提高国有资产的管理质量，必须限制国有经济的规模，不能随意用国家利益为借口来进行扩张。没有必要推迟对包括俄罗斯石油公司、统一电力系统、联邦电网公司、俄罗斯水电公司进行私有化的日程。

在决策层，总统梅德韦杰夫和总理普京对私有化的声音也不一致。梅德韦杰夫一直主张扩大俄罗斯的私有化计划，多次批评政府职能部门作风拖延，要求提出更加激进的私有化建议。2011年4月，梅德韦杰夫提出废除政府副总理及部长在其主管领域内大型国企董事会和金融董事会或监事会任职的做法，3名副总理和5名现职部长已相继从任职公司董事会退出。2012年4月10日，梅德韦杰夫主持建立"开放的政府"体系工作组会议，要求政府在年内制定一份国有资产清单，并对进入该清单的国有资产提交私有化路线图。提出"政府应该拿出勇气，全面实施私有化，特别是推进那些已经确定的方案"①。总理普京对私有化问题一向态度慎重，虽多次表示将继续推进私有化，但要求政府根据国际市场行情调整私有化步骤，按市场实际价值出售国有资产。2012年1月30日，普京在其竞选文章中明确表达了对私有化问题的一贯态度，指出2007~2008年"组建大型国家公司和垂直一体化控股公司的目的是为了依靠集中资源和管理集中化来保存科技和生产潜力"，"国家的努力正是为恢复俄罗斯在全球市场的竞争力"。"整肃寡头不仅是因为寡头干政，还在于将国家战略资源保留在少数私人手中意味着，在未来10~15年，国家经济将遭受来自外部的控制。""仅根据集中、重组和出售资产就得出国家资本主义扩散的结论是错误的。""90年代私有化包括抵押拍卖是不诚实的，但现在收回90年代被私有化的所有权会导致经济停滞、企业瘫痪、失业激增。"在私有化政策方面，"考虑于2016年前降低国家在部分原料行业企业的持股比例，并退出大型非能源企业（非自然垄断行业和国防工业企业）。要剥离国有大型企业和银行（如天然气工业公司）的非主营资产，如参与媒体控股等，同时限制国有公司在俄收购新资产"。

总体看，普京新任期内，俄罗斯仍将在保留对战略性企业调控能力的前提下推行非国有化。2012年6月7日，俄罗斯政府会议批准了2012年短期及至2016年中期的新版私有化计划，但大型国有企业和银行，特别是能源企业

---

① 梅德韦杰夫在建立"开放的政府"体系工作组会议上讲话，2012年4月10日总统网站（Заседание рабочей группы по формированию системы 《Открытое правительство》）。

的私有化，还需要按照市场行情另行决定。2012年9月4日，俄罗斯经济发展部部长别洛乌索夫在亚太经济合作组织（APEC）峰会期间表示，2012年计划实施的一系列大型国有资产私有化或于今冬或明春进行。目前，俄罗斯液化气铁路运输公司、磷肥生产商 Apatit 公司、联合船舶集团公司、新罗西斯克商业海港以及储蓄银行等公司私有化准备工作即将完成。别洛乌索夫同时强调，俄私有化时间表不是确定不变的，私有化进程将取决于市场行情，如果国际市场形势恶化，就不会出售这些企业股份，谁也不会做赔本生意。

第四节 俄罗斯的公司治理

一 公司治理界定

所谓公司治理结构，亦称公司治理，或称公司治理体制等，是指一套控制和管理公司的机制，狭义地看，它是公司董事会的结构和功能、董事会与经理的权利和义务以及相应的聘选、激励与监督等方面的制度安排；广义地看，它关注公司的人力资源管理、收益分配与激励机制、财务制度、公司发展战略以及一切与公司高层管理控制有关的一系列制度设计。

公司治理问题产生的逻辑起点是公司制企业的出现，公司制企业是公司治理结构的生成母体。从公司治理的环境和运行机制来看，可以分为内部公司治理和外部公司治理。自公司制企业出现以来，在世界上形成了三种公司治理的主要模式：以英美为代表的外部监控模式、以日德为代表的内部监控模式和以东南亚为代表的家族监控模式。

从20世纪90年代起，发端于英美的公司治理结构逐渐成为一场国际运动，发达国家纷纷开始推进公司治理结构改革。已有的研究和实践表明，在当代市场经济中并不存在统一的公司治理结构模式，各国企业产权结构和公司治理采取怎样的模式，将受到一系列社会、经济、政治、文化和历史因素的制约。由于各种模式互有利弊，因此，各种模式相互借鉴，出现了目前公司治理的国际趋同倾向。对经济转轨国家而言，产权改革和建立合理的公司治理结构，同样是将原有的国有企业改造成市场经济主体的必经之路。在俄罗斯，公司治理结构问题最早提出是在1992~1994年第一阶段私有化结束之后，目前仍处于发展变动之中，成为其国内政策研究的中心议题之一。

二 俄罗斯公司治理特点

公司治理结构命题的提出，根本原因在于现代公司（企业）法人产权制度的形成，由于现代公司（企业）法人产权制度是一种典型的关于资产权利的委托－代理制，因此权利的分离和相应的权利主体多元化，使其相互间的监督、制衡成为重要的问题。俄罗斯通过私有化，在较短的时间内彻底摧毁了国有制的垄断地位，所有制结构和产权结构发生了重大变化，形成了以私有经济为主体，国有、集体、合伙制、股份制、私营、个体、合资、独资等多种经济成分并存的多元化所有制格局和现代企业制度基本框架，但其企业制度还处于建设和继续完善的过程当中。

研究俄罗斯的公司治理结构，有以下几个切入点：股权结构的初始形态及变化特点，私有化模式与股权结构的关系，股权结构的类别，公司治理与公司业绩的关系等。

1. 股权结构的初始形态及变化特点

俄罗斯公司治理的一个突出特点是，在证券私有化完成之后，首先出现的是内部人持股高比例。之后，随着现金私有化的进行，出现了内部职工持股比例下降而企业经理和外部股东持股比例上升的趋势。

根据俄罗斯高级经济学校的调查，1993～1994年，内部股东一般控制私有化企业55%～65%的股份，1998年，这一比重下降到50%～60%，2000年进一步下降至23%～25%。

根据俄罗斯政府经济部《公司治理白皮书》的数据，1994～2000年，俄罗斯大中型企业的股权结构及其变化如表5－7所示。

表5－7 所有权结构及其各类股东所占比重

单位：%

各类股东	1994年	1996年	1998年	2000年
国　　家	17.5	10	8	12
外部股东	20	32.5	38.5	54
内部股东	62.5	57.5	53.5	34

资料来源：俄罗斯政府经济部《公司治理白皮书》，http//：www.economy.gov.ru。

俄罗斯过渡经济研究所的调查结果与经济部的调查结果基本一致（见表5－8）。

表 5-8　1994~2000 年俄罗斯大中型股份公司所有制结构的变化（对法定资本的占比）

单位：%

各类股东	1994 年	1996 年	1998 年	2000 年
内部人	60~65	55~60	50~55	30~35
外部人	15~25	30~35	35~40	50~55
国　家	15~20	9~10	5~10	10~12

资料来源：俄罗斯过渡经济研究所《2000 年俄罗斯经济》，第 442 页。

大规模私有化完成后，私有化了的企业的股东一般由五部分组成：企业劳动集体持有 35% 的股份、高级经理持有 16% 的股份、外部投资者持有 32% 的股份、国家持有 4% 的股份、外部小股东持有 13% 的股份。但有调查表明，这种内部人控制向外部人控制的转移具有欺骗性，因为很多时候是以出售股票的名义将股权转给了形式上的外部人[①]。

2. 俄罗斯企业股权结构的变化与私有化的方式有着直接的关系

俄罗斯采用证券私有化"开局"进行所有制改革，首先是由于在私有化中存在着巨额国有资产与资本短缺的矛盾。1992 年放开价格以前，俄约有 1.5 万亿卢布的固定资产，居民存款相当于国民生产总值的 3%~4%，居民能投入用于购买国有资产的最大货币量计为 500 亿~800 亿卢布，相当于固定资产总值的 3%~5%[②]。为解决国有资产与资本短缺的矛盾，俄 1992 年 10 月向全体公民发放了价值 1.5 万亿卢布的私有化证券。按照最初的设想，私有化证券的使用方式主要有三种：第一，直接购买私有化企业的股票；第二，存入投资基金会然后由投资基金会投放到私有化企业；第三，向私人和非国家机构兑换现金。从原则上看，这种方式解决了居民没有足够的储蓄来购买股票的棘手问题，所有的居民平等地分取一份社会资本，容易得到大多数居民的拥护，推动更多的人注意和参与资本市场和公司运作等。但是，由于不具备一些必需的条件，如较强的会计、统计机构，较为规范的股票拍卖市场等，大部分股权并未进入个人股东之手，有相当数量的私有化证券经过合法不合法的买卖集中到少数人或私营机构手中。实际上，当股权被允许出售时，所有权的再分配和重新集中是不可避免的结果。据俄刊报道，由于私有化证

[①] 阿·拉迪金：《公司治理与所有权保护：经验分析和改革的迫切方向》，俄罗斯过渡经济研究所，莫斯科 2001 年俄文版。

[②] 李建民：《私有化和国有企业改造》，载陆南泉等著《经济转轨的进程与难题》，黑龙江教育出版社，1996，第 56 页。

券不记名，可以自由买卖，自1992年10月发行私有化证券以来，有50%以上的私有化证券集中到600多家证券投资基金会①。证券投资基金会的主要职能是通过发行自己的股票获取居民的私有化证券，再把收集起来的私有化证券投向企业，购买企业的股票。理论上，投资基金会代替居民运用私有化证券，能够减少个人直接投资的风险。但据俄专家估计，到1994年6月之前，在俄罗斯登记注册的630家证券投资基金会中，约有80%事实上（defacto）属于企业经理所有②。这样，证券投资基金会实际上成为企业经理收购和集中企业股权的工具。

在俄罗斯私有化进程中，始终伴随着争夺企业控制权的斗争，其表现形式为对企业所有权的不断再分配。在证券私有化阶段，斗争是在企业原来的经理与潜在的外部控制人之间进行，最典型的再分配方式是在一级市场和二级市场进行交易。在现金私有化阶段，斗争是在新兴的银行家与传统的利益集团——最大的工业、采掘业集团之间进行，其中最重要的事件之一是"抵押拍卖"，即"以贷款换股权"计划。

所谓抵押拍卖系指政府通过国有资产委员会提供国有企业的控股权进行拍卖，拥有闲置资金的银行和金融公司以这些控股权为抵押向政府提供贷款以弥补预算赤字，3年后国家通过还贷可以赎回股份，否则这部分股权将归买主所有，银行有权将这部分股份拍卖③。"抵押拍卖"的对象是最大的或最赢利的公司，实质是真正的私有化，是用比实际价值低得多的价格购买赢利企业的股权。正是通过"抵押拍卖"，一些营利企业和命脉企业的控制权转移到了那些在集权体制下掌握了特权或者靠投机和不正当手段积累了巨额财富的人手中。而所谓金融寡头也在所有权再分配中完成了资本的原始积累。

表5-9 俄罗斯抵押拍卖情况

公 司	拍卖成功者	贷款额
苏尔古特石油公司	苏尔古特石油天然气公司	4000亿卢布
西北海运股份公司	国际金融公司	605万美元
车里雅宾冶金股份公司	拉比商业	1330万美元

① 〔俄〕《金融消息报》1993年第34期。
② 阿·戈卢布科夫：《俄罗斯公司治理的特点》（俄文版），莫斯科阿尔卑纳出版社，1999，第27页。
③ 〔俄〕《苏维埃俄罗斯报》1997年1月11日。

续表

公司	拍卖成功者	贷款额
诺里斯克镍业联邦股份公司	奥涅克辛姆银行	1.7 亿美元
卢卡伊尔石油公司	卢卡伊尔石油公司和帝国银行	3501 万美元
辛丹卡石油公司	国际金融公司和奥涅克辛姆银行	1300 万美元
新列别斯克冶金企业股份公司	奥涅克辛姆银行和国际金融公司	1.3 亿美元
尤卡斯石油公司	拉古纳封闭型股份公司和梅纳捷普银行	1.59 亿美元
诺沃罗西斯克海运股份公司	诺沃罗西斯克封闭型股份公司和托卡银行	2265 万美元
姆尔曼海运股份公司	斯特拉捷克封闭型股份公司	4125 美元
纳夫塔—莫斯科股份公司	纳夫塔股份公司和尤尼别斯特银行	2001 万美元
西伯利亚石油公司股份公司	首都储蓄银行和石油金融公司封闭型股份公司	1.003 亿美元

总共向预算提供贷款 6.91445 亿美元和 4000 亿卢布

资料来源：俄《商人》1996 年第 34 期。

到 1996 年年中，俄罗斯约 1/4 的公司完成了争夺控制权的斗争，1998 年这一指标上升到 50%。从 1999 年起，在各大公司之间开始进行所有权的二次再分配，这一进程一直延续至 2000~2005 年，其结果是形成了垂直一体化控股公司。俄罗斯媒体称此过程为以垂直一体化控股公司取代金融工业集团的时代更迭，并认为俄罗斯所有权再分配进入了实质上全新的阶段。在所有权的二次再分配中，集中到控股公司的新资产毫无例外地都属于工艺技术或生产环节上相互关联的企业。所有权的再分配和资本的集中以企业的购并为主要内容，通过强行实施企业的破产程序来进行，许多按照俄罗斯的标准属于经营状况良好的企业也被实行破产，在这一过程中，中小股东成为主要的牺牲者。俄罗斯几家最大的公司，如天然气工业公司、北方钢材，以及以销售石油产品为主的阿尔法－埃科公司、鲁克石油公司等都参与了这场斗争，而一些金融寡头也在所有权的二次再分配中完成了自身角色的转换，成为真正的大集团公司，转换的实质是资本从流通领域向生产领域的转移。这一变化与俄罗斯政府在 1998 年金融危机之后的经济政策调整，即摒弃重金融、轻生产的倾向是一致的。从这一意义上说，垂直一体化控股公司的出现既是俄罗斯经济近年来自身发展逻辑的体现，也是政府宏观政策导向的结果。据调查的结果，目前在俄罗斯，汽车工业、钢材、铝、石油化工、电子设备、计算机等生产行业均属于资本比较集中的行业和部门。

3. 股权集中程度高于发达市场经济国家

公司治理的英美模式中，公司股权结构的一个突出特点是，由于公司规模大，因而股权高度分散，每一股东平均持股率很低，所有者众多，即使是大股东，通常也只持有特定公司1%左右的股票，以美国最大的500家工商业公司为例，没有一家公司中头号股东持股超过5%。从俄罗斯的情况看，其私有化过程中同时出现两种趋势：一是通过向公民无偿分配私有化证券，形成分散的股权结构，二是通过现金私有化，股权向少数人手中转移，产生了掌握控制权的大股东。1998年由俄罗斯高级经济学校、1999年由俄罗斯政府经济部进行的调查均表明，俄工业企业中股权仍高度集中，其中最大股东持股比例一般为28%~32%，3个股东的持股比例高达45%（1995年时为41%）。外部人持股比例高的企业，其最大股东持股的比例更高。2000年对437家企业的调查结果表明，有38%的企业有2~3个掌握50%以上控股权的外部大股东，约有1/10的企业的控股权属于别的工业企业。

4. 国家在俄罗斯工业企业中仍然保持较高的持股比例

根据俄罗斯联邦资产注册局2002年3月28日的材料，俄罗斯联邦政府仍在4354家经营公司中持股，其中94家国家持股100%，598家国家持股50%以上，763家联邦政府以特殊的权利（金股）参与其管理。目前，已经私有化的企业的数量占私有化之初企业总数的66%[①]。国有资产部据此提出，俄罗斯还有进一步私有化的巨大潜力。

从国家持股比例公司的部门分布看，目前在工业、运输和通信、建筑业和商业四大基础经济部门中，工业部门中尚未出售的国家持股企业最多，商业中最少（见表5-10）。在工业的不同行业中，国家持股比例不尽相同：在核工业企业中国家持股比例最高，达到48.2%，在化妆品行业企业中国家已经不再持股，在整个工业部门企业中国家持股比例平均值为34.1%。

---

① 〔俄〕《21世纪的俄罗斯经济》，2002年5月第2期。

表5-10 联邦所有股份公司在基础部门中的分布情况

	其股份属于联邦所有的企业数量
工业*	512
运输和通信	92
建筑业	73
商业	46
总　计	723

* 不包括部门的建筑组织。

资料来源：俄罗斯政府经济部：《公司治理白皮书》，http//：www.economy.gov.ru。

5. 作为外部投资者的银行等金融性机构在企业股权结构中所占比重过低

从目前的情况看，俄罗斯的企业中外部人持股已相当普遍。外部人通常包括供货者与产品用户、其他企业、公司和金融工业集团、商业银行、投资基金和养老基金、保险公司、外部自然人及外国股东。俄政府2001年对201家企业的抽样调查表明，在这些企业中，外部人持股平均比重约为79%，比内部人持股比重高出34.7%，比国家持股比重（18.2%）高出3倍。与公司治理的英美模式中大股东以养老基金、人寿保险、互助基金等各类机构投资者为主，日本模式中大股东以金融机构和实业公司等法人为主不同，俄罗斯公司的外部股东中，占比最大的是其他企业和外部自然人，分别控股23.1%和21.6%，银行仅为3.1%，而养老基金和保险公司等机构投资者所占比重更是微不足道，仅为0.1%左右，外国股东的控股比重为6.6%。1999年的一项调查表明，俄罗斯工业企业全部股份金融机构只占13.3%。俄罗斯经济部在其《公司治理白皮书》中指出，谈机构投资者，如养老基金的作用是未来中长期的事情，这一条件在俄罗斯的资金市场是不存在的。这一情况表明，这些在发达市场经济条件下对企业运行发展能够起重要作用的力量在俄罗斯的企业中不能发挥影响和作用，工业企业还缺少真正能够对企业进行投资的外部战略投资人。

表5-11 不同部门股权构成中各类股东持股比重

单位：%

	平均值	机器制造业	轻工业	食品工业	建材工业
普通职工股	28.9	30.9	37.9	20.6	28.3
其中包括集体所有	7.9	6.8	13.5	9.6	9.4
经理委员会（行政机构）	10.2	9.6	10.0	14.2	10.8

续表

	平均值	机器制造业	轻工业	食品工业	建材工业
其中包括总经理	5.3	4.8	5.5	7.9	4.3
股份公司自身账面	5.6	5.7	7.8	1.3	6.8
供货者和产品用户	9.3	1.7	3.0	21.4	9.6
其他企业	23.1	22.7	22.5	17.3	29.5
控股公司和金融工业集团	8.9	4.2	0.0	9.2	26.3
商业银行	3.1	3.4	0.0	2.8	4.5
投资基金	6.2	6.6	8.0	1.1	5.0
养老基金	0.1	0.0	0.0	0.0	0.5
保险公司	0.1	0.2	0.0	0.0	0.0
外部自然人	21.6	19.4	26.8	17.9	30.9
外国股东	6.6	6.2	0.0	0.0	1.9
国家持股	18.2	18.4	12.8	16.3	6.9
其中包括俄罗斯联邦	13.7	14.3	11.7	0.9	7.9

资料来源：阿·拉迪金：《公司治理与所有权保护：经验分析和改革的紧迫方向》，俄罗斯过渡经济研究所，莫斯科，2001年俄文版。

根据以上抽样计算得出以下结果：（1）国家持股平均比重：18.2%，修正后数值12.8%；（2）外部股东平均比重：79.0%，修正后数值55.7%；（3）内部股东平均比重：44.7%，修正后数值31.5%。

三 公司治理的现状

公司治理制度安排的根本目的在于，通过一定的治理结构，使资产各方面权利在相互分离的状态中能够保持有效的约束和监督，使资产各方面的权利的掌握及运用尽可能严格地受到相应资产责任的制约，从而实现各方面利益的均衡和目标的和谐，以保证效率的提高。以上述目的作为衡量俄罗斯公司治理的标准，可以看出，无论在股东权利的保护、对经营者的约束，还是在激励机制的建立诸方面，都还存在许多不足，这一方面是由于俄罗斯的公司治理还缺乏必需的制度前提；另一方面也由于企业内部剩余索取权与控制权结合失当。

1. 从所有权转化的外部环境和条件看，分散国有股权、形成普遍的委托－代理的制度环境和条件在私有化与股份化实施之初并不具备

就股份制产生的历史和现实状况而言，构成其赖以生存的制度环境的要素有：（1）以独立的经济人格存在的自然人。自然人有没独立的经济人格，既是市场经济产生的关键，也是公司治理结构赖以存在的关键。独立的经济人格意味着自然人脱离了各种依附关系，有资格对自己的财产及经济行为负责。只有这样，股票这一金融资产的产权才是明确的，在众多的、分散的自然人的基础上才可能形成真正的法人。（2）信用制度的发展。股份制是随着信用制度的发展而发展起来的。原因在于信用为某一经营者支配别人的资本和别人的财产提供了组织保障。（3）经理市场的存在。一方面，各个公司可以根据自己的需要找到自己所需要的经理人才；另一方面，潜在的经理人员可以构成对在岗经理人员的压力，只有这样才会有股份制企业对经理的制约机制。（4）与市场经济相适应的法制建设。这是以保护各种不同形式的产权不受侵犯，凌驾于各个市场主体之上的、规范市场运行规则的法，现代企业制度只有在这样的法制背景下才能产生和运行。（5）与市场经济相适应的观念，首先是独立观念、起点平等和风险观念等。此外，股份制的生成和发展还需要种种条件，如是否有一定的货币购买力用以分散国有企业产权，是否有健全的资本市场、科学的评价资本、形成资本的市场价格、诱导资源的合理配置等。支撑股份制的所有这些要素条件在俄罗斯经济转轨之初几乎都不存在。俄罗斯拥有世界上最强大的中央计划经济体制，以往虽进行过多次改革，但从未超出过计划经济体制的框架，全国只有一个强大的国家法人，私人产权既不合法也不明晰。信用制度几乎未发育起来，苏联时期长期实行高度集中的单一银行制度，规模庞大的国家银行和数量极少的几家专业银行垄断了全国的金融业务。市场经济国家司空见惯的支持性服务在苏联根本不存在，没有支票，没有私人银行家，没有股票市场和债券市场，没有会计师事务所，没有财务的信息披露制度等。在长期的计划经济体制下，缺少经理人员和经理人员市场，所有的经理、厂长都由上级机关任命，国有企业的厂长不是真正的经济企业家，而是行政官员，以他们的思维定式，很难塑造出企业家应有的负责精神、创新精神和竞争意识。对国有企业实行私有化和股份制改造，需要一套相应的法律体系，但俄罗斯没有可援引的公司法或其他相关法律，没有真正独立的司法体制，没有依法治国的文化传统，更不要说与市场经济有关的经济、法律观念和习惯了。

2. 企业内部剩余索取权与控制权结合失当，委托人和代理人集于一身

俄罗斯的公司是从原计划经济体制下的生产单位转化而来，尽管在公司中已经建立起股东大会、董事会等代表股东利益的治理机构，但从实践情况看，在大多数公司，董事会和经理委员会绝大多数由原来生产单位的领导人把持，他们集委托人与代理人功能于一身，自我委托，自我代理，进而形成"内部人控制"。由于股权高度集中，董事会由大股东操纵，或由内部人控制，形同虚设，没有形成健全的、独立的董事会来保证健全的经营机制，以及建立一套健全的经理层聘选和考核机制，实际上起不到对经营者的约束作用。公司普遍存在信息不对称现象，缺乏监管的约束，导致决策质量非常差。

3. 激励机制扭曲

受到转轨期间宏观经济形势的制约，俄罗斯许多公司的效益低下，在相当长的时间里不给股东支付股息和红利，从而使控制权收入成为经理收入的主要部分。公司的薪酬结构比较单一，不能对董事和高级管理人员起到足够的激励作用。经理人在有利益冲突的情况下，往往在决策时不采取回避的做法，并选择对自己有利的条件决策，为自己谋取私利，明显损害股东尤其是中小股东的利益。

4. 外部治理发展滞后

在发达市场经济中，资本市场、银行和政府是股份公司外部治理的最重要因素，而这些因素在俄罗斯均属于市场化发展程度较低的部门。从银行业发展状况看，小银行数量偏多、规模偏小，其中许多银行资本金严重不足。国有商业银行在市场上仍保持垄断地位，严重阻碍了银行业的正常竞争。资本市场也存在规模小、结构不完善的问题，资本市场中可供投资者选择的金融工具不多，市场乏力单调，私有化企业股票中有相当一部分清偿能力不高，俄罗斯在改造原国有企业基础上建立的25000家股份公司只有7000家股票能够在二级市场流通。由于大部分股票不能流通转让，无法发挥股票的优化资源配置作用。俄罗斯政府目前通过立法、行使控股权和黄金股等行为仍然保持着对企业的巨大影响等。

从总体看，俄罗斯的公司治理取得了一些成绩，但总体水平还不高，在保护产权、发展和完善市场体系、使公司治理最终走向成熟和合理化方面还有很长的路要走。

第五节 所有制转型的评价

一 私有化绩效评价

对于私有化的成效和后果，人们一般从三个不同的角度进行评估：一是以政治效果为主，二是以经济效果为主，三是以社会效果为主。由于衡量的标准不同，因而评估结论各异。根据国际金融组织（世界银行、国际货币基金组织和欧洲复兴与开发银行）和中国国家计委国民经济综合司等权威机构的界定，经济转轨绩效是指经济转轨的结果及其成效，包括目标模式的实现程度、新制度结构的行为能力和特定制度结构调整后的经济增长、经济总量变动和社会发展轨迹。对经济转轨的绩效主要从制度建设和经济社会发展后果两方面来考察。按照这一界定，私有化作为单项制度建设，其提出的目标已基本实现。通过10年的私有化，原有的决定国家经济生活本质特征的国家所有制在经济生活中的统治地位已得到彻底改造，俄罗斯已经建立了市场经济的基础，但从新制度结构的行为能力看，这一基础尚不健全，在基本经济制度建设中还存在许多消极后果，无法得出俄罗斯私有化成功的结论。因为经济转型的直接目的是建立市场经济制度框架，根本目的是为了革除无效率的制度基础、实现资源的优化配置、促进经济的快速增长和社会福利水平的较大提高。

按照这一标准衡量，俄罗斯的所有制改革和国企改革存在着严重的失误，对俄罗斯经济的发展产生了不可低估的负面影响。

1. 俄罗斯私有化的失误首先在于其战略目标和方式出现了严重问题

私有化首先是作为一项政治纲领被提出来的，具有十分明确的政治动机。特别是丘拜斯的大规模私有化计划，首先是为了克服对转型的政治约束，力图通过私有化来根本改变所有制结构，以保证转轨进程的不可逆转，同时培育和形成一个广泛的私有者阶层，成为新社会制度基础的政治保证。当私有化取得政治上的收益后，其经济意义才显现出来。

事实上俄罗斯私有化纲领要提出的目标并未完全实现。2004年，俄罗斯联邦审计署对1993~2003年私有化进行专门审计，内容主要涉及私有化的法律基础、执法机关在私有化中的作用、私有化的经济和社会后果。其结论是：

私有化是俄罗斯最重要的经济制度改革之一。通过私有化，俄在最短时间内确立了市场经济制度，并在社会冲突相对较低的情况下实现了产权再分配。但私有化结果与其战略目标却相去甚远，未能形成广泛有效的私人所有者阶层，未能带来企业效益的提高，所吸引投资对于企业生产、技术现代化和社会发展远远不够，在一系列部门未能保持企业在国内和国际市场的竞争优势。该报告还指出，私有化过程中存在着法律不健全、执法机构违规越权、贱卖国有资产、对私有化交易缺乏独立的外部监管、政府机构存在大量腐败等问题[①]。

2. 为了实现私有化的政治目标，俄罗斯采取了强制的方法来改造国有企业

在条件不成熟的情况下把企业推向市场，由于这些企业不具备适应市场的应变能力，并不能对市场信号做出正确的反应，没有解决国有企业的管理机制问题，也没有达到提高企业生产效率的目的。据俄罗斯国际社会经济研究中心1996年对13个地区、8个部门、266家企业的调查，从综合经济指标、经济效益、财政状况和支付能力几个方面比较，私有化企业好于国有企业，私有化企业中国家参股25%以下的企业好于国家参股25%以上的企业，但从总体上看，私有化特别是证券私有化并未促进企业微观经济效益的明显改善，在私有化中将国有资产免费分配给企业职工的做法无论从理论上还是从实践上都不可取。私有化没有对宏观经济环境的改善和制止生产的下滑做出贡献。俄罗斯经济转轨10年中，有7年经济是负增长，其国内生产总值累计下降近40%[②]、工业下降46%、农业下降40%，国内生产总值下降幅度不仅超过俄国历史上下降幅度最大的三个时期（第一次世界大战时期下降25%，国内战争时期下降23%，卫国战争时期下降21%），也超过1929~1933年世界资本主义经济大危机。私有化也没有为吸引外资创造条件，即使在政局逐步稳定和宏观经济形势改善的情况下，外资特别是西方大资本并不急于进入，其原因之一是私有化过程的不规范，大量腐败的存在使产权明晰的可信度受到质疑。

---

① СЧЕТНАЯ ПАЛАТА РОССИЙСКОЙ ФЕДЕРАЦИИ, АНАЛИЗ ПРОЦЕССОВ ПРИВАТИЗАЦИИ ГОСУДАРСТВЕННОЙ СОБСТВЕННОСТИ В РОССИЙСКОЙ ФЕДЕРАЦИИ ЗА ПЕРИОД 1993 – 2003 ГОДЫ, Москва, 2004.

② 俄罗斯统计委员会：《2000年俄罗斯统计年鉴》，2000，第16页。

3. 私有化过程中国有资产大量流失

据调查，私有化后出现的新企业主61%曾经是党、政府和原国有企业的精英成员，这意味着私有化为原领导人和投机者侵吞国有资产打开了方便之门。在评论私有化政策时，俄国内各派政治力量都承认，1992年开始的私有化只不过为"资本向少数人手中的集中"提供了法律框架和依据。据俄国家杜马听证会公布的材料，俄在私有化期间的损失总计9500万亿卢布（其中经济损失5500万亿卢布，社会损失4000万亿卢布），相当于1996年国内生产总值的4.2倍，相当于第二次世界大战期间损失的2.5倍。还有专家估计，由于低价出售国有资产，国家至少损失了1万亿美元。

4. 私有化过程中的犯罪投机引发社会不安定

通过私有化对财产再分配过程中的经济犯罪和投机，引发了社会严重两极分化乃至对立，还产生了腐败、犯罪等大量消极现象，导致了社会的不安定。转轨以来，普通居民的生活水平平均下降了50%~70%，出现了一个占人口1/3左右的庞大的贫困者阶层。由于科研和教育经费不足，国民教育受到冲击，国民素质受到影响，人均寿命自1992年以来逐年下降，1997年男女公民的平均寿命分别为60岁和73岁，下降到20世纪60年代的水平，人口出生率多年来持续负增长，危及国家安全。

5. 私有化的一个结果是寡头政治的出现

为了培育政权基础，激进民主派在私有化过程中提出了两个目标：形成"广泛的私有阶层"和促进"战略性大股东"的出现。实际情况是，通过快速私有化，俄罗斯形成了一个中产阶级，但这一队伍极不稳定，在遭受1998年金融危机的冲击后，中产阶级的力量受到严重削弱。而金融寡头则借助政权的力量，在私有化过程中迅速扩大自己的实力，并从经济领域向政治领域扩张，进而控制传媒，左右国家的大政方针。目前，寡头的影响已经制度化。寡头政治的出现，延缓了俄罗斯的民主化进程，同时也阻碍了经济领域的公平竞争。如果说民主政治的不可逆转是俄罗斯私有化最大的政治成就的话，寡头政治的出现又使这种民主大打折扣，很难说私有化取得了政治上的成功。

二 需要思考的问题

1. 国有企业产权重组能否采取急剧过渡的方式

俄罗斯私有化和股份化的曲折经历提出了一个重要问题，即国有企业的产权重组能否采取急剧过渡的方式。根据市场经济国家的经验，大多数的企业出售都需要半年到一年的时间，这一期间，10 个专家花费他们大部分时间从事一个企业的出售并不是什么罕见的事。从 20 世纪 80 年代全球私有化浪潮看，世界各地的私有化发展并不平衡，一般来说，发达国家的私有化快于发展中国家的私有化，1980～1987 年，全世界被私有化的企业总共不足 1000 家。有计算表明，如果俄罗斯这样进行私有化的话，它将用去几十年的时间，只专业费用一项就会超出所有企业的账面价值。要达到提高企业效率的目的，除了产权重组外，还有个机制转换问题。这些转变绝不是一朝一夕可以完成的。

2. 国企改革能否照搬西方模式

转轨初期，俄罗斯一些激进改革家言称，要移植资本主义，用最资本主义的办法改造俄罗斯。根据制度经济学的研究，一些正式的约束（即人们有意识创造的一系列政策法规），尤其是那些具有国际惯例性质的正式规则是可以从一个国家移植到另一个国家的，但非正式约束（主要包括人们在长期交往中自然形成的价值规范、伦理规范、道德观念、风俗习惯、意识形态等），尤其是意识形态能否移植，则主要取决于植入国的文化遗产对移植对象的相容程度。私有化和股份化虽然很快实现了国有企业的产权转移，但不能使市场经济的灵魂——民主、自由和竞争精神深入，出现了私有化和股份制改造的"淮桔成枳"现象。私有化和股份化未能使俄罗斯国有股权分散，相反却违背了其初衷，出现了控股权向少数人手中的集中，国家垄断演变成寡头的垄断。

3. 国企改革需要什么样的外部环境

国企改革需要一定的制度环境。就股份制产生的历史和现实状况而言，构成其赖以生存的制度环境的要素有：

（1）以独立的经济人格存在的自然人。自然人有没有独立的经济人格，既是市场经济产生的关键，也是现代企业制度赖以存在的关键。独立的经济人格意味着自然人脱离了各种依附关系，有资格对自己的财产及经济行为负责。只有这样，股票这一金融资产的产权才是明确的，在众多的、分散的自然人的基础上才可能形成真正的法人。

（2）信用制度的发展。股份制是随着信用制度的发展而发展起来的，原因在于信用为某一经营者支配别人的资本和别人的财产提供了组织保障。

（3）经理市场的存在。一方面，各个公司可以根据自己的需要找到自己所需要的经理人才；另一方面，潜在的经理人员可以构成对在岗的经理人员的压力，只有这样才会有股份制企业对经理的制约机制。

（4）与市场经济相适应的法制建设。这是以保护各种不同形式的产权不受侵犯，凌驾于各个市场主体之上的、规范市场运行规则的法，现代企业制度只有在这样的法制背景下才能产生和运行。

（5）与市场经济相适应的观念，首先是独立观念、起点平等和风险观念等。此外，股份制的生成和发展还需要种种条件，如是否有一定的货币购买力用以分散国有企业产权，是否有健全的资本市场、科学评价资本、形成资本的市场价格、诱导资源的合理配置等。

支撑股份制的所有这些要素条件在俄罗斯经济转轨之初几乎都不存在。俄罗斯拥有世界上最强大的中央计划经济体制，以往虽进行过多次改革，但从未超出过计划经济体制的框架，全国只有一个强大的国家法人，私人产权既不合法也不明晰。信用制度几乎未发育起来，苏联时期长期实行高度集中的单一银行制度，规模庞大的国家银行和数量极少的几家专业银行垄断了全国的金融业务。市场经济国家司空见惯的支持性服务在苏联根本不存在，没有支票，没有私人银行家，没有股票市场和债券市场，没有会计师事务所，没有财务的信息披露制度等。在长期的计划经济体制下，缺少经理人员和经理人员市场，所有的经理厂长都由上级机关任命，国有企业的厂长不是真正的经济企业家，而是行政官员，以他们的思维定式，很难塑造出企业家应有的负责精神、创新精神和竞争意识。对国有企业实行私有化和股份制改造，需要一套相应的法律体系，但俄罗斯没有可援引的公司法或其他相关法律，没有真正独立的司法体制，没有依法治国的文化传统，更不要说与市场经济有关的经济、法律观念和习惯了。

除上述制度环境原因外，俄罗斯大中型国有企业的改造还受到资金、资本市场等条件的制约。不言而喻，俄罗斯国有企业改革中存在着巨额国有资产与资本短缺的矛盾。俄罗斯放开价格以前约有 1.5 万亿卢布的固定资产，居民存款相当于国民生产总值的 3%～4%，居民能投入用于购买国有资产的最大货币量计为 500 亿～800 亿卢布，相当于固定资产总值的 3%～5%。在转轨前基本没有资本市场，居民储蓄经过"休克疗法"已基本化为乌有。由于这些条件的制约，俄罗斯只能采取无偿分配的方式"开局"。

由于不存在资本市场，俄罗斯在股份化中难以准确地对国有资产进行评估。资产评估主要是为了确定拍卖企业的底价或股份化企业的法定资本额。即使在发达国家，私有化中难度最大的也是私有化企业股票的作价问题。俄罗斯在证券私有化阶段,企业的资产价值是直接依据会计资料估定的,主要依据下述原则:第一,评估范围是 1992 年 7 月 1 日会计报表上的资产;第二,固定资产按净产值减折旧额进行评估;第三,外汇资金按原有汇率进行评估;第四,属于流动资金的"储备与消耗"虽进行评估,但其价值不计入法定资本额。根据以上原则,公司国有资产的私有化价值主要是依据 1992 年 7 月 1 日前资产购置价格和固定资产折旧剩余价值确定,其结果不仅从财产构成上大大缩小了国有资产的价值,并且与从 1992 年以来的价格成数十倍、数百倍的上涨指数形成巨大反差。在私有化过程中,根据俄政府决议,国家统计委员会曾三次对国民经济中的固定资产进行重新评估,规定将固定资产账面价值折算成复原价值的平均系数分别为 18.7 倍、20.1 倍和 4.3 倍。按上述增值倍数,从私有化开始到 1995 年年初,国有资产约升值 1616 倍,从理论上说,大致相当于同期通货膨胀率[1]。而事实上,重估后的资产价值仍然大大低于实际价值,主要原因在于以"储备与消耗"形态存在的流动资产的价值不计入法定资本额,资产评估的价值与当前会计核算中的资产价值严重脱节,出现了大小私有化不平衡、"昂贵的商店和廉价的工厂"[2] 的现象。

俄罗斯国企改革长期效果不明显,还有一个重要原因是宏观经济环境不好:在推行私有化和股份制的 5 年间,一直处于高通胀的环境中,5 年累计物价上涨 2200 多倍;财政收入完不成计划,国家预算赤字过大;固定资产投资大幅度下降,5 年累计下降 70%;流动资金短缺,三角债庞大,企业逾期债务总额约占 GDP 的 25%;消费市场萎缩,外国商品占 50% 以上。这些不利条件使股份制改造企业缺乏良好的外部环境。

综上所述,俄罗斯私有化就其本质而言,是权力与资本的结合,是新旧官员利用权力攫取、控制和占有国有资产的过程。私有化过程中形成的金融寡头,由于是政治与经济高度结合的产物,所以从一开始就带有很强的垄断性,在这种背景下推行的私有化,实际上也已经变成了新旧官员以少量的资本无偿地控制大量国有资产的途径、手段和工具。从这个意义上说,私有化的过程是金融寡头资本原始积累的过程。私有化不是解救俄罗斯经济的万应灵药,也不能代替其他方面的改革。现阶段俄罗斯新一轮私有化的目标已转向以结构改革和提高效益为主,但效果究竟如何仍有待观察。

---

[1] 〔俄〕《经济与生活》1996 年第 6 期。
[2] 〔俄〕《实业界》1993 年 10 月 31 日。

第六章
农业改革和政策调整与农业发展

农业改革和农业政策的调整是俄罗斯经济转型进程的重要组成部分之一。自1991年年底和1992年年初起，俄罗斯就开始在经济转型中实施新的农业改革和发展战略，其核心是实施土地私有化，废除国家农业生产计划指标和粮食订购任务，建立以家庭农产（农场）经济为主要形式的现代农业体系。

1991年4月25日，俄罗斯联邦议会通过了《俄罗斯联邦土地法典》，从而为"根本改革俄罗斯联邦土地关系、保护土地所有者、土地占有者和土地使用者的权利，组织合理使用土地资源，提供了法律保障"。1991年年底，俄总统叶利钦又签发了《关于俄罗斯联邦实施土地改革的紧急措施》的总统令，这实际上标志着俄罗斯土地私有化的开始和全面推行。该法令不仅规定了土地改革的指导原则、提供给农民和企业土地的条件和方式、土地私有化的操作程序，更重要的是确立了土地改革的基点，即重新调整土地关系，改变单一的国营农场和集体农庄所有制结构和农村经济结构。按照该法令和俄政府的决议，俄罗斯要在一年内完成集体农庄和国营农场的改组和重新登记，还计划在几年内建立百余万个私人家庭农场，并造就一个中产者阶层，在农村全面实行私有制。有资料显示，1991年即在俄罗斯实行农业改革和土地改革的当年，就约有1200家农业企业实现了私有化，并建立了4400个私人农场。到1992年，私人农场的数量剧增，达到4.9万个，1993年又跃升至18.3万个。到1998年年初，俄罗斯全境1200万名农村居民获得了1.159亿公顷土地，地方自治机构得到了3600万公顷土地。农业经济私有成分从1993年的64.2%上升到1998年的87.1%。2000年，97%的土地所有者已经得到了土地所有权证书。有资料显示，由于将土地分给了农户，到1999年俄罗斯已经有

1600万个从事个人副业的农户,其占有使用的土地面积达590万公顷[①]。另据有关资料,截至2003年年初,俄已经建立了2.5万个农业企业和组织及26.4万个私人农场。当时俄罗斯农业部门总产值中,农业企业的产值占42%~44%,私人农场的产值占3.5%~4%,农户的产值占52%~54%[②]。这些都说明,《关于俄罗斯联邦实施土地改革的紧急措施》的总统令以及其他相关法规已在很大程度上得以贯彻执行。

第一节 土地私有化

土地私有化是俄罗斯农业改革的基本点,是俄经济转型的重要内容和基本政策,受到全社会的广泛关注和大力支持。俄试图通过土地私有化政策将土地转移到农民手中,并为建立以家庭农场为主的市场化农业经济奠定基础。而且,土地私有化既是俄罗斯农业改革的切入点,也是俄罗斯变革土地所有制关系、在农村全面实行私有制的重要举措。无论是叶利钦还是普京,都倾注全力推进土地私有化进程。土地私有化不仅引起土地所有制关系的重大变革,而且客观上也要求俄罗斯对农业政策做出重大调整。

俄罗斯认为,高度集中管理的农业经营模式尤其是单一的公有制,是俄农业长期落后的一个根本原因。而只有改变土地所有制关系,实行土地私有制,才是解决农业发展中出现的诸多问题的唯一出路,才能提高农业生产效率,并实现对土地所有权公正的再分配。因此,俄罗斯的农业改革首先就从解决农民的土地所有权入手,全面推行土地私有化,将单一的土地国有制形式改造成以土地私有制为主的多种土地所有制形式。不仅如此,当时有许多地区(如卡尔梅克共和国、科斯特罗马州、克拉斯诺达尔边疆区、莫斯科和莫斯科州、莫尔多维亚共和国、萨马拉州、斯摩棱斯克州、鄂木斯克州、乌德穆尔特共和国等)实际上已经在土地私有化方面先行一步,允许在一定范围内实行土地的自由买卖。

---

① 〔俄〕《莫斯科大学学报》(经济版)2001年第6期。
② 〔俄〕《经济问题》2003年第11期。

一　叶利钦时期的土地私有化

如前文所述，俄罗斯在 1991 年先后通过了《俄罗斯联邦土地法典》和《关于俄罗斯联邦实施土地改革的紧急措施》的总统令，从而标志着俄激进农业改革的开始，特别是拉开了土地私有化改革的帷幕。这个有关土地改革的第一个总统令，首次提出了允许实行土地抵押和有条件的土地买卖。其后，叶利钦于 1993 年 10 月又签署了《关于调节土地关系和发展土地改革》的第二道总统令，其中不仅规定了土地地块和土地份额所有者的权利，而且进一步明确自然人和法人都可以成为土地地块所有者，还规定土地所有者有权出售归自己所有的土地。俄罗斯学者认为，《关于调节土地关系和发展土地改革》的总统令在当时对土地改革的发展发挥了极为重要的作用，其意义难以估量[①]。此后，俄罗斯政府又于 1994 年和 1995 年分别颁布了《关于借鉴下诺夫戈罗德州实际经验改革农业企业》的第 874 号决议和《关于实现土地份额和财产份额所有者权利的方式》的第 96 号决议。按照这两个政府决议的规定，俄不仅进一步改组了农业企业，也使这些企业的工作人员和农民得到了归自己所有的一份土地和一份财产。但调节土地关系和发展土地改革的总统令的落实情况并不理想，尤其是作为土地所有者的广大农民并没有切身感受到自己对土地的真实所有权。鉴于农业改革和土地私有化过程中存在的这些和其他大量问题，叶利钦又于 1996 年 3 月签署了《关于实现宪法规定的公民土地权利》的第三道总统令。该总统令明确规定并重申土地所有者有如下权利：可以将土地份额转给继承人；可以自由支配自己的土地份额，包括出售、出租和赠送土地份额；可以使用土地建立农户（农场）经济和经营个人副业；可以用土地份额交换财产或将土地份额及其使用权列入农业企业的法定资本或股份基金等。

然而，由于俄罗斯执行权力机构、议会、各政治派别、学术界和各地区之间对土地私有化特别是土地自由买卖问题存有很大争议，看法相左，叶利钦的上述三个总统令所规定的实行土地自由买卖政策不仅未能得以全面有效实施，而且没能以国家法律的形式固定下来。1997 年 8 月，俄罗斯国家杜马通过的新土地法典草案并没有规定农业用地可以自由买卖的内容，由此遭到

---

① 〔俄〕《莫斯科大学学报》（经济版）2001 年第 6 期。

叶利钦的否决。他强调，如果新土地法典里面不对农业用地的自由买卖做出规定，他就不会在上面签字。他指出，把土地变成私有财产并允许土地自由买卖，这是促进俄罗斯经济发展特别是农业发展的重要措施。建立土地市场应是俄罗斯农业政策的重点。但直到1999年年底叶利钦辞去总统职务时，他长期以来一直坚决主张的土地自由买卖政策依然未能由国家杜马以国家法律的形式通过。尽管如此，应当看到，这一时期俄罗斯的农业改革和土地私有化仍然取得了较大的进展。首先，承认并在法律上确认了各种土地所有制形式和土地使用形式的存在。除土地国有制即联邦所有制和联邦主体所有制外，还有市政所有制、集体所有制和私有制，以及土地永久继承占有权、无限期使用权和土地地块租赁权。其次，已将相当一部分农业用地即约为63%的农业用地转为私人所有。但土地所有权的转让受到限制，主要原因是土地自由买卖的法规不健全、不完善，即使是已有的相关法规实际上也没有得到落实，而且土地所有者支配土地地块的其他权利也不能充分得以保证。再次，土地使用结构发生了变化。农用土地已由非国有企业、国有企业和地方企业、私人农场和农户使用。其中农业企业和组织使用的农用土地为1.6亿公顷，占从事农业生产的土地使用者所使用农用土地的81.9%；私人农场使用的农用土地为1350万公顷，占从事农业生产的土地使用者所使用农用土地的6.8%；农户因个人副业而使用的农用土地为560万公顷，占从事农业生产的土地使用者所使用农用土地的2.8%[①]。土地使用结构的变化也带来了农业生产结构的改变。农户成为俄农产品的主要生产者，其生产的农产品约占60%；私人农场生产的农产品约占2%。最后，这一时期土地市场虽未最终形成，但处于逐步形成的过程之中。

特别需要强调的是，在叶利钦时期，俄罗斯联邦新宪法中已经明确规定"公民及其联合体有权拥有归私人所有的土地"，"土地私有者可以自由地占有、使用和支配归自己所有的土地"，等等。这些宪法条款为后来普京推行的土地私有化改革奠定了法律基础。

二 普京时期的土地私有化

2000年普京任总统后，其所面对的是叶利钦时期农业改革和土地私有化

---

① 〔俄〕俄罗斯国家统计委员会：《俄罗斯2000年统计年鉴》，第361页。

遗留的大量问题：由于在土地非国有化和私有化进程中没有很好顾及俄罗斯的实际情况，采取平均主义的土地分配原则，因而近一半实行私有化的农业用地掌握在不直接从事农业活动的人手中，甚至还有 4000 万名所有者尚不知道如何使用属于他们自己的土地。有 1500 万公顷农业用地被闲置，其中包括大约 1000 万公顷耕地。私有化的这种做法，加上生产资料价格上涨和预算补贴的减少，导致土地荒废、土壤肥力下降。1991～1997 年，各种农作物种植面积从 1.177 亿公顷下降到 9660 万公顷，下降了 18%。由于土地荒废和土地被征用，农业失去了近 1/5 的耕地。出现这些问题，很大程度上是因为俄罗斯在农业生产者缺乏实际积累和缺少国家投资扶持的情况下，在农村进行了所有制关系改革①。

因此，普京上任后提出要尽快解决上述及其他一些问题，尤其是要尽快通过已经耗时 7 年而久拖不决的新土地法典，甚至还主张通过全民公决来解决土地自由买卖问题。虽然这后一个主张最终未能付诸实施，但经过激烈争论，俄国家杜马三读通过并经俄罗斯联邦委员会审议批准，新的《俄罗斯联邦土地法典》终于在 2001 年 10 月出台，并由普京总统签发生效。此后，2002 年 7 月，俄又颁布了《俄罗斯联邦农用土地流通法》。这两部法律的出台，标志着俄农业改革特别是土地私有化改革进入一个新的发展阶段。

（一）《俄罗斯联邦土地法典》

普京认为，新土地法典如不能顺利通过，特别是如果不解决农用土地的流通问题，会对国家和人们的生活、对经济产生不良影响，降低投资积极性。在他的推动下，俄罗斯国家杜马绕过农用土地的自由买卖问题，于 2001 年 9 月 28 日先行通过了新的联邦土地法典。该法典 2001 年 10 月 10 日由俄罗斯联邦委员会批准，并于 2001 年 10 月 25 日正式生效。新的联邦土地法典共有 18 章 103 条，包括第一章：总则；第二章：土地的保护；第三章：土地所有权；第四章：土地的长期（无限期）使用、终生继承占有、他人土地的有限使用（地役权）、土地的出租、土地的无偿定期使用；第五章：土地权的确认；第六章：土地所有者、土地使用者、土地占有者和土地承租者利用土地的权利和义务；第七章：土地权的终止和限制；第八章：国家或市政需要征用土地

---

① 〔俄〕列·阿巴尔金：《俄罗斯发展前景预测——2015 年最佳方案》（中译本），社会科学文献出版社，2001，第 201 页。

后对农业生产和林业损失的赔偿；第九章：土地权的保护和土地纠纷的审理；第十章：土地费和土地评估；第十一章：土地监测、土地整理和国家地籍工作；第十二章：对遵守土地法、保护和利用土地的监察（土地监察）；第十三章：土地保护和土地使用方面的违法行为应承担的责任；第十四章：农用土地；第十五章：居民点用地；第十六章：工业、能源、交通运输、邮电通信、广播、电视、信息业用地，宇航设施用地，国防、安全用地和其他专用土地；第十七章：受特别保护地区的土地；第十八章：林业用地、水资源用地、储备用地。

新土地法典使土地私有化的结果得到承认和保护，也为土地进入流通提供了法律依据，该法典规定，只要符合国家建设条例，遵守土地开发使用的有关规定，可以购买土地用于建筑房屋等的开发建设。国家所有的土地的使用是有偿的，偿付的费用应以土地税和租金的方式支付。土地的市场价格应当与联邦政府关于资产评估的法规相一致。税收的标准应以土地登记册中的价值来计算。土地与其上的建筑、工程相统一的原则也在法典中得到了确认，建筑物的所有者对该建筑下的土地享有所有权。土地法典中也明确重申了国家对土地进行监控、管理土地开发建设的原则。土地法典还规定了对土地流通的限制：属于不准流通的土地不得化为私有，也不得成为民法规定的交易对象。属于限制流通的土地也不得化为私有。例如，不准流通的土地包括：国家自然保护区的土地、军队和军事机关常驻地和设施占用的土地、军事法庭和联邦安全部门占用的土地等；限制流通的土地包括：文化遗产用地，国防和安全用地，用于水利、林业、邮电通信、航天工业等的土地。但林用土地、水用土地、交通用地等在某些情况下可以租赁。新土地法典还对土地类别和用途做出严格规定并明确了使用要求，以农用土地为例，农用土地是具有能居住的特点，并被用作或事先指定用作农业生产的土地。农用土地包括农业生产用地、耕地、草场、牧场、水果园，以及其他的灌溉地等。这类土地只能用于农业生产，并且必须受到保护。新土地法典还对保护土地和生态环境、对土地损失承担责任、对土地权利的终止等问题分别做了相应的规定。

新土地法典较之1991年颁布实施的土地法典有着非常明显的不同或者说是进步，例如，其中规定，包括农用土地在内的土地可以实行私有化，但只有经过国家地籍统计的土地才可以买卖。而且在土地买卖合同中，不得规定卖方可以按自己的意愿买回土地权；不得限制买方对土地的进一步支配权，包括土地抵押、转租、进行其他土地交易。尽管如此，新土地法典依然没有对占全部土地25%的农业用地的自由买卖问题做出明确规定，只是允许非农用土地如居民点用地和工业、能源、交通运输业、邮电通信业等的用地进入流通，这部分土地仅占俄罗斯国土面积的2%。

(二)《俄罗斯联邦农用土地流通法》

土地问题历来是俄罗斯最受关注的敏感问题之一，它经常超出经济领域而具有重要的社会政治意义。2000年执政后，普京开始努力探索适合俄罗斯国情的土地自由买卖问题，并促成结束了议会关于是否允许土地流通的论战，促使土地私有化得以顺利实施。普京还特别注重农业经营组织形式的变革，提出要走市场经济体制下大农业的发展道路，大力发展各种农业生产组织形式之间的合作和一体化，建立大中型农工联合公司和企业。

在普京的推动下，俄罗斯国家杜马于2002年6月26日通过了《俄罗斯联邦农用土地流通法》。俄联邦委员会2002年7月10日批准了该法，并于2002年7月24日正式生效。《俄罗斯联邦农用土地流通法》共有4章20条，包括第一章：总则；第二章：农用土地地段流通的特点；第三章：具有共有权的农用土地地段份额的流通特点；第四章：过渡性条款和结语。应当说，《俄罗斯联邦农用土地流通法》的出台并付诸实施，是1917年十月革命以来俄罗斯在土地所有权问题上迈出的最大一步，也标志着俄农业私有化取得重大进展。可以说，该法使农地买卖这一俄罗斯农业私有化进程中的最后也是最难的问题得以初步解决。当然，对该法的通过，俄罗斯国内各党派和各阶层反应不一。俄共不仅坚决反对，还发动200万人签名，要求就农用土地流通问题举行全民公决。而俄罗斯绝大多数地区的州长和行政长官则支持该法。正如"统一"全俄社会政治运动领导人佩赫金在该法律通过后所指出的："这具有非常重大的意义，因为农地私有化使得农民有权将土地抵押获得贷款，这是农业市场化的关键条件。"

应当指出，《俄罗斯联邦农用土地流通法》比新的《俄罗斯联邦土地法典》又大大前进了一步。如果简要概括农用土地流通法的核心内容，那就是，该法首次从法律上明确了农用土地可以买卖，并确定了买卖规则，广大经营者和农户获得了实实在在的土地流转权和所有权。该法开宗明义，在第一章总则中明确规定："本联邦法调节与农用土地地块的占有、使用和支配有关的各种关系，规定了农用土地地块和具有共同所有权的土地份额的流转（交易）规则和限制条件，完成交易的结果，是产生或者中止农用土地地块和具有共同所有权的农用土地份额的各种权力。"而且,"不允许俄联邦主体通过法律法规包括附加条款,对农用土地地块的流转进行限制"。但农用土地的流转(交易)要遵循以下原则:一是不能改变土地的规定用途;二是出卖农用土地地块时,俄联邦主体或联邦主体法律规定的地方自治机构有优先购买这些土地地块的权力,但公开拍卖的情况除外;三是对有偿转让的具有共同所有权的农用土地地块,如果拥有土地份额的其他参与者放弃购买这些份额的权力或没有申请购买这些份额,俄联邦主体或联邦主体法律规定的地方自治机构有优先购买这些土地份额的权力;四是外国公民、外国法人、无国籍人士,以及在注册资本(股份资本)中外国公民、外国法人、无国籍人士的股份超过50%的法人,可以拥有农用土地地块,但只能对其拥有租赁权。也就是说,根据《俄罗斯联邦农用土地流通法》,俄的农用土地不能卖给外国人。可见,俄罗斯对于这个问题持极其慎重的态度。正如普京总统所言,"解决这个问题需要平衡、斟酌和非常谨慎"。但他同时也认为"随着土地市场和必要基础设施的发展,这个问题还会被提到日程上来"。

应当指出,《俄罗斯联邦农用土地流通法》的颁布实施,不仅为土地流通奠定了法律基础,而且给社会带来了一个明确的信息,即农业土地私人所有制发展战略将是一项长期的战略。总的来看,该法的积极意义主要有以下几个方面:

第一,土地流通使农民真正成为土地的主人。在叶利钦时期,俄罗斯曾多次颁布总统令,规定个人或农场成员有权用自己的土地股份抵押或转让。1993年俄政府批准个人副业、别墅园地、果菜园地及个人住房建设用地可以买卖;同年10月又规定土地所有者有权出售自己的土地。1996年3月7日的总统令再次重申,土地份额所有者有权不经其他土地份额所有者同意便可自由支配自己的土地份额(包括出租、出售、抵押、交换等)。然而,上述种种权利由于土地要素不能进入流通,由于缺乏市场交易而未能真正实现。农业生产者既不能以土地作抵押获得贷款,也难以确保对土地的长期投资能够得到回报。因此,俄专家学者认为,要使俄罗斯所有的土地都有自己的主人,必须从法律上保证农用土地的自由买卖。

第二,农用土地流通法为俄罗斯农业朝着规模化和效益化方向发展提供了法律保障。实际上,在农用土地流通法出台之前,在一些率先实行土地流通的农业产区,就已经出现了土地向大生产者集中和发展规模化经营的趋势。而且,俄对此给予充分肯定。普京总统明确指出"农场应当得到支持,但这不是唯一的农业劳动组织形式，未来属于大的商品生产者"。

第三，农用土地流通法的颁布实施有助于吸引国内外的投资。正如普京所指出的："缺乏对土地问题的调节，是投资过程中的很大障碍。谁会把钱投向别人的土地上的项目？土地已进入国内流通，而且没有发现有害。这个问题的解决，我们拖得太久了，时间已经耗尽。不调节土地问题会对人们的生活、对经济产生不良影响，降低投资积极性，产生腐败。"①

第四，农用土地流通法的生效有利于规范土地买卖，有效打击黑市交易和腐败行为。在俄罗斯，由于法律不健全，很长一个时期内土地流通受阻。正是因为没有统一的法律，一些地区出现了土地黑市和半黑市。这些土地买卖虽然也是以合同为基础进行的，但为了逃税，交易各方都尽量压低价格。这一问题在俄罗斯带有普遍性。土地黑市交易不仅使国有资产缩水，而且为行贿受贿、官员腐败大开方便之门。因此，规范土地买卖，有效打击黑市，建立合法化和规范化的市场，是俄罗斯农用土地流通法的主旨之一。

还须指出，俄罗斯在土地私有化尤其是土地买卖问题上的纷争是异常激烈的，俄全国上下争论了将近10年，既有拥护者，也有反对者。主张并拥护土地私有化和农地自由买卖的人认为，只有实行农地私有化，农民掌握了土地所有权，才能提高他们的生产积极性，促进土地的合理利用。因此，他们得出的结论是，只有实行土地私有化和农地自由买卖，才能激活农业经济，推动整个国民经济的发展。而反对土地私有制和土地买卖的呼声也特别强烈。以俄共、农工党为代表的反对派认为，土地问题关系到民族的生存与发展，土地自由流通不仅是对民族的犯罪，而且会引起战争。他们担心实行土地私有化以后，弱小农户可能会面临永远失去土地的危险。而一旦农民失去土地，将会导致土地集中等诸多社会政治问题。俄农工党领袖甚至断言，用不了多久，俄罗斯的大片土地就会变成私有财产，而早已被大家忘却的地主阶层将在俄罗斯再现。以著名经济学家阿巴尔金为代表的一些专家学者认为，维护土地国有制的优势应是俄建立土地关系的最佳方案。个体副业、果园和菜园可以获得土地私有权。而且，土地租赁方式应当得到广泛推广。不能通过买卖契约这种出让土地财产的形式得到土地所有权，而应当作为获得劳动收入的经营对象得到土地所有权，也就是说土地应当被看做经营对象。不排除土

---

① 见 http://www.strana.ru。

地市场的存在，但这不是所有权市场，而是土地经营权市场①。

然而，争论归争论，俄罗斯的土地所有制改革特别是土地私有化进程非但没有中止，反而在逐步深化。经过土地私有化对土地重新分配，俄罗斯的土地所有制已经发生了根本性的改变。国家对土地的垄断所有制已被完全打破，以土地私有制为主要特征、多种土地所有制形式并存的格局已经形成。而且，建立土地市场以使土地合理流转，无论从法律上还是实践上都已成为现实。当然，俄罗斯要真正形成大规模的土地流通市场尚需时日。总之，土地所有制改革特别是土地私有化不可能在一朝一夕完成，不会一蹴而就。即使俄罗斯出台了相关的法律法规，但真正能够贯彻执行也还有很长的路要走。而且正如俄专家学者所指出的，只要俄罗斯进一步做好农业私有化的配套制度创新和制度供给，俄所期待的农业私有化特别是土地私有化的成效就能够充分显现出来。

第二节 集体农庄和国营农场的改组

改组集体农庄和国营农场，并在此基础上大力鼓励农村各种经营形式的发展，是俄罗斯农业改革和农业政策调整的重要组成部分。根据俄政府1991年年底做出的《关于改组集体农庄和国营农场制度的决议》，俄罗斯从1992年年初开始对集体农庄和国营农场进行改组和重新登记。按该决议的要求，俄应在1993年1月1日前完成集体农庄和国营农场的改组并重新登记工作。但这项工作实际上直到1995年8月才基本结束，具体情况如表6-1所示。

表6-1 俄罗斯集体农庄和国营农场的改组情况

单位：%

	1993年	1994年	1995年
重新登记的集体农庄和国营农场占原有的比重	77	95	—
其中：保留原有法律地位的占已重新登记的集体农庄和国营农场的比重	35	34	32

---

① 〔俄〕列·阿巴尔金主编《俄罗斯发展前景预测——2015年最佳方案》（中译本），社会科学文献出版社，2001，第202页。

续表

	1993 年	1994 年	1995 年
改组为下列企业形式的占已重新登记的集体农庄和国营农场的比重			
开放型股份公司	1.5	1.3	1.0
有限责任公司，合营公司	43.7	47.3	42.6
农业合作社	8.6	7.8	7.2
农民经济联合体	3.6	3.7	2.5
被工业企业和其他企业买断的企业	1.8	1.7	—

资料来源：Институт экономических проблем переходного периода，Экономика переходного периода，Москва，1998 г. c. 579。

另据世界银行的相关资料，截至1993年1月，俄罗斯42%的集体农庄和28%的国营农场是以合伙制形式注册的。当时俄罗斯农业经营组织的结构是集体农场占27%，国营农场占28%，各种合伙制农场占32%，其他形式的农场及农场协会占19%。到1995年集体农庄和国营农场改组结束时，国营经济成分在农业中的比重已下降到10%以下。而以财产和土地私有制为基础的农业企业约占重新登记生产单位数的85%[1]。在改组集体农庄和国营农场的同时，俄罗斯还将发展私人农场（农户）作为农业改革的一项重要任务。俄政府从土地制度、法律制度和信贷政策上都出台了一些优惠政策，以鼓励私人农场（农户）的发展。到1992年，俄建立了私人农场（农户）13.4万个，1993年为8.7万个。虽然自1994年起，由于资金严重短缺和生产技术设备不足等，私人农场（农户）的发展速度减缓甚至大量破产倒闭，但到1998年，俄罗斯私人农场（农户）达到了27.43万个。

经过土地私有化以及集体农庄和国营农场的改组，俄罗斯无论是农业经济结构还是农业经营与组织形式都发生了根本性的变化，尤其是农业私人经济成分得到了较快的发展。有资料显示，到2003年年初，俄罗斯已经约有1600万个农业家庭从事个体家庭副业，1930多万个城市家庭拥有花园菜地[2]。个体经济成分尤其是农户经济已成为俄罗斯农业经济的主导经济成分，详见表6-2。

---

[1] 王菡：《俄罗斯农业改革及启示》，http://wenku.baidu.com/view/417446e80975f46527d3e1e3.html。
[2] 〔俄〕《经济问题》2003年第11期。

表6-2 俄罗斯各种经营类型占农业产值的比重（2001~2002年年均数）

单位:%

	农业企业	家庭—个体经济成分		
		总计	其中	
			农户	私人农场
农业产值	43.0	57.0	53.1	3.9
农作物	41.9	58.1	52.5	5.6
畜牧业	44.1	55.9	53.9	2.0
主要农产品				
粮食（按加工后的重量计算）	87.5	12.5	0.9	11.6
糖用甜菜	92.8	7.2	0.8	6.4
葵花籽	80.1	19.9	1.8	18.1
马铃薯	5.9	94.1	92.8	1.3
蔬菜	16.8	83.2	80.7	2.5
牲畜和家禽（按屠宰后的重量计算）	41.5	58.5	56.4	2.1
牛奶	47.4	52.6	50.6	2.0
蛋类	72.0	28.0	27.5	0.5

资料来源：〔俄〕《经济问题》2003年第11期，第122页。

从表6-2可见，在粮食、糖用甜菜和葵花籽的生产方面，俄罗斯农业企业占有绝对优势，其产值占这些农产品总产值的80%~93%；次之是私人农场，占6%~18%；而农户仅占0.8%~1.8%。这是因为，粮食、糖用甜菜和葵花籽的生产要求有较大的规模和较高的机械化程度，这对于农户是难以达到的。而农户的优势则是从事需要较多个体手工劳动的马铃薯和蔬菜等的生产，其占农业产值的比重分别高达93%和81%。但总的来看，俄农业产值中，农户的产值大大超过了农业企业的产值，前者占53.1%，后者占43.0%。之所以如此，是因为俄罗斯在政策法规方面出台了一些鼓励和扶持农户经济的措施。首先，从法律上承认所有的农业生产形式一律权利平等，承认个体副业是农业经济成分中享有充分权利的经营形式，所有劳动集体和个人有权按自己的意愿和实际可能来选择经营形式。其次，取消了对个体家庭副业饲养牲畜数量的一切限制。再次，根据现行政策规定，可以将自己的宅旁园地增加到1公顷（由地方政府让出部分土地来解决）。此外，分得土地的农村居民有权利用这些土地来扩大个体副业。最后，宪法规定土地和其他生产资料可以归私人所有。

第三节 主要农业政策及其调整

一 农业政策调整的背景

农业问题历来都是令俄罗斯历届政府十分棘手的问题。尽管如此，经过多年的农业改革和农业政策调整，俄罗斯农业领域的确发生了许多新变化，也同时存在着一些亟待解决的问题。从积极的变化看，俄农业已经摆脱了全面危机的困扰，农业生产已由多年持续下降变为多年连续增长。有资料显示，俄农业总产值1991～1998年年均降低了5.5%，而1999～2001年的年均增长速度则达到了6.2%，其中2001年高达6.8%[①]。另据统计，2000～2002年，俄农业总产值增长了19.6%，粮食产量分别增长了20%、30%和2%。不仅如此，整个农业部门也摆脱了亏损局面并实现了扭亏为盈，由1996～1998年的连续亏损转变为1999～2001年连年分别赢利139亿、49亿和252亿卢布。资料表明，俄罗斯从事农业经济的企业1998年亏损360亿卢布，而到2001年已赢利285亿卢布，利润比2000年增加了1倍多。农业生产部门的赢利水平达到12%[②]。

但另一方面，农业改革及其所带来的一些负面效应也比较明显。

（1）农用土地减少。1990～1999年，具有农业用途的土地面积缩减了1.87亿公顷即减少了近1/3，农业用地和耕地面积也分别缩减了2410万和1450万公顷，分别减少了11.3%和11%[③]。不仅如此，土壤特别是耕地的土壤肥力下降，变得贫瘠。

（2）自农业改革以来，私人农场（农户）建立后又破产倒闭的数量急剧增加：1992年为5100个，1993年为1.9万个，1994年高达4.6万个[④]。从1997年起，破产倒闭的私人农场（农户）数量超过了新建的私人农场（农户）数量。这种情况导致了私人农场（农户）绝对数量的减少，这从表6-3就可以反映出来。

[①]〔俄〕《俄罗斯经济杂志》2003年第2期。
[②]〔俄〕《俄罗斯经济杂志》2003年第2期。
[③]〔俄〕《俄罗斯经济杂志》2000年第9期。
[④]〔俄〕俄罗斯国家统计委员会编《俄罗斯农业》，1995，第53页。

表 6－3　1990～2001 年俄罗斯私人农场的发展动态

年　份	私人农场数量（万个）	土地地块总面积（万公顷）	一个地段平均面积（公顷）
1991	0.44	18.1	41
1992	4.90	206.8	42
1993	18.28	780.4	43
1994	27.00	1134.2	42
1995	27.92	1187.0	43
1996	28.01	1201.1	43
1997	27.86	1223.7	44
1998	27.43	1304.5	48
1999	27.02	1384.5	51
2000	26.11	1438.4	55
2001	26.17	1529.2	58

资料来源：〔俄〕《社会与经济》2002 年第 1 期。

从表 6－3 可见，1997～2001 年，俄罗斯私人农场的数量逐渐减少：如果 1997 年仅比上年减少了 1500 家，那么到 2000 年则比上年减少了 9100 家。俄私人农场发展不稳定的主要原因有：所有者的权益得不到应有的保护；税收负担过重；农业机械设备和燃料等价格不断上涨；国家扶持力度过小；提供给农场主的份地土质差；缺少必要的基础设施和道路。

（3）农业的物质技术基础受到极大削弱，农业机械设备拥有量大大减少，且陈旧老化。据有关资料，俄罗斯农业企业 1990 年拥有拖拉机 137 万台、谷物联合收割机 41 万台和饲料联合收割机 12 万台，但到 2001 年，这些农业机械设备分别减少 42%、51% 和 50%。这种情况又直接导致农机设备保有率的降低：每千公顷耕地所拥有的拖拉机数由原来的 10.6 台减至 7.1 台；每千公顷耕地播种面积所拥有的谷物联合收割机由原来的 6.6 台减至 4.7 台[①]。不仅如此，由于缺少资金，农业机械设备年久失修，大部分已经陈旧不堪，接近或达到报废程度。

（4）由于全面放开价格，工农业产品价格剪刀差迅速扩大，造成工农业产品价值的不等量交换和不等价交换。有资料显示，1990～1997 年，进入农村的工业品价格约上涨了 8848 倍，而农产品价格仅上涨了约 2000 倍，两者

[①] 参见《俄罗斯中亚东欧市场》2003 年第 6 期。

相差4.4倍。到2000年，工业品价格上涨66%，农产品价格只上涨了36%。2000~2002年，工业品价格的增长速度仍超过农产品价格12个百分点。一方面是农产品价格被压低，另一方面是农业生产费用和成本大大增加，这就使得相当数量的农业组织和农户生产经营亏损，生产难以为继。亏损的农业企业1998年竟然高达88%，2000年达52%，2001年也仍占46%。由于长期亏损经营，各类农业企业和组织负债累累，资金严重匮乏，再生产无法正常进行。资料还显示，1990年农业组织和农户购买拖拉机14.4万台，购买载重汽车9.76万台；而现在每年购买拖拉机只有近1万台，购买载重汽车仅2000台[①]。

实际上，在农业改革过程中，俄罗斯始终注意不断解决由改革引发的上述和其他问题，并不断对农业政策进行调整。

二 主要农业政策与政策调整

农业政策在俄罗斯经济政策中占有重要地位，特别是2005年俄罗斯出台了农业发展纲要，宣布将农业与教育、住房和医疗列为今后一个时期四大重点发展领域，并制定了一系列农业政策和法规，明确农业发展方向，从多方面加大对农业的支持力度。有资料显示，在俄罗斯划拨用来支持农业的财政资金总额中，有65%~75%用于对农业的财政补贴。但总的来说，自20世纪90年代初以来，俄用于农业领域的财政资金每年都在缩减，各级财政的支出中农业和渔业支出的比重从1990年的15%降到2002年的2.3%[②]。

（一）加大对农业的资金投入和支持力度

在农业政策的调整过程中，俄罗斯不断加大对农业的资金投入和支持力度，以解决农业企业和农户的生产与发展的资金需求。俄在这方面所采取的措施：一是鉴于一般商业银行不愿意向收益低、风险大的农业贷款，加之农民也无力支付高额贷款利息，俄政府出面成立了俄罗斯农业银行，专门负责分配使用国家对农业的投资，发放农业贷款，并将长期贷款的期限从原来的8年延长到10年，同时还加大了对长期贷款的补贴额。农民可以以抵押土地的

---

① 参见〔俄〕《俄罗斯经济杂志》2001年第5~6期，第49~50、57页。
② В. А. Вашанов, Развитие аграрной сферы России в условиях глобализации, Москва, СОПС, 2006 г. с. 109.

方式申请贷款，政府补贴贷款利息。二是政府资助建立农村信贷合作社，帮助农户和小型农业合作集体解决生产资金问题。三是调整国家对农业的贷款政策。自 2000 年秋开始，国家将农业预算资金用于支付商业银行的信贷利率，以鼓励商业银行向农业贷款。该政策刚一开始实施，俄罗斯农业部门中就出现了信贷热。2001 年，农工综合体的银行贷款同比增长了 5 倍，而且规定用于补贴的预算资金（130 亿卢布）也全部用完，212 家银行对 8000 多家农工综合体企业发放了 165 亿卢布的信贷①。四是针对农民无力购买农业机械问题，俄政府又成立了农业机械设备租赁公司，农民支付低廉的租金就可以使用农业机械。五是为了保护农民利益，建立了政府干预粮食市场制度，每当粮价走低，政府就收购余粮；而当粮价过高时，政府即出售储备粮食以平抑粮价。六是为解决农村劳动力流失严重问题，政府投入专项资金为农村青年建房或发放建房补贴，以留住农业人才。七是政府利用配额制和关税等手段保护本国农产品生产者，对一些食品如肉类和食糖等实行进口配额。

特别应当指出的是，俄罗斯政府 2005 年出台农业发展纲要后仅仅两年的时间，对农业的投入就增加了近 10 倍，达到 3600 亿卢布（当时 1 美元约合 24.5 卢布），对农业提供长达 8 年的贴息贷款 1910 亿卢布。2007 年 7 月俄罗斯政府又出台了农业发展五年规划。根据该计划，俄政府将加大对农业的支持力度，鼓励对农业的投资，进一步增加对农业贷款利息的补贴，推动农业生产现代化，同时为大中小农业企业参与竞争创造平等条件②。

另据俄《生意人报》报道，2011 年，俄罗斯政府继续推行大规模的农业扶持计划，用于扶持农业的财政资金至少增加了 16%。根据政府制订的 2011 年国家对农业的投资计划，财政要划拨 1250 亿卢布用于发展农业，包括调节农产品、原料和粮食市场③。而根据《2008～2012 年农业发展、农产品市场调节、农村发展规划》，2012 年联邦政府用于扶持农业和农村发展的拨款将比 2007 年的 654 亿卢布增加 1 倍，达到 1300 亿卢布。

（二）实行农业补贴政策

农业补贴政策是俄罗斯政府对本国农业支持与保护体系中最主要也是最

---

① http://www.iet.ru/publication.php.
② 《综述：俄罗斯重视发展农业以保证粮食安全》，新华网 2008 年 1 月 27 日。
③ 参见《俄政府加大农业投入扶持资金至少增加 16%》，www.hlj.gov.cn，2011-03-23。

常用的政策工具。俄在实践中注意调整对农业企业、私人农场和农户的农业补贴政策。在独立之初，俄罗斯曾全面放开农产品价格，并取消对农产品收购价格的补贴。但由于恶性通货膨胀和相关政策不落实，整个农业处于亏损境地，农民的生产积极性受到严重挫伤。鉴于这种情况，自1993年7月起，俄政府开始对农业补贴政策做出调整，决定对农业企业、私人农场和农户实施一系列的补贴措施。其中最主要的补贴措施有：一是实行信贷补贴和投入补贴政策。信贷补贴主要是银行贷款利率补贴，对这种补贴的拨款是《2006～2007年国家重点项目》规定的主要支出项目。而且，按照《2008～2012年国家规划》，利率补贴总额占到5年期预计开支总额的45%。信贷优惠补贴受益者的范围不断扩大，涵盖了包括农村住户和生产合作社在内的所有生产者。其补贴利率取决于俄罗斯中央银行的再融资利率，例如，对农业企业和食品加工者，联邦政府按中央银行再融资利率的2/3给予补贴；对小型农场和生产合作社，则按俄罗斯央行再融资利率的95%予以补贴。投入补贴政策主要面向农业企业和小型农场，包括化肥购买补贴、良种补贴、用于农业播种的燃料补贴等。此外，俄罗斯政府还提供用于农场建筑和改善土地灌溉的补助金。二是实行价格补贴政策。不仅规定地区财政对农民出售的肉类、牛奶、鸡蛋和羊毛等畜产品实行补贴，还对粮食市场价格加以干预。自2001年以来，俄政府通过限定最低和最高粮食价格来制定价格区间，并采取国家采购干预和国家商品干预的方式调节和稳定国内农产品价格。三是实行农产品出口补贴政策。

应当指出，1997年10月以后，俄罗斯面临着与世贸组织和有关国家就加入WTO问题的谈判，特别是要就国家对农业的扶持问题以及对农业原料和食品出口补贴问题讨价还价。虽然俄罗斯对农业的补贴大大低于许多农产品生产国和出口国（每年用于农业补贴的财政支出约为50亿美元），但一些世贸组织成员国尤其是15个主要农产品出口国仍坚持要求俄罗斯完全取消对农产品的出口补贴。这种情况也对俄罗斯的农业补贴政策造成很大冲击。而在加入世贸组织的谈判中，俄罗斯在承诺对农业补贴政策做出调整以符合世贸规则的同时，也在争取农业方面的保护政策。为适应"入世"后的新形势，俄总理梅德韦杰夫要求政府在2012年9月底之前制定出新的农业生产扶持政策。而为了改变农业补贴模式，俄农业部建议将购买燃料、化肥、种子的补贴和农业贷款补贴等按照播种面积发放。在每公顷开支为6000～7000卢布的情况下，各级财政的补贴总额可能达到每公顷1000卢布。这在世贸组织框架内属于菜篮子补贴,因此不受限制①。

(三) 实行农业税收优惠政策,减轻税负

俄罗斯在农业政策的调整中注重采取切实的政策措施减轻农民负担,其中最重要的举措是减少税种并实行统一农业税。自2002年起,俄罗斯将农业商品生产者缴纳的税种由原来的20余种减为10种。2003年开始征收统一农业税,总的原则是减轻税负,农业商品生产者的纳税额应相当于被该税取代的上一年所缴纳全部税费总额的1/4。农业企业可选择缴纳统一农业税,也可按原来的税制纳税。采用统一农业税的农业企业可获得免征所得税、财产税、增值税等优惠。截至2008年,约有65%的农业企业采用了此项税收政策。俄罗斯规定统一农业税税额为农业企业总收益与其总成本之差的6%。此外,俄罗斯还对农产品增值税实行税收优惠,即按10%的优惠税率课税(标准税率为18%)。这一优惠政策的适用对象为饲养牲畜家禽类农业企业;肉类、牛奶和奶制品、植物油和人造黄油、精炼糖与原糖、鸡蛋和蔬菜等主要农产品;饲料谷物、混合饲料、油籽粕和油籽饼等农业投入品。为了适应"入世"的需要,俄罗斯国家杜马于2012年9月三读通过了一项法律,强化对农业生产者实施的税收优惠政策:规定农业企业利润税将无限期实行零税率政策;在2017年12月31日前对一些粮食种子、种畜等农产品的增值税继续实行10%的优惠税率②。

三 农业政策调整中的问题

总的来说,虽然俄罗斯根据农业部门出现的新情况和新问题对农业政策进行了较大调整,包括在改组集体农庄和国营农场的基础上大力鼓励农村各种经营形式的发展;减轻农民税收负担,实行农业补贴政策;加大对农业的资金投入和支持力度,对农业出口与农业发展采取各种支持措施;在土地关系与信用合作社发展等方面采取一些必要的法律措施;等等,但应当看到,俄罗斯的农业政策仍存在以下问题③:

---

① 《俄罗斯成为世贸新成员倒计时积极应对新挑战》,http://commerce.dbw.cn/,2012-07-08。
② 《俄罗斯:通过立法对农业实施税收优惠政策》,中国税务网2012年9月21日。
③ 参见http://www.iet.ru/publication.php (俄文版)。

第一,为了完善市场功能并加强政府调控,俄罗斯在中央和地方建立了一些国有或半国有机构,如俄罗斯农业银行、俄罗斯农业机械设备租赁公司、俄联邦市场调节处及其他一些类似的地方机构。由于这些机构具有国有或半国有性质,处于非竞争状态,因而虽然这些机构取代了相应的商业机构并试图执行商业机构的职能,但实际上无法正常发挥其应有的职能作用。一方面,这些国有或半国有机构可以获得免费的流动资金,而其他任何商业机构要使用这些资金都需要付费。另一方面,国家有意为这些商业机构设立了垄断条件,如只允许通过俄罗斯农业机械设备租赁公司进行联邦租赁等。因此,国家在建立完善的市场机制的同时,又在为市场机制的发展设置障碍。

第二,国家在市场调节和农业政策的执行中完全效仿西方发达国家的做法,而忽略了俄罗斯的具体国情特别是经济转轨时期所具有的基本特征。俄罗斯农业市场建立的时间较短且很不完善,市场参与者对国家的干预还难以完全适应。在这种情况下,国家不仅不应当干预市场的自我调节机制,而是应该对市场机制的建立给予支持并使其逐渐完善。

第三,农业政策与预算相脱节是俄罗斯农业政策中存在的又一问题。尽管自1990年以来,俄罗斯出台了对农工综合体的调整方案,但农业预算结构并没有发生实质性的变化,农业补贴仍优先用于矿物肥料、良种繁育、亚麻与大麻的生产等方面。在2000年实施的农工综合体中期发展纲要中也没有体现出这方面的变化。这主要是由于俄罗斯沿袭传统的农工综合体预算以及对预算分级制不适应所致。因此,有必要提高农业预算的透明度,这有利于提高农工综合体预算资金的使用效率。

第四,目前俄罗斯地区预算约占农业总预算的2/3,说明俄农业预算以地方预算为主。由于对农业生产者的直接支持主要靠地区预算的潜力和财力,从而引发了各地区之间独特的"贸易战"。尽管自20世纪90年代中期以来,俄对市场参与者已基本取消了某些农产品在地区间进出的限制,但为了排挤其他地区的农业生产者,各地区都加大对本地农业生产者的补助力度。例如,鞑靼斯坦和巴什基尔加大了对本地牛奶生产者的补助,这样就恶化了楚瓦什牛奶生产者的状况;秋明州及斯维尔德洛夫斯克州也通过积极支持本州的家禽饲养业来排挤邻近地区的家禽进入本地市场。因此,俄罗斯有必要对各地区支持农工综合体的措施加以规范。

第四节 农业状况分析

自20世纪末21世纪初,由于俄罗斯实行以土地私有化和建立私人农场等为主要内容的农业改革,私人资本开始大量投资农业,逐步建立起一些大的农工企业,一些从种植、养殖到加工、销售一条龙的大型农工实体开始成为农业骨干力量。随后一些小农户也自愿结合建立农业合作社,规模化农业渐渐成为俄罗斯农业发展的主要方向。特别是《俄罗斯联邦农用土地流通法》正式实施后,俄罗斯广大土地经营者和农户获得了土地流转权和所有权,土地资源初步得到合理配置和有效利用。以此为起点,俄罗斯农业生产开始好转,不但结束了连续几年的下滑,而且改变了多年来粮食依赖进口的局面,成为粮食出口国。

一 农业总体发展状况

由于经济转轨和农业自身的因素,1991~1998年俄罗斯农业总产值下降了42.7%。但从1999年起,俄农业生产走出低谷,2000年和2001年增长率分别高达7.7%和7.5%,俄罗斯农业呈现出良好的发展态势。特别是从2001年开始,俄罗斯甩掉了粮食进口帽子,首次实现了粮食自给自足。当年俄粮食产量达到8520万吨,不仅满足了国内粮食需求,而且使俄再次成为粮食出口国,2001年俄罗斯出口粮食320万吨。2002年,俄罗斯粮食产量更是达到创纪录的8660万吨,粮食出口1850万吨,成为当年第五大粮食出口国。俄罗斯不仅基本解决了粮食问题,能够满足国内需求,而且每年还能出口1000多万吨粮食。虽然此后几年俄农业生产有所下降,尤其是2003年粮食产量降至6720万吨,但俄农业总体保持较为平稳的发展势态,2004~2006年粮食产量维持在接近8000万吨的水平上。2007年,在世界粮食生产出现危机的情况下,俄罗斯粮食总产量竟然达到了8180万吨。另按美国农业部的统计数据,2006~2007年度俄小麦产量占世界总产量的7.6%左右,是继欧盟、中国、印度、美国之后的第五大小麦生产国。表6-4和表6-5反映了2002~2007年俄罗斯粮食总产量和主要粮食作物产量情况。

表 6-4　2002~2007 年俄粮食产量

单位：万吨,%

年　份	产　量	同比增幅
2002	8660	—
2003	6720	-22.4
2004	7810	16.2
2005	7820	0.1
2006	7860	0.5
2007	8180	4

资料来源：俄联邦统计局。

表 6-5　2005~2007 年俄主要粮食作物产量

单位：万吨,%

种　类	产量（2005 年）	产量（2006 年）	同比增幅	产量（2007 年）	同比增幅
小　麦	4770	4500	-5.7	4940	9.7
大　麦	1580	1810	14.55	1560	-13.8
黑　麦	360	300	-16.6	390	30
燕　麦	460	490	6.5	540	10.2
玉　米	320	370	15.6	390	5.4
其　他	330	390	18.1	360	-7.7
共　计	7820	7860	0.5	8180	4

资料来源：俄联邦统计局。

2008 年和 2009 年，俄罗斯农业生产继续增长。粮食产量从 2007 年的 8180 万吨增加到 2008 年的 1.08 亿吨，首次超过了 1986~1990 年 1.04 亿吨的平均水平。2009 年粮食产量虽有下降，也达到了 9700 万吨。2010 年，俄罗斯有 43 个地区发生了严重干旱，致使农业生产同比下降 10%，其中粮食产量下降 37%，降至 6090 万吨。

二　粮食出口情况

在 20 世纪，苏联曾一度是世界粮食出口大国之一。但在俄罗斯独立初期，经济转轨和经济滑坡，以及对农业的投入不足，导致农业生产不景气，粮食产量大幅下降，粮食供应出现严重缺口。仅 1999 年和 2000 年两年，俄罗斯就接受粮食援助和进口粮食约1200万吨。但随着经济转轨的深入发展和经济的好转，俄政府逐步加大了对农业的扶持力度，粮食生产得到较快发展，粮食出口也随之不断增加。加之俄政府将扩大粮食出口作为促进农业发展的一项重要措施，使俄在世界粮食出口市场上的地位逐步得以恢复，目前已步入世界最主要的粮食出口国行列。

2002年，受国内粮食价格和国际市场粮价巨大反差的刺激，俄罗斯粮食出口开始增加。2003年和2004年出口量继续增长，达到1700万吨。此后虽有一定的波动，但粮食出口量仍维持在2005年的1225万吨和2006年的1115万吨之间。尤其是在世界粮食出现大范围紧张的2007年，俄罗斯仍然出口了1500万吨粮食。另据俄罗斯农业部公布的数据，2007年7月至2008年1月期间，俄罗斯共出口粮食1290万吨，其中小麦1170万吨，占出口总量的90%。表6-6反映了2004~2007年俄罗斯主要粮食作物进出口情况。

表6-6 2004~2007年俄主要粮食作物进出口情况

单位：万吨

种类	出口				进口			
	2004年	2005年	2006年	2007年	2004年	2005年	2006年	2007年
粮食	586.9	1225	1115.3	1500	289.8	144.9	231.3	—
小麦	471.6	1.34.8	972.4	1444.41	136.4	57.7	139.7	46.54
大麦	107.7	176.9	128.7	—	43.9	25.2	18.8	27.26
玉米	2.2	7.1	5.67	—	49.9	20.1	29.5	9.35

资料来源：俄联邦统计局。

小麦作为俄最主要的粮食作物和出口产品，2008年的出口量为1350万吨，2009年俄出口小麦和混合麦（小麦和黑麦的混合）1671万吨，占当年全球小麦出口总量的约13%，成为排在美、加之后的第三大小麦出口国。主要粮食出口市场为意大利、希腊、西班牙及北部非洲地区。2010年由于干旱造成粮食减产，同年8月俄政府颁布禁令，禁止所有的粮食和面粉出口。虽受干旱和出口禁令的影响，小麦的出口量仍达1180万吨（实际数，计划数为1450万吨）。按照俄政府2008~2012年的五年规划，2011年和2012年小麦出口量要达到1500万吨（见表6-7）。

表6－7 2008～2012年俄小麦生产及出口规划

单位：万吨

	2008年	2009年	2010年	2011年	2012年
产　量	4450	4600	4750	4800	5000
出口量	1350	1400	1450	1500	1500

资料来源：俄农业部网站。

三　农业发展目标与前景

根据2006年颁布的《俄罗斯联邦农业发展法》，俄罗斯于2007年7月通过了《2008～2012年国家农业发展和农产品、原料、食品市场调节规划》。按照该规划，俄政府要加大对农业的支持力度，鼓励对农业的投资，进一步增加对农业贷款利息的补贴，推动农业生产现代化，同时为大、中、小农业企业参与竞争创造平等条件。俄罗斯中央政府和地方政府要在2008～2012年的5年间，向农业拨款1.1万亿卢布来扶持和促进农业发展。其中，联邦政府和各州政府分别承担5513亿卢布和5443亿卢布。同时，其还计划吸引3110亿卢布的预算外资金。这1.1万亿卢布的使用方向为：20%用于保护和开发农业用地，12%用于为农业生产经营创造基础条件，13%用于发展农业中的重要部门，54%用于稳定农业企业的财务状况，1%用于调节农产品原料和粮食市场。截至2011年1月1日，按该规划拨付的资金已达9565亿卢布[①]。实施该规划的主要目标，是要使俄罗斯农业产值年增速达到4%，畜牧业年增速达到5%，农业劳动生产率每年提高5%。在2008～2012年的5年间粮食产量要逐年稳步提高，到2012年小麦产量要达到5000万吨（见表6－7）。

此外，2008年11月17日通过的《至2020年俄罗斯经济社会发展战略构想》也确定了俄罗斯农业的中长期发展目标（以2007年为基数）：到2020年粮食总收成不低于1.2亿～1.25亿吨，食品生产增加90%，肉类生产增加70%，牛奶生产增加27%。为此，确立了四个农业优先发展方向：一是改善农业生产的总体条件，特别是养殖业发展的基本条件；二是保障农村地区稳定发展；三是提高土地资源利用效率和再生产效率，使化肥的利用量符合合理要求，即每公顷农耕地的化肥用量从2007年的33公斤增加到2010年的39

---

① 参见高际香《俄罗斯农业发展与战略政策选择》，《俄罗斯中亚东欧研究》2011年第4期。

公斤,再到 2020 年的 110~117 公斤;四是发展农业生产技术,提高农业竞争力,增加高产农作物品种的播种面积,到 2020 年使其在总播种面积中所占比重达到 35%~40%①。

第五节 简要评述

第一,土地是俄罗斯最敏感的问题之一,俄媒体将其称为俄罗斯"20世纪最困难的问题"。俄罗斯的土地私有化虽历经波折,但还是得以迅速推进。尽管在土地私有化初期造成农业产量和增长率的严重下降,但 20 世纪末特别是进入 21 世纪后,改革绩效开始显现。俄罗斯农业生产的集约化程度不断提高,化肥的使用量逐渐增加。各种产量及指标,如乳产量、产蛋率、幼畜出生率等不断上升,而且企业亏损状况也有所改变。

第二,农业领域所发生的改变反映了俄罗斯农业政策的变化。但与发达国家相比,俄罗斯的农业保护政策还处于相当低的水平,这也构成了俄农业政策的一个特点。有资料显示,俄罗斯对农业的支持水平大大低于美国、欧盟和其他一些主要的东欧国家;俄罗斯农产品的加权平均进口税率低于世界上大多数国家。俄农业政策的另一个特点是在农工综合体的支持方面地区预算所占比重很大,约占农业预算的 70%,而在美国和德国这样的国家中,地区预算占比仅为 10%;在加拿大,国家和地区用于农业和农业发展的费用基本相等。

第三,如表 6-8 所示,在经济转轨和农业改革的前期阶段,俄罗斯私人农场的产值在农业总产值中所占的比重很低,而且私人农场的数量在逐渐减少。这说明当时俄私人农场的发展状况并不乐观,与俄农业改革的初衷背道而驰。私人农场之所以难以成为俄农业生产的主导形式,是因为在这一问题上俄罗斯依然存在着宏观、中观和微观三个层面的问题。所谓宏观层面的问题,主要是税法不完善,国家政策多变,私人农场主的合法权益得不到应有的保护。所谓中观层面的问题,是指在地方和局部出现的问题,突出表现为地方政权机关和官僚利用手中的权力为私人农场的发展设置重重障碍,限制甚至剥夺农场主获得好地、近地的权利,对生产和贸易用地规定过高的租金

---

① 参见高际香《俄罗斯农业发展与战略政策选择》,《俄罗斯中亚东欧研究》2011 年第 4 期。

等。而微观层面的问题则是由卖方与消费者、雇主与雇佣工人,以及经济合作伙伴与竞争对手之间错综复杂的相互关系和相互作用引起的。凡此种种,表明俄罗斯私人农场的发展问题颇多。即使在近些年,虽然私人农场得到了一定的发展,但在俄农业中的影响依然很小。有资料显示,在2005~2009年的5年间,私人农场产值占农业总产值的比重仅分别为6.1%、7.1%、8.1%、8.5%和7.7%。

表6-8 各种农业生产类型农业产值比重的变化情况

单位:%

年 份	1991	1992	1993	1994	1995	1996	1997	1998	1999	2000	2001
农业企业	68.8	67.1	57	54.5	50.2	49	46.5	39.2	40.8	43.0	43.9
个人副业	31.2	31.8	39.9	43.8	47.9	49.1	51.1	58.6	56.7	54.0	52.4
私人农场	—	1.1	3.1	1.7	1.9	1.9	2.4	2.2	2.5	3.0	3.7
总 计	100	100	100	100	100	100	100	100	100	100	100

资料来源:俄联邦国家统计委员会资料。

第四,尽管存在上述问题,但如果从农业领域私人经济成分的发展角度来评价俄罗斯的农业改革,可以清楚看到,俄罗斯发展农业领域私人经济成分的制度基础和法律基础已经基本建立起来。其一,农业所有制关系发生了根本性变化,这使得土地和其他生产资源有可能再分配到有效的所有者手里,为农业私人经济成分的形成和发展创造条件。其二,新经营形式的制度基础已经建立起来,多种农业经济成分得以形成,从而有助于商品生产者在农业市场的自由竞争。而且,生产经营形式的多样化能够充分利用大生产和小生产的各自优势,将大型农业生产的优势与农民的积极性和主动性结合起来。其三,由于农业改革和土地私有化,每个农村人口都分得了财产和土地份额,从而为他们提供了一定的条件来从事农业产业,办私人农场。其四,取消了对农民发展个人副业的行政限制。

第五,俄罗斯在从计划经济向市场经济转轨的初期阶段采取了激进的变革方式,在农业领域推行大规模的土地私有化。虽然这种剧烈的制度变迁方式在一开始就打乱了既有的经济制度和经济结构,导致生产的急剧下降和社会生活的严重衰退,但当新制度初步建立并达到相对稳定后,俄罗斯经济随之走出衰退的阴影,后发优势逐步显现,这在农业部门表现得较为明显。因此应当说,俄罗斯在农业领域的改革特别是在土地私有化和农业政策的调整方面取得了一定的成效。

第六，为了经济的全面复兴特别是农业振兴，俄罗斯早在2005年就宣布将农业、教育、住房和医疗一道列为今后一个时期的四大重点发展领域。围绕农业的振兴和发展，俄罗斯最新出台的农业政策和发展规划不仅提出要大力发展农业生产、增加国内农产品生产和消费总量，而且在各个领域都确定了具体的发展目标，并规定了达到发展目标的一系列具体措施。这表明俄罗斯对农业高度重视，并进一步确立了国家在农业政策和农业发展方面的主导地位。应当说，俄罗斯农业的发展潜力巨大，如果鼓励农业发展的政策措施得当，俄农业保持相对稳定的增长趋势是可能的。俄罗斯已于2012年8月加入世界贸易组织，这意味着今后俄农业政策面临着进一步的重大调整。

第二编
经济发展

第七章
经济发展进程

20年来俄罗斯经济发展经历了十分曲折与艰难的过程，其原因极为复杂，既有历史因素，又与经济转型及发展政策有关，还受国际经济环境变化的影响。

第一节 严重的经济转型危机

叶利钦时期经济体制转型过程中，出现了严重的经济危机。1992~1999年的8年中，俄罗斯经济除了1997年和1999年分别增长0.9%和5.4%外，其余6年都是负增长，1992年GDP下降14.5%，1993年下降8.7%，1994年下降12.7%，1995年下降4.1%，1998年下降4.6%。经济转轨以来，俄罗斯GDP累计下降40%。

有人把产生经济转型危机的原因仅归咎于"休克疗法"，如有人说："俄罗斯经济形势和经济转型出现的问题，原因不在别处，而在'休克疗法'本身。""休克疗法""把国民经济搞休克了，把国家搞休克了，把人民搞休克了"。有人还说"休克疗法"是"醒不过来的噩梦"。长期以来，笔者一直不同意把俄出现严重的经济转型危机仅仅归结为"休克疗法"的这个结论。笔者认为，叶利钦时期俄罗斯出现严重的经济转型危机是各种因素共同作用的结果，因此，必须历史地、全面地进行分析，切忌简单化。普京在《千年之交的俄罗斯》一文中，在回答这个问题时写道："目前我国经济和社会所遇到的困境，在很大程度上是由于继承了苏联式的经济所付出的代价。要知道，在改革开始之前我们没有其他经济。我们得不在完全不同的基础上，而且有着笨重和畸形结构的体制中实施市场机制。这不能不对改革进程产生影响。""我们不得不为苏联经济体制所固有的过分依赖原料工业和国防工业而损害日用消费品生产的发展付出代价;我们不得不为轻视现代经济的关键部门付出代价,如信息、电子和通信;我们不得不为不允许产品生产者的竞争付出代价,这妨碍了科学技术的进步,使俄罗斯经济在国际市场丧失竞争力;我们不得不为限制甚至压制企业和个人的创造性和进取精神付出代价。今天我们在饱尝这几十年的苦果,既有物质上的,也有精神上的苦果。""苏维埃政权没有使国家繁荣,社会昌盛,人民自由。用意识形态化的方式搞经济导致我国远远地落后于发达国家。无论承认这一点有多么痛苦,但是我们将近70年都在一条死胡同里发展,这条道路偏离了人类文明的康庄大道。"与此同时,普京也写道:"毫无疑问,改革中的某些缺点不是不可避免的。它们是我们自己的失误和错误以及经验不足造成的。"① 我之所以引普京上面这些话,因为我认为他讲的是符合实情的,我找不到理由来反对这些看法。笔者认为,应从以下几个方面去研究俄经济转型危机如此严重、时间如此之长的原因。

一 与苏联时期留下很深的危机因素有关

俄罗斯是苏联的继承国。俄罗斯经济继承了苏联经济,两者有着十分密切的联系。导致俄经济转型危机的因素,不少是苏联时期留下来的,也就是说,旧体制、不合理的经济结构与落后的经济增长方式等惯性作用在短期内不可能消除。在转型过程中新旧体制的摩擦、矛盾与冲突比任何一个从计划经济体制向市场经济体制过渡的国家都要尖锐和严重。这是因为:

(1) 苏联历次改革未取得成功,这样,经济问题越积越多,潜在的危机因素不断增加。到了20世纪70年代,苏联经济已处于停滞状态。苏联经济的负增长在1990年已出现,到1991年GDP下降13%,而实行"休克疗法"的第一年(1992年),GDP下降幅度是14.5%,这比1991年并不大多少。

(2) 由于长期走粗放型的发展道路,这种拼消耗、浪费型的经济增长方式长期得不到改变,严重制约了经济的发展。

(3) 80%的工业与庞大军工有关的苏联经济,向市场经济转型要比民用

---

① 《普京文集》,中国社会科学出版社,2002,第4~5页。

经络难得多，因为军工产品的买主是单一的，即政府，在这种情况下，市场机制难以起作用，政府订货一减少，军工企业便陷入困境，从而对整个工业企业产生重大影响。这里，我们不妨列举一些资料具体分析一下这个问题。普里马科夫指出，苏联解体前军工领域各部门创造的产值占国内生产总值的70%①。如此庞大、占GDP比重如此高的军工企业，在俄罗斯经济转轨起始阶段由于受上面指出的因素制约，在1992~1993年，武器生产几乎下降了5/6，军工企业生产总规模下降6/7。② 上面几个数字告诉我们，占GDP70%的军工生产下降了6/7，这对俄罗斯在经济转型初期经济增长率大幅度下降起很大的作用；还告诉我们，军工生产急剧下降，主要是国际形势的变化与军工企业转型的特殊性造成的。

（4）对主要与经互会成员国有联系的苏联经济，1991年经互会解散，这对俄经济的发展必然带来严重的消极影响。据有关材料分析，在经互会解散的1991年，苏联GDP下降的50%以上是与经互会方面经济联系遭到破坏造成的。这里还要考虑到苏联解体后，原各共和国之间地区合作和部门分工的破裂对经济产生的严重影响。

从这里可以看到，仅军工生产的大幅度下滑和经互会解体这两个因素对俄罗斯出现经济转轨危机起了多大的作用。

二 经济转型过程中出现的矛盾与失误

在这方面有两类问题：一类是俄罗斯实行快速向市场经济转型而所采取的措施本身所含有的内在矛盾③，它对经济发展带来困难；一类是转轨过程中出现的政策失误。

内在矛盾包括：

（1）快速地向市场经济过渡的目标是要稳定经济，但为此而采取的措施往往与目标相矛盾。这表现在：

---

① 〔俄〕叶夫根尼·普里马科夫：《临危受命》，高增川等译，东方出版社，2002，第62页。
② 刘美珣、列·亚·伊万诺维奇主编《中国与俄罗斯两种改革道路》，清华大学出版社，2004，第350页。
③ 关于"内在矛盾"的观点，笔者早在1993年2月撰写的一份调研报告中就提出，同年3月在厦门大学一次学术研讨会上，笔者在向会议提交的题为《前苏联与东欧各国向市场经济过渡若干问题分析》的论文中，又详细地做了分析。该论文收在由陆南泉和阎以誉编著的《俄罗斯·东欧·中亚经济转轨的抉择》一书中（见中国社会出版社，1994）。

第一,俄罗斯在转轨起步阶段,其经济处于深刻危机状态,原来的经济结构严重畸形,市场供求关系极不平衡。这种情况下,客观上要求政府加强对经济的干预,有时还需要采取一定的行政手段。但快速地、大范围地放开价格,实行经济自由化,一般会使政府的间接调控和行政干预的作用大大减弱,甚至根本不起作用,这样,不仅达不到稳定经济的目标,反而使经济更加混乱和动荡不定。

第二,稳定经济与紧缩财政与信贷政策之间有矛盾。俄罗斯在转轨头几年,经济危机与财政危机一直并存。从客观上讲,要遏制生产下降,稳定经济,就要求增加投资,放松银根。而解决财政赤字问题和控制通胀,又必须压缩支出,减少国家投资和紧缩信贷,这与稳定经济、促进生产的发展又相矛盾。

第三,大幅度减少财政赤字,除了压支出还要增收,而增收的主要办法是增加对企业的课税。增加对企业课税的结果实际上把企业掠夺一空,刺激生产发展的机制就形成不了。

(2) 苏联与东欧各国经济的一个重要特点是垄断程度高,如苏联,40%的工业产品是受垄断控制的。在垄断没有打破的情况下放开价格,很难达到刺激生产的目的。因为,往往会出现由国家垄断价格变成某部门、某地区甚至某个大企业的垄断价格。这样,难以形成市场竞争环境。

(3) 在向市场经济过渡的起步阶段,实施的像放开价格等宏观改革措施与使企业成为独立的商品生产者的微观改革措施,发挥作用的条件与时间是不同的。例如,放开价格等措施在极短时间内即可实现,而私有化则是一个较长时间的过程,企业机制的转轨难以在短期内实现,因此,企业对转向市场经济的宏观改革措施所发出的各种经济信号不能做出灵敏的反应。又如,要形成能适应市场经济的企业领导层和改变广大生产者的惰性,也不是短时间能做到的。

(4) 打破对外经济关系垄断制,向国际市场全面开放,是向市场经济过渡的重要外部条件。但这会立即面临激烈的竞争,而俄罗斯的生产设备只有16%能承受住竞争的压力。在这种情况下,加速对外开放的宏观改革措施与保护及促进本国企业发展的微观改革措施难以协调。

以上种种矛盾,往往会拖延向市场经济过渡的速度,使社会经济的动荡与痛苦变成一个慢性的和长期的过程,成为在短期内难以摆脱经济困境的一个重要原因。

政策失误有:

(1) 放弃了国家对经济的调控。这在俄罗斯转型头几年表现得尤为突出。当时盖达尔主张,应该采取措施,以最快的速度在俄形成自我调节和自我组织的市场经济,国家应最大限度地离开市场经济。到1994年2月10日,盖达尔在《消息报》发表文章还强调:"要尽最大可能减少国家对经济的管理"。十分明显,当时俄经济转轨在新自由主义的影响下,强调国家放弃对经济的干预,强调市场的神奇力量,没有摆正政府与市场的关系。1994年3月,俄罗斯对专家就国家对经济的作用问题进行了调查,受调查的专家中,认为"国家对经济的调节力度过于软弱"的占57%①。关于一点,几乎有一致的看法。普里马科夫批评说:"现代自由主义作为一种经济思想,过去和现在都在宣扬在国家最少干预管理对象活动的条件下实行自由竞争。"他认为,要在俄罗斯实现公民社会,政治多元化,继续市场改革,把俄罗斯经济作为世界经济的有机部分发展,"首先必须加强国家对经济的作用,但完全不意味着,也不可能意味着收缩市场过程。与此相反,我们认为国家应当促进转入文明的市场。没有国家认真干预,混乱的运动本身不会也不能出现这一市场"②。阿巴尔金指出,对形成市场经济过程中加强国家作用的理论,国内外多数学者持一致的看法,他转引美国约瑟夫·斯蒂格利兹等三名获得诺贝尔经济学奖的学者的观点说:"他们认为,绝对自由的、自发的市场发展会导致经济中的失衡现象。尖锐的、不可调节的冲突会造成不稳定现象并出现社会危机和动荡。为了防止这些弊端,按照他们的意见,必须有规律地增加国家的调节作用。"③

(2) 过度的、无区别的紧缩政策恶化了宏观经济环境,还危及企业的基本生存条件。俄罗斯在实行经济自由化特别是价格自由化过程中,为了抑制通胀,需要实行紧缩财政、货币政策,但俄罗斯没有在不同的时间、不同的部门实行适度紧缩,而是全面紧缩,不加区分,结果造成投资大幅下降,1995年俄罗斯投资总额仅为1990年的25%。投资危机在经济危机中最为突出。另外,货币供应量和信贷投放量的过度紧缩,使企业由于缺乏必要的资

---

① 〔俄〕П. Я. 科萨尔斯等:《俄罗斯:转型时期的经济与社会》,石天等译,经济科学出版社,2000,第64页。
② 〔俄〕叶夫根尼·普里马科夫:《临危受命》,高增川等译,东方出版社,2002,第21、36、37页。
③ 〔俄〕《阿巴尔金经济学文集》,李刚军等译,清华大学出版社,2004,第294页。

金而难以进行正常的生产经营活动。实践证明，过度的紧缩政策既没有达到稳定经济的目标，也没有达到平衡财政的目标。还需要指出的是，过度紧缩政策还导致三角债大量增加，并出现经济货币化大幅度下降与严重的支付危机。俄罗斯很多经济问题都与三角债有关。过度紧缩使货币量大大减少。经济转轨之初的1992年1月，货币量占1991年GDP的66.4%，大体与世界实践相适应。到1998年6月1日，货币量仅占1997年GDP的13.7%①。累积的债务率不断增加，1993年占GDP的9.6%，而到1998年高达49%②。

（3）软性预算控制措施与软弱无力的行政控制手段，是俄罗斯长期解决不了财政问题的重要原因。IMF出版的《金融与发展》季刊1999年6月号，盖达尔写了一篇文章，总结俄罗斯危机给转轨国家带来的教训。他认为俄罗斯改革中最重要的一个失误是"软性预算控制措施与软性或不存在的行政管理限制灾难性地融合在一起"。过去，在计划经济体制条件下，软性预算措施是与硬性的行政管理措施共存的。由于每个企业都是某个庞大的统治集团的一部分，因此国家牢牢控制着经理的任用，还要确保这些经理完成国家赋予他们的任务，企业经理人员完全处于集权化的政治控制体系中，他们必须循规蹈矩。虽也有掠取企业财富的犯罪行为，但受到限制。而当这种集权化的计划经济体制崩溃之后，对企业经理人员的行政控制也就瓦解了。这样，造成的结果是，每年的税收计划往往只能完成50%左右，而大量的财政支出压不下来，财政危机不断加深。1998年"8·17"的一场金融危机是说明这一点的典型例子。从这一年上半年预算执行情况看，俄竟有一半以上的预算支出没有资金来源。这种状况一直延续下去，与此同时，还债的压力越来越大，并已完全丧失了偿还债务的能力，到了8月，俄政府与央行不得不宣布调整卢布汇率与重组债务。

（4）国企改革中的失误，对俄经济发展起着不可低估的负面作用。从传统的计划经济体制向市场经济体制过渡，一个重要条件是要把过去统一的、过分集中的以国家所有制为基础的经济变为与市场经济相适应的所有制关系。俄罗斯改革所有制结构，这是实行市场经济必不可少的一步。它在这方面的错误，不在于搞不搞私有化，而在于私有化的战略目标与方式等方面出现了严重错误。有关这方面的问题在本书第二十五章第四节已作

---

① 〔俄〕叶夫根尼·普里马科夫：《临危受命》，高增川等译，东方出版社，2002，第47页。
② 〔俄〕《阿巴尔金经济学文集》，李刚军等译，清华大学出版社，2004，第242页。

了论述。

（5）对西方的经济援助期望过高。俄在转轨初期，原设想只要沿着西方认同的改革方向发展，与社会主义决裂，就可获得西方大量资金。实践证明，西方的经济援助不仅数量有限并有苛刻的政治条件，援助的目的是为西方国家自身的安全利益服务的，即要使俄长期处于弱而不乱状态。几年后，俄罗斯对此才有较为清醒的认识。

（6）分配领域中的失误。市场经济要求的效率优先、兼顾公平的原则，在俄经济转轨过程中的相当一个时期未能实现这个原则。转轨一开始，由于盖达尔坚持实行自由市场经济模式，因此，在社会与分配领域，他坚持的政策是国家只负责保护社会上最贫困的那部分居民。这样，在废除苏联原有的社会保障体制的同时，并未采取有效的社会公正政策来遏制各阶层收入差距的不断扩大。据俄罗斯统计资料，10%的富有阶层的收入与10%的最低收入阶层的收入差距在1991年为4.5倍，1992年为8倍，1993年为11倍，1993年与1994年上升到14倍左右，1999年的第二季度升至14.7倍。20世纪90年代中期，俄社会中10%的高收入阶层的收入占居民总收入的26%，而占人口总数10%的贫困阶层的收入占总收入的2.3%[①]。另外，国家基本上不能保证教育、保健与文化等一系列社会问题要求得到满足。这种分配政策，使得大量社会问题得不到解决，大多数居民与政府处于对立状态。这是社会不稳定、改革得不到支持、市场经济秩序迟迟建立不起来的一个重要原因。

三　政治因素对经济衰退的作用

很长一个时期，俄罗斯政局的不稳是阻碍经济转型和经济正常运行的重要因素。向市场经济过渡要求有一个稳定的社会政治环境，法制建设必须要跟上。俄罗斯在向市场经济转轨的开始阶段，经济过渡与政治过渡之间存在严重的脱节和不协调。1993年10月叶利钦炮打白宫以及政府的不断更迭，不仅反映出俄政治体制的不成熟、不稳定及不定型，还反映出各种职能机构之间缺乏协调机制，失控现象十分严重。在这样的条件下，俄罗斯难以形成一个在实际中能贯彻执行的经济纲领，从而也就导致经济运行处于混乱、无序

---

① 转引自张树华《过渡时期的俄罗斯社会》，新华出版社，2001，第111~112页。

的状态。这种复杂的动荡不定的政局、一场接一场的政治风波，使得俄罗斯经济变得更加脆弱，更加扑朔迷离。

四 转轨理论准备不足

在苏联时期，经济理论在意识形态的重压下，对市场经济理论主要是批判，对现代市场经济理论根本不熟悉，因此，在快速向市场经济转轨时，就会对西方市场经济理论不顾俄罗斯具体条件而盲目运用到经济改革中。正如俄罗斯科学院经济学部在对10年经济转轨进行反思时提出的，"不能把改革失败的全部过失归咎于俄罗斯当今的改革派。不管情愿与否，必须承认，改革失败的重要原因之一在经济学对于改革的总体理论准备不足"。

第二节 普京时期的经济增长

一 第一任期的主要经济成就

普京执政的第一任期，在经济领域取得的主要进展表现在：从经济发展来讲，使俄罗斯经济从严重的危机状态摆脱出来，走向复苏，进入了经济增长期。经济成果主要表现在：

第一，在普京第一任期的4年内，GDP累计增长近30%。由于经济摆脱了危机并出现连续增长，俄罗斯过去丧失的经济潜力已弥补了40%，但还没有达到1989年的水平。2003年俄罗斯GDP总量（按卢布汇率计算）为4315亿美元。

第二，人民生活水平有了明显提高。1999年职工月均工资为64美元，养老金仅为16美元，并且经常不能按时发放。而到2003年这两项指标分别增加到180美元和60美元。这4年居民的实际收入增加了50%，生活在贫困线以下的居民从1999年占总人口的29.1%下降到2003年的22.5%。失业率从1999年的12.66%下降到2003年的8.4%。

第三，一些重要的宏观经济指标有所改善。在普京的第一任期内，偿还外债500多亿美元，而且并未引起财政紧张。连续几年出现预算盈余，2003年预算盈余占GDP的2.5%。通胀率得到控制，2003年未超过

12%。1998年金融危机后,几乎枯竭的外汇储备到2003年达到了历史最高水平,为790亿美元,仅2003年一年就增加300亿美元;2004年为1200亿美元。

这一时期普京实行的"自由经济"政策与发展方针。他强调的战略是,通过政治上建立强有力的国家政权体系与加强中央权力,保证俄罗斯实现市场经济的改革。2000年1月18日,普京在新一届杜马的讲话也表示俄罗斯将广泛实施以市场为导向的经济,他敦促国家杜马批准久拖未决的土地私有化。同时,普京强调,这种市场经济不是像叶利钦时期那样野蛮的资本主义市场经济,而是文明的、建立在法律与平等竞争基础上的市场经济,这也是一种符合市场经济一般原则要求的"自由经济"。普京认为,在保持强有力的中央政治控制下推行"自由经济",对推动市场经济的改革与经济发展可取得最佳效果。

这里要指出的是,有关实行"自由经济"的改革与发展方针,是普京反复强调的一个基本观点。他在2000年的总统国情咨文中说:"我们极为重要的任务是学会利用国家工具保证各种自由:个人自由、经营自由、发展公民社会机构的自山。""我们的战略方针是:减少行政干预,增加经营自由——生产、买卖和投资的自由"①。2000年7月在同《消息报》记者谈话时他又强调"应该保护经济自由"②。2001年7月他在一次记者招待会上讲:"我们明白俄罗斯努力方向是什么,即追求经济的自由化,杜绝国家对经济的没有根据的干预。我要说明一点:只是杜绝没有根据的干预,不是完全取消国家的调节职能,而是要杜绝没有根据的干预。"他还接着说:在经济领域,始终不渝地反对经济官僚化,而主张经济自由化③。他在2001年10月的一次讲话中指出,"我们主张经济制度的自由化"④。我想不必再引证普京有关主张经济自由化的言论了。笔者认为,经济自由化或"自由经济"是普京的一贯思想,至今并没有发生变化。

为了有效地实行其"自由经济"的改革方针,普京曾提出以下政策措施:

1. 应当保护所有权

国家应当确保股东能够获得有关企业经营情况的信息,防止资产流失。

---

① 《普京文集》,中国社会科学出版社,2002,第81、86页。
② 《普京文集》,中国社会科学出版社,2002,第102页。
③ 《普京文集》,中国社会科学出版社,2002,第373、382页。
④ 《普京文集》,中国社会科学出版社,2002,第446页。

公民的财产所有权应当得到保护,他们的住房、土地、银行存款及其他动产和不动产的所有权应当得到保障。2005 年 4 月,普京总统在发表的国情咨文中再次强调,"私有财产的不可侵犯性是一切交易活动的基础"。

2. 保证竞争条件的平等

不允许一些企业被国家处于特权地位。因此,应当取消各种毫无根据的优惠及对企业实行毫无理由的各种直接与间接的补贴。

3. 使经营者不受行政压迫

国家应始终避免对经营活动进行过多的干预。应当发挥法律的直接效率,将部门的指示减少到最低限度,消除对法规文件进行双重解释的现象。此外,还应简化企业登记、鉴定、拟定投资项目等活动的程度。

4. 减轻税负

目前的税制加剧了普遍的偷税漏税和影子经济,降低了投资的积极性,最终导致俄罗斯国家竞争力的下降。

5. 发展金融基础设施

当前,俄应该把没有生命力的金融机构清除出银行系统,保证银行活动的透明度。证券市场应当成为募集投资真正的机制,资金应当放到最有前途的经济部门。

6. 实行现实的社会政策

这是俄罗斯经济改革与发展经济最为重要的任务[①]。

二 普京第二任期的经济状况

普京第二任期经济继续保持较快的增长速度。2004 年 GDP 增长率为 7.2%,2005 年为 6.4%（GDP 为 21.67 万亿卢布,合 7658 亿美元,人均 GDP 超过 5300 美元）。职工月均名义工资约为 320 美元,增长 25% 左右,月均实际工资增长 9.3%。到 2005 年贫困人口下降为 2670 万~2900 万人,约占全国人口的 1/5,其月收入不超过 1000 卢布。2006 年 GDP 增长 6.9%。按购买力平价计算,俄罗斯人均 GDP 已超过 1 万亿美元。2006 年通胀率已降为一位数（为 9%）。居民实际可支配收入增长 11.5%,失业率下降为 7.4%。俄罗斯政府外债大量减少,在 2005 年偿还了巴黎俱乐部 150 亿美元之后,2006

---

① 《普京文集》,中国社会科学出版社,2002,第 87、89 页。

年偿还外债 337 亿美元，外债余额占 GDP 的 5%。2007 年 GDP 增长 8.1%，工业增长 6.3%，农业增长 3.35%，固定资产投资增长 21.1%；2008 年 GDP 增长 5.6%，工业增长 2.1%，农业增长 10.8%，固定资产投资增长 9.1%。

总的来说，普京执政期间俄罗斯经济形势明显好转。按照普京 2007 年提出的总统国情咨文的说法，"目前俄罗斯不仅彻底度过了漫长的生产衰退期，而且进入了世界十大经济体的行列"。

普京执政期间经济不断回升，出现了较快的发展态势，其主要原因有：

（1）普京执政以来，一直把俄罗斯内外政策的着力点放在发展经济上，强调俄罗斯的最主要危险依然是经济方面，最主要的任务是保证经济增长。2006 年 5 月普京发表的总统国情咨文中再次强调："必须争取高速发展经济，并把这作为绝对优先目标。"普京之所以坚持要求经济的高速增长，其主要考虑因素有：

首先，在普京看来，实现经济高速增长是俄罗斯对所遇到的国内外各种挑战和威胁的唯一回答。

其次，普京竞选总统时提出了富民强国纲领，如果增长速度上不去，那就无法实现这个纲领。

再次，低速增长意味着俄罗斯 21 世纪初在经济上难以缩小与发达国家的差距，从而使俄罗斯难以成为强国，而成为强国是普京步入政坛以来最为重要的政治理想。

最后，在经济力量成为国际斗争中最重要的、决定性力量的当今世界，经济上不去，俄罗斯就很难与它作为多极世界中一级的地位相称。

（2）经济发展的宏观条件有了很大改善，这里主要指的是政局较为稳定。这与我们在第一章指出的普京采取强力中央权力的措施有关。中央权力的加强，不仅有利于克服叶利钦时期的政治无序状态，而且有利于强化国家对宏观经济的调控。

（3）有利的国际市场行情。这里主要与能源等原材料产品价格大幅度上涨有关。"9·11"事件后，国际市场石油等原材料价格急剧上扬，对俄罗斯经济起了很大作用（见表 7-1）。

表7-1 1999~2006年能源及其他原材料产品的国际价格涨幅情况

年份	1999	2000	2001	2002	2003	2004	2005	2006
布伦特牌原油（美元/桶）	15.9	28.19	24.84	25.02	28.83	37.4	54.38	65.15
天然气（美元/百万，英制热量单位）	2.19	4.34	3.98	3.39	5.46	5.99	8.87	12.2
汽油（美元/加仑）	0.52	0.89	0.79	0.76	0.89	1.20	1.508	1.81
铜（美元/吨）	1540	1864	1614	1593	1786	2808	3606	6851.4
铝（美元/吨）	1318	1550	1445	1351	1425	1693	1871	2619.4
镍（美元/吨）	5240	8624	5966	6175	9581	13757	14692	22038

资料来源：〔俄〕《2006年俄罗斯经济：趋势与前景》，《过渡经济研究》第28期。

从表7-1可以看到，原油价格上涨的幅度很大，每桶石油从1999年的15.9美元上涨到2006年的65.15美元。还应看到，俄罗斯出口结构中，石油等原材料产品占出口总额的80%左右。

以上一些因素，使得出口对俄罗斯GDP增长保持很高的贡献率。例如，2000年俄罗斯出口石油1.45亿吨，比上年增长7.1%，但石油出口收入却比上年增长78.8%，为253.3亿美元。对此，普京明确指出，2000年的经济增长"在很大程度上是良好的国际市场行情造成的"[1]。俄罗斯杜马信贷政策委员会主席绍兴指出，2000年俄罗斯经济增长中有70%是外部因素作用的结果，内需的贡献率为30%。而2001年出现了相反情况，内需的扩大对经济的增长率为70%，而出口贡献率下降为30%。2002年出口贡献率又上升为60%，2003年为75%，2004年为70%。俄罗斯政府认为，这几年来，经济增长的外部因素与内部因素各占一半，而经济学界普遍持不同意见[2]。

（4）内需扩大对经济增长的作用在提高。在我们看到外部因素对俄罗斯经济增长起着重要作用的同时，亦不能忽视这几年来内需扩大对经济的影响。这表现在：一是投资呈增长趋势。2001年投资增长率为8.7%，2003~2005年增长率一直保持在11%的水平，2006年为13.5%；二是随着居民实际收入迅速提高，消费需求在扩大。普京执政以来，在实际工资、居民货币收入、养老金、居民最低生活费与社会补助五个方面实行超前增长（工资增长速度超过GDP增长速度；居民货币收入年均增长率超过GDP年均增长率；养老

---

[1] 《普京文集》，中国社会科学出版社，2002，第80页。
[2] 据我们科学院院士阿甘基扬于2004年17日在中国社会科学院俄罗斯东欧中亚研究所的一次报告中提供的材料，1999~2004年的6年间，俄罗斯GDP的增长率，70%是国际市场能源及其他原材料价格上涨的结果。

金、居民最低生活费与社会补助增长率超过职工工资增长率）的政策。由于实行上述政策，自 2000 年以来，居民的实际收入增加了 1 倍以上①。这使俄罗斯零售商品流转额保持较快的增长率，近几年来，增长率保持在 12% 的水平。普京上台后，特别重视社会问题，广大居民的生活水平，强化经济政策的社会化进程。他在 2005 年与 2008 年总统国情咨文中，都强调住房、教育与医疗问题，提出让老百姓看得起病、买得起房与上得起学的基本社会政策。在这一社会政策的影响下，内需扩大对俄罗斯经济增长的作用日益提高。

2008 年 5 月 7 日梅德韦杰夫正式成为俄罗斯第三任总统，8 日普京被俄国家杜马批准为政府总理。这样，"梅普政权"正式形成。但俄罗斯治国的大政方针仍由普京主导，因此，梅普组合后的经济发展基本上是沿着普京时期确立的政策进行的。

国内外舆论认为，梅普结合将会更加重视经济的发展。俄罗斯学者指出："梅德韦杰夫和普京联手意味着现政府开始的改革进程会继续下去。这也是将会更加重视经济问题的一个重要信号。"②

应该说，梅普发展战略目标是一致的，即都要实行富民强国战略，加速经济发展，提高人民生活水平，强化市场化改革方向。梅德韦杰夫一再强调，将沿着普京的路线走下去，要继续执行普京执政时期的政策。

从梅德韦杰夫在克拉斯诺亚尔斯克经济论坛的讲话来看，他提出的经济发展方向有 4 个，即国家制度化建设、基础设施、创新与投资。为了使以上 4 个重点发展方向得以实施，他指出要完成以下 7 个任务：（1）克服法律虚无主义；（2）彻底减少行政障碍；（3）减轻税务，以刺激创新和私人投资流入人力资源领域；（4）创建能成为世界金融稳定柱石的强大且独立的金融系统；（5）将基础设施进行现代化改造；（6）形成创新体系；（7）实现社会发展纲要。

很明显，不论重点发展方向还是为此要实现的任务，都与普京的发展战略构想是吻合的。但要指出的是，不能从以上的分析得出结论，梅普在今后经济社会发展政策完全一样。从梅普执政 4 年来看，虽在总体上梅德韦杰夫将继续执行普京的政策，在此条件下，不排除在某些问题的政策侧重点会有所不同。从经济社会发展思想来看，梅德韦杰夫主张更自由化一些。他主张

---

① 参见普京 2007 年 4 月向俄罗斯联邦会议发表的国情咨文。
② 〔俄〕《观点报》2007 年 12 月 17 日。

政府应减少对国有企业的干预，要让专业的管理者，而不是官员来管理企业。他还说："大部分在（国有企业）董事会里的官员都不应担任董事。应该由国家雇用的真正的董事来替代他们，照看国家的利益。"他还表示，国家机构在国家经济生活中扮演的不少角色都应移交给民营部门。西方对此评论说，这一主张与普京在经济上的政策是有区别的。

第三节 金融危机对经济的影响与前景

由美国次贷危机引发的全球金融危机，对与世界经济有密切联系的俄罗斯经济产生了巨大的冲击。

一 2008年是俄罗斯经济形势复杂的一年

在2008年，金融危机的冲击最终导致整个经济形势恶化。根据俄经济发展部公布的材料，2008年俄罗斯GDP同比增长5.6%（2007年为8.1%）。工业产值增长2.1%（2007年为6.3%）。另外，还应看到，金融危机对俄罗斯实体经济已产生严重影响。从2008年10月开始，俄工业生产不仅已处于停滞状态，并且第四季度同比下降了8.2%，一些工业部门已开始宣布减产。

二 对2009年与稍长一点时间俄罗斯经济的影响

俄罗斯虽然采取了一些应对全球金融危机的措施，但仍面临着十分复杂的经济形势，全球金融危机对俄罗斯经济的冲击在2009年和今年最后一个时期的冲击比2008年要大得多。2008年11月18日俄塔社的一篇报道说，梅德韦杰夫总统在会见伊热夫斯克当地媒体时表示："我不想在这里给什么承诺，我唯一能说的是，明年将会非常困难。""一些大国的领导人有点惊慌失措……因为不清楚金融危机的底线在哪里，而且也不清楚危机何时才能结束。"

笔者认为，俄罗斯在2009年或稍长一点时间，其经济形势取决于以下五个相互联系、相互影响的因素。

1. 全球经济发展态势

2008年11月24日闭幕的亚太经合组织领导人发表的《利马宣言》，提出18个月克服金融危机，这与国际货币基金组织做过的预测相吻合。不论哪种估计，俄罗斯经济在今后一个时期与其他国家一样，其经济将会继续受到金融危机的冲击。

2009年5月27日，联合国公布的《2009年世界经济形势与前景》报告指出，2009年世界经济将下滑2.6%，2010年将出现轻微的复苏，从全球范围来看，最好的情况在2010年实现2.3%的增长率，最坏的情况是增长率只有0.2%。报告还预计今年欧元区国家经济将下滑3.7%。十分明显，以上对全球经济以及各主要国家经济增长预期的预测，都要比2008年低得多。据国际货币基金组织7月的报告预计，2009年世界经济将下降1.4%，这比5月联合国公布的世界经济下滑2.6%要低得多。但普遍认为，不论美国还是欧洲经济形势仍然严峻，全球经济恢复之路依然漫长。

2. 国际市场能源与原材料价格的水平

这将是影响俄罗斯2009年与今后一个时期经济一个最为直接的重要因素。因上述产品的出口，对俄罗斯经济增长的贡献率为40%，有些年份达到70%。普京执政8年仅油气出口带来的收入达万亿美元。我们在前面已提到，2009年的全球经济更加严峻，这样，世界各国对能源与原材料的需求将会降低。金融危机爆发后油气价格不断下挫。至2009年，从各种因素综合分析，油气价格大幅度回升到原来的高价位是不可能的。近一个时期以来，油价虽有上升，但并不稳定。进入2009年7月以后，国际原油价格不断下跌。7月10日美国西德克萨斯轻质原油（WTI）近月期货价格跌破60美元/桶；中间又攀升到70美元/桶。到2009年下半年WTI原油预期为69.5美元，2010年为72.42美元[①]。

3. 金融体系稳定性问题

俄罗斯的银行数量很多，1995年有2500多家，1998年金融危机后淘汰了一大批，到2008年年末还剩下1108家，但银行实力不强。2003~2007年的5年，银行体系资产规模增长了5.3倍，银行资本增长了4.9倍。尽管增速很快，但银行部门的总规模并不大。到2008年11月1日银行系统总资本金额为1088亿美元，占GDP的8.1%；总资产量为8245亿美元，占GDP的

---

① 参见《国际石油经济》2009年第8期。

61.4%。俄罗斯 2007 年的 GDP 约为中国的 39%，但银行系统的资产只相当于中国的 11.3%。另外，俄罗斯银行信誉较差，一旦出现金融风波，容易引发金融市场的动荡。据《俄罗斯报》2009 年 3 月 11 日一篇文章说，乐观的估计，受金融危机的影响，到 2012 年俄银行可能剩下 500～600 家，悲观的估计只剩下 200 家。2009 年 6 月 26 日俄研究金融问题的专家开会，讨论银行系统的资本重组问题。会议指出，由于通胀、高利率、新增信贷不足以及大宗商品价格暴跌等问题，企业面临压力，银行不良贷款可能会在年底前达到信贷总额的 20%。

4. 实体经济的情况

俄罗斯实体经济面临不少困难。一是企业债务负担沉重。2008 年年末企业外债总额为 4883 亿美元，2009 年年底应偿还 1600 亿～2000 亿美元。2009 年 8 月 19 日俄《报纸报》文章指出，俄抗危机能力在大国中最弱，主要原因有二：（1）俄公司债务太重，金融危机后，信贷市场紧张，同时又要还债，投资大大减少。（2）大部分经济与预算收入依赖能源等原料，这部分产品几乎占 90%。俄燃料能源系统产值占全国的 30% 以上，上缴税收 50%，外汇收入 65%。不久前世行进行了一次民意调查，以问卷方式对世界范围内的企业经营环境情况作了比较，其中俄罗斯企业认为，高税收、融资困难和缺乏具备必要技能劳动力是影响企业的三大问题[1]。俄罗斯联邦政府下属国民经济学院院长 B. 马乌认为："企业外债的增加成了最严重的问题，特别是其中大部分债务实质上是准政府的。许多借款企业与国家有着密切的联系，并且以'利润私有化，亏损国有化'的逻辑运营。金融市场也是如此接受它们的。"[2] 二是受金融危机影响，俄经济已陷入滞胀。以俄罗斯支柱产业的油气部门来讲，自 2008 年 9 月以来，对该部门的投资已减少 20%～30%。国家对能源的地质勘探工作已暂停。2009 年俄 1 月石油开采量同比下降 3.6%，2 月下降 6%。俄罗斯技术公司总裁谢尔盖·切梅佐夫向议员们说："军工企业中只有 36% 的战略机构的财务和经济状况能被视为是稳定的。""军工部门中约有 30% 的机构有破产迹象。"2009 年 1～7 月，俄工业产值同比下降 14.2%。据俄罗斯经济发展部 9 月公布的材料，工业生产要到 2011 年才开始回升，估计 2011 年工业增长率为 1%～2%，2012 年为 1.5%～3%。

---

[1] 《俄罗斯报》2009 年 8 月 4 日。
[2] 《俄罗斯研究》2008 年第 6 期。

5. 外贸形势

由于全球经济未走出危机，因此，其对俄对外经贸合作形势必然产生消极影响。2009年俄外贸额为5707亿美元，比上年下降35.3%。外贸大幅度下降使关税收入减少50%。外贸顺差与上年比减少1434亿美元。贸易顺差大幅度下降，对俄罗斯的外汇储备与财政收入都会产生严重影响。

总的来说，这次金融危机给俄经济的冲击是很大的，它发展经济的基本条件有了很大变化，反映其过多依赖能源支撑其经济发展的"荷兰病"表现得十分明显。2009年俄GDP下降了7.9%，2010年GDP比上年增长4.0%，工业产值增长8.0%。这一年被认为是转折年。普京估计2011年GDP增长4.2%，他认为，到2012年年初俄罗斯经济应该能恢复到危机前的水平。

至于对俄罗斯经济在较长一个时期发展的预测，这是一个较为复杂的问题。俄罗斯是个擅长搞规划、发展纲要的国家。2007年7月俄罗斯经济发展与贸易部发布了《2020年前俄罗斯经济与社会长期发展构想（草案）》，其目标是2020年前俄罗斯经济总量要达到世界前五位。从金融危机后普京发表的言论看，他基本上坚持上述构想，他在2011年4月20日的一次讲话中说，到2020年，俄罗斯将进入世界五大经济体行列，届时人均GDP可达到3.5万美元。

在2009年俄罗斯公布了2008年制定的《到2030年前俄罗斯能源战略》文件，从今后俄罗斯能源发展的种种不同条件对经济长期发展做了预测，提出了三种方案（见表7-2）。

表7-2　俄罗斯GDP 2011~2030年年均增长率

单位：%

方案	2011~2015年	2016~2020年	2021~2025年	2026~2030年
1	6.3	6.4	5~6	4.8
2	6.8	6.9	6.0	5.2
3	6.1	6.2	5.3	4.4

资料来源：根据《到2030年前俄罗斯能源战略》编制。

根据上述经济发展的预测，俄罗斯经济在世界经济总量中占的份额将不断提高，由2006年的2.6%分别提高到2015年的3.3%、2020年的4.3%和2030年的5%。俄罗斯的人均GDP到2015年将为2005年的2倍、2020年的3倍、2030年的4.5倍，人均GDP可达到3.5万美元。

2001年2月上旬，俄罗斯经济发展部向政府提交了2030年前俄罗斯经济发展预测草案。文件提出两种方案，即创新型与能源原料型。两者的原则区别在于国家财政政策是增加政府投资还是减少预算赤字，换言之，是搞赤字预算还是搞预算平衡。据有关信息，普京与前财长库德林主张实行平衡预算的政策，而俄罗斯经济发展部一些人则主张实行赤字预算，理由是根据俄罗斯的经济现实，同时要保证经济现代化的投资与零赤字是不可能的。

至于对俄罗斯经济产生直接影响的能源问题，根据国际能源署的预测，未来5年油价每桶平均为100美元。俄罗斯认为这个价格水平对其经济发展是合适的。

在这里要指出的是，以上对2030年前俄罗斯经济发展前景所做的量化预测也只是一种供参考的数据。对于在很大程度上依赖国际能源等原材料市场的俄罗斯来说，对其经济发展的长期预测的难度是很大的。

2009年11月，俄罗斯总统梅德韦杰夫提出的国情咨文报告，正式提出俄将以实现现代化作为国家未来10年的任务与目标，有关这一问题本书第十章专门论述。

第八章
能源工业概况与能源战略

俄罗斯独立执政以来,能源工业一直是俄罗斯经济发展的支柱性产业与外交战略资源。

第一节 能源工业发展概况

苏联解体后的20世纪90年代俄罗斯能源生产呈下降态势,1988年和1998年能源产量(标准燃料)分别为13.65亿吨和13.68亿吨,1999年开始稳定恢复增长,2000年达到14.18亿吨。2000~2007年一次能源产量增长25.4%,石油增长51.7%,煤炭增长21.8%,天然气增长11.5%。2007年俄罗斯能源产量的46%供出口,其中石油的53%、天然气的32%、煤炭的16%的产量供出口。1992~2002年俄罗斯主要能源产量和出口情况如表8-1和表8-2所示。

表8-1 1992~2002年俄罗斯主要能源产量

单位:十亿立方米,百万吨

年 份	原 油	成品油	天然气	煤 炭	燃料泥炭
1992	399	256	641	337	7.8
1995	307	182	595	263	4.4
1997	306	177	571	245	3.4
1998	303	164	591	232	1.8
1999	305	169	592	250	3.5
2000	324	173	584	258	2.1
2001	348	179	581	270	2.8
2002	380	185	595	253	2.2

数据来源:俄罗斯数字,俄统计署,2003,第186页。

表 8－2 1995～2002 年俄罗斯对独联体之外国家能源出口情况

年 份	原油（百万吨）	价格（美元/吨）	成品油（百万吨）	价格（美元/吨）	天然气（十亿立方米）	价格（美元/千立方米）	煤炭（百万吨）	价格（美元/吨）
1995	100	103	43.5	104	123	69.2	21.2	35.7
1997	114	118	60.3	117	121	88.6	19.7	35.6
1998	118	74.4	51.5	75.8	125	—	18.2	27
1999	116	111	53.9	94.4	131	—	22	15.9
2000	128	180	59.2	172		3.9	38	25.5
2001	138	156	61	145		5.8	36	28.2
2002	152	156	71.8	145		6.8	38.9	26.1

数据来源：俄罗斯数字，俄统计署，2003，第 376、380 页。

一 俄罗斯石油天然气综合体现状分析

（一）全球和俄罗斯经济中的油气综合体

俄联邦是世界能源大国，俄占世界石油探明储量的 13%、天然气储量的 34% 以上（俄能源部）。俄罗斯是世界上最大的天然气、液态碳氢化合物（石油和凝析油）的生产国和出口国，无论是按照能源价值，还是以货币形式计算。石油和天然气综合体是俄罗斯经济（构成近年 45%～50% 联邦预算收入）和全球能源保障系统的重要组成部分。其中，石油占一次能源产量的 40%，对 GDP 增量的贡献率为 15%，出口的 50%，联邦预算收入的 30% 以上（2009 年）；俄罗斯天然气工业股份公司是俄唯一保持行业自然垄断地位的国家控股公司，产量占俄天然气产量的 83%（2000 年为 89.6%）。其保障俄罗斯能源消费的 50%、外汇收入的 15% 和国家预算收入的 7%。同时，天然气出口流向是俄罗斯执行对外政策的重要工具之一。

俄罗斯经济对能源出口的依赖程度仍居高不下。2000～2011 年的 12 年间俄罗斯 GDP 增长 7 倍，油气占俄罗斯出口的 70%。俄罗斯天然气和石油在经历了 1997 年（5710 亿立方米）和 1998 年（产量 3.03 亿吨，初加工 1.64 亿吨）的产量低谷后随着国际油价的攀升而恢复增长。

S&P 机构预测，油价下跌对俄罗斯经济的影响是严峻的。世界油价每桶下降 10 美元，俄罗斯 GDP 下降 1.4%；如果下降到 60 美元/每桶，俄预算赤字将超过 8%，加速资本流出①。

2008 年石油产量为 4.88 亿吨，比 2007 年下降 0.7%。2009 年俄罗斯石油产量为 4.942 亿吨，同比增长 1%，出口 2.479 亿吨，同比增长 2%；天然气产量为 5824 亿立方米，同比下降 12.4%，天然气出口 1683 亿立方米（其中 74 亿立方米来自萨哈林－2 液化项目），下降 13.9%。其中对欧洲和波罗的海国家出口天然气 1203 亿立方米，同比下降 25%；对独联体国家出口增长 30%，为 480 亿立方米②。俄对欧洲天然气出口急剧下降。2009 年俄国内天然气需求下降 6.6%，为 4291.65 亿立方米。2009 年俄气公司产量下降幅度达 16.1%，为 4621.59 亿立方米。俄罗斯天然气产量连续 7 年保持世界天然气产量第一大国之后，把产量第一的位置让给了美国（6240 亿立方米）。2009 年俄罗斯煤炭产量为 2.96 亿吨。

2009 年俄罗斯出口总额为 3016.52 亿美元，为 2008 年的 64.5%；其中燃料动力商品价值 2010.81 亿美元，为 2008 年的 62.5%，占出口总额 66.7%；其中原油价值 1005.51 亿美元，为 2008 年的 62.4%，占出口总额的 33.3%；天然气价值 419.82 亿美元，为 2008 年的 60.5%，占出口总额的 13.9%③。

2010 年俄原油产量 5.05 亿吨，增长 2.1%；天然气产量 6490 亿立方米，增长 11.4%。

1. 2011 年俄罗斯油气产量

2012 年 6 月，BP 发布 2012 年《BP 世界能源统计年鉴》。2011 年全球能源价格大幅增长，布伦特油价年均上涨 40%，煤炭价格上涨 24%，天然气价格由于与石油挂钩平均上涨 35%。北美地区由于页岩气生产的革命性变化能源价格相对其他地区连续下滑，WTI 油价与天然气价格分别上涨 21% 与下跌 9%。2011 年布伦特原油平均价格 111.26 美元/桶。

2011 年俄罗斯开采原油比上年增长 630 万吨，为 5.113 亿吨，同比增长 1.2%。出口 2.418 亿吨，同比下降 1.3%；西西伯利亚油田占产能的 60%；开采天然气 6707 亿立方米（美国 6513 亿立方米），比 2010 年增产 200 亿立方米，同比增长 3.1%。出口增长 99.84 亿立方米，增幅 4.5%；内需增加 116.543 亿立方米，增幅 2.5%。

2011 年俄加工原油 2.542 亿吨，增长 2.3%。其中汽油产量 3624 万吨，

---

① http：//www.finansy.ru/t/post_ 1334819467.html.
② http：//www.rusenergy.com/ru/news/news.php？id＝49009.
③ ТЭК России. N2 2010. C. 12.

增长 0.5%；柴油 6965.3 万吨，下降 0.85；取暖重油 7036.5 万吨，增长 0.9%；航空煤油 909.2 万吨，增长 0.3%。2011 年煤炭产量 3.348 亿吨，增长 4.3%，出口 1.047 万吨，增长 8.5%①。

2. 伴生石油气合理回收利用

俄罗斯伴生石油气合理利用率 2008 年为 75.9%，2011 年为 75.4%，尤格拉地区伴生石油气利用率达到 85.3%，2014 年将达到 350 亿立方米。伴生石油气成为俄罗斯能源的重要组成部分。

伴生石油气因素：连续 6 年上升，全俄平均增长 9%，从每吨油产伴生气 124.1 立方米上升到 135.3 立方米；西西伯利亚增长 11.2%，吨油伴生气从 133 立方米上升到 148.4 立方米。

俄气石油公司炼厂增量最多（含其在斯拉夫石油持有的 50% 股份）。重油比 2005 年增长 31.3%，柴油发动机燃料增长 17.9%。为了高质量发展俄罗斯炼油业，俄能源部制定了一系列措施刺激透明油品的生产，提高深加工程度。2011 年 10 月 1 日起实行的 "60 - 66" 海关出口税制刺激了对石油进行第二次加工的投资。动用行政手段监督石油公司履行炼厂加工能力现代化的责任，2011 年 7 月与大型石油公司签署了履约协议。2015 年通过实施综合措施可以完成俄罗斯炼厂现代化改造的任务，即保证炼制 2.55 亿吨原油，生产明油 1.721 亿吨（占总产量的 67.5%）。如此可保障优质环保的国内成品油供应，消除短缺②。

2012 年 6 月 21 日在圣彼得堡经济论坛上，俄罗斯新任能源部部长诺瓦克·亚历山大表示，在现行税制之下，俄罗斯石油产量在未来 10～20 年将降低 1.3 亿吨，从 5 亿吨降低到 3.7 亿吨③。俄能源部预测，2012 年石油产量将在上年 5.114 亿吨的基础上增长 0.5%，达到 5.14 亿吨。政府应当采取措施吸引资金投入新油田开发，加快电力系统的改革并使其过程透明化。

2012 年 1～7 月，俄罗斯生产石油和凝析油 3 亿吨，同比增长 1.5%；同期出口 1.23 亿吨，增长 0.1%。生产天然气 3833.11 亿立方米，同比下降 3.4%；出口 1090.19 亿立方米，下降 9.9%。对亚太液化气出口 85.44 亿立方米，增长 3.25 亿立方米。煤炭产量 1.96 亿吨，增长 5.6%；出口 7187.4 万吨，增长 14.76%。对亚太出口 903.4 万吨，其中焦煤 138.8 万吨（下降

---

① http://quote.rbc.ru/topnews/2012/07/02/33700974.html.
② http://minenergo.gov.ru/activity/oilgas/state_oil_industry_in_2009.php.
③ http://www.vestifinance.ru/articles/13151.

8.9万吨)。

2008年石油和天然气产量国内近11亿吨油当量,或11.53亿吨常规碳氢化合物,其中包括4.88亿吨石油和凝析油、6650亿立方米天然气。石油和石油产品的出口超过3.6亿吨,天然气出口1950亿立方米。碳氢化合物出口收入达3100余亿美元,超过俄罗斯出口商品总额的65%,其中石油出口收入1611亿美元,石油产品收入799亿美元,天然气收入691亿美元(见表8-3~表8-5)。

表8-3 2003~2008年俄罗斯石油和凝析油出口情况

年份	原油和凝析油(代码 TH ВЭД 2709)						平均出口价格(美元/桶)		
	总计		其中				总计	其中	
			对远方国家		对独联体			对远方国家	对独联体
	百万吨	百万美元	百万吨	百万美元	百万吨	百万美元			
2003	227.9	39679	190.7	34694	37.2	4985	23.8	24.9	19.3
2004	260.3	59045	220.3	51173	40.1	7871	31.0	31.8	26.9
2005	252.5	83438	214.4	73826	38.0	9612	45.2	47.1	34.6
2006	248.4	102283	211.2	90756	37.3	11528	56.0	58.8	42.3
2007	258.6	121503	221.3	107418	37.3	14085	64.3	66.4	51.7
2008	243.1	161147	204.9	142676	38.2	18471	90.7	95.3	66.1

数据来源:Платежный баланс и внешний долг Российской Федерации 2008 год/М.:ЦБ РФ, 2009. - c.106。

表8-4 2003~2008年俄罗斯石油产品出口情况

年份	油品(代码 TH ВЭД 2710)						平均出口价格(美元/桶)		
	总计		其中				总计	其中	
			对远方国家		对独联体			对远方国家	对独联体
	百万吨	百万美元	百万吨	百万美元	百万吨	百万美元			
2003	77.7	14060	74.2	13420	3.5	640	181.0	180.8	184.9
2004	82.4	19269	78.2	18288	4.1	981	233.8	233.7	236.9
2005	97.1	33807	93.2	32376	3.9	1430	348.3	347.5	366.1
2006	103.5	44672	97.7	41999	5.8	2673	431.6	430.1	458.0
2007	112.3	52228	105.5	49054	6.8	3174	465.2	464.9	469.5
2008	118.1	79886	107.8	72697	10.3	7188	676.0	674.6	696.6

数据来源:Платежный баланс и внешний долг Российской Федерации 2008 год/М.:ЦБ РФ, 2009. - c.106。

表8-5 2003~2008年俄罗斯天然气出口情况

年 份	天然气（代码 TH ВЭД 271121）				平均出口价格（美元/千立方米）
	总 计		其 中		
			对远方国家	对独联体	
	十亿立方米	百万美元	十亿立方米	十亿立方米	
2003	189.4	19981	142.0	47.3	105.5
2004	200.4	21853	145.3	55.1	109.1
2005	209.2	31671	161.7	47.5	151.4
2006	202.8	43806	161.8	41.0	216.0
2007	191.9	44837	154.4	37.5	233.7
2008	195.4	69107	158.4	37.0	353.7

数据来源：Платежный баланс и внешний долг Российской Федерации 2008 год/М.：ЦБ РФ，2009. - с.107。

俄罗斯天然气产量超过全球产量的21%，石油和凝析油为全球产量的12.4%。俄罗斯和美国天然气产量远远领先于最接近的竞争对手，是加拿大、伊朗和阿尔及利亚的3~7倍；沙特阿拉伯和俄罗斯石油和凝析油产量领先，大幅度超过其他国家。

（二）俄罗斯石油综合体现状分析

俄罗斯石油工业在国家社会经济发展中起着重要作用，是全球石油市场的重要因素。1986~1988年苏联石油开采达到高峰期。当时该国石油和天然气凝析油产量超过了6.25亿吨，超过全球总产量的21%，其中，俄罗斯近5.7亿吨，超过世界总产量的19%（见表8-6）。

表8-6 1970~2008年俄罗斯与世界石油产量

年 份	世界总产量（百万吨）	苏联（至1991年）/独联体（从1991年）		俄罗斯苏维埃社会主义联邦（至1991年）/俄罗斯（从1991年）			
				总计	占世界份额（%）	西西伯利亚	
		百万吨	占世界份额（%）	（百万吨）		百万吨	占俄罗斯份额（%）
1970	2355	353	15	285	12.1	31	10.9
1980	3088	603	19.5	547	17.7	311	56.8
1985	2792	608	21.8	542	19.4	382	70.5

续表

年份	世界总产量（百万吨）	苏联（至1991年）/独联体（从1991年）		俄罗斯苏维埃社会主义联邦（至1991年）/俄罗斯（从1991年）			
		百万吨	占世界份额（%）	总计（百万吨）	占世界份额（%）	西西伯利亚	
						百万吨	占俄罗斯份额（%）
1990	3168	570	18	516	16.3	376	72.8
1995	3278	355	10.8	307	9.4	208	67.9
2000	3618	385	10.6	323	8.9	220	68
2001	3603	430	11.9	349	9.7	237	67.8
2002	3576	466	13	380	10.6	264	69.5
2003	3701	514	13.9	421	11.4	298	70.8
2004	3863	559	14.5	459	11.9	326	71
2005	3897	578	14.8	470	12.1	333	70.9
2006	3914	595	15.2	480	12.3	335	69.8
2007	3938	621	15.8	491	12.5	338	68.8
2008	3820	621	16.3	488	12.8	332.3	68.0

自1989年石油产量开始逐渐下降，1991年产量滑坡。到20世纪90年代末俄罗斯的石油产量已稳定在3亿~3.07亿吨，占全球总产量的8%~9%。石油产量下降的主要原因是经济关系的破裂、产业组织结构改变、一些大油田（萨莫特洛尔等）自然衰竭、国内需求和投资下降。

由于1999~2008年国际价格上涨，而后进入短暂的衰退（2008年年底~2009年年初），20世纪90年代末行业内新的组织—经济条件重组完成，俄罗斯投资增加，大规模技术推广开采集约化工艺使石油产量迅速增长。

2000~2009年，石油运输基础设施迅速发展，在6年之内（2000~2006年）构建了替代性的过境系统，通过普里巴尔季卡直接供应西北欧市场——波罗的海管道系统；石油运输公司（Transneft）管道的区段进行了现代化改造，修复了新罗西斯克、纳霍德卡、图阿普谢等港口。2006年4月，开始铺设东西伯利亚—太平洋输油管道（ESPO），2008年10月投入使用的东西伯利亚—太平洋输油管道塔拉干—泰舍特段采取了逆输模式。

然而，这段时间石油原料基地再生产不符合生产快速增长，伴生石油天然气的回收和利用不能令人满意，油田开发质量和石油开采系数较低。油层采收率集约化技术方法的积极运用，特别是在 2000~2005 年，2005 年产量增速放缓，之后一系列油田减产，导致产量急剧下降。因此，石油产量下降的根本原因是：传统产区（西西伯利亚，伏尔加—乌拉尔）的大部分已开发油田的原料基地枯竭；实施季曼—伯朝拉、东西伯利亚和北里海项目的期限错位；2008 年在萨哈林岛的石油产量下降。

2006~2009 年世界石油价格处于高位，国内开始出现产量增速下降，然而从 2008 年开始，石油产量绝对削减。2008 年俄罗斯石油和凝析油产量约为 4.885 亿吨，居于世界首位，超过沙特阿拉伯产量的 10% 以上。同时 10 年来俄罗斯第一次出现生产下滑，全年下降幅度约为 0.51%，2009 年第一季度产量又减少约 1%。

俄罗斯石油工业的主要中心西西伯利亚占俄罗斯石油产量的 68%，2008 年石油产量为 3.32 亿吨。自 20 世纪 80 年代中期开始，俄罗斯 67%~72% 的石油产自西西伯利亚。汉特—曼西自治区是西西伯利亚的主要产油区，产量超过该地区的 80%。亚马尔—涅涅茨自治区和托木斯克州也在进行大规模的石油凝析油开采；近年来，鄂木斯克、新西伯利亚州和秋明州南部的一些油田投产。

2008 年西西伯利亚的石油产量总体下跌 1.7%，而 2005 年以来产量持续降低的亚马尔—涅涅茨自治区 2008 年下降近 1%，汉特—曼西自治区的产量也有所下降。经过 2005~2006 年产量急剧下降后，托木斯克州的石油产量已稳定在 1020 万~1050 万吨，而在秋明州南部出现了一定的增长。

西西伯利亚含油气省的石油产量下降发生在几个最大的油气田，除了近几年出现有限增长的滨鄂毕油田之外，最大跌幅出现在十月、布尔和苏尔古特石油产区。

2008 年 29%（1.419 亿吨）的俄罗斯石油开采自俄罗斯欧洲部分，包括北部和西北部（科米共和国和亚马尔—涅涅茨自治区约 2900 万吨，乌拉尔—伏尔加沿岸地区 1.082 亿吨，北高加索 470 万吨。俄罗斯欧洲部分的增长约达 2.1%，这与石油生产的季曼—伯朝拉含油气省石油产量扩大 5.8% 相关，以及伏尔加—乌拉尔含油气省增产 2.7%。卢克石油公司在季曼—伯朝拉和北里海大陆架发展的项目，将使该地区未来几年内石油产量增长。同时自 2009 年起，乌拉尔—伏尔加沿岸地区预计石油产量下降，北高加索地区产量持续下滑，主要是由于鞑靼斯坦、巴什基尔、斯塔夫罗波尔和克拉斯诺达尔边疆区、萨拉托夫州以及其他地区生产下降。

东西伯利亚包括萨哈共和国（雅库特）、东西伯利亚—太平洋输油管道部分地段实行逆输投产的结果是，自2008年10月石油产量迅速增加。2008年全年上述地区采油大约140万吨，是2007年产量的3.5倍，其中的80万吨产自大型的塔拉干和上乔油田。2009年第一季度该地区的石油产量比2008年同期增长了近10倍。预计西伯利亚地台的油田产量将进一步增加，首先是勒拿－通古斯含油气省。克拉斯诺亚尔斯克边疆区北部万科尔油田正在积极准备投入工业开采，其在地质规划中属于西西伯利亚含油气省。

2007~2008年，萨哈林岛的石油产量有所下降，从1450万吨下降到1290万吨。产量下降主要发生在萨哈林-1项目的框架内，原因是项目实施的第一阶段的原料基地枯竭，也与2006~2007年超强开采有关。未来几年远东地区产量的增长应由萨哈林-2项目来保障。

（三）俄罗斯天然气综合体的发展分析

天然气工业是燃料动力综合体以及俄罗斯经济最稳定运行的因素之一，是全球能源保障体系最重要的元素。俄罗斯居于世界天然气开采、探明储量和天然气资源量首位，并贡献约20%的世界天然气产量。俄罗斯是世界最大的天然气出口国，占天然气国际贸易的35%~40%。

俄罗斯天然气工业的主要中心为西西伯利亚。在20世纪70~80年代，西西伯利亚含油气省北部建成了世界最大的天然气综合体，在其建设过程中，首次在理论和实践水平上解决了一系列原则性的新的科学和技术任务，进行了地探、发展开采加工和远距离天然气运输系统，克服了极端的矿山—地质和自然—气候条件。

20世纪90年代初，苏联天然气产量超过8000亿立方米，超过世界总产量的40%（见表8-7），而在1990~1992年俄罗斯开采6410亿~6430亿立方米/年。其中，西西伯利亚超过5800亿立方米。2000~2008年，俄天然气产量增长了13.6%。

虽然拥有巨型的原材料基地和发达的管道运输网络，但从1992年到20世纪90年代末俄罗斯天然气开采量呈下降趋势。2000年国内天然气年产量与1991年相比下降了570亿立方米，为5840亿立方米。固定资本投资按可比价格计算总额为1990年投资水平的41.5%，尽管2001年固定资本投资几乎翻了一番，但俄罗斯的天然气生产进一步下降，为5810亿立方米。局势的恶化与一系列因素有关，如国内能源价格结构与国际市场价格相比，人为压低的天然气价格，欠款率高，易货和20世纪90年代准货币计算，在急剧增长的通货膨胀下吞噬了折旧费（由于对基本基金估计不足）。

表8-7 俄罗斯和世界天然气产量

国家（地区）年份	全球（十亿立方米）	苏联，独联体		俄罗斯			
				总计		西西伯利亚	
		十亿立方米	占世界份额（%）	十亿立方米	占世界份额（%）	十亿立方米	俄罗斯所占份额（%）
1970	1021	198	19.4	83	8.1	3	3.2
1980	1456	435	29.9	254	17.4	140	55.3
1985	1676	643	38.4	462	27.6	389	84.2
1990	2000	815	40.8	641	32.1	574	89.6
1995	2141	707	33.0	595	27.8	545	91.5
2000	2436	710	29.1	584	24.0	533	91.3
2001	2493	712	28.6	581	23.3	532	91.6
2002	2531	728	28.8	595	23.5	545	91.5
2003	2617	761	29.1	620	23.7	574	92.6
2004	2694	784	29.1	634	23.5	590	93.1
2005	2778	799	28.8	641	23.1	594	92.6
2006	2876	820	28.5	656	22.8	604	92.0
2007	2945	833	28.3	653	22.2	611	93.5
2008	3066	857	28.0	665	21.7	610.4	91.7

俄罗斯最大的天然气开采地区（亚马尔—涅涅茨自治区）的天然气产量从1993年开始下降，近年来，最大天然气田梅德维热、乌连格伊和杨堡持续减产。2001年年底投入开发的北极地圈气田，2004年投产的比斯采夫气田，之后投产的南俄气田、艾塔—普尔气田、维嘉雅欣斯克、艾恩雅欣斯克气田，以及杨堡气田的阿涅里雅欣斯克矿场、乌连戈伊气田的塔普—雅欣斯克区块，状况都有所改变，使未来几年内可克服产量下降，并保证一些天然气产量的增加（见表8-8）。

表 8-8 1970~2008年俄罗斯西西伯利亚各联邦主体天然气产量

年份 \ 地区	总计（十亿立方米）	亚马尔—涅涅次自治区		汉特—曼西自治区		托木斯克	
		十亿立方米	占地区份额（%）	十亿立方米	占地区份额（%）	十亿立方米	占地区份额（%）
1970	3	0	0	2.7	100	0	0
1975	37	24	64.2	13.4	35.8	0	0
1980	140	112	79.8	28.3	20.2	0.1	0.1
1985	389	355	91.3	33.8	8.7	0.1	0
1990	574	545	94.9	29.0	5.1	0.2	0
1995	545	527	96.8	17.6	3.2	0.1	0
2000	533	512	96.1	20.1	3.8	0.9	0.2
2001	532	509	95.7	20.3	3.8	2.8	0.5
2002	545	520	95.5	20.6	3.8	4.0	0.7
2003	574	545	95.0	23.0	4.0	5.9	1.0
2004	590	558	94.6	26.3	4.5	5.3	0.9
2005	594	561	94.5	27.5	4.6	5.1	0.9
2006	604	570	94.4	29.1	4.8	4.8	0.8
2007	611	570	93.3	36.2	4.7	4.7	0.8
2008	610.4	575.6	94.3	30.3	4.4	4.4	0.7

过去 10~15 年，天然气工业中单井日平均流量从 34.9 万立方米下降到 240~247 立方米。开发井数量增加到 8500 口；其中闲置井比例增加到 7.2%~8.2%（见表 8-9）。这一趋势的出现是开发项目结构恶化、大型气田进入产量下降阶段的结果。开发性钻井量在很大程度上取决于具体项目实施的连续性，从 10 万米到 70 万米不等；从而出现勘探钻井持续上升，钻井量达到 30 万米。开发井平均深度从 1500 米至 1700 米不等。

表 8-9 俄罗斯天然气工业运行的一些技术经济指标

指标 \ 年份	1995	2000	2001	2002	2003	2004	2005	2006	2007	2008
单井日均流量（千立方米）	349	303	298	281	273	262	253	247	240	246
开发井数量（千口）	6.3	6.5	6.8	6.9	7.4	8	8.2	8.2	8.3	8.5
停产井数量（千口）	0.46	0.54	0.55	0.46	0.55	0.58	0.67	0.6	0.65	0.66

续表

指标 \ 年份	1995	2000	2001	2002	2003	2004	2005	2006	2007	2008
停产井占开发井比重（％）	7.3	8.3	8	6.7	7.4	7.3	8.2	7.2	7.8	7.8
天然气钻井量（百万米）										
开采钻井	0.2	0.15	0.2	0.4	0.3	0.7	0.3	0.3	0.1	0.2
勘探钻井	0.12	0.18	0.1	0.1	0.1	0.1	0.2	0.2	0.2	0.3
已完成开采井平均井深（米）	1603	1615	1695	1592	1566	1642	1591	1669	1629	1646
开凿间距（米）	106	136	159	155	154	160	152	158	177	181

各联邦区天然气开采结构中，伏尔加联邦区指标下降，主要原因是奥伦堡气田产量削减，而其他地区天然气产量增长，没有进行天然气开采的中央联邦区除外。

1995~2008年，伏尔加联邦区天然气产量从3520亿立方米下降至2230亿立方米，西北联邦区产量从37亿立方米增至410亿立方米，南方联邦区产量从85亿立方米增至185亿立方米（主要是由于阿斯特拉罕气田增产），在乌拉尔联邦区，产量从5446亿立方米增至6012亿立方米，西伯利亚联邦区，产量从1亿立方米增至到75亿立方米，远东联邦区，产量从33亿立方米增至111亿立方米（见表8-10）。

表8-10 1995~2008年俄罗斯各联邦区天然气生产

单位：百万立方米

地区 \ 年份	1995	2000	2001	2002	2003	2004	2005	2006	2007	2008
西北联邦区	3701	4067	4146	3906	3979	3961	4116	4164	4320	4140
南方联邦区	8511	14393	15439	16055	16666	16832	17977	17942	18227	18500
沿伏尔加联邦区	35196	28558	27547	26676	25586	24282	23885	23587	23829	22300
乌拉尔联邦区	544634	530359	526391	539916	564492	577776	585311	600881	592396	601150
西伯利亚联邦区	122	3005	4135	4877	5889	6184	5987	5840	6272	7510
远东联邦区	3303	3551	3785	3678	3622	3588	3525	3856	8441	11100
俄联邦	595467	583933	581443	595106	620234	632623	640801	656271	653485	664700

乌拉尔联邦区天然气产量占俄罗斯产量的90%以上，这在过去20年几乎没有变化，伏尔加联邦区的比例自1995年以来从5.9%下降至3.4%，而其他

天然气产区产量略有增加（见表8-11）。

表8-11　1995~2008年俄罗斯天然气生产结构（联邦区）

单位：%

年份 地区	1995	2000	2001	2002	2003	2004	2005	2006	2007	2008
西北联邦区	0.6	0.7	0.7	0.7	0.6	0.6	0.6	0.6	0.7	0.6
南方联邦区	1.4	2.5	2.7	2.7	2.7	2.7	2.8	2.7	2.8	2.8
沿伏尔加联邦区	5.9	4.9	4.7	4.5	4.1	3.8	3.7	3.6	3.6	3.4
乌拉尔联邦区	91.5	90.8	90.5	90.7	91.0	91.3	91.3	91.6	90.7	90.4
西伯利亚联邦区	0.2	0.5	0.7	0.8	0.9	1.0	0.9	0.9	1.0	1.1
远东联邦区	0.6	0.6	0.7	0.6	0.6	0.6	0.6	0.6	1.3	1.7
俄联邦	100	100	100	100	100	100	100	100	100	100

俄罗斯所产天然气分配结构中，国内市场占然气供应总量的2/3。俄罗斯天然气工业股份公司在国外市场的关键任务是参与俄罗斯境外天然气运输和天分销，直接走向国外消费者。这一目的是通过积极参与私有化进程之中国外天然气运输系统的项目拍卖，购买一些外国公司的股份来实现的。

目前，在外部消费国中欧洲方向是最重要的。东北亚国家，特别是中国、日本和韩国，对进口俄罗斯天然气意愿逐渐增加。亚太国家对于俄罗斯天然气工业公司具有吸引力，其不仅是出口市场，而且被列入联合开发现有的天然气资源和实施天然气运输项目的计划之中。

第二节　能源工业对经济增长的支撑作用

俄罗斯能源动力综合体在俄经济中发挥着重要作用，2009年其产值占GDP的26.2%，占联邦预算中税收的42.4%、出口的65.7%、投资的30.3%。俄经济原材料取向强化的原因是其他工业经济领域发生了深度下滑。能源在GDP和投资中的比重上升，创汇大户石油工业在经济危机严峻的2009年也出现产量下降，这是由于国际油价下调，乌拉尔牌原油从2008年的94.5美元/桶降到61.1美元/桶，天然气和煤炭出口也出现下降（见表8-12）。

表 8-12 2007~2009 年俄罗斯经济中能源含量

	2007 年	2008 年	2009 年
能源份额（%）			
占 GDP	28.8	24.9	26.2
联邦预算中税收	48.7	48.3	42.4
出口收入	63.6	68.1	65.7
总投资	21.7	28.3	30.3
GDP 中能源含量：			
吨标准燃料/千卢布（2000 年价格）	0.0859	0.0816	0.0836
比上年（%）	93.6	94.9	102.4
比 2000 年（%）	70.4	66.9	68.6
GDP 中电力含量：			
千瓦时/千卢布（2000 年价格）	87.8	84.4	87.6
比上年（%）	94.7	91.0	103.8
比 2000 年（%）	74.2	71.3	74.0
人均能源消费：			
吨标准燃料/人	7.0	7.0	6.6
比上年（%）	101.5	100.2	94.5
比 2000 年（%）	112.6	112.8	106.6
单位 GDP 能源消费弹性系数	0.22	0.17	0.71
人均电力消费：			
千度/人	7.1	7.2	6.9
比上年（%）	103.0	101.4	95.7
比 2000 年（%）	119.2	120.9	115.7
单位 GDP 电力消费弹性系数	0.30	0.31	0.56
一次能源产量：			
百万吨标准燃料	1782.8	1793.6	1695.0
比上年（%）	101.0	100.6	94.4
比 2000 年（%）	125.8	126.6	120.4
国内一次能源消费：			
百万吨标准燃料	987.2	988.2	931.5
比上年（%）	101.4	100.1	94.2
比 2000 年（%）	110.4	110.5	104.5

续表

	2007 年	2008 年	2009 年
一次能源出口：			
百万吨标准燃料	823.0	813.0	801.4
比上年（%）	102.3	98.8	98.5
比 2000 年（%）	150.9	149.1	143.9
乌拉尔牌原油价格（美元/桶，当前价格）	69.3	94.4	61.1
天然气合同平均价格（包括独联体国家）（美元/千立方米，当前价格）	239.0	353.7	238.4

资料来源：俄统计署，经济发展部，能源部资料，俄能源战略所计算得出。

俄罗斯能源消费结构中天然气消费逐年上升，从 20 世纪 90 年代的 42% 上升到 2000 年的 49%、2005 年的 52.7%，具体可参见俄罗斯原油出口以及创汇情况（见表 8-13）。

表 8-13　2000~2009 年俄联邦原油出口情况（根据俄罗斯海关和统计局数据）

年份	原油（代码 ТН ВЭД 2709）						为上年同期（%）						出口平均价格（美元/桶）		
	总计		其中				总计		其中					其中	
			对远方国家		对独联体				对远方国家		对独联体			对远方国家	对独联体
	数量百万吨	价值百万美元	数量百万吨	价值百万美元	数量百万吨	价值百万美元	数量	价值	数量	价值	数量	价值	计		
2000	144.4	25271.9	127.5	22911.0	16.9	2360.9	107.0	178.5	109.8	177.9	89.9	184.7	23.94	24.58	19.12
2001	164.5	24990.3	140.8	22020.4	23.7	2969.9	113.9	98.9	110.4	96.1	140.3	125.8	20.78	21.39	17.14
2002	189.5	29113.1	156.5	25444.6	33.0	3668.5	115.2	116.5	111.1	115.6	139.1	123.5	21.02	22.24	15.21
2003	228.0	39679.0	190.7	34693.7	37.2	4985.3	120.3	136.3	121.9	136.3	112.9	135.9	23.81	24.88	18.31
2004	260.3	59044.8	220.3	51173.3	40.1	7871.4	114.2	148.8	115.5	147.5	107.6	157.9	31.02	31.78	26.88
2005	252.5	83438.0	214.4	73825.8	38.0	9612.2	97.0	141.3	97.3	144.3	94.9	122.1	45.21	47.10	34.58
2006	248.4	102282.9	211.2	90755.5	37.3	11527.5	98.5	122.5	98.5	122.9	98.0	119.9	56.32	58.79	42.31
2007	258.6	121502.8	221.3	107418.0	37.3	14084.8	104.1	118.5	104.8	118.4	100	122.2	64.28	66.40	51.71
2008	243.1	161147.0	204.9	142675.7	38.2	18471.2	94.0	132.6	92.6	132.8	102.6	131.1	90.68	95.27	66.11
2009	247.5	100593.7	211.0	88650.9	36.5	11942.3	101.8	62.4	103.0	62.1	95.4	64.7	55.61	57.47	44.80

资料来源：俄罗斯中央银行，http://www.cbr.ru/statistics/credit_statistics/print.asp?file=crude_oil.htm。

全球金融危机令近年来增长较快的俄罗斯经济遭受重创，2009 年该国经济表现在"金砖四国"中垫底，在 20 国集团中也靠后，为负增长 7.9%。俄罗斯央行外汇储备截止到 2009 年 12 月降至 4437 亿美元，2008 年 8 月触及历史高点时达到 5975 亿美元。在国际油价迅速攀升的背景下，俄罗斯资本市场已出现大幅上升，但实体经济仍处深度衰退，俄罗斯未来复苏很大程度上取决于全球油价以及吸引外资进入本国信贷市场。

第三节 能源战略

一 俄罗斯2030年能源战略

为了修正《2020年能源战略》执行情况的缺憾，克服经济危机对能源领域的影响，2009年8月27日俄罗斯政府组织讨论了《俄罗斯2030年能源战略》（以下简称《能源战略》）。2009年11月13日俄联邦政府N1715-p命令正式批准该战略。该战略强调提高能源效率、降低单位GDP能源含量、合理开发利用能源、推广节能设备以及在开采、运输、加工和销售环节降低能源损耗等。该文件是由俄罗斯能源部能源战略研究所所长布舒耶夫 B. B. 牵头制定的。新能源战略确定了俄罗斯能源战略在政府战略性文件系统中的地位（见图8-1），并对2030年前俄罗斯燃料动力平衡进行了预测（见表8-14）。

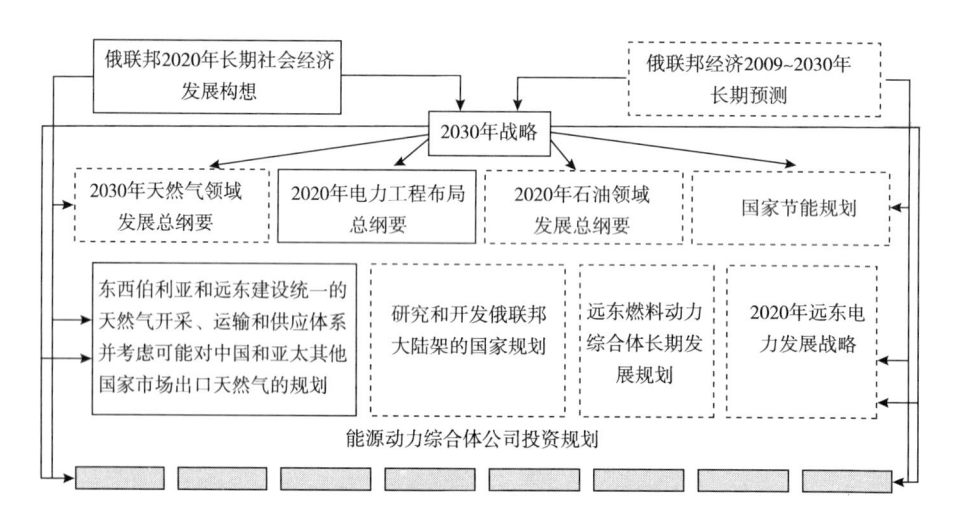

图8-1 俄罗斯能源战略在政府战略性文件系统之中的地位

注：虚线为正在制定中的文件。
资料来源：《2030年俄罗斯能源战略草案》（2009年8月27日）。

表 8-14　2030 年前俄罗斯燃料动力平衡预测

	2005 年 （实际）	2008 年 （实际）	1 阶段	2 阶段	3 阶段
国内消费，百万吨标准燃料	949	991	1008~1107	1160~1250	1375~1565
为 2005 年（%）	100	104	106~116	122~131	144~164
总消费之中：					
天然气	495	526	528~573	592~619	656~696
液体燃料（石油和凝析油）	181	187	195~211	240~245	309~343
硬燃料（煤炭等）	167	175	168~197	198~238	248~302
非燃料	106	103	117~127	130~147	163~224
其中，%					
天然气	52.2	53.1	51.8~52.3	49.5~51.1	44.5~47.7
液体燃料（石油和凝析油）	19.1	18.9	19.0~19.4	19.6~20.7	21.9~22.5
硬燃料（煤炭等）	17.6	17.7	16.7~17.8	17.1~19.1	18.0~19.3
非燃料	11.2	10.4	11.5~11.6	11.2~11.8	11.8~14.3
输出，百万吨标准燃料	865	883	913~943	978~1013	985~974
其中：					
独联体	177	162	172~175	174~179	153~171
其中天然气	110	91	101~103	100~105	90~106
远方国家	688	720	741~768	804~834	803~832
其中天然气	184	190	210~235	281~287	311~317
储量增长，百万吨标准燃料	-1	10	2	2	3
消耗总计，百万吨标准燃料	1813	1884	1923~2052	2140~2266	2363~2542
资源量，百万吨标准燃料	1813	1884	1923~2052	2140~2266	2363~2542
其中：					
进口	80	83	96~100	92~93	86~87
其中天然气	64	64	76~80	79~80	80~81
产量总计，百万吨标准燃料	1733	1803	1827~1952	2047~2173	2276~2456
为 2005 年（%）	100	104	105~113	118~125	131~142
总产量之中：					
天然气	736.5	760.9	784~853	919~958	1015~1078
液体燃料（石油和凝析油）	667.2	694.2	691~705	718~748	760~761
硬燃料（煤炭等）	202.8	221.8	212~260	246~311	282~381
非燃料	126.5	126.1	134~140	156~164	219~236
其中，%					

续表

	2005年（实际）	2008年（实际）	1阶段	2阶段	3阶段
天然气	42.5	42.2	42.9~43.7	44.1~44.9	43.9~44.6
液体燃料（石油和凝析油）	38.5	38.5	36.1~37.8	34.4~35.1	31.0~33.4
硬燃料（煤炭等）	11.7	12.3	11.6~13.3	12.0~14.3	12.4~15.5
非燃料	7.3	7.0	6.9~7.7	7.2~8.0	9.5~9.6

注：1公斤标准燃料=1立方米天然气；按热值1吨原油≈1.4吨标准燃料，1000立方米天然气=1.215吨标准燃料，1吨汽油=1.501706吨标准燃料，1吨高硫重油=1.337884吨标准燃料，1吨焦煤=0.93吨标准燃料，1吨烟煤=0.750853吨标准燃料，1吨褐煤=0.535836吨标准燃料，1吨泥煤=0.4吨标准燃料，1吨白桦劈柴=0.348123吨标准燃料。

资料来源：《2030年俄罗斯能源战略》[Энергетическая стратегия России на период до 2030 года (2009)]。

2030年能源战略体现出俄加强对亚太地区的能源出口。2030年俄罗斯石油将比2008年增长9.7%，天然气增长41.5%。俄规划东西伯利亚、远东地区以及北极极地周围新油气田将得到开发。欧洲仍将是俄油气出口的主要方向，但增加亚太地区油气出口、制衡欧洲的步伐加快。

《能源战略》规定，2030年前，俄罗斯石油年出口将达3.7亿吨，天然气年出口约3700亿立方米。而同时，俄石油、天然气年产量相应要超过5亿吨和9000亿立方米。《能源战略》修正了2020年能源战略中的一系列主要指数。执行《能源战略》的阶段划分的主要依据都具有克服危机以及强化危机后能源发展的特点。

《能源战略》是俄联邦政府根据社会经济长期的发展构想，向能源部门提出的在俄经济发展向创新型方向转变时期应形成的新的发展战略方向。其战略目标是，最有效地利用自身的能源资源潜力，强化俄在世界能源市场中的地位，并为国家经济取得最大实惠。

能源问题的全球性，以及俄能源部门在世界能源和俄罗斯经济中的重要性，突出了俄能源政策的特殊作用。《能源战略》保留了原能源战略连续性的原则。国家能源政策的战略方位系统——能源安全、经济（预算）效益、能源生态安全及提高经济的能源效益等依然没变。

1. 提出能源工业发展"三段论"

俄《能源战略》指出，燃料能源部门将按三个阶段发展，主要目标将是从常规的石油、天然气、煤炭等转向非常规的核能、太阳能和风能等。

第一阶段：2013~2015年。俄主要任务是克服危机。按俄联邦统计局资料，2008年，俄石油产量与2007年相比减产了0.7%，达4.88亿吨。俄经济发展部预测，2009年俄石油产量还将缩减1.1%，达4.82亿吨。同时，2009年1~6月，俄石油出口与去年同期相比增加了0.2%，几乎达到1.23亿吨。可是，这6个月从俄出口原油的价值却缩减了51.6%。

第二阶段：2015~2022年。在克服近期的经济危机后，俄的主要任务是在发展燃料能源综合利用的基础上整体提高能源效率。

《能源战略》最值得注意的是，要提高能源效益和发展能源保护技术。俄《能源战略》制定者们认为，今后能源部门要为提高能源效益而战，为此必须更广泛深入地推广创新技术。预计，2030年前俄联邦单位GDP能耗要比2005年降低一半以上。可是，政府仍对这一预测不十分满意，所以委托能源部再详细研究有关降低能耗的部分内容，要求他们在2030年前将俄年能源资源消耗份额降低到3亿当量吨，即减少25%。

第三阶段：2022~2030年。俄开始转向非常规能源，首先是核能和可再生能源，包括太阳能、风能、水能。

发展非常规能源——核能、可再生能源，包括水电是俄《能源战略》进取精神的重要体现。2030年前，俄能源部门不仅应学会有效利用石油和天然气，还要为更广泛利用非常规能源做好准备。根据《能源战略》，俄在2030年前，利用非常规能源发电将不少于800亿~1000亿千瓦小时。在实施《能源战略》第三阶段后期，由非常规能源生产电力所占的比例，预计从目前的32%（2008年）增加到38%。

2. 注重国内和国外两个市场

俄《能源战略》规定，未来石油储量（包括海上油田）年增长率要达到10%~15%；天然气储量年增长率要达到20%~25%。新能源战略的要点之一是，准备在俄东西伯利亚和远东、极地周围，甚至是北冰洋大陆架地区建立新的油气综合体。预计2030年前，俄天然气年开采量达8800亿~9400亿立方米，年出口3490亿~3680亿立方米。石油年开采为5.3亿~5.35亿吨，年石油出口包括油品出口要增加到3.29亿吨。向独联体以外国家输油管道主干线的长度增加20%~23%，输送能力增加65%~70%。预测在此时期，每桶乌拉尔原油价格70~80美元。尽管欧洲仍将是俄油气出口的主要方向，但是，俄整个油气出口的增长将主要取决于东部方向的快速发展（见表8-15和表8-16）。

表8-15 2030年前天然气开采量分阶段预测

单位：十亿立方米

	2005年（实际）	2008年（实际）	1阶段	2阶段	3阶段
天然气总产量	641	664	685~745	803~837	885~940
其中：					
秋明州	585	600	580~592	584~586	608~637
分地区：					
纳德姆—布尔塔佐夫斯基	582	592	531~559	462~468	317~323
鄂毕—塔佐夫湾	0	0	0~7	20~21	67~68
大赫茨凹陷	3	8	9~10	24~25	30~32
亚马尔	0	0	12~44	72~76	185~220
托姆斯克州	3	4	6~7	5~6	4~5
欧俄地区	46	46	54~91	116~119	131~137
其中：					
滨里海	0	0	8~20	20~22	21~22
施托克曼海	0	0	0~23	50~51	69~71
东西伯利亚	4	4	9~13	26~55	45~65
远东	3	9	34~40	65~67	85~87
其中：					
萨哈林岛	2	7	31~36	36~37	50~51

表8-16 2030年前石油开采量分阶段预测

单位：百万吨

	2005年（实际）	2008年（实际）	1阶段	2阶段	3阶段
石油总产量	470.2	487.6	486~495	505~525	530~535
2005年，%	100	103.7	103~105	107~112	113~114
其中：					
北部和西北	24.5	29.1	32~35	35~36	42~43
沿伏尔加	52.7	54.1	49~50	44~45	34~36
乌拉尔	49.2	52.6	45~47	36~41	25~29
高加索和滨里海	4.9	4.8	7~11	19~20	21~22
秋明州	320.2	319	282~297	275~300	291~292
托姆斯克州	14.1	13.7	12~13	11~12	10~11
东西伯利亚	0.2	0.5	21~33	41~52	75~69
远东	4.4	13.8	23~25	30~31	32~33

资料来源：《2030年俄罗斯能源战略》［Энергетическая стратегия России на период до 2030 года (2009)］。

除了加强出口外，为增强国力，《能源战略》更注重满足国内市场需求。据预测，2030年前，俄燃料能源资源生产增长为26%～36%，国内需求的增长为39%～58%。俄燃料能源资源出口量和国内需求量的比值要从0.88减少到0.62～0.72。按俄《能源战略》，2030年前，俄联邦人均能源需求与2005年相比至少要增加40%，电力需求增加85%，发动机燃料增加不少于70%。同时，家庭经济的能源支出将不超过自身收入的8%～10%。《能源战略》还规定，在为燃料能源部门构筑基础设施时，将主要利用俄自己生产的产品和装备。燃料能源部门所需要的设备供应，国内部分要占到50%。

俄联邦能源部部长什马托克指出："《能源战略》提出的措施在保留其主要方向的同时，对国家当前的能源政策方针进行适当修正，以便为稳定经济增长、提高人民生活质量和强化其对外经济地位而最有效利用本国能源自然资源和发挥整个能源部门的潜力。"

俄罗斯将长期保持原料出口大国地位。根据能源部制定的2020年能源战略，2025年俄罗斯才降低石油出口。2011年降低成品油出口以满足国内需求。未来5年成品油需求每年增长3.1%，而石油加工量保持在2009年2.351亿吨的水平[①]。而俄经济发展部《2020年构想》预测，俄经济2016～2020年从2008年的6.5%下降到4.4%～5.6%。2020～2030年为3.8%～4%。由于内需增长，成品油出口将从2010年的1.215亿吨下降到2030年的8040万吨。计划2010～2013年出口原油2.6亿吨，2030年出口石油2.247亿吨（见表8-17）。

表8-17 2009～2030年石油和成品油出口预测

单位：百万吨

年份	2008（实际）	2009（预测）	2010	2010	2012	2013	2014	2015	2020	2025	2030
石油净出口	240.6	247.2	259.4	253.7	256.9	260.1	260.4	260.6	261.7	246.1	224.7
油品净出口	116.7	121.3	121.5	120.2	117.6	114.8	112.7	110	94	86.8	80.4
汽油	4.2	4.7	6.3	7.4	7.9	8.4	7.7	6.8	2.5	1.9	2
柴油	37.1	38.7	42.2	45.3	47.9	50.5	50.1	49.4	45.2	45.3	46.1
重油	61.2	62.7	57.1	51.4	45.4	39.3	36.6	33.8	19.7	13.3	7.7

资料来源：俄能源部。

---

① http://www.rbcdaily.ru/2010/03/24/tek/466335.

研究《2020年前俄罗斯能源战略》对制定中国可持续发展油气战略的启示是：

第一，中国和俄罗斯作为欧亚大陆上两个互为邻国的、幅员辽阔的大国，其能源供求方面具有互补性：一个是能源消费大国和进口大国、人口大国，一个是能源出口大国、消费和人口小国。中国人均能源占有量（如发电量、油气总当量）在世界排名靠后。

第二，中俄生产力布局的南北和东西差异：中国经济发达地区和能源消耗大省集中在东南沿海，中西部地区则是能源供体，所以我们搞西电东送、西气东输、北煤南运；俄罗斯的工业中心则集中在欧俄（乌拉尔山脉以西），西伯利亚的电力和油气是俄罗斯经济发展的动力，其中，西西伯利亚是俄罗斯重要的油气产地。俄罗斯叶尼塞河以东的东西伯利亚和远东靠近和毗邻中国，能源资源丰富，东煤西运，油气资源探明程度较低，基础设施落后，其开发需要大宗投资，俄罗斯东部是21世纪初中国油气工业实施"走出去"战略的重要目标地区之一。

第三，中俄两国能源资源物质基础和一次能源消费结构有明显差异：据美国《油气杂志》统计，2002年俄罗斯探明石油和天然气储量分别为82.19亿吨和47.57万亿立方米，占世界总储量的4.94%和30.53%；中国探明石油和天然气储量分别为25亿吨和1.51万亿立方米，占世界总储量的1.5%和0.96%。同时两国都是煤炭大国。到2020年俄罗斯能源消费中48%为天然气，而中国到2010年的能源构成为煤、油、气、水电、核电及风能分别为51.6%、21.9%、13.5%、11.3%和1.7%。中国要走一条以煤炭能源为主的、特殊的现代化之路。

第四节　能源工业发展前景

新能源战略体现出俄加强对亚太地区的能源出口。2009年8月27日，俄联邦政府批准了《2030年能源战略草案》。2030年俄罗斯石油将比2008年增长9.7%，天然气增长41.5%。俄规划东西伯利亚、远东地区以及北极极地周围新油气田的开发。欧洲仍将是俄油气出口的主要方向，但增加亚太地区油气出口、制衡欧洲的步伐加快。

东西伯利亚和远东占俄罗斯领土的60.5%，东部陆上天然气初始储量

52.4万亿立方米，大陆架14.9万亿立方米，陆上和大陆架探明储量分别为7.3%和6%。根据《2030年俄罗斯能源战略》预测，东部天然气内需为270亿~360亿立方米，而其产量可达：东西伯利亚450亿~650亿立方米，远东850亿~870亿立方米。2030年俄天然气出口可达3500亿立方米，其中，对东北亚国家出口将达1000亿立方米，对欧洲出口为1600亿~2000亿立方米，其余出口为独联体国家。

一 俄罗斯经济"转向东方"

俄罗斯积极推动能源出口多元化战略，以摆脱对欧洲油气市场的依赖，转向中国、韩国和日本等东北亚国家是俄罗斯东向战略的主要任务。

1990年以来，仅中国石油就先后派出150个代表团赴俄罗斯考察、洽谈合作项目，共耗费近1400万美元，但1994年俄主动提出的输油管道2009年才得以实施，天然气供气合同至今未能签订。

APEC会议前夕，2012年9月6日，欧洲央行宣布，无限制收购出现主权债务危机的欧盟成员国国债。具有增长和投资潜力的亚洲经济体在中期可能成为"拯救欧洲"的决定性力量，将在世界金融体中发挥关键作用。俄罗斯判断，2010年爆发的欧债危机重创欧盟经济，2012年成为国际货币多元化的分水岭，亚太经济体可能在美元、欧元之外进行新的选择，2010~2012年世界能源格局发生深刻变化，俄罗斯作为天然气出口大国的立场引起世界关注。

1998年俄罗斯加入APEC。2012年8月22日，俄罗斯正式成为WTO成员方。在这次峰会上美国2009年提出的TTP（跨太平洋伙伴关系）由于俄中没有兴趣加入而没有得到讨论。日本公司Itochu承诺参与投资建设海参崴液化气厂，年产100万~200万吨，预计2017年投产。

2012年9月4日，俄气在欧洲遭遇欧盟委员会反垄断调查。其主要调查俄气可能破坏市场竞争的三种可能性：一是预先划分市场，对向欧盟国家的自有供气设置障碍；二是阻止天然气供应多元化；三是俄气对自己的客户设定不公平与石油价格挂钩的气价。9日APEC会议期间，普京总统对此表示遗憾，但他否认俄欧进行"贸易冷战"的说法。针对普京的担忧，9月10日欧盟委员会强调，这种调查不是针对俄罗斯，而仅涉及在欧洲市场有经营业务的俄气公司行为，要求俄气遵守欧洲统一市场的竞争规则。

俄气总裁米勒在APEC峰会期间甚至表示"俄罗斯对亚太出口天然气数

量将在近年超过对欧洲的出口",这显然是对欧盟发出的威胁。

2011年秋欧盟对俄气欧洲分支进行了搜查。"统一的欧洲想保持（对东欧的）政治影响力，却要俄罗斯对此埋单，这一观点没有建设性。俄坚持按照市场价格对东欧供气，不会低价补贴东欧。"俄气占欧洲天然气市场消费量不足1/3，没有形成垄断。俄欧的争议焦点在于，按照欧盟2009年第三份能源一揽子文件，要求欧盟电力和天然气市场自由化。

限制垂直一体化公司对能源网络的占有和管理权，主张天然气销售和运输分离以提高市场的竞争性，吸引新的竞争者加入市场降低能源价格。在美国2009年发生页岩气革命以来，欧盟市场充斥中东液化气，现货价格仅为俄罗斯管道气价格的一半。美国承诺未来对欧盟出口液化气，欧盟迫使俄气放弃长期合同价格而采纳现货价格机制。

在海参崴中俄领导人会晤时，中方承诺允许中俄合资天津炼厂（2010年9月合资修建）进口原油和成品油并将其销往国内外市场。普京表示，这是中国境内合资企业首次获得这一权利。俄方评估，天津炼厂获得石油出口权将极大提高企业效益和投资积极性，使合资项目走出原点。而俄石油总裁谢钦则希望亚太国家降低进口俄大陆架石油的关税。2012年上半年俄石油对亚太出口原油880万吨，同比下降6.5%，出口成品油430万吨，下降12.2%。但是，俄石油至今尚未兑现给中石油划拨上游合作区块的承诺。

俄对亚太国家原油出口占俄原油出口幅度从2000年的1.1%上升到2010年的15.2%。中、日、韩占俄对亚太出口原油的90%。2010年俄对华原油和成品油出口占俄原油和成品油出口的5.5%和2.9%；俄罗斯对华石油出口从2000年的130万吨增长到2009年的1400万吨，俄为中国第五大原油进口国，占中国原油进口的7.5%。

俄气在2012年年底确定开发雅库特恰扬达气田的投资规划时间表，将建设雅库特—伯力—海参崴天然气管道，支撑与日本合资兴建100万吨产能的海参崴液化天然气厂。

俄韩扩大液化天然气贸易。在推进朝鲜半岛天然气管道建设的同时，2012年10月，Gazprom Marketing and Trading Singapore 与 Korea Gas 签订2012~2013年100万吨液化天然气供货协议。2011年 Korea Gas 直接从 Sakhalin Energy 购买了270万吨液化气。

二 俄罗斯东部油气合体发展构想

俄罗斯东部的开发意义在于：第一，创造条件促进东部地区尽快稳定，加快社会经济发展；第二，过渡时期保持生产、科技和其他潜力；第三，扩大过境功能，服务于国内和国际经济联系；第四，创造条件经过东部开发吸引外资和先进工艺进入俄罗斯[1]。

俄罗斯天然气工业发展的主要优先方向是，在东西伯利亚和远东构建新的天然气、天然气加工、石油化工、天然气化工、氦工业，把统一天然气供应系统向东扩展，组织高效和商业的天然气和天然气深加工产品向太平洋市场出口（亚太国家和美国太平洋沿岸）。

由于东西伯利亚和远东大多数油气田和许可证区块具有综合性特点——同时含有石油和天然气，而石油化工企业可利用天然气和伴生石油气、石油和凝析油，在构建新的天然气工业中心时，在上述地区要综合考量发展石油综合体。

1. 原料基地和天然气、凝析油和石油开采的各地区指标[2]

东西伯利亚和远东蕴藏着俄罗斯天然气初始资源总量中的21%，达54万亿立方米，大区探明储量为4.9万亿立方米，占10%。东西伯利亚和远东天然气资源探明程度分别为8.6%和11.3%，表明这里具备良好的获得新发现的前景。

东西伯利亚和远东凝析油的初始资源总量为33亿吨，探明储量2.2亿吨，探明率分别为6.3%和7.9%。

整个大区拥有150亿吨石油的初始资源总量，占全俄的18%。石油探明储量12亿吨。未发现的资源总量约占50%，表明开展地质勘探工作具有很高的前景。

在销售和投资良好的情况下，天然气开采总量（干气和富含C2－C4的肥气）2015年可达550亿立方米，2020年达到1580亿立方米，2030年达到2300亿立方米。石油产量，东西伯利亚（包括万科尔—苏尊斯克地区）和远东2015年可达0.75亿吨，2020年达到0.95亿吨，2030年达到1.12

---

[1] Энергетика 21 вака: Системы энергетиги и управление ими. Новосибирск, Наука, 2004. С. 49.
[2] Минеральные ресурсы России. Экономика и управление. (1) 2010. С. 30.

亿吨。

凝析油产量将取决于天然气开采，这一地区2015年可达350万吨，2020年达到1050万吨，2030年达到1180万吨。上述地区2015年石油和凝析油总产量2015年为0.79亿吨，2020年为1亿吨，2030年为1.19亿吨。

同时东西伯利亚和萨哈共和国（雅库特）2015年液态烃产量可达0.6亿吨，2020年达到0.76亿吨，2030年达到0.87亿吨；远东地区液态烃产量2015年为0.15亿吨，2020年为0.21亿吨，2030年为0.32亿吨。

2. 矿物原料基地再生产

为了保证2030年前达到上述预测的开采量，东西伯利亚的天然气储量应当超过2.9万亿立方米，远东超过4.1万亿立方米。同时东西伯利亚应当探明凝析油0.86亿吨，石油23亿吨，远东（主要在大陆架）应探明凝析油和石油分别为0.34亿吨和17亿吨。

为了达到所需侧储量的增长水平，东西伯利亚地区2030年前勘探工作量应达到1190万米，远东400万米。2030年前东西伯利亚和远东必须钻探270万米进行天然气深度勘探，1030万米进行石油勘探。凝析油将伴随天然气和部分石油储量的增长而增长。

地质勘探工作的耗资评估。为了保障油气原料基地的扩大再生产，东西伯利亚和萨哈共和国（雅库特）地质勘探工作的投资额为6900亿卢布以上，远东为1934亿卢布。每年对地质勘探工作的投资将从2008年的250亿卢布增加到2020~2030年的500亿卢布。

对东西伯利亚和远东油气田开发的经济效益评估。

2009~2030年，开发东西伯利亚和远东特大型项目区的汇总预测可以得出最大的累计产量为：天然气：远东大陆架和陆地——10280亿立方米（伊尔库茨克州6370亿立方米，克拉斯诺亚尔斯克边疆区4510亿立方米）；石油——克拉斯诺亚尔斯克边疆区8.75亿吨（远东5.97亿吨，伊尔库茨克州2.5亿吨）；凝析油——克拉斯诺亚尔斯克边疆区0.75亿吨（伊尔库茨克州0.42亿吨，远东0.1亿吨）。

这一时段开发上述地区油气田开发投资额为：克拉斯诺亚尔斯克边疆区39.5亿卢布，伊尔库茨克州24.4亿卢布，远东13.4亿卢布。开发可获得的纯利润：克拉斯诺亚尔斯克边疆区5370亿卢布，伊尔库茨克州33840亿卢布，远东71430亿卢布。

俄罗斯科学院院士甘多罗维奇 A. Э. 2005年12月19~21日在俄罗斯科学

院圆桌会议上表示①,1979~1991 年,俄罗斯在东西伯利亚发现了尤鲁勃钦—托霍姆斯克油气田,储量为 1 万亿立方米天然气;上乔油田,储量为 2 亿吨石油;塔拉干斯克油田,储量为 1 亿吨石油;科维克金斯克气田,评估储量为 2 万亿立方米天然气,远景储量可达 2.5 万亿~3 万亿立方米,为世界十大气田之一;恰杨金斯克气田,储量 1 万亿立方米,仍有新增储量前景。可以说,东西伯利亚已经具有工业开采的基础。

但是,东部输油管道 8000 万吨输油能力建成之后,2030 年前至少有一半的石油要来自西西伯利亚。2030 年前,俄罗斯主要的油气开采基地仍然是西西伯利亚。目前,70% 的石油和 90% 的天然气产自西西伯利亚,欧俄地区仅产 1.27 亿吨,处于下降阶段。东西伯利亚未来不能取代西西伯利亚的地位。西西伯利亚集中了俄罗斯 50% 以上的可采储量,20% 的储量在大陆架,东西伯利亚仅占 14%,折合 100 亿吨可采储量。关于天然气储量,西西伯利亚占储量的 40%,大陆架占 30%,东西伯利亚、雅库特和萨哈林占 20%(约为 40 万亿立方米)。

西西伯利亚未来可新增储量:石油 65 亿吨,天然气 11.5 万亿立方米。2020 年前,东西伯利亚应新增储量:石油 25 亿吨,天然气 3.5 万亿立方米,以满足东部输油管道运力和对亚太出口天然气战略的需要。而远东应探明储量:石油 4 亿吨,天然气 3000 亿立方米。

甘多罗维奇 А.Э.认为,俄气预测萨哈林天然气产量将超过东西伯利亚是没有原料基地依据的,是不科学的评估。萨哈林石油产量不会超过 2000 万~2500 万吨。

东西伯利亚 2020 年前可产石油 8000 万吨,区内需求也在增长,可达 2500 万~3000 万吨,因此不能满足东部管道需求量。如果有外部市场需求,2020 年前东西伯利亚天然气产量可达 1000 亿~1150 亿立方米,2010 年可采气 300 亿立方米。天然气内需:2010 年东西伯利亚和远东为 140 亿~150 亿立方米,2020 年为 370 亿立方米,2030 年为 450 亿立方米。石油出口能力:2020 年前东西伯利亚可出口 3000 万~3500 万吨,2030 年为 5500 万吨,因此需要从西西伯利亚调运 3000 万~3500 万吨用于补充出口。

未来几十年新增储量的勘探成本:西西伯利亚石油为每吨 2.4~2.6 美

---

① Энергетика России, проблемы и перспективы, Труды Научной сессии Российской академии наук, Москва, Наука. 2006, С. 181-184.

元，天然气成本为每千立方米低于 1 美元。东西伯利亚由于地质情况复杂，勘探成本较高，每吨石油 3.7~4.5 美元，平均 4 美元，天然气为 1.5 美元/千立方米。远东大陆架勘探成本接近世界平均价格，石油为 5.6 美元，天然气为 2 美元/千立方米。总体上东部勘探成本仍低于世界价格。

俄罗斯科学院西伯利亚分院科尔茹巴耶夫 A. Г. 博士对东西伯利亚和远东内部需求与出口情况的预测如表 8-18~表 8-22 所示。

表 8-18　俄罗斯东西伯利亚和远东原油与油品需求预测

单位：百万吨

地　区	2010 年	2020 年	2030 年
东西伯利亚*和萨哈	9~11	15~17	19~22
远东	8~10	14~16	17~19
总　计	17~21	29~33	36~40

* 不含克拉斯诺亚尔斯克泰梅尔自治区的消费。

资料来源：А. Г. Коржуваев, Нефтегазовый комплекс России, ИНГГ СО РАН, 2007. с. 215。

表 8-19　俄罗斯东西伯利亚和远东天然气需求预测

单位：十亿立方米

地　区	2010 年	2020 年	2030 年
东西伯利亚*和萨哈	12~15	17~23	20~30
远东	7~10	13~17	20~25
总　计	19~25	30~40	40~55

** 不含克拉斯诺亚尔斯克泰梅尔自治区的消费。

资料来源：А. Г. Коржуваев, Нефтегазовый комплекс России, ИНГГ СО РАН, 2007. с. 216。

表 8-20　2030 年前俄罗斯对亚太地区原油和油品出口预测

单位：百万吨

来源地区	2010 年	2015 年	2020 年	2025 年	2030 年
原油：西西伯利亚	20	30	35	35	30
东西伯利亚和萨哈	6	20	35	45	55
萨哈林州	18	20	25	27	35
原油总计	44	70	95	107	120
油品总计	9	10.2	11.5	11.8	12
原油和油品总计	53	80.2	106.5	118.5	132

资料来源：Коржубаев А. Г., Нефтегазовый комплекс России в условиях трансформации международной системы энергообеспечения./под ред. А. Э. Конторовича. Новосибирск, Гео, 2007. с. 219。

表 8-21 2030 年前俄罗斯对亚太地区天然气出口预测

单位：十亿立方米

来源地区	2010 年	2015 年	2020 年	2025 年	2030 年
西西伯利亚	0	15	30	40	60
东西伯利亚和萨哈	0	30	60	82	82
萨哈林州	13.4	13.4	18	20	23
总　计	13.4	58.4	108	142	165

资料来源：А. Г. Коржуваев, Нефтегазовый комплекс России, ИНГГ СО РАН, 2007. с. 219。

表 8-22 2007 年亚太地区和美国太平洋沿岸油气开采、消费和净进口情况以及 2030 年前预测

地区	年份					
	2007	2010	2015	2020	2025	2030
石油（百万吨）						
亚太地区						
开采量	379	408	408	391	367	342
消费量	1185	1510	1765	1970	2100	2205
净进口量	806	1102	1357	1579	1733	1863
美国太平洋沿岸（美国西海岸）						
开采量	96	87	76	67	62	54
消费量	148	154	162	168	174	177
净进口量	52	67	86	101	113	123
天然气（十亿立方米）						
亚太地区						
开采量	392	436	489	525	552	571
消费量	448	510	625	740	846	952
净进口量	56	74	136	215	294	281
美国太平洋沿岸（美国西海岸）						
开采量	68	68	69	71	69	67
消费量	81	90	100	106	109	112
净进口量	13	22	31	35	40	45

资料来源：А. Г. Коржуваев, И. А. Соколова, ЛВЭдер, Нефтегазовый комплекс России, переспективы сотрудничества с Азиатско - Тихоокеанским регионом, Новосибирск, 2009, с. 39。

3. 俄罗斯能源发展前景展望

过去 30 年（1981～2011 年），俄罗斯（1992 年之前的苏联）出口了大约

3.5万亿立方米天然气，80亿吨石油和石油产品以及16亿吨煤炭，其中大部分出口到西方。但是，随着全球经济形势的变化，以及人口和国际贸易格局的变化，一个新的全球能源格局正在形成。俄罗斯领导人和俄罗斯能源公司的首要任务之一，便是在俄罗斯东部建设新的强大的能源基础设施，并且扩大向亚洲国家的出口。2012年10月23日，普京授权俄能源部修订《俄罗斯2030年天然气领域发展总规划》和《东部天然气发展纲要》。为了实现对中国和朝鲜半岛供气，俄罗斯可能把定于2016年和2017年分别开发的雅库特恰扬达气田和伊尔库茨克州的科维克塔气田提前开发，并以优惠的资源开发税和出口税刺激基础设施建设。

全球能源的中长期预期促使俄罗斯给国内能源部门和进出口部门制定了新的目标和发展方向，首要的需要是保证国内市场能源供给不中断。从更宏观的角度看，将来的能源需求和项目的营利性取决于国际市场上的能源价格。

2010年10月，俄罗斯能源部能源战略研究所公布了与油气工业者联盟合作研究的一项成果《俄罗斯石油工业——均衡发展方案》。

该报告专家认为，2030年前俄罗斯将出现新的石油开采中心。从探明储量和潜在资源量分析，最有发展前景的是东西伯利亚、远东、季曼—伯朝拉油气省、里海大陆架、极地和远东诸海大陆架。但是，乌拉尔联邦区的产量仍居首位，2030年产能在2.338亿~2.681亿吨/年。大陆架产能从2009年的0.371亿吨提高到0.364亿~0.49亿吨。

开发新油气省的必要性要求增加巨额投资。2020年前投资的37%用于外部基础设施项目。同时，国家和私营公司必须扩大对地质勘探的投入。2015年前，根据不同的经济发展方案这笔投资为4610亿~975亿卢布（年均922亿~1950亿卢布）。2009年地质勘探投入550亿卢布。

专家预测，2030年前俄罗斯石油产量基本呈增长趋势。最消极的方案产量下降到4.739亿吨，比2009年下降0.137亿吨。基础型和乐观型方案为从4.939亿吨分别增长到5.341亿吨和5.46亿吨。汽车燃油增产50%，从2009年的0.357亿吨增加到0.562亿~0.575亿吨。原油出口按照消极方案下降20.6%。

可以判断，2010~2020年，俄罗斯维持年均产能5亿吨的水平，将采油50亿吨。2012~2030年，天然气产量增长60%，达到1万亿立方米。但需要投资12万亿~15万亿卢布，年均0.7万亿卢布。如果不投资新气田开发，产量将下降一半，约为3000亿立方米（2009年GDP 39.1万亿卢布，国家预算收入 13.6 万亿卢布）。

目前，俄罗斯 50%的石油和 70%~75%的天然气用于国内市场，俄 50%的电力依靠天然气发电。未来保证经济可持续发展，俄罗斯面临提高能源产量和提高能源使用效率的双重任务。

综合分析俄学者各种研究报告，笔者认为，俄罗斯石油开采量达不到其 2030 年能源战略所预测的指标。但是，俄仍能在满足国内油品需求的同时保持原油出口 2 亿吨以上。俄罗斯石油产量呈递减态势：2015 年 4.5 亿吨，2020 年 4 亿吨，2030 年 3.5 亿吨。

以 2009 年俄消费成品油 0.71 亿吨为基数，2010~2015 年年需求增速为 1.5%，2016~2020 年为 1%，2021~2030 年为 0.5%，三个时间段其国内对成品油需求分别为 0.75 亿~0.78 亿吨、0.8 亿~0.85 亿吨、0.9 亿~0.95 亿吨。以原油出油率 2008 年为 55.8%，上述时间段分别提高到 57%、60%、62% 为参照，则其国内需求原油分别为 1.3 亿吨、1.4 亿吨和 1.5 亿吨。

2030 年俄罗斯天然气产量可以达到 7500 亿~8000 亿立方米，而需求为 4500 亿~5000 亿立方米，2030 年前能够保持 3000 亿立方米的出口能力。

2030 年俄罗斯煤炭产量从目前的 3.3 亿吨提高到 5 亿吨，内需为 2 亿~3 亿吨，具有良好的出口潜力。

总之，俄罗斯能源足以支撑其经济 2030 年前保持 3.5%~4%的增长，如果单位产品能源含量系数每年下降 2%，其能源需求总量不会有显著增长，大约从 2010 年的 9.9 亿吨增长到 12 亿吨标准燃料，其中可再生能源可从 2010 年的 0.3 亿吨提高到 0.7 亿吨标准燃料。

第九章
经济结构的演变与调整

随着技术水平的提高和社会分工的细化,经济结构(尤其是产业结构)与经济增长的内在联系日趋明显。大量的资本积累和劳动投入虽然是经济增长的必要条件,但不是充分条件,因为资本和劳动投入所产生的效益在很大程度上还取决于经济各部门间的技术转换水平和结构状态。因此,分析经济结构的演变和调整对评价一国经济发展水平具有重要意义。本章从产业结构、所有制结构、企业规模结构和地区经济结构等方面分析了俄罗斯独立后二十多年来经济结构的演变轨迹,并对俄罗斯经济结构未来发展趋势做出预测。

第一节 三次产业结构的变化

一 三次产业结构的演变

由于苏联时期的工业化政策,苏联的工业在压榨农业和挤压消费的条件下迅速发展起来,苏联的产业结构中工业占比逐年增长(1983年,工业产值在国民经济总产值中的比重已达到84.9%)。工业中,重工业比例过大,形成超重型产业结构(1985年,重工业产值在工业总产值中占比达到74.8%)。此外,在计划经济体制下,由于长期将国防建设放在优先发展的地位,国家运用高度集中的权力直接组建封闭而自成体系的军事生产和科研体系,集中大量人力、物力和财力投入军事工业。因此,苏联解体前的产业结构主要表现为"重工业过重、轻工业过轻、农业和第三产业严重落后"的状态。

苏联解体后，俄罗斯产业结构的演变总体上分为两个时期：第一个时期为 1991~1998 年，俄罗斯经历了从计划经济到市场经济体制的制度转型，转型过程中宏观经济大幅下滑，产业结构在经济下降的条件下发生变化，可以称之为"在衰退中演变"时期。第二个时期为 1999 年至今，俄罗斯经济逐渐走出转型阴霾，实现恢复性增长，宏观经济形势整体向好，产业结构在经济增长的前提下发生变化，可以称之为"在增长中调整"时期。

（一）"在衰退中演变"时期

1991~1998 年，在经济转型过程中，俄罗斯产业结构出现了第一、第二产业在国内生产总值中所占比例迅速下降的现象。工业占 GDP 的比重由 1991 年的 48.6% 下降至 1998 年的 35.6%；农业占 GDP 的比重由 1991 年的 13.9% 锐减至 1998 年的 6.1%，下降了一半多。与第一、第二产业形成鲜明对照，第三产业迅速发展。1991 年服务性产值在 GDP 中的比重仅为 37.5%，1992 年这一比重激增到 52%，1993 年该比重回落为 49.5%，1994~1998 年这一比重保持在 51% 到 58% 之间。第三产业的迅速发展与经济转型后私有化的开展和市场型服务机构的建立有关，但不能认为这是俄罗斯产业结构优化的表现。因为结构调整并不是通过各部门经济增长的差异实现的，而是在产值普遍下降的情况下实现的，是由于第一、第二产业产值下降的速度快于第三产业造成第三产业在 GDP 中的比重激增，而事实上这种产业结构的变化具有明显的消极性和被动性。

（二）"在增长中调整"时期

1999 年以后，俄罗斯经济开始走出危机，随着经济的逐步复苏、增长，产业结构也相应出现变化。第一产业整体呈下降趋势，其产值在 GDP 中的占比由 1999 年的 6.7% 下降至 2011 年的 4.6%。第二产业的发展经历了两个阶段，以 2004 年为界，1999~2004 年，第二产业产值占比呈上升趋势，由 36.8% 增长至 40.4%；2004 年之后，第二产业产值占比呈下降趋势，由 40.4% 下降至 35.4%。第三产业的发展与第二产业的发展表现出相反的走势，2000~2004 年，第三产业产值占比由 56.5% 下降至 54.4%；2004 年之后，第三产业产值占比则由 54.4% 上升至 60%。

表 9 – 1　三大产业的产出结构

单位:%

年　份	第一产业	第二产业	第三产业
1991	13.9	48.6	37.5
1992	7.0	41.0	52.0
1993	7.8	42.7	49.5
1994	6.5	42.3	51.2
1995	7.2	37.2	55.6
1996	7.0	35.9	57.1
1997	7.1	35.6	57.3
1998	6.1	35.6	58.3
1999	6.7	36.8	56.5
2000	6.5	38.2	55.3
2001	6.9	38.5	54.6
2002	5.9	38.5	55.6
2003	5.4	39.2	55.3
2004	5.1	40.4	54.4
2005	4.9	39.9	55.2
2006	4.7	38.8	56.5
2007	4.4	37.6	58.1
2008	4.4	36.1	59.5
2009	4.8	34.6	60.6
2010	4.2	35.4	60.4
2011	4.6	35.4	60.0

注：2000 年以前的产值按 1995 年价格计算，2000~2002 年按 2000 年的价格计算，2002 年以后的产值按 2008 年价格计算。

资料来源：根据俄罗斯联邦统计局数据计算得出。

根据产业结构演变的一般规律，随着一国工业化的发展，产业结构会经历第一、第二产业产值比重逐渐下降，第三产业产值比重逐渐上升的过程，在工业化后期，第三产业快速发展，其产值比重在三次产业中占有支配地位，甚至占绝对支配地位。但这一规律的前提是，产业结构作为以往经济增长的结果和未来经济增长的基础，与经济发展相对应而不断变动。显然，1991~

1999年"在衰退中演变"时期，俄罗斯产业结构出现的变化并不符合这一前提。在激进式的经济转型过程中，俄罗斯经济迅速下滑，生产中的资本要素投入大大降低，所以产业结构的演变是伴随着经济衰退的一种自发调整。因此，该时期第一、第二产业比重的下降和第三产业比重的上升并不是产业结构优化的标志。而1999～2004年，俄罗斯产业结构的演变趋势是，第二产业产值比重上升而第三产业产值比重下降。该时期宏观经济呈上升趋势，工业生产也逐年恢复，应该说整个经济经历了再资本化的过程。因此，尽管从表面上看产业结构出现"倒退"的迹象，但与前一时期在衰退条件下第二产业比重下降相比，该时期第二产业产值占比的提高恰恰说明第二产业在以相对于第三产业更快的速度进行恢复性增长。2004年之后，俄罗斯经济保持持续稳定增长（金融危机时期除外），在此基础上，第一产业产值比重继续下降，第二产业产值比重也开始下降，而第三产业产值比重持续上升，到2011年已达到60%的水平，在三次产业中占支配地位。在满足经济增长的前提下，俄罗斯三次产业结构开始遵循产业结构演变的一般规律，朝着高度化的方向发展，出现了一定的优化趋势。然而，由于激进式的经济转型造成了诸多不良后果，第二、第三产业内部仍存在非常严重的结构失衡问题，三次产业间结构的高度化尚不足弥补第二、第三产业内部结构非合理化带来的消极作用。因此，产业结构失衡尤其是工业结构失衡的问题在一定时期内仍是俄罗斯经济面临的主要难题，产业结构调整的任务仍然任重而道远。

二 三次产业结构演变的根本原因及内在机理

根据上文对三次产业产值结构变化的分析可以看出，1991～1992年是俄罗斯三次产业结构变动最大的时期，从1991年第二产业主导的产业结构转变为第三产业主导的产业结构，发生这种转变的根本原因显然不是技术革新，而是俄罗斯1991年开始的激进式的经济转型。经济转型过程中经济自由化的顺序不当导致第一、第二产业下滑的速度快于第三产业，激进的转型方式不可能在一夕之间就形成完善的制度环境，结构调整没有与市场制度的完善同步进行，导致了产业结构自发性调整的方向有失偏颇，为此后产业结构的调整埋下了重大隐患；从长期看，市场经济制度的确立会为产业结构调整提供良好的制度环境，随着体制效应的逐步释放，产业结构也将出现优化趋势。

(一) 对"在衰退中演变"时期产业结构变动的解释——转型中经济自由化的顺序不当是产业结构演变的根本原因

从制度经济学的角度看,经济转型有利于产业结构的调整升级,因为经济转型的同时伴随着制度的变迁,而制度通过决定交易和生产成本来影响经济绩效,高质量的经济制度有助于提高经济增长的速度①。然而俄罗斯的经济转型并不是伴随着制度经济学理论中的"制度变迁",而是出现了所谓的"制度突变",这导致整个经济主体在面对政局不稳、价格信号失真的情况表现出各种短期化行为,这是转型失败的主要原因,也是其产业结构"在衰退中演变"的根本原因。下文将在经济转型这一背景下分析各产业变动的内在机理。

麦金农 (Roland Ian Mckinnon) 在《经济自由化的顺序》一书中提出了稳定财政→开放国内资本市场→对外商品贸易→国际资本流动的转型顺序,其核心思想是保持稳定的货币和金融环境。然而俄罗斯采用了激进式的转型方式,在转型过程中没有考虑好各项制度安排的次序关系,违反了"稳定大于一切"的原则,以致财政赤字以及资本外逃等原因引起的通货膨胀使市场经济的价格信号失真,在这样的情况下市场主体表现出投机和各种短期化行为,生产持续下降在所难免。

在宏观经济衰退的过程中,俄罗斯各产业产值比重也相应发生了不同的变化,下文将用"货币与资本互补性"理论对该时期各产业的变动分别做出解释。

麦金农在《经济发展中的货币与资本》一书中指出,在欠发达国家中广泛存在着金融压抑现象,由此导致家庭部门和小企业在面对那些不可分割的技术投资时难以利用借贷资本的杠杆作用,整个经济可能陷入低水平的发展中。"货币与资本的互补性"理论是指,在任何确定的收入水平下,如果意愿资本积累率提高,收入与支出之间的缺口增加,就会迫使需要投资的企业持有较多的现金余额,实际现金余额对收入的平均比例就会上升。因此,货币与实物资本积累之间存在互补性。这种互补性通过两种方式发生作用:由于货币供给条件对于储蓄和投资决策具有第一位的影响作用,因此,如果持有货币的实际收益增加,那么在面对大量的投资机会时,投资也会增加;另外,

---

① 〔美〕道格拉斯·C. 诺斯:《制度、制度变迁与经济绩效》,刘守英译,上海三联书店,1994。

持有货币余额意愿的增强，降低了使用内部储蓄购买资本品的机会成本，从而使得资本积累的金融渠道得以拓宽。

1. 第二产业产值下降的原因分析

由表9-1可以看出，第二产业在GDP中的比重由1991年的48.6%下降到1998年的35.6%，这期间伴随着证券私有化和货币私有化的过程。其产值下降的原因包括三个方面。

第一，大规模的证券私有化使得企业的股份过于分散，企业的经营决策很难统一。即使按规定企业领导人可以再购买5%的普通股股票，但由于缺乏资金来源也很难实现。企业的经营决策权分散使得企业的生产短期内迅速下滑。

第二，与"货币与资本互补性"理论有关。第二产业大都是资本密集型行业，按照"货币与资本互补性"理论，其投资越大，所持有的实际货币余额应该越多。然而，货币私有化过程导致大量货币余额用于购买股份，削弱了用于实际投资的货币余额。此外，由于恶性通货膨胀，货币的实际余额是下降的，进行投资的能力也相应下降，货币与资本互补性的第一条途径不复存在；货币实际余额的下降还导致持有意愿的下降，居民和企业大都转向存货进行储蓄，这使得外源性融资的机会大大降低，货币与资本互补性的第二条途径也不复存在。

第三，国防工业在第二产业中占有较大份额，"军转民"计划的失败导致第二产业产值下降。首先，从产品性质的角度来看，国防工业提供的产品都是公共产品，应该由国家进行采购。其次，国防工业"军转民"也是采用的私有化方式，同样存在上述第二点原因。最后，"军转民"要求国防工业企业转向民品生产，这意味着技术转换和技术创新。从资本参与再生产的用途来看，它经历了资本的规模效应到资本的协同效应再到技术创新的过程。如果说在恶性通货膨胀下资本的规模效应尚难达到，那么希望通过"军转民"达到技术创新则更是难上加难。

在上述原因的作用下，俄罗斯第二产业产值在经济转型时期急剧下降，第二产业内部不但延续了苏联时期重、轻结构失衡的问题，经济能源化、原材料化的趋势也愈加明显。其中一个重要的原因就是许多重要的、关系国家经济安全的大型企业并没有采取证券私有化的方式，直到1997年它们才采取个案私有化的方式进行转型，这些公司大都是石油公司和钢铁公司。

2. 第三产业产值比重上升的原因分析

1991~1998年，按可比价格计算的第三产业产值也是下降的，但与第一、第二产业相比，其下降的幅度较小，因此在产业结构中第三产业比重表现为上升趋势。在同样不利的宏观经济环境下，第三产业能够维持较小的下降幅度，其原因是：

第一，第二产业的富余劳动力为第三产业的发展提供了人力资源保障。在原有的国有体制下，企业职工劳动效率低，人浮于事的现象较为严重。随着国有企业私有化政策的开展，企业成为以利润最大化为中心的市场主体，生产过程必须有效率，因此解雇与生产无关的后勤人员和工作低效的员工成为必然。失去岗位的产业工人只能转向第三产业。

第二，私有化证券的转让所得资金为失业工人再就业提供了初始资本。根据前文"货币与资本互补性"理论，初创的第三产业规模较小，所需资本相应较小，在少量的货币余额条件下，根据互补性原理可以快速发展。正如麦金农所言，一旦市场放开，小规模的私营资本主义，即小店主、小农户、小手工艺人等，会迅速涌现和发展[1]。失业的产业工人和小额的初始资本是俄罗斯第三产业在转型时期迅速发展的条件，这也决定了第三产业的内部结构并不是高级化的，从俄罗斯的情况看，第三产业中发展最快的是贸易类，其占比由转型初期的10%左右迅速上升至20%左右；而通信和金融这类资本和技术密集型的产业，占比一直较小。

3. 第一产业产值下降的原因分析

20世纪80年代初，中国农村实行了家庭联产承包责任制，农民的生产积极性被释放，第一产业产值稳步增长。90年代苏联也进行了改革，传统的大锅饭机制被打破。按照中国规律，苏联的农业也应该稳步增长，然而事实上却出现了相反的现象，苏联农业不但没有增长反而衰退了。同样的转型机制为什么会产生不同的结果呢？

第一，机制作用的土壤不同。在中国，农业主要表现为小农经济，即农业的要素投入中人力的投入相对更多一些，人民公社解散后，农民的积极性得到释放，劳动力要素投入增加，继而推动农业增长。在俄罗斯，农业则主要表现为大农业的形式，即农业的要素投入中资本的投入更多一些。随着原

---

[1] 罗纳德·I. 麦金农：《经济自由化的顺序：向市场经济过渡中的金融控制》，李瑶，卢力平译，中国金融出版社，2006，第134页。

有的国营农场被解散，带来的直接问题是有形资本的使用权难以确定，这是导致产出下降的最直接原因。

第二，在恶性通货膨胀条件下，实际货币余额大幅下降。根据"货币与资本互补性"理论，农业投资大幅下降，在资本密集型农业条件下，产量自然大幅下降。此外，在传统计划经济体制下，农业享受较多的财政补贴，突然放开价格使很多农产品失去竞争力，一些农产品甚至出现生产成本与销售价格倒挂的现象，这更降低了投资积极性。

第三，尽管土地政策解决了土地所有权的问题，但是土地流转的问题一直未得到解决。在资本密集型农业条件下，土地过于分割不利于生产的开展。

(二) 对"在增长中调整"时期产业结构变动的解释——经济转型为产业结构演进提供长期制度保障

1. 经济转型确立了市场在资源配置中的基础性地位和作用

第一，在市场机制的作用下，资源配置主体多元化。资源由非市场化的低效配置转向了市场化的高效配置，资源配置的主体不仅包括政府，还包括企业和居民，而企业是资源的主要配置者。企业和居民在利益最大化的目标下，根据市场信号反映的商品和要素的供求信息，调节生产和需求，使资源得到合理配置，产业结构得以优化。

第二，市场能够发挥价值规律的作用，适应供求关系的变化。在市场经济体制下，企业作为独立的生产者，所需的固定资产投资、流动资金来自银行贷款。这对企业而言是有偿使用资金，还本付息的压力迫使企业必须慎重投资、提高资金使用效率和经济效益。为了提高生产率，企业将加大技术要素的投入，促进产业全面升级。

2. 经济转型改变了所有制结构，确立了产权制度

产权是一个社会所强制选择的一种经济品使用的权利[①]。著名的科斯定理揭示了产权制度、交易费用与资源配置效率之间的关系。科斯认为市场运行是需要成本的，即所谓的交易费用。科斯定理的基本内容可以归纳为三点：第一，如果交易费用为零，产权制度对资源配置效率没有影响。因为即使初始产权安排不合理，市场竞争机制也会通过产权交易自然而然地实现资源的

---

① 〔美〕R. 科斯、A. 阿尔钦、D. 诺思：《财产权利与制度变迁：产权学派与新制度学派译文集》，三联书店，1994，第166页。

优化配置。第二，如果交易费用为正，产权制度对资源配置效率产生重要影响。当产权初始安排不合理时，需要通过产权交易重新安排使其合理化，而只有当交易费用小于产权重新安排所带来的收益时，产权交易才能实现，从而资源配置才能优化。第三，明晰的产权制度是产权自由交易的条件，并有助于降低交易费用，从而有利于实现资源优化配置，达到帕累托最优。因此，经济转型中确立的产权制度是产业结构优化的保障。

3. 经济转型形成了竞争机制

竞争对产业结构的作用机制是，通过对供求关系的协调，促进各利益主体在竞争中不断实现生产要素的优化组合，促进技术不断进步、组织结构不断创新、劳动者素质不断提高，资本、劳动力要素从生产效率低的部门向效率较高的部门转移，从而达到产业结构优化。

4. 经济转型与产业结构调整的长期互动性

经济转型与产业结构调整之间的长期互动性主要通过需求结构和供给结构相互作用进行传导：一方面，产业结构调整是经济转型的必然结果。经济转型从长期将会带来经济增长，居民收入会相应增加，进而产生财富效应，改变个人消费需求结构。个人需求结构变动影响社会需求结构，社会需求结构的改变必然诱导供给结构改变，从而对所提供社会产品的种类提出新的要求，带动产业结构发生变动。另一方面，经济转型是靠产业结构的不断调整和升级来推动的。产业结构的变动往往是同技术创新和技术进步联系在一起的，不仅技术进步会使相关产业部门发展加快，而且一种新的重要技术更可能带来新的产业部门的诞生，进而带动整个社会产业结构发生深刻的变化。新的供给结构创造新的需求结构，其作用的深层机理在于产业结构升级和产业结构调整中产生了新的结构关联效应，结构关联效应通过自身组织能力、通过产业结构调整和升级的推动，引发经济绩效的不断增加，从而将经济转型推向深入[1]。此外，从计划经济到市场经济的转型，能够使产业结构调整的手段不再拘泥于计划体制下的行政手段，而是将经济手段、行政手段和法律手段相结合。统一市场的形成使产业结构组织方式亦有可能不再受行政隶属的限制，真正实现产业结构的优化重组，从而带来经济绩效的不断增长，而经济增长又会对结构调整产生强大的推动作用，从而进入良性循环。

---

[1] 景维民、杨晓猛：《产业结构调整与经济绩效——中俄两国之比较》，《开发研究》2004年第2期。

基于以上分析可以看出,当俄罗斯经济进入上升通道后,经济增长与结构调整之间发生一定程度的良性互动。此外,经济转型后,体制的效应逐步释放,优化了结构调整的制度环境。因此,"在增长中调整"时期,三次产业结构出现优化趋势的根本原因在于经济转型所奠定的制度基础。

第二节 工业内部结构的变化

一 工业内部结构变化的特点

(一) 重、轻结构失衡加剧

霍夫曼系数是消费品工业净产值和资本品工业净产值的比值,这一指标可以反映一国重、轻工业的比例,霍夫曼系数越小,表示该国重工业产值比例越大。目前发达工业国家的霍夫曼系数一般在 0.4~0.5。根据世界工业化进程的一般规律,工业内部结构变化轨迹是从轻型制造业向重化工业演进,这就意味着工业化进程中霍夫曼系数呈下降态势。

从图 9-1 反映的曲线来看,俄罗斯的霍夫曼系数一直呈下降态势,目前已达到 0.2 以下的水平,但我们不能据此简单判断俄罗斯进入了工业化后期,甚至进入了后工业化时代。这是因为苏联时期由于政治和军事需要,政府以行政指令方式强制进行工业化,跳过了轻工业大发展的阶段,直接实现了以军工生产为主的重工业化。应该说俄罗斯的霍夫曼系数过低并不是工业内部结构高级化的标志,反倒是轻工业没有得到充分发展的一种失衡表现。

图 9-1 中以 1992 年[①]为界,1992 年后俄罗斯的霍夫曼系数比苏联时期更小,这表明苏联解体后,俄罗斯工业内部结构中重轻结构失衡的现象有所加重。1992~2000 年,霍夫曼系数呈下降态势,且降幅较大,这说明在经济转型过程中,俄罗斯的轻工业部门[②]比重工业部门产值下降速度更快。过早的对外开放导致大量外国消费品涌入国内市场,残酷的竞争下,俄罗斯的消费品工业遭到沉重打击,轻工业几乎消失;但能源工业作为当时国民经济的支柱产业在后期才进行个案私有化,资本的规模效应带来产值的迅速增长。

---

① 应以 1991 年苏联解体为界,但概念数据无法得到,因此以 1992 年数据代替。
② 这里的轻工业部门包括轻工业和食品工业。

2000~2003年，俄罗斯的霍夫曼系数分别为0.184、0.198、0.199和0.191，呈现上升趋势。这主要是由于该时期一些消费品工业的劳动生产率和全要素生产率都有所提高，缓解了重工业为主的弊病，尽管如此，轻工业部门在工业中的比重仍然很小，并不能改变重工业为主的特点。2004~2008年，随着国际油价的大幅上涨，重工业中的能源工业得到了更大的发展空间，2008年国际油价空前高涨，该年俄罗斯的霍夫曼系数下降至0.132，2009年的金融危机沉重打击了俄罗斯的重工业部门，霍夫曼系数提高至0.158，2010年和2011年随着重工业部门的复苏，霍夫曼系数继续下降，到2011年已达到0.13的历史最低值，重轻结构失衡的现象愈演愈烈。

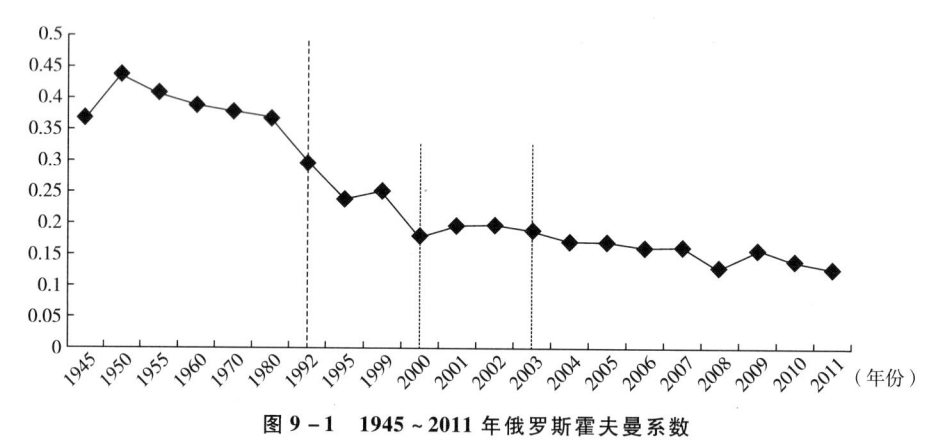

图9-1 1945~2011年俄罗斯霍夫曼系数

注：2004年前，消费品工业包括轻工业和食品工业，资本品工业为工业中的其他行业；2005年后，消费品工业包括食品工业、纺织和缝纫业、皮革及皮革制品的生产和制鞋业，资本品工业为工业中的其他行业。

资料来源：1980年以前的数据引自陆南泉、张础、陈义初等《苏联国民经济发展七十年》，机械工业出版社，1988，第124页。1980年以后的数据引自俄罗斯联邦统计局，经计算得出。

（二）能源、原材料化趋势加重

在经济转型之前，苏联的经济是封闭型经济，俄罗斯在向市场经济过渡过程中采取了"休克疗法"方式，立即实行对外贸易自由化，俄罗斯加工制造业部门的产品由于长期存在资源补贴机制以及生产工艺落后，难以与外国产品竞争。为了获取短缺的外汇资金，促进经济复苏，俄罗斯不得不大量出口能源、原材料等初级产品，从而形成了俄罗斯工业能源、原材料化趋势。近年来，俄罗斯政府已意识到这种畸形的工业结构必将阻碍俄罗斯经济可持续发展，也制定了相关政策试图扭转局势，但能源化、原材料化趋势具有一定的刚性，在国际市场价格的推动下，该趋势不但没有缓解反而加重了。

1990年，俄罗斯工业中能源和原材料工业比重为33.5%，制造业比重为66.5%。苏联解体后，随着市场的开放和"军转民"计划的实施，俄罗斯的制造业遭受了前所未有的打击，1995年，俄罗斯制造业在工业中的比例已下降至42.7%，而能源和原材料工业比重相应增长至57.3%。1995~2003年，俄罗斯工业结构相对稳定。2004年后，随着国际能源价格的走高，能源工业快速发展，已成为俄罗斯经济的支柱产业。2006年，能源工业比重已达到67.8%（见表9-2），经济能源、原材料化的趋势已非常明显。2007年，由于开采能力不足、开采条件恶化等原因，能源开采业遭遇瓶颈，该年天然气开采甚至出现负增长（-0.8%）[1]，因此，在国际能源价格高位运行的条件下，能源和原材料工业在工业中的比重略有下降，此后一直维持在66%上下的水平。

表9-2　1990~2011年俄罗斯工业结构

单位:%

年份	工业	能源和原材料工业	制造业
1990	100	33.5	66.5
1995	100	57.3	42.7
1996	100	57.4	42.6
1997	100	57.7	42.3
1998	100	57.9	42.1
1999	100	55.8	44.2
2000	100	58.4	41.6
2001	100	56.3	43.7
2002	100	57.2	42.8
2003	100	57.6	42.4
2004	100	60.6	39.4
2005	100	66.8	33.2
2006	100	67.8	32.2

[1] Е. Гайдар, Российская экономика в 2007 году: тенденции и перспективы（Выпуск №29）, С253.

续表

年 份	工 业	能源和原材料工业	制造业
2007	100	66.1	33.9
2008	100	65.4	34.6
2009	100	66.0	34.0
2010	100	66.2	33.8
2011	100	66.4	33.6

注：俄罗斯联邦国家统计局于2005年变换了行业的统计口径。表9－2中，2004年以前，能源和原材料工业包括燃料、电力、黑色冶金、有色冶金、木材加工、造纸印刷和建材工业；制造业包括机器制造业、化工、轻工业和食品工业。为了与2004年之前的统计口径尽量保持一致，2005年以后，能源和原材料工业包括采掘业、木材加工和木制品生产、造纸和印刷、焦炭和石油制品生产、其他非金属矿石加工、冶金和金属制品生产和水、电、气的生产与调配业；制造业包括食品工业、纺织和缝纫工业、皮革及制品的生产和制鞋业、化学工业、橡胶和塑料制品生产、机器和设备的生产、电子设备和光电仪器生产、运输工具和设备生产、其他制造业。

资料来源：根据俄联邦国家统计局每年各部门产值计算得出。

综上所述，从整个产业结构看，结构失衡问题的主要矛盾在于工业结构失衡，而工业结构的矛盾又主要集中体现在工业的能源化、原材料化上。因此，能源化、原材料化是俄罗斯产业结构失衡的核心问题所在。

二 工业结构形成的原因

（一）历史惯性

经济发展存在一定的路径依赖，俄罗斯当前的工业结构很大程度上是俄罗斯经济发展的历史惯性造成的。从苏联时期开始，燃料动力综合体就是苏联的支柱产业。20世纪50年代苏联开始大规模开发石油，50～60年代，依靠伏尔加河沿岸的油田，石油产量增长迅猛。60年代，苏联在西西伯利亚发现油田，然后依靠向发达国家出口石油来支付大规模进口农产品的费用。1980年，石油和天然气出口已占苏联向OECD国家出口额的67%[①]。能源工业的过度发展也是苏联解体的一个很重要的经济诱因。国际石油价格上涨

---

① E.T.盖达尔：《帝国的消亡：当代俄罗斯的教训》，王尊贤译，社会科学文献出版社，2008，第132～141页。

为苏联延续了 30 年的经济增长，而油价下跌又给当时处于崩溃边缘的苏联经济沉重一击。由此看来，当前产业结构资源化的特点是苏联时期和叶利钦转型时期的延续和深化，存在一定的历史发展惯性。因此，当前经济结构调整要扭转这种惯性存在一定的难度，这也决定了结构调整的长期性和艰巨性。

（二）比较优势

俄罗斯资源在国际贸易中的先天比较优势使资源出口成为经济发展的必然选择。俄罗斯地大物博，自然资源丰富，拥有的矿产资源占世界储量的 20% 以上[①]。

自然资源禀赋决定了俄罗斯出口的比较优势，并且自然资源禀赋具有不可替代性。这样，俄罗斯在谋求凭借出口创汇快速摆脱经济危机时，能源和原材料出口成为经济发展的突破口，这必然使能源和原材料的生产获得更多投资，形成并强化了俄罗斯产业结构能源化、原材料化的趋势。尽管基于国际贸易理论中的比较优势原理和俄林定理，俄罗斯大力发展能源和原材料出口具有其合理性，但是这一理论的前提是国际商品贸易市场是一个完全竞争的市场。然而国际大宗商品市场受某些国家和金融集团操纵的现象日趋明显，因此过度地依赖能源出口对国家安全存在一定影响，也不利于俄罗斯经济的可持续增长。

（三）国际分工

俄罗斯能源、原材料产业过度发展是全球化背景下国际分工的自然结果。20 世纪 90 年代，以知识和技术为核心的"新经济"蓬勃发展，对于经济全球化以及各国经济现代化进程产生了重大影响，同时对于国际经济分工格局也产生了决定性作用。

"新经济"具有两个突出的特点：一是注重前期大量的研发投入和后期的创新成果保护，而非传统的制造行业规模化生产；二是研发性技术创新成果体现出"非贸易品"的属性，客观上限制了研发中心源的转移力度。全球经济在此次技术创新的背景下形成了"美国—日欧—发展中国家"的垂直型国

---

① Национальный доклад, 《Стратегический ресурсы России》, информационные политические материалы, Москва, 1996. http://www.iet.ru.

际分工格局。美国主导高新技术产业的创新与周期性转移,形成了世界经济的霸主地位,日欧利用高新制造产业的技术优势和发展中国家工业化的市场需求,形成了高新制造业的优势地位。在此背景下,俄罗斯则只能利用自身丰富的自然资源参与国际经济合作,在能源及原材料行业发挥成本优势,利用国际市场的"发动机效应"拉动国内经济增长,寻求自身在国际经济格局中的位置[1]。

(四) 国际油价

国际石油市场价格上涨使能源化的产业结构更加固化。近年来,国际石油市场价格一直高位运行。2011年,英国Brent牌石油价格达到111.33美元/桶,俄罗斯Urals牌石油价格达到了109.3美元/桶。据俄罗斯学者分析,近年来国际油价上涨的主要原因包括:第一,世界经济,特别是亚太地区国家,如中国、印度经济的快速发展使能源的需求日益增加;第二,产油国的政治原因使国际市场上的能源供应减少;第三,能源勘探缺乏足够的投资使得石油、天然气等能源生产速度放慢[2]。在供给推动和需求拉动的同时作用下,国际石油价格飞涨。此外,推动国际能源价格上涨的不仅包括供求关系,还有地缘政治、财团利益、国际资本流动、能源战略和政策以及突发事件等多种因素。目前,俄罗斯已成为世界最大的石油出口国之一,在世界能源市场中的地位举足轻重,国际油价的上涨更促使俄罗斯加快发展能源行业,增加出口,抢占国际市场份额,这使得其整个经济对能源出口的依赖性更强。

2008年爆发了全球性金融危机,国际油价暴跌,俄罗斯经济因此遭受了巨大打击,工业结构失衡的问题凸显,令俄罗斯政府深刻体会到结构调整已迫在眉睫。为此,总统梅德韦杰夫提出了"经济现代化"计划,该计划的核心任务就是调整俄罗斯失衡的经济结构。然而,结构调整是一项长期而艰巨的任务,到目前为止,俄政府一系列政策措施的效果尚不明显。

---

[1] 关雪凌、程大发:《全球产业结构调整背景下俄罗斯经济定位的困境》,《国际观察》2005年第4期。

[2] Кимельман. С., Андрюшин. С., Проблемы нефтегазовой ориентации экономики России,《Вопросы экономики》, 2006 г., №4.

第三节 所有制结构的变化

一 经济转型前所有制结构的变化

20世纪20年代末，苏联的战略目标是用两个五年计划的时间加速实现国民经济的工业化，以便在军事工业方面赶超西方发达国家。在这一战略目标下，所有制改造的形式、方法和速度也要与之相适应。在此背景下，苏联开展了大规模的国有化运动，逐步排挤、取缔私人经济成分，形成了单一的所有制体制，其主要特点是：清一色的社会主义经济成分（即公有制）垄断国民经济，完全排斥其他经济成分；法律只承认两种公有制形式，即全民所有制和集体所有制，否定其他经济成分的存在和合理性。

这种单一的所有制结构自20世纪30年代形成后，在此后的50年中一直保持稳定，直到戈尔巴乔夫上台，苏联开始对所有制进行体制内改革。1986~1990年，苏联政府通过了一系列法律，在原有公有经济外，允许并放宽了对非国有经济成分的限制，从就业、产值占比看，集体经济和个体经济均有所增长（见表9-3）。因此，戈尔巴乔夫时期体制内的所有制改革不可能动摇公有经济的根本。真正的所有制改革是苏联解体后1992年开始的。

表9-3 经济转型前所有制结构的变化

单位：%

	就业比重		产值比重		固定资产比重	
	1985年	1990年	1985年	1990年	1985年	1990年
整个经济	100	100	100	100	100	100
公有制经济	96.8	95.5	95.9	95.3	98.8	98.8
国有经济	81.4	77	87	82.7	88.1	88.9
集体经济	15.4	18.5	8.9	12.6	10.7	9.9
私有制经济	3.3	4.5	4.2	4.8	1.1	1.2

资料来源：根据苏联国家统计委员会《1990年苏联经济》计算得出。

二 经济转型时期所有制结构的变化

由于戈尔巴乔夫时期扩大了企业的自主经营权,取消了政府部门监督企业高层管理者的权力,这就为企业管理者将国家财产据为己有打开了方便之门,如不迅速实施正式的私有化方案,国家财富很可能被几千个管理者掌握。同时苏联经济开始崩溃,在巨额的财政赤字中,除政府补贴和支持消费品价格的支出外,对国有工业企业的巨额补贴无疑是沉重的负担[1]。在这样的背景下,所有制改革刻不容缓。1991年12月29日,俄罗斯总统叶利钦签署了《关于加快国有企业和市政企业私有化的命令》。根据这一命令,批准了政府制定的《1992年俄罗斯联邦国有企业和市政企业私有化纲要的基本原则》。该基本原则从1992年1月1日起开始实施,俄罗斯由此开始了对所有制结构的根本变革。

本书将俄罗斯所有制结构的变化划分为四个时期:第一时期为1992年7月~1994年6月,该时期俄罗斯国有大中型企业进行了"证券私有化",计划经济体制的所有制格局被彻底打破,国有经济的绝对统治地位被推翻;第二时期为1994年7月~1996年年底,俄罗斯实行了"货币私有化",国有经济下降至相当低的水平;第三时期为1997~2004年,大规模的私有化运动结束,私有化进程以"个案"形式继续进行,非国有经济继续扩张,但速度明显放慢,所有制结构逐渐趋于稳定;第四时期为2005年至今,从数量上看,国有经济仍然呈下降趋势,但国家加大了对经济中重要行业和部门的控制力。

(一) 第一时期 (1992年7月~1994年6月)

随着私有化的展开,国有制经济的统治地位彻底被推翻,短短3年时间,俄罗斯经济中国有制经济占比大幅缩减,逐渐形成了国家所有制、地方市政所有制、社会及宗教组织所有制、私有制和混合所有制并存[2]的混合型经济。截止到1994年6月"证券私有化"的结束,非国有经济无论从就业人数、产值还是从固定资产占比上均超过国有制经济,但国有制经济占比仍然较高

---

[1] 冯舜华、杨哲英、徐坡岭等:《经济转轨的国际比较》,经济科学出版社,2001,第198页。
[2] 根据俄罗斯联邦国家统计局的划分,俄罗斯的所有制分为国家所有制、地方市政所有制、社会及宗教组织所有制、私有制和混合所有制,混合所有制中又包括混合型内资、合资、外资和国家公司所有制。

(见表9-4)。此外,该时期混合所有制经济大量涌现,这种所有制形式大多为国有经济"证券私有化"后的产物。同时,新建立的私有制经济在该时期内发展还比较缓慢。

表9-4 1992~1994年俄罗斯所有制结构的变化

单位:%

	就业比重		产值比重		固定资产比重	
	1991年	1994年	1991年	1994年	1991年	1994年
整个经济	100	100	100	100	100	100
国有制	75.5	44.7	86	38	91	42
非国有制	23.6	54.6	14	62	9	58
私有制	13.3	33	—	25	—	—
混合所有制及其他	10.3	21.6	—	37	—	—

注:根据俄罗斯联邦国家统计局的划分,表9-4中的国有制包括国家所有制和地方市政所有制,混合所有制及其他包括社会及宗教组织所有制,混合型内资、合资和外资。

资料来源:根据俄罗斯联邦国家统计局1998年数据计算得出。

(二) 第二时期(1994年7月~1996年年底)

1994年7月~1996年年底,俄罗斯的私有化以"货币私有化"的形式推进。随着无偿私有化的结束,混合所有制的扩张明显放慢,该时期非国有制经济扩大的主要动因不仅包括国有经济的私有化,大量新成立的私有企业也起了巨大的带动作用。经历了大规模的私有化运动之后,国有制经济从就业、企业数、固定资产投资等方面均下降至相当低的水平(见表9-5),私有制经济继续扩张,在所有制结构中已占绝对优势。

表9-5 1995~1997年俄罗斯所有制结构的变化

单位:%

	就业比重		企业数比重		固定资产比重	
	1995年	1997年	1995年	1997年	1995年	1997年
整个经济	100	100	100	100	100	100
国有制	42.1	40	25.5	16.6	42	26
非国有制	57.9	60	74.5	83.4	58	74
私有制	34.4	39.9	62.5	69.1	—	—
社会及宗教组织所有制	0.7	0.6	2.7	5.2	—	—
混合所有制	22.8	19.5	9.3	9.1	—	—

资料来源:根据俄罗斯联邦国家统计局2003年和2010年统计数据计算得出。

(三) 第三时期 (1997~2004年)

1997年以后，私有化以"个案"的形式进行，大规模私有化结束之后，俄罗斯所有制结构逐步趋于稳定，该时期所有制结构变动幅度相对较小。从表9-6中可以看出，国有制经济无论从就业、企业数还是固定资产比重方面均呈下降趋势，但下降的幅度放慢。非国有制经济继续扩大，但内部分化的现象更趋明显，混合所有制比重逐渐下降，而私有制在所有制结构中的占比则日趋增长。1997~2004年，混合所有制经济就业比重从19.5%下降至12%，企业数比重从9.1%下降至6.1%；私有制就业比重从39.9%增长至51.8%，企业数比重从69.1%增长至78%。可以说，该时期非国有制经济扩张的主要推手已不再是国有经济成分的私有化，而是更多地依靠新建立的私有制企业。

表9-6 1997~2004年俄罗斯所有制结构的变化

单位：%

	就业比重		企业数比重		固定资产比重	
	1997年	2004年	1997年	2004年	1997年	2004年
整个经济	100	100	100	100	100	100
国有制	40	35.5	16.6	9.8	27	24
非国有制	60	64.5	83.4	90.2	73	76
私有制	39.9	51.8	69.1	78	—	—
社会及宗教组织所有制	0.6	0.7	5.2	6.1	—	—
混合所有制	19.5	12	9.1	6.1	—	—

资料来源：Федеральная служба государственной статистики. Российский статистический ежегодник 2005. Стр. 150, 339, 349。

(四) 第四时期 (2004年至今)

2004年以来，私有化进程明显放慢，虽然每年俄罗斯政府均出台当年的私有化计划，但往往没有落实。同时，俄罗斯加强了国家对战略行业的控制，通过限制战略性企业私有化[1]、以并购形式获得私营企业控制权、组建国家公

---

[1] 普京于2005年8月7日签署了"关于确定国有战略企业和战略股份公司"名单的命令，514家国有战略企业和549家战略股份公司榜上有名，其中包括天然气工业公司、俄罗斯石油公司、石油运输公司、俄罗斯铁路公司、统一电力系统公司等大公司和一大批军工企业，被列入名单的企业和公司只有总统特批才能出售。

司等手段使国家控制了关系国民经济命脉的企业，甚至形成行业垄断。因此，尽管从企业数看国有制经济比重仍在降低，但从就业人数、产值和控制力等方面看，国有制在所有制结构中均出现上升趋势。2005~2011年，国有经济在矿产资源开采业销售额中的比重从5.5%增长至17%，几乎翻了两番，在水、电、气的生产与调配业销售额中的比重从13.7%增长至22.5%，在货运销售额和货运量中的比重分别从44.9%和41.8%猛增至78.5%和93.7%，国有经济在运输业中占据垄断地位；国有经济的固定资产投资也从2005年的14.9%增长到2011年的26%。

2004年以后，国有或国家控股企业通过兼并、重组等方式，积极并购同类或具有产业关联性的企业，国有经济成分在股份公司中控股比例连年增长。2004~2008年，100%国有持股的企业在股份公司总数中的比重迅速增长，短短4年时间，从4%增长到54%，2008年后尽管该趋势有所放慢，但国有持股100%的企业比例仍在增长，到2011年已达到63%（见表9-7）。2004~2011年国有持股50%~100%的企业占比从15%下降至5%，国有持股低于50%的企业占比从81%下降至32%。这样，到2011年，国有制经济在股份公司中占有绝对控股权的企业比例已达到68%，国家对经济的控制力大大增强。

表9-7 2004~2011年国有制经济的扩大

单位:%

股份公司中的国有成分比例分布	占股份公司总企业数的比例							
	2004年	2005年	2006年	2007年	2008年	2009年	2010年	2011年
国有持股占企业法定资本100%的企业	4	10	30	45	54	55	57	63
国有持股占企业法定资本50%~100%的企业	15	13	12	10	7	6	6	5
国有持股低于企业法定资本50%的企业	81	77	58	45	39	39	37	32

资料来源：Федеральная агентство по управлению федеральным имуществом, Отчет о приватизации федерального имущества. http://www.rosim.ru。

国家通过扩大国有制经济比例控制国民经济命脉，这一方面有利于国家控制战略资源，保证经济、社会政策的顺利推行，维护国家和社会稳定，国有企业在国家的支持下更容易聚集资本形成规模效应，有利于提高企业的竞争力；但另一方面国有经济的扩张往往会造成行业垄断，破坏竞争机制，企业缺乏创新积极性，从长远看不利于经济的可持续发展。

此外，2004年以来，外资和合资在经济中的地位与日俱增。2010年，外资和合资企业在加工工业中创造的产值达到29.5%[1]，在食品工业、木材加工和木制品制造业、造纸和印刷业、焦炭和石油制品生产业、化工业、橡胶和塑料制品制造业、其他非金属矿产品制造业、交通工具及设备制造业中，外资和合资企业创造的产值总和超过全行业的1/4。

三　俄罗斯所有制结构变化的特点

俄罗斯所有制结构的变化具有以下特点：第一，所有制结构变化速度快。从1992年转型开始到1994年7月，俄罗斯用了3年时间就彻底推翻了国有制的统治地位，建立起私有制为主体，国有制、社会及宗教组织所有制、混合所有制等多种经济并存的混合所有制经济。第二，所有制变革的方向与西方国家相反。尽管都是以私有制为主、多种经济形式并存的混合型经济，西方国家是从私有制经济演变而来，为了弥补"看不见的手"调节经济的缺陷，20世纪30年代后，国家逐渐加强对经济的调控能力，国有制由此兴起，从而形成多种所有制并存的混合型经济；而俄罗斯当前的所有制结构却是在苏联时期单一公有制的基础上通过私有化形成的。第三，所有制结构的变革靠强制性制度变迁推动。俄罗斯所有制结构的变化不是为了适应生产力的发展而产生的生产关系的自发性变动，而是政府采用行政命令的方式强制性进行私有化。第四，所有制改革具有明显的政治意义。俄罗斯"私有化之父"丘拜斯曾明确指出，私有化既是一项要建立以私有制为特征的资本主义生产方式的基本国策，又是"使改革进程具有不可逆转性"的政治保证[2]。第五，国有经济成分在经济中的地位举足轻重。在俄罗斯，有国有经济成分参与的行业范围非常广，不仅包括公共事业部门和战略性行业，还涉及一些重要的竞争性行业。俄罗斯大型企业的董事会均派有政府代表，在国家控股企业，政府代表一般都担任董事会主席。政府官员代表国家对国有股行使表决权[3]。此

---

[1] Федеральная служба государственной статистики. Российский статистический ежегодник 2011 г. Стр. 382.
[2] 李建民：《俄罗斯私有化影响及未来发展"路线图"》，《中国党政干部论坛》2012年5月11日。
[3] 许新主编《重塑超级大国——俄罗斯经济改革和发展道路》，江苏人民出版社，2004，第82～83页。

外，在一些股份制企业中，国家还持有"黄金股"，以此行使对企业经营的特别管理权。

第四节 企业规模结构的变化

一 关于企业规模的界定

习惯上，人们将企业按照规模划分为大、中、小企业，这种规模是一种相对概念，规模划分的标准世界各国并不统一。英国、意大利、日本是按照投入资金和销售额度来界定中小企业和大企业的区别；美国以非垄断性的市场地位来衡量企业的规模；而在俄罗斯，企业规模的定位标准是以企业雇佣工人的数量来区分的，并且俄罗斯对企业规模的界定也几经变换。

1991年7月18日，俄政府颁布第406号政府令《关于俄罗斯联邦发展和扶持小企业的措施》[①]，其中第一次明确规定了小企业的范畴，即小企业是指就业人数不超过200人，固定资产账面净值不超过100万卢布，年营业额在1000万卢布以下的企业。1995年12月29日俄政府公布的《小企业会计纳税制度简化办法法》规定，小企业年收入不得超过63亿卢布（按1美元兑换5000卢布计算，约为127万美元）。2008年1月1日生效的《俄罗斯联邦发展中小企业法》[②] 首次明确区分了中型、小型和微型企业的规模。微型企业是指雇佣人数不足15人的企业；小型企业是指注册资本中联邦及联邦主体、社会、宗教组织及慈善团体的股份不超过25%，非小企业范畴的法人股份不超过25%，且在连续两年内平均职工数不超过一定标准（各行业从16～100人不等），年内销售收入（税前）不超过4亿卢布的企业；中型企业是指雇佣人数在100～250人，注册资本、销售收入和资产总值超过小企业标准的企业；俄罗斯法律中没有对大型企业进行规模的界定，一般会将那些对国民经济、

---

① Постановление Совета Министров РФ от 18 июля 1991 г. №406 《О мерах по поддержке и развитию малых предприятий в Российской Федерации》.
② Федеральный закон 《О развитии малого и среднего предпринимательства в Российской Федерации》 от 24 июля 2007 года №209 – ФЗ.

部门或行业具有一定影响力、年销售额不低于5亿美元的企业称为大型企业[①]。本章中小型企业的概念包含微型企业，而大型企业是指除中型、小型企业之外的企业，企业人数在250人以上。

二 企业规模结构演变的阶段划分

苏联解体后，俄罗斯进行了从计划经济体制向市场经济体制的转型，转型过程中政策的变化对俄罗斯企业规模结构的变化起了至关重要的作用。因此，以经济转型为背景分析企业规模结构演变的历程，可以分为四个阶段。

（一）第一阶段（1992～1994年）

该阶段中，俄罗斯小企业数量迅速增多。俄罗斯进行经济体制转型之后，随着私有化的进行，一些规模较小的零售店、餐饮和日常服务等领域的私营小企业不断涌现并蓬勃发展。由于小私有化的开展早于大私有化，小企业是"内部人"将国有资产转移到私人手中的主要渠道。此时，产权的变更使私有小企业的经营合法化，产权私有产生了激励机制，为市场经济建立了最早一批市场主体。同时，俄罗斯宏观经济开始大幅下滑，出现奔腾式通货膨胀，在不利的经济形势下，小企业与大企业相比，其规模小、资金周转快、对市场信号的反应更快、经营形式更加灵活，因此，因制度变迁产生的制度真空反而为从事商业、中介的小企业提供了更好的生存空间。随着小私有化的进行，小企业的数量和就业人数迅速增长，表面上看这在一定程度上解决了市场短缺和失业的问题，但从长远看，此时发展起来的小企业主要集中在商业、餐饮和旅馆业等一些低端的服务业中，这些行业市场准入门槛低、偏好短期行为、追逐眼前利益，而真正有利于经济可持续发展、富有创新精神的中小型制造业在该时期并没有得到很好的生存空间。

（二）第二阶段（1995～2001年）

该阶段中，俄罗斯大中型企业逐步成长，小型企业发展停滞。从企业数看企业的规模结构，大中型企业无论从企业数还是从企业占比均呈持续增长

---

① Я. Ш. Паппэ, Российский крупный бизнес: события и тенденции в 2003 г. http://www.fore-cast.ru.

态势（见表9-8），小型企业数量在该时期基本呈下降趋势。从企业产值占GDP的比例看，小型企业创造的产值在GDP中的比重从1997年的8%下降到2001年的5.6%；从就业人数看，小型企业就业人数也出现下降，从1997年的863.9万人下降至2001年的743.6万人[①]。

表9-8　1996~2001年俄罗斯企业规模结构

单位：千家，%

年　份		1996	1999	2000	2001
企业数	所有企业	2250	2901	3106	3346
	大中型企业	1408.3	2010.4	2226.7	2503
	小型企业	841.7	890.6	879.3	843
企业数占比	所有企业	100	100	100	100
	大中型企业	62.6	69.3	71.7	74.8
	小型企业	37.4	30.7	28.3	25.2

注：大中型企业泛指人数超过200人的企业，大中型企业数量通过总企业数减去小型企业数计算得出。

资料来源：Федеральная служба государственной статистики. Российский статистический ежегодник 1997，1999，2000，2002。

从1995年起，俄政府开始对小企业进行清理整顿，清理了一批仅注册不经营的"挂牌"小企业，并对那些注册经营范围为科技型、生产型企业，却从事非科技、非生产经营的骗取国家优惠待遇的小企业一律予以取缔，严格规范了小企业的生产行为。1999~2001年小企业数量年均减少3%，每年有2.5万家小企业被清理。

1994年7月起，针对大型企业的大私有化开始进入"货币私有化"阶段，私有化的目标从使改革不可逆转的政治目的转向注重经济效益，吸引对企业经营感兴趣的投资者。正是这一时期，大型国企的厂长和经理利用私有化时机将国有资产转移聚集，组建金融工业集团，出现了一批金融寡头。因此，该时期大型企业崛起壮大，但值得注意的是该时期大型企业的壮大是寡头掩盖在"合法"外衣下依靠官商勾结的搜刮财产手段，并非大型企业真正意义上的做大、做强，这不仅扰乱了正常的市场秩序，而且破坏了市场竞争的原则，为了获得高额垄断收益，金融工业集团垄断市场，排挤小型企业进

[①] Малое предпринимательство в России. 2001，2005：Статистический сборник. Госкомстат РФ，М.：2001 г. 2005 г.

入，导致一批小型企业在竞争中被挤垮。

（三）第三阶段（2002～2006年）

该阶段中，大型企业继续扩张，小型企业发展缓慢。大中型企业数量持续增长，大中型企业在企业数量中的比重从2002年的75.5%增长到2006年的78.3%（见表9-9），相对而言，小型企业数量的占比则从2002年的24.5%下降至21.7%，但从企业的绝对数量上看，小型企业数量还是增长的，从2002年的88.23万家增加到2006年的103.28万家。从固定资产增长率看，2002～2006年，小型企业固定资产增长率平均为32%，大大高于全国固定资产投资增长率（约为10%的水平）[1]。从销售额看，小型企业销售额在企业总销售额中的占比从2002年的22.9%提高到30.1%，大中型企业销售额占比相应从77.1%下降至69.8%[2]。

表9-9 2002～2006年俄罗斯企业规模结构

单位：千家,%

年　份		2002	2003	2004	2005	2006
企业数	所有企业	3594	3845	4150	4417.1	4767.3
	大中型企业	2711.7	2952	3196.9	3437.8	3734.5
	小型企业	882.3	893	953.1	979.3	1032.8
企业数占比	所有企业	100	100	100	100	100
	大中型企业	75.5	76.8	77	77.8	78.3
	小型企业	24.5	23.2	23	22.2	21.7

注：大中型企业泛指人数超过200人的企业，大中型企业数量通过总企业数减去小型企业数计算得出。

资料来源：Федеральная служба государственной статистики. Российский статистический ежегодник 2003-2007。

普京上台后，逐步对金融寡头加以规制，降低了寡头干政、操纵经济等行为和能力，从而使市场经济秩序朝着正常化的方向发展。该阶段，普京对国家和企业间关系的调整避免了少数大型企业对国家经济政策的干预，使得

---

[1] Сквозников В. Я., Немалова Е. В. Малое предпринимательство республики Коми: достижения и проблемы, Вопросы статистики, 2007, 8: 57.

[2] Агентство США по Международному Развитию, Ресурсный центр малого предпринимательства России, Анализ роли и места малых и средних предприятий России, Статистическая справка. / 2002-2005/. М., 2006: 34.

包括小企业在内的经济主体处于相对公平的市场环境中。在对待大企业和小企业间的关系方面，普京提倡平衡发展，主张应该实施合理的结构政策，在俄罗斯经济中，既有大财团和大企业的发展空间，又有中小企业发展的一席之地①。普京在总统的第二任期中，一方面加强了国家对大企业和战略性资源的掌控，另一方面也强调进一步完善经济机制，改革预算政策、金融市场和银行体系，从而为中小企业的发展创造良好条件，国家对宏观经济调控能力的增强也为小企业发展奠定了坚实的制度基础、提供了有力的政策保障。

（四）第四阶段（2007年至今）

2007年之后，小企业发展速度加快。2007~2010年，从企业数量看，大中型企业数量从336.92万家减少到320.15万家，在总企业数中的占比大幅度下降，从74.8%下降至66.4%。小企业的数量则快速增长，从113.74万家增长到162.18万家，小企业数在总企业数中的比例相应从25.2%提高至33.6%（见表9-10）。小企业营业额也快速提高，从2007年的154689亿卢布增长到2010年的189252亿卢布，年均增长率为7.4%②。

表9-10　2007~2010年俄罗斯企业规模结构

单位：千家,%

年　份		2007	2008	2009	2010
企业数	所有企业	4506.6	4674.9	4907.8	4823.3
	大中型企业	3369.2	3327.2	3305.3	3201.5
	小型企业	1137.4	1347.7	1602.5	1621.8
企业数占比	所有企业	100	100	100	100
	大中型企业	74.8	71.2	67.3	66.4
	小型企业	25.2	28.8	32.7	33.6

注：2007年，大中型企业泛指人数超过200人的企业；2008年后，大中型企业泛指人数超过250人的企业，大中型企业数量通过总企业数减去小型企业数计算得出。

资料来源：Федеральная служба государственной статистики. Российский статистический ежегодник 2008-2011。

在普京的两任总统任期中，俄罗斯经济连年增长，但资源型经济的结构

---

① Владимир Путин, Россия на рубеже тысячелетий. http://www.ng.ru/politics/1999-12-30/4_millenium.html, 2008.05.12.

② Федеральная служба государственной статистики. Российский статистический ежегодник 2011，C358.

问题一直未能解决，尤其是2008年金融危机爆发后，俄罗斯产业结构失衡的弊病凸显，迫使俄政府下决心转变经济发展模式，探索能够保证经济可持续发展的未来发展道路。2009年普京卸任总统之前，俄政府出台了《2020年前俄罗斯社会经济长期发展构想》，其核心内容就是从资源型经济向创新型经济转变。要实现这一转变就要提高企业的创新积极性，小企业能够快速适应市场的变化，进行新产品研发，定位新的顾客群体，必要时甚至可以彻底转换企业的经营范围。在从事创新项目和尝试引进创新项目方面，小企业具有明显的优势。因此，随着政府对创新领域小企业和小型制造企业扶持力度的加大，该时期小企业出现加速发展的趋势。

三 俄罗斯企业规模结构的特点

（一）企业规模大型化

由于受苏联时期计划经济体制、重工业化的发展道路和俄国商人长久以来的经营传统等因素影响，俄罗斯企业规模大型化的特点非常突出。根据世界银行评估，俄罗斯22个大企业集团①占工业品销售额的39%，占工业企业总就业人口的20%左右②。俄罗斯专家认为，如果将生产环节和交通及销售环节都考虑在内，私营大企业对经济增长的贡献率为20%~22%，如加上国有垄断企业（天然气工业公司、石油运输公司、统一电力系统公司），大企业③对经济增长的贡献率将高达27%~28%④。除储蓄银行和对外经贸银行以外的15家大银行占银行体系总资产的20%，其收益占GDP的8%。大企业借款占实体经济借款总额的25%~30%，若将国有企业计算在内，则高达40%~50%⑤。如果参照2008年《俄罗斯联邦发展中小企业法》里中型企业的概念，将大型企业界定为"雇佣人数在250以上的企业"，以上数字还会更大。

---

① 这些企业的年销售额均高于7亿美元，企业员工人数超过2万人。
② Всемирный банк, От экономики переходного периода к экономике развития, http://www.worldbank.org。
③ 这里的"大企业"特指对全行业乃至全国经济具有相当影响力、年销售额不低于5亿美元的企业，而非"企业员工人数超过250人"的宽泛概念。
④ А. Клепач, А. Яколев, О роли крупного бизнеса в современной российской экономике, Вопросы экономики, №8, 2004 г.
⑤ 郑羽、蒋明君总主编，李忠海主编《普京八年：俄罗斯复兴之路（2000~2008）》（经济卷），经济管理出版社，2008，第274页。

（二）小企业在经济中作用有限

目前，中小企业占全球企业总数的 80% 以上，就业人数占世界经济总就业人数的 60%~75%。在美国、法国、德国、日本和中国，中小企业数占企业总数的比重超过 99%，中小企业就业人数在就业总人数中的比重超过 60%，中小企业对 GDP 的贡献率可达 50%。与之相比，2009 年俄罗斯小企业数占企业总数的比重为 33%，小企业就业人员在就业总人数中的比例为 17%，对 GDP 的贡献率不超过 15%。尤其从小企业的行业分布看，集中于商业和餐饮、旅馆业的小企业高达 45% 以上，而从事工业生产和科研创新的小企业仅略高于 10%，且呈逐年递减趋势。因此，可以看出，俄罗斯小企业的发展仍然非常滞后，在国民经济中，尤其是在未来的"经济现代化"中，俄罗斯小企业发挥的作用仍然非常有限。

四 未来发展方向

在市场经济中，大企业和小企业作为经济主体有着各自的优势。大企业的优势在于雄厚的资金能够产生较强的规模经济效应，大企业具有较强的融资能力，对产品研发和广告宣传等方面的投入也较多。小企业的优势则在于对市场信号敏感度高、经营的灵活性强，可以较容易地转换企业的发展战略，实现技术更新的可能性更大。例如，在美国，一半以上的创新项目均由小企业承担。在一些市场准入门槛低的服务业中，小企业还能够灵活地填补大企业不擅长的市场空白，为不同的客户群定制个性化的服务。

可以说，讨论俄罗斯企业规模结构的意义并不在于"规模结构"本身，而是要结合行业和生产要素的特点，在经济中的不同行业和领域，分别发挥大企业和小企业各自的优势。比如，在自然垄断行业和一些资本密集型行业中，大企业有利于发挥资本的规模效应和协同效应；在知识密集型行业和生产型服务业中，由于所需资本投入少，小企业更具灵活性的优势得以显现，因此在这些领域要加大对小企业的扶持力度；而在商业、餐饮和旅馆业及一些低端的服务行业中，则要尽量减少经济政策对市场的干预，通过优胜劣汰、公平竞争的市场原则，筛选出最强的市场主体。这样，通过调整经济中各领域的企业规模结构，从而达到提高整个经济的效率和优化经济结构的目的。

第五节 地区经济结构的变化

一 地区经济结构主要指标的变化

苏联解体之后，反映俄罗斯地区经济资源分布状况的地区经济结构发生了比较明显的变化，这里选取地区生产总值、固定资产、固定资产投资、预算收入、零售贸易额和新投入使用住房面积作为地区经济结构的主要指标，这六项指标的变化能够充分说明地区经济结构的变化趋势。

（一）地区生产总值

在联邦区层面上，1995年，中央联邦区的生产总值在GDP中所占比重最高，为24.6%（见表9-11），伏尔加沿岸联邦区位居第二，其产值在GDP中的占比为20.7%，二者相差约4%。到2009年，中央联邦区产值在GDP中的比重提高至35.7%，伏尔加沿岸联邦区仍然位居第二，但其比重下降至15.3%，二者已相差约20%。各联邦区中，除中央联邦区产值占比大幅提高、北高加索联邦区产值占比略有增长、南部联邦区产值占比基本持平之外，其余联邦区产值在GDP中的比重均出现下降。中央联邦区与其他联邦区间生产总值的差别逐渐加大。

表9-11 GDP在各大联邦区中的分布

单位：%

年 份	1995	2000	2005	2006	2007	2008	2009
全俄	100	100	100	100	100	100	100
中央联邦区	24.6	32.0	34.8	35.4	36.5	37.4	35.7
西北联邦区	10.8	10.1	10.0	9.8	9.9	10.0	10.6
南部联邦区	6.2	5.7	5.2	5.3	5.6	5.9	6.2
北高加索联邦区	2.2	1.8	2.0	2.0	2.0	2.1	2.5
伏尔加沿岸联邦区	20.7	18.0	15.5	15.6	15.5	15.7	15.3
乌拉尔联邦区	14.2	15.1	17.1	16.5	15.1	14.2	13.7
西伯利亚联邦区	15.3	11.9	10.8	10.9	10.7	10.2	10.6
远东联邦区	6.1	5.4	4.6	4.4	4.6	4.5	5.4

资料来源：根据俄联邦国家统计局数据计算所得。Федеральная служба государственной статистики, Российский статистический ежегодник 2011.

在联邦主体层面上，1995 年，莫斯科市产值在 GDP 中的比重为 9.7%，2009 年该比重已增长至 22.3%。1995～2009 年，秋明州产值在 GDP 中的比重从 7.4% 提高到 9%，莫斯科州从 3.3% 提高至 4.8%，圣彼得堡市从 3.3% 提高至 4.6%。1995 年，俄罗斯产值排名前十位的联邦主体的生产总值之和占 GDP 的 42.2%，排名前十位的联邦主体产值总和是后十位产值总和的 39.1 倍；2009 年，产值排名前十位的联邦主体的生产总值之和占 GDP 的比例已达到 54.9%，莫斯科市和秋明州的产值就占到俄罗斯 GDP 的近 1/3，排名前十位的联邦主体产值总和是后十位产值总和的 50 倍。联邦主体间的产值差异也在逐渐拉大。

（二）固定资产

在联邦区层面上，与 1990 年相比，2010 年各大联邦区固定资产在全俄固定资产中比重上升的有中央联邦区和乌拉尔联邦区。1990 年，中央联邦区的固定资产在全俄占 22.7%，2000 年上升至 25.0%，2000 年以后，该比例上升趋势加快，到 2010 年已达到 32.9%（见表 9-12）。乌拉尔联邦区的固定资产在全俄中的占比也从 1990 年的 13.1% 提高到 2010 年的 18.1%。其余联邦区则呈现不同程度的下降。

表 9-12　固定资产在各大联邦区中的分布

单位：%

年　份	1990	1995	2000	2005	2006	2007	2008	2009	2010
全俄	100	100	100	100	100	100	100	100	100
中央联邦区	22.7	22.9	25.0	27.7	27.8	30.5	33.8	32.6	32.9
西北联邦区	11.6	10.8	10.2	10.0	10.5	10.3	9.7	9.8	9.8
南部联邦区	10.7	10.1	10.3	9.2	8.7	8.9	8.5	6.2	6.1
北高加索联邦区	0.0	0.0	0.0	0.0	0.0	0.0	0.0	2.5	2.5
伏尔加沿岸联邦区	21.2	20.5	20.4	18.0	17.8	16.9	15.9	16.0	15.9
乌拉尔联邦区	13.1	14.9	14.3	19.1	19.4	18.1	17.8	17.7	18.1
西伯利亚联邦区	14.6	13.9	13.2	10.7	10.6	10.3	9.7	10.1	9.7
远东联邦区	7.4	6.9	6.6	5.3	5.2	4.9	4.6	5.2	5.0

资料来源：根据俄联邦国家统计局数据计算所得。Федеральная служба государственной статистики, Российский статистический ежегодник 2011.

在联邦主体层面上，1990 年，莫斯科市的固定资产在全俄固定资产中占 5.7%，秋明州占 6.9%，莫斯科州占 3.2%，固定资产排名前十位的联邦主体在全俄固定资产中共占 35.9%。到 2010 年，莫斯科市的固定资产占比已提高至 19.2%，超过除所在的中央联邦区之外的所有其他联邦区的占比，秋明州提高到 13%，莫斯科州提高到 4.8%，固定资产排名前十位的联邦主体在全俄固定资产中的比重提高到 53.3% 的水平。

（三）固定资产投资

2002～2010 年，俄罗斯各联邦主体间固定资产投资的差距有所缩小。在全俄固定资产投资总额中占比最大的联邦主体是秋明州，2002 年占 16.6%，到 2010 年下降至约 12%，其次为莫斯科市，其在全俄固定资产投资中的比重也从 2002 年的 11.7% 下降至 2010 年的约 7%（见图 9-2 和图 9-3）。近年来，位于东部地区的克拉斯诺亚尔斯克边疆区和滨海边疆区固定资产投资增长快速，其在全俄固定资产投资中的比重分别从 2002 的 1.8% 和 0.7% 增加到 2010 年的 2.7% 和 2.2%。排名前十位的联邦主体在全俄固定资产投资总额中所占比重从 2002 年的 51.7% 下降至 45.2%。尽管如此，各联邦主体间固定资产投资的差异仍然很大。

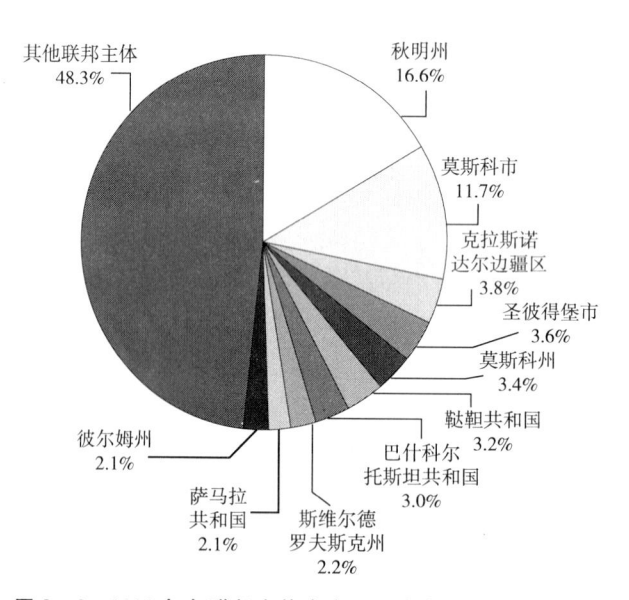

图 9-2 2002 年各联邦主体在全俄固定资产投资中的比重

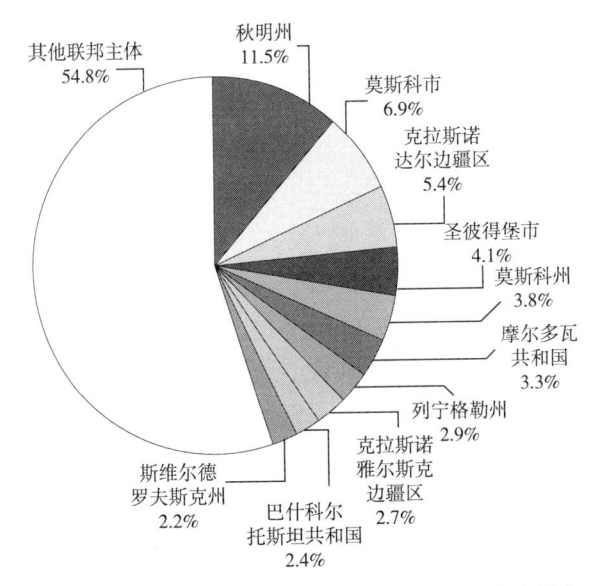

图9-3 2010年各联邦主体在全俄固定资产投资中的比重

资料来源：Федеральная служба государственной статистики. Российский статистический ежегодник 2003，2011。

（四）预算收入

2002～2010年，俄罗斯联邦主体间预算收入差距略有缩小。莫斯科市预算收入最多，2002年其预算收入在全俄预算收入总额中占22.0%，到2010年略有下降，为21.8%。2002年，秋明州预算收入在全俄预算收入总额中占16.0%，到2010年下降至13.7%（见图9-4和图9-5）。排名前十位的联邦主体的预算收入总额在全俄预算收入总额中的占比从2002年的60.3%下降至2010年的58.4%。

（五）零售贸易额

2002～2010年，俄罗斯各联邦主体间零售贸易额的差距有所缩小。莫斯科市零售贸易额在各联邦主体中居首位。2002年，莫斯科市在全俄零售贸易总额中的比例为27.6%，到2010年下降至17.5%（见图9-6和图9-7）。其余地区零售贸易占比均出现不同幅度的提高，这充分说明，近年来商业在俄罗斯各地区均取得长足发展，莫斯科市作为俄罗斯的商贸中心，尽管其零售贸易额仍远远领先其他地区，但其在全俄中的绝对比重出现下降。2002年，零售贸易额排名前十位的联邦主体占全俄零售贸易总额中的比例为54.3%,到2010年,该比例下降至50%。

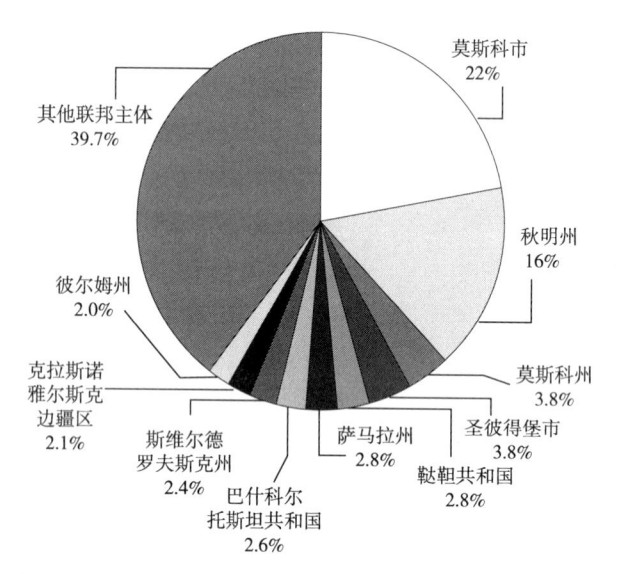

图9-4　2002年各联邦主体在全俄预算收入总额中的比重

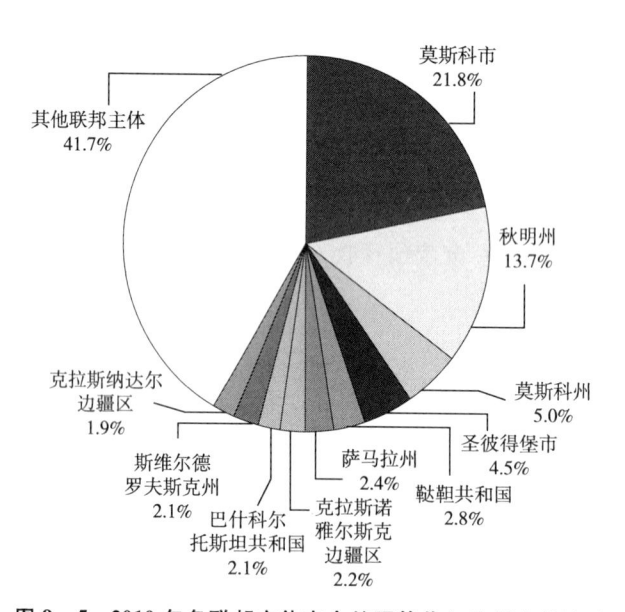

饼图数据:
- 莫斯科市 22%
- 其他联邦主体 39.7%
- 彼尔姆州 2.0%
- 克拉斯诺雅尔斯克边疆区 2.1%
- 斯维尔德罗夫斯克州 2.4%
- 巴什科尔托斯坦共和国 2.6%
- 萨马拉州 2.8%
- 鞑靼共和国 2.8%
- 圣彼得堡市 3.8%
- 莫斯科州 3.8%
- 秋明州 16%

图9-5　2010年各联邦主体在全俄预算收入总额中的比重

饼图数据:
- 莫斯科市 21.8%
- 其他联邦主体 41.7%
- 克拉斯纳达尔边疆区 1.9%
- 斯维尔德罗夫斯克州 2.1%
- 巴什科尔托斯坦共和国 2.1%
- 克拉斯诺雅尔斯克边疆区 2.2%
- 萨马拉州 2.4%
- 鞑靼共和国 2.8%
- 圣彼得堡市 4.5%
- 莫斯科州 5.0%
- 秋明州 13.7%

资料来源:Федеральная служба государственной статистики.Российский статистический ежегодник 2003,2011。

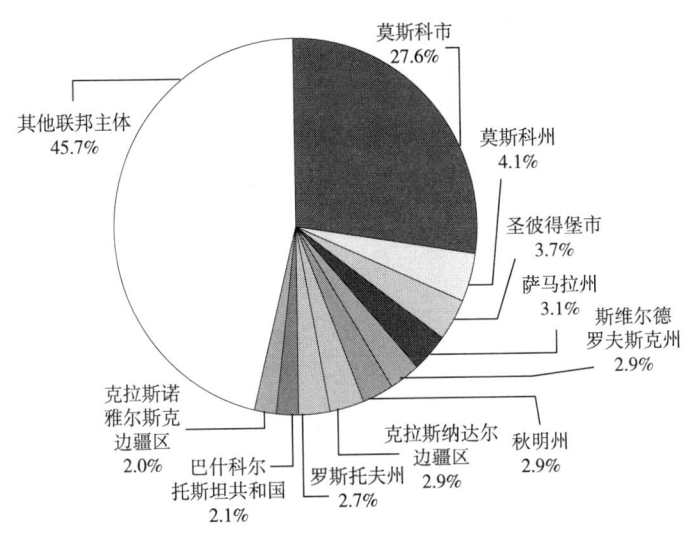

图 9-6　2002 年各联邦主体在全俄零售贸易总额中的比重

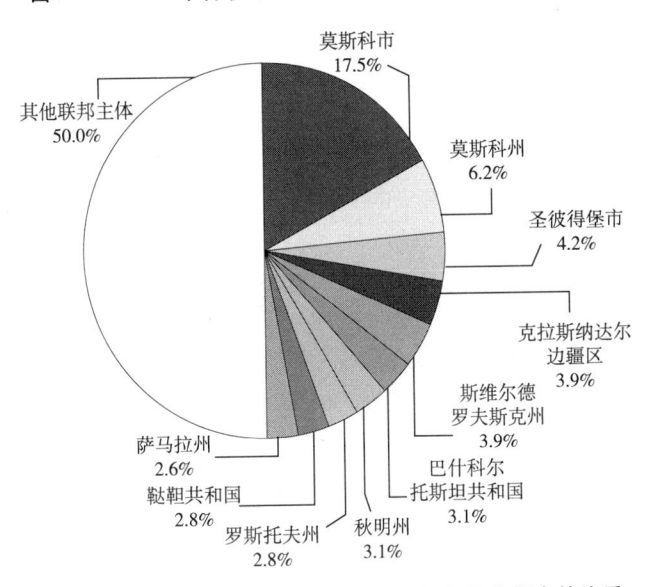

图 9-7　2010 年各联邦主体在全俄零售贸易总额中的比重

资料来源：Федеральная служба государственной статистики. Российский статистический ежегодник 2003，2011。

(六) 新投入使用住房面积

2002 年，新投入使用住房面积排名前十位的联邦主体在全俄中的占比为 51.8%，到 2010 年，该比例缩小为 45.9%，联邦主体间的差距有所缩小。值得注意的是，新投入使用住房面积在排名前十位的地区间的差距明显逐渐缩小。2002年莫斯科市在全俄新投入使用住房面积中的比重为12.7%，2010年该比重已下降至3.0%（见图9-8和图9-9）。莫斯科州、圣彼得堡市、鞑靼共和国等地区的比重呈上升趋势。这说明房地产业的发展在最发达的莫斯科市基本达到饱和，继而转向次发达地区。

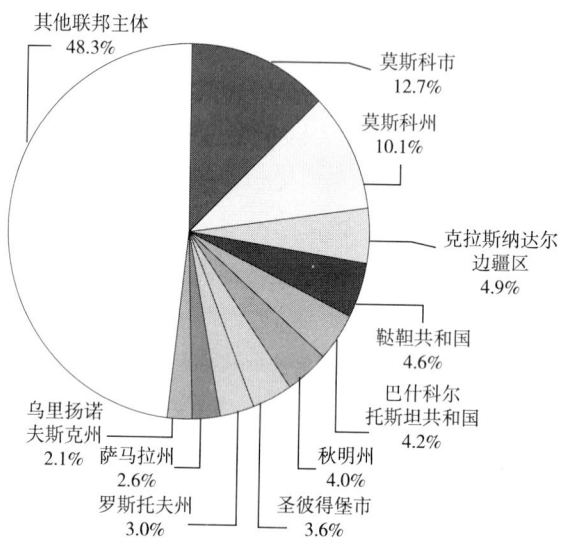

图9-8　2002年各联邦主体在全俄新投入使用住房面积中的比重

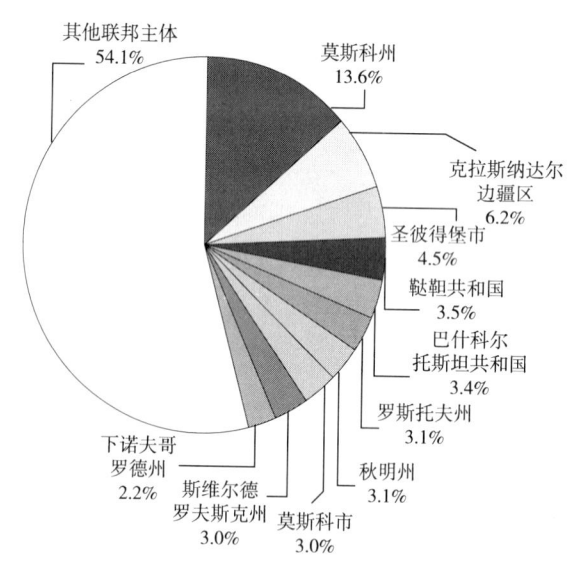

其他联邦主体 48.3%
莫斯科市 12.7%
莫斯科州 10.1%
克拉斯纳达尔边疆区 4.9%
鞑靼共和国 4.6%
巴什科尔托斯坦共和国 4.2%
秋明州 4.0%
圣彼得堡市 3.6%
罗斯托夫州 3.0%
萨马拉州 2.6%
乌里扬诺夫斯克州 2.1%

图9-9　2010年各联邦主体在全俄新投入使用住房面积中的比重

其他联邦主体 54.1%
莫斯科州 13.6%
克拉斯纳达尔边疆区 6.2%
圣彼得堡市 4.5%
鞑靼共和国 3.5%
巴什科尔托斯坦共和国 3.4%
罗斯托夫州 3.1%
秋明州 3.1%
莫斯科市 3.0%
斯维尔德洛夫斯克州 3.0%
下诺夫哥罗德州 2.2%

资料来源：Федеральная служба государственной статистики. Российский статистический ежегодник 2003, 2011。

二 地区经济结构的变化特点

(一) 地区间经济差异过大

从上述六项指标看,俄罗斯地区间经济发展存在很大差异。中央联邦区经济最为发达,其产值和固定资产约占全俄的1/3,其中莫斯科市的这两项指标占全俄的1/5,甚至超过各大联邦区(中央联邦区除外)的占比。从产值、固定资产、预算收入和零售贸易额四项指标看,排名前十位的联邦主体的占比已超过全俄总量的一半,预算收入甚至达到全俄的60%。从固定资产投资和新投入使用住房面积看,排名前十位的联邦主体的占比也超过全俄总量的45%。无论在联邦区层面,还是在联邦主体层面,俄罗斯地区间经济发展均存在巨大差异。

(二) 有些指标地区间差距有所缩小

从固定资产投资、预算收入、零售贸易额和新投入使用住房面积四项指标看,地区间差异略有缩小,可以看出,近年来俄罗斯政府在调节地区经济结构方面做出了一定的努力。然而综合地看,尽管发达地区固定资产投资和预算收入在全俄中的占比出现下降,但其产值仍在以更快的速度增长,而落后地区尽管得到更多的资金支持,但其产值占比仍在下降,这是因为发达地区的经济基础雄厚,吸附经济资源的能力强,劳动生产率和全要素生产率均高于落后地区。因此,国家在平衡地区间经济差异方面,除了加大对落后地区的资金扶持之外,还要建立相应机制逐步提高落后地区生产要素的使用效率,提高落后地区居民的生活水平,从而减缓资金、劳动力等生产要素向发达地区流动的趋势。

(三) 能源产地经济发展水平较高

能源产业是目前俄罗斯经济的支柱产业,能源产地的经济发展水平和居民生活水平都较高。秋明州是俄罗斯比较成熟的油气产区,其领土面积占全俄领土面积的8.56%,人口占2.4%,2009年地区生产总值占GDP的9%,2010年,固定资产投资占全俄的11.5%,零售贸易流转额占3.1%,新增住房面积占3.1%,预算收入占13.7%,居民生活水平也较高。此外,巴什科尔托斯坦共和国和鞑靼共和国等能源产地的经济发展水平也高于联邦区内其他联邦主体。

（四）东西部地区差异大

自然资源和人口分布的差异是产生东西部地区经济差异的主要原因。西部地区领土约占俄罗斯领土的1/3，人口密集，人口数约占全俄的80%，工业产值约占全俄的70%，农业产值约占全俄的75%，地区生产总值约占GDP的80%。东部地区领土面积大，约占俄罗斯领土的2/3，是俄罗斯未来主要原料和能源基地，目前地区生产总值仅占GDP的20%。位于西部地区的中央联邦区与位于东部地区的远东联邦区的经济差距尤其巨大，中央联邦区领土仅占全俄罗斯领土的3.8%，人口数量占全俄罗斯人口的26.2%，地区生产总值占GDP的35.7%，而远东联邦区的领土面积达到全俄罗斯领土的36.4%，人口只占全俄人口的4.7%，地区生产总值也仅为GDP的5.4%。

（五）边疆区和州经济较发达，自治区和共和国较为落后

与边疆区和州相比，俄罗斯的共和国和自治区经济较为落后。在共和国和自治区中，鞑靼共和国、巴什科尔托斯坦共和国、科米共和国和萨哈共和国（雅库特）经济发展水平较高，2009年，其产值在GDP中的比重分别为2.8%、2.0%、0.9%和1.0%，主要因为这四个共和国拥有丰富的自然资源，萨哈共和国是金刚石的重要产地，鞑靼、巴什科尔托斯坦和科米共和国则拥有丰富的油气资源。除此之外，实行地区自治的共和国和自治区产值占GDP的比例基本在0.5%以下，有很大一部分共和国的产值比例仅为0.1%。

综上所述，俄罗斯经济结构中最大的隐患就是能源化问题，而结构的转变并非一朝一夕之功。根据目前的经济现代化战略，俄罗斯经济正努力实现从能源出口导向型向创新型经济过渡。2012年4月，俄罗斯经济发展部发布了《2030年前俄罗斯联邦社会经济长期发展预测方案》[1]，预测基于创新和能源两套方案。在创新方案中，俄罗斯高新技术竞争力明显增强，出口实现多元化，对人力资本和创新型经济的投资有所增加，经济中高新技术和知识经济的比例提高，居民生活水平差距缩小，中产阶级达到居民总数的一半，地

---

[1] Сценарные условия долгосрочного прогноза социально-экономического развития Российской Федерации до 2030 года. http://www.economy.gov.ru/minec/activity/sections/macro/prognoz/doc20120428_0010.

区间经济差异缩小,通过对能源部门的技术改造提高能源产品的加工深度和能源市场的专业化程度,建立强大的欧亚联盟。在能源方案中,油气和运输部门的优势将继续得到强化,而其他产品的价格优势将逐渐消失,经济中能源部门的比例将进一步加大,并增加产品和技术的进口,居民收入差距继续扩大,中产阶级占居民总数的1/3,随着乌拉尔、东西伯利亚和远东地区新能源集群的建立,俄罗斯地区间经济发展差异加大,能源和技术等产品的国际市场行情对经济的影响进一步增强,俄罗斯最终成为能源超级大国。显然,创新方案是未来俄罗斯经济发展的目标。如该战略顺利实施,俄罗斯经济结构能源化的问题将逐步得到解决,工业中能源和原材料工业的比重将逐步下降,知识密集型产业和高新技术产业的比例将有所提高,经济结构逐步实现合理化、高级化。但从中、短期看,经济结构调整是一个长期而艰巨的任务,不可能一蹴而就。因此,未来几年内,俄罗斯经济对能源和原材料出口的依赖性仍不会有实质性转变,创新型经济的最终实现仍然面临一系列挑战。

第十章
经济现代化

不论是十月革命前的俄国还是十月革命后的苏联，都一直在为实现国家现代化而努力，以达到立足于世界先进行列的目标。可以说，追求现代化贯穿俄国的整个发展历史进程，在现代化的各个阶段都取得了这样那样的进展。本章主要从国家转型视角研究俄罗斯经济现代化问题。笔者认为，作为像长期实行传统体制的苏联继承国的俄罗斯国家，必须通过体制改革完成转型才能达到国家现代化的目标。国家在转型过程中，要集中解决以下7个相互关联、相互影响的问题：（1）政治民主化，成为法治国家；（2）从高度集中的指令性计划经济体制转向市场经济体制，即经济市场化；（3）转变落后的、不可持续发展的经济增长方式，经济的增长主要依赖于科技进步，即要成为创新型经济；（4）改变经济发展模式；（5）调整不合理的经济结构；（6）转变文化、观念与意识形态，即实现人的现代化；（7）融入世界经济体系，成为开放型国家，处理好与发达国家的关系。

第一节 简要的历史回顾

十月革命前的俄国，18世纪初期由彼得大帝开始的俄国现代化运动，可视为俄国现代化的起点或者说是源头。他所推动的改革涉及的领域极为广泛，这对促进经济的发展，军工实力的增强，为俄国资本主义的发展创造了条件。与此同时，彼得的改革也削弱了贵族的权力，强化了中央集权体制。作为彼得大帝现代化改革继续的亚历山大二世的改革，是以1861年废除农奴制为标志的现代化运动。如果从经济制度层面讲，这次改革应该说是一次深刻的变革,对社会经济的发展作用也很明显,解放了农奴,为俄国资本主义工业发展提供了劳动力。20世纪初斯托雷平的农业改革,主要目的是使农民成为自由、独立的生产者,鼓励农民独立经营。这次改革的积极作用表现在:促使农村公社瓦解,农村商品经济发展,农村出现多种经营方式,农业生产机械化有了较快进步,这些都推动了俄国农业由传统向现代化转型。俄国现代化的共同特点是:以农业向工业化转变为中心任务;一直带有赶超性质,即赶超欧洲;都是自上而下方式推行的;每次改革都遇到强大的保守势力的阻挠;现代化往往具有军事目的,并对外推行扩张政策。

在苏联时期,如果从经济现代化角度来考察,以下三个问题值得研究。

一 斯大林时期的工业化

十月革命后的最初时期,列宁提出并开始实施一些经济革命改造的设想与政策,后来因国外武装干涉与国内战争被迫停了下来,转入军事共产主义时期。战争结束后,列宁在总结军事共产主义经验教训基础上,决定实行新经济政策(1921~1928年)。由于实行了新经济政策,到20年代中期,苏联基本上完成了经济的恢复工作,1925年农业基本达到了战前水平,但并没有改变经济严重落后的状况,仍然是俄国遗留下来的技术经济结构。首先,其表现在苏联还是一个以手工劳动为主的落后的农业国。1926年,农村人口占总人数的82.1%,农业产值占国民生产总值的56.6%,农业产值超过工业产值。其次,1925年工业总产值已达到战前的73%,但要看到,代表工业主体的机器制造业、冶金、燃料、航空、电力和建筑材料等部门很不发达。实际上,到1925年苏联还没有汽车、拖拉机和航空工业这些最重要的部门。再次,工业的设备基本上是旧式的,而且多半是磨损很大的机器与机床。现代化的设备国内又不能生产,因此,很多机器设备要靠进口解决。1927年机器设备进口额比1924年增加1.3倍,其中金属加工设备增加3.9倍,动力设备增加5倍。这严重影响了苏联经济的独立性。最后,由于运输业被严重破坏,它大大落后于国民经济发展的需要。

随着经济的恢复,斯大林认为,应该把更多的注意力放在工业化问题上来。1926年4月13日他所作的《关于苏联经济状况和党的政策》的报告,集中反映了斯大林思想的变化。他在报告中,把新经验政策分成两个时期:

1921~1925年年底为第一个时期,主要任务是在扩大商品流转的条件下,以发展农业为中心建立国民经济基础;而1926年开始为第二个时期,"……最重要最突出的一点,就是重心已经转移到工业方面了",整个国民经济的发展主要"依靠工业的直接扩张了"。后来,斯大林认为,必须结束新经济政策,否则就难以实行工业化政策,到了1929年他就宣布:"当它(指新经济政策——笔者注)不再为社会主义服务的时候,我们就把它抛弃。"在上述背景下,1925年12月召开的联共(布)党的"十四大"提出了工业的方针。斯大林在这次代表大会上说:"我在报告中谈到我们的总线线,我们的前途,意思是说要把我国从农业国变成工业国。"他在报告的结论中明确指出:"把我国从农业国变成能自力生产必需的装备的工业国——这就是我们总路线的实质的基础。"1925年提出了工业化方针,但并不是说工业化时期就此开始了。因为工业化并不是"十四大"讨论的重点问题,也没有提出实现工业化的具体政策、纲领和规定明确的任务。从实际情况看,苏联工业化作为一项运动全面开展始于1928年,即第一个五年计划。至于工业化时期何时结束的问题,斯大林本人就有各种说法。看来,以工业化作为一个运动或时期来讲,斯大林1946年的说法可能更贴近实际,即苏联工业化用了三个五年计划(共13年)完成。

苏联工业化是完全按照斯大林的思想进行的,其基本政策或者说主要特点是:重工业化、超高速与主要通过剥夺农民的办法用高积累来保证工业化的资金来源。斯大林实行的三大工业化政策其核心是重工业化。重工业化的实质是集中一切力量片面优先发展重工业。1925年12月联共(布)"十四大"通过的关于工业化的决议,并没有强调要侧重发展重工业。但到了1926年4月,斯大林开始强调优先发展重工业。他明确指出:"不是发展任何一种工业都是工业化。工业化的中心,工业化的基础,就是发展重工业(燃料、金属等),归根到底,就是发展生产资料的生产,发展本国的机器制造业。""工业化首先应当了解为发展我国的重工业特别是发展我国自己的机器制造业这一整个工业的神经中枢。"后来,斯大林还说:"在资本主义国家,工业化通常都是从轻工业开始的。……共产党当然不能走这条道路",我们应"从发展重工业开始来实行国家工业化"。关于超高速的工业化,斯大林一再强调这是工业化的灵魂。至于资金来源问题,斯大林主要通过剥夺农民的办法用高积累来保证工业化所需的资金。

在苏联特定的历史条件下,斯大林推行的工业化政策,也取得了不少成就，主要表现在以下几个方面：工业实力大大提高。按斯大林的说法，"三五"计划提前结束的1940年时，苏联已由一个落后的农业国变成强大的工业国；基本上建立起部门齐全的工业体系，工业独立性大大增强；带动了经济落后地区工业的发展。在1940年全苏整个工业的总产量比1913年增长11倍的情况下，而乌拉尔、西西伯利亚分别增长13倍和28倍。经济落后的哈萨克共和国增长19倍，格鲁吉亚共和国25倍多，吉尔吉共和国152倍，塔吉克斯坦272倍；军事实力加强，为打败德国法西斯创造了物质条件。

但随着对苏联模式研究的不断深入，对斯大林工业化道路的认识也发生了很大的变化。官方与学术界对斯大林工业化道路持简单的完全肯定的观点已不多见，而更多的是既肯定其成绩也明确指出其存在的严重问题。人们越来越清楚地看到，在第二次世界大战前斯大林工业化过程中取得重大成就的同时，也包藏着深刻的矛盾和积累着大量尖锐的问题。苏联著名学者麦德维杰夫在1974年指出："应该直截了当地说，我国20年代末～30年代初工业发展过程中所付出的代价，如果有一个更明智的计划和领导，就不会这么大，在这方面斯大林的领导所起的作用并不是无足轻重的。如果把我们的人民为了工业化而付出的巨大努力和牺牲同工业化初步结果比较的话，那么应该承认，如果没有斯大林的话，我们的成就可能会大得多。"斯大林作为一个唯志论者和空想家，在许多情况下，他的领导"不是引向胜利，相反，在我国制造了多余的困难"。笔者认为，麦德维杰夫对斯大林在工业化中所起的作用的评价，是较为客观的，值得我们思考。斯大林工业化存在的主要问题，突出反映在以下几个方面：通过"贡税"榨取农民的政策，导致农业破产，影响整个国民经济的正常发展；片面优先发展重工业，导致国民经济结构严重畸形；粗放型的工业化政策，造成资源的极大浪费。

工业化运动对斯大林社会主义模式的形成有着十分重要的作用。第一，形成指令性计划制度。这是苏联整个经济体制的一个基本内容。第二，不论部还是总管理局作为国家行政组织，对企业生产经营活动的直接管理与指挥，都是通过行政方法实现的。第三，与上述特点相关，企业实际上是上级行政机关的附属品或派出单位。第四，形成部门管理原则，这为了便于中央对分布在全国各地的企业实行集中领导。第五，由于工业管理体制的上述变化，工业化时期力图实现扩大企业权力和加强经济核算的目的实际上都落空了。第六，工业企业管理一长制得以实际的执行。与一长制相应的工业管理系统实行垂直单一领导制，即下级只接受上级行政首长的指令，上级各职能管理机关只是行政首长的参谋和助手，它不能越过行政首长给下级下达指令。这些措施，加强了领导体制的集中程度。第七，在工业化时期，企业国有化迅速发展。到了"一五"计划的最后一年（1932年）私人经济成分在工业总产值中就只占0.5%。这里可清楚地看到，苏联在工业化时期的工业管理体制是建立在单一的国家所有制基础上的。这是苏联全面推行指令性计划的基础，也是为计划范围大大扩大和国家成为工业管理主体与中心创造了必要的条件。

以上分析说明，从体制角度来看，工业化运动对形成过度集中的指令性计划经济体制具有特别重要的作用。如果说，1929年全面中止新经济政策和斯大林思想占主导地位标志着斯大林经济体制模式得以初步确立，那么，斯大林工业化方针的全面贯彻和到第二次世界大战前的1941年，不只是斯大林工业管理体制、经济体制模式全面建立和扎根，而且是斯大林社会主义模式全面建立并扎了根。这是因为：第一，在工业化运动期间，斯大林不仅在苏联创造了"世界上所有一切工业中最大最集中的工业"，并且把苏联工业称为"按照计划领导"的"统一的工业经济"；第二，在工业化运动过程中，对整个经济的计划性管理大大加强了，行政指令的作用大大提高；第三，1929年全盘农业集体化的快速推行，农业也受到了斯大林经济体制的统治；第四，工业化运动时期，斯大林逐个击败了他的对手，接着是20世纪30年代的大清洗，最后形成了高度集权的政治体制模式。

从经济现代化角度分析，斯大林的工业化使苏联由农业国过渡到工业国起了决定性的作用。但经济管理体制在向集中化与行政化方面发展起了重要影响，越来越排斥市场作用，严重阻碍了经济管理现代化的进程。

二 勃列日涅夫时期提出转变经济增长方式

这一时期苏联经济改革停滞、政治体制倒退，使苏联逐步迈向衰败。但要指出的是，勃列日涅夫看到当时苏联出现的经济增长速度下降的趋势，开始认识到苏联经济的发展必须改变粗放的经济增长方式和低效的经济。

（一）向集约型转变的背景

苏联在20世纪70年代以前（第二次世界大战期间除外），经济一直以较高速度增长，这是靠不断地大量投入新的人力、物力和财力达到的，走的是粗放发展道路，是一种消耗型经济。苏联自20世纪30年代消灭失业后到80

年代末,每年平均增加的劳动力为200万人。基建投资不仅增长幅度大,而且增长速度快,一般要占国民收入的30%左右,约占国家预算支出的50%。基建投资增长速度大多数年份快于国民收入增长速度,如1961~1987年,国民收入年均增长率为5.4%,而基建投资为5.6%。1950年苏联的基建投资只及美国的30%,到1971年已与美国相等,1974年超过美国。苏联生产每单位产品的物资消耗很大,如在70年代末,生产每单位国民收入用钢量比美国多90%,耗电量多20%,耗石油量多100%,水泥用量多80%,投资多50%。70年代初,苏联经济面临的主要任务是扭转已开始出现的速度下降趋势与提高经济效益,要做到这一点,必须使经济发展由粗放转向集约化。1971年苏共"二十四大"正式提出经济向集约化为主的发展道路过渡。

苏联在20世纪70年代初决定改变经济增长方式,走集约化道路的直接原因是粗放因素日益缩小,表现在:

(1) 从20世纪60年代中期开始,苏联国民经济的许多部门已感到劳动力不足。据计算,70年代有劳动能力人口的年增长率为18%,到80年代将下降到3.8%。1961~1965年,靠农庄庄员补充劳动力的人数为310万人,1971~1975年降到150万人,1976~1980年又降到80万人。退休人员激增(从1950年的85万人增加到1970年的1900万人),使劳动资源问题更加突出。

(2) 由于长期实行粗放发展经济方式,原材料、燃料动力资源消耗量大量增加,出现供需之间的不平衡。苏联虽资源丰富,但地区分布极不平衡。进入20世纪70年代,集中工业生产能力80%的西部地区资源"已近于耗尽",要靠东部地区供应,从而使运输距离大大拉长。1966~1977年,燃料运输的平均距离从734公里拉长到1152公里,生产费用日益提高。另外,随着原料、燃料基地东移,开采条件恶化,开采成本大大提高,如1980~1985年,开采每吨石油的费用增加了80%~100%。廉价原料与燃料的时代已一去不复返。再者,苏联每年要出口大量原料与燃料以换取外汇。这些因素,使得苏联用大量投入资源来发展经济的道路走不通了。

(3) 资金日益紧张。20世纪60年代中期之后,基建投资增长速度明显下降。苏联20世纪50年代基建投资年均增长率为13.3%,60年代降为7.1%,70年代降到了5.3%。

另外,由于长期实行粗放的经济增长方式,经济效益日益下降,如1960年每卢布生产基金生产的国民收入为72戈比,1970年降为55戈比,下降了

28%。社会劳动生产率从 1961~1965 年年均增长率的 6.1% 下降到 1971~1975 年的 4.8%。20 世纪 70 年代初，苏联已有大量产品产量占世界第一和第二，但质次、报废率高。如钢的产量很大（1970 年为 1.16 亿吨），但仍需进口各种钢材。拖拉机每年的报废率有时甚至高于新增产量。

苏联认识到，在不少产品数量超过美国之后，要想争取优势，必须通过科技进步，由过去的数量赶超转向质量赶超。而达到这一目标的主要途径是改变经济增长方式，实行集约化方针。

20 世纪 70 年代初推行的集约化方针，并没有取得成效。苏联经济仍是一种粗放的增长方式，集约化因素在扩大再生产中的比重不仅没有提高，反而日趋下降。在苏联扩大再生产的增长额中 3/4 是依赖粗放因素得到的。

(二) 转向集约化的主要措施

(1) 加速科技进步。苏联提出，要把科技进步作为经济发展的"决定性的战略方向"，应看做推动生产集约化的主要因素。加速科技进步的具体措施有：发展"科学与生产密切联系的一体化"，实行有利于新技术、新产品应用、推广和生产的价格政策，加强科技进步的物质刺激，积极引进外国先进技术和设备等。

(2) 调整投资政策，把投资重点从新建企业为主转向现有企业的技术改造，加速技术设备的更新，提高陈旧设备报废率等。

(3) 调整国民经济的部门结构和技术结构，主要是优先发展机器制造业等技术密集型部门，调整和改进能源需求结构等。

(4) 提高劳动者的文化技术水平，加速智力开发。为此，调整专业和学科设置，增加教育和科研经费拨款，加速科技干部与管理干部的培训等。

(5) 改革经济体制，使其符合集约化方针的要求。

苏联从 20 世纪 70 年代初开始实行集约化方针，并没有取得实质性的进展。一直到勃列日涅夫逝世，苏联基本上仍是粗放经济，经济效益没有提高，如基金产值率继续不断下降，每卢布生产性固定基金生产的国民收入从 1970 年的 55 戈比下降到 1980 年的 40 戈比。20 世纪 80 年代中期单位产品消耗量仍然要比美国大得多，生产的切屑机床的金属耗用量比美、日、德、法等国同类产品高 1~1.5 倍。加上粗放因素进一步受到限制，这些成了经济增长速度下降和停滞的一个重要原因。勃列日涅夫时期经济增长方式未能转变，不只制约了这个时期的经济发展，并且也为以后时期的经济发展带来了严重的影响，成为苏联发生剧变的一个不可忽视的因素。

(三) 转向集约化难以取得进展的根本原因

苏联从20世纪70年代初开始的转变经济增长方式的方针政策，之所以未能取得进展，正如我们在前面已指出的，根本原因是经济体制问题。勃列日涅夫时期经济体制改革的停滞，导致经济增长方式难以转变，这可从科技进步与经济集约化发展相互关系上得到反映。苏联长期把加速科技进步视为推行集约化方针最重要的措施，明确指出加速科技进步、提高劳动生产率与实现经济集约化发展两者之间的密切关系，是"极严格的，毋庸置疑的"，在这个问题上不可能有其他"可供选择的方案"。苏联拥有巨大的科技潜力，20世纪80年代末科技人员为150万人，相当于世界科技人员总数的1/4；每年新技术发明占世界新技术发明总数的1/3，仅次于日本，居世界第二位。但巨大的科技能力，难以在经济转向集约化发展过程中发挥作用。长期以来，只有1/4的科技成果在经济中得到应用，一项新技术从研究到应用的周期长达10~12年之久。形成上述情况的主要原因是传统经济体制对科技进步的阻碍作用，苏联学者认为，传统体制在科技进步道路上制造着一种独特的"反促进因素"。下面，我们从经济体制阻碍科技进步从而严重影响经济集约化发展的各个方面，来具体说明苏联长期以来集约化难以取得进展的根本原因是经济体制问题。

1. 企业缺乏采用新技术的内在动力

苏联长期坚持指令性计划制度。企业的任务是竭尽全力去完成和超额完成国家下达的生产指标。总产值指标是对企业工作评价和奖励的中心指标。这是企业对采用新技术顾虑重重的一个重要原因。因为，采用新技术、生产新产品，需要改装设备，改变工艺过程，重新培训技术人员和工人，等等。这些都会打破原来的生产节奏，并往往会在一段时间里导致产量下降，最后完不成生产计划和利润计划，从而使企业收入减少，最终影响经济刺激基金。这样，企业领导人只愿意"稳稳当当"地进行生产，不想冒采用新技术的"风险"。这就是说，传统经济管理体制，促使企业的活动只局限于追求短期内获得最多的产量，而阻碍生产的革新过程。

2. 物资技术供应制度阻碍企业技术革新

苏联企业长期以来主要是通过国家统一调拨制度获得生产资料，而无权在市场上自由购买，因此，企业在制订生产计划时就得想方设法生产那些在物资上有保证的产品。采用新技术、生产新产品，物资供应往往得不到保证。因为新产品在投产的最初几年常常需要重新设计，而生产新产品的企业，对生产这些产品需要多少物资的估计，也难以做到像生产老产品那样准确。再加上生产新产品还要使用过去未用过的材料，这就要求企业必须与原先毫不相干的新的供货单位建立关系。这些都增加了生产新产品企业在物资供应方面的不稳定性和完不成生产计划的可能性。这样，企业就自然希望尽可能地减少改变产品结构，年复一年地生产旧产品。

3. 新技术产品的生产者与使用者之间一直存在矛盾

新技术产品的生产企业，在规定新技术产品价格时，往往利用一次性定价的机会，不根据新技术产品的实际生产效率和成本，大大提高价格，以获得高额利润。这就产生了下列情况：新技术产品与原来同一类型的旧产品相比，价格要高出好多，而效率并没有提高多少，即价格的提高与效率的提高不成比例。在这种情况下，使用单位就对这类新技术产品不感兴趣了。因改用了这类新技术，产品成本会提高，还要增加基金付费，最后会使利润率下降。据车床制造工业部统计，在生产总值中采用新技术生产的比重占10%的情况下，盈利率为23.6%，采用新技术生产占50%的情况下，盈利率则降为11%。

但是，反过来讲，如果压低新技术产品的价格，那么，生产新技术产品的企业就会失去兴趣。

4. 物质奖励制度弊端甚多

这主要有三个问题：一是苏联长期以来把奖励的重点放在量上而不放在质上，结果导致企业只顾数量，而不愿更新产品和提高质量；二是采用新技术获得的奖金数额，往往弥补不了因采用新技术而损失的奖金数额；三是奖金制度存在严重的平均主义倾向。新技术成果奖的获得者往往包括与新技术发明不相干的人员。

5. 产品供不应求，缺乏竞争

在苏联，尽管每年有一些质量低劣和不对路的产品要削价处理，但通常存在的是供不应求、是短缺经济，加上产品由国家统一包销，缺乏竞争，在这种情况下，客观上就造成了一种产品可以年复一年地按老样子生产下去，可以几十年不进行技术革新的状况。

6. 企业资金不足，阻碍设备更新

苏联自1965年实行"新经济体制"以来，一直在扩大企业权利。但真正归企业自由支配的利润仍较少，并在使用上有严格规定。这样企业缺乏更新改造设备的自主权。留归工业企业主要用于更新设备等用途的发展生产基金十分有限,如靠这项基金用来更新工业部门的固定资产的话,那么,工业部门的固定资产约要用 80 多年的时间才能得到全部更新。20 世纪 80 年代中期机器设备的淘汰率为 2.2%,全部设备的更新需花 45 年之久,而按当代技术发展速度,机器设备的役龄不应超过 10 年。技术设备更新缓慢,致使苏联工业部门产生了巨大的、专业化程度很低的、经济效益很低的修理行业,它不生产新技术,而只是维修旧的技术装备。

7. 科技管理体制的弊病

这方面的问题包括:一是科研、设计、实验直到生产这几个环节相互脱节,各机构只对"研究—生产"过程中的某一阶段负责,这是造成新技术从研制到采用周期长的一个重要原因;二是很多科研机构缺乏必要的实验基地,现有的实验基地也不完善,能力薄弱,缺乏成套的工艺设备,不完全具备制造新技术工业样品的生产能力;三是苏联生产部门的科研与研制工作是按部门原则实行领导的。各部门一般都把生产计划排得满满的,主要考虑完成生产计划,这样就往往把完成科研和研制新技术任务所需的人员和设备挤掉;四是国家财政为科研机构完成科研课题提供无偿的固定经费,这样不易保证科研成果的质量,即其实际应用价值;五是科技管理方面存在严重官僚主义,如苏联机床制造与工具工业部门,批准一项技术设计平均要经过 10~12 个领导人签字,要经过标准化部门及其下属技术机构的 30 道关口。每年仅花费在批准设计上的人力和时间就要 35 万个人时,即要使 40% 的最熟练的设计人员脱离自己的设计工作。这种官僚主义浪费了大量的时间和技术人才,当最先进的技术设计投入生产时已变得陈旧。

另外,苏联保密范围过宽,造成了相互封锁严重的情况,技术情报传播很慢。军工部门的先进技术转到民用部门的速度十分缓慢,造成了同一领域的技术在军事工业部门十分先进,而在民用工业部门十分落后的现象。

以上分析说明,传统经济体制严重阻碍了科技进步,从而也成为阻碍苏联经济集约化发展的一个重要因素。所以,一些俄罗斯学者在后来总结科技进步与体制改革关系时明确指出:"要加速科技进步而不在经济上进行根本的改革,简直是不可思议的。"[1] 另外还应指出,在勃列日涅夫时期,科技进步

---

[1] 〔俄〕格·阿·阿尔巴托夫著《苏联政治内幕:知情者的见证》,徐葵等译,新华出版社,1998,第 217 页。

缓慢与当时"左"的封闭思想有关。当时，苏联对20世纪60年代末开始的世界上已发生新的一轮科技革命的信号"置之不理，直到70年代初甚至还不准使用'科学技术革命'这个概念，不仅想方设法从官方文件中勾掉，而且还从报刊书籍中删掉"[①]。

以上分析说明，主要受体制因素的制约，勃列日涅夫时期在经济增长方式转变方面未取得进展，仍是一种粗放型、浪费型经济。

三 戈尔巴乔夫的加速战略

长期以来，由于苏联片面发展重工业，特别是军事工业，从而形成国民经济结构比例的严重失调，这是一种畸形的经济。20世纪80年代中期从社会总产值的部门结构来看，农轻重三者的比例关系大致为2:2:6。重工业过重、轻工业过轻、农业长期落后的状况，成为影响经济正常发展、改善市场供应、提高人民生活水平的一个重要因素。

十分明显，在这种条件下，戈尔巴乔夫在推行根本性的经济体制改革时，必须同时下大决心和采取重大战略性措施来调整不合理的经济结构，即在改变旧的经济体制模式的同时及时改变发展战略，使后者与前者相适应，并为前者创造有利的条件。

后来，戈尔巴乔夫在其执政后不久召开的苏共中央四月全会（1985年）上，在分析如何克服经济困难时，就提出了加速战略的思想。1986年二月召开苏共"二十七大"，正式提出并通过加速战略的方针。当时戈尔巴乔夫虽然强调，加速战略不是粗放的、纯数量的和速度上的加速，速度上的加速是要在集约化的基础上来实现的。但从实质上来看，加速战略的重点仍是速度。在当时来说，戈尔巴乔夫面临十分困难的市场供应问题，应首先调整经济结构，加强农业、轻工业与食品工业，而不是加速工业特别是重工业的发展。但是从经济现代化角度来看，加速工业发展与大规模的更换设备无疑是实现工业现代化的重要步骤。

戈尔巴乔夫执政后，一再批评苏联经济转向集约化的进程不快、效果不大，基本上还是粗放型经济与一种浪费型经济。从苏共中央四月全会（1985

[①] 〔俄〕格·阿·阿尔巴托夫：《苏联政治内幕：知情者的见证》，徐葵等译，新华出版社，1998，第216页。

年）以来戈尔巴乔夫的一系列重要讲话来看，"加速战略"大致内容主要包括：首先是指提高经济增长速度，特别要使那些具有战略意义的部门得到迅速发展。其次是指在加速科技发展、调整经济结构、有效管理的基础上，使生产转向集约化，达到提高经济质量的目的；最后还包括执行积极的社会政策，确定社会主义的公正原则，改善社会关系，更新政治机关和意识形态机关的工作方式和方法，加强社会主义民主，消除怠惰、停滞不前和保守主义，即消除阻止社会进步的一切东西。

十分明显，"加速战略"与过去的集约化战略方针是不同的，它有以下几个特点：

第一，"加速战略"的侧重点在速度。苏联计划国民收入的增长速度从"十一·五"计划（1981~1985年）的3.1%提高到20世纪末的5%，在1986~2000年的15年中，年平均增长速度要达到4.7%。战略的主要经济目标是在今后15年内使国民收入翻一番。

第二，"加速战略"实现的经济规模要比以往任何时期都要大，今后15年内要做完苏维埃政权68年所做的事情。

第三，速度、数量上的加速，不是粗放的、纯数量上的加速。戈尔巴乔夫一再强调，加速要求有新的质量，是集约化的加速。1986年3月21日《真理报》的一篇论述实现"加速战略"途径的理论文章指出：提高经济发展速度将在全面集约化基础上实现。全面集约化的实质是生产上做到多、快、好、省。集约化是加速的基础。显然，在这里，全面集约化是作为实现"加速战略"的方法、手段提出的。集约化与"加速战略"并不矛盾。但不能认为，"加速战略"与集约化方针是一回事，并得出结论说，戈尔巴乔夫执政后，苏联的社会经济发展战略的内容与过去一样，没有发生变化。

第四，"加速战略"涉及的范围广，它包括了社会政策与社会关系方面的改造问题。因为，在这些方面如果不能进行重大改革，就可能仍然让各种惰性、消极的因素阻碍社会经济的发展，从而使"加速战略"难以实现。

苏共"二十七大"提出，实现"加速战略"的一个重要途径是加速科技进步。戈尔巴乔夫在加速科技进步的大会上就说过："加速科技进步问题的迫切性还在于，科技革命的新阶段已经到来。""应当骑上科技进步的快马，其他出路是根本没有的"，因为"粗放的发展方法基本上已经耗尽潜力了"。戈尔巴乔夫执政头几年在加速科技进步方面采取的主要政策有：

第一，加速新兴工业的发展。苏联在这方面的方针是：增加高效能的、先进的劳动资料和劳动对象的生产,以保证微电子工业、自动化设备、新工艺流程、机器人、聚合材料、微生物工程等部门以更快的速度发展。戈尔巴乔夫把微电子工业、计算机技术、仪表制造及整个信息技术工业,视为现代科技进步的催化剂。

第二,优先发展机器制造业。这是更新苏联生产结构,使科学思想物质化的重要条件。当时苏联计划在六七年内使重要的机器、设备和仪表的参数达到世界最高水平,从而使国民经济各部门建立起高效机动的科学生产力量,以满足国民经济对现代化技术设备的要求。

第三,调整产业结构。在新技术革命蓬勃发展的情况下,苏联日益感到过去那种以重工业为主导的传统工业结构已不能适应新技术革命的要求。今后,苏联的产业结构将主要朝着以下两个方向变化:一是在产业结构上实行由传统产业(重化工)为主的一元化结构向新老产业并举的多元化结构转变;二是在产品结构上,实行从资源密集型向知识、技术密集型的转变。实现这种转变的具体做法是:用增加的新产品、优质产品去取代过时的旧产品。同时,大力开发知识密集、技术密集的新产品。苏联在"十二·五"计划期间,计算技术装备的产量将增加1.3倍,工业机器人的数量将增加两倍。

第四,调整投资结构。要实现加速科技进步的上述三个措施,就必须在投资结构上进行调整。今后几年里,用于改建的投资在投资总额中所占的份额应当至少从1/3提高到一半。

第五,改革科研与生产一体化的组织形式。为此,应从以下两方面着手:一是把各部、委所属的大部分研究所和设计单位列入生产联合公司和企业的编制,从而加强工厂的科研部门。这样会使科研生产联合公司成为科技进步的真正先锋。二是为了打破部门之间的壁垒,建立跨部门的科技综合体(如机器人、激光工艺、生物基因等)。另外,在科研政策方面,戈尔巴乔夫强调,仍要坚持优先发展基础科学。各部的科研机关,主要解决与生产脱节的问题,其科研项目应以取得优异的国民经济成果为目标。为此,要使科研单位直接参加"科研—研制—生产—销售—维修"完整周期的全部工作。

第六,加强对科研人员的物质刺激。其内容大致包括:(1)要采取切实措施来提高社会对科研人员劳动的重要作用的认识;(2)由于科技的迅速发展,要系统地重新培训科技人员,让他们有机会及时学到新的专业知识;(3)提高科技人员的劳动报酬。苏联为此已通过决议,决定从1986年起,增加科学、设计和工艺工作者的职务工资。企业和组织的领导有权为那些做出创造性贡献和富有成效地完成复杂工作的设计师和工艺师增加工资。

要加速科技进步，除了采取以上一些具体措施外，最根本的一条还是要改革经济管理体制。原因很简单，正如上面已指出的，当前阻碍苏联科技进步和经济发展的主要因素是体制问题，科技进步在叩体制的大门，这在苏联表现得尤为突出。戈尔巴乔夫曾指出："加速科技进步就必定要求深刻改革计划和管理体制以及整个经济体制。"苏联科技进步的进程，在很大程度上取决于经济体制的发展状况。

戈尔巴乔夫的改革最终失败，"加速战略"不可能实现，以推行经济现代化为主要途径的科技进步也就难以取得进展，但戈尔巴乔夫毕竟为经济现代化提出了一种构想。

另外，从转型视角来讲，到了戈尔巴乔夫执政的后期，经过激烈争论，"到80年代末，俄罗斯的大多数政治力量和居民在必须进行自由化和向市场经济过渡方面实际上已达成共识"[1]。普遍认为："人类还没有创造出比市场经济更为有效的东西。""市场经济是人类在经济运行方面所取得的成果，不应把它拒之门外"，经济体制改革不能停留在继续寻找计划与市场经济的"最佳结合点"上，否则，"对传统体制起不了治本的作用"，因此，"除了向市场经济过渡，别无选择"。虽然戈尔巴乔夫还未来得及实施以市场经济模式为目标的改革就下台了，但他毕竟提出了以市场经济为取向的改革，这为经济现代化而实施改革在理论与思想方面提供了有利的初始条件。

第二节 提出经济现代化的背景

叶利钦执政时期冲垮了传统的高度集中的计划经济体制模式，建立了市场经济体制框架，应该说这是使俄罗斯经济迈向现代化的重要一步。但这一时期并没有提出国家现代化的设想。2009年11月，俄罗斯总统梅德韦杰夫提出的国情咨文报告，正式提出俄将以实现现代化作为国家未来十年的任务与目标。他提出的现代化是"需要全方位的现代化"的概念。梅德韦杰夫说："我们将建立智慧型经济以替代原始的原料经济，这种经济将制造独一无二的

---

[1] 〔俄〕Л. Я. 科萨尔斯等：《俄罗斯：转型时期的经济与社会》，石天等译，经济科学出版社，2000，第59页。

知识、新的产品和技术,以及有用的人才。我们将创造一个有智慧的、自由的和负责的人们组成的社会,以取代领袖思考决定一切的宗法式社会。"其中经济现代化是个极其重要的内容。

一 经济现代化的迫切性

俄罗斯经济转型也已近20年。在这期间,经历了叶利钦与普京时期,后进入"梅普"时期,或者说后普京时期;出现过严重的经济转型危机与经济快速增长的不同阶段;先后发生了1998年与2008年两次大的金融危机。俄这次在采取应对危机措施的同时,下决心着手推行经济现代化政策,使二者衔接起来。

俄罗斯经济现代化的迫切性突出表现在:它在转变经济体制的同时未能和转变经济增长方式、经济发展模式与调整经济结构结合起来。

长期以来,苏联经济质量与效率低以及高浪费问题得不到解决,是粗放型的经济方式,即靠大量投入劳动力、资金与耗费大量原材料来保证经济的增长。一直到苏联1991年解体,其经济增长方式仍是粗放型的,形成这种情况的主要原因是经济体制改革没有发生根本性变革。落后的经济增长方式从一个重要的方面反映了苏联经济的脆弱性,亦是苏联与资本主义国家在竞争中被击败的一个重要因素。应该说,20年来俄罗斯粗放经济增长方式并未发生实质性变化。梅德维杰夫总统在《前进,俄罗斯!》[①]一文中指出:"我们大部分企业的能源有效利用率和劳动生产率低得可耻。这还不是很糟糕。最糟糕的是,企业经理、工程师和官员们对这些问题漠不关心。""低效的经济,半苏联式的社会环境……所有这些对于向俄罗斯这样的国家来说,都是很大的问题。"2010年1月13日,俄罗斯联邦工商会会长叶夫根尼·普里马科夫在一次会上讲:"俄罗斯每生产一吨钢,要比比利时、法国、意大利多消耗两倍的电力,每生产1吨化肥要比阿拉伯国家多耗费5倍的电力。"在当今,俄罗斯的劳动生产率是美国与欧洲的1/5,而产品的资源消耗是美国和其他发达国家的3~7倍,能源消耗是3倍。

至于经济发展模式,俄罗斯独立以来一直在努力从资源出口型向以高新技术、人力资本为基础的创新型经济发展模式转变,但并未取得多大进展,梅德维杰夫总统在《前进,俄罗斯!》中指出:"20年激烈的改革也没有让我

---

① Медведев Д.:《Россия, вперёд!》- http://xn-d1abbgf6aiiy.xn-p1ai/.

们的国家从熟悉的原料依赖中摆脱出来。""简单地依靠原料出口来换取成品的习惯导致了经济长期的落后。"他还提出了一个严肃的问题:"我们应不应该把初级的原材料经济……带到我们的未来?"目前,俄罗斯能源等原材料出口占出口总额的80%左右,高科技产品出口不仅数量少,而且逐年下降。2004年俄高新技术产品出口,占世界中的比重为0.13%,这一比例比菲律宾少67%,比泰国少78%,比墨西哥少90%,比马来西亚和中国少92%,比韩国少94%。俄罗斯要改变经济发展模式与经济结构,面临着一系列的制约因素,这将是长期的、复杂的历史过程。

笔者认为,研究像俄罗斯这样国家的经济转型,时至今日,不能仅局限于计划经济体制向市场经济转型问题,而应该深入研究在这一转型过程中,如何解决经济增长方式、经济发展模式的转变与经济结构调整问题。这三方面的问题俄罗斯没有很好解决。我们在研究俄罗斯经济转型问题时,对不少问题产生了疑问:譬如说,俄罗斯先是出现严重经济转型危机后来又出现快速增长,现在又面临严重经济滑坡,2009年俄罗斯GDP下降7.9%,它与转型或体制改革究竟是什么关系?体制因素对不同时期的俄罗斯经济起多大影响?具体表现在哪些方面?又譬如,经济增长方式的转变,主要依赖于经济体制的改革,苏联时期实行指令性计划体制是阻碍其经济由粗放转向集约化发展的主要障碍,这是人们的共识。但俄转型20年来,并没有解决这个问题,依然是高消耗、低效的经济发展方式。再譬如,这次金融危机对俄罗斯经济影响缘何特别严重,当然,还可以提出不少类似的问题。鉴于上述的思考,笔者认为,当今在研究经济转型问题时,必须深入探讨以上三个既有相对独立性又相互紧密联系的重要问题。这三个问题困扰着俄罗斯经济的可持续发展,亦是实现经济现代化必须面临的问题。

正是由于上述原因,俄罗斯强调必须把经济现代化视为主要目标。2010年8月31日《中国改革》杂志采访俄罗斯第一副总理舒瓦洛夫,他谈到经济现代化问题时指出,对当今的俄罗斯来说"现代化意味着一切""以现代化告别过去"。

二 在当今与今后相当一个时期,俄罗斯经济现代化主要问题是要着力解决由资源型向创新型转变

不论是普京还是梅德韦杰夫,都一再强调俄罗斯现代化是其社会经济发

展的总目标。而实现这一目标，必须解决俄罗斯经济从当前的资源型向创新型转变。普京在其离任前的2008年2月8日提出的《关于俄罗斯到2020年的发展战略》中明确指出：

(1) 经济实行创新型发展。普京强调，这是俄罗斯"唯一的选择""创新发展的速度必须从根本上超过我们今天所有的速度"[①]。

(2) 增加人力资本投入。普京讲："要过渡到创新发展道路上去，首先就要大规模地对人的资本进行投资。""俄罗斯的未来，我们的成就都取决于人的教育和身体素质，取决于人对自我完善的追求，取决于人发挥自己的素养和才能。""因此，发展国家教育体系就成了进行全球竞争的一个要素，也是最重要的生活价值之一。"为此，俄罗斯计划用于教育与医疗卫生的预算支出占GDP的比重分别由2006年的4.6%、3%增加到2020年的5.5%~6%、6.5%~7%。同时，普京强调科研的重要性，要为科研活动创造良好的环境。另外要着力解决住房问题，提高医疗卫生水平。

(3) 积极发展高新技术，因为这是"知识经济"的领航员。普京认为，俄罗斯今后重点发展的高科技主要是航空航天领域、造船业和能源动力领域，以及发展信息、医疗和其他高新技术领域。

(4) 调整经济结构。普京说，尽管最近几年俄罗斯取得了一些成绩，但经济并未摆脱惯性地依赖能源原料的发展版本。自经济转型20年来，俄罗斯对能源和矿石的依赖程度呈提高的趋势。1999年，据俄罗斯统计局的数据，能源和矿产品占俄出口总量的44.9%，价值约326亿美元；到2011年，能源和矿产品的出口占到出口总量的69.2%，总价值约为3572亿美元。可以说，20年来俄罗斯也只是局部地在抓经济的现代化。这种状况将不可避免地导致俄罗斯不断依赖商品和技术的进口，导致俄罗斯担当世界经济原料附庸国的角色，从而在将来使俄罗斯落后于世界主导经济体，把俄罗斯从世界领头人的行列中挤出去。

普京在2009年的政府工作报告中谈到，"后危机时代的经济发展应当首先与技术更新联系起来。因此，新阶段的税收改革将致力于支持创新"。梅德韦杰夫任总统后，更加强调俄罗斯经济由资源型向创新型转变的迫切性。他在《前进，俄罗斯！》一文中说："除了少数例外，我们的民族企业没有创新，不能为人们提供必需的物质产品和技术。他们进行买卖的，不是自己生产的，

---

① 《普京文集》，中国社会科学出版社，2008，第677页。

而是天然原料或者进口商品。俄罗斯生产的产品，目前大部分都属于竞争力非常低的产品。"俄罗斯"依靠石油天然气是不可能占据领先地位的""再经过数十年，俄罗斯应该成为一个富强的国家，她的富强靠的不是原料，而是智力资源，靠的是用独特的知识创造的'聪明的'经济，靠的是最新技术和创新产品的出口。"

（5）要为实现现代化调整外交政策。梅德韦杰夫在2009年的总统国情咨文中指出："我国同其他国家的关系当以实现俄罗斯现代化任务为第一要务……对我们重要的是资本、新技术和先进理念的流入。所以，我们的对外政策应当是非常务实的。"2010年7月召开的俄驻外交使节会议的主题是"保护国家利益与促进国家全面现代化"。强调俄外交要突出寻求能为俄罗斯提供相应技术发展和为国产高科技产品走向地区和国际市场做出更大贡献的国家。首先要与主要国际伙伴德法意等欧盟和美国建立专门的现代化同盟。俄正在努力创建世界范围的"现代化联盟"。

第三节　经济现代化过程中将会遇到的问题

应该说，这次俄罗斯提出的现代化是一项战略性的、政治性的决策，但实现上述战略性的转变将是一个缓慢的过程。俄罗斯现代发展研究所所长伊戈尔·尤尔根斯指出，俄罗斯"现代化、摒弃原料经济向创新型经济发展的过程过于缓慢"[①]。之所以缓慢，是由多种原因造成的。

第一，俄罗斯企业缺乏创新的积极性。目前只有10%的企业有创新积极性，只有5%的企业属于创新型企业，只有5%的产品属于创新型产品成本。产生上述问题的原因是，俄罗斯现在的经济"还没有创新需求。倘若企业家投资原材料贸易可获得50%的年利润，而创新收益仅有2%～3%，起初甚至会赔钱，你会选择哪个"[②]？据有关材料显示，当今俄罗斯在世界主要国家中的创新能力排名第35位、科技集群环境排到第41位、与大学联系程度排到第45位、创新政策指数排到第58位、公司积极性和战略指数排到第63位。由于创新能力差，加上设备陈旧，俄罗斯的产品在国际市场上缺乏竞争能力。

---

① 〔俄〕《俄罗斯报》，2010年4月14日。
② 〔俄〕《俄罗斯报》，2010年4月14日。

第二，与上述因素相关，俄罗斯在实行由资源型向创新型转变时，面临着难以解决的矛盾：一方面反复强调要从出口原料为主导的发展经济模式过渡到创新导向型经济发展模式；另一方面，发展能源等原材料部门对俄罗斯有着极大的诱惑力与现实需要。要知道，在俄罗斯国家预算中几乎90%依赖能源等原材料产品，燃料能源系统产值占全国GDP的30%以上，占上缴税收的50%与外汇收入的65%。而俄罗斯高新技术产品的出口在全世界同类产品出口中占0.2%都不到。

第三，设备陈旧、经济粗放型发展、竞争力差，这些是老问题又是需要较长时间才能解决的问题。在向创新型经济转变的条件下，俄罗斯更感到这些问题的迫切性。不少学者认为，俄罗斯自2000年以来，虽然经济一直在快速增长，但令人担忧的是，俄罗斯经济仍是"粗糙化"即初级的经济，工艺技术发展缓慢。俄罗斯科学院经济研究所第一副所长索罗金指出："俄罗斯主要工业设施严重老化，到目前至少落后发达国家20年，生产出的产品在国际上不具有竞争力。机器制造业投资比重为2%~3%，同发达国家相比明显存在技术差距。原料出口国对原料产业先进设备供应国的依赖令人担忧。"早在2003~2004年就已有60%~80%的生产设备老化。

设备不更新、技术落后，已成为制约俄罗斯向创新型经济转变的一个重要因素。十多年来这一状况并没有改变，俄罗斯机电产品出口的大幅度减少，就是一个明显的例证。俄罗斯与中国的机电产品在双边贸易总量中所占的比重从2001年的24.9%下降到2009年的7.2%。

第四，投资不足。为了优化经济结构，就需要大量增加在国际市场上有竞争能力的经济部门和高新技术部门的投资。梅德韦杰夫总统成立了俄罗斯经济现代化和技术发展委员会，并确定了国家经济现代化与技术革新的优先方向，这涉及医疗、信息、航天、电信、节能等领域。发展这些领域都要求有大量的投资。解决这些问题，俄罗斯学者认为有三种选择：一是优化预算支出；二是让石油天然气企业为代表的国家自然资源垄断企业增加对科技创新的投入；三是调整税收政策，减轻高新产业区的税负。2010年前9个月，俄罗斯仅有1/3的经济现代化项目获得国家拨款。这些项目有"创新能源""国民节约行为模式的养成""新光明""生物制药""科学教育"等。投资困难在于吸收外资不足。2010年前9个月俄资本净流出160亿美元。俄经济发展部副部长安德烈·克列奇在谈到俄罗斯缘何没有像其他发展中国家一样有大量资金流入问题时说："倘若本国投资商的意愿表明，我们自己都不大会相信俄罗斯的经济……那我们为什么还要认为外国人该相信它呢？此外，在亚洲市场和拉美市场，经济和证券指数动态均以高于俄罗斯联邦的速度增长。"

第五，俄罗斯科学院副院长涅基佩洛夫认为，在金融危机发生前，俄罗斯犯了"非常严重的错误"，即没有利用国家已有资源加速推进现代化进程。

第六，目前俄国内对现代化与建立创新型经济持有不同看法。有人认为，只有1/4的人赞同梅德韦杰夫式的现代化即更新产能与发展创新型经济。因为在目前的俄罗斯社会经济条件下无法建立创新型经济，而当前第一步应该是消除腐败与提高国家管理效率。据"俄罗斯现代化改造和创新道路上的障碍"一项调查报告得出的结论，俄罗斯创新道路上面临的主要制约因素是官僚主义、不完善的法律环境和缺乏对投资商的保护，以及项目融资的困难。因此，有人提出俄实现现代化的关键在社会领域，即确保法律公平、严厉打击腐败与维护社会正义。有鉴于此，2010年7月27日梅德韦杰夫在经济现代化委员会上也指出，向现代化过渡不只是向创新经济过渡，而且还要解决贪污腐败、减少行政干预、发展良性竞争的问题，否则任何技术现代化与创新经济都是不可能的。

2010年9月在俄罗斯雅罗斯拉夫尔国际政治论坛上，梅德韦杰夫谈到这一问题时指出："民主仍然是俄罗斯这个国家、这个庞大经济和政治系统的必要条件。"

第七，俄罗斯在创建与欧盟等西方国家现代化联盟方面，也难以取得大的实效。俄的意图是在经济现代化方面广泛吸收欧盟的技术知识，但欧盟以前与现在都不急于与俄分享技术。欧盟提出的条件是，俄应该更新经济与专制法律制度、改善投资环境、克服贪污腐败、保护人权。布鲁塞尔制订了一整套计划来应对俄提出的现代化伙伴关系，中心内容是建议俄先建立法治国家，然后再搞自己的经济现代化。

创新型经济发展缓慢，经济发展摆脱不了能源等原材料部门，这必然使俄罗斯经济难以在短期内实现现代化、保证稳定及可持续发展。

第四节　当今中国应思考的问题

1. 应正视中国在经济转型过程中存在与俄罗斯类似的问题

中国在经济改革的相当一个时期，并没有明确提出转变经济增长方式，到20世纪90年代初才提出这个问题，着手抓这个问题，并对世界各大国有关这一问题加以研究。应该说，到目前，中国经济的增长在相当程度上仍是粗放型的。拿能源消耗来讲，中国单位GDP能耗目前是世界水平的2.2倍、美国的4.3倍、德国和法国的7.7倍、日本的11.5倍。另据材料报道，中国的经济高速发展成本很高，主要表现在以下三个方面："一是我们付出了过多的资源能源成本，从现在看到的资料来说，我们用了占世界总量50%左右的煤、水泥、钢铁和10%左右的石油、天然气，支撑了8%以上的经济发展速度，创造了占世界GDP总量7%左右这样一个经济成就。二是我们的环境被严重污染了，这个事实有目共睹。三是劳动力价格被过分压低了，消费严重不足，劳动报酬所占比重严重偏低。"[1] 可见，在转变经济体制的同时必须抓经济增长方式的转变，这样才能提高经济素质、提高经济竞争力，才能保证经济的可持续发展。

中国越来越清楚地认识到，拉动经济增长不能片面地通过加速出口增长来实现，而必须走扩大内需为主的道路，这次金融危机使中国进一步认识到转变经济发展模式的迫切性，如果经济发展模式不能改变，要保证中国经济稳定与可持续发展是不可能的。中国已把改变发展模式作为"十二五"改革的主线。在中国，扩大内需的潜力很大。中国居民消费率1952年为69%，1978年降为45%，2008年进一步降至35.3%。而2008年美国居民消费为70.1%，印度为54.7%，目前世界上居民消费力大体平均在50%上下，只有中国低到35%的水平。

不论是改变经济增长方式，还是改变经济发展模式，都必须加快经济结构的调整。从目前中国来说，经济结构的调整涉及很多方面的内容，它包括产业结构、消费结构、区域结构、所有制结构以及企业规模结构等。

经济增长方式、发展模式与结构调整，都离不开深化改革，必须有体制机制性作保证。正如李克强在中国发展高层论坛2010年开幕式上的致词中指出的："加快经济发展方式转变，调整经济结构，关键在理顺体制机制，难点是调整利益格局，解决办法从根本上要靠改革创新。"

正是由于上述原因，中共十七届五中全会公报中指出："加快转变经济发展方式是我国经济社会领域的一场深刻变革，必须贯穿经济社会发展全过程和各领域，坚持把经济结构战略性调整作为加快转变经济发展方式的主攻方

---

[1] 《中国经济时报》2010年11月29日第1版。

向，坚持把科技进步和创新作为加快转变经济发展方式的重要支撑，坚持把保障和改善民生作为加快转变经济发展方式的根本出发点和落脚点，坚持把建设资源节约型、环境友好型社会作为加快转变经济发展方式的重要着力点，坚持把改革开放作为加快转变经济发展方式的强大动力，提高发展的全面性、协调性和可持续性，实现经济社会又好又快发展。"以上"五坚持"，阐明了加快转变经济发展方式的基本方向与重点。

有些学者提出，这次全会最重要的一句话是"加快转变经济发展方式"，这样，中国才能赢得未来，这也是对未来的关键抉择。这些说法是有道理的。因为，加快转变经济发展方式关系到我国改革开放与社会主义现代化发展的全局性问题，是一场经济社会的深刻变革。

2. 一个重要问题是正确认识与解决过去30多年改革过程中出现的问题

这里就中国目前改革过程中出现的问题，说点看法。主要问题有三，即腐败、垄断与贫富差距拉大。产生上述问题的原因有不同的看法：有的认为搞了市场取向的改革；有的认为政治体制改革滞后与市场化改革不到位。笔者认为，解决问题的途径应该是：政治体制民主化改革进程应加快；垄断部门应走向市场化，把社会主义市场经济体制改革进行到底；舆论监督实现社会化。笔者认为，中国出现的否定改革的第三次思潮是十分值得关注的。不改革死路一条。在改革过程中出现的问题应通过深化改革去解决。改革是革命，是一场不断进行的革命。

3. 解决改革或转型的正确的方向

中国经济改革的指导思想，从邓小平理论到"三个代表"的重要思想，后来又提出科学发展观，以人为本、和谐发展，这些既符合马克思主义基本理论，亦反映了中国特色社会主义的重要内容。特别要指出的是，前任总理温家宝在其政府工作报告中就曾提出"要让老百姓活得更有尊严"，主要指三个方面：第一，每个公民在宪法和法律规定的范围内，都享有宪法和法律赋予的自由和权利，国家要保护每个人的自由和人权。无论什么人在法律面前，都享有平等。第二，国家发展的最终目的是为了满足人民群众日益增长的物质文化需求，除此之外，没有其他。第三，整个社会的全面发展必须以每个人的发展为前提，因此，我们要给人的自由和全面发展创造有利的条件，让他们的聪明才智竞相迸发。这就是笔者所讲的尊严的含义。温家宝把"人民的尊严"写进政府工作报告，把"尊严"提到如此高度、深度和广度，这反映了我们党与政府执政为民、以人为本的施政理念。从上述内容来看，温家宝把"尊严"的内容说得非常清晰与明确。笔者认为，如果实现"尊严"的以上三个内容，那就是充分体现了科学社会主义，体现了马克思主义的人道主义。

4. 为了提高党的执政能力，在经济改革的同时，必须推进政治体制改革

就是说，共产党在领导广大人民改造客观世界的同时必须同时改造主观世界，只有这样，才能保持思想、理论的先进性，才能代表先进思想。目前我国正处于社会转型、体制转轨的历史新阶段。在这个新阶段，我党面临以下极其复杂的局面：体制改革要深化；社会经济发展要现代化；社会结构正在发生急剧与重大的变动；各阶层、地区与部门间的利益分配亟须调整；在过去体制改革过程中出现的种种问题与矛盾日渐突出，这必须也只能通过进一步改革才能得以解决。在这种历史背景下，增强党的执政能力，显得尤为重要。

我们党要解决如此复杂的任务，就必须提高执政能力。笔者认为，根据我国当前的情况，主要在以下几个方面做出努力：

第一，推进政治体制改革，通过政治体制改革推进民主化进程，活跃理论的探讨，推动理论的创新。今后中国政治体制改革的总方向是加快政治民主化进程，切实做到邓小平提出的要"从制度上保证党和国家政治生活民主化、经济管理民主化、整个社会生活的民主化"①。党的改革的核心问题是党内民主与接受人民的有效监督。十分明显，只有民主化进程有了大的发展，才能为理论创新创造需要的政治环境，党才能不断地吸收先进的思想、理论，从而提高执政能力。只有这样，经济现代化才有思想、理论基础。

第二，反对"左"的教条主义，进行理论创新。根据目前的情况，应从以下四个方面着手：一是根据在改革与发展过程中出现的新问题、新情况，及时加以总结和研究，提出解决问题的新理论与答案。这对贯彻《中共中央关于加强党的执政能力建设的决定》中提出的要不断提高驾驭社会主义市场经济的能力，要坚持以人为本、全面协调可持续的科学发展观，更好地推动经济社会发展，具有极其重要的意义。应该用以人为本、科学发展观这一重要思想来完善与构建新的社会主义模式；二是特别要重视当代科技的新发展，要充分估计到科技迅猛发展的年代，社会经济的变化往往是超出人们的想象的。在这种情况下，不革新理论，党的思想必然失去先进性，也就不可能准确地认识当今世界；三是在结合本国国情推行改革和构建新的体制模式时，

---

① 《邓小平文选》第一卷，人民出版社，1994，第336页。

应充分考虑与吸收原本就是全人类共同的文明成果（如政治民主化、经济市场化、公正、人权、自由、权力制衡等）。否则，这同样会使党的思想、理论失去先进性；四是通过改革实现理论创新。改革要求用新的理论指导，同时，也只有通过改革消除理论创新的种种障碍，邓小平同志讲，改革是"决定中国命运的一招"，也可以说，改革是促进理论发展，使党始终具有先进思想的一招。

这里讲一下中国政改缘何那么难以推进的问题。目前学术界有一个较为普遍的共识，一个重要原因是既得利益阶层的阻力。正如有的学者指出的，政治体制不合理、利益分配不合理、权利不受约束、自由裁量权过大、政府过多介入微观经济、政府权力和利益挂钩等，都会催生既得利益，导致公权私分、权力部门化，而长此以往将会形成既得利益集团。正由于上述情况，邓小平在1980年8月18日有关《党和国家领导制度的改革》重要讲话中指出："从党和国家的领导制度、干部制度方面来说，主要的弊端就是官僚主义现象，权力过分集中的现象，家长制现象，干部领导职务终身制现象和形形色色的特权现象。"

5. 继续增加创新领域的投入

在这方面中国已取得了很大进展。中国用于研发的支出1996年占GDP的0.6%，到2007年已达到1.5%，为1020亿美元。美国2007年用于研发的支出占GDP的2.7%，绝对额为3720亿美元，占全球研发支出的1/3。中国在这方面的支出在美、日之后占世界第三位。美国近50年来GDP的增长50%靠科技创新，主力是企业。

6. 加强与俄罗斯的科技合作

不论是中国还是俄罗斯，要实现经济转型，加速转变经济发展方式，推进经济现代化，都必须加速科技进步与提高企业生产技术的创新能力。要做到这一点，一方面要靠本国积极发展教育事业与增加对科技领域的投入；另一方面还需要加强国际合作，而中俄两国科技合作有着很大的潜力。

这几年，中俄科技合作不论从内容还是形式，都有了发展，但从总体来讲，只能说处于起步阶段。从国际范围来讲，目前两国的科技合作水平，与面临的经济全球化、经济技术一体化的机遇不相适应，在加速改变两国经济发展方式与推进经济现代化方面的作用十分有限；从两国经贸合作关系来讲，科技合作还远起不到兴贸的作用，也远未成为发展贸易关系的突破口，更没有成为两国经贸关系稳定、持续发展的重要因素。

第十一章
金融市场发展现状及前景

金融市场的构建是俄罗斯向市场经济转型中的重要一环。随着市场经济体制和新的金融体系的建立，俄罗斯的金融市场也在不断探索中发展。目前俄证券市场投资功能虽逐步增强，但仍落后于主要发达市场和发展中市场。为提升在地区和国际资本市场的地位，近年来俄罗斯进行了以两大交易所合并为内容的改革。同时推动经济现代化进程，目前正在加快莫斯科国际金融中心的建设步伐。

第一节 金融市场发展概述

一 金融市场界定

金融市场是指资金供应者和资金需求者双方通过信用工具进行交易而融通资金的市场，广而言之，是实现货币借贷和资金融通、办理各种票据和有价证券交易活动的市场。比较完整的金融市场定义是：金融市场是交易金融资产并确定金融资产价格的一种机制。

金融市场又称为资金市场，包括货币市场和资本市场，是资金融通市场。所谓资金融通，是指在经济运行过程中，资金供求双方运用各种金融工具调节资金盈余的活动，是所有金融交易活动的总称。在金融市场上交易的是各种金融工具，如股票、债券、储蓄存单等。资金融通简称为融资，一般分为直接融资和间接融资两种。

金融市场的构成十分复杂，它是由许多不同的市场组成的一个庞大体系。但是，一般根据金融市场上交易工具的期限，把金融市场分为货币市场和资本市场两大类。货币市场是融通短期（一年以内）资金的市场，资本市场是融通长期（一年以上）资金的市场。货币市场和资本市场又可以进一步分为若干不同的子市场。货币市场包括金融同业拆借市场、回购协议市场、商业票据市场、银行承兑汇票市场、短期政府债券市场、大面额可转让存单市场等。资本市场包括中长期信贷市场和证券市场。中长期信贷市场是金融机构与工商企业之间的贷款市场；证券市场是通过证券的发行与交易进行融资的市场，包括债券市场、股票市场、基金市场、保险市场、融资租赁市场等。

和其他市场相比，金融市场具有自己的特征：

第一，金融市场是以资金为交易对象的市场。

第二，金融市场交易之间不是单纯的买卖关系，更主要的是借贷关系，体现了资金所有权和使用权相分离的原则。

第三，金融市场可以是有形市场，也可以是无形市场。

金融市场体系包括货币市场、资本市场、外汇市场和黄金市场，而一般根据金融市场上交易工具的期限，把金融市场分为货币市场和资本市场两大类。

1. 货币市场

货币市场是融通短期资金的市场，包括同业拆借市场、回购协议市场、商业票据市场、银行承兑汇票市场、短期政府债券市场、大面额可转让存单市场。

2. 资本市场

资本市场是融通长期资金的市场，包括中长期银行信贷市场和证券市场。中长期信贷市场是金融机构与工商企业之间的贷款市场，证券市场是通过证券的发行与交易进行融资的市场，包括债券市场、股票市场、保险市场、融资租赁市场等。

金融市场是统一市场体系的一个重要组成部分，属于要素市场。它与消费品市场、生产资料市场、劳动力市场、技术市场、信息市场、房地产市场、旅游服务市场等各类市场相互联系、相互依存，共同形成统一市场的有机整体。在整个市场体系中，金融市场是最基本的组成部分之一，是联系其他市场的纽带。金融市场的发展对整个市场体系的发展起着举足轻重的制约作用，市场体系中其他各市场的发展则为金融市场的发展提供了条件和可能。

二　俄罗斯金融市场概况

（一）发展阶段

以1998年和2008年金融危机为分水岭，俄金融市场经历了三大发展时期：1998年之前为初创和调整时期，之后进入稳定增长期，2005年之后更是进入快速发展期，2007年达到发展最高峰。2008年金融危机之后，俄罗斯资本市场进入波动期。

1992年5月，在俄罗斯中央银行有价证券业务处基础上成立了有价证券管理局，下辖国债发放服务、二级市场和结算三个处。同年6月，俄罗斯中央银行有价证券管理局在竞标基础上选定莫斯科跨银行外汇交易所为俄证券市场的操作中心，建立交易、结算和存储系统，并指定莫斯科地区的26家商业银行和中介公司为证券市场的官方经纪人。1992年年末，共有98家交易所获得俄罗斯财政部颁发的从事有价证券业务的许可证。最初由于缺少可供交易的金融商品和客户，交易所主要从事商品交易。随着俄罗斯国有企业私有化进程的推进和国家债券、企业债券的发行，证券交易在交易所业务额中的比重迅速上升，从1992年的3%上升至1993年的92%，交易的证券品种也在不断增加。

1997～2004年，俄金融市场资产总量与GDP之比不超过20%，2005年后资本化水平快速提高，2007年达到70%。据俄金融市场管理署数据，2006～2007年，俄金融市场资本化水平排名世界第12位。随着俄证券市场的快速发展，其在全球48个最大的金融市场总值中占比提高，从2004年的不足1%提高到2007年的2.4%。

全球金融海啸中断了俄金融市场快速发展的势头，2008年年末至2009年年初为危机冲击最严重阶段。从2009年全年走势看，俄金融市场呈逐步恢复态势，但距危机前的水平还有较大距离。2009年，俄股票市场总市值为7600亿美元，资本化/GDP之比下降到59%，但流通中公司债券总值与GDP之比上升到6.5%。

(二) 市场构成

俄罗斯金融市场包括股票市场、公司债券市场、国债市场等。金融工具主要有股票，公司债券，国家、联邦主体、市政和银行债券，欧洲债券，期票，共同投资基金等。从俄国内几大金融板块看，2007年，股票市场市值达32.3万亿卢布，几乎与GDP总量33万亿卢布（1万亿美元）持平，首次实现资本化/GDP之比达到100%。流通中的公司债券总值与GDP之比达到3.7%。随着资本化水平的提高，股票交易额也大幅增长，交易所股票交易额31.4万亿卢布，接近GDP总量，显示出股票市场的流动性大幅提高。

最初俄主要有两大证券交易中心。

（1）莫斯科银行间外汇交易所（ММВБ）：是俄罗斯、独联体和东欧地区最大的全能型交易所，也是集资本、期货和外汇交易于一体的交易市场。2005年该交易所交易投资额占俄罗斯资本市场交易额的85%以上。

（2）俄罗斯交易系统（РСТ）：是俄仅次于莫斯科银行间外汇交易所的第二大资本市场，从1995年起开始运营。该系统有传统市场、交易所市场、期货期权市场等交易平台。其中，传统市场是俄罗斯唯一可用外汇结算的有价证券交易平台，俄本国投资者及外资投资者都可在这一平台进行交易。交易所市场无论大小投资者都可入市交易，是俄资本市场状况的指示器。

从1997年10月3日起，俄罗斯采用了类似美国道琼斯指数的俄罗斯证券综合指数，与俄罗斯交易系统指数一起作为挂牌证券交易的主要参数。到1997年年末，俄罗斯证券市场的发展规模和程度在独联体国家居于首位。

在莫斯科银行间外汇交易所和俄罗斯交易系统基础上，近年来又发展成最大的五家金融交易所，它分别是：

①封闭式股份公司——莫斯科银行间外汇交易所金融交易所；

②封闭式股份公司——莫斯科银行间外汇交易所；

③开放式股份公司——俄罗斯交易系统金融交易所；

④开放式股份公司——圣彼得堡交易所（СПВБ）；

⑤封闭式股份公司——圣彼得堡外汇交易所。

表11-1~表11-4为2009~2011年五大金融交易所交易情况。

表11-1 莫斯科银行间外汇交易所金融交易所交易额

单位：亿卢布

	2009年	2010年	2011年
一级市场	10199.3928	9613.4206	8285.9333
二级市场	173585.7851	185028.1820	196300.9495
回购市场	222854.4675	445658.2636	604563.6853
总计	406639.6454	640299.8662	809150.5681

资料来源：俄罗斯审计署关于俄罗斯资本市场发展审计报告，莫斯科第66K（833），2011年12月30日。

表11-2 莫斯科银行间外汇交易所交易额

单位：亿卢布

	国家有价证券和其他		标准合同		外汇	
	总计	日均交易	总计	日均交易	总计	日均交易
2009	351652.01	1412.26	6602.13	26.51	959742.17	3869.93
2010	304461.71	1227.67	15143.83	61.06	795150.81	3206.25
2011	479557.33	2179.81	7291.12	33.14	746450.34	3392.96

资料来源：俄罗斯审计署关于俄罗斯资本市场发展审计报告，莫斯科第66K（833），2011年12月30日。

表11-3 俄罗斯交易系统金融交易所交易额

单位：亿卢布

	2009年	2010年	2011年1~10月
RTS Classica	785.920	667.443	381.182
T+0	107.18,3	33563.93,3	33753.103
RTS Standard	15565.165	33563.933	33753.103
T+0 PEПO	9.297	54.243	385.342
RTS Standard PEПO	—	1458.33,2	3386.680
资本市场总计（含PEПO）	16467.563	35809.50,6	37979.558
期权和期货市场（FORTS）	141692.234	293504.336	556219.846
RTS市场总计	158159.798	329313.842	594199.404

注：RTS Classica直译为俄罗斯交易系统经典，为俄资本市场的一种交易制度。T+0是一种证券（或期货）交易制度。凡在证券（或期货）成交当天办理好证券（或期货）和价款交割手续的交易制度，就称为T+0交易。通俗说，就是当天买入的证券（或期货）在当天就可以卖出。RTS Standard直译为俄罗斯交易系统标准，为俄资本市场的一种交易制度。T+0 PEПO为T+0回购。RTS Standard PEПO为RTS Standard回购。

资料来源：俄罗斯审计署关于俄罗斯资本市场发展审计报告，莫斯科第66K（833），2011年12月30日。

表 11 - 4　圣彼得堡外汇交易所（СПВБ）交易额

单位：亿美元

部　　门	2009 年	2010 年	2011 年
资本市场部	17.578	35.460	0.575
外汇业务部	19.062	21.397	14.922
银行间贷款市场部	3453.490	2411.776	6301.643

资料来源：俄罗斯审计署关于俄罗斯资本市场发展审计报告，莫斯科第 66K（833），2011 年 12 月 30 日。

（三）管理机构及法律基础

俄罗斯金融市场的国家调节机关是俄罗斯联邦金融市场管理署。其前身为 1993 年 3 月成立的俄联邦总统有价证券和证券交易所委员会（1996 年改组为联邦有价证券委员会）。

组建、管理和规范金融市场的主要法律包括《俄罗斯联邦有价证券市场法》《俄罗斯联邦所有制法》《俄罗斯股份公司法》《有价证券市场权益保护法》《投资基金法》《非国有养老基金法》《商品交易所和交易法》等。

根据俄罗斯法律，俄罗斯居民、合股投资基金、银行管理共同基金、非国有养老基金、商业银行、外国投资基金等均可参与俄金融市场业务。

三　主要金融工具

（一）股票

股票市场是俄资本市场中最活跃的板块。俄罗斯股票市场形成于 1990 年，当时苏联开始允许建立股份公司，随着 1992～1994 年的债券私有化出现了大量股份公司。根据联邦证券市场管理委员会的综合数据，1997～2003 年共登记发行了 62841 只股票。据 СКРИН 协会 2008 年 1 月 1 日数据，共发行 86598 次 128356 只股票。这些股票中大多数缺乏流动性，也没有任何二级市场。

在资本交易所发行交易的股票最具流动性。据 2008 年 1 月 1 日数据，俄罗斯交易系统股市共发行 413 只股票（303 只为普通股，110 只为优先股），莫斯科银行间外汇交易所股市共发行 309 只股票（223 只为普通股，86 只为优先股),许多发行者同时在两个交易所进行交易。

2005～2007年,随着国际油价的快速上升,俄罗斯经济形势大为改善,股市市值迅速上涨。2005年,俄罗斯股市市值为1798亿美元,2006年上涨至6343亿美元,2007年继续翻番,上涨至1.3415万亿美元。2008年国际金融危机爆发,国际油价大跌,俄罗斯市值开始缩水,2010年12月30日为9288.9亿美元,2011年12月30日为7683.05亿美元。

在股市流通构成中,59%为期货和回购交易,回购交易的高占比并不符合国际惯例,为了进行短期业务和限制风险首先应该进行期货和期权业务。

(二) 公司债券

俄罗斯公司债券市场的出现大大落后于股票和国债市场。自1999年起,俄罗斯企业积极利用债券进行债务融资,与其他许多证券市场不同,俄罗斯国内的公司债券市场从一开始就主要在交易所发展。其特点是发债公司数量稳步增长、借债期延长、借债额扩大。根据Cbonds协会数据,截止到2008年1月1日,共有607支公司债券在市场流通(2007年有488支),截止到2007年年底,在有组织的市场中流通的俄罗斯企业债券总额名义价值为12314亿卢布,到2008年3月1日为12879亿卢布。

据俄联邦金融市场管理署数据,2007年,俄罗斯二级交易市场的公司债券交易总额为9.5万亿卢布(其中6.8万亿卢布为回购交易),是2003年的36倍,其中99.98%的交易是在莫斯科银行间外汇交易所进行的。与股市不同,回购交易在债务市场中的高占比符合国际惯例,因此公司债券的流通质量目前还没有引起担心。俄罗斯公司除卢布债券外还通过发行欧洲债券积极从国外市场吸引资金。尽管国外市场还不是俄罗斯资本市场的一部分,但对企业来说,却成为是通过发行国内卢布债券还是通过银行贷款吸引融资的现实选择。截止到2008年1月1日,共有270支俄罗斯公司发行的欧洲债券在市场流通,其名义价值总额为943亿美元。

俄罗斯市场流通中的公司债券总额与GDP之比:2005年2.23%、2007年3.81%、2008年3.8%、2009年6.5%、2010年7%、2011年6.3%[①]。

2006年年底,俄罗斯市场出现了新的、有前景的债务工具——抵押贷款担保债券。2006年发行1支,贸易额30亿卢布;2007年发行2支,贸易额达

---

① 俄罗斯全国证券市场同业协会报告:《俄罗斯资本市场:事件与因素》(2006～2011年各年)

到 49 亿卢布。

表 11–5　2005~2010 年俄罗斯公司债券数量和发行量

单位：家，支

年　份	发行公司数量	债券发行数量
2005	230	302
2006	370	488
2007	465	607
2008	463	650
2009	405	630
2010	364	663

资料来源：CBONDS。

（三）国债和市政债券

俄罗斯现行法律规定，国债既是联邦有价证券，也是联邦主体有价证券，与之共同流通的还有市政债券。俄罗斯联邦最早从 1991 年发行国债。1993~1998 年俄罗斯经历了国内交易所国债市场的急剧扩张期，这一进程在 1998 年 8 月 17 日被阻断，之后国债在资本市场的作用再也没有达到 1998 年金融危机之前的水平。2007 年 1 月 1 日，以卢布表现的俄罗斯国家内债总额为 10281 亿卢布，2008 年 1 月 1 日为 12489 亿卢布。

俄罗斯外债市场中包括经常使用的国债。以俄财政部 2007 年 1 月 1 日数据为例，俄罗斯 471 亿美元外债中 71% 以上是债券，其中 286 亿美元为欧洲债券，49 亿美元为国内国家外币借款。

俄罗斯联邦主体债券规模不仅低于联邦债券，也低于公司债券。截止到 2008 年 1 月 1 日，流通中的 119 支俄罗斯联邦主体和市政债券名义总额为 2206 亿卢布。此外，处于流通中的还有总额为 11 亿美元的 2 支联邦主体发行的欧洲债券。

俄罗斯从 2005 年开始发行银行债券，尽管其安全性和国债一样高，但形式上并不是国债。银行债券是一种短期有价证券，被用于管理商业银行的流动性，其他投资人不能获得。

截至 2008 年年底，国内市场流通的国债名义价值额为 11440.2 亿卢布，比 2007 年增长 9.2%。2010 年下半年，国债市场额出现了自 2005 年以来从未有过的增长，月均增幅 5%，全年国债市场名义额达到 20540 亿卢布，比 2009

年增长39%，但其与GDP的对比关系未发生大的变化，不超过GDP的5%。

与公司债券相比，国债二级市场规模和流动性相对较低。国债市场流通只限于由莫斯科银行间外汇交易所组织。

表11-6 2005~2010年国债市场额

单位：亿卢布，%

年　份	国债市场额	国债市场额与GDP关系
2005	7220	3.3
2006	8764	3.2
2007	10470	3.1
2008	11440	2.7
2009	14700	3.7
2010	20540	4.6

资料来源：CBONDS。

（四）期票

20世纪90年代中期，期票在俄罗斯特别受欢迎，它承担两种功能：第一作为货币替代品用于企业和组织之间的结算，以及在俄罗斯经济货币化水平极低条件下的缴税；第二作为债券的替代品，替代银行贷款用于长期融资。从20世纪90年代末开始，期票作为融资工具逐步被债券挤出，但期票市场规模与公司债券仍然有一比。

据俄罗斯中央银行数据，截止到2007年12月1日，银行业发行的期票总额为7326亿卢布，其中卢布期票6568亿卢布、外币期票758亿卢布。1年期以内的短期期票占51%（3718亿卢布），3年期以上的期票仅占7.6%（557亿卢布）。

目前期票在俄罗斯只是承担商业证券的功能。据地区公司的统计，2007年年底，流通中的市场期票额为4700亿~4800亿卢布，比2006年下降5%~6%。在卢布债务市场中，期票的占比为16%。按这一占比计算，期票的年流通额约在1.7万亿~1.9万亿卢布。据CBONDS数据，2007年，所发行的公司期票总额比2006年增长18%，达到305亿卢布。期票市场越来越成为公司债券市场的一种附属物。2007年，期票在要约时经常被用作回购自己到期债券的一种桥接工具，据统计，2006年，30%的期票在要约前用于补充流通中的资金，2007年这一指标上升到70%。

表 11-7　2005~2010 年期票市场额

单位：亿卢布

年　份	2005	2006	2007	2008	2009	2010
市场额	3500~3700	5000	5800	5100	4500	5700

资料来源：俄罗斯全国证券市场同业协会报告《2010 年俄罗斯资本市场：事件和因素》。

(五) 互惠投资基金

互惠投资基金 (паевые инвестиционные фонды – ПИФ) 在俄罗斯机构投资中占有优先地位，其资产大大超过股份投资基金。互惠投资基金最早出现于 1996 年，2001 年《投资基金法》的出台在该基金的创立过程中起了重大作用。据俄联邦金融市场管理署资料，截至 2008 年 1 月 1 日，俄罗斯共有 1030 支互惠基金，净资产总价值为 7668 亿卢布，其中 1348 亿卢布属于开放式基金、438 亿卢布为间隔式基金（一年内至少打开一次）、5649 亿卢布为封闭式基金。

互惠基金二级市场发展缓慢，截至 2008 年 1 月 1 日，只有 219 只不同的互惠基金允许进入莫斯科银行间外汇交易所的金融交易所流通，38 只进入俄罗斯交易系统交易所。2007 年，互惠基金在莫斯科银行间外汇交易所和俄罗斯交易系统六大交易所流通交易额分别为 7.9 亿美元和 0.28 亿美元。

(六) 股指期货和期权

严格意义上，股指期货和期权不是有价证券，与资本市场紧密相关的股权及基金指数是期货和期权的基础资产。据 2008 年 1 月 1 日数据，允许 36 只期货基础资产（20 只股票、13 只债券和 3 只指数）和 17 只期权基础资产（16 只股指期货和 1 只指数期权）进入俄罗斯交易所交易。截至 2007 年年底，证券及指数期货以及期权合约的平仓合约价值达 1110 亿卢布。2008 年金融危机爆发前几年，俄罗斯期货市场容量急剧扩大：2006 年开设的期货和期权合约数量达 224 万份（785 亿卢布），总流通合约 8960 万份，总价值 27085 亿卢布。

(七) 基金指数

基金指数是由已上市的基金数量取样得来，各基金都占有基金指数的一定比例。多数基金涨时基金指数涨，反之则跌，基金指数与大盘没关系。目前俄罗斯资本市场有数十个不同机构提供的指数，包括交易所指数、信息机构指数、投资银行指数、中介公司指数。广为接受的指数包括：对股市来说是俄罗斯交易系统指数、莫斯科银行间外汇交易所指数、MSCI Russia Index，对债券市场来说有 RUX – Cbonds 公司债券指数、Cbonds – Muni 市政债券指数、ММВБ 公司债券指数、EMBI + 俄罗斯指数。

俄罗斯股市主要为环比指数，考虑到证券发行人的自由浮动比例以市值加权。俄罗斯交易系统指数 1995 年 9 月 1 日确立，目前共包括 50 支市值最大、流动性最强的大股票。用于计算指数的股票清单每 3 个月重新审定一次。俄罗斯交易系统指数确定的指数为 100，其历史最低点为 38.53 点（1998 年 10 月 5 日），历史最高点为 2487.92 点（2008 年 5 月）。莫斯科银行间外汇交易所指数 1997 年 9 月 22 日确立，目前共包括 30 支流动性最强的股票，其指数变化根据指数委员会专家评估每季度不少于 1 次。该指数的起始点为 100，历史最低点为 18.53 点（1998 年 10 月 5 日），历史最高点为 1969.91 点（2007 年 12 月 12 日）。

四 俄罗斯资本市场发展与存在的问题

（一）大公司市值在股票市场资本中所占比例过高

俄罗斯经济增长依赖石油和其他原材料，这在股票市场也有所反映。长期以来，前十大上市公司（天然气工业公司、俄罗斯石油公司、卢克石油公司、苏尔古特石油天然气公司、俄罗斯储蓄银行、俄罗斯统一电力系统、诺里尔斯克镍业公司、天然气工业石油公司、诺瓦德克能源公司、移动通讯系统）的市值占比达 70% 以上（见表 11 – 8）。

（二）股票市场的行业集中程度高

2007 年之前，采掘业、电力、黑色金属和有色金属冶金、通信和金融类股六大行业股占股票总市值的 94%，其中 60% 以上是石油、天然气和煤炭开采工业。2007 年之后，轻工业、建材业、煤炭业开始进入资本市场融资，机器制造业、建筑业、运输业占比亦开始明显上升，致使前六大行业占比下降 5%（见图 11 – 1）。

表 11-8　2007 年年底市值最大的 20 只股票清单

单位：亿美元，%

	公司名称	市值	在总市值中占比
1	天然气工业公司	3323	24.8
2	俄罗斯石油公司	1004	7.5
3	俄罗斯储蓄银行	933	7.0
4	卢克石油公司	727	5.4
5	俄罗斯统一电力系统	557	4.2
6	诺里尔斯克镍业	506	3.8
7	苏尔古特石油天然气公司	483	3.6
8	俄罗斯外贸银行	343	2.6
9	Вымпелком	308	2.3
10	OAO МТС，ао	302	2.2
11	天然气工业—石油公司	301	2.2
12	НЛМК	240	1.8
13	北方钢铁	229	1.7
14	НОВАТЭК	223	1.7
15	АФК Система	160	1.2
16	乌拉尔钾肥	155	1.2
17	ММК	145	1.1
18	Группа Компаний ПИК	144	1.1
19	鞑靼石油	137	1.0
20	米切尔公司	112	0.8
	前 10 家最大公司	8484	63.2
	20 家最大公司	10331	77.0
	总市值	13174	100

资料来源：俄罗斯全国证券市场同业协会报告《俄罗斯资本市场和国际金融中心的建立》，莫斯科，2008。

（三）国内交易和国外交易失衡

长期以来，俄罗斯资本市场的主要问题是俄罗斯股票流通构成中国内交易平台和国外交易平台的比例失衡，截至 20 世纪 90 年代末期，以存托凭证（ADR、GDR）形式进行的国外交易大大超过国内交易。国内和国外交易实现了平衡。从 2003 年年底开始，俄罗斯股市交易再次出现在国外平台交易为主的趋势，2004 年其对比关系再次回到 1999 年的水平。2005 年，国内和国外交易实现平衡，2006 年，国内交易超过了国外交易（见表 11-9）。这首先得

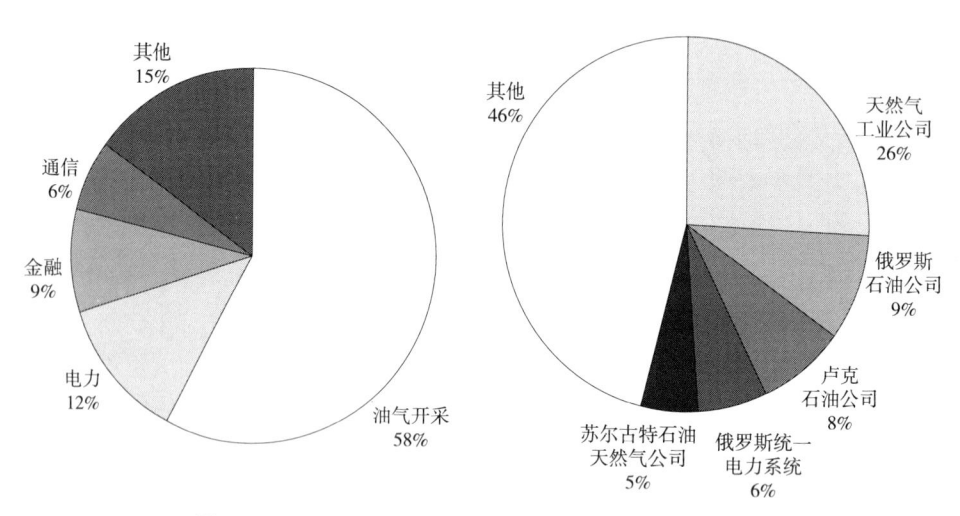

图 11-1 俄罗斯股票市场产业结构（2007 年 1 月 1 日）

资料来源：Марина Тальская，Максим Рубченко，Перекошенный лик экономики，Эксперт，№.21，4 июня 2007 г.。

益于 2005~2006 年俄罗斯有价证券市场法和股份公司法的完善，新法律要求简化在俄罗斯发行股票的程序，此外，联邦金融市场管理署"回归俄罗斯市场"的政策也起了重要作用，该政策要求加强对俄罗斯公司在国外市场以全球存托凭证形式发行股票许可比重的限制（不得高于 35%），同时要求俄罗斯投资者以最低股票供应量进行二次 IPO（不得低于 30%）。

表 11-9 俄罗斯股票在国内和国外市场交易额对比

单位：%

年 份	在俄罗斯交易所占比	在国外交易所占比
1998	16.4	83.6
1999	27.9	72.1
2000	46.1	53.9
2001	55.4	44.6
2002	47.7	52.3
2003	45.4	54.6
2004	25.1	74.9
2005	47.1	52.9
2006	65.3	34.8
2007	73.8	26.2

资料来源：俄罗斯联邦金融市场管理署与莫斯科银行间外汇交易所。

（四）国家监管与市场自律相结合

作为证券市场的国家调节机关，俄联邦有价证券市场委员会以保障投资者、股东、存款人和其他市场参与者的权利和依法活动为目的，主要职能包括：执行证券市场发展领域国家政策，监督发行证券单位和市场参与者活动的合法合规性，规定市场职业参与者的准入条件和发放许可证，保障证券市场的信息披露等。除来自国家的监管以外，还存在像国家证券市场参与者协会，有价证券登记、过户和寄存职业协会和国家政券协会等市场参与者自己组织的市场自律性组织。

（五）证券市场投资功能逐步增强

随着俄经济形势改善，证券市场管理逐步健全，证券市场的投资功能逐步提高。据俄金融市场管理署数据，2007年，公开登记发行有价证券达6910亿卢布，相当于固定资本投资额的10%。公开发行股票接近300亿美元（7400亿卢布），相当于固定资本投资额的21%。加上在国外发行的欧洲债券，通过股市融资达到固定资本投资额的35%。同时随着共同投资基金的扩大，证券市场将个体存款转化为投资的作用也明显提高。

（六）股票价格明显被低估，市场投机性强，股指震荡剧烈

由于市场需求不足和机构薄弱，俄罗斯股票价格经常被低估，没有反映企业的实际财务状况，这就给投机性交易留下广阔的空间，从而加剧了股指震荡。

（七）大大落后于主要发达市场和发展中市场

根据2011年的统计数据，俄罗斯资本市场的发展状况不仅落后于美国、英国、德国，也落后于金砖国家中的中、印、巴三大伙伴（见表11-10）。

五 2010年以来股市情况

1. 2010年股市先抑后扬

2010年俄股票市场经历了先抑后扬的走势，上半年以动荡整理为主，股指下挫，股市总市值规模缩减。截至6月30日，俄罗斯交易系统指数（PTC）

表 11 – 10　俄罗斯资本市场的国际比较

国　别	资本市场总市值（亿美元）	在世界资本市场中占比（%）	债务市场总额（亿美元）	在世界债务市场中占比（%）
美　国	178590	31.0	325345	34.3
英　国	38490	7.0	47823	5.0
德　国	16220	3.0	53625	5.7
中　国	40870	7.0	31069	3.3
印　度	16310	3.0	7590	0.8
巴　西	15530	3.0	15128	1.6
俄罗斯	10410	2.0	2243	0.2

资料来源：俄罗斯审计署：《关于俄罗斯资本市场发展审计报告》，莫斯科第66K（833），2011年12月30日。

较年初下跌7.3%，市值从2009年12月30日的7634.81亿美元缩减至7041亿美元，下跌7.8%。莫斯科银行间外汇交易所指数下跌4.4%，从2009年12月30日的1370.01点降至1309.31点。上半年股市下挫由多重因素所致，从国内看，俄股市2009年领涨全球，涨幅过大使投资者开始担忧俄股市过热，认为2010年股价大幅下挫调整不可避免，同时俄股市参与者仍以投机者占主流，中期发展前景不明朗使其加大炒作力度。从国外看，欧洲国家主权债务危机蔓延，金融市场形势不断恶化，给世界经济复苏带来更多的不确定性，对投资者心理产生了一定影响，加之国际油价下跌，投资者对股市投资兴趣下降，开始从股市撤资，俄股市亦在影响之列。

下半年俄股市整体上扬。截至11月15日俄罗斯交易系统指数较年初上涨11.4%，较6月30日上涨20%，PTC市值达8335.6亿美元，较年初上涨9.18%，较6月30日上涨18.4%。莫斯科银行间外汇交易所指数较年初上涨13.5%，较6月30日上涨18.9%。下半年股市上扬的主要原因是：一是国际油价持续攀升，外国投资者对俄经济增长预期增强；二是美元连续下跌导致黄金等国际大宗资源类商品价格飙升，对俄股市形成重大利好，在资源股强力推动下，俄股指表现不俗；三是美国推动"量化宽松"政策等因素导致全球范围内的宽松预期继续升温，流动性的泛滥推动包括俄股市在内的全球股市上涨。

2. 2011年股市先升后降

2011年对俄罗斯金融市场来说是动荡和艰难的一年。这一年，俄罗斯股市先升后降，全年跌幅达到约20%，成为全球股市的重灾区。年内国际油价出现起伏调整，但整体处于高位。俄产乌拉尔原油的年出口均价同比上涨约40%，达到每桶109.35美元。但高油价除了使石油股的表现差强人意外，并未能成为金融市场和整体经济稳定增长的驱动器，更不能阻止主要股指的急剧下跌和改变股市全年走熊的现实。

纵观2011年，俄罗斯股市发展基本可概况为上扬、调整和暴跌三个阶段。1~4月，受西亚北非动荡局势推高世界油价等因素影响，俄罗斯股市持续上扬，市值已接近2008年金融危机前水平。不过好景不长，此后在希腊债务问题日益尖锐等因素影响下，俄罗斯股市进入震荡调整阶段。7月末8月初，美债危机的波折起伏重挫投资者信心，而欧洲债务危机的日益蔓延更是对金融市场造成重创，俄股市随之急剧下跌，直到年末也未能恢复至4月时的水平。从全年情况看，俄罗斯交易系统指数年终收盘点位与2010年年末相比暴跌22%，仅为1381.20点，而莫斯科银行间外汇交易所指数的跌幅也达到17%，年终收盘点位为1402.23点。从行业指数来看，除油气类指数同比基本持平外，其他类指数大都大幅下跌，其中冶金类和能源类指数跌幅分别达到48.44%和41.08%，消费行业指数下跌37.57%，金融类指数下跌约30%，电信类指数下跌16.37%。2011年新推出的莫斯科银行间外汇交易所创新指数全年跌幅也接近30%。

3. 2012年股市面临考验

受2011年遗留因素的影响，2012年上半年，俄罗斯股市仍不稳定。这些因素包括：全球资本市场不稳定，国际油价剧烈波动，投机主导国内股市，欧债危机持续发酵。与2011年同期相比，2012年上半年股市增速放缓，俄罗斯股票价格的高风险阻碍了长期投资者的进入。俄股市走势仍强烈依赖于短期投资者，其中包括外国投资者的偏好和行为。1~2月，投机资金大批流入，达到2008年6月以来的最高。之后，由于国际油价调整的因素被放大，外资开始从俄罗斯股市撤出，ММВБ-РТС股市二级市场出现净流出。股市出现大涨大跌，波动区间达30%。2012年上半年，ММВБ指数比2011年年底下跌1.0%，截止到6月29日收盘时为1387.52点，РТС指数下跌2.3%，跌至1350.51点。РТС股市在GDP占比下跌4个百分点，降至44%。总体看，欧美债务的解决前景尚不明朗、投资者对世界经济陷入二次衰退的担忧仍然存在、国际油价可能出现大幅动荡等因素使2012年俄股市依然面临严峻考验。

第二节 金融市场机构改革

2011年2月1日，莫斯科银行间外汇交易所和俄罗斯交易系统交易所完成第一阶段并购谈判，并签署由 ММВБ 获得 РТС 控股权协议，这意味着酝酿多时的资本市场改革已经启动。在全球交易所并购活跃的大背景下，俄交易所并购具有自身的背景和特点，对该地区金融市场未来发展将产生重要影响。

一 俄罗斯交易所发展历史及现状

据统计，俄共有50余家各类交易所，但真正成规模、比较成熟的有两家，即莫斯科银行间外汇交易所和俄罗斯交易系统交易所。

1. 莫斯科银行间外汇交易所集团

ММВБ 成立于1992年1月9日，同年3月16日注册后正式开业，为封闭式股份有限责任公司，由联邦中央银行、莫斯科市政府和多家大型商业银行共同出资组建，职能是为银行和企业提供进行外汇和其他金融工具买卖的交易场所。莫斯科银行间外汇交易所下设外汇市场、证券市场、国债市场、期货市场和货币市场5个独立交易平台。交易规模最大的是外汇市场，最初的交易品种仅限于美元和短期国债。在相当长时期内，联邦央行曾直接采用该交易所卢布对美元的交易牌价作为官方汇率。交易所自1997年起正式开展证券交易，凭借其具有央行和政府的特殊背景、雄厚的经济实力，以及设备齐全、功能完善的交易体系，很快便成为业内名副其实的龙头老大。经过近20年的发展，ММВБ 已成为俄罗斯、独联体乃至东欧地区规模最大、最具影响力的综合性金融交易所，在国债、公司债和地区债权交易市场中占比达99%。在俄罗斯有价证券全球交易额中（包括 GDR 和 ADR）占比70%。2009年交易量超过1万亿美元，进入世界前30家最大的交易平台，排名第17位。

目前 ММВБ 集团拥有莫斯科银行间外汇交易所证券市场、莫斯科银行间外汇交易所结算局、国家存管中心（НДЦ）、国家结算中心银行（АКБ ЗАО НКЦ）和多家地方证券交易所。截止到2010年7月，集团共有16个主要股东，包括中央银行（控股29.8%）、Unicredit 银行（意大利联合信贷银行，控股12.7%）、俄外经银行（控股11.8%）、俄外贸银行（控股7.6%）、储蓄银行（控股7.5%）、俄罗斯银行（控股4.9%）、中央信贷（控股4.2%）、国际经济合作银行（控股3.4%）、圣彼得堡银行（控股3.4%）、天然气工业银行（控股3.4%），作为名义持股人的存管结算公司（控股6.7%）等。

2. 俄罗斯交易系统

РТС成立于1995年，是仅次于莫斯科银行间外汇交易所的第二大金融交易所，最初是一家代理商之间的柜台交易系统，为非营利性合伙制组织，组建目的是为了将原先分散的地区交易所联合成为统一的有组织的证券市场。该交易系统一开始就采用了美国纳斯达克证券交易所提供的保障程序，此后根据自身需要又重新制定了技术程序体系，并于1998年完全转入使用自己研发的技术程序。俄罗斯交易系统共包括5个板块：用卢布或外汇结算的股票市场（Рынок акций РТС）、用卢布结算的期货市场（FORTS）、债券市场（RTS Bonds）、禁止在本交易所内流通的股票的指导定价系统（RTS Board）、全国企业票据指导定价系统。2003年3月俄罗斯交易系统获得了联邦证券市场委员会颁发的无限期从事证券交易组织活动的专业许可证，2009年的交易量为9000亿美元，成为世界前10大衍生工具市场之一。

除俄本土市场外，РТС还持有乌克兰交易所43%的股份、哈萨克斯坦欧亚交易系统商品交易所61.82%的股份及一系列其他专业公司股份。

目前俄罗斯交易系统的最大的股东是АТОН私人投资公司（控股9.82%）、Ренессанс Брокер（复兴中介，控股8.21%）、Deutsche Boerse（德意志证交所，控股9%）、Тройка Диалог（三方对话投资公司，控股10%）、Альфа-Банк（阿尔法银行，控股9.59%）、КИТ Финанс（大鲸投资银行，控股9.62%）。

二 并购方式及时间表

按照计划ММВБ将全额收购РТС股权。根据市场估值，ММВБ交易所价值34.5亿美元，РТС交易所价值11.5亿美元（为在原8.4亿美元市场价基础上加市场溢价37%得出）。ММВБ首先收购РТС五位大股东56.24%的控股权，其中35%以现金收购，65%以换股方式进行，之后开始进行整体合并，最终РТС股东在合并后的新公司中持股上限不超过20%。

按照合并双方与央行和政府达成的协议，2011年2月1日，ММВБ与РТС五大主要股东在央行签署出售股份协议，4月下旬将签署所有文件，7月中旬之前ММВБ将与РТС所有股东完成交易，之后开始合并交易所，2011年年底完成全部技术支持手段的合并工作。目前两大交易所已成立研究合并计划的管理委员会，两大交易所管理层代表均进入委员会。为完成交易还要求一系列公司制行为，包括修改章程，最终需获联邦反垄断署和金融市场管理署批准。

根据2010年12月29日俄总统建立国际金融中心委员会的要求，俄央行应在2~3年的时间逐步退出交易所，并于2011年6月1日前提出减少在交易所持股比例的时间表。目前的安排是先将持股比例从36%降至30%，最终不低于5%。另据报道，俄政府已准备好有关两大交易所合并后与德意志证交所的换股计划，合并后的俄罗斯交易所将持有德意志证交所25%的股份，俄德将组建资本联盟，成为金融领域的战略合作者。

2011年12月19日，经过近1年的准备后，莫斯科银行间外汇交易所和俄罗斯交易系统正式启动联合交易平台，这意味着两大交易所在法律意义上完成了合并。莫斯科银行间外汇交易所由封闭式转为开放式，并更名为莫斯科银行间外汇交易所－俄罗斯交易系统。莫斯科银行间外汇交易所－俄罗斯交易系统联合交易所总裁阿甘别吉扬说，该交易所将成为俄罗斯独一无二的交易平台，为俄罗斯和外国参与者提供股票、债券、金融衍生工具以及外汇等交易服务。市场分析人士指出，联合交易所将为俄罗斯金融市场的进一步发展带来新机遇，也是在莫斯科建设国际金融中心的必要步骤之一。

尽管联合交易所已经启动联合交易，但该交易所的基础设施建设还远没结束。2012年，该联合交易所还要就结算制度、期货交易等统一规则，并使目前的各项股票指数采用统一交易规则和清算平台。合并后的两大交易所计划在2013年进行首次公开募股，业内人士预计其规模至少为3亿美元。

三　合并动因

1. 夺取国际金融资源竞争的领先地位

交易所是资本市场发挥功能的核心载体，交易所并购背后是当今世界大国在经济金融资源和国家地位上的竞争。20世纪末以来，为了争夺市场资源，交易所之间的并购、整合从未停息。2011年开年之初，德意志证交所提出与纽约泛欧交易所合并、伦敦交易所提出收购多伦多交易所使交易所并购烽烟再起。从全球视野考察，俄罗斯两大交易所合并可视为世界交易所并购潮的一部分。2006年俄已提出两大交易所合并设想，之后又多次提出该问题，期间因收购价格未谈拢、国际金融危机爆发未果。2006年德意志证交所也首次提出与俄交易所合作的建议，当时由于两大交易所之间存在内部竞争，从会员制向公司制转变尚未完成，政府担心遭遇外方恶意兼并未批准。俄《俄罗斯建立国际金融中心构想》中明确指出了在国际交易所并购潮下俄沉湎内部竞争的不利影响。对此，俄金融主管当局指出，俄两大交易所合并符合全球趋势，必须通过将良好的技术、专业人才和产品联合夺取国际市场领先地位，而不是在国内进行竞争。2010年以来，在金融危机影响逐渐减退、全球交易所并购潮加剧的背景下，俄两大交易所合并问题重新提上日程。

2. 政治决断高层全力推动

合并进程具有政治决断高层推动的明显特点。俄当局计划2020年前建立起区域性金融中心，措施包括合并交易所成立一家中央交易所和一家中央存托银行。俄央行第一副行长、ММВБ董事局主席乌柳卡耶夫认为，合并动议不仅仅出于商业目的。建立国际金融中心将极大巩固俄国际地位，有助于形成良好的宏观经济环境，提高国内金融体系在国际市场的竞争力，是政府的优先方向之一。2008年，俄经济发展部出台了《俄罗斯建立国际金融中心构想》，原总统办公厅主任沃洛申被任命为建立国际金融中心工作组负责人。2010年12月俄总统亲自主持召开建立国际金融中心会议，提出具体建议，并委托政府和央行全力推动。尽管业内对合并的利弊认识仍有分歧，但对整合本土资源、提高对西方交易所的竞争力是建立国际金融中心的必要步骤，已逐步达成共识。

3. 经济原动力驱使

一般而言，产生并购的经济动因有扩大业务规模、降低成本、提高效率、建立更强大的金融平台、形成更显著的协同效应等。与一般产业并购不同的是，交易所并购还需有一些特殊条件的支持，如交易所由传统的会员制组织形式转向公司制并自我上市，由非营利性的公共服务转变为营利性的商业公司；现代信息技术和网络科技发展使构建大量即时交易平台成为可能等。

对俄两大交易所来说，合并还能化解长期以来在争夺国家结算中心和存管中心主导权中形成的矛盾。最初国家结算中心是作为为国家有价证券市场服务的保管人而成立的。目前该中心既管理股票，也管理公司债券，同时垄断国债业务。ММВБ和俄央行是国家结算中心的主要控制人。存管结算中心最初定位是管理公司债权，除股票和公司债权外还管理投资基金、欧洲债券和存托凭证，PTC是存管结算中心的控制人。长期以来，两大中心的纠结被认为是国际大投资者进入俄市场的绊脚石。在西方投资人看来，在俄罗斯的条件下，无论是存管结算中心还是国家结算中心都不符合标准，西方投资人两者都不使用，而是将其拥有的俄罗斯有价证券存放在西方银行子行中。以上情况显然不利于俄参与国际资本市场的竞争。俄金融市场管理署希望通过合并成立一家统一的管理中心，并将其做大做强，以符合吸引外资和未来海外扩张的要求。

四 影响

1. 提升俄在国际资本市场的地位

ММВБ以证券交易为主，而PTC以衍生工具见长。两大交易所拥有大致互补的一系列产品，在各自领域已取得成功。两大交易所合并的优势在于可以有效配置资源，统一游戏规则，减少交易成本，提高其估值可靠性，增加投资资本的进入。俄两大交易所合并使其能够成为独联体和中亚地区最大的地区交易所，完成与德意志交易所相互参股后将成为东欧地区名副其实的最大交易所，其在国际资本市场地位将得到大大提升。德交所是欧洲最活跃的证券交易市场，近日已与纽约泛欧交易集团达成合并协议。如俄德建立战略联盟，将为公司上市融资提供更广阔的空间，进一步削弱地理时区的限制，会吸引更多的国际化上市公司在该体系下的任何一个交易所上市，也为投资者的投资提供了多元化的选择。

2. 可能带动独联体地区的交易所并购

由于ММВБ和PTC分别持有乌克兰ПФТС金融交易所和乌克兰交易所的股份。俄两大交易所合并势必引发乌克兰两大交易所的合并。ММВБ总裁阿甘别吉杨表示，合并乌克兰交易所可能会成为合并后的俄罗斯交易所的第一批国际项目之一。乌克兰金融市场基础设施发展局局长尤里·博伊科与俄罗斯金融市场管理署署长会晤时表示，希望ММВБ和PTC更积极地合并自己在乌克兰的资产，提出更明确的合并进程时间表。

3. 合并成为俄罗斯打造国际金融中心的重要步骤

两大交易所合并是建立国际金融中心构想题中应有之义。《俄罗斯联邦2008年前银行业发展战略》《俄罗斯资本市场2006~2008年发展战略》《俄罗斯2008年前公司法发展构想》等文件均提出在莫斯科建立国际金融中心的任务。俄罗斯总统下辖建立国际金融中心工作组领导人亚历山大·沃洛申在两大交易所合并完成仪式上指出，合并是建立国际金融中心进程中的重要事件，它将使俄罗斯的交易所成为世界上最优秀的交易所之一。俄罗斯中央银行副行长施维佐夫称，没有交易所的合并不可能建成国际金融中心，没有法律和商业环境的改革，交易所的合并也不可能顺利。俄罗斯证券交易系统在一份声明中说，合并令俄罗斯证券交易迎来崭新阶段，"新交易所在商业活动、技术革新、团队专业水平和服务标准与质量上，将能与世界其他交易中心匹敌"。

第三节 打造莫斯科国际金融中心

一 打造国际金融中心构想

2008年6月，俄总统梅德韦杰夫在圣彼得堡国际经济论坛上提出将莫斯科打造为国际金融中心的设想，同年11月17日俄政府批准《2020年前俄社会经济中长期发展构想》，将建设国际金融中心列为优先实施项目。2009年2月5日，俄政府通过由经济发展部会同财政部、金融市场监管局、央行及莫斯科市政府等制订的《莫斯科国际金融中心建设构想和实施计划》，9月俄总理普京批准《2020年前俄金融市场发展战略》，进一步明确将莫斯科建成国际金融中心的目标。时任总统梅德韦杰夫在第41届达沃斯世界经济论坛年会上提出，莫斯科应当成为进行外汇、信贷、银行业务以及有价证券和黄金交易的银行和信贷金融机构汇集中心。同时它不仅应当成为俄罗斯的金融中心，还应当成为整个后苏联空间的金融中心，成为中欧和东欧金融市场的催化剂。

俄建立莫斯科国际金融中心的计划预订五年，主要目标（因受国际金融危机冲击计划目标未能依构想按时完成）为：

第一阶段（2008~2010年）：发展国内证券市场并推进独联体范围内的区域金融基础设施一体化，使俄成为可提供跨境金融服务的独联体地区国际金融中心。该阶段主要任务为：(1) 在俄证券交易所发行独联体国家公司和机构的有价证券；(2) 建立商品交易所，运用衍生金融工具，对石油和石油产品等关键商品开展交易；(3) 为符合要求的所有金融机构开通银行间电子快速支付系统，并建立"环球同业银行金融电讯协会"核算平台。

第二阶段（2010~2012年）：提升俄在全球金融市场上的国际竞争力，使其在与上海和孟买国际金融中心的竞争中取得比较优势，莫斯科成为欧亚地区的国际金融中心之一。该阶段主要任务为：（1）至少一家俄证券交易所在IPO（首次公开募股）规模和证券交易量方面进入世界12强之列；（2）在俄交易所证券交易的国外证券份额不低于10%；（3）将俄金融领域对GDP的贡献率提高到6%；（4）确保银行间电子快速支付系统与"环球同业银行金融电讯协会"核算平台有效对接。

第三阶段（至2020年）：莫斯科发展为可比肩伦敦和纽约的国际金融中心，进入世界五大国际金融中心行列。届时俄上市公司市值总额达170万亿卢布，企业债券流通总额达19万亿卢布，股市交易额达240万亿卢布，相当于国内生产总值的146%。

二 俄政府采取的推进举措

1. 成立专门机构组织金融中心建设

2008年10月，俄颁布总统令成立俄总统金融市场发展委员会，该委员会是咨询机构，旨在完善有关俄联邦金融市场的国家政策。同时，成立跨部门的建设国际金融中心政府委员会，主要是协调各部门间行动并落实相关工作。2010年7月，俄总统签署命令，在总统金融市场发展委员会框架内成立莫斯科国际金融中心工作组，任命前总统办公厅主任沃洛申为工作组负责人，俄第一副总理舒瓦洛夫负责指导工作组并协调政府行动。

2010年12月29日，梅德韦杰夫签署命令，成立总统国际顾问委员会，致力于将莫斯科打造成"国际金融中心"。这份命令显示，由俄罗斯政府总理普京任主席的该委员会，一共有27名成员，其中仅有8名为俄罗斯国内人士，其余19名皆为外籍人士。在这19名外籍人士中，有8位是全球最著名的金融投资家，他们分别为高盛CEO劳埃德·布兰克费恩、摩根大通CEO詹姆斯·迪蒙、黑石集团CEO史蒂芬·施瓦茨曼、花旗集团CEO维克拉姆·潘迪特、美国银行CEO布莱恩·莫伊尼汉、德意志银行CEO约瑟夫·阿克曼、摩根士丹利董事长约翰·麦克、瑞士信贷副董事长乌尔斯·罗诺，除金融投资家外，还有毕马威、普华永道和安永的董事长蒂莫西·弗林、丹尼斯·纳利和詹姆斯·特利，此外，法国兴业银行、意大利联合信贷银行和野村控股等企业代表也参与了该委员会。委员会每年开会1~2次，讨论有关国际金融中心建设的战略问题。

2. 积极制定和完善各种法律和法规，为金融中心提供法律保障

目前，俄政府正在修订证券交易所法、机构交易法、清算活动法、反内幕交易法等，同时对有关衍生金融工具和税收调节法、股票抵押贷款法、有价证券集中核算法、公司法现代化等进行补充修订。

3. 采取措施拓展金融业务

为吸引更多参与者进入俄金融市场，俄正采取措施简化金融机构发行有价证券的程序，降低发行费用，拓展居民、机构投资有价证券的渠道，允许外国资本到俄流通和买卖，允许外国投资者在俄从事有组织交易，同时为俄国内合法投资者在国外投资提供便利。俄总统梅德韦杰夫1月在达沃斯论坛上宣布，自2011年1月1日起，对长期投资免征出售有价证券所得税，并希望从今年开始外国公司能在俄卢布市场上进行借贷和融资。

4. 推进莫斯科城市建设，做好国际金融中心基础配套工作

根据联邦政府建设莫斯科国际金融中心的规划，莫斯科市政府在2009年5月19日批准了《有关将莫斯科市发展成国家和国际金融服务中心的构想》，旨在通过发展城市的基础设施，完善城市软硬件环境。莫斯科市长索比亚宁称，莫斯科打造国际金融中心的优先方向为改造交通基础设施，推广世界管理标准，将行政壁垒降至最低，发展教育、科学和医疗。仅改造交通基础设施一项莫斯科市预算每年就将花费70亿美元。

三 俄政府主要考虑

1. 吸引投资是俄国际金融中心发展战略直接目标

当前，俄经济发展和实施现代化战略亟须大量资金，但俄投资环境之差令投资者望而却步。俄欲借建设国际金融中心改善投资环境，并拓展引资渠道。2007年，俄靠发行有价证券吸引了8500多亿卢布的资金投入生产，占整个投资额的13%。建立国际金融中心将进一步推动俄经济的资本化，增加俄公司使用国际金融资源的机会，使更多的俄公司在莫斯科上市吸引外国投资，并把国内存款转化为生产领域的资金。

2. 推动与独联体国家和部分东欧国家的一体化进程

目前，俄以关税同盟为核心正积极推动地区一体化进程，国际金融中心

是其一体化进程中的重要一环。梅德韦杰夫表示，莫斯科国际金融中心不仅要成为俄金融体系的核心，同时也是发展后苏联空间整个金融市场的催化剂，同时将影响中欧和东欧市场。普京称，"考虑到俄罗斯与其他原苏联国家在能源和交通等领域的体制相近，因此扩大卢布结算范围是可行的，这对于俄罗斯及其独联体贸易伙伴国都有利"①，打造国际金融中心，将有利于推动独联体国家一体化进程，增强俄政经影响力。

3. 欲在重建国际金融新秩序中争夺话语权

国际金融危机暴露出与美元挂钩的世界金融体系存在重大缺陷，不利于全球经济的长远发展。出于对当前国际金融和货币体系的不满，以及后金融危机时代的全球布局考虑，俄认为应通过金融中心多元化和储备货币多元化来巩固世界金融体系的稳定性，梅德韦杰夫多次指出全球市场应有一个足以和美元抗衡的超国家货币，他认为全球至少需要6种储备货币，而将莫斯科打造成国际金融中心，有助于强化卢布成为储备货币的地位。俄领导人多次提出，在俄建立国际金融中心不只是一个想法，而是"工作草案"，实现这一草案的目标将极大地巩固俄罗斯在国际舞台的地位，在俄形成良好的宏观经济环境，提高俄国内金融体系在国际市场的竞争力。

四 从国际比较看莫斯科建立国际金融中心的竞争力

要成为国际金融中心，要求具备一系列条件。曾在1998～1999年担任过伦敦金融城市市长的彼得·列文曾指出，一个地方要成为金融中心需要5个条件，其中包括训练有素的员工、有效的政府监管、周边环境（小型区域经济中心的支持）、开放的金融市场以及历史的沉淀。

从一般意义上看，作为国际金融中心，必须具备以下条件：
(1) 主权国的货币必须有国际认受性及可自由兑换；
(2) 资金大量出入必须方便，并不受限制；
(3) 相关法制必须健全及有国际认可的独立仲裁渠道；
(4) 投资产品够多，且没有太多投资限制；
(5) 当地有足够的财金人才，并同时容许外来专业人才到当地工作；
(6) 应用国际公认的审计和会计准则；

---

① 俄罗斯政府网，2009年2月5日普京在俄罗斯政府会议上的讲话。

(7) 有高透明度的政策,及一个公平、公开和公正的政府。

(一) 莫斯科的主要竞争优势和劣势

从国际比较看,莫斯科的竞争优势主要表现在以下方面。

1. 拥有快速发展的有价证券市场

目前,俄罗斯的五大金融交易所有三家位于莫斯科,其中包括最大的两家——莫斯科银行间外汇交易所和俄罗斯交易系统。俄罗斯交易平台已有足够多的金融工具,包括股票、债券、欧洲债券、投资基金、期货、期权等。据 WFE 数据,俄罗斯最大的两大交易所在股票市值和有价证券交易额方面已分别进入世界主要金融交易所前 20 名和前 30 名以内。俄两大交易所合并将提高金融市场的可靠性,吸引外国投资者。目前,俄已成为中东欧到期最大的交易市场,但从数量指标考察,还远远落后于亚洲的交易平台,也难与西方交易所竞争(见表 11 - 11)。

表 11 - 11 金融市场流通中的股票市场容量

单位:亿美元,%

国 别	市场总额 2008 年年底	市场总额与 GDP 之比	国 别	市场总额 2008 年年底	市场总额与 GDP 之比
俄罗斯	4500	28.0	中国台湾	6450	90.2
波 兰	2073	48.9	菲律宾	856	51.3
匈牙利	219	14.2	印度	6500	53.4
阿拉伯联合 酋长国	2247	131.1	印度尼西亚	1115	21.7
			马来西亚	3257	174.5
泰 国	1960	79.8	中国	62260	184.2

资料来源:Central Intelligence Agency;World Bank (2009)。

2. 银行业开放度提高

近年来,俄罗斯银行体系快速发展,但国际评价机构对俄罗斯银行体系评级没有改变,俄罗斯还落后于潜在的竞争对手。在银行业对实体经济贷款方面,俄罗斯甚至落后于发展中国家(见表 11 - 12)。信贷机构资本不足和对国内银行投资的高风险是贷款市场发展的制约因素。

表 11-12 对实体经济贷款额

单位：亿美元，%

国 别	发放信贷额 2008 年年底	贷款额与 GDP 之比	国 别	发放信贷额 2008 年年底	贷款额与 GDP 之比
俄罗斯	3672	21.9	中国台湾	6778	173.2
波 兰	2583	48.9	菲律宾	657	57.6
匈牙利	1143	73.3	印度	7693	67.3
阿拉伯联合酋长国	1554	78.2	印度尼西亚	1662	32.5
			马来西亚	2467	111.3
泰 国	2741	100.3	中国	55550	128.4

资料来源：Central Intelligence Agency，2009。

从银行业资产占 GDP 比重指标考察，俄罗斯为 67.5%，落后于发达经济体和发展中经济体，英国的指标为 500% 多。

俄罗斯的银行业开放度较高，外资和外资参与银行的数量不断增加，在俄银行总资产和总资本构成中的比重也在提高（见表 11-13）。2006～2008年，其数量分别为 65 家、86 家和 102 家①，外资银行主要分布在莫斯科市和莫斯科州。专家认为，这是俄罗斯政治稳定、制度环境和金融环境良好的结果。

表 11-13 外资控股银行指标

单位：%

	2006 年 1 月 1 日	2007 年 1 月 1 日	2008 年 1 月 1 日	2009 年 1 月 1 日
在信贷机构总量中占比	4.1	5.4	7.5	9.1
在俄银行业总资产中占比	8.3	12.1	17.2	18.7
在俄银行业总资本中占比	9.2	12.7	15.7	17.2

3. 在国际外汇市场中的地位

2007 年，全球前十大外汇交易国在全球外汇交易额中占比 85%，其余 15% 来自发展中市场，俄罗斯在发展中市场外汇流通额中占比 8.3%（见表 11-14）。1998～2007 年，俄国内外汇日均流通额增长了 6 倍。外汇交易主要在莫斯科银行间外汇交易所进行，该交易所有 500 多家信贷机构。从外汇市

---

① 俄罗斯中央银行网站，2009 年数据。

场交易额指标考察，俄罗斯已超过许多潜在的竞争对手。俄罗斯在东欧和亚洲的外汇市场中占有稳定的地位。

表11-14 外汇流通总额及发展中国家在世界外汇市场占比

单位：亿美元，%

	1998		2007	
	日均流通额	在世界流通额中占比	日均流通额	在世界流通额中占比
全部	19690	100	39880	100
前十大国	16640	84.9	33840	85.0
其余国家	3050	15.1	6040	15.0
俄罗斯	70	0.4	500	1.3
波兰	30	0.2	90	0.2
匈牙利	10	0.1	70	0.2
泰国	30	0.2	60	0.2
中国台湾	50	0.3	150	0.4
菲律宾	10	0.1	20	0.1
印度	20	0.1	340	0.9
印度尼西亚	20	0.1	30	0.1
马来西亚	10	0.1	30	0.1

资料来源：Bank for International Settlements，2007。

4. 金融领域的税收政策还存在诸多不足

如何执行税收规定对商界仍然是一种负担，主要表现在：税收法律建设落后于金融市场的发展，至今没有有关期货交易的相关税收法律；与对法人纳税相比，对自然人从事有价证券业务收入的纳税程序不明确；对互惠投资基金管理公司纳税的差异阻碍了公民私人投资的发展；税法典中没有关于法人和自然人从事外汇交易的纳税条款；期货交易业务纳税面临交易市场价格确定问题；由于语言障碍外国纳税人缴税不方便等。

5. 反腐陷入僵局

尽管俄当局把改善投资环境作为主要国策之一，但近年来实质改善不大。腐败是阻碍外资进入的最主要障碍。据"透明国际"公布《2010年度全球清廉指数报告》，俄廉政指数在178个国家和地区中排第154位（2009年146位）。据世界银行公布的最新《全球商业环境评级报告》，俄在183个国家和地区中排在第 123 位，比去年下调 7 位。俄被认为是 20 国集团中腐败最严重的国家，腐败已成为一种社会文化和生活方式，梅德韦杰夫上任之初倡导的反腐运动也陷入僵局。

（二）莫斯科的综合竞争力评估

自俄罗斯提出建设国际金融中心规划后，有关莫斯科的竞争力就一直成为各界关注的重点，莫斯科市也一直在加快建设国际金融中心的步伐。2009年 2 月 5 日，俄罗斯政府批准了由经济发展部制定的《俄罗斯建立国际金融中心构想》。该构想在综合世界银行、国际货币基金组织、经济合作与发展组织、传统基金会、透明国际、世界交易所联合会、麦肯锡全球研究所、美国梅肯研究所、世界经济论坛等多家国家金融机构和著名研究机构的数据基础上，对莫斯科的综合竞争力做了评估。在一些重要指标上，莫斯科①与已有的国际金融中心还有较大差距，如在宏观经济发展指数上，在 122 个国家排名中，莫斯科居第 58 位；在全球竞争力指数上，莫斯科在 131 个国家中排名第 51 位；在经济自由化指数上，莫斯科在 157 个国家中排名第 131 位；而在腐败指数上，在 180 个国家中莫斯科排名 147 位；在政治风险指数上，得分同样较低，为 23.1（满分为 100）（见表 11 - 15）。

表 11 - 15 莫斯科在国际金融中心综合竞争力中的排名

指标	伦敦	纽约	香港	新加坡	法兰克福	迪拜	孟买	上海	莫斯科	华沙	阿拉木图
宏观经济发展指数（Milken Institute，2007 年 0~10，122 个国家排位）	8.17（13 位）	6.83（40 位）	9.33（3 位）	9.82（2 位）	7.50（26 位）	7.25（32 位）	6.00（60 位）	6.83（40 位）	6.17（58 位）	8.17（12 位）	—
人类发展指数（HDI）（177 个国家排位，UNDP，2008 年）	16 位	12 位	21 位	25 位	22 位	39 位	128 位	81 位	67 位	37 位	73 位
全球竞争力指数（GCI）（131 个国家排位，World Economic Forum，2008~2009 年）	12 位	1 位	11 位	5 位	7 位	31 位	50 位	30 位	51 位	53 位	66 位

① 此处实际是对俄罗斯的评级。

续表

指标	伦敦	纽约	香港	新加坡	法兰克福	迪拜	孟买	上海	莫斯科	华沙	阿拉木图
经济自由化指数（157个国家排位，Heritage Foundation，2008年）	10位	5位	1位	2位	23位	63位	115位	126位	134位	83位	76位
言论自由指数 0~100（World Bank，2008年）	93.8	85.1	64.9	35.1	94.7	23.1	58.7	5.8	20.2	71.6	17.8
政府效率指数 0~100（World Bank，2008年）	93.8	91.5	94.3	100	92.4	79.1	57.3	61.1	42.2	67.3	32.7
腐败指数（180个国家排位，Transparency International，2008年）	16位	18位	12位	4位	14位	35位	85位	72位	147位	58位	145位
政治风险指数，0~100（World Bank，2008年）	66.3	55.8	86.1	89.9	81.3	72.6	17.8	32.2	23.1	66.8	57.7

资料来源：俄罗斯经济发展部《俄罗斯建立国际金融中心构想》附件4"国际金融中心量化指标比较分析"，2009年2月5日，俄经济发展部网站。

2010年3月，伦敦金融城政府委托英国咨询公司Z/Yen集团所做的全球75个金融中心排行榜显示，莫斯科以516分排名第68位，虽然比上一次多了54分，但名次却下降了一位。

上文表明，莫斯科要成为真正的国际金融中心还有很长的路要走，近年来，除整合国内两大证券交易所、加强市场建设、组建专家团队、以国际化视野辅助决策外，俄罗斯还提出了加速创新、推动高科技产业配套发展、更新基础设施、改善投资环境等重要举措。尽管莫斯科目前仍然面临法律监管不健全、行政效率不够高、市场环境不理想等诸多挑战，但俄罗斯已经清醒地认识到，建设国际金融中心是提升国家金融体系水平，加快融入国际市场，推动经济现代化进程的内在需求，也是实现经济创新发展的有效途径。随着这一重要共识的形成，俄罗斯将会进一步加快莫斯科国际金融中心的建设步伐。

第十二章
东部地区发展战略与政策

1917年以前，俄国的东部地区十分荒凉和极端落后。经过苏联几十年的大规模开发，西伯利亚和远东地区成为全国最重要的燃料动力基地和主要工业原料生产基地。然而，由于国家在经济发展战略中的一系列失误，苏联没有完成工业东移的任务。苏联解体后，出于保障国家安全、摆脱转型初期经济危机和加强同亚太地区国家合作的需要，俄罗斯将制定地区发展纲要作为发展东部地区社会经济的主要战略部署。虽然俄罗斯东部地区经济出现增长趋势，但是制约经济增长的结构性、体制性深层次问题远未解决，经济增长的基础仍很薄弱。

第一节 东部地区概况

苏联解体后，俄罗斯把全国划分为11个经济区和一个经济单位，西西伯利亚、东西伯利亚和远东为三个独立的经济区。为了加强中央与地方之间的关系，2000年俄罗斯按地域原则将全国划分为七大联邦区[①]，并向各联邦区派驻总统全权代表。俄罗斯乌拉尔山以东的东部地区被划分为西伯利亚和远东两个联邦区，前者包括东西伯利亚和西西伯利亚两个经济区，后者与远东经济区范围吻合。

[①] 鉴于北高加索地区民族问题复杂，2010年俄罗斯从南部联邦区中划分出北高加索联邦区，增设第八个联邦区。

一　西西伯利亚经济区

西西伯利亚经济区面积为242.72万平方公里，占俄罗斯领土面积的14.2%，占俄罗斯经济区第三位。该区包括1个共和国（阿尔泰共和国）、1个边疆区（阿尔泰边疆区）和5个州（克麦罗沃州、新西伯利亚州、鄂木斯克州、托木斯克州和秋明州）7个联邦主体。截至2011年年底，该区人口1454万[1]，城市人口占72.4%。人口分布不平衡。全区人口密度为每平方公里6人，其中秋明州只有2人，克麦罗沃州为33人。本区为俄罗斯重要工业区，谷物种植业也很发达。

西西伯利亚经济区自然资源十分丰富。石油和天然气的储量居俄罗斯第一位，油气田总面积超过170万平方公里[2]。石油储量占全俄的60%以上，天然气储量占近90%。库兹巴斯是俄罗斯最大的煤田，储量为6000亿吨，硬煤储量占全俄的30%。此外，还有铁矿、锰矿和盐类。汞和金蕴藏在阿尔泰山，石灰岩蕴藏在新西伯利亚州和克麦罗沃洲。西西伯利亚为多林地区，森林资源丰富，木材蓄积量占全国的11%，主要集中在西西伯利亚的原始林带、阿尔泰边疆区和克麦罗沃洲。水力资源约占全国的15%，居全国第三位。

西西伯利亚经济区原为农业区，经过多年的开发和建设，建立了燃料工业、冶金工业、机械工业、森林工业、化学工业和谷物种植等专业化部门。

秋明州和托木斯克州是俄罗斯最重要的石油和天然气工业基地，包括油气开采、加工、管道生产等。油气产量居全国第一位，开采俄罗斯70%的石油和90%的天然气。本区是俄罗斯重要的冶金工业基地。丰富的铁矿资源为钢铁工业提供了原料保障。黑色金属产量占全国的20%，新库兹涅茨克为本区黑色冶金工业中心，建有库兹涅茨克钢铁联合公司和西西伯利亚钢铁厂。有色冶金工业发达，本区有三个有色冶金中心：别洛沃、新库兹涅茨克和新西伯利亚。本区河流大多不适宜建设水电站，只有新西伯利亚等地建设了少量水电站。充足的煤炭资源使火力发电能力较强，大部分火电站集中在采煤中心。本区是俄罗斯东部地区机械工业最发达的地区。新西伯利亚州生产涡

---

[1] Федеральная служба государственной статистики (Росстат), Россия в цифрах, 2012: Крат. стат. сб. М., 2012, С. 56 – 58.

[2] Морозова Т. Г., Победина М. П. . Шишов С. С. Экономическая география России. М., ЮНИТИ, 2000, С. 411.

轮机、电机，阿尔泰边疆区生产锅炉，克麦罗沃洲、新西伯利亚州和托木斯克州生产采矿设备，新西伯利亚州和阿尔泰边疆区生产机床和农业机械，秋明州制造船舶。本区森林工业发达，包括森林采伐、木材加工和林产化学部门。木材采伐量约占全国的20%，主要集中在鄂毕河中游、秋明州和托木斯克州。托木斯克、阿西诺、塔沙拉、鄂木斯克、巴尔脑尔、比伊斯克、托博尔斯克为木材加工中心。林产化学工业是新兴的工业部门，石油天然气化学工业的发展也很迅速。库兹巴斯的化学工业生产氮肥、合成染料、药品和塑料。

农业用地为3600万公顷，人均面积为3公顷，高于全国平均水平（1.7公顷）。这里是俄罗斯主要谷物基地之一，生产全国近20%的谷物，以种植春小麦为主。经济作物有向日葵和甜菜。肥沃的草甸为发展畜牧业提供了重要自然资源，阿尔泰山区饲养马、牛、鹿，在西西伯利亚经济区南部还饲养骆驼。

交通运输以西伯利亚大铁路干线为主，新建了若干支线，把西伯利亚大铁路两侧的许多大城市连接起来。内河运输主要在鄂毕—额尔齐斯河流域，承担区内和区之间的货物运输。随着石油天然气的大规模开采，管道运输发展迅速。

二 东西伯利亚经济区

东西伯利亚经济区面积为412.28万平方公里，占俄罗斯国土面积的24.1%，占俄罗斯经济区第二位。该区包括3个共和国（布里亚特共和国、图瓦共和国和哈卡斯共和国）、2个边疆区（克拉斯诺亚尔斯克边疆区和外贝加尔边疆区）和1个州（伊尔库茨克州）6个联邦主体。截至2011年年底，该区人口817.52万[①]，城市人口占71%。人口分布不平衡，全区人口密度为每平方公里2人，在南部发达地区（克拉斯诺亚尔斯克市和伊尔库茨克市）每平方公里为25～40人，而在极北地区（埃文基自治区）不足0.02人。本区自然资源极其丰富，但气候寒冷、地广人稀、交通不便、开发较差。

东西伯利亚经济区自然资源非常丰富。有色金属和煤炭是最主要的地下

---

① Федеральная служба государственной статистики（Росстат），Россия в цифрах，2012：Крат. стат. сб. М.，2012，С. 57 – 59.

资源。在有色金属中最为重要的是克拉斯诺亚尔斯克边疆区和外贝加尔边疆区铜镍矿、多金属矿和铜矿，布里亚特共和国、克拉斯诺亚尔斯克边疆区和外贝加尔边疆区的钼矿，克拉斯诺亚尔斯克边疆区和布里亚特共和国的铝原料①。此外，金、锡、钨等矿藏储量也很丰富。煤炭储量超过 3 万亿吨，占全国的近一半。本区北纬 70 度以南的大部分地区是森林草原地带，森林资源丰富。木材蓄积量达 280 亿立方米，占全国的 1/3 以上，居各经济区第一位。水力资源占全俄的 44%，居各经济区第一位。大多数河流河谷深且陡峭，水力发电成本低，适合建大功率的梯级电站。贝加尔湖是世界上最深的淡水湖，湖水流量占全国的 8%，湖水约占世界淡水储量的 20%。

东西伯利亚经济区在第二次世界大战之后才开始工业建设，专门化部门主要有电力工业、有色冶金工业、森林工业和化学工业，农业发展较差。

经济核心是电力工业，发电量占全国的 12%，居各经济区第三位，人均发电量居全国之首。以电力工业为基础，东西伯利亚的有色金属业发达。黄金开采主要集中在伊尔库茨克州和外贝加尔边疆区。布拉茨克、克拉斯诺亚尔斯克、伊尔库茨克、阿钦斯克和舍利霍夫建有炼铝厂，铝产量全国第一。诺里尔斯克是俄罗斯主要有色冶金基地之一、东部地区北极圈内最大的矿业城市。此外，本区还开采银、铂、锡、钨、钼、铅、锌等矿石。本区是俄罗斯重要的森林工业基地，以森林采伐和锯木制材为主。木材伐木量仅次于西北区，主要分布在布拉茨克、列索西比尔斯克和克拉斯诺亚尔斯克。纸浆产量占全国的 25%，克拉斯诺亚尔斯克制浆造纸厂全国有名。本区依托充足的电力、燃料、水和各种原料，大力发展化学工业，由石油化工和森林化工两个部门组成。石化企业以安加尔斯克和乌索里斯克两家化学联合工厂为代表，前者加工石油，生产合成氨、硝酸、硝酸铵、酒精等，后者生产氯、树脂、烧碱、塑料等。克拉斯诺亚尔斯克森工企业主要对木材进行化学深加工，生产合成橡胶、人造纤维等。

农业不够发达。主要种植春小麦、燕麦和大麦等谷物，亚麻和甜菜等经济作物。畜牧业以饲养牛、羊、马和驯鹿为主。

交通运输业不发达。交通主要依靠西伯利亚大铁路和贝阿铁路，北部没有铁路，交通不便。

---

① Морозова Т. Г., Победина М. П., Шишов С. С. Экономическая география России. М.，ЮНИТИ，2000，С. 432.

三 远东经济区

远东经济区面积为616.93万平方公里，占俄罗斯国土面积的36.1%，是俄罗斯最大的经济区。该区包括1个共和国（萨哈（雅库特）共和国）、3个边疆区（滨海边疆区、哈巴罗夫斯克边疆区和堪察加边疆区）、3个州（阿穆尔州、萨哈林州和马加丹州）、1个自治州（犹太自治州）和1个自治区（楚科奇自治区）9个联邦主体。截至2011年年底，该区人口626.59万[①]，城市人口占75%，是人口最少的经济区。人口分布极度不平衡，全区人口密度为1.02人，在南部发达地区（滨海边疆区）每平方公里有12.1人，在北部地区（萨哈共和国、马加丹州和堪察加边疆区）每平方公里仅为0.3~0.8人。本区自然资源十分丰富，但气候寒冷、人口稀少、开发较差，仅南部地区发达。

远东经济区自然资源储量极为丰富，品种多达70多种。萨哈共和国是世界著名的金刚石产地。黄金储量占全国第一位，分布在马加丹州和萨哈共和国。这里还是全国最重要的锡矿石产地。森林覆盖率为45%，为各经济区之首，木材蓄积量仅次于东西伯利亚而居第二位。该区河流纵横，阿穆尔河（黑龙江）及其支流、勒拿河水力资源丰富。渔业资源很丰富，人均占有量为3.5吨，远远高于东北亚地区其他国家。

远东经济区是俄罗斯最落后的经济区，开发较晚，专业化部门主要有采矿业、森林工业、渔业和鱼类加工工业。

采矿业以有色金属和贵重金属开采为主。远东经济区是全国三大有色冶金生产基地之一，从事有色金属、贵金属和宝石的开采和精选。萨哈共和国是全国最大的金刚石产地，开采量占全国的近100%。该区的黄金产量占全国的一半以上，锡产量约占80%，硼石产量约占90%。森林工业包括木材采伐、木材加工和纸浆造纸三个部门。在远东南部（哈巴罗夫斯克边疆区、阿穆尔州、滨海边疆区和萨哈林州）建有大型木材加工企业，主要生产锯材、刨花板、火柴、胶合板、纸浆、纸张等。渔业较发达。鱼和海产品捕捞量占全国的80%以上，其中鲑鱼占99%，螃蟹占100%（产量居世界第一）。鱼类加工能力强，全国60%的鱼粉、47%的鱼罐头是这一地区

---

① Федеральная служба государственной статистики（Росстат），Россия в цифрах，2012：Крат. стат. сб. М.，2012，С.59.

生产的。

农业基础薄弱。远东北部寒冷，不少地方为永久冻土层，气候条件差，农业主要集中在南部。这里能够种植西伯利亚和远东其他地区不能种植的水稻和大豆，其他农作物还有春小麦、甜菜、马铃薯等。大豆种植面积占全国的90%以上。畜牧业以饲养乳牛和肉牛为主，北部地区饲养驯鹿和毛皮兽，全国北方鹿存栏数的一半集中在远东地区。食品工业和其他消费品工业落后，食品的进口依存度约为50%。

本区是俄罗斯通向太平洋地区的出海口，海洋运输在全国经济中占有一定地位。

第二节 苏联时期发展东部地区政策概述

一 20世纪20年代初至20世纪40年代末

1917年以前，俄国的东部地区十分荒凉和极端落后。俄国的生产力分布不平衡，80%以上的企业集中在欧洲部分，亚洲的企业在全国企业的比重不到20%。面积最大、矿产最丰富的西伯利亚与远东经济最落后，交通不便，工业以煤炭和黄金开采为主，只有农业和部分农业原料加工工业有一定的发展，始终处于俄国经济的依附地位，是俄国农业原料的产地和工业产品的销售市场。沙俄经济状况最好的1913年，西伯利亚和远东地区人口不足1000万，工农业产值仅占全国的3%，其中工业产值占全国的2%。1917年十月革命后，苏俄政府重视东部地区社会经济的发展。列宁曾多次论述东部地区资源的重要性，认为东部地区矿产资源丰富，是实行电气化的主要基地之一，具有发展农业的有利条件，合理利用这些资源，可以提高生产力。换言之，列宁想把西伯利亚与远东建成国家的后方基地，利用东部地区丰富的自然资源，发展重工业，实现从西部向东部转移生产力的战略。

列宁执政只有短短几年，尽管多次强调东部地区的重要性，但许多设想未被正式列入国家经济计划。十月革命后，列宁将主要精力用于处理复杂的国内问题，在实行军事共产主义时期，组织反对外国武装干涉和白匪的叛乱关系国家的生死存亡，即使在实行新经济政策时期，东部地区的开发也仅限于向外国租让企业一项，不可能全面考虑东部地区的发展方针和长远规划。

斯大林执政后，苏联经济在一定程度上得到了恢复，但与发达国家相比仍有相当差距。当时苏联的经济发展战略是加速实现工业化，其基础是发展重工业。斯大林虽然抛弃了新经济政策，但继承和发展了列宁关于生产力东移的构想。

经过第二次世界大战前三个五年计划的建设，苏联东部地区的经济获得了快速的发展。以开发煤、铁等燃料、矿产资源为重点目标，建立起了许多工业生产基地，发展了机器制造、化学工业、交通运输业。同1913年相比，1940年西西伯利亚工业总产值增长了28倍。第二次世界大战爆发后，苏联立刻将经济转入战时体制。大批企业疏散到西伯利亚和远东，并很快恢复生产。西伯利亚的工业尤其是军事工业得到迅速发展，西伯利亚也因此成为苏联重要军事工业基地。"四·五"计划（1946~1950年）重点是恢复被破坏的经济，开发安加拉—叶尼塞河的水力资源。

总的来看，斯大林执政时期，苏联对东部地区的经济开发尚未形成系统的战略构想，西伯利亚仍然很落后。从开发原因看，限于当时的历史条件，苏联工业东移主要是国防上的考虑，采取了优先发展重工业的方针，必须尽快实现工业化，以增加军事实力，保卫苏维埃政权。从开发内容上看，重工业尤其煤炭和钢铁工业发展迅速，但农业和轻工业十分落后。从开发的空间规模来看，没有制订长远的开发规划，主要是开发西西伯利亚。因此，"当时苏联在东部地区所采取的各项措施主要是战时应急性质的，不可能顾及制定该地区长期有效的经济开发战略"①。

二 20世纪50年代初至20世纪60年代中期

第二次世界大战尤其是进入20世纪50年代后，"苏联的地缘政治环境大为改善，尽管苏美两国的冷战已经开始，但战争的危险毕竟大为缓和，使苏联有可能全面考虑长远的建国大计并据以确定西伯利亚与远东的经济开发战略"②。

---

① 陈日山：《俄罗斯西伯利亚与远东在不同历史时期的对外经贸方略》，《西伯利亚研究》1994年第2期。
② 金挥、陆南泉、张康琴主编《苏联经济概论》，中国财政经济出版社，1985，第59页。

苏联正式提出开发东部地区的系统方针和远景规划，并将其纳入国家经济发展计划之中，始于1956年2月赫鲁晓夫在苏共二十大所作的报告，他在1958年召开的苏共二十一大上进一步阐述了这一政策，在1961年10月召开的苏共二十二大上对此进行了全面论述。

1961年10月，苏共二十二大以"苏联纲领"形式提出一项为期20年（1961~1980年）的远景规划，强调苏联进入全面开展共产主义建设时期，宣布苏联在20年内建成共产主义，要求苏联优先发展燃料工业，要把电力生产列入国民经济的主导部门之中。这一时期苏联经济发展战略的总体目标是，在20年内赶上并超过美国，成为世界第一经济强国。苏联特别重视西伯利亚在全苏经济战略总目标中的作用，把加速开发东部地区看作实现全苏经济战略的重要措施。

从20世纪50年代开始，苏联选择东西伯利亚的安加拉-叶尼塞地区作为重点开发对象。丰富的自然资源和区位优势（处于西西伯利亚与远东之间的优越的地理位置，同库兹巴斯在内的一些工业区相邻），使安加拉-叶尼塞地区成为苏联工业东移的关键。苏联在1950~1965年相继建设了装机容量40万千瓦的新西伯利亚水电站，装机容量500万千瓦的克拉斯诺亚尔斯克水电站、布拉茨克水电站，以及大批中小型水电站。苏联随后又利用当地的自然资源，建立了冶金及金属加工业、制铝业、木材加工业、纸浆造纸业等专业化部门，同时也促进了附近城市的发展。

这个时期苏联重视农业的发展。苏共中央在1953年9月全会及后来的几次全会上，重点研究了农业问题，提出大力开荒、扩大玉米种植面积等措施。大规模的垦荒运动从1954年拉开序幕，至1960年结束。东部地区（阿尔泰边疆区、新西伯利亚州、克拉斯诺亚尔斯克边疆区、赤塔州、阿穆尔州等）是开荒的重点和发展畜牧业的基地。开荒运动取得了积极的效果。苏联耕地面积扩大使粮食产量从1951年的54.42亿普特（1普特=16.38公斤）增至1960年的77.42亿普特[①]，全国粮食供应紧张的局面大为改善。随着垦荒运动的发展，兴办了一大批国营农场和集体农庄。由于垦荒运动，大批人员定居东部尤其是西伯利亚，在一定程度上缓解了人口不足制约东部发展的难题。垦荒运动还产生了积极的社会效应，带动了铁路、公路、住宅、学校、医院等基础设施的建设。

---

① 〔苏〕阿·阿朱别依：《赫鲁晓夫的悲剧》，陈明至译，民族出版社，1989，第69、123页。

赫鲁晓夫执政时期的东部开发不可避免地存在一些问题。他在苏共二十二大上提出 20 年内苏联成为世界头号经济强国的不切实际的战略目标，导致在组织东部开发战略目标过程中出现不少决策失误。大规模垦荒运动之后，部分地区出现土地沙化、肥力减退、水土流失现象，畜牧业遭到破坏。强制推行种植玉米，使春小麦、燕麦种植面积减少，影响了整个农业的均衡发展。尽管如此，苏联东部的开发获得了一定程度的进展却是毫无疑问的。

三 20 世纪 60 年代中期至 20 世纪 80 年代初

从 20 世纪 60 年代中期开始，苏联经济发展战略是以追求"效率和质量"为目标。从开发原因看，经济和军事考虑兼有，以前者为主。60 年代中期以后，苏联西部工业中心面临着劳动力短缺、资金紧张和资源枯竭三大瓶颈。其中，资源危机是苏联经济发展的最大障碍。西部是苏联的工业中心，集中了全国 80% 以上的工业生产能力，但资源不足。当时的历史条件决定了许多工业部门都是以单一部门开发当地单一资源的方式进行，资源的利用效率不高。西部许多地区的资源经长期开采，潜力越来越小，已不能满足本地区消费的需要。"因而今后苏联的燃料原料来源主要依靠东部地区的开发来取得，这是苏联工业东移的根本原因"[①]。这个时期的东部开发战略，还与苏联对外政策紧密相关。勃列日涅夫执政后，苏联积极推行全球战略。在亚太地区，为了同美国抗衡和应付与中国的紧张关系，增加其军事、政治和经济的影响，苏联做出了两项重大决定：一是 1969 年勃列日涅夫提出建立所谓的亚洲集体安全体系，未能成功。后来，苏联通过同印度、越南签订友好合作条约，建立了实质上的同盟关系。二是在 20 世纪 70 年代修筑贝阿铁路，将东部尤其是东西伯利亚和远东作为其战略后方。

这个时期苏联在重点发展西伯利亚、东西伯利亚的同时兼顾远东地区，主要是油气资源的开发和交通运输的建设。苏联开发东部地区突出以下三件事：其一，20 世纪 60 年代中期在鄂毕河流域石油和天然气资源基础上，将西西伯利亚建成全国最重要的石油和天然气生产中心。到 1980 年石油产量达到

---

① 李连仲：《亚太地区的崛起与苏联东部地区的开发》，《亚太经济》1986 年第 3 期。

3.13 亿吨，占全国的 51.9%。到 1981 年天然气产量达到 1900 亿立方米，占全国的 40.9%。苏联用了不到 20 年的时间在原油产量方面超过美国，成为世界上生产原油最多的国家。苏联以秋明州和托木斯克州的石油天然气开采工业为中心，形成了一个以石油加工、石油化学、机器制造和电力工业为主的专业化部门。其二，20 世纪 70 年代中期在东西伯利亚和远东近北地区修筑贝阿干线，这是西伯利亚和远东地区通向太平洋的第二条大动脉。贝阿铁路的建设，表明苏联东部开发进入了一个新阶段，缓解了交通运输紧张的压力，促进了近北地区资源的开采，增加了铁路沿线城市的人口，沟通了该地区同全国的联系，特别是加强了同太平洋地区的经济贸易联系。其三，20 世纪 60 年代积极倡导和大力发展区域生产综合体。苏联第一个区域性生产综合体乌拉尔-库兹巴斯综合体始建于 20 世纪 30 年代，但当时规模小，作用不明显。20 世纪 50 年代组建的安加拉-叶尼塞综合体，集中了全国 1/3 的水力资源和煤炭储量，30% 的木材储量。该综合体的建设项目都是分期分批投产，通过综合配置相关部门的企业，把各生产部门有机结合起来，使资源得到有效的开发和利用。所以，从 60 年代起，区域性生产综合体在苏联东部得到了推广。

20 世纪 60 年代中期至 80 年代初，苏联在使生产力布局更趋于均衡等方面已经取得了不少的成果，制定了发展东部地区的政策，开发范围已达太平洋沿岸地区。同时必须强调的是，这个时期的东部开发也存在一些问题。一是斥巨资修建的贝阿铁路，带有浓厚的军事目的，在以后苏联东部社会经济发展中并没有发挥应有的作用。二是区域性生产综合体与苏联 70 年代后期恢复并得到强化的工业管理体制的部门原则相抵触，其发展遇到重重阻力。

四 20 世纪 80 年代中期至 20 世纪 90 年代初

20 世纪 80 年代中期，苏联国内社会经济发展缓慢、人民生活水平提高不快，迫切需要通过改革来加速经济发展，必须使对外政策服从于国内战略的需要。因此，戈尔巴乔夫上台后不久，苏联开始从国家统一的国民经济综合体的角度对西伯利亚与远东的开发战略进行调整。1986 年 2 月召开的苏共二十七大提出了加速发展社会经济的战略，规定到 20 世纪末，苏联国民收入和工业总产值翻一番，第十二个五年计划同上一个五年计划相比，农业产值年均增长14%~16%。大会特别强调，继续加速提高东部地区的生产潜力，开发自然资源。大会"要求以高于全苏平均水平20%~40%的速度快速发展这一地区的经济，特别强调加快燃料动力基地建设，超速度发展冶金、化工、建材等耗能耗料大的工业部门，进一步改善交通运输条件并加紧开发贝阿铁路沿线地区，大力加强居民生活和社会基础设施，改善居民生活必需品的供应"[①]。

戈尔巴乔夫加速开发西伯利亚与远东的战略同过去的东部开发战略是不同的，它有以下几个特点：其一，加速开发战略的重点在速度，苏联要求以高于全国平均增长速度加快发展东部地区的经济。其二，加速开发战略突破传统的对外经济合作方式，苏联在远东、西伯利亚设立了许多合资企业，1988年还决定在全国设立两个自由经济区，其中一个就在远东的符拉迪沃斯托克。其三，加速开发战略涉及的范围广，已从初期的单项资源开发利用进入了包括社会政策调整在内的全面的综合开发阶段。

苏联计划通过加速开发战略，在东部尤其是远东地区建立高效率的国民经济综合体，包括庞大的资源和科学生产基地，最佳的经济结构和发达的社会基础设施，较高的生活质量等。从现实来看，东部开发是在苏联加速经济增长的经济发展战略背景下进行的，东部地区发展的重点仍是重工业，畸形的经济结构没有得到及时调整，加速科技进步和生产集约化没有出现预期的转折，经济增长速度不是上升而是下降了，消费品市场出现全面短缺。

资源分布是决定生产力布局的最重要因素之一，因此，加速资源储藏巨大的东部地区的开发，逐步实现全国工业重点转移，是苏联经济发展战略中的一条重要和一贯不变的战略方针。经过苏联几十年的大规模开发，西伯利亚与远东地区成为全国最重要的燃料动力基地和主要工业原料生产基地。然而，由于国家在经济发展战略中的一系列失误，直到苏联解体，苏联仍没有完成工业东移或经济中心东移的任务。苏联的经济中心和战略重点仍然在欧洲部分，东部地区的工业产值仅占全国的10%（1960年占8.1%，1975年占8.8%，1980年占9%）。除了燃料动力工业外，东部地区其他部门的发展严重滞后。

[①] 葛霖生：《苏联东部地区的开发及其对亚太经济的影响》，《国际观察》1989年第2期。

第三节 俄罗斯开发与开放东部地区战略

一 俄罗斯开发与开放东部地区的基本动因

（一）保障国家安全的需要

苏联解体沉重打击了俄罗斯的地缘政治地位，俄罗斯的疆界发生了巨大变化，防护能力大为恶化。它由洲际大国变成"令人担忧的民族国家，通向外部世界的地理空间急剧缩小，在东、西、南三面都面临着与邻国爆发冲突并削弱自身防卫能力的潜在危险"[1]。俄罗斯的领土"实际上是17世纪中叶（合并白俄罗斯之前，兼并西伯利亚与远东之后）莫斯科国家的领土"[2]。从陆地边界来看，俄罗斯同外高加索三国（格鲁吉亚、阿塞拜疆、亚美尼亚）的边界回到了18世纪初的状态，同中亚五国（哈萨克斯坦、乌兹别克斯坦、土库曼斯坦、吉尔吉斯斯坦、塔吉克斯坦）的边界回到了19世纪中叶的状态，同西部（乌克兰、白俄罗斯、摩尔多瓦、爱沙尼亚、拉脱维亚、立陶宛）的边界最具有戏剧性，退至混乱时期的1600年。从海上边界来看，俄罗斯在波罗的海的边界长度减少了近75%，在黑海的边界则减少了近78%。唯有远东，在苏联解体后被完整地留在了俄罗斯境内。

俄罗斯和西方地缘政治学家对俄罗斯地缘政治状况的评价非常相近，但是得出的结论却大相径庭。俄罗斯认为，加强地缘政治的影响并恢复俄罗斯欧亚大国的地位，是俄罗斯生存的必要条件。西方则不允许俄罗斯重新成为欧亚帝国。究其原因，主要是美国竭力构建包括俄罗斯在内比目前规模更大的欧洲与大西洋体系，俄罗斯一旦成为欧亚大国，加之俄罗斯在该体系中将可能发挥的重大作用，美国欲控制该体系的战略目标恐难实现。西方需要的是一个弱而不乱的俄罗斯，而不是强大的俄罗斯。美国将俄罗斯国力的恢复视为对其霸权地位的挑战，不断在独联体策划"颜色革命"，缩小俄罗斯的地

---

[1] Бжезинский З. Великая шахматная доска. М., Международные отношения, 1999, С. 118.
[2] Абурахманов М. И., Баришполец В. А., Манилов В. Л., Пирумов В. С. Основы национальной безопасности России. М., Друза, 1998, С. 41.

缘政治影响。布热津斯基对此毫不隐讳地说道："一种在自由市场基础上建立起来的权力分散的政治制度可能更有利于发挥俄罗斯人民和俄罗斯丰富自然资源的潜力。""由一个欧洲的俄罗斯、一个西伯利亚共和国和一个远东共和国组成的松散联邦制的俄罗斯也更容易同欧洲、新的中亚国家和东方建立更密切的经济关系，并加速俄罗斯本身的发展。组成邦联的三个实体将能更好地发掘本地的创造潜力"①。国际环境的变化，使俄罗斯与外部世界的关系比较紧张，对国家安全构成威胁。虽然俄罗斯是联合国安理会常任理事国之一，在国际事务和地区冲突中逐渐恢复了重要的作用，但在短期内很难成为像原苏联那样的超级大国。美国从国家利益考虑，不希望出现一个新的强大的俄罗斯；欧盟也不希望重新出现一个强大的邻居；甚至连前苏联的许多加盟共和国与俄罗斯也处于不友好的关系之中，亦即出现亨廷顿所讲的"断层线冲突"②。尤其是，在失去对作为欧亚地缘政治支轴国家之一的乌克兰的控制之后，俄罗斯尽管在地理上仍是欧亚国家，但在地缘政治上已基本退居亚洲国家的行列。

俄罗斯面临的安全环境使其更加重视远东在保障国家安全方面的作用。苏联解体后，俄罗斯遭受了严重的地缘政治打击，失去了昔日的超级大国地位，在国力上已不足以与美国抗衡。北约东扩，美国在东欧部署反导系统，在独联体策动"颜色革命"，致使俄罗斯安全环境严重恶化。在这种严峻的地缘政治环境下，俄罗斯即使想维持现状也困难重重，其安全战略一再调整，以适应这种实力变化所造成的利益边界的重新界定。国力的急剧衰减及其防御纵深的丧失，使其不得不采取维持现状的策略。在安全政策上，俄罗斯维持现状的政策属性更为明显。远东作为俄罗斯通向太平洋的战略地位更加重要，是对国家安全环境具有重要影响的地区，关乎俄罗斯东部边疆的稳定。俄罗斯将集中力量发展本国的综合实力、实现国家崛起，视为今后的根本性

---

① 〔美〕兹比格纽·布热津斯基：《大棋局：美国的首要地位及其地缘战略》，中国国际问题研究所译，上海人民出版社，2007，第165页。
② 美国著名政治学家亨廷顿将文明间的冲突分为两种形式。一种是核心国家冲突，一种是断层线冲突。所谓核心国家冲突，是指在全球或宏观层面上发生在不同文明的主要国家之间的冲突。这种冲突是国际政治的典型问题。所谓断层线冲突，是指在地区或微观层面上发生在属于不同文明的邻近国家之间、一个国家中属于不同文明的集团之间，或者想在残骸之上建立起新国家的集团之间的冲突。例如，前苏联和南斯拉夫。详见〔美〕塞缪尔·亨廷顿：《文明的冲突与世界秩序的重建》，周琪、刘绯、张立平、王圆译，新华出版社，1999，第229页。

战略任务，为此必须营造和平稳定的国际环境特别是周边环境。为应对美欧的战略挤压、提升国际地位、维护国家安全，俄罗斯需要将远东打造成其应对西部安全威胁的战略纵深和战略依托。这样，俄罗斯东部开发战略和国家安全战略就有了一个重要契合点，即发展经济、巩固安全、确保东部地区的长治久安。

（二）摆脱转型初期经济危机的需要

1992年年初俄罗斯推行"休克疗法"式的激进改革，导致全国发生严重的经济危机。由于仍享受国家规定的一些特殊优惠和补贴政策，俄罗斯东部地区的经济衰退过程是渐进的，1992年降幅低于全国。从1993年开始，东部地区经济全面大幅度下降，较全国滞后1年，降幅超过全国平均水平。

1. 社会生产大幅度下降

远东地区工业产值1992年比上年下降15.2%，1993年下降12.3%，1994年下降22.8%。远东农业产值1991年比上年下降5.5%，1992年下降12.8%，1993年下降9.8%，1994年下降14.1%。西伯利亚工业产值1990年比上年下降1.5%，1998年不及改革前的一半。西伯利亚农业产值1991~1996年年均下降6%，1998年同比下降12%。从1993年起，西伯利亚和远东工业中除个别部门外（如煤炭和有色冶金业）均出现下降趋势，表明东部地区的经济危机由结构性危机转变为全面危机。

2. 企业亏损严重

俄罗斯东部地区自然条件恶劣，生产成本高于西部地区，经济发展一直靠政府的财政补贴来维持。实行紧缩财政政策后，政府大幅削减对东部地区的补贴。如1993年俄罗斯补贴远东地区的数额约占地方预算支出的19%，占全国财政补贴的7.5%。1994年对远东地区的补贴减少近一半，补贴金额占全国财政补贴的14%[①]。政府减少补贴，使企业债务增加。截至1993年年底，远东企业拖欠债务高达1.3万亿卢布，其中预期债务0.6万亿卢布，占债务总额的45%。截至1998年年底，西伯利亚企业债务高达8721.86亿卢布，其中预期债务占60%。由于债务严重，企业亏损面扩大，1992年全国亏损企业占全部企业的18.3%，远东为20.5%，西伯利亚为18.3%。

---

① 徐景学、王晓菊：《俄罗斯远东经济形势透视》，《学习与探索》1996年第6期。

3. 投资水平大幅度下降

苏联时期实行的是"大财政、小银行"的财政金融体制。财政分配是建立在生产资料公有制基础上的，企业的投资主要来自国家拨款。苏联重生产轻流通，主要用计划手段和行政手段管理经济，银行对企业主要采取无偿拨款。实行紧缩的财政货币政策后，政府大幅减少对企业的预算投资。例如，"对西伯利亚北部地区1993年的预算投资占投资总额的50%，到1996年减为11%。1992年至1994年国家对远东农业的投资只相当于原来的1/5到1/6"①。为了解决预算投资减少给企业带来的资金紧张的问题，国家对企业以贷款的方式拨付投资，但数额有限。如1992年国家通过银行向远东地区提供约4000亿卢布的贷款，为上年的9倍，"如果考虑到流动资金因价格上涨和原苏联内部关系破坏而循环停滞，那么可以说，上述信用贷款额实际上低于上年的一半以下。也就是说，这个信用贷款额还不能满足经常经济活动必需额的一半"②。上述因素导致东部地区投资大幅减少。如1992年远东地区投资额比上年减少23%，1991～1998年，西伯利亚地区投资下降了60%。

4. 通货膨胀严重

1991年远东消费品价格比上年增长90%。1992年俄罗斯放开大部分商品价格导致物价大幅度攀升，远东平均上涨12倍以上，超过国际公认的10倍恶性通货膨胀标准。西伯利亚消费品价格涨幅略低于远东。包括西伯利亚和远东在内的俄罗斯绝大部分商品和服务价格由市场决定，价格形成的市场机制发挥着决定性的作用。在买方市场持续发展和市场竞争日趋激烈的条件下，价格传导机制发生了变化，价格上涨主要受需求增长的拉动。一般来说，在市场竞争中，价格的变化推动着供求量的发展变化，而供求量的变化又推动价格围绕价值上下波动。换言之，市场价格上涨，则需求减少，而供给增加；价格下跌，则需求增加，而供给减少。但是，人们对价格发展趋势的估计会造成相反的结果。由于市场供应紧缓不一，通货膨胀明显提高，当某种商品价格开始上涨，人们预计价格会继续上涨，需求反而会增加，供给会减少。同全国一样，西伯利亚和远东地区在改革前长期对基本生活必需品实行补贴政策，价格信号失真，1992年突然放开价格后，加之市场上商品短缺，出现

---

① 薛君度、陆南泉主编《俄罗斯西伯利亚与远东——国际政治经济关系的发展》，世界知识出版社，2002，第71页。
② 〔俄〕П. А. 米纳基尔：《俄罗斯远东的经济现状》，吕文滨译，《西伯利亚研究》1996年第2期。

居民抢购风潮，进一步带动物价的轮番上涨，便是有力的证明。

5. 居民生活水平下降

苏联时期对东部边远地区实行津贴补贴和高寒津贴补助，该地区工资平均水平高于全国。苏联解体后，俄罗斯政府并未取消对该地区的特殊照顾，工资水平仍然高于全国。如1992年11月，全国平均工资为10576卢布，远东为17877卢布，高于全国69%；1993年11月，全国平均工资为101495卢布，远东为187547卢布，高于全国85%。由于俄罗斯没有对工资和养老金实行指数化，1992年在消费价格上涨25.1倍的情况下，职工平均工资只增长9.2倍，实际下降60%。远东消费价格指数低于全国，职工工资实际下降30%，也低于全国。从1993年起，东部地区居民生活水平下降幅度超过全国平均水平。1993年12月，全国收入低于最低生活保障的人口比重为26.7%，远东为50%，西伯利亚为46.5%。即使这样，政府和企业还常常拖欠职工工资。

（三）加强同亚太地区国家合作的需要

如前所述，早在20世纪20年代，苏联就在东部地区实行了租让制。列宁之后的历届苏联政府也都注重这一地区的国际经济合作。俄罗斯转型初期实行"一边倒"的亲西方政策，把西方经济援助视为经济改革成败的条件之一。实践证明，西方的援助口惠而实不至，不仅数量有限，而且有苛刻的政治和经济条件，从而使俄罗斯丧失了经济乃至政治上的独立性。俄罗斯政府经过反思，确定了"东西方并重"的"全方位"外交战略。2000年普京担任俄罗斯总统以后，开始实施强国富民的方略，在对外政策上更加重视参加亚太地区经济一体化。近年来，俄罗斯对亚太地区的重视呈持续上升之势。

俄罗斯通过加强同亚太地区国家的合作加速开发与开放东部地区的构想，是经过深思熟虑的。

（1）俄罗斯的亚太战略实际上是针对亲西方的"一边倒"外交战略而言的，向西方倾斜仍然是俄罗斯外交的重点，旨在引进外资和先进技术，提高经济效益和竞争能力。不同之处在于，俄罗斯重视亚太地区，是为了开发东部地区，改善区域经济发展中的薄弱环节，逐步使其成为俄罗斯经济的坚实基础，为今后进一步深化同亚太地区国家的经贸合作创造条件。

（2）亚太地区是世界上经济最富活力的地区，经济总量占世界的54%、全球贸易额的44%。俄罗斯的强大，在很大程度上取决于东部地区的发展，因此必须借助亚太地区的力量加速开发与开放西伯利亚和远东地区。2000年

9月俄罗斯通过的《21世纪俄罗斯在亚太地区发展战略》指出:"没有和亚太地区紧密的一体化相互作用,整个俄罗斯,尤其是西伯利亚与远东地区就不能复苏,而且在社会、经济和文化领域也不能发展"①。

(3)俄罗斯东部地区具有资源丰富和市场广阔的优势,俄罗斯与亚太地区的合作是一种互补关系,因而,发展经济合作的潜力很大。2000年11月,普京总统在《俄罗斯东方:新的前景》一文中指出:"俄罗斯今后将继续坚定不移地向亚太地区倾斜,利用其东部——西伯利亚与远东地缘政治、自然资源、交通运输和科学技术等优势,积极参加东北亚和亚太地区经济一体化。"②

(4)东部地区的发展是俄罗斯实现经济现代化的重要支撑,经济增长速度仍然是发展的重点。普京在2011年政府工作报告中指出:"远东和东西伯利亚的发展应该受到格外的重视,这是极其重要的地缘政治任务。应该使西伯利亚和远东地区生产总值的增速比俄全国GDP增速更高,而且这种趋势至少要保持10~15年。"③

(5)俄罗斯加强同亚太地区的合作也有战略和安全上的考虑。近年来俄罗斯的战略空间不断缩小,西面北约东扩压缩俄罗斯的战略空间,南面美国势力渗透中亚威胁俄罗斯的腹部,加之独联体国家离心倾向日重,俄罗斯希望借助亚太地区国家的力量来稳住其战略后方。另外,俄罗斯加大对亚太地区的合作也有巩固东部地缘安全的考虑。随着美国重返亚太,尤其是美日同盟、日俄领土争端、中国的崛起,俄罗斯感到东部安全环境的压力增大。俄罗斯横跨欧亚大陆的地理位置,决定了其在亚洲地区,尤其在亚太地区的战略利益和经济利益。俄罗斯的亚太战略,即在依托欧亚、促进全方位的平衡外交的基础上加强与亚太地区国家的合作,积极参与到亚太地区国家事务中,同时更能促进政治关系的缓和与发展。俄罗斯参与亚太地区经济合作与竞争,维护其在亚太和世界上的大国地位,"可以起到牵制美国、平衡中国、遏阻日本的作用"④。这对于俄罗斯来说是一举两得,即经济利益与政治利益双丰收,最终达到重振俄罗斯大国地位的目的。

---

① 赵立枝:《俄罗斯向亚太地区倾斜,中俄区域合作面临新机遇》,《东欧中亚市场研究》2001年第7期。
② 丛文兴:《俄罗斯东部经济社会发展的主要问题》,《西伯利亚研究》2002年第2期。
③ 俄总理普京2011年度政府工作报告,俄罗斯总理网站,2011年4月11日。转引自徐萍、刘守绪:《俄罗斯亚太政策透析》,《国际问题研究》2012年第3期。
④ 徐萍、刘守绪:《俄罗斯亚太政策透析》,《国际问题研究》2012年第3期。

二 俄罗斯开发与开放东部地区的战略部署

苏联解体后，制定地区发展纲要成为俄罗斯发展东部地区经济的主要战略部署，如 1996 年 4 月通过的《1996～2005 年远东和外贝加尔社会经济发展联邦专项纲要》、1996 年 5 月通过的《1997～2005 年西伯利亚与远东社会经济发展联邦专项纲要》、2002 年通过的《西伯利亚社会经济发展战略》、2007 年通过的《2013 年前俄罗斯联邦远东及外贝加尔社会经济发展联邦专项纲要》等。鉴于上述规划实施中出现的一些问题及东部地区形势的变化，近几年俄罗斯开始实施新的东部开发战略规划，即 2009 年 12 月和 2010 年 7 月俄罗斯政府分别批准的《2025 年前俄罗斯远东和贝加尔地区社会经济发展战略》和《2020 年前西伯利亚社会经济发展战略》。这两项纲领性文件无论在开发内容的广度上，还是政策措施的力度上，都较之前规划有更新的发展。

（一）《2020 年前西伯利亚社会经济发展战略》

《2020 年前西伯利亚社会经济发展战略》（以下简称《西伯利亚战略》）实施范围包括西伯利亚 12 个联邦主体，把西伯利亚划分为三个发展地带，即北极地带、北方地带和南方地带。

《西伯利亚战略》的战略目标是，在发展创新型均衡社会经济体系、保障国家安全的基础上稳步提高居民生活水平与质量；快速发展经济，实现俄罗斯在国际社会中的战略利益；到 2020 年年底，西伯利亚社会经济发展的主要指标达到全国平均水平；从 2012 年起西伯利亚地区总产值年均增长率超过全国平均水平[①]。

《西伯利亚战略》由四个部分组成。第一部分为"西伯利亚开发的战略方向和竞争优势"；第二部分为"西伯利亚经济专业化部门优先发展方向"；第三部分为"发展西伯利亚交通、能源和信息通信基础设施"；第四部分为"西伯利亚经济部门优先发展方向"；第五部分为"稳定西伯利亚人口并营造舒适的居住环境"；第六部分为"西伯利亚的对外经济活动和国际过境运输的潜力"。

---

① Стратегия социально‐экономического развития Сибири до 2020 года. http://www.sibfo.Ru/strategia/strdoc.php.

（二）《2025年前俄罗斯远东和贝加尔地区社会经济发展战略》

《2025年前俄罗斯远东和贝加尔地区社会经济发展战略》（以下简称《远东战略》）实施范围包括远东和外贝加尔（布里亚特共和国、伊尔库茨克州和外贝加尔边疆区）的12个联邦主体。

《远东战略》的战略目标是，建立发达的经济和舒适的居住环境；达到全国社会经济发展平均水平；实现稳定远东和贝加尔地区人口的地缘政治任务。

为了达到上述目标，远东和贝加尔地区社会经济发展必须达到或超过全国平均增长速度。为此，必须解决以下几项任务：其一，创造条件以发展远东和贝加尔地区的具有前景的专业化部门；其二，在经济快速增长地区营造舒适的居住环境，稳定人口；消除障碍以实现远东和贝加尔地区同俄罗斯其他地区的经济及社会一体化，提高产品、商品和服务的竞争力；增长人口和劳动力资源的数量以保障经济的正常运转，提高人力资本的质量；保护当地少数民族的传统生活方式。

按照《远东战略》规划，远东和贝加尔地区居民人月均收入从2010年的1.9万卢布增至2015年的6.6万卢布，该地区2011～2025年平均经济增长速度应高于全国0.5个百分点，贫困人口比例应从24.5%降至9.6%。为实现这一发展目标，《远东战略》确定了三个阶段的实施计划。第一阶段为2009～2015年，主要是加快投资增长速度，推广节能技术，提高居民就业率，兴建基础设施、工业和农业项目。第二阶段为2016～2020年，主要是国家投资和吸引外国投资兴建大型能源项目，扩大过境客运和货运量，建立公路、铁路和港口运输网络，提高原材料深加工产品的出口。第三阶段为2021～2025年，实现该地区同世界经济的一体化，发展创新经济，参与国际劳动分工，扩大知识、能源和运输竞争力，大规模开采、加工和出口石油天然气，完成大型能源和运输项目的建设，加速发展人力资本等①。

同过去的东部地区发展规划相比，《西伯利亚战略》和《远东战略》有如下几个明显特点：其一，注重投资。两个战略都强调以投资项目带动主导经济部门乃至整个地区的经济发展。其二，注重发展高新技术。这与俄罗斯这几年积极倡导经济现代化和经济创新有关，从中不难看出俄罗斯政

---

① Стратегия социально-экономического развития Дальнего Востока и Байкальского региона на период до 2025 года. http://www.assoc.fareast.ru/fe.nsf/pages/str_soc_ekon_razv_dviz.htm.

府对东部地区的重视程度和通过开发东部实现现代化的深谋远虑。其三，注重区域经济一体化。强调东部地区与东北亚地区合作，其中把与中国东北地区的合作视为保障俄罗斯东部地区经济社会稳定发展的重要措施。其四，注重人力资本建设。俄罗斯重视发展交通、能源、信息技术、创新经济，以促进经济的发展。尤其是信息技术和创新经济具有实效性、知识性等特点，是完全建立在人力资本发展基础之上，所以俄罗斯迫切要求加快人力资本建设。

上述两个战略在实施中也暴露出一些问题。主要是没有完全摆脱计划管理体制的影响，指令性色彩浓厚，预算拨款不能如期到位，提出的一些任务无法实现。例如，为了制止东部地区人口外流，《远东战略》计划扩大对远东和贝加尔地区的经济投资，规定到2025年投资总额超过全国平均水平的118%。又如，政府允许俄罗斯的建筑项目的总承包商引进外国劳务，同时将滨海边疆区其他地区的劳务指标缩减50%。2010年6月底，俄罗斯太平洋战略研究中心在滨海边疆区就《远东战略》实施情况进行问卷调查，结果显示，50%的受访者不知道战略的存在，60%的受访者认为战略是无用的。专家认为，之所以出现这种情况，主要原因是，"在企业和政府之间存在战略思维的冲突，《远东和贝加尔发展战略》规定了一系列专项指标，确定了某一空间的未来，但是企业最关心的生产率和财富的扩大问题不会得到解决"。近几年俄罗斯通过的全国、部门和地区纲要不少，但多是官样文章，政府总是"自以为是，没有听取专家建议就做出决定"，引起包括企业在内的全社会的不满。被联邦中央提高到战略高度的纲要实际上脱离现实，没有考虑到企业的利益，俄罗斯政府不懂得如何在远东建立稳定的经济发展模式①。

第四节 东部地区发展面临的主要问题

《西伯利亚战略》和《远东战略》制定以来，俄罗斯东部地区经济取得了一些成绩。2011年，西伯利亚工业产值同比增长4.6%，其中开采矿产14420亿卢布，加工生产24270亿卢布，电力、天然气与水供应4700亿卢布。

---

① Двойнова Т, Приморский бизнес не оценил стратегию государства, Независимая газета, 2 июля 2010 г, С. 5.

农业产值完成 4430 亿卢布，同比增长 4.2%①。2011 年，远东工业产值同比增长 7.5%，其中开采矿产 9420 亿卢布，加工生产 3300 亿卢布，电力、天然气与水供应 2110 亿卢布。农业产值完成 1160 亿卢布，同比增长 5.8%②。

虽然俄罗斯东部地区经济出现增长趋势，但是制约经济增长的结构性、体制性深层次问题远未解决，经济增长中的基础仍很薄弱。例如，西伯利亚和远东地区总产值只有全国的 10.5% 和 5.3%，工业产值只有全国的 12.8% 和 4.3%，农业产值只有全国的 12.8% 和 3.3%。俄罗斯东部地区的发展还存在许多复杂的问题，影响了该地区的迅速发展。

一 经济结构畸形化

由于历史原因，西伯利亚和远东从原苏联继承下来的是一个畸形的经济结构。

（一）经济军事化

迄今西伯利亚和远东仍是俄罗斯重要的军工生产基地。改革前（1990年），西伯利亚军工企业职工人数约为 56 万（不含科研人员）。改革后（20世纪 90 年代初），西伯利亚军工企业军工产值比重降至 45.6%，其中东西伯利亚占 60%。受转产影响，1995 年西伯利亚军工企业职工人数减至 28 万，军工产值减至 28%，但生产能力仍很强，军工产值占全国的 15%，位列中央联邦区（产值占全国的 25%）、乌拉尔联邦区（24%）之后，居全国第三位，军火出口占全国的 19%。西伯利亚地区约有 90 家军工企业和研究机构，占全国军工企业总数的 11%。从企业分布来看，西西伯利亚集中了 80% 的军工企业和研究机构。从人员分布来看，三座城市（新西伯利亚、鄂木斯克和克拉斯诺亚尔斯克）集中了约 70% 的职工。目前情况大致如此。远东约有 40 家军工企业，产值占远东工业总产值的 10%，职工人数占全地区的 13%，固定资产占 6.3%。军工企业主要分布在滨海边疆区和哈巴罗夫斯克边疆区，军工生产在这两个边疆区总产值的比重改革前为 20% 左右，目前有所下降，但也近

---

① Федеральная служба государственной статистики（Росстат），Россия 2012：Стат. справочник，М..2012，С.57 - 58.
② Федеральная служба государственной статистики（Росстат），Россия 2012：Стат. справочник，М..2012，С.58.

15%。更为重要的是，滨海边疆区和哈巴罗夫斯克边疆区大部分区中心都是为军工服务的城市，军工企业是当地唯一的支柱性企业，如阿尔谢尼耶夫的"进步"工厂、大卡缅的"星"工厂、阿穆尔共青城的电机制造厂等。改革前（1990年），阿尔谢尼耶夫市和大卡缅市的军工生产分别占当地工业总产值的91%和99.8%，目前仍高达90%左右。军工企业停产会导致这些城市经济彻底崩溃。

经济军事化的后果，一是造成地区经济比例长期严重失调；二是造成资源的极大耗费；三是导致民用技术落后，消费品工业不发达；四是转产困难。

（二）从产业结构发展总体情况看，农、轻、重比例失调

合理的产业结构，从产值构成上看是相互协调的，从三者产品构成上看应适应消费者需求。俄罗斯西伯利亚和远东产业结构的特点是，重工业一直以高速度发展，农业、轻工业发展缓慢，农、轻、重比例失调。20世纪80年代，远东地区工农业总产值中，工业产值高达85%，农业产值仅为15%，轻工业在地区工业总产值中的比重只有4.1%，占全俄轻工业总产值的1.2%，但是职工人数却占整个工业中就业人数的8%。轻工业的主要任务并不是向市场提供足够的商品，而是向社会提供就业岗位。改革后，远东的这种畸形的经济结构并未调整过来。西伯利亚地区的情况略好一些，但在地区工农业总产值中，工业产值也达80%以上。改革后，东部地区这种畸形的经济结构并未调整过来。以2010年为例，西伯利亚地区总产值为33902.243亿卢布，占全国的10.6%；农业发展较快，但产值仅占工农业总产值的10.4%，工业产值占89.6%；从工业内部结构来看，采掘工业比重占64.4%。远东地区总产值为17308.85亿卢布，占全国的5.4%；农业生产虽有所恢复，但主要农畜产品实际产量远没有恢复到改革前水平，农业产值仅占7.7%，工业产值占92.3%；从工业内部结构来看，采掘工业比重（59.6%）高于加工工业的倾向也更为严重[1]。

二 投资问题甚多

经济增长需要靠投资来驱动。进入21世纪以来，东部地区固定资本投资

---

[1] Федеральная служба государственной статистики（Росстат），Регионы России，Социально - экономические показатели，2011. M. . 2011，C. 20 – 23. 28 – 31.

出现了快速增长。西伯利亚地区从 2000 年的 981.523 亿卢布增至 2009 年的 8718.222 亿卢布,增长了 788%;同期,远东地区从 528.269 亿卢布增至 7084.541 亿卢布,增长了 1241%[①]。2009 年西伯利亚固定资本投资只相当于地区总产值的 24%,同期远东为 38%。远东已经到达投资比重占地区总产值 30%~40% 的国际标准,西伯利亚的投资额偏小。需要指出的是,东部地区的投资是在 20 世纪 90 年代投资严重不足的基础上的增长,投资的绝对值仍然偏小。投资不足,使 40% 以上的设备需要维修。目前东部地区设备的役龄已超过 40 年(全国为 35 年,世界上正常标准为 8~9 年),基础工业部门平均磨损程度为 70%~80%,地方基金装备率退化到 20 世纪 70 年代水平。俄罗斯正处于经济转型时期,投资的乘数效应和经济竞争力的高低是决定经济增长速度和质量的主导因素。俄罗斯正面临着产业结构和产品结构大调整时期,而产业结构高级化和产品结构升级换代必须依赖于投资的快速增长。东部地区投资不足的原因,一是联邦中央对东部地区经济投入不足。苏联解体后东部发展纲要一再修改,其中一个主要原因就是政府投资不到位。二是投资环境不尽如人意。2012 年年初,俄罗斯《专家》杂志刊登了 2010~2011 年度俄罗斯各地区的投资潜力排行榜。在全国 83 个联邦主体中,东部地区投资潜力最大的是汉特-曼西自治区(列第 60 位),投资潜力最小的是楚科奇自治区(列第 83 位,全国倒数第一)。三是外商投资结构中间接投资很少。如远东有价证券投资不足 1000 万,仅占外资的不足 1%,而且全部集中在滨海边疆区。这从一个侧面反映出,资本市场非市场化和开放程度低导致远东资本化程度极低。其结果是,以股票债券、金融衍生品等形式存在的虚拟资本没有通过风险配置机制、信息传递、动员社会筹资等功能,从而起不到重新优化配置社会资源、推动社会实体经济增长的目的。

三 经济发展的基础条件较差

(一) 自然地理条件的硬性约束

从地理环境看,俄罗斯东部大部分是荒凉偏僻、人迹罕至的地区。西西

[①] Федеральная служба государственной статистики (Росстат), Регионы России, Социально-экономические показатели, 2011. М., 2011, С. 375.

伯利亚平原地形复杂，河间地、沼泽地和丘陵较多，大小湖泊密布。东西伯利亚多为高原和山地，经河流切割，地势较为复杂。西西伯利亚和远东的冻土分布很广，冻土层深达数百米。恶劣的地理环境，给交通运输、建筑施工造成极大的困难。从气候条件看，东部地区基本属于北温带及亚寒带的大陆性气候，很大一部分处于北极圈内，气候严寒。在这种气候条件下，钢铁断裂，橡胶迅速老化，机器和人难以适应。为保证生产和生活的正常进行，须安装建筑保暖设施，增加开发成本。严酷的气候条件不利于农业的发展。东部尤其是东西伯利亚和远东冬季寒冷漫长，夏季温暖短暂，光热资源不足，大部分联邦主体一年当中只有3个月的无霜期，并且农产品品种不多、产量不高。

（二）缺乏价格竞争优势

以远东和外贝加尔地区为例。由于该地区能源消费不能自给，所消费的大约40%初加工能源需从远东境外运进。俄罗斯放开价格后，铁路运价和劳动力价格上涨较快，提高了远东能源生产的资本投入和成本，导致该地区原油、电力、热能等价格居全国之首。由于缺乏价格竞争优势，远东产品很难打入国内和国际市场，企业效率受到很大影响。

（三）劳动生产率低下

远东和外贝加尔地区人均劳动生产率比日本低3/4，比美国低5/6，比韩国低3/5，比澳大利亚低4/5，甚至低于全国平均水平。单位地区总产值初级能源消费比全国高1.5倍，电力消费高0.8倍，石油消费高1倍。农业劳动生产率亦是。例如，远东与日韩等发达国家相比低1/2~2/3，而在某些产品如牛奶和肉的生产方面低4/5~7/8，谷物产量约低4/5，马铃薯低2/3，1头牛的平均产奶率低2/3以上。就是在国内，远东农作物人均产量也比全国平均水平低50%~95%，其中谷物低76%，马铃薯低30%，蔬菜低36%，水果低90%。远东人均畜产品产量也低于全国平均水平，如肉类低37%，牛奶低48%，鸡蛋低15%等。当然，劳动生产率低下问题不局限于远东和贝加尔地区。不过，有些地区如西西伯利亚可以从能源在国内外巨额差价中获得可观利润，从而在某种程度上弥补了劳动生产率低下的弊端，而远东和贝加尔地区很难改变这种局面。

四 经济发展不平衡

(一) 地区间经济发展严重不平衡

由于区域条件和历史遗产的不同,加上生产结构的梯度差距,各地区的发展呈现出明显的梯度差距。从西伯利亚和远东地区各联邦主体主要经济指标来看,滨海边疆区、哈巴罗夫斯克边疆区、阿穆尔州、萨哈(雅库特)共和国、新西伯利亚州、克拉斯诺亚尔斯克边疆区、伊尔库茨克州明显高于其他地区。地区间经济发展不平衡主要表现为,一是不同的工业化历史进程形成了不同的工业发展机制。发达地区工业化起步较早,生产力水平远远高于落后地区。二是发达地区是改革受益的地区。市场经济给这些地区的居民提供了更大、更多的发展机会,社会中的精英和巨富大多集中在这些地区。同时,广大的极北地区资源丰富,但气候条件恶劣,劳动者工资相对较高,而物价也高,因此实际生活水平相对较低。近20年来大批居民的"出走"便是明证。三是由于地理位置不同,发达地区和落后地区工业化所能获得的外部资源和外部推动力也不同。发达地区在工业化进程中已形成发达的对外经济联系,获得了比落后地区优越的聚集资金的环境,外资投入和出口带动成为发达地区工业化加速发展的强大拉力。而落后地区缺乏发达地区那样发达的对外经济联系,缺乏外资投入(远东的萨哈林州除外)和出口带动(远东和贝加尔地区出口多,但多为转口贸易,而且波动大)。四是要素潜力差异,发达地区由于资本和劳动力相对丰富,储蓄率和资本积累率相对较高,人均收入高于落后地区。

(二) 行业之间效益状况不平衡

苏联解体以来,西伯利亚和远东地区出现大规模的经济分化,大体上可分为三种不同的"经济"。第一种是传统部门,这些生产部门缺乏经济增长的前提条件,主要原因是生产成本较高和销售困难。而这些问题又主要与劳动生产率低下有关。第二种是运输及相关的基础设施部门,它们实际上已从统一的经济空间分化出去,成为"另类"经济的组成部分。该部门属产业结构调整中高盈利部门。第三种是以国内市场为导向的消费部门,主要包括居民服务、国内贸易和部分食品生产部门。与大企业不同,大部分小企业不是以出口为导向，而是面向国内市场，不存在销售问题，因此效益普遍较好，对经济的增长起到相当的作用。尽管如此，国内消费部门也面临一些问题。如高昂的运费抑制了来自俄罗斯西部地区商品的流入，不利于市场的繁荣。

五　人口减少，劳动力短缺

在全国八大联邦区中，东部地区的人口形势比较严峻。截至2011年年底，西伯利亚地区人口为1926.1万，远东地区为626.59万。由于东部地区生活条件较其他地区更艰苦，人口流失很严重。出生率下降是导致人口减少的主要原因，东部地区死亡率超过出生率近1倍。死亡率上升则是导致人口减少的另一个原因。目前，某些传染病在东部地区死灰复燃，远东肺结核病和艾滋病发病率较高，患精神疾病的人数也在增加。

人口不足导致劳动力减少。据《俄罗斯报》2011年8月25日报道，从2011年开始，西伯利亚和远东地区对熟练工人的需求逐年上升，生产企业很难招聘到钳工、铣工、车工等工种的技术工人。如新西伯利亚州就业岗位空缺达114800个，其中加工生产部门占22.2%，建筑部门占9.3%，能源、运输、通信、卫生和农业部门各占5%~7%。

第五节　发展前景

早在1763年，俄国科学家罗蒙诺索夫就说过：俄国的强盛有赖于西伯利亚（包括现在的远东——引者注）。250年过去了，俄罗斯东部地区的发展仍不尽如人意。前面分析表明，俄罗斯东部地区经济自主增长的基础还比较脆弱，今后经济走势面临一些有利条件和不利条件。

从国内政局来看，政治对经济的干扰因素在减弱。俄罗斯转型的特点是全面民主化和大规模的经济转型同时展开，政局不稳常常使政府的经济政策成为政治斗争的附属物和牺牲品，对经济转型起到破坏作用。最近几年俄罗斯政坛没有发生急风暴雨般的政治斗争，政治趋于稳定。东部地区也不例外，2008~2009年各联邦主体行政长官和杜马（议会）都进行了换届选举，新一任领导的改革、开放意识加强，工作更加积极、务实，这与20世纪90年代尤其是纳兹德拉坚科领导的滨海边疆区多次同俄罗斯中央政权唱对台戏、分庭抗礼的复杂混乱状况形成鲜明的对照。可以肯定，2012年普京复出后重新恢复地方行政长官的直选，不会对政局产生大的影响。政治斗争对经济影响大大降低，政治稳定为经济走向繁荣提供了社会政治前提。但同时应该指出的是，这种稳定还只是局部性的，主要是指国家权力上层更加团结，离真正的民族和谐、全社会的稳定，尚有一段距离。俄罗斯学者马乌据此认为，"要形成全面的稳定需要几十年的时间。未来相对稳定的几十年将不排除发生政治动荡的可能性"，"当然，这是一种有别于'革命时代'的不稳定"[1]。其中比较突出的就是"平民主义"现象。从公共选择的角度看，即使政府提供的政策、方案确实是最好的，但由于选举规则本身的问题，最终的决策结果往往也难达到最优。因为现实中较多使用的是简单多数制，而这种规则最终所体现的只是中间选民的意愿。由于周期多数现象的存在，在简单多数制下，当选民的偏好呈单峰状态时，方案最终的决策结果反映中间选民的趋向显著。最能说明平民主义的一个问题，是2009年2月和2010年2月俄罗斯总理普京制定的反危机措施没有得到一些民众的支持，最终导致包括远东在内的俄罗斯许多地区出现大规模的民众示威游行。

从政策因素看，俄罗斯很重视加强发展同亚太地区国家的关系，1994年俄罗斯加入亚太经合组织便是明证。2000年以来，俄罗斯更是强调，要充分利用东部地区的地缘政治、自然资源、交通运输和科学技术等优势，积极参加东北亚和亚太地区经济一体化。国家先后通过了若干发展东部地区的联邦专项纲要和发展战略，明确指出，东部地区的经济发展有助于俄罗斯保持和巩固作为太平洋地区世界强国的地位。俄罗斯发展东部地区的目的是保证国家在太平洋区域的军事政治和经济影响，控制最重要的原料资源的战略储备，国家通过资源开发使该地区同国际劳动分工体系有效接轨并从中获利。2012年5月，俄罗斯还专门成立了远东发展部，对东部尤其远东的重视可见一斑。因此，国家的利好政策是东部今后发展的主要前提条件。

从外部因素看，2012年世界经济的整体形势不好。这种趋势在今后一段时期内还将进一步恶化，做出这种判断的依据，一是美国经济已呈现出放慢趋势，欧债危机对欧美经济走势影响较大，拉美国家有再次出现金融动荡的迹象，东亚经济中的不稳定因素依然存在。俄罗斯已于2011年12月加入世

---

[1] Под редакцией Е. Гайдара, Российская экономика в 2005 году: тенденции и перспективы（Выпуск27），М..2006，С.34.

贸组织，这对经济的长期增长较为有利，但对短期经济增长将产生一定冲击，尤其是在国内企业对此准备不充分的情况下更是如此。这是根据基本经济因素预测的。如果考虑到政治因素，情况可能不一样。伊拉克战争结束后并没有完全消除突发事件的可能性，美国与叙利亚和伊朗一度趋紧，朝鲜半岛局势再度恶化等表明地缘政治风险依然存在。从而，世界经济前景将难以预料。但同时也要看到，中东局势的变化对俄罗斯东部经济有利的一面。俄罗斯已明确表示继续修建东部石油管线，未来每年可向日本、韩国、中国等国输送8000万吨石油。另外，俄罗斯还计划在日本北海道与萨哈林以及俄罗斯大陆架之间架一座能源桥（海底隧道）。2010年9月，中俄两国签署了天然气供应协议，规定俄罗斯通过天然气管道每年向中国出口800亿立方米天然气。2011年8月，俄韩决定修筑一条经由朝鲜向韩国运送天然气的管道，向朝鲜半岛出口电力的高压输送线。2011年10月，俄罗斯提议开凿白令海峡隧道以把欧亚和美国联系起来的项目。这样，俄罗斯从中既可以获得大量外汇收入，又可以使其油气出口渠道多元化，从而减少中东局势变化带来的风险，俄罗斯东部尤其远东从中也可获得实惠。

综合考虑影响俄罗斯东部乃至全俄经济发展的国内国际多方面的因素，我们对2012年以后俄罗斯东部地区经济走势做一初步判断。

一　经济增长率

《西伯利亚战略》要求从2012年起西伯利亚地区总产值年均增长率超过全国平均水平，《远东纲要》提出2011～2025年远东和贝加尔地区平均经济增长速度应高于全国0.5个百分点。根据东部地区近几年经济运行结果看，经济发展的潜力依然存在，但经济在竞争环境中成长的机制远不完善，经济有效益、有质量增长的部分还比较弱，恐怕难以实现这个目标。

二　固定资本投资

《西伯利亚战略》和《远东战略》一致认为，投资快速增长是保证东部地区基础设施和大型项目建设的必要条件。俄罗斯东部地区银行贷款能力有限，从近几年情况看，商业银行年贷款平均300亿卢布左右，如果保持这种规模，仅靠商业银行提供的资金远不能满足需求。俄罗斯企业的利润税已由过去的35%降至24%，但由于取消相关投资优惠政策，企业的实际负担仍然很重。外资将会有较大幅度增长，但主要局限于西西伯利亚和远东萨哈林等地的石油、天然气项目的直接投资。受体制和机制的影响，投融资环境仍然偏紧。目前，远东投资率虽然较高，但绝对值偏小，西伯利亚投资率偏紧，而储蓄率较高，储蓄转化为投资的机制不畅。这种情况仍将对东部地区今后投资增长形成一定的约束。国家对东部实行财政援助力度的政策短期内不会发生变化。俄罗斯西伯利亚和远东的本级财政收入不能满足需要，如远东只能达到需求量的50%左右。其中，萨哈（雅库特）共和国42%，哈巴罗夫斯克边疆区53%，滨海边疆区52%，阿穆尔州48%，犹太自治州35%，萨哈林州58%，马加丹州46%，堪察加边疆区48%，楚科奇自治区48%。联邦政府的投入重点有三个：一是保证对上百个大中型工程特别是东西伯利亚——太平洋石油管道这样的大型工程的投资。该项目一期工程至中国一段已于2011年1月1日投入运营，全部投入运营后对东西伯利亚和远东地区经济增长的作用还会进一步提升。二是为筹办2012年的亚太经合组织论坛加大改善基础设施的力度。据专家测算，亚太经合组织峰会的召开为滨海边疆区1%的经济活动人口提供就业岗位，对经济的拉动系数为10%。三是增加对《2013年前远东与外贝加尔经济社会发展联邦专项纲要》的投资。显然，这些措施对改善当地居民生活条件，拉平与其他地区的经济差距，从而稳定人口形势，大有益处。

三 外贸和出口

外贸和出口仍将对东部地区经济增长起主要拉动作用，但波动的局面不会改变。随着东西伯利亚至太平洋沿岸原油管道工程的启动，石油、天然气出口将进一步增长。军工企业产品出口具有不确定性，其一，最近10年来，国家重视军火出口以换取外汇，对企业生产有利。但经过20世纪90年代的经济危机和军转民之后，军工企业的实力受到一定影响，短期内大规模扩大生产难度较大。其二，对于远东而言，如果军工电机出口合同由阿穆尔共青城电机制造联合公司完成，会带动外贸的大幅度增长；如果由苏霍伊电机制造公司执行合同，会造成远东出口下降。鉴于包括东部在内的俄罗斯的大多数工业品只在本国和独联体市场上有竞争力，只有3%~5%的产品在发达国家市场上有竞争力的事实，西伯利亚和远东出口商品将仍以原料型商品和半成品为主。

第十三章
影响经济安全的主要因素

早在20世纪90年代，随着苏联解体和经济陷入危机，俄罗斯学者就对国家经济安全问题进行了深入思考。2008年世界金融危机深刻地影响了俄罗斯国家安全战略的选择，经济安全被置于未来国家安全保障的首位。影响俄罗斯国家经济安全的因素很多，但主要是技术创新乏力、过度依赖能源部门、劳动力不足、经济增长方式落后、中小企业发展缓慢、影子经济泛滥和腐败严重。尽管俄罗斯国内普遍认识到，上述问题的存在已经或将要给国家经济安全带来的危害，然而，这是俄罗斯无法避免的一个发展阶段，有其必然性，在俄罗斯今后一段时间内将会继续存在，这是俄罗斯制定经济政策的基本出发点。

第一节 技术创新乏力

一 企业创新积极性不高

2009年进行技术创新研究和开发的企业只占全部工业企业的9.4%，大大低于发达国家和转型国家，德国为69.7%，爱尔兰为56.7%，比利时为59.6%，爱沙尼亚为55.1%，捷克为36.6%。投资购买新技术的企业的比重只有11.8%，企业用于技术创新的支出仅占全部支出的1.9%，瑞典为5.5%，德国为4.7%。企业较少使用现代信息技术。2008年，俄罗斯只有25%的企业使用国际互联网订货，芬兰、德国、英国、瑞典为

55%～72%①。俄罗斯只有27%的企业拥有国际互联网地址，芬兰、德国、英国、瑞典为76%②。

企业创新积极性不高的主要原因是，实施技术创新的回报率较低。1995～2009年，用于技术创新的支出增长1倍，但产值只增长了34%。2005年每投入1卢布就会有5.5卢布的产出，2009年每投入1卢布创造的产出下降为2.4卢布。投入和产出不成比例，导致企业减少投资支出。2005～2009年，国家投资在企业资金来源中的比重从61.9%增至66.5%，而企业研发资金支出比重从30%降至26.6%。俄罗斯企业用于技术创新的支出结构同发达国家也有很大不同。俄罗斯用于自主研发的支出占全部技术创新支出的比重2009年达到16.4%，用于购置机器和设备的支出比重为51.2%，用于更新软件工具的支出比重为1.3%。这种支出结构同科学潜力较低的国家类似，如保加利亚、波兰、斯洛伐克、爱沙尼亚、塞浦路斯。西欧国家用于创新的支出结构则不同，60%以上的支出用于研发。

俄罗斯企业在创新管理方面也存在很多问题。世界经济论坛公布的技术引进和适应能力指标显示，2009年俄罗斯在133个国家中列第41位，与塞浦路斯、哥斯达黎加处于一个水平。

由于俄罗斯企业创新能力较差，在经合组织国家中俄罗斯企业的创新产品比重最低，进口产品比重最高。创新产品比重只有16%，日本和德国为35%，比利时、法国和澳大利亚为41%～43%，丹麦和芬兰为51%～55%。进口产品比重为34.3%，经合组织国家只有5%～8%。2008年，俄罗斯自主研发的产品在全世界高技术产品出口总额中仅占0.25%（2003年为0.45%），远远低于中国（16.3%）、美国（13.5%）、德国（7.6%）等国。俄罗斯企业出口的产品主要局限于非电动机器（2.02%）、化学产品（0.77%，主要是放射性材料）、航天技术（0.39%）、测量仪器（0.33%）。俄罗斯最终消费品出口的比重很低，办公和电脑设备占世界出口的0.05%、电子产品和通信设备占0.1%、医药产品占0.09%。

二 "创新环境"较差

俄罗斯创新活动的基础设施总体上比较发达。近10年来，俄罗斯在全国

---

① Федеральная служба государственной статистики (Росстат), Россия и страны – члены Европейского союза. 2009. М., 2009, С. 188.

② Федеральная служба государственной статистики (Росстат), Россия и страны – члены Европейского союза. 2009. М., 2009, С. 188.

创办了数百个创新基础设施,如技术园区、企业孵化器(亦称高新技术创业中心)、技术转移中心等。其中,2005~2007年国家出资2.39亿卢布创办了100多个技术转移中心。此外,创办了140多家创新技术中心和技术园区,创办了技术开发型经济特区,每所高校都建有创新基础设施。但基础设施的利用效率不高,主要为俄罗斯公司提供咨询服务。

从反映投资环境的其他指标来看,俄罗斯企业的"创新环境"较差。联合国(微博)和国际金融公司公布的报告显示,2010年在全球183个国家和地区中,俄罗斯经商便利指数排名第130位。世界经济论坛全球竞争力指数显示,2010年在全球133个国家和地区中,俄罗斯排名第63位。该论坛2012年9月发布的2012~2013年全球竞争力指数显示,在全球144个国家和地区中俄罗斯排名第67位,其中司法独立指数仅列第122位,产权保护指数列第133位,行贿受贿指数列第120位,官员腐败指数列第127位,警务可靠指数列第133位[①]。这说明,在俄罗斯开办商业、获得许可比较困难,投资者权益得不到法律保护,纠纷不容易得到解决等。俄罗斯尽管颁布了不少相关创新活动的法律法规,但对创新企业的税收、海关和行政管理质量仍很差。企业的税收和非税收负担仍很重,如虽取消了统一社会税,但增加了保险费等。

三 科研实力下降

一个国家的整体科研水平,在一定程度上可以说明该国研发能力的强弱。近几年,俄罗斯的整体科研水平呈下降趋势。从发表的科研论文总数来看,2008年引文数据库收录的俄罗斯学术论文占世界的2.48%,法国为5.5%,德国为7.5%,中国为9.7%,与巴西(2.59%)和爱尔兰(2.46%)水平相当。从研究人员人均发表的科研论文数量来看,俄罗斯也落后。新加坡在上述引文数据库收录的学术论文人均为0.27篇,德国和法国为0.28篇,阿根廷为0.17篇,日本为0.1篇,中国为0.07篇,俄罗斯为0.06篇。从科研成果引用率来看,俄罗斯的指标也很低。2004~2008年,俄罗斯发表的全部论文引用率只有0.93%,每篇全球只有2.4人次引用。中国的该项指标为2.95

---

① Куликов С., Сергеев М., Ухудшение инвестклимата оказалось за рамками саммита АТЭС, Независимая газета, 10 октября 2012 года, С. 1.

人次，日本为 4.64 人次，法国为 5.53 人次，德国为 6.1 人次。从研发支出与论文发表数量的比率来看，2008 年俄罗斯每篇论文的"价值"高达 84.8 万美元，远远高于同期波兰的 22.1 万美元，投入和产出不成比例。

四 国民创新意识不强

人的思想观念对创新发展起着很大作用。对于创新发展而言，人的观念和行为方式是把双刃剑，可以推动创新的普及，也可以阻碍创新的发展。俄罗斯正反两方面的例子都有。一方面，在移动电话的普及率方面俄罗斯超过了大多数发达国家，2008 年每千人中拥有 1406 部移动电话，德国为 1304 部，英国为 1234 部[①]。电话更换频率高和对电话选择的关注可以说明，俄罗斯对创新消费的程度超过大多数发达国家，处于比较高的水平。另一方面，在消费者购买创新产品的倾向方面，俄罗斯可谓最保守的国家之一。例如，国际互联网普及程度不高，2009 年俄罗斯为 46%，德国 76%，英国 80%。近几年来，电脑和国际互联网为广大居民财力所能及，但消费需求较低，反映人们对技术创新有一定的保守性。对于创新活动而言，个人的素质，如学习的愿望、从事经营活动的倾向、抗击风险的能力，也是影响创新活动的重要因素。2008 年俄罗斯参加继续教育的人口比重为 24.8%，在创新经济发达国家，该指标大大高于俄罗斯，英国为 37.6%，德国为 41.9%，芬兰为 77.3%。

五 科技人才短缺

从计划经济向市场经济转变的过程中，必然要涉及和处理原有体制下庞大的各种资产问题及转化途径。涉及的资产主要有物质资产、制度资产和人力资产三种。俄罗斯在处理资产转化的过程中，对前两种资产关爱有加，却忽视人力资产的转化与再升值的重要性。苏联解体时，俄罗斯拥有 90 万科技人员。改革初期，俄罗斯科技人员大量流失，而且流失的大部分是那些实力较强、较有发展前途的科技人才。比如谢尔普霍夫高能物理研究所流失了约

---

① Федеральная служба государственной статистики (Росстат), Россия и страны – члены Европейского союза. 2009. М., 2009, С. 187.

30%的前沿科学家。科技人员流失的主要原因是工资低和缺乏从事科研工作的必要条件（缺乏现代仪器和设备等）。以工资为例，西方发达国家科技人员的工资比俄罗斯高出10多倍。在美国，拥有化学和化学技术专业硕士学位的青年科技人员的工资每月为3000~4000美元，拥有博士学位的青年科技人员每月收入4000~5000美元，航天航空领域的青年科技人员每月工资可达35000美元。进入21世纪以来，俄罗斯科技人员流失现象大为缓减，但年龄结构不合理。2000年以来，29岁以下科技人员占全部科技人员的比重呈增长趋势，但其他年龄段（30~39岁）人员比重没有增长（2008年29岁以下人员占比为17.6%，30~39岁人员占比为14.2%）。同时，60岁及以上人员占比从2000年的20.8%升至2008年的25.2%。目前，俄罗斯的科技人员数量在经合组织国家中列第1位，按每1万经济活动人口拥有的科研人员数量计算，则列第10位，不及芬兰、瑞典、日本、美国等创新能力强的国家。要加速俄罗斯经济的创新发展，科技人员数量应该扩大，尤其是中年科技人员至少比现有规模扩大0.5~1倍。

第二节　过度依赖能源部门

俄罗斯经济作为世界经济的一个组成部分，其变动趋势同世界相比，既有相同点，也存在差异。俄罗斯联邦国家统计局资料显示，1999~2011年俄罗斯经济形势发展良好（2009年除外）。俄罗斯国内生产总值从1999年的47570亿卢布增至2011年的545860亿卢布，增长了10.5倍。2011年俄罗斯GDP为1476912美元，名义GDP在世界排名第10位。

俄罗斯形势不断趋好的原因有内部因素和外部因素。从内部因素看，一是政府经济调整政策为经济增长创造了客观条件；二是宏观经济环境趋好，通胀率下降，卢布汇率稳定，经济中的货币充足；三是国家预算政策更趋合理，预算盈余增大，保证了宏观经济的稳定。从外部因素看，一是俄罗斯政府出台的一系列鼓励出口政策措施的累积效应进一步显现；二是国际市场石油价格攀升导致石油出口收入增加；三是国外市场对俄罗斯产品（主要是能源产品）的进口需求弹性增大，为俄罗斯产品出口提供了有利条件；四是稳定的货币政策刺激了俄罗斯出口的增加。尤其是能源和原材料价格大幅攀升，对俄罗斯经济改善起到积极的推动作用。

俄罗斯国民经济对外贸的依存度较高，受"9·11"事件影响，外贸对GDP的贡献率一度从2000年的31%降为2001年的16%，2002年回升至43%，2008~2009年受国际金融危机的影响再降为20%，2010年以后维持在40%的水平。其中出口的贡献率从国际经济危机期间的20%提高到目前的30%。特别要强调的是，俄罗斯出口结构比较单一，燃料能源占出口的一半以上，虽然不能将经济增长归结为能源单一因素，但高油价是俄罗斯经济增长的最重要条件之一。正所谓水能载舟，亦能覆舟。俄罗斯经济增长主要依赖国际能源市场需求和价格，当国际能源市场需求增加和价格高企时，巨额外汇收入可以促进经济增长，而当需求减少和价格下跌时，外汇收入剧减则使经济陷入衰退。

由于俄罗斯是石油净出口国，其预算乃至经济在很大程度上与世界石油市场价格有关，以至于政府总是将国际市场石油价格走势作为预测本国经济增长趋势的主要参考因素，这就增加了俄罗斯经济增长的不稳定性。受世界金融危机的影响，国际市场石油价格大幅下跌，从而使俄罗斯2009年的GDP下降7.9%。这充分说明俄过度依赖能源带来的风险。

第三节 劳动力不足

一 劳动力现状

为便于与俄罗斯统计口径相衔接，我们将经济活动人口作为劳动力计算依据。关于劳动年龄，各国的劳动统计制度以16岁为劳动年龄下限，不设上限。俄罗斯结合本国实际，将16~72岁作为劳动年龄的统计口径。

从劳动力总量及就业变化来看，1992~2011年，俄罗斯劳动力数量从7506万人升至7575.2万人，增长69.2万人，增长了0.9%。就业人口数量从7117.1万人减至7073.2万人，减少43.9万人，减少了0.6%。失业人口从388.9万人升至502万人，增长113.1万人，增长了29.1%[1]。俄罗斯人口不断下降，但劳动力总量呈小幅上升趋势，说明移民数量增加。劳动移民多为

---

[1] 根据下列统计资料整理：Федеральная служба государственной статистики（Росстат），Россия в цифрах. 2012：Крат. стат. сб. М.，2012，С. 96.

有劳动能力的人口，能直接进入劳动力市场，在一定程度上缓解了俄罗斯劳动力不足的现象。俄罗斯劳动力总量上升的同时，失业人口也在上升，并非劳动力数量多，而是因为劳动力市场虽有职位空缺，但人们没有所需的技能或不愿意从事如重体力活、脏活、累活等工种而造成的失业，即由劳动力的供给和需求不平衡造成的结构性失业。

从劳动力的部门结构来看，2005~2011年，俄罗斯从事农业的劳动力占全部劳动人口的比例从11.1%减至9.7%；渔业没有变化，占0.2%；采掘业没有变化，占1.6%；加工业从17.2%减至15.2%；建筑业从7.4%增至8.0%；批发、零售、维修业从16.6%升至18.3%；宾馆与餐饮业从1.7%升至1.8%；交通与通信业从8.0%减至7.9%；金融业从1.3%升至1.7%；房地产与租赁业从7.3%升至8.1%；管理与社会保险业从5.2%升至5.6%；教育从9.0%减至8.5%；卫生部门没有变化，占6.8%；其他公共和社会服务部门没有变化，占3.7%。第一产业的劳动力占比略有下降，第二产业劳动力结构变化不大，第三产业变化较大。主要原因是，俄罗斯农业发展相对缓慢，第二产业中的国有企业所占比例较高，人员相对稳定，第三产业有所发展。随着产业结构的调整，劳动人口逐渐由第一产业向第三产业转移。

从劳动参与率来看，1992~2011年，俄罗斯总体劳动参与率经历了一个快速下降到缓慢回升的过程，1992~1995年从70.7%快速下降至68.3%，2000~2011年逐步回升，从65.5%升至68.3%，但未达到改革初期的水平，略低于世界平均水平（71.4%）和发达国家水平（71.7%）。劳动参与率指经济活动人口（包括从业人口和失业人口）占劳动年龄人口的百分比，用来衡量人们参与经济活动状况的指标。简而言之，劳动参与率越高，说明投入经济中的劳动力数量相对就越多，经济增长越快；反之，则反是。俄罗斯劳动参与率下降的主要原因是，市场改革改变了劳动力配置机制。在传统的计划经济体制下，政府不允许也不承认失业的存在，统一配置劳动力，要求有劳动能力者必须参加工作进行劳动，所以当时的劳动参与率较高。俄罗斯经济转型后，就业与否成为个人的选择，加之经济陷入危机，有的人由于寻找工作困难等原因，自愿选择退出劳动力市场，劳动参与率自然下降。1999年以后经济持续增长，但由于俄罗斯经济基数较低，与其他发达国家相比，工资水平仍处于较低水平，不少人参与社会劳动的积极性提高，劳动参与率自然上升。

从劳动力素质来看，2011年高等职业教育的人口占全部劳动力的29.5%，其中男性占26.0%，女性占33.2%；中等职业教育的人口占26.9%，其中男性占22.2%，女性占31.8%；初等职业教育的人口占19.5%，其中男性占22.3%，女性占17.1%；中等（完全）普通教育的人口占19.7%，其中男性占22.3%，女性占17.1%；普通基础教育的人口占3.9%，其中男性占4.7%，女性占3.1%；没有接受普通基础教育的人口占0.3%，其中男性占0.4%，女性占0.3%。俄罗斯的教育体制基本沿袭了苏联的传统，在全部劳动力中受过高等职业教育和中等职业教育的人口占到近60%，说明劳动力素质比较高。由此可以推测，俄罗斯未来新增劳动年龄人口的受教育程度也将保持一个较高的水平。

二 影响劳动力不足的因素

人口数量少是导致俄罗斯劳动力不足的根本原因。俄罗斯国家统计局资料显示[1]，1992～2011年俄罗斯总人口不断下降。1992年俄罗斯总人口为14867.34万，2011年为14286.5万，减少580.84万，减少了3.9%。人口安全已经成为全球性、长期性和综合性问题，不仅存在于经济发达国家和发展中国家，也存在于像俄罗斯这样的"追赶型"国家。所不同的是，发展中国家所面临的是人口膨胀带来的生存威胁或生存大挑战，而发达国家和俄罗斯所面临的却是人口减少带来的一系列严重后果。例如，人口安全问题不仅成为俄罗斯可持续发展的最大障碍，而且也影响国家的稳定与安全。这是当代俄罗斯国情中之基本国情，困难中之最大困难。

首先，俄罗斯人口与其国力不成比例。根据1897年人口普查，已跨入大国行列的俄罗斯帝国的人口达到1.282亿，占世界人口的8%。苏联时期，其人口数量曾一度居世界第三位。然而，相对于自身领土而言，俄罗斯帝国和苏联都曾是人口小国，其人口密度很低，这一基本的格局百年间几乎没有大的改变。

就领土而言，当代俄罗斯领土面积为1709.8万平方公里（2010年年底），可谓世界领土最大国家。就经济发展而言，自1999年以来，俄罗斯经济总体

---

[1] Федеральная служба государственной статистики（Росстат），Россия в цифрах. 2012：Крат. стат. сб. М.，2012，C. 85.

保持持续、快速增长的势头（好于主要发达国家和大多数经济转型国家），国内生产总值排名不断上升，逐渐跻身世界经济大国行列。但就人口发展而言，苏联解体后尤其自1993年以来，俄罗斯的总人口连年下降，人口总量仅排在世界第8位，人口密度每平方公里不足9人，与世界领土面积第一的称号极不相称。不过，俄罗斯的领土比俄罗斯帝国或苏联减少约1/4，人口密度略有提高，但仍很低。现在，俄罗斯总人口大约相当于世界人口的2.5%，与100年前相比情况发生了很大变化。

其次，扭转俄罗斯人口下降趋势并非易事。应该说，目前俄罗斯出现的第四次人口下降要比前三次人口下降更为严重。前三次人口下降主要是因剧烈的社会动荡，即第一次世界大战和国内战争、20世纪30年代的大饥荒和大清洗、第二次世界大战等所致，而目前的人口下降主要受人口行为变化的影响（由此而导致出生率超低和死亡率过高）。因此，俄罗斯现在要改变人口减少的不利局势则比前三次困难得多，显然不能指望依靠人口自然增长来恢复居民数量。

最后，俄罗斯在人口动态发展过程中所具有的保持人口增幅递减趋势的内在力量不可低估。这种力量不仅导致人口再生产具有重复性，而且会使以往的人口发展态势影响久远、波及数代人。因此，俄罗斯人口的减少具有持久性。

三 劳动力发展趋势

影响俄罗斯人口下降的原因主要是人口外流严重、生育率低和死亡率高。为了增加人口，俄罗斯主要采取的措施，其一，消除居民收入和社会发展水平落后的状况。如实行最低劳动报酬标准，保证国家预算对偏远地区的最低拨款，最低工资和退休金不低于实际最低生活水平等。其二，采取补偿措施，鼓励生育，降低死亡率并提高居民寿命。如将生育孩子的补助提高，对经常出资援助多子女家庭、抚养儿童机构的企业、组织提供税收优惠，为购买住房和耐用品的年轻家庭提供长期贷款。其三，制定吸引外来人口的移民政策。上述措施产生了一定的效果，2008年以后人口下降的幅度趋缓，甚至在2011年还出现小幅回升，人口外流数量大大减少，但死亡率高和出生率低的难题仍然没有解决。如果这种趋势持续下去的话，到2030年俄罗斯人口将减至5000万~5500万，劳动力短缺将达到500万~700万。

劳动力是生产力的主体，保障最大利用劳动力资源是一个国家或地区社会经济发展的重要任务。在一定的生产技术条件下，投入的劳动力数量越多，经济增长的速度就越快。高死亡率和低生育率已被俄罗斯视为引发一系列社会经济危机的重要因素，因此，降低死亡率和促使生育率回升则成为俄罗斯的迫切期望。然而，由于人口行为尤其是生育行为因素的影响，俄罗斯人口发展很难再回到高出生率、高自然增长率或偏高的出生率和自然增长率的时代。受此影响，俄罗斯劳动力总量供不应求的局面将长期存在。

第四节 落后的经济增长方式

一 经济增长方式落后的表现

1992年市场转型以来，俄罗斯的社会经济体制发生了很大变化，但在经济增长方式方面仍然是粗放发展的消耗型经济。其主要表现为：一是没有扩大内涵的生产；二是未能以科技投入来实现企业产品升级换代即以质取胜的目标；三是传统的工业生产方式仍占主导，以信息化为标志的新型工业化发展模式不明显。这样，粗放的经济发展模式限制了集约化发展，制约了经济的可持续发展。结构协调型的经济增长方式，是由产业结构形成的。可以从产业结构的产出结构、投资结构、劳动力结构和技术结构四个方面，分析俄罗斯转型20年来粗放型经济增长方式的具体特征。

从产出结构来看，消费部门（农业、食品工业、轻工业）在总产出中所占比重急剧下降，从1990年的35%降至2011年的17.4%（2000年世界为53.4%，发达国家为47.3%），降幅约为50%。消费部门比重大幅下降的主要原因是民族经济受到外国商品的强大冲击，如进口的轻工产品占其消费的比重达到60%以上。创新部门（机器制造与金属加工业、化学与石油加工业、建筑业）损失严重，在总产出中的比重从1990年的27.6%降至2011年的16.5%（2000年世界为16.6%，发达国家为19.9%），降幅为40%。能源与原材料部门（采掘业，冶金业，木材加工与制浆造纸，建筑材料，电力、天然气与水供应）的生产呈下降趋势，但在总产出中的比重却从1990年的17.6%增至2011年的26.8%（2000年世界为7.6%，发达国家为6.7%），增幅为52%。近几年来国际市场能源和原材料价格攀升，是主要面向出口的能源与原材料部门产出结构大幅度变动的基本原因。基础设施部门（运输邮电业、贸易、金融服务）占比达到创纪录的水平，从1990年的19.8%增至2011年的39.3%，增幅为98%（2000年世界为29.7%，发达国家为28.8%）[1]。基础设施部门比重增长的主要原因有三：一是就业人数增长；二是进口商品大幅涨价；三是具有寄生性质的中介组织比重增长。

从投资结构来看，消费部门在固定资本总投资的比重从1990年的39.3%降至2011年的23.7%。创新投资部门占比显著下降，从1990年的16.7%降至2011年的7.5%。能源与原材料部门从1990年的23.2%增至2011年的27.9%。基础设施部门占比从1990年的20.8%增至2011年的40.9%。产出结构的形成，在很大程度上取决于投资结构的协调。四部门投资结构变动不协调的基本表现是第一和第二部门的投资比重下降过猛，原因在于第四部门投资比重上升的过程中第三部门的投资比重没有相应降低，反而上升了，从而导致投资结构失衡。

从劳动力结构来看，消费部门在劳动力总数的比重从1990年的37.7%降至2011年的36.8%，变动幅度不大。创新投资部门从30%降至15.8%，降幅为47%。能源和原材料部门在就业总人数中的比重略有下降，从12.3%降至12.1%。然而，按人均计算的增加值超过全国平均水平1倍。基础设施部门在就业总人数中的比重从20%增至31.8%，增幅为59%。从总体上看，俄罗斯劳动力结构的变动速度较快，特别是创新部门和基础设施部门劳动力流动比较明显。劳动力结构与产值结构的变动关系不协调，既有消费部门产值比重下降过快、能源和原材料部门产值比重上升过快的原因，也有创新部门劳动力比重降低较快和基础设施部门劳动力比重上升较快的原因。俄罗斯的上述结构偏离度（四部门产业结构偏离数的绝对值之和）下降不明显，正是由于消费部门（主要是农业）和创新部门劳动比重与产值比重的下降幅度差别不大，从而它们之间的结构偏离数较小。从表面上看，能源和原材料部门和基础设施部门劳动比重与产值比重的上升幅度差别明显，它们之间的结构偏离数（两部门劳动力比重减去产值比重的差额）很大。实际上，能源和原材料部门产值比重上升受国际市场价格攀升影响，同实物量的增长不成正比，

---

[1] 根据以下资料整理：Кузык Б. Я.，Яковец Ю，Альтернативы структурной динамики. Экономист，2007，№1. С. 3 – 14；Федеральная служба государственной статистики（Росстат），Россия в цифрах. 2012：Крат. стат. сб. М. ，2012，С. 29 – 36，187 – 193，212 – 214.

基础设施部门劳动力比重上升不是依靠消费部门劳动力的转移，而是吸纳创新部门劳动力的结果。在这种条件下，经济增长模式不可能得到调整，结构关系的不协调必然带来经济的低效增长。

从技术结构来看，四部门之间的差别很大。技术水平是资源配置构成所形成的一种生产力水平，它的变动取决于资产质量和劳动力素质的合理变动和协调作用，是经济增长方式转变的一个重要方面。限于资料获取的困难，我们选取固定资本投资比重、技术设备的变化和技术创新支出比重等3项指标，作为衡量技术水平的标准。关于固定资本投资结构，如前所述，消费部门和创新部门下降过快，而能源与原材料部门、基础设施部门上升，从而导致投资结构失衡。关于技术设备的变化，2010年俄罗斯全国使用国际互联网的企业比重为48.8%，其中能源与原材料部门（采掘业）为67.7%，创新部门（机器制造业）为63.1%，消费部门（食品工业）为59%，基础设施部门（贸易）为45.6%。关于技术创新支出结构，2011年消费部门（食品工业）占部门产值的0.5%，创新部门（机器制造业）占1.7%，能源与原材料部门（采掘部门）占2.2%，基础设施部门（贸易）占1.1%。总的来看，俄罗斯技术创新程度较差，前文已有论述，这里不再赘述。

二 影响俄罗斯经济增长方式转变的因素

俄罗斯未能实现经济增长方式的转变有多种原因，但主要是经济体制、经济发展战略和对外战略三个问题。

俄罗斯向市场经济过渡已超过20年，但市场机制很不完善。一是管理方式落后。正如俄罗斯前经济部长、著名经济学家雅兴所言，俄罗斯虽然拥有丰富的人力资本，但"工作纪律性差，执行任务粗心。所有消极现象与苏联的经济特点和造成极低工作动力的强制性管理方式直接相关。这些缺点就是在今天也没有完全根除。以至于一些企业经营者还时常采用过去的方式管理企业，虽然为了自身利益，已经形成了高素质的劳动者队伍"[①]。二是制度建设落后。在俄罗斯面临经济增长要素效率低下的条件下，影响经济增长的因素主要是政治和法律，即国家管理、司法、议会等制度状况，以及国家保障

---

① 〔俄〕叶夫根尼·雅兴：《俄罗斯经济增长与发展》，毕洪业译，《俄罗斯研究》2003年第1期。

执行现行法律的能力。企业要想具有竞争力，国家提供的制度保障（其中包括合同的执行）是关键。如果司法和立法机关不能履行其职责，势必加大企业的交易成本并降低其竞争力。俄罗斯虽然不断完善经济与社会方面的立法工作，提高了关于租让协议和关于经济特区等重要法律，还进行了行政改革，减少了许可证签发的业务范围，硬化了国家采购招标程序等，但效果不明显，如在产权私有化及保护、经济法制化水平等方面，与市场自由公正竞争的要求相差甚远。

俄罗斯是个军事色彩浓厚的国家，加之地缘战略空间受到挤压，谋求恢复传统大国地位的愿望十分迫切，而对外强硬战略的实施必须倚重雄厚的经济实力。俄罗斯2008年5月明确提出能源和军工是未来经济发展的重点，就是这个道理。重工业资产尤其是能源和军工资产专业性极强，被政府禁止出售或重新配置，形成沉淀成本，严重降低了国有企业的经济效率和福利水平。俄罗斯政府人为设置的高退出壁垒必然成为阻碍经济增长方式转变的重要原因。

第五节 中小企业发展缓慢

一 中小企业发展现状

截至2009年年底，俄罗斯中小企业共有1618038家［其中中型企业15547家，小型企业（含微型企业）1602491家］，比1992年增长131%。从业人数1222.38万，比1992年增长1000%多。根据《2012年前俄罗斯中小企业发展规划》，2009～2010年中小企业就业人数占经济全部就业人数的比重提高1倍（达到28%），产出占GDP的比重提高0.5倍（达到GDP的1/3），每千人拥有中小企业数量增长15%（达到11.4家），非贸易领域中小企业营业额占中小企业全部营业额的比重增长50%。据俄罗斯学者估计，到2012年，随着俄罗斯中小企业经营主体数量的增长，"愿意从事经营活动的人数占全国人口的比重将接近世界平均指标（10%），比现有水平高出3倍"[1]。

---

[1] Изряднова О. И, О малом бизнесе в России. http：// www.iet.ru/ru/kommentarii/o-malom-biznese-v-rossii.html.

二 中小企业在国家经济发展中的作用

推进了所有制体制改革,打破了国有制的垄断地位。俄罗斯在实行了小私有化后,又进行了大私有化和个案私有化。俄罗斯以较快速度实现了私有化,到1999年年底非国有经济占GDP的比重已达70%左右,形成了私营、个体、集体、合资、股份制与国有经济多种经济成分并存的所有制多元化结构,为经济的发展创造了前提条件。普京上台后曾一度将部分已经私有化的企业重新国有化,但实践证明,在2008~2009年的金融危机中国有企业受冲击最大,中小企业受到的影响较小,说明国有企业存在效益普遍低下的问题。2010年俄罗斯制订的2011至2014年私有化计划,就是为了扭转大型国企垄断使俄罗斯国内竞争环境恶化、中小企业生存空间不断受到挤压的不利局面。

促进了经济结构的改造,市场机制开始发挥优化资源配置的作用。改革前,俄罗斯的第三产业比较落后。通过改革,俄罗斯第三产业在国内生产总值的比重由1991年的35.9%上升到2011年的50%左右,其中中小企业占比2009年达到60%以上。俄罗斯的产值结构已接近中等发达国家水平,从组织上为建立众多中小企业、经济的健康发展创造了必要条件。

活跃了消费市场,促进了流通领域经济的发展。中小企业无须投入大笔资金、大规模的生产设备和大量的劳动力,能够较快适应市场的供需变化,表现出很大的潜力和很强的生命力,对活跃市场、保障经济的正常运行和企业整体效益的提高都有推动作用。据统计,2009年年末俄罗斯中小企业社会消费品零售总额占全国的29.2%。

满足了市场需求,缓解了就业压力。中小企业经营方式灵活,工资相对较低,能够满足社会不同层次、不同行业人员的就业需求,所以小企业的就业率较高。资料显示,2009年俄罗斯中小企业从业人员是全国的17.6%。中小企业还是失业人员和新增劳动力就业的主要渠道,对缓解社会就业压力和社会矛盾有积极的作用。俄罗斯改革20年的经验证明,即使在大企业不景气时,中小企业也会保持一定的就业增长速度。

创新积极性较高,在技术开发、革新方面有较多优势。小企业具有投资见效快的特点,在技术革新上较大企业更为迫切,因为中小企业受市场影响大,对市场比较敏感,产品一旦落伍,必然危及企业生存。俄罗斯不少小企业,最初"就建立在自己发明和革新的基础上,将产品瞄准市场。因此往往能较准确地被市场吸收和吸纳,避免生产的盲目性"①。从近几年看,俄罗斯小型创新企业集中了全国20%的科技潜力,劳动力成本只有大企业的10%~15%,人均创造的技术革新项目却是大企业的2.5倍~3倍,产品销售年增长率接近100%。

三 中小企业发展缓慢的原因

俄罗斯的中小企业尽管在全国经济发展中发挥了不少作用,个别指标已经达到甚至超过《2012年前俄罗斯中小企业发展规划》的规定指标,但是其与欧美发达国家相比仍显不足。2009年,欧盟的中小企业占企业的比重高达99%,俄罗斯只有不到30%;美国每千人拥有50家小企业,俄罗斯每千人拥有不到20家;欧美国家中小企业产值占GDP的50%~60%,俄罗斯只有不到17%。俄罗斯中小企业发展缓慢的原因主要表现在以下几个方面。

中小企业在市场经济主体中始终处于附属地位。在苏联时期,中小企业的主要任务不是向市场提供足够的商品,而是向社会提供就业岗位,解决社会生活问题。俄罗斯独立后,政府开始重视中小企业的发展。不过,这种重视是有条件的,国家仍然是以重工业、大企业的发展为主要方向,迄今仍未将中小企业的发展纳入国家经济战略的基础之中。俄罗斯将资源配置倾向于重工业和大企业,导致二元市场结构矛盾比较明显。作为处于转型之中的"追赶型"国家,俄罗斯存在明显的二元结构,2006年以来这种趋势得到进一步强化。一是政府通过司法程序或扩大国家控股监管国家财产,即加强对战略性部门的控制,能源和军工大型企业是其中的代表。这样,市场中形成了所谓的国家垄断。二是国家尽可能减少对小企业的控制,或者将其私有化,或者下放给地方管理。俄罗斯有学者认为,这种管理方式与20世纪20年代初布尔什维克采取的新经济政策极为相似②。俄罗斯目前存在的这种二元结构,加剧了市场分割的程度。垄断行为尤其是合谋定价行为,有利于高额垄断部门的利益,但不利于技术进步、组织创新和生产要素的合理配置。俄罗斯加强对战略性产业的政治经济控制,主要推动的是大型企业的发展,市场自发力量不足,民营企业(主要是小企业)推进的项目不多。

国家对中小企业的法律保障力度不够。为了规范中小企业的发展,也为

---

① 邱莉莉:《俄罗斯小企业在市场经济中的发展》,《世界经济与政治》1998年第2期。
② Под редакцией Е. Гайдара, Российская экономика в 2005 году: тенденции и перспективы (Выпуск 27). М., 2006, С. 24.

了给中小企业创造良好的经营环境，俄罗斯政府颁布了一系列法律法规。例如，1995年6月14日通过的《俄联邦政府关于支持小企业的基本法规》，明确了小企业的法律地位；2007年7月颁布的《俄罗斯联邦发展中小企业法》，为国家有关政府部门扶持小企业提供了法律依据。俄罗斯在建立经济法律基础和国家管理方法方面的成就，为中小企业的发展创造了现实前提。然而，同欧美发达国家相比，俄罗斯已经出台的法律法规仍显不足，更为重要的是，法规真正落实的少，有法不依的现象时有发生。

中小企业面临资金不足和贷款困难的双重压力。早在1994年，俄罗斯就成立了扶持小企业的联邦基金，负责为小企业贷款提供担保。俄罗斯政府还鼓励储蓄银行和其他商业银行为小企业简化银行贷款手续。虽然俄罗斯一再强调要支持小企业，但贷款难的问题一直没有妥善解决。俄罗斯中小企业在经营中面临着资金普遍短缺的问题，融资渠道主要是银行贷款。实际上，从事为中小企业贷款的银行不仅数量少，而且贷款数额也不多。例如，2008年12月，俄罗斯政府承诺为中小企业提供300亿卢布银行贷款和105亿卢布财政拨款，帮助它们渡过金融危机的难关。实际情况是，到2009年1月，被政府授权的银行从国家银行获得的资金年利率是8%，但贷给企业时却提高到22%~34%。银行的贷款不仅利率高，而且贷款期限也大大缩短，抵押条件则更加苛刻。大银行虽然不要求抵押，却要求必须有担保人。问题是，中小企业资金薄弱，根本没有人愿意担保，银行因此对中小企业不信任。俄罗斯95%的中小企业依靠贷款经营，一半的小企业倒闭就是因为流动资金不足和银行"惜贷"造成的。俄罗斯小企业资源中心2010年3月进行的市场调查结果显示，90%的中小企业希望得到国家的资金支持，包括降低银行贷款利率，为创新企业提供优惠贷款或无息贷款等①。

第六节　影子经济

一　影子经济的规模

关于俄罗斯影子经济的规模说法不一，按照俄罗斯内务部的评估，1993

---

① Российский центр малого предпринимательства, Растущий малый и средний бизнес в России и за рубежом: роль и место в экономике. М., 2010, С. 17 – 19.

年影子经济占 GDP 的 27%，1997~2000 年占 45%~50%。1997 年联合国经济合作组织所做的影子经济国家排行榜上，俄罗斯仅次于秘鲁，列第二位。2010 年世界银行所做的影子经济国家排行榜上，在 151 个国家中俄罗斯列第 130 位。2010 年 7 月世界银行公布的影子经济研究报告显示，1999~2007 年影子经济占世界 GDP 的比重呈逐年上升态势，达到 35.5%。在 151 个国家中俄罗斯影子经济占 GDP 的 48.6%，排名第 130 位[1]。2011 年 4 月俄罗斯国家统计局估计，2010 年俄罗斯的影子经济占 GDP 约 16%，相当于 7 万亿卢布。从事影子经济活动的人员约 1300 万，约占经济活动人口的 17%~18%[2]。俄罗斯学者倾向于俄罗斯内务部和世界银行的评估[3]。

俄罗斯国家统计局和世界银行对影子经济规模的评估存在较大差距，主要原因：一是对影子经济的定义不同。俄罗斯关于影子经济的界定是狭义的，仅将企业不缴纳税款、没有登记注册但从事并不违法的经营活动、家庭经济活动列入影子经济。西方关于影子经济的定义是广义的，不仅包括俄罗斯界定的范围，还将包括非法贩卖武器、走私毒品和卖淫活动在内的所有违法的经济活动都界定为影子经济。二是对影子经济的统计方式不同。俄罗斯仅计算工业领域中产品生产环节。西方则考虑了原材料采购环节、产品销售环节等。

二 影子经济的成因

苏联遗留的制度因素。俄罗斯影子经济并非是转型后突然产生的，而是在长期的社会经济发展过程中逐渐形成的。在苏联时期，影子经济现象已经很严重。俄罗斯内务部估计，1990~1991 年苏联影子经济占 GDP 的 10%~20%，西方估计为 12%~13%。这种制度性缺陷滋生的影子经济现象，在苏联解体和旧体制消除之后并没有随之消失，而是相应地遗留到了俄罗斯和其他独联体国家。在俄罗斯，法律不健全总是给不规范行为留有余地，影子经

---

[1] Башкатова А，Всемирный банк бросил тень на Россию：за время кризиса доля теневого сектора могла только подрасти，Независимая газета，23 июля 2010 г.

[2] Смольякова Т，Обратный отсчет：Росстат недосчитался деревень，мужчин. картошки，Российская газета，01 апреля 2011 г.

[3] Глушков В. В，Классификация теневой экономической деятельности，Национальные проекты，2010，№ 12，C. 130 – 135.

济已成为一种商业战略，商人私下里同官员达成协议，协商解决税收和罚款的数额；工人和厂长签订隐瞒"灰色"工资的协议等。影子经济已经使违法行为"制度化"，成为民众的一种"行为文化"。

影子经济常常被犯罪分子利用。苏联解体引起的经济基础和上层建筑的巨大变化，造成在一定时期内社会矛盾增多，给各种犯罪提供了有利条件。历史证明，处于动荡时期的社会，其犯罪率必然增高（如十月革命后初期经历了高犯罪率的阶段）。另外，在物质因素转变的情况下，以物质经济条件为基础的人的思想道德观念发生了深刻变化。苏联时期通过各种途径开展的社会主义传统教育规范了人们的思想行为。助人为乐、尊老爱幼蔚然成风，人们对犯罪现象深恶痛绝。20世纪90年代初政府实行全盘西化的政策，从政治、经济、文化方面对西方的东西兼收并蓄，改变了原有的价值观和道德观，丢掉了自己民族的文化传统，造成了人们在社会生活中的精神扭曲，成为引发犯罪的精神因素。社会风气急转直下，甚至为了金钱，为了享受，可以不顾一切，做出危害社会的违法犯罪行为。资料显示，1992年犯罪案件达到276.1万起，2007年上升至358.3万起，大型犯罪团伙20多万个[①]。犯罪集团利用伪造的付款单据、假的银行担保书达到侵吞资金的目的，把资金转到影子经济上和外国银行。政府没对私有化进行有效的监督，国有资产流失严重，如"纳霍德卡"港口竟然以几十亿卢布的极其低廉的价格变成了股份公司。地方政府乃至俄罗斯政府曾多次下决心打击经济领域的犯罪，但收效甚微。根据俄罗斯内务部的资料，2003年有高达60%的俄罗斯企业处于有组织犯罪团伙的控制之下。尽管最近几年，社会治安出现令人欣慰的变化，犯罪案件从2008年的321万起降至2011年的240.5万起，但是一些地方爆炸、杀人、抢劫等暴力活动仍很猖獗。

影子经济与高税收密切相关。俄罗斯历来就是一个高税收的国家，这与它的政治密切相关。俄罗斯实行的是强硬的外交政策，优先发展重工业，必须实行国家的高度集中。高税收是增强国力的主要来源之一。在20世纪90年代，俄罗斯企业70%～90%的营业收入用于支付各种税，如此过重的税收使企业无法正常发展甚至生存。为了开展正常的生产经营活动，企业尤其是中小企业偷漏税现象非常普遍。即使大企业也难以承受高额税负，例如，

---

① Федеральная служба государственной статистики（Росстат），Россия в цифрах. 2012：Крат. стат. сб. М.，2012，C. 169.

2006年俄罗斯政府以拖欠税款为由查封尤科斯集团,直接导致这个国内第二、世界第四的石油公司破产。近几年来,俄罗斯为了加入世贸组织和改善经营环境,不断下调税率,高税收对影子经济的影响程度出现下降趋势。

三 影子经济的危害

影子经济对俄罗斯来说并非一无是处,影子经济在俄罗斯的社会经济生活中活跃了市场,弥补了居民收入水平的下降,缓减了居民就业压力,这种积极的作用在改革初期比较明显。然而,毕竟这是一种非正规的经济,随着俄罗斯市场经济体制的建立,其弊端逐渐暴露出来。

影子经济严重干扰了国家经济秩序。俄罗斯影子经济规模之大、影响之深,必然使国家宏观经济统计发生扭曲,严重干扰国家的经济秩序和宏观调控,破坏国家经济转型的进行,威胁国家的经济安全,影响外国资本的流入。以隐形劳动报酬为例,1992年至2011年俄罗斯隐形劳动报酬占职工工资的35%~45%,其中,"2007年隐形劳动报酬额高达6.55万亿卢布。未上缴联邦财政的自然人收入税达8520亿卢布,未缴纳强制社会保险1.7万亿卢布。国家养老基金少收1.3万亿卢布,比2007年支付的养老金总额还多"[①]。

影子经济加剧资本外逃。影子经济获得的大部分收益具有非法性,加之俄罗斯政府加大对洗钱等黑色经济的打击力度,俄罗斯出现了资本外逃现象。据估计,20世纪90年代俄罗斯每年流亡国外的资金(通过合法和非法渠道)高达200亿~300亿美元,其中约30%~40%属"影子资本"。2011年,资本净流出仍高达800亿美元,尽管外流的资本中包括正常的对外投资,但"影子资本"的比重仍很高(不低于40%)。影子经济通过洗钱的方式将资本外流海外,然后以虚假投资形式返回国内,不仅极大影响国家税收和财政,而且严重破坏金融稳定,俄罗斯经济的正常运行因此受到相当程度的干扰。资本外逃还加剧了俄罗斯偿还外债的难度。苏联解体以来,俄罗斯的外债负担一直很重。不同的是,20世纪90年代主要被政府外债困扰,21世纪以来公司外债成为最大的困难。俄罗斯有关专家认为,如果能够制止资金外流,俄罗斯原则上有能力偿还外债,1998年的金融危机对俄罗斯的影响会减轻,2008年的世界金融危机也不会给俄罗斯的大型企业以沉重打击。

---

① 徐楷:《21世纪俄罗斯影子经济研究》,《经济研究导刊》2011年第35期。

影子经济导致居民收入差距的进一步拉大和贫富悬殊。影子经济中危害最大者非黑色经济莫属，政府官员和犯罪集团勾结在一起，共同的利益和目的促使他们从事和加强经济领域的犯罪。俄罗斯改革以来，通过从事地下非法经营、腐败、贩毒、诈骗等获得巨额收益的居民、政府官员和犯罪集团人数虽然只占人口比例的少数，但是这种通过各种不正常手段所攫取的收入却占居民新增收入量相当大的比重。俄罗斯官方资料显示，1999 年 10% 的富裕居民与 10% 的贫困居民之间收入差距为 13.9 倍，而有关专家认为差距高达 26 倍[①]，理由是差额中大量的影子收入未统计在内。2011 年，俄罗斯居民收入差距系数为 16.1 倍，影子收入的存在是导致实际收入差距扩大的一个主要因素。

第七节　腐败严重

一　俄罗斯腐败程度

经济转型以来，俄罗斯始终是寻租活动的"重灾区"。2001～2005 年，俄罗斯的腐败感知指数 2001 年最低（2.2 分），2004 年最高（2.4 分）。俄罗斯腐败感知指数虽然变化不大，但基本在 2.2～2.4 之间，属于极端腐败（10 分为最高分，表示最清廉；0 分为最低分，表示最腐败；0～2.5 分表示极端腐败）。2011 年 12 月 1 日"透明国际"发布的 2011 年度全球清廉指数报告显示，俄罗斯在 183 个国家中列第 43 位，表明腐败现象十分严重。

二　俄罗斯腐败与制度的关系

自 1992 年改革以来，俄罗斯在正式制度安排方面取得了重大进展，市场经济体制的框架已经初步确立。然而，同西方成熟的市场经济国家相比，俄罗斯的市场基础仍很薄弱，腐败更严重。俄罗斯腐败严重，主要原因就是自然经济、寻租和人身依附关系（或依附人格）三种典型的非正式制度安排仍有一定影响。

[①] Любимцева С, Потребительский спрос и предложение на внутреннем рынке, Экономист, 2002, №5, C. 37.

自然经济有狭义和广义两种解释。从狭义理解出发，自然经济即商品经济的对称，就是自给自足的经济，是为满足生存而生产，不是为市场的需要而生产。苏联和当代俄罗斯不存在典型的自然经济。

从广义上看，自然经济是指一种思想意识，其范畴包括以使用价值为目的的生产或以获取使用价值为目的的交换。由此，自然经济的范围包括农民家庭手工业和独立的工场手工业。苏联单一的所有制结构、产品经济观是其最重要的思想理论基础，这是自然经济的一种思想反映。十月革命胜利后不久，苏联就把商品货币关系、市场与社会主义经济对立起来，认为在消灭私有制的同时必须将其铲除。苏联的产品经济观根深蒂固，破坏了资源的合理利用，制约了市场机制的正常发挥。1992年经济转型以来，俄罗斯人的市场观念仍很淡薄。大多数俄罗斯人总是更愿意生活在一个集体或公社的环境中，而不是一种企业式的环境中。他们认为市场体系不是为普通百姓，而是为富人、营私舞弊的官员、投机分子和骗子效劳，仍有50%的成年居民没有直接参与被俄罗斯学者称之为"虚假的市场关系"①。

所谓寻租，是指人们违背市场规则，以"合法"（如通过游说、院外活动谋求政府优惠待遇）或非法活动（如行贿受贿、走私贩毒）而谋取超常的经济利益。

俄罗斯的寻租与垄断有关系。在现实生活中，市场不是完全竞争的，垄断也就因此存在。在垄断条件下，厂商的利润最大化原则就是边际成本等于边际收益，当边际成本小于边际收益时，就出现了低效率的资源配置状态。为了获得和维持垄断地位从而得到垄断利润（或称垄断租金），厂商常常进行诸如向政府官员行贿这种"寻租"活动。垄断行为有利于高额垄断部门的利益，但不利于技术进步、组织创新和生产要素的合理配置。这样，垄断力量不会从可持续发展的视角优化产业结构。垄断分为自然垄断、竞争垄断和行政垄断。俄罗斯的主要问题是行政垄断。例如，20世纪90年代叶利钦的官僚体制基本上是苏联时期的官员，在他们主导下的社会转型实际上是利益集团博弈的结果，效率低下和腐败严重是这个时期的特点。尤其是肇始于苏共特权阶层在叶利钦时代公开发展并逐渐形成的市场活动主体，即垄断性利益集团或寡头垄断，成为社会经济发展中稳赚不赔的强势群体。他们不仅获得了

---

① 〔俄〕A. 奥尔洛夫：《经济发展有赖于人的因素》，王兴权译，《国外社会科学》2003年第4期。

对巨型、大型企业的控制权,还导致"寻租活动"的泛滥。这种官商勾结,以寻租活动为主、避开市场竞争的反市场行为,使一小部分人获得特许权,并获得垄断利润,是一种纯粹的收入再分配,而且削弱了企业家创新能力的发挥。普京执政后,虽然对寡头集团进行了有力的打击,但出于政治经济考虑,对寡头又留有余地。此外,普京时期又形成了诸如克格勃集团、彼得堡帮等新的利益集团,他们实际上主导着俄罗斯的制度转型。这种新式的行政垄断并不完全是坏事情,至少保障了俄罗斯的政局稳定,符合俄罗斯的"主权民主"。但它的负面影响也不可低估,容易导致寻租活动的泛滥,成为滋生腐败的土壤和温床。

人身依附即俄罗斯学者布兹加林和科尔加诺夫所讲的超经济强制①。超经济强制原指封建社会中宗法共同体(封建主)对个人(农民)的束缚,如沙俄时期农民不能放弃份地、生产经营活动不能违背村社的统一安排。除了强制的一面,超经济强制实际上还有保护的一面,二者互为关联,这是封建时期个人(农民)"自愿"处于依附地位的重要原因。苏联时期,斯大林故意回避现实生活中的超经济强制和人身依附大量存在的事实,贬低人身依附的重要性。20世纪70年代以后,苏联有一批学者如伊柳舍奇金、达尼洛娃、古列维奇、科比夏诺夫等,不同意斯大林过分强调土地所有制的封建社会观,认为苏联是一种"超经济强制社会"。苏联解体后,俄罗斯在政治上废除了苏维埃制度,在经济上先是通过激进的"休克疗法"实行野蛮的资本主义,后又过渡到混合市场经济模式的第三条道路。在叶利钦时代,政治经济自由一度达到俄罗斯历史上的高峰时期。在普京时代,俄罗斯根深蒂固的"专制基因"开始复活。迄今为止,在俄罗斯实际存在的人身依附和超经济强制并没有完全消除,主要表现有二:唯上崇上心理严重,下级对上级唯唯诺诺,唯命是从,影响正常的政治生活,这是其一。其二是,个人独断专行一类家长制作风阻碍社会文明进步。2009年11月12日,梅德韦杰夫总统在国情咨文讲话中提出要将俄罗斯建设为成熟的民主国家,就是这个道理。

三 俄罗斯反腐败任重道远

俄罗斯虽然认识到,寻租与腐败现象阻碍了社会生产力的发展,带来了

---

① Бузгалин А., Колганов А., "Рыночноцентрическая" экономическая теория устарела, Вопросы экономики, 2004, № 3, С. 47 - 48.

严重的社会性问题，但这种现象将长期存在于俄罗斯。主要根据是：公共选择理论认为，市场经济条件下个人选择活动的理性原则（即"经济人"假设）可以运用到公共生活和集体生活的公共选择活动，政治人在政治生活中遵循着个人利益最大化原则有效地追求目标，是理性的。政府官员参与政治的动机是为了个人的利益，所以，政府在干预经济的时候，从主观上说，难免会产生腐败。这是其一。其二是，寻租活动的根源要从制度基础上去寻找。人类历史证明，不受制约的权力易被滥用，必然产生腐败。俄罗斯的腐败遗留于苏联时期的集体主义，它导致了转型以来俄罗斯治理的弱化和道德的缺失。随着苏联的解体，旧的集体主义体系被打破，新的正式规则逐步建立，同时仍然保留着作为苏联社会精髓的非正式规则。俄罗斯的腐败行为具有管制经济典型的寻租行为和现代民主政治典型的依赖模式的双重特征，也就在情理之中了。对于拥有高度集权化传统的俄罗斯而言，寻租性腐败比一般国家更严重，却是不争的事实。其三是，经济体制转型为寻租性腐败提供了滋生的温床。苏联解体后，俄罗斯新的统治者取代了苏联的旧统治者，但新的统治者缺乏过去苏维埃政权的稳固性，正式制度的合法性遭遇严峻挫折，典型寻租者的寻租时间大为缩短，这是俄罗斯转型之初腐败已经相当猖獗的重要原因。转型20年来，俄罗斯虽然已初步确立了市场经济体制，但完善的市场经济体制的建立是个长期的过程。所以，俄罗斯腐败的长期存在是个不争的事实，这种腐败既是政治驱使的自上而下的结果，也是商业驱使的自下而上的反映，更是官僚集团利用制度缺失从中谋取利益的行为。"在严重腐败的环境下，是难以真正实现经济现代化的。对于转型国家，特别是对于俄罗斯来说，反腐败既是政治任务，也是迫切的经济任务。"①

---

① 李福川：《2011年俄罗斯经济形势特点及未来趋势》，《和平与发展》2012年第1期。

第十四章
居民生活水平透析

在转型初期，俄罗斯居民收入和消费出现过两次大的下降：1992年上半年和1998年下半年。随着俄罗斯改革的不断深化，贫困、不平等等社会公平问题越来越受到各方关注。为此，俄罗斯出台了一系列调节收入分配的政策。1999年以来，俄罗斯居民相对收入水平略有恶化，绝对收入水平和收入增长速度总体上值得肯定，但收入差距比较悬殊，已进入国际警戒区。传统的供给导向型经济已转变为需求导向型经济，而作为市场需求的重要组成部分，消费需求明显加快，在社会经济发展中逐步起着导向作用和拉动作用。然而，同西方发达国家相比，俄罗斯目前的投资贡献率偏高，消费贡献率偏低。

第一节 转型起始阶段出现的困难

一 居民生活贫困化

在转型初期，俄罗斯居民收入和消费出现过两次大的下降：1992年上半年和1998年下半年。1992年受价格自由化和"休克疗法"的影响，居民收入（包括当期收入和储蓄）贬值50%以上。1998年8月发生的金融危机使消费品价格大幅上扬，受此影响，购买需求和消费水平急剧下降。

（一）贫困人口增多

货币收入低于贫困线的人口比重1992年最大，达到4970万人，占全国人口的33.5%。此后贫困人口的绝对数和相对数下降，1998年为3500万人，占全国人口的23.8%。但是，俄罗斯科学院人口社会经济问题研究所计算结果与官方公布的数字相差较大。例如，1995年官方统计数字为24.7%，科学院学者估算为40%。统计结果差距大的主要原因在于，科学院的数字包括老人和孩子。俄罗斯贫困人口中包括近25%的6岁以下儿童，33%的7~15岁儿童和20%的成年人[①]。

（二）居民实际收入下降

1992年比上年下降47%，1998年同比下降18.5%。根据收入不同，俄罗斯居民群体大体可分为三组。第一组为富人阶层，占居民总数的12%。其中，2%为极富有者（大银行家和金融寡头），3%为以采掘部门为代表的骨干企业的所有者，7%为上述部门的经理人员和管理人员。第三组为最贫穷者，占65%。其中，40%在贫困线以下，25%收入不超过最低生活标准的2倍，10%为社会"底层"。后者主要是单身老人、残疾人、多子女家庭、失业者、单身母亲、难民、被迫迁移者及许多知识分子。第二组为其余23%的居民。这是国家极力想造就的中产阶层，但是称其为中产阶层是有条件的，因为该组的经济特征与其称谓不完全相符。

（三）工资的市场决定机制力度不够

1992年职工月均工资为1991年的67.3%，1998年为1991年的46.2%。从最低工资水平来看，俄罗斯的这一指标有恶化趋势。不同国家的最低工资标准虽不尽相同，但总的原则是一样的，即不能低于最低生活标准。俄罗斯虽然强调，最低工资是保证最低生活标准的最有效手段，但因其不能保证最起码的生活需要，最低工资已失去其应有的社会经济意义。最低工资与最低生活标准的比率从1993年的0.21降至2000年的0.065。从实际退休金情况来看，2000年以前呈下降趋势，1992年为上年的52%，1998年为上年的81%。另外，工资收入比重下降，资产收入上升。工资收入在俄罗斯居民个人总收入中的比重已从1990年的75%降为1992年的69.9%和1999年的35.2%。同时财产和经营活动收入比重由1990年的12.9%降至1992年的

---

① 俄罗斯有关专家认为，老人和孩子境况恶化的社会是不平等和没有前途的。儿童的贫困使国家失去未来的一代，意味着俄罗斯基因储备的损失。参见 Любимцева С. Потребительский спрос и предложение на внутреннем рынке. Экономист. 2002. №5. С. 49。

9.4%，1999年升至20.1%。对于俄罗斯大多数居民来说，工资收入仍然是其生活来源，所不同的是，这种工资收入具有新的特点。其一，工资收入已从不同所有制的经济主体中领取；其二，工资来源多元化，除基本工资收入外，还有第二或第三职业工资收入；其三，工资常常拖欠。

（四）居民消费水平降低

俄罗斯居民家庭用于食品支出的比重1993年为49.4%，1998年为55.9%。恩格尔系数有两种计算法，一种是人们的食品消费支出占总收入之比，另一种是食品消费支出占总支出之比，不管采取何种算法，食品消费支出比重会随着总收入或总支出的增加而逐渐降低。作为衡量一个国家、一个地区或一个家庭富裕程度的重要程度，恩格尔系数已经被许多研究证实。联合国根据恩格尔系数确定了一个划分贫富的标准：恩格尔系数在60%以上为绝对贫困阶层，50%~60%为勉强度日阶层，40%~50%为小康水平，30%~40%为富裕阶层，30%以下为最富裕阶层。俄罗斯居民恩格尔系数偏高，属温饱型标准。与苏联时期相比，居民生活水平出现下降趋势。俄罗斯食物消费水平从1991年起开始大幅度下降。1992~1998年，人均肉和肉制品消费量由60千克减少到58千克，下降3.3%；奶和奶制品由281千克减少到245千克，下降13%；蛋由263个减少到198个，下降25%；马铃薯由118千克减少到111千克，减少6%；面包由125千克减少到120千克，减少4%。与此相反，鱼和鱼产品由12千克增加到15千克，增加25%；植物油由6.7千克增加到8.7千克，增加30%；蔬菜和瓜类由77千克增加到83千克，增加7.8%；水果和浆果由32千克增加到33千克，微增3.1%；糖由30千克增加到44千克，增加46.7%。俄罗斯居民每天平均消费的食物的含热量已由1990年的3140千卡减少到1997年的2520千卡，减少20%。从每天摄取的热量来看，低于西方国家的水平，勉强达到能够保证劳动力再生产的标准。从食物的蛋白质（肉、鱼、蛋、奶）和含有人体必需的各种维生素及无机盐的食物（蔬菜、水果等）来看，俄罗斯居民的食物还不符合科学的标准。从淀粉质食物（面包和马铃薯）来看，居民消费量达到或超过合理标准、提供消费食物的约一半热量。这些情况表明，改革后俄罗斯居民的生活出现不同程度的下降，消费水平比较低，膳食结构不合理，质量恶化。

二 影响居民生活水平的因素

影响居民生活水平的因素很多,但主要有以下三个因素:

(一) 苏联经济危机的压力

实行"休克疗法"之前,俄罗斯一直存在经济危机压力。从 1990 年起经济出现负增长,当年国民收入下降 4%,1991 年下降 15%。财政金融状况恶化,通货膨胀压力增大。1960~1987 年俄罗斯平均每年货币发行量为 22 亿卢布,80 年代后期货币发行量激增,1988 年为 120 亿卢布,1991 年高达 800 亿卢布。汇率从 1991 年 10 月的 70 卢布合 1 美元突然跌到 1992 年 1 月的 230 卢布合 1 美元。商品短缺和居民货币收入的急剧增长使经济迅速货币化,到 1990 年,其 M2 相当于当年的 GDP,居民的"实际工资"增加 27%,"结余购买力"在 1991 年 12 月是 1987 年水平的 180%。巨额的过剩货币潜藏着恶性通货膨胀的因素。根据西方估计(包括价格上涨因素和商品短缺因素),1968~1987 年,俄罗斯的年通货膨胀率为 4%,1988 年为 10%,1989 年为 12%~14%,1990 年为 19%[①],1991 年俄罗斯官方公布的数字是 160%[②],西方估计 1991 年俄罗斯的预算赤字至少占国内生产总值的 20%[③]。这说明,在苏联后期俄罗斯已经存在较严重的货币危机和通货膨胀危机。实行"休克疗法"的 1992 年通货膨胀率为 2510%(1993 年为 840%,以后逐年降低),全年通货膨胀率最高的月份是 1 月,达 245.3%,居民生活水平下降最快。

(二) 激进改革的影响

1992 年年初,独立后的俄罗斯开始了从计划经济向市场经济转型的进程。俄罗斯选择了自由市场经济的目标模式和激进的改革方式——"休克疗法",从而开始了痛苦而漫长的转型过程。俄罗斯经济转型的主要做法是价格自由

---

① 〔美〕理查德·莱亚德、约翰·帕克:《俄罗斯重振雄风》,白洁等译,中央编译出版社,1997,第 56 页。
② Государственный комитет Российской Федерации по статистике (Госкомстат России). Российский статистический ежегодник. 1998: Стат. сб. М. . 1998. С. 14.
③ 〔美〕理查德·莱亚德、约翰·帕克:《俄罗斯重振雄风》,白洁等译,中央编译出版社,1997,第 56 页。

化、紧缩的财政货币政策和推行大规模的私有化。

价格自由化，即一次性全面放开价格。1992年1月2日，俄罗斯放开了大约80%的生产资料价格和90%的消费品价格。在放开价格的同时，俄罗斯决定实行紧缩的财政货币政策。主要采取了五项措施，即提高税率、增加预算收入；削减预算支出，实行无赤字预算；对预算执行情况实行严格监督；控制货币发行；紧缩银行信贷，防止信用膨胀。俄罗斯政府认为，私有化是最重要的制度改革，是经济改革的中心环节。"休克疗法"要求实行大规模的私有化。实行"休克疗法"后，俄罗斯经济形势没有好转，反而恶化，发生了更为严重的经济危机、财政危机、货币危机和社会政治危机。

（三）收入分配机制的变化

不同分配机制的选择，实际上是对"公平"与"效率"两者进行选择的过程。分配机制主要是指社会产品应该向谁分配，原因是什么，依据是什么。在计划经济体制下，苏联实行的是以按劳分配（即保障性分配）为主的收入分配模式，经济效率是靠实行按劳分配原则来保证，而社会公平原则是借助社会消费基金来实现的。居民的收入主要来源于工资，而集体农庄庄员的收入主要来源于劳动报酬。按劳分配的最大优点是，劳动者地位平等，有利于整体福利的增加。按劳分配的缺点，一是非劳动力要素的公共占有，使这部分要素不能由所有权投入取向来自然达到有效配置，需要计划的绝对科学，而这一点又是极难做到的或不可能一直做好。二是非劳动力要素公共占有要以高度发达的社会大生产为条件，这是它的时间局限性。这就决定了按劳分配对于社会资源配置、生产要素的合理选择等方面作用甚小。

经济体制改革打破了过去传统的高度集权的计划经济体制和单一的公有制经济，使俄罗斯的分配机制发生了重要的变化，分配方式的现实形式是按照要素投入（即效率性分配）取得报酬。即根据资本、劳动、自然资源、技术和企业家等要素在生产过程中的投入取得相应的报酬。要素分配最大的优点是，能对资源进行优化配置，使其达到效率最大化，从而促进经济总量的增长。其缺点一是参与分配者的公平不等于要参与分配者的公平，参与分配过程中，以要素促进作用的大小来获取相应的收益，无疑合情合理，但关键是要素所有权的获取同时也是参与权的获取，要素本身不能解决每个行为主体的公平问题。二是整体效率的提高，经济总量的增长，并不等于或带来每个成员所得福利的增长，由此就不能排除某些人凭借对生产资料的占有而获得较高收入的合法性,从而形成收入分配上的差距。另外,实行多种分配方式的同时,非劳动收入具有合法性,如租金、利息、分红、经营收入等,尤其资本收入的增长更具有不平等性。在俄罗斯恰恰是拥有绝大多数要素的极少数所有者的福利大幅增长。

第二节 调整分配政策

转型20年来,贫困问题和收入分配不公的问题比较尖锐,已成为俄罗斯社会最难解决而又必须解决的问题。随着俄罗斯改革的不断深化,贫困、不平等等社会公平问题越来越受到各方关注。为此,俄罗斯出台了一系列调节收入分配的政策:

一 推行积极的收入政策,实现符合穷人的经济增长

从俄罗斯居民收入变动的特征来看,除相对收入水平略有恶化外,绝对收入水平和收入增长速度总体上值得肯定。应该说,作为直接控制要素收入的宏观经济政策,俄罗斯2000年以来实行的收入政策是成功的。俄罗斯把反贫困和提高居民实际收入作为政策的优先方面:一是政府对公务员实行不断提高薪水的政策;二是对企业职工工资实行指数化;三是对退休者保证退休金稳定增长,并实行有针对性的社会帮助;四是实行最低工资制度。

1992~2011年的20年间,俄罗斯实际工资、实际退休金和实际最低工资增长幅度同经济增长速度大体保持一致,经济增长是真正符合穷人的增长。1991~2011年的21年间,俄罗斯国民收入初次分配率从34.9%升至35.7%,其中2009年最高(37.9%),2000年最低(29.1%),其他年份在31%~35%之间。2011年比改革前(1991年)仅高出0.8个百分点,即使加上隐形报酬部分,分配率(如最高的2009年只有52.6%)也没有达到市场经济成熟国家的标准(经济发达国家的初次分配率大多在60%上下,美国则高达70%)。劳动报酬在国民收入初次分配中占比过低,表明劳动者的经济地位相对下降,导致消费与投资的比例失调,不利于经济与社会的发展。不过,俄罗斯分配率毕竟出现了增长,这是值得肯定的事实。

在积极肯定俄罗斯收入政策的同时,需要指出的是,俄罗斯在对原始收

入进行初次分配方面也存在不足，暴露出一些问题，社会群体之间收入差距扩大就是一个典型。从基尼系数来看，苏联时期一般在 0.250 左右。经济转型以来，俄罗斯的基尼系数从 1992 年的 0.260 升至 2011 年的 0.416。总的来看，收入差距比较明显，已进入国际警戒区。

在俄罗斯，关于国家调节收入差距过大的问题，历来存在两种对立的观点。一种观点认为，应该调节收入，另一种观点则持反对态度。目前大多数学者赞同第一种观点，如果国家不对居民的收入和支出结构进行调节，俄罗斯的经济状况不可能根本好转。这已为发达国家的经济实践所证明。

二　完善最低生活保障制度，减少贫困

最低生活保障制度或贫困线制度是现代国家保护公民基本权利的重要形式，《俄罗斯宪法》第 7 条第 2 款明确规定："俄罗斯联邦保护人们的劳动和健康，规定有保障的最低劳动报酬额，国家帮助家庭、母亲、父亲和子女，向残疾人和老年公民发放补助，建立国家退休金、补助金及其他社会保障，建立社会服务体系。"① 俄罗斯最低生活保障制度或贫困线制度的发展，从 1992 年 3 月叶利钦发布《关于俄罗斯联邦最低消费预算体系》的总统令算起，已经有 21 年的历史，在贫困居民的保护和社会稳定方面发挥了重要作用。

从最低生活保障标准（贫困线）来看，1992～2011 年俄罗斯人月均水平从 1.9 卢布（折合改值后卢布）升至 6157 卢布，1995 年增长最快（同比增长 205%），2010 年增长最慢（同比增长 10%），其他年份增长幅度在 12%～20%。世界银行根据 33 个发展中国家贫困状况的研究结果，提出人均每天消费 1 美元的国际贫困标准。与之相比较，俄罗斯的贫困线从 2000 年开始是一个较高的标准。从贫困人口比重看，货币收入低于贫困线的人口比重 1992 年最高，达到 4940 万人，占全国人口的 33.5%。以后贫困人口的绝对数和相对数总体呈下降趋势：1995 年为 3650 万（24.8%），2010 年为 1790 万（12.6%），2011 年为 1810 万（12.8%）。

居民贫困线制度是以保障公民最低生存需要并消除现实中贫困问题为目

---

① Конституция Российской Федерации, Принята 12 декабря 1993 г, Владивосток: Издательство 《Интертех》, 2002, C. 5.

标的社会救济制度。毋庸置疑,作为一项普遍的、有效的社会政策,俄罗斯贫困线制度改革的方向是符合市场经济发展要求的,在贫困居民的保护和社会的稳定方面发挥了重要作用。之所以说是重要作用,首先,贫困线对救济困难、促进社会安定、保障居民安居乐业具有积极作用。其次,贫困线实行动态管理。贫困线随着维持居民基本生活的物质需要、全国及地方社会经济发展水平、物价上涨指数等因素的不断变化适时调整,总体反映了俄罗斯居民贫困的现状和变化趋势,并基本符合国际适用标准。再次,贫困线比较科学。消费篮子构成中的食品、非食品和服务消费品基本符合不同人口群体的消费需求。最后,贫困线易于操作。俄罗斯界定贫困线的方法在资料的收集、整理上较为简单,在计算方法上也通俗易懂,便于推广应用。同时也要看到,俄罗斯贫困线制度只有21年的历史,相比较英国的《济贫法》有400年历史,俄罗斯的这种救济制度只是刚刚起步,尚有许多困难和问题。其一,测量贫困线的指标选择存在问题。俄罗斯官方在计算贫困线时使用收入作为总福利指标。由于货币收入没有列入住户预算调查范围,因此在实践中通过间接的方法获取收入指标,即采用货币支出和金融资产流量两项指标加总后计算得出。在调查时发现,隐性收入调查困难,富裕家庭对其货币支出和拥有的金融资产存在低估或回避倾向。其二,消费篮子的价值评估存在问题。俄罗斯有学者认为,官方公布的最低生活保障标准尽管已指数化,但从解决人的正常再生产的角度看,最低生活保障标准规定的消费结构没有包括许多非弹性支出,如住宅与公用事业费支出。该标准只能保证家庭的最低生活水平。

三 改革个人所得税,体现社会公平

各国个人所得税制对课税范围的规定,大致有两种类型:一是以美国联邦"总所得"概念为典型的个人所得税;二是以英国的"所得税分类表制度"为典型的个人所得税。俄罗斯实行的是美国模式的个人所得税,即课税所得包括"总所得"。

俄罗斯的个人所得税改革大致分为两个阶段:1992~2000年为第一阶段。俄罗斯按累进原则征收个人所得税,最初税率定为7级,最低税率为12%,最高为60%,1993年以后税级减少为6级,最高税率降到30%,最低为10%,1997年最高税率依然是30%,最低税率上升为12%。2000年俄罗斯个人所得税收入1747亿卢布,占GDP的2.5%,占国家税收的6.5%,远远低于美国40%、其他发达国家和转型国家25%~35%的水平。实行累进税率要有一个前提，即收入要有足够的透明度。俄罗斯收入的透明度还不够高，如隐形工资在居民收入的比重高达40%~50%、灰色收入占GDP的比重高达40%等，从而限制了累进税率在收入再分配上的效果。2001年至今为第二阶段。为了使高收入公民诚实申报实际收入，2000年俄罗斯决定对所得税进行改革。其基本目标是，降低名义税收负担（对收入课征的边际税率）从而减少偷漏税规模。规定公民需缴纳13%的统一线性所得税，并将所得税起征点由原53万卢布降为10万卢布，对超高收入者还规定一个免税线，但对个别收入规定特殊税率（如对彩票中彩收入实行35%税率等）。从2001年起调整后的个人所得税制开始实施。从改革结果看，个人所得税收入没有因税率调整而下降，而是出现了大幅度上升。在改革的第一年，俄罗斯个人所得税收入比2000年增长45%（实际增长23%）；2011年收入19958亿卢布，占国家税收的12.1%，占GDP的3.7%。

从理论上讲，由累进税率向线性税率过渡应该导致所得税的累进性下降。然而，所得税选择累进税率只有建立在真实可靠的税基之上，才能更好地针对纳税人的实际纳税能力来确定税收负担。从实践看，2001年以前俄罗斯个人所得税税率设计不够合理，体现在累进税率级距过多，大部分边际税率不适用。选择累进税率的结果是，高收入纳税人偷逃税现象严重，累进所得税率事实上是累退的。诚如诺贝尔经济学奖得主斯蒂格利茨所言："如果富人比穷人交纳更多的税，但不是按比例递增的，那么这种税收制度仍然被认为是累退的。"[1] 如果假定，2001年以后所得税收入增长在很大程度上是高收入纳税人偷漏税规模下降引致，那么所得税的实际累进性应随线性税率的实行而扩大。换言之，所得税的"纵向公平"应该提高。

需要指出的是，俄罗斯通过个人所得税方式的财税体制体现社会公平的做法尚显单一。在当今俄罗斯的税收体制中，真正意义上的财产税如物业税、遗产税和赠与税严重缺位。作为世界上许多成熟市场经济国家业已实行多年的对财产存量课税的重要税种，物业税、遗产税和赠与税具有调节贫富差距的功能，也是国家税收的重要来源。俄罗斯迄今尚未开征上述三种税种，说明财税体制在体现社会公平方面的作用没有得以充分发挥，国家、企业与个人之间的分配关系没有得到妥善处理。

---

[1] 赵人伟等：《分配是民生之源》，《群言》2007年第8期。

四 健全社会保障制度，关怀弱势群体

从 1992 年开始，俄罗斯在继承苏联时期社会保障的同时，又对这种体制进行改革。基本思路是，从普遍的福利制度转向为最贫困居民提供一张安全网，社会保险资金由主要靠国家预算拨款现收现付制改为由企业、个人和国家合理分担，建立了个人储蓄账户。在改革中，俄罗斯建立了失业保险制度，实行了强制性医疗保险制度，改革了养老金制度等。近 10 年来，俄罗斯投入大量资金用于居民的社会保障，对社会公平产生了积极的影响。2000 年俄罗斯用于社会政策的支出为 1268 亿卢布，占预算支出的 6.8%；2011 年支出 65122 亿卢布，占预算支出的 32.5%。

应该肯定，俄罗斯社会保障制度改革的方向是符合市场经济发展要求的，改革取得了一些积极成果。第一，社会保障的广泛性，即俄罗斯联邦的所有公民均有权享有社会保障；第二，社会保障的全面性，即社会保障涉及所有情况下公民需要的各种形式的救济、帮助与服务；第三，保护无劳动收入或没有条件获得劳动收入者的权利等。但是，由于社会保障体制改革涉及转型的方方面面，需要有宏观和微观各方面配套改革的支持，尚有许多困难和问题。其一，国家对社会风险的责任界定不清。其突出表现是，养老金和其他社会给付仍然由国家大包大揽，在这种情况下各种保险的技术特征消失了。由于没有实行社会风险的预警机制，没有对保险费金额进行实际计算和论证，一旦财政资金严重不足，国家就无力完成其义务。其后果，一是降低社会保障水平；二是违反居民社会权利的连续性；三是与上述有关，如果想维护居民社会权利，必然就会以通货膨胀、发行货币资金、贫困阶层主要是退休者的实际生活水平下降为代价[①]。其二，社会保障体制仍具有社会依赖性质，缺乏公平和效率的原则。俄罗斯现行保险制度是在遵循社会消费基金和平均主义分配原则条件下，对原中央集中计划管理体制十多年改革的成果，社会保险制度在相当程度上具有社会依赖性质，与市场经济相悖。俄罗斯学者认为，社会保障制度应该从国家大包大揽模式过渡到国家补救模式。补救模式之下政府只负责特殊社会群体的保障。在俄罗斯这将意味着全体公民能够免费享

---

① Михеева Ю, Роль и функции социального страхования в организации новой модели защиты интересов населения, Экономист, 2003, № 8, C. 69.

受和基本社会服务首先是教育和卫生医疗服务。在削减对富裕家庭援助水平的同时，社会支出转向利于居民中弱势群体的再分配。这种模式要求政府从社会保护角度制定国家的社会政策，以体现其再分配功能。

五 发展慈善事业，发挥第三次分配的调节作用

贫富差距的缓解，特别是贫困问题的解决，既有赖于各国政府乃至国际社会的努力，也有赖于各种民间组织与个人的积极参与。后者的扶贫济困活动，亦即通常所指的慈善事业或第三次分配或第三部门，是通过募集、捐赠、资助和自愿者服务等方式实现个人收入的转移，是对社会资源和社会财富进行的一种分配方式。在现代社会，作为市场初次分配和政府再分配之后的又一种社会调节收入与财富的方式，慈善事业是社会保障制度的一个有力补充，对于缓解与消除贫困、缩小收入差距发挥着不可忽视的作用。"慈善"是一个道德范畴，表现为人们在对仁慈、同情和慷慨认同基础之上的一种互助行为。在俄罗斯传统文化中，反映慈善美德的思想非常普遍。俄罗斯人有着浓厚的东正教信仰，东正教倡导一种行善积德的理念，提倡以慈悲为怀、关爱生命，把乐善好施当做美德，如大多数俄罗斯人重视集体活动，不习惯于通过个人努力和奋斗，而是习惯于依靠国家和社会的帮助改善自己的状况。

慈善事业的发展，主要取决于经济社会的发展水平和文化传统的差异。一般而言，有着基督教文化传统的、经济发达的西方国家，慈善事业相对发达。作为发达国家的领头羊，美国的慈善事业在世界具有典型性与代表性。俄罗斯慈善事业的发展，从1995年8月政府出台的《俄罗斯慈善活动和慈善组织法》（1997年9月19日由国家杜马通过）算起，已经有17年的历史。截至2011年年底，俄罗斯的慈善机构共9597个。俄罗斯慈善组织资金主要来自国外：一是外国政府财政拨款，如美国国际开发署开办的欧亚基金会。二是政党资助。三是大型企业捐助，如微软、苹果和麦当劳等大型跨国企业。四是个人捐助，如索罗斯、巴菲特、比尔·盖茨等跨国企业的老板。

相对于美国等西方发达国家，俄罗斯的慈善事业起步较晚，但在聚集与分配社会财富、支持社会福利以及参与其他社会活动方面扮演了重要的角色，在缓和社会矛盾、保障弱势群体方面发挥着重要作用。

第三节 居民生活水平状况

一 收入水平

1992～2011年的20年间，俄罗斯职工实际工资在1999年之前除了1997年增长5%之外其他年份均为下降，2000～2011年除2009年下降3%之外其他年份均为增长，其中2009年增长5%，2010年增长5%，2011年增长3%。实际退休金在1992～1999年呈持续下降趋势，以后持续增长，其中2009年增长11%，2010年增长35%，2011年增长1%。居民月均实际可支配货币收入在2000年以前，除1997年增长6%以外，其他年份均呈下降趋势。2000～2011年持续增长，其中2009年增长2%，2010年增长5%，2011年增长1%。

俄罗斯居民收入动态，表现了自己的某些特点：一是俄罗斯居民收入和消费出现过三次大的下降，即1992年上半年、1998年下半年和2008年第4季度。1992年受价格自由化和"休克疗法"影响，居民收入（包括当期收入和储蓄）贬值50%以上。1998年8月发生的俄罗斯金融危机和2008年9月爆发的世界金融危机，使俄罗斯消费品价格大幅上扬，受此影响，购买需求和消费水平急剧下降。二是2000年前收入的增长在很大程度上是由价格因素带动的。在某种程度上是下列三个因素作用的结果：①1998年8月卢布贬值使国内生产竞争力提高；②国家出台了控制能源载体和垄断部门服务价格过快增长的政策；③中央银行实行增加货币供给的政策。所有这些因素推动名义工资快速上涨，但实际工资却递减了。三是世界金融危机对俄罗斯居民收入有一定影响。不过，这种影响与1992年和1998年情况有根本性不同，俄罗斯的经济实力不可同日而语，政府干预经济的能力大为加强，此影响在国家可控范围之列。

经济改革以前，俄罗斯居民的收入结构比较单一。直到1992年年初，国有企业比重仍高达89.1%。相对单一的所有制结构，决定了居民收入的来源以职工的工资和集体农庄庄员的劳动报酬为主。苏联解体后，随着私有化的进程以及私营经济和个体劳动的发展，居民收入结构出现了多样化的趋势。居民货币收入结构的总体趋势是：劳动报酬比重下降而其他收入比重上升。

在居民货币收入结构中,劳动报酬已由1990年的74.1%下降到1999年的35.2%,由于统计口径的变化(将隐形劳动工资统计在内),2011年上升为67.1%。近年来劳动报酬所占比重有所提高,但如果不考虑隐形部分,其比重大致在35%~40%。财产收入则从1990年的2.5%提高到1991年的12.8%,1992年降至1.0%,2010年升至4.3%。经营活动收入从1990年的3.7%升至1993年的18.6%,以后略有下降,2011年为9.1%。社会转移支付在改革前的1991年达到16.3%,1992年以来大体呈先小幅上升后持续下降再缓慢增长的趋势,2011年为18.2%。

经济转型以来,俄罗斯居民收入差距呈扩大趋势。苏联时期的基尼系数不高,1991年为0.260。经济转型以来,俄罗斯的基尼系数变化较大,从1992年的0.260升至2003年的0.390(人均GDP水平与俄罗斯相当的巴西高达0.60,美国为0.40,英国为0.32①),2011年进一步升至0.416。

基尼系数非常方便地反映出收入差距状况,这是国际上大多数学者采用它的主要原因。必须强调的是,基尼系数存在不足之处。一是不能反映个别阶层的收入分配变动情况。从基尼系数本身无法判断哪个阶层的收入份额上升或下降了多少。如果不同阶层的人口比例相同,而收入比例即相对收入地位发生对换,则基尼系数不变。二是对低收入阶层比重的变动不敏感。例如,当从高收入阶层转移1%的收入给低收入阶层时,低收入阶层的收入比重变动率一般较大,但以基尼系数来表示,这一变动却往往很小。从实际情况来看,俄罗斯居民收入差距已较大,如按十等分法计算的收入差别系数由1992年的8倍升至2011年的16.1倍(俄罗斯安全警戒线为8倍,国际安全警戒线为10倍)。三是它的统计内容仅限于居民(或家庭)的货币收入,而没有计量存量财产,所以以此为依据的基尼系数并不能准确解释真实收入的差异程度;四是在一些国家,如俄罗斯,高收入阶层中的相当一部分收入属于"黑色收入"和"灰色收入",而且他们对收入有着极强的隐瞒动机,因而依据分组资料上限数字绘制的图形必然偏向于绝对平均线,计算的基尼系数偏小成为必然现象。俄罗斯学者的计算也证明了这点。以2000年为例,俄罗斯国家统计委员会公布的基尼系数为0.395,经计算,扩大为0.49②。这充分说明俄罗斯的收入差距较大,已进入国际警戒区。

---

① Ясин Е. Коэффициент "прибедняемости", Российская газета, 25 сентября 2004 г, С. 6.
② Кюй. Н. Е. Моделирование потребления продуктов питания в России, Анализ влияния дифференциации доходов на потребление. М., Эксмо, 2003, С. 24.

二 消费水平

1992～2011 年的 20 年间，俄罗斯实际消费品零售总额在 1999 年之前除了 1997 年略有增长外其他年份均为下降，2000 以来呈持续增长态势。1999 年以后，消费的回升说明居民的经济预期有所好转，降低了支出预期，提高了收入预期，经济中自主性增长因素在增大。消费需求的增长不仅与居民收入水平有关，而且与收入差距有关。可以用消费倾向来说明这个问题。俄罗斯平均消费倾向 1992 年为 0.110，1995 年为 0.889，2000 年为 0.950，2011 年为 0.775。俄罗斯的贫困人口从 1992 年年底的 4930 万减至 2011 年年底的 1810 万，基尼系数从 1992 年的 0.260 上升至 2011 年 0.416，因此，居民消费倾向波动大的原因存在居民收入差距扩大的影响。

1999 年以来居民消费倾向较高且波动较大，主要原因可以解释为：一是从 2000 年起居民实际收入有较高的增长。这与理论上关于居民消费倾向随着收入的增长而下降的分析一致。二是宏观经济不断向好的方向发展。1999 年以来，俄罗斯 GDP 持续增长。宏观经济趋好，有利于稳定居民的收入和支出预期。三是通货膨胀率降低。居民对消费价格和商品零售价格稳定的预期有利于刺激一部分人群尤其是低收入人群的消费欲望，但鉴于俄罗斯各居民阶层收入差距扩大的事实，居民消费倾向出现上升的趋势；居民对物价上升的预期则不同，大部分人群的消费欲望会降低，居民消费倾向下降，从而使居民消费陷于低增长状况。四是居民收入虽增长但仍较低，恩格尔系数有的年份偏高，食品又有刚性（食品消费的价格弹性小），因此当食品价格上涨幅度较大、食品消费又不能减少的时候，就会引起居民消费倾向的提高。

从上面分析中可以得出结论，1999 年以后俄罗斯市场已基本进入买方市场。根据是，该市场的基本功能基本符合哈耶克所说的消费者主权和科尔奈所说的需求约束。但同时通过对该市场的分析还发现，现有的买方市场是结构性的，实际上存在许多卖方市场。因为在买方与卖方的竞争中，买方占优势，只能说明生产能力概念。在俄罗斯市场中进入买方市场的产业的技术等级太低，买方市场是在生产能力不足而不是过剩的条件下形成的。迄今，俄罗斯约 50% 的消费品和食品还依赖进口，就是例证。

从国内生产总值的最终使用的角度来看，俄罗斯最终消费额占国内生产总值的比例（消费率）由 1995 年的 71.1% 变化到 2011 年的 68.3%，期间最高时（1998年）达到76.2%，最低时（2001年）只有61.2%，根据世界银行资料，发达国家消费对规模经济的贡献率在80%左右。显然，俄罗斯消费贡献率偏小。

消费支出的用途结构亦称目的结构，是按照消费目的分类来考察的消费内部结构，具体包括吃、穿、用、住、行等用途方面的支出结构，其中应用较多的是对恩格尔系数的计算和分析。随着经济体制改革的深入，俄罗斯居民消费结构的变化速度加快。其主要表现为受改革影响较大的住、行、教育等消费支出比重上升，同时恩格尔系数有较大幅度下降。1999~2011年的13年间，俄罗斯居民家庭用于食品支出的比重由56.2%剧降至35.8%，期间最高时1999年达到56.2%，最低时2011年达到35.8%，其变化幅度相差20.4%。恩格尔系数有两种计算法，一种是人们的食品消费支出占总收入之比，另一种是食品消费支出占总支出之比，本章采用第二种算法。其实，不管采取何种算法，食品消费支出比重会随着总收入或总支出的增加而逐渐降低。从总体上看，俄罗斯居民生活水平已由温饱型过渡到小康型，与20世纪80年代中期苏联生活水平相当（恩格尔系数约为40%）。这种变化显示了俄罗斯居民消费结构正逐步趋向合理化。

居民家庭耐用消费品的拥有量相对稳定并略有上升。1991年，苏联居民每千人拥有小汽车不足50辆，而发达国家为200辆左右。俄罗斯每百户家庭小汽车拥有量由1995年的18辆增加到2010年的48辆；电视机由134台增加到164台；录像机由15台增加到49台；音响由2台增加到39台；个人电脑由6台（2000年）增加到63台；电冰箱由116台增加到121台；洗衣机由100台减少到99台；吸尘器由77台增加到92台；缝纫机由74台减少到43台。

三 居住条件

改革前，俄罗斯大部分城镇居民居住在国有住房中。城市居民每人平均的住房面积已由1965年的10平方米增加到1981年的13.3平方米。城市居民家庭拥有成套单元住房的比重由30%提高到80%。农村居民的住房条件也有明显的改善。住房面积达到人均14.6平方米，超过城市居民的水平。居住住房内的设备也日臻完善。1982年，在城市每100家公有住房中，91家有自来水，89家有下水道，88家集中供暖，82家有浴室，79.5家安装了煤气灶，

60家供应热水①。由于国家对居民住房实行补贴，所以"房租、水电以及供暖等公共事业费用特别低廉，仅占居民家庭平均收入的3%~5%"②。1992年以来，俄罗斯实行住房私有化，鼓励集体和个人建房，国家逐步取消房租补贴，提高房租标准和公共事业费用。通胀率居高不下、住房建设速度缓慢导致房价攀升。2004年，普京在国情咨文讲话中提出应采取各种措施推动住房产业的发展。2005年5月，普京在俄罗斯国务委员会会议上提出2010年使俄住房建设总量翻一番的任务。普京说，俄国内目前有450万个家庭正在排队等房，而按现行政策要等20年。另外，俄罗斯只有5%的国民能买得起住房。普京强调要建经济适用房，同时降低银行贷款利率，使人人都买得起住房。俄罗斯政府主要采取以下措施来发展住房产业。一是抵押贷款。贷款者须抵押不动产或其他财产，也可以通过担保贷款。贷款数额不超过房价的70%。二是发行住房券。房地产开发公司发行住房券，居民可用存款购买，当住房券积累到购房面积的30%时，便可在支付其余房款的条件下签订购买合同，获得住房。三是发放购房补助金。发放对象是正在排队等房和有权享受购房优惠拨款的公民，补助数额为房价的5%~70%。四是给予税收优惠和其他优惠。购房人将收入存入住宅专项储蓄账户，可免征个人所得税；企业为本单位职工设立住宅专项储蓄账户，所存款项免征企业利润税。五是购房贷款。年收入2.5万美元以上、首付房价30%者，可获得贷款。这种方式比较适合中产阶层。六是发放住宅建设债券。随着住房建设市场的发展和某些大房地产开发商的形成，银行开始与房地产公司联合发行住宅建设债券，债券资金用于建设住宅。居民凭认购的住宅债券买房，价格比较便宜。这有助于解决中低收入家庭的住房问题。七是设立住房储蓄。购房者在指定银行存入相当于房价5%的预付金，并不断增加储蓄，待达到房价50%时，便可获得住房，余款在3年内付清，贷款利率8%，大大低于通货膨胀率。八是设立再抵押贷款机构。俄罗斯政府设立抵押贷款代理部，主要职能是为促进住房建设快速发展而吸引国内外的长期资金；为银行发放抵押贷款担保，买进银行抵押贷款合同，再凭抵押物发行债券。这既可解除银行发放贷款的后顾之忧，又可获得更多资金，发展住宅业，促进房地产市场的发展③。

---

① 金挥、陆南泉、张康琴主编《苏联经济概论》，中国财政经济出版社，1987，第377~378页。
② 薛君度、陆南泉主编《新俄罗斯：政治、经济、外交》，中国社会科学出版社，1997，第269页。
③ 陈辉：《私有化中的住房制度改革》，见许新主编《转型经济的产权改革：俄罗斯东欧中亚国家的私有化》，社会科学文献出版社，2003，第292~294页。

实行住房改革以来，俄罗斯人均住房面积比前苏联时期有所扩大，从1992年的16.8平方米，1995年的18平方米，上升到2011年的22.8平方米[①]。

四 医疗条件

医疗卫生条件用每千人卫生技术人员数量、医疗卫生机构病床数量和人均医疗卫生支出表达。医疗机构和医疗卫生支出是治病救人的硬条件，可以说明一国经济发展及国家对居民健康的重视程度，医卫人员是救死扶伤的软条件，他们相互依赖、相互补充。需要指出的是，医疗卫生技术因素的作用固然重要，但这种作用要能够全面而持久地发挥，还必须有巩固的经济基础。只有在经济发展的基础上，才有卫生条件的改进、医疗和医药技术的进步、死亡率的下降。

俄罗斯习惯于以每万人卫生技术人员数量、医疗卫生机构病床数量和国家用于医疗费的支出表达医疗卫生条件。俄罗斯联邦国家统计局资料显示，医生数量从1992年的63.7万人增加到2005年的69万人，每万人拥有医生数量从1992年的42.9人增加到2010年的50.1人，普通医务人员从1992年的170.9万人减少到2010年的150.9万人，每万人拥有普通医务人员数量从1992年的115人减少到2010年的106人；医疗机构数量从1992年的1.26万家减少到2010年的6300家；病床数从1992年的194万张减少到2010年的133.9万张，每万人拥有病床数从1992年的131张减少到2010年的94张。从国家用于医疗卫生的支出来看，前苏联没有与美国和北约其他国家竞争的经济实力，但能够保持与它们的军事战略平等和超级大国的地位，只能做出某种牺牲，包括压低医疗卫生支出。20世纪60～80年代，苏联用于健康保护的预算支出比美国、法国或日本少75%～83%。这是按实际价格计算的，如果考虑到通货膨胀因素，按不变价格计算，差距会更大。苏联解体后俄罗斯的情况也大体如此。

俄罗斯除医生数量外，其他指标均呈下降趋势。医疗卫生条件的恶化，成为导致人口死亡率高、人均寿命缩短的一个重要原因。从世界范围来看，

---

① Федеральная служба государственной статистики（Росстат），Россия в цифрах. 2012：Крат. стат. сб. М.，2012，С. 141.

向低死亡水平迈进是人口发展的大趋势。资料显示，1995年，全世界人口死亡率为9‰。俄罗斯的情况则相反，死亡率近几年虽有所下降，但仍然维持高位。其特点是，死亡率高于世界平均值，且位列前苏联各加盟共和国之首。1992年为12.2‰（死亡数180.74万），2011年上升为13.5‰（死亡数192.5万）。死亡率下降，必然导致人口预期寿命的延长；反之，则反是。经济转型20年来，俄罗斯人口死亡率不断上升，人们预期寿命逐步下降。俄罗斯联邦国家统计局公布的资料显示，俄罗斯人口平均预期寿命从1990年的69.19岁缩短为2009年的68.7岁，1990年最高，为69.19岁，1995年最低，为64.52岁，其他年份在64~69岁。

第三编
主要经济指标汇编

一 综合指标

（一）国内生产总值

表15-1 俄罗斯国内生产总值（按现价计算）

单位：亿卢布

年 份	GDP	年 份	GDP
1992	190055	2002	108192
1993	1715095	2003	132082
1994	6107452	2004	170272
1995	15404928	2005	216098
1996	21456555	2006	269172
1997	25219415	2007	332475
1998	26296	2008	412768
1999	48232	2009	388087
2000	73056	2010	451660
2001	89436	2011	543691

表15-2 1995~2011年俄罗斯国内生产总值（按2008年价格计算）

单位：亿卢布

年 份	GDP	年 份	GDP
1995	229083	2004	314078
1996	220818	2005	334105
1997	223868	2006	361346
1998	211902	2007	392187
1999	225360	2008	412768
2000	247999	2009	380484
2001	260625	2010	396690
2002	273123	2011	413848
2003	293049		

表15-3　1996~2011年俄罗斯国内生产总值增长率（与上年相比）

单位：%

年　份	GDP增长率	年　份	GDP增长率
1996	96.4	2004	107.2
1997	101.4	2005	106.4
1998	94.7	2006	108.2
1999	106.4	2007	108.5
2000	110.0	2008	105.2
2001	105.1	2009	92.2
2002	104.7	2010	104.3
2003	107.3	2011	104.3

表15-4　各类经济活动总增加值（按现价计算）

单位：亿卢布

分类	年份	2002	2003	2004	2005	2006	2007	2008	2009	2010	2011
	按市场价格计算的国内生产总值	108192	132082	170272	216098	269172	332475	412768	388087	451660	543691
	其中：										
	总增加值	95700	116198	148588	185177	229773	284845	351827	338329	388644	460940
	其中：										
A	农业、狩猎业和林业	5738	6674	7734	8642	9813	11948	14866	15044	14733	18739
B	渔业、养鱼业	290	594	617	555	581	616	627	806	815	981
C	矿产资源开采业	6384	7698	14116	20643	25094	28655	32846	28854	38261	49325
D	加工业	16343	18977	25909	33885	41160	50252	61639	50053	58208	74004
E	电力、天然气和水的生产和供应	3494	4141	5483	6084	7270	8559	10340	13887	15010	17609
F	建筑业	5135	7030	8471	9899	12020	16339	22253	21015	26070	30249
G	批发与零售业、摩托车、汽车及日用品维修	21926	25722	30122	36105	46736	57450	71377	60605	73291	87712
H	餐馆和旅店业	880	939	1399	1678	2067	2863	3580	3437	3875	4429
I	运输和通信业	9787	12442	16424	18970	22476	27509	32583	32496	37270	41170
J	金融业	2803	3880	4741	7012	9772	12538	15378	17072	17601	19127
K	房地产业	10197	12467	14080	18288	22876	31028	39594	42228	48278	54087
L	国家机关、保证战争安全、必要社会保障	4887	6513	8025	9591	11892	14664	18844	22032	23382	26545
M	教育	2800	3179	4001	4932	6193	7699	9707	11342	11575	13223
N	卫生、社会服务业	3215	3759	4726	5647	7655	9505	11978	13597	14396	17041

续表

分类	年份	2002	2003	2004	2005	2006	2007	2008	2009	2010	2011
O	其他公共、社会和个人服务业	1820	2182	2738	3247	4171	5221	6215	5859	5880	6700
	税收	14152	17751	23521	32482	40901	49776	63238	52021	64626	84496
	补贴	1659	1866	1837	1561	1502	2145	2297	2262	1609	1745
	净税收	12492	15885	21684	30921	39399	47630	60942	49759	63016	82751

表 15-5　2002~2011 年各类经济活动总增加值（按 2008 年价格计算）

单位：亿卢布

分类	年份	2002	2003	2004	2005	2006	2007	2008	2009	2010	2011
	按市场价格计算的国内生产总值	273123	293049	314078	334105	361346	392187	412768	380484	396690	413848
	其中：										
	总增加值	235213	252831	269527	285678	308354	334383	351827	328094	340378	354160
	其中：										
A	农业、狩猎业和林业	13485	13243	13381	13426	13791	13973	14866	15086	13619	15807
B	渔业、养鱼业	695	707	724	646	672	666	627	662	579	655
C	矿产资源开采业	26877	29767	33741	34255	33256	32535	32846	32071	34339	34912
D	加工业	44762	48701	52623	54958	58570	62976	61639	52630	56972	60426
E	电力、天然气和水的生产和供应	9260	9345	10081	10169	10630	10265	10340	9856	10203	10239
F	建筑业	11522	12980	14264	15721	17729	20035	22253	18982	19596	20532
G	批发与零售业、摩托车、汽车及日用品维修	37405	42379	46694	50964	58157	64969	71377	67206	71409	74961
H	餐馆和旅店业	2261	2298	2428	2653	2862	3253	3580	3045	3124	3275
I	运输和通信业	22370	23992	25409	26913	29530	30960	32583	29789	31224	32119
J	金融业	4376	5647	6478	8371	10494	13545	15378	15615	15285	15799
K	房地产业	24229	24900	23999	26877	29578	35717	39594	37826	39989	41013
L	国家机关、保证战争安全、必要社会保障	17156	17383	18174	17194	17619	18301	18844	18834	18850	19380
M	教育	9388	9500	9534	9564	9610	9715	9707	9571	9394	9318
N	卫生、社会服务业	11635	11260	11377	11566	11733	11867	11978	11951	11913	12281
O	其他公共、社会和个人服务业	4761	4801	5103	5249	5645	6128	6215	4972	4653	4701
	税收	41003	43139	47408	50716	55154	60162	63238	54549	58619	62065
	补贴	2807	2798	2727	2263	2150	2344	2297	2159	2176	2176
	净税收	37663	39883	44414	48415	52988	57801	60942	52390	56458	59862

表15-6 2003~2011年各类经济活动总增加值增长率（与上年相比）

单位：%

分类	年份	2003	2004	2005	2006	2007	2008	2009	2010	2011
	按市场价格计算的国内生产总值	107.3	107.2	106.4	108.2	108.5	105.2	92.2	104.3	104.3
	其中：									
	总增加值	107.5	106.6	106.0	107.9	108.4	105.2	93.3	103.7	104.0
	其中：									
A	农业、狩猎业和林业	98.2	101.0	100.3	102.7	101.3	106.4	101.5	90.3	116.1
B	渔业、养鱼业	101.7	102.5	89.1	104.0	99.1	94.2	105.6	87.4	113.2
C	矿产资源开采业	110.8	113.3	101.5	97.1	97.8	101.0	97.6	107.1	101.7
D	加工业	108.8	108.1	104.4	106.6	107.5	97.9	85.4	108.3	106.1
E	电力、天然气和水的生产和供应	100.9	107.9	100.9	104.5	96.6	100.7	95.3	103.5	100.4
F	建筑业	112.7	109.9	110.2	112.8	113.0	111.1	85.3	103.2	104.8
G	批发与零售业、摩托车、汽车及日用品维修	113.3	110.2	109.1	114.1	111.7	109.9	94.2	106.3	105.0
H	餐馆和旅店业	101.6	105.7	109.3	107.9	113.6	110.1	85.1	102.6	104.8
I	运输和通信业	107.2	105.9	105.9	109.7	104.8	105.2	91.4	104.8	102.9
J	金融业	129.0	114.7	129.2	125.4	129.1	113.5	101.5	97.9	103.4
K	房地产业	102.8	96.4	112.0	110.0	120.8	110.9	95.5	105.7	102.6
L	国家机关、保证战争安全、必要社会保障	101.3	104.6	94.6	102.5	103.9	103.0	99.9	100.1	102.8
M	教育	101.2	100.3	100.3	100.5	101.1	99.9	98.6	98.1	99.2
N	卫生、社会服务业	96.8	101.0	101.7	101.4	101.1	100.9	99.8	99.7	103.1

续表

分类	年份	2003	2004	2005	2006	2007	2008	2009	2010	2011
O	其他公共、社会和个人服务业	100.8	106.3	102.9	107.5	108.6	101.4	80.0	93.6	101.0
	税收	105.2	109.9	107.0	108.8	109.1	105.1	86.3	107.5	105.9
	补贴	99.7	97.5	83.0	95.0	109.0	98.0	94.0	100.8	100.0
	净税收	105.9	111.4	109.0	109.4	109.1	105.4	86.0	107.8	106.0

表15-7 按收入法计算的国内生产总值（按现价计算）

单位：亿卢布

年份	GDP	工资	净税收	净利润
1992	190055	69794	38929	113905
1993	1715095	763462	286728	769617
1994	6107452	3009976	850441	2513444
1995	15404928	6958044	2533268	6623744
1996	21456555	10641745	3806856	7908192
1997	25219415	12421557	4716572	9210878
1998	26845	13234	4927	9651
1999	48232	19336	7581	21315
2000	73056	29372	12485	31199
2001	89436	38484	14026	36926
2002	108192	50651	18472	39069
2003	132082	62314	21125	48643
2004	170272	78450	28755	63067
2005	216098	94743	42484	78871
2006	269172	119859	53867	95446
2007	332475	155261	63343	113871
2008	412768	195598	82184	134986
2009	388270	204125	64745	119399
2010	451660	225316	82523	143821
2011	543691	267572	109192	166927

表 15-8 2003~2010 年劳动生产率变化（与上年相比）

单位：%

年份	2003	2004	2005	2006	2007	2008	2009	2010
整个经济	107.0	106.5	105.5	107.5	107.5	104.8	95.9	102.7
其中：								
农业、狩猎业和林业	105.6	102.9	101.8	104.3	105.0	110.0	104.4	89.3
渔业、养鱼业	102.1	104.3	96.5	101.6	103.2	95.4	106.2	101.4
矿产资源开采业	109.2	107.3	106.3	103.3	103.1	100.9	108.5	101.3
加工业	108.8	109.8	106.0	108.5	108.4	102.6	95.9	109.0
电力、天然气和水的生产和供应	103.7	100.7	103.7	101.9	97.5	102.1	96.3	98.9
建筑业	105.3	106.8	105.9	115.8	112.8	109.1	94.4	94.8
批发与零售业、摩托车、汽车及日用品维修	109.8	110.5	105.1	110.8	104.8	108.1	99.0	98.5
餐馆和旅店业	100.3	103.1	108.5	109.2	108.0	109.2	86.7	93.7
运输和通信业	107.5	108.7	102.1	110.7	107.5	106.4	95.5	103.9
房地产业	102.5	101.3	112.4	106.2	117.1	107.5	95.3	94.2

（二）人口

表 15-9 1992~2012 年俄罗斯人口状况

年份	总人口数（百万人）	其中（百万人）		其中（%）	
		城市	农村	城市	农村
1992	148.7	109.7	39.0	74	26
1996	148.3	108.3	40.0	73	27
2001	146.3	107.1	39.2	73	27
2002	145.2	106.4	38.8	73	27
2003	145.0	106.3	38.7	73	27
2004	144.2	105.8	38.4	73	27
2005	143.5	104.7	38.8	73	27
2006	143.2	104.8	38.4	73	27
2007	142.8	104.7	38.1	73	27
2008	142.7	104.8	37.9	73	27
2009	142.7	104.8	37.9	73	27
2010	142.8	105.0	37.8	74	26
2011	142.9	105.4	37.5	74	26
2012	143.0	105.7	37.3	74	26

表 15-10　1990~2008 年俄罗斯人口变化状况

单位：千人，%

年份	1月1日人口数	人口变化				12月31日人口数	年增长率
		总增长	自然增长	移民增长	因居住地迁移引起的人口变化		
城市人口							
1990	108736.2	668.9	245.8	349.2	73.9	109405.1	0.62
1991	109405.1	-47.4	61.9	74.1	-183.4	109357.7	-0.04
1992	109357.7	-689.3	-186.4	-42.3	-460.6	108668.4	-0.63
1993	108668.4	-363.6	-553.6	260.4	-70.4	108304.8	-0.33
1994	108304.8	16.9	-649.8	686.9	-20.2	108321.7	0.02
1995	108321.7	-11.1	-615.5	606.1	-1.7	108310.6	-0.01
1996	108310.6	-122.8	-555.1	489.8	-57.5	108187.8	-0.11
1997	108187.8	-77.0	-514.6	481.3	-43.7	108110.8	-0.07
1998	108110.8	-57.6	-487.8	397.8	32.4	108053.2	-0.05
1999	108053.2	-633.7	-653.7	219.6	-199.6	107419.5	-0.59
2000	107419.5	-347.8	-674.9	365.2	-38.1	107071.7	-0.32
2001	107071.7	-346.4	-661.1	330.4	-15.7	106725.3	-0.32
2002	106725.3	-404.1	-634.6	257.5	-27.0	106321.2	-0.38
2003	106321.2	-502.8	-606.9	127.8	-23.7	105818.4	-0.47
2004	105818.4	-1099.1	-532.7	127.5	-693.9	104719.3	-1.04
2005	104719.3	-614.5	-558.9	148.5	-204.1	104104.8	-0.59
2006	104104.8	-326.4	-456.7	182.6	-52.3	103778.4	-0.31
2007	103778.4	-5.4	-324.7	267.3	52.0	103773.0	-0.01
2008	103773.0	-82.6	-248.7	279.3	-113.2	103690.4	-0.08
农村人口							
1990	38928.9	-60.3	87.8	-74.2	-73.9	38868.6	-0.15
1991	38868.6	288.4	43.0	62.0	183.4	39157.0	0.74
1992	39157.0	736.3	-32.8	308.5	460.6	39893.3	1.88
1993	39893.3	157.8	-178.5	265.9	70.4	40051.1	0.40
1994	40051.1	87.1	-224.2	291.1	20.2	40138.2	0.22
1995	40138.2	-157.2	-206.5	47.6	1.7	39981.0	-0.39
1996	39981.0	-140.2	-221.4	23.7	57.5	39840.8	-0.35
1997	39840.8	-149.5	-226.0	32.8	43.7	39691.3	-0.38
1998	39691.3	-205.1	-203.7	31.0	-32.4	39486.2	-0.52
1999	39486.2	-15.6	-265.1	49.9	199.6	39470.6	-0.04
2000	39470.6	-238.7	-274.2	-2.6	38.1	39231.9	-0.60

续表

年份	1月1日人口数	人口变化				12月31日人口数	年增长率
		总增长	自然增长	移民增长	因居住地迁引起的人口变化		
农村人口							
2001	39231.9	-307.9	-271.7	-51.9	15.7	38924.0	-0.78
2002	38924.0	-281.6	-281.9	-26.7	27.0	38642.4	-0.72
2003	38642.4	-292.6	-281.6	-34.7	23.7	38349.8	-0.76
2004	38349.8	405.1	-260.2	-28.6	693.9	38754.9	1.06
2005	38754.9	-106.2	-287.7	-22.6	204.1	38648.7	-0.27
2006	38648.7	-206.1	-230.3	-28.1	52.3	38442.6	-0.53
2007	38442.6	-206.8	-145.7	-9.1	-52.0	38235.8	-0.54
2008	38235.8	-22.2	-113.3	-22.1	113.2	38213.6	-0.06

表 15-11 俄罗斯人口性别分布

单位：百万人，%

年份	总人口数	其中		性别占比	
		男性	女性	男性	女性
1926	92.7	44.0	48.7	47	53
1939	108.4	51.1	57.3	47	53
1959	117.2	52.2	65.0	45	55
1970	129.9	59.1	70.8	45	55
1979	137.4	63.2	74.2	46	54
1989	147.0	68.7	78.3	47	53
1991	148.3	69.5	78.8	47	53
1996	148.3	69.5	78.8	47	53
2001	146.3	68.3	78.0	47	53
2002	145.2	67.6	77.6	47	53
2003	145.0	67.5	77.5	47	53
2004	144.2	67.0	77.2	46	54
2005	143.8	66.7	77.1	46	54
2006	143.2	66.3	76.9	46	54
2007	142.8	66.0	76.8	46	54
2008	142.8	66.0	76.8	46	54
2009	142.7	65.9	76.8	46	54
2010	142.9	66.1	76.8	46	54
2011	142.9	66.1	76.8	46	54
2012	143.0	66.1	76.9	46	54

表 15-12 俄罗斯人口年龄分布（1月1日人口数）

单位：千人

年　份	1992	2002	2006	2007	2008	2009	2010	2011	2012
总人口	148326	145045	142754	142221	142009	141904	141914	142865	143056
各年龄段分布：									
0～4 岁	10624	6399	7037	7223	7449	7692	7956	8051	8380
5～9 岁	12049	6941	6418	6376	6481	6643	6881	7117	7261
10～14 岁	10891	10406	7790	7283	6894	6757	6564	6601	6567
15～19 岁	10382	12800	11825	11088	10207	9261	8496	8237	7631
20～24 岁	9509	11466	12405	12671	12764	12573	12256	12122	11599
25～29 岁	10726	10613	11049	11165	11475	11893	12257	12012	12328
30～34 岁	13008	9837	10295	10442	10493	10680	10799	11016	11116
35～39 岁	12309	10216	9417	9459	9702	9853	10069	10211	10380
40～44 岁	10756	12546	10949	10368	9804	9401	9193	9251	9340
45～49 岁	5526	11606	12054	12067	11955	11683	11247	10561	10023
50～54 岁	10375	10071	10645	10804	10948	11197	11261	11509	11560
55～59 岁	7742	5347	8590	8985	9350	9600	9748	10063	10215
60～64 岁	8689	7983	4407	4336	4898	5773	6897	7982	8380
65～69 岁	6249	6345	7609	7458	6602	5481	4479	3913	3896
70 岁以上	9491	12469	12264	12496	12987	13417	13811	14219	14380
各年龄段中：									
年龄小于具劳动能力年龄段的人口	35720	26327	23317	22718	22497	22541	22854	23209	23568
具劳动能力年龄段人口	83892	88942	90328	90152	89752	89266	88360	87847	87055
年龄大于具劳动能力年龄段的人口	28714	29778	29109	29351	29760	30097	30700	31809	32433
城市人口	109209	106316	104105	103778	103773	103690	103705	105421	105742
各年龄段分布：									
0～4 岁	7428	4395	4954	5105	5265	5416	5585	5654	5890
5～9 岁	8567	4683	4337	4337	4451	4604	4812	5011	5127
10～14 岁	7816	7119	5214	4879	4633	4550	4427	4526	4526
15～19 岁	7874	9658	8273	7684	7028	6346	5805	6064	5575
20～24 岁	7388	8856	9611	9690	9612	9268	8852	9160	8871
25～29 岁	8009	8150	8464	8574	8864	9256	9588	9193	9447
30～34 岁	9815	7434	7841	7974	8031	8188	8289	8474	8574
35～39 岁	9506	7505	6966	7053	7301	7459	7650	7777	7928

续表

年份	1992	2002	2006	2007	2008	2009	2010	2011	2012
各年龄段分布：									
40～44岁	8525	9247	7988	7560	7151	6864	6737	6840	6958
45～49岁	4368	8693	8831	8818	8739	8524	8200	7676	7280
50～54岁	7737	7710	7964	8043	8113	8252	8256	8381	8392
55～59岁	5452	4152	6575	6840	7085	7236	7312	7470	7536
60～64岁	5981	5743	3284	3304	3783	4464	5302	6085	6338
65～69岁	4364	4417	5401	5339	4731	3947	3269	2939	2976
70岁以上	6379	8554	8402	8578	8986	9316	9621	10171	10324
各年龄段中：									
年龄小于具劳动能力年龄段的人口	25371	18019	15915	15553	15470	15537	15800	16182	16472
具劳动能力年龄段人口	64060	67249	67349	67084	66733	66257	65495	65725	65275
年龄大于具劳动能力年龄段的人口	19778	21049	20841	21141	21570	21896	22410	23514	23995
农村人口	39117	38739	38649	38443	38236	38214	38209	37444	37314
各年龄段分布：									
0～4岁	3196	2004	2083	2118	2184	2276	2371	2397	2490
5～9岁	3482	2258	2081	2039	2030	2039	2069	2106	2134
10～14岁	3075	3287	2576	2404	2261	2207	2137	2075	2041
15～19岁	2508	3142	3552	3404	3179	2915	2691	2173	2056
20～24岁	2121	2610	2794	2981	3152	3305	3404	2962	2728
25～29岁	2717	2463	2585	2591	2611	2637	2669	2819	2881
30～34岁	3193	2403	2454	2468	2462	2492	2510	2542	2542
35～39岁	2803	2711	2451	2406	2401	2394	2419	2434	2452
40～44岁	2231	3299	2961	2808	2653	2537	2456	2411	2382
45～49岁	1158	2913	3223	3249	3216	3159	3047	2885	2743
50～54岁	2638	2361	2681	2761	2835	2945	3005	3128	3168
55～59岁	2290	1195	2015	2145	2265	2364	2436	2593	2679
60～64岁	2708	2240	1123	1032	1115	1309	1595	1897	2042
65～69岁	1885	1928	2208	2119	1871	1534	1210	974	920
70岁以上	3112	3915	3862	3918	4001	4101	4190	4048	4056
各年龄段中：									
年龄小于具劳动能力年龄段的人口	10349	8308	7402	7165	7027	7004	7054	7027	7096
具劳动能力年龄段人口	19832	21692	22979	23068	23019	23009	22865	22122	21780
年龄大于具劳动能力年龄段的人口	8936	8729	8268	8210	8190	8201	8290	8295	8438

表15-13 俄罗斯人口的出生率、死亡率和自然增长率

年份	出生人数	死亡人数	自然增长人数	出生率(‰)	死亡率(‰)	自然增长率(‰)
总人口						
1992	1587644	1807441	-219797	10.7	12.2	-1.5
1995	1363806	2203811	-840005	9.3	15.0	-5.7
2000	1266800	2225332	-958532	8.7	15.3	-6.6
2001	1311604	2254856	-943252	9.0	15.6	-6.6
2002	1396967	2332272	-935305	9.7	16.2	-6.5
2003	1477301	2365826	-888525	10.2	16.4	-6.2
2004	1502477	2295402	-792925	10.4	16.0	-5.6
2005	1457376	2303935	-846559	10.2	16.1	-5.9
2006	1479637	2166703	-687066	10.4	15.2	-4.8
2007	1610122	2080445	-470323	11.3	14.6	-3.3
2008	1713947	2075954	-362007	12.1	14.6	-2.5
2009	1761687	2010543	-248856	12.4	14.2	-1.8
2010	1788948	2028516	-239568	12.5	14.2	-1.7
2011	1796600	1925700	-129100	12.6	13.5	-0.9
城市人口						
1992	1068300	1254800	-186500	9.8	11.5	-1.7
1995	933460	1554182	-620722	8.7	14.4	-5.7
2000	886908	1564034	-677126	8.3	14.6	-6.3
2001	928642	1592254	-663612	8.7	14.9	-6.2
2002	998056	1638822	-640766	9.4	15.4	-6.0
2003	1050565	1657569	-607004	9.9	15.6	-5.7
2004	1074247	1606894	-532647	10.2	15.2	-5.0
2005	1036870	1595762	-558892	9.9	15.3	-5.4
2006	1044540	1501245	-456705	10.0	14.4	-4.4
2007	1120741	1445411	-324670	10.8	13.9	-3.1
2008	1194820	1443529	-248709	11.5	13.9	-2.4
2009	1237615	1397591	-159976	11.9	13.5	-1.6
2010	1263893	1421734	-157841	12.0	13.5	-1.5
2011	1270000	1356700	-86700	12.0	12.8	-0.8

续表

年份	出生人数	死亡人数	自然增长人数	出生率（‰）	死亡率（‰）	自然增长率（‰）
农村人口						
1992	519300	552600	-33300	13.2	14.1	-0.9
1995	430346	649629	-219283	10.9	16.5	-5.6
2000	379892	661298	-281406	9.8	17.1	-7.3
2001	382962	662602	-279640	10.0	17.3	-7.3
2002	398911	693450	-294539	10.5	18.2	-7.7
2003	426736	708257	-281521	11.1	18.4	-7.3
2004	428230	688508	-260278	11.2	18.0	-6.8
2005	420506	708173	-287667	10.9	18.3	-7.4
2006	435097	665458	-230361	11.3	17.3	-6.0
2007	489381	635034	-145653	12.8	16.6	-3.8
2008	519127	632425	-113298	13.6	16.6	-3.0
2009	524072	612952	-88880	13.7	16.1	-2.4
2010	525055	606782	-81727	14.0	16.1	-2.1
2011	526600	569000	-42400	14.1	15.2	-1.1

表 15-14 俄罗斯居民平均寿命

单位：岁

年份	所有居民			城市居民			农村居民		
	总体	男性	女性	总体	男性	女性	总体	男性	女性
1990	69.19	63.73	74.30	69.55	64.31	74.34	67.97	62.03	73.95
1995	64.52	58.12	71.59	64.70	58.30	71.64	63.99	57.64	71.40
2000	65.34	59.03	72.26	65.69	59.35	72.46	64.34	58.14	71.66
2001	65.23	58.92	72.17	65.57	59.23	72.37	64.25	58.07	71.57
2002	64.95	58.68	71.90	65.40	59.09	72.18	63.68	57.54	71.09
2003	64.85	58.55	71.84	65.35	59.00	72.18	63.42	57.29	70.86
2004	65.27	58.89	72.30	65.81	59.38	72.65	63.76	57.55	71.27
2005	65.30	58.87	72.39	65.99	59.52	72.86	63.44	57.19	71.07
2006	66.60	60.37	73.23	67.29	61.03	73.70	64.73	58.67	71.89
2007	67.51	61.39	73.90	68.21	62.09	74.34	65.60	59.57	72.62
2008	67.88	61.83	74.16	68.59	62.53	74.62	65.96	60.00	72.86
2009	68.67	62.77	74.67	69.38	63.50	75.13	66.72	60.87	73.38
2010	68.94	63.09	74.88	69.69	63.82	75.39	66.92	61.19	73.42
2011	69.83	64.04	75.61	70.51	64.67	76.10	67.99	62.40	74.21

(三) 居民生活

表 15-15　俄罗斯居民人均货币收入（1998 年前单位：千卢布/月，1998 年之后单位：卢布/月）

年　份	居民人均货币收入	年　份	居民人均货币收入
1990	0.217	2001	3062.0
1991	0.470	2002	3947.2
1992	4.017	2003	5170.4
1993	45.27	2004	6410.3
1994	206.6	2005	8088.3
1995	515.9	2006	10154.8
1996	769.5	2007	12540.2
1997	940.6	2008	14863.6
1998	1010.2	2009	16895.0
1999	1658.9	2010	18950.8
2000	2281.1	2011	20754.9

表 15-16　俄罗斯居民收入构成

单位：%

年　份	全部收入	劳动报酬（包括隐性工资）	商业活动收入	社会支付	所有制收入	其他收入
1991	100	76.4	3.7	14.7	2.5	2.7
1992	100	62.5	4.1	16.4	12.8	4.2
1993	100	73.6	8.4	14.3	1.0	2.7
1994	100	61.1	18.6	15.0	3.0	2.3
1995	100	64.5	16.0	13.5	4.5	1.5
1996	100	62.8	16.4	13.1	6.5	1.2
1997	100	65.9	13.6	14.0	5.4	1.1
1998	100	65.6	13.0	14.8	5.7	0.9
1999	100	65.8	14.4	13.4	5.5	0.9
2000	100	66.5	12.4	13.1	7.1	0.9
2001	100	62.8	15.4	13.8	6.8	1.2
2002	100	64.6	12.6	15.2	5.7	1.9

续表

年 份	全部收入	劳动报酬（包括隐性工资）	商业活动收入	社会支付	所有制收入	其他收入
2003	100	65.8	11.9	15.2	5.2	1.9
2004	100	63.9	12.0	14.1	7.8	2.2
2005	100	65.0	11.7	12.8	8.3	2.2
2006	100	63.6	11.4	12.7	10.3	2.0
2007	100	65.0	11.1	12.0	10.0	1.9
2008	100	67.5	10.0	11.6	8.9	2.0
2009	100	67.3	9.5	14.8	6.4	2.0
2010	100	65.2	8.9	17.7	6.2	2.0
2011	100	65.6	8.9	18.3	5.2	2.0

表15-17 俄罗斯居民退休金

年 份	1995	2000	2005	2007	2008	2009	2010	2011
退休金年均金额（卢布）	242.6	823.4	2538.2	3115.5	4198.6	5191.1	7564.3	8202.9
退休金年均实际增长率（%）	87.3	131.4	112.9	115.8	134.8	123.6	145.7	108.4

表15-18 俄罗斯居民人均货币收入差距

单位：%

年 份	2005	2006	2007	2008	2009	2010	2011
全体居民	100	100	100	100	100	100	100
人均货币收入分组（卢布/月）：							
3500以下	23.2	15.9	10.9	7.3	5.3	3.9	2.8
3500.1~5000	16.5	13.7	10.9	8.6	6.9	5.6	4.5
5000.1~7000	17.6	16.4	14.4	12.5	10.8	9.4	8.1
7000.1~10000	17.1	18.1	17.8	16.9	15.8	14.7	13.4
10000.1~15000	13.9	17.1	19.1	20.2	20.4	20.2	19.8
15000.1~25000*	11.7	12.7	16.6	19.8	21.9	23.5	24.8
25000.1~35000**	—	6.1	10.3	7.7	9.4	10.8	12.1
35000以上	—	—	—	7.0	9.5	11.9	14.5

* 2005年为高于15000卢布；** 2006~2007年为高于25000卢布。

表 15-19 俄罗斯居民货币收入分配*

年份	全体居民货币收入（%）	收入最低一组居民（%）	收入次低一组居民（%）	收入中等一组居民（%）	收入次高一组居民（%）	收入最高一组居民（%）	收入最高居民为收入最低的倍数	基尼系数
1990	100	9.8	14.9	18.8	23.8	32.7		
1995	100	6.1	10.8	15.2	21.6	46.3	13.5	0.387
1996	100	6.1	10.7	15.2	21.6	46.4	13.3	0.387
1997	100	5.9	10.5	15.3	22.2	46.1	13.6	0.39
1998	100	6.0	10.6	15.0	21.5	46.9	13.8	0.394
1999	100	6.0	10.5	14.8	21.1	47.6	14.1	0.4
2000	100	5.9	10.4	15.1	21.9	46.7	13.9	0.395
2001	100	5.7	10.4	15.4	22.8	45.7	13.9	0.397
2002	100	5.7	10.4	15.4	22.7	45.8	14.0	0.397
2003	100	5.5	10.3	15.3	22.7	46.2	14.5	0.403
2004	100	5.4	10.1	15.1	22.7	46.7	15.2	0.409
2005	100	5.4	10.1	15.1	22.7	46.7	15.2	0.409
2006	100	5.3	9.9	14.9	22.6	47.3	16.0	0.416
2007	100	5.1	9.7	14.8	22.5	47.9	16.8	0.423
2008	100	5.1	9.8	14.8	22.5	47.8	16.8	0.422
2009	100	5.1	9.8	14.8	22.5	47.8	16.7	0.422
2010	100	5.2	9.8	14.8	22.5	47.7	16.5	0.421
2011	100	5.2	9.9	14.9	22.6	47.4	16.1	0.416

*将居民货币收入按从低到高分为五组，每组居民人数占比均为20%。

表 15-20 俄罗斯居民最低生活保障（人均）

| 最低生活保障（年） | 全体居民（卢布/月） | 居民分类（卢布/月） | | | 居民人均货币收入与最低生活保障之比（%） |
		具有劳动能力的居民	退休人员	儿童	
1992	1900	2100	1300	1800	
1993	20600	23100	14400	20700	
1994	86600	97400	61000	87400	
1995	264100	297200	186200	268600	
1996	369400	415600	260500	373200	
1997	411200	462400	289900	415100	

续表

最低生活保障（年）	全体居民（卢布/月）	居民分类（卢布/月）			居民人均货币收入与最低生活保障之比（%）
		具有劳动能力的居民	退休人员	儿童	
1998	493	555	348	498	
2000	1210	1320	909	1208	188.5
2001	1500	1629	1144	1499	204.1
2002	1808	1968	1379	1799	218.3
2003	2112	2304	1605	2090	244.8
2004	2376	2602	1801	2326	269.8
2005	3018	3255	2418	2896	268.8
2006	3422	3695	2731	3279	298.0
2007	3847	4159	3065	3679	327.6
2008	4593	4971	3644	4389	325.3
2009	5153	5572	4100	4930	326.8
2010	5688	6138	4521	5489	330.0
2011	6369	6878	5032	6157	325.9

表15-21 生活在最低生活保障线以下的居民人数及货币收入赤字

年份	生活在最低生活保障线以下的居民人数（百万人）	生活在最低生活保障线以下的居民在全体居民中的占比（%）	货币收入赤字（十亿卢布，1995年以前单位为万亿卢布）	生活在最低生活保障线以下的居民收入占前提居民收入的比例（%）
1992	49.3	33.5	0.4	6.2
1993	46.1	31.3	4.3	5.4
1994	32.9	22.4	11.1	3.1
1995	36.5	24.8	34.9	3.9
1996	32.5	22.1	42.8	3.2
1997	30.5	20.8	46.2	2.8
1998	34.3	23.4	61.5	3.5
1999	41.6	28.4	141.3	4.9
2000	42.3	29.0	199.2	5.0
2001	40.0	27.5	238.6	4.5
2002	35.6	24.6	250.5	3.7
2003	29.3	20.3	235.4	2.6
2004	25.2	17.6	225.6	2.1
2005	25.2	17.7	286.9	2.1

续表

年份	生活在最低生活保障线以下的居民人数（百万人）	生活在最低生活保障线以下的居民在全体居民中的占比（％）	货币收入赤字（十亿卢布，1995年以前单位为万亿卢布）	生活在最低生活保障线以下的居民收入占前提居民收入的比例（％）
2006	21.5	15.2	276.6	1.6
2007	18.7	13.3	270.3	1.3
2008	18.8	13.4	325.0	1.3
2009	18.2	13.0	352.1	1.2
2010	17.9	12.6	379.8	1.2
2011	18.1	12.8	426.9	1.2

（四）就业与工资

表 15-22 俄罗斯经济活动人口数及就业人数

单位：千人

年份	经济活动人口数量	就业人数
1992	74946	71068
1993	72947	68642
1994	70488	64785
1995	70861	64149
1996	69660	62928
1997	68079	60021
1998	66736	57860
2000	72769.9	65070.4
2001	71546.6	65122.9
2002	72357.1	66658.9
2003	72391.4	66432.2
2004	72949.6	67274.7
2005	73431.7	68168.9
2006	74166.9	68854.9
2007	75159.0	70570.5
2008	75756.6	70965.1
2009	75657.7	69284.9
2010	75439.9	69803.6
2011	75752	70732

表15-23 俄罗斯各行业年均就业占比

单位:%

年份	所有行业	农业、狩猎业、渔业	采掘业	加工工业	水、电、气的生产与调配	建筑业	批发与零售业、摩托车、汽车及日用品维修,餐馆和旅店业	交通和通信业	金融业、房地产业	国家机关、军事安全保障、必要社会保障	教育	卫生、社会服务业	其他公共、社会和个人服务业
2005	100	10.2	1.8	18.4	2.9	6.7	17.1	9.2	7.3	7.1	9.1	6.9	3.3
2006	100	10.0	1.7	18.1	3.0	6.5	17.4	9.0	7.6	7.1	9.0	7.1	3.5
2007	100	9.0	1.9	17.5	2.9	7.0	17.6	9.3	8.0	6.9	9.1	7.3	3.5
2008	100	8.6	1.9	16.4	3.0	7.6	17.3	9.2	8.1	7.6	9.1	7.4	3.7
2009	100	8.4	2.0	15.2	3.2	7.1	17.3	9.4	8.2	8.0	9.4	7.9	3.8
2010	100	7.9	2.0	15.2	3.3	7.2	17.5	9.3	8.3	8.2	9.4	7.9	3.8
2011	100	9.9	1.6	15.2	2.9	8.1	19.8	7.9	9.8	5.6	8.6	6.8	3.7
其中:													
男性													
2005	100	12.3	2.8	20.6	3.9	10.7	12.6	12.5	7.6	8.8	3.6	2.4	2.2
2006	100	12.1	2.7	20.6	4.2	10.4	12.6	12.5	7.7	8.7	3.5	2.7	2.3
2007	100	11.0	2.9	19.8	3.9	11.4	12.9	12.9	8.2	8.6	3.6	2.7	2.2
2008	100	10.5	2.9	18.9	4.1	12.5	12.3	13.1	8.1	9.1	3.4	2.9	2.3
2009	100	10.4	3.1	17.6	4.5	11.6	12.2	13.4	8.5	9.7	3.5	3.1	2.4
2010	100	10.0	3.2	17.6	4.6	11.9	12.4	13.2	8.5	9.7	3.4	3.1	2.4
2011	100	9.9	3.3	17.4	4.6	12	12.8	13.4	9	9.1	3.0	2.4	
女性													
2005	100	8.0	0.8	16.1	1.8	2.6	21.8	5.7	7.1	5.3	14.8	11.5	4.6
2006	100	7.8	0.8	15.5	1.8	2.5	22.3	5.5	7.4	5.5	14.6	11.6	4.8
2007	100	6.9	0.8	15.0	1.8	2.5	22.5	5.7	7.9	5.2	14.8	12.1	4.8
2008	100	6.7	0.9	13.8	1.8	2.6	22.4	5.3	8.2	6.1	15.0	12.1	5.2
2009	100	6.4	0.8	12.7	1.9	2.5	22.5	5.3	8.0	6.3	15.4	12.8	5.3
2010	100	5.7	0.9	12.7	1.9	2.4	22.6	5.3	8.0	6.7	15.6	12.8	5.4
2011	100	5.8	0.8	12.3	1.8	2.2	23.4	5.3	8.3	6.4	15.3	12.8	5.5

表 15-24 俄罗斯失业人口数量

单位：千人

年　份	失业人数
1992	3877
1995	6712
2000	7699.5
2001	6423.7
2002	5698.3
2003	5959.2
2004	5674.8
2005	5262.8
2006	5311.9
2007	4588.5
2008	4791.5
2009	6372.8
2010	5636.3
2011	5020

表 15-25 俄罗斯就业率和失业率

单位：%

年　份	就业率	失业率
1992	66.7	5.2
1995	58.7	9.5
2000	58.5	10.6
2001	58.4	9.0
2002	59.8	7.9
2003	59.5	8.2
2004	60.3	7.8
2005	61.1	7.2
2006	61.4	7.2
2007	63.0	6.1
2008	63.4	6.3
2009	62.1	8.4
2010	62.7	7.5

表15-26 俄罗斯经济各部门工人月均名义工资（卢布，1995年）

单位：千卢布

年份	1995	2000	2001	2002	2003	2004	2005	2006	2007	2008	2009	2010	2011
整个经济	472.4	2223.4	3240.4	4360.3	5498.5	6739.5	8554.9	10633.9	13593.4	17290.1	18637.5	20952.2	23369.2
农业、狩猎业和林业	259.4	985.1	1434.6	1876.4	2339.8	3015.4	3646.2	4568.7	6143.8	8474.8	9619.2	10668.1	12464.0
渔业和养鱼业	746.2	2845.6	3839.3	5031.3	5444.5	7084.9	10233.5	12310.8	14797.0	19498.9	22913.5	23781.9	25939.9
采掘业	1067.2	5940.2	9099.2	11080.9	13912.4	16841.7	19726.9	23145.2	28107.5	33206.1	35363.4	39895.0	45132.0
其中：													
能源类矿产采掘	1211.9	6985.1	10905.4	13080.3	16135.3	19903.3	23455.9	27614.5	33275.5	39051.3	41568.3	46271.2	51587.9
非能源类矿产采掘	752.6	3999.5	5386.5	7035.0	9395.7	10876.6	13176.0	15363.7	19092.7	22937.4	24064.1	28305.8	33580.1
加工工业	453.8	2365.2	3446.6	4439.1	5603.4	6848.9	8420.9	10198.5	12878.7	16049.9	16583.1	19078.0	21780.8
其中：													
食品工业（包含饮料和烟草）	492.6	2183.4	3126.7	4065.9	5026.7	6065.8	7303.8	8806.7	11069.2	13930.4	15653.1	17316.9	19094.0
纺织和缝纫工业	240.8	1214.8	1764.8	2241.7	2803.0	3356.5	3986.0	4964.3	6589.5	8453.6	9020.5	10302.1	11004.4
皮革和皮革制品的生产、制鞋业	277.1	1347.8	1986.1	2621.1	3230.0	3774.7	4695.3	5649.1	7537.0	9522.3	10073.2	11345.8	12350.9
木制品生产和加工	390.9	1739.1	2310.3	2980.2	3754.8	4614.6	5895.4	6950.4	8815.6	11301.1	10947.2	12720.4	13941.9
造纸和印刷业	569.7	2736.6	4309.0	5480.2	6848.4	7892.0	9418.6	10923.6	13792.0	17631.7	17707.1	20104.3	23710.2

续表

年 份	1995	2000	2001	2002	2003	2004	2005	2006	2007	2008	2009	2010	2011
焦炭和石油制品生产业	810.9	4916.3	7012.4	9625.3	11879.0	13729.3	19397.1	22319.6	28565.0	34912.5	37963.7	41563.4	48462.6
化工业	517.6	2754.6	3901.8	4899.5	6154.8	7682.7	9928.3	11599.3	14615.9	18219.9	19428.7	22228.7	25582.7
塑料和橡胶制品生产业	424.6	2140.4	3032.2	3957.1	4950.7	5956.8	6879.2	8767.7	11082.6	13464.0	13850.6	15766.4	17713.3
其他非金属矿产品生产业	489.7	2182.0	3220.0	4134.2	5207.8	6422.4	7921.8	9983.8	13193.3	16371.8	16053.7	18117.5	20518.0
冶金业和金属制品生产业	687.9	3854.9	5242.4	6285.2	7731.2	9196.8	10260.7	12001.5	14990.7	18171.1	17946.3	21152.1	23887.1
机器和设备制造业	377.9	1975.3	3073.5	4066.6	5169.7	6514.2	8379.8	10418.0	13479.8	16940.0	17009.6	20102.5	22777.9
电子设备和光电仪器制造业	370.7	2003.6	2998.8	3815.7	5108.5	6431.7	8218.8	10289.8	13114.4	16608.9	17360.4	20177.8	23375.3
交通工具及设备制造业	493.6	2454.1	3664.6	5099.9	6365.0	7828.0	9377.4	11431.2	14013.6	17330.9	17367.8	20766.4	24503.1
其他生产业	373.8	2053.2	2738.2	3279.3	4045.2	5182.0	6386.8	8278.0	10114.1	12593.4	12543.1	13674.2	15573.3
水、电、气的生产与调配	786.9	3156.5	4434.8	5869.4	7235.3	8641.8	10637.3	12827.5	15587.3	19057.4	21554.2	24156.4	26965.5
建筑业	587.3	2639.8	3859.3	4806.9	6176.7	7304.7	9042.8	10869.2	14333.4	18574.0	18122.2	21171.7	23682.0

续表

年份	1995	2000	2001	2002	2003	2004	2005	2006	2007	2008	2009	2010	2011
批发与零售业、摩托车、汽车及日用品维修	357.6	1584.5	2294.9	3068.9	3974.2	4906.2	6552.1	8234.9	11476.3	14927.4	15958.6	18405.9	19613.2
餐馆和旅店业	325.3	1640.0	2403.6	3039.3	3966.7	4737.3	6033.4	7521.7	9339.0	11536.2	12469.6	13465.8	14692.5
交通和通信业	702.9	3220.2	4304.2	5851.5	7471.3	9319.9	11351.1	13389.9	16452.3	20760.8	22400.5	25589.9	28608.5
其中：通信业	586.2	2879.2	4131.2	5661.5	7304.2	8974.2	11389.1	13220.3	16042.6	19918.1	20923.1	24275.0	26995.0
金融业	755.2	5232.2	8885.2	13245.9	15561.2	17383.8	22463.5	27885.5	34879.8	41871.8	42372.9	50120.0	55788.9
房地产业	416.2	2456.7	3545.6	4677.1	6196.3	7795.4	10236.8	12763.2	16641.6	21275.0	22609.7	25623.4	28239.3
国家机关、军事安全保障、必要社会保障	517.0	2712.1	3754.9	5200.4	6913.8	7898.6	10958.5	13477.3	16896.3	21344.1	23960.0	25120.8	27755.5
教育	309.3	1240.2	1833.0	2927.3	3386.6	4203.4	5429.7	6983.3	8778.3	11316.8	13293.6	14075.2	15809.1
卫生、社会服务业	345.0	1333.3	1959.9	3141.3	3662.6	4612.0	5905.6	8059.9	10036.6	13048.6	14819.5	15723.8	17544.5
其他公共、社会和个人服务业	470.7	1548.0	2311.7	3183.1	3920.3	4822.7	6291.0	7996.4	10392.2	13538.6	15070.0	16371.4	18200.3

表 15-27 俄罗斯工人工资分布状况

年 份		2000	2001	2002	2003	2004	2005	2006	2007	2009	2011
所有工人		100	100	100	100	100	100	100	100	100	100
工资分布状况（卢布，%）	1000.0 以下	34.1	28.4	14.7	11.5	6.9	4	2.9[3]	1.0[3]		
	1000.1~1800.0	23.7	21.3	16.8	14.3	10.7	7.8	5.2[4]	2.9[4]		
	1800.1~2600.0	15.1	15.3	15.5	13.5	11.1	8.8	6.8	4.4		
	2600.1~3400.0	9.3	10.2	12.8	11.7	10.7	9.1	7.2	5.1		
	3400.1~4200.0	5.5	6.6	9.2	9.2	9.1	8.4	6.9	5.7	2.6[6]	1.5[6]
	4200.1~5000.0	3.5	4.6	7	7.6	8.1	7.8	6.8	5.7	6.9	4.7
	5000.1~5800.0	2.3	3.2	5.2	6	7	7	6.3	5.5	4.4	3.3
	5800.1~7400.0	2.6	3.8	6.6	8.3	10.3	11.2	11.6	10.9	8.7	6.9
	7400.1~9000.0	1.5	2.2	3.9	5.3	7.3	8.8	9.4	9.4	8.2	6.6
	9000.1~10600.0	0.8	1.3	2.4	3.5	4.9	6.5	7.5	8.2	7.8	6.6
	10600.1~13800.0	0.8	1.3	2.5	3.8	5.7	8	10.2	12.8	13.9	12.4
	13800.1~17000.0	0.4	0.7	1.3	2	3	4.5	6.4	8.4	11.2	11.1
	17000.1~20200.0	0.4[1]	0.7	0.7	1.1	1.7	2.6	4	5.7	8.5	9.3
	20200.1~25000.0			0.6	0.9	1.4	2.1	3.4	5.2	8.8	10.5
	25000.1~35000.0			0.6	1.1	1.2	1.9	3	4.9	9.6	12.6
	35000.1~50000.0		0.3			0.6	0.8	1.4	2.4	5.3	7.9
	50000.1~75000.0			0.2[2]	0.1	0.2	0.4	0.6	1.1	2.6	4.1
	75000.0 以上		0.1[2]		0.1	0.1	0.2	0.4	0.7	1.5	2.5

1) 17000.0 卢布以上；2) 50000.0 卢布以上；3) 1100.0 卢布以下；4) 1100.1~1800 卢布；5) 1800.0 卢布以下；6) 4200.0 卢布以下。

表15-28 俄罗斯工人按十分组法每组工人工资总额占全体工人工资总额的比例

单位：%

年份		2000	2001	2002	2003	2004	2005	2006	2007	2009	2011
所有工人		100	100	100	100	100	100	100	100	100	100
各组所占比例	第一组（工资最低）	1.1	1.0	1.2	1.2	1.3	1.4	1.4	1.6	2.3	2.1
	第二组	2.3	2.0	2.5	2.4	2.6	2.7	2.7	2.9	3.3	3.2
	第三组	3.4	3.2	3.6	3.5	3.7	3.9	3.8	4.0	4.3	4.3
	第四组	4.6	4.3	4.8	4.7	4.9	5.0	5.0	5.2	5.4	5.4
	第五组	5.9	5.6	6.1	6.0	6.2	6.3	6.3	6.4	6.6	6.6
	第六组	7.5	7.1	7.5	7.5	7.7	7.8	7.8	7.9	7.9	7.9
	第七组	9.5	8.9	9.4	9.5	9.7	9.7	9.6	9.6	9.6	9.5
	第八组	12.3	11.8	11.9	12.2	11.9	12.1	12.1	12.0	11.8	11.9
	第九组	17.0	17.2	16.3	16.4	16.5	16.4	16.2	16.0	15.7	15.7
	第十组（工资最高）	36.4	38.9	36.7	36.6	35.5	34.7	35.1	34.4	33.1	33.4

表15-29 俄罗斯职员工资的行业及性别分布

单位：卢布

年份	2005	2007	2009
所有行业			
男性	11778	17949	23946
女性	7153	11326	15639
采掘业			
男性	20381	28749	35923
女性	14312	21809	27583
加工工业			
男性	11353	17329	21413
女性	7618	11710	14869
水、电、气的生产和调配业			
男性	11357	16935	23019
女性	9080	13753	18914

续表

年份	2005	2007	2009
建筑业			
男性	12913	20314	24490
女性	9941	16085	21127
批发与零售业、摩托车、汽车及日用品维修			
男性	10792	17090	27493
女性	7380	11720	17906
餐馆和旅店业			
男性	9634	15075	22346
女性	7265	10991	16093
交通和通信业			
男性	13917	20106	27089
女性	9809	14073	19011
房地产业			
男性	12585	20230	31518
女性	9681	16001	25666
科研			
男性	13833	23263	33137
女性	9588	16196	24223
教育			
男性	6221	9844	13958
女性	5420	8793	12039
卫生和社会服务			
男性	7031	11605	16627
女性	5949	9879	13848
休闲娱乐、文化和体育			
男性	8946	15009	21485
女性	5832	9535	13034

注：表中数据均为各年10月工资水平。

表 15-30 俄罗斯职员工资的职业分布

单位：卢布

年份	2005	2007	2009
全体人员	8694	13570	18084
企业领导及相关人员	15164	23934	33506
高级专业人员	9414	14854	20119
中级专业工	7201	11395	15058
从事信息收集、文件整理、登记、核算和服务的职员	5708	8800	12230
从事服务业、住房公用事业、商业等职业的职员	5684	8852	11969
工业企业熟练工、手工业工匠、建筑业、交通和通信、地质勘探业工人等	9449	14555	18046
机器设备的作业员、操作工	9956	14815	18706
非熟练工人	3914	6199	8358

表 15-31 俄罗斯职员工资的年龄分布

单位：卢布

年份	2005	2006	2007
全体人员	8694	13570	18084
其中：18~19 岁	4823	8562	10832
20~24 岁	7212	11937	15693
25~29 岁	8963	14385	19112
30~34 岁	9107	14625	20122
35~39 岁	8910	14248	19295
40~44 岁	9107	13851	18394
45~49 岁	8934	13841	18313
50~54 岁	8794	13446	17698
55~59 岁	8677	13073	17137
60~64 岁	8076	12847	16665
65 岁以上	7277	11315	15687

(五) 教育

表 15-32 俄罗斯教育主要指标

年 份	1970	1980	1990	1995	2000	2005	2006	2007	2008	2009	2010	2011
学龄前教育机构的数量（千所）	65.0	74.5	87.9	68.6	51.3	46.5	46.2	45.7	45.6	45.3	45.1	44.9
学龄前教育结构中儿童的数量（千人）	5666	8149	9009	5584	4263	4530	4713	4906	5105	5228	5388	5661
公共教育机构数量（不包括夜校）（千所）	96.9	68.8	67.6	68.9	67.0	61.5	59.4	56.4	54.3	51.7	49.5	47.1
其中：												
国立和市立学校	96.9	68.8	67.6	68.4	66.4	60.8	58.7	55.7	53.6	51.0	48.8	46.5
非国立学校	—	—	—	0.5	0.6	0.7	0.7	0.7	0.7	0.7	0.7	0.7
公共教育机构（不包括夜校）中就读的学生数量（千人）	23235	17638	20328	21567	20074	15185	14362	13766	13436	13329	13318	13446
其中：												
国立和市立学校中学生数量（千人）	23235	17638	20328	21521	20013	15113	14291	13695	13363	13258	13244	13362
非国立学校中的学生数量（千人）	—	—	—	46	61	72	71	71	73	71	74	84
夜校数量（千所）	6.9	6.0	2.1	1.8	1.7	1.7	1.6	1.6	1.5	1.4	1.3	1.2
夜校学生数（千人）	2049	2578	523	472	480	446	425	408	389	360	325	292
初级职业教育机构数量（所）	3257	4045	4328	4166	3893	3392	3209	3180	2855	2658	2356	2040

续表

年 份	1970	1980	1990	1995	2000	2005	2006	2007	2008	2009	2010	2011
初级职业教育机构中的学生数量（千人）	1406	1947	1867	1690	1679	1509	1413	1256	1115	1035	1007	921
每10000人中正在接受初级职业教育的人数（人）	108	140	126	114	115	106	99	88	79	73	70	64
已具有初级职业教育水平的人数（千人）	1104	1489	1252	928	845	688	630	586	541	543	609	533
初级职业教育机构中毕业的熟练工人和职员人数（千人）	995	1399	1272	841	763	703	680	656	605	538	581	517
每10000就业人口中的人数（人）	155	191	169	127	118	105	101	96	88	80	86	76
中等职业教育机构数量（所）	2423	2505	2603	2634	2703	2905	2847	2799	2784	2866	2850	2925
其中：												
国立和市立学校数量（所）	2423	2505	2603	2612	2589	2688	2631	2566	2535	2564	2586	2665
非国立学校数量（所）	—	—	—	22	114	217	216	233	249	302	264	260
中等职业教育机构中的学生数量（千人）	2606	2642	2270	1930	2361	2591	2514	2408	2244	2142	2126	2082
其中：												
国立和市立学校中学生数量（千人）	2606	2642	2270	1923	2309	2473	2389	2288	2136	2052	2027	1984

续表

年 份	1970	1980	1990	1995	2000	2005	2006	2007	2008	2009	2010	2011
非国立学校中的学生数量（千人）	—	—	—	7	52	118	125	120	108	90	99	98
每10000人中正在接受中级职业教育的人数（人）	199	190	153	130	162	181	177	170	158	151	149	146
已具有中级职业教育水平的人数（千人）	780	818	754	669	867	854	799	771	703	694	705	660
其中：												
国立和市立学校中学生数量（千人）	780	818	754	665	842	811	756	730	670	667	672	629
非国立学校中的学生数量（千人）	—	—	—	4	25	43	43	40	33	28	34	31
中等职业教育机构中毕业的专业人士数量（千人）	596	721	637	474	579	684	700	699	671	631	572	518
其中：												
国立和市立学校毕业的人数（千人）	596	721	637	473	568	651	658	657	632	594	536	484
非国立学校毕业的人数（千人）	—	—	—	1	12	33	42	42	39	37	36	34
每10000就业人口中毕业于中等职业教育机构的专业人士人数（人）	93	98	85	71	90	103	104	103	98	94	85	76

续表

年份	1970	1980	1990	1995	2000	2005	2006	2007	2008	2009	2010	2011
高等职业教育机构数量（所）	457	494	514	762	965	1068	1090	1108	1134	1114	1115	1080
其中：												
国立和市立学校数量（所）	457	494	514	569	607	655	660	658	660	662	653	634
非国立学校数量（所）	—	—	—	193	358	413	430	450	474	452	462	446
高等职业教育机构中的学生数量（千人）	2672	3046	2825	2791	4741	7064	7310	7461	7513	7419	7050	6490
其中：												
国立和市立学校中学生数量（千人）	2672	3046	2825	2655	4271	5985	6133	6208	6215	6136	5849	5454
非国立学校中学生数量（千人）	—	—	—	136	471	1079	1177	1253	1298	1283	1201	1036
每10000人中接受高等职业教育的人数（人）	204	219	190	188	324	495	514	525	529	523	493	454
已具有高等职业教育水平的人数（千人）	537	614	584	681	1292	1641	1658	1682	1642	1544	1399	1207
其中：												
国立和市立学校中学生数量（千人）	537	614	584	629	1140	1373	1377	1384	1363	1330	1195	1058
非国立学校中的学生数量（千人）	—	—	—	52	152	268	281	298	279	215	204	150

续表

年份	1970	1980	1990	1995	2000	2005	2006	2007	2008	2009	2010	2011
中等职业教育机构中毕业的专业人士数量（千人）	360	460	401	403	635	1152	1255	1336	1358	1442	1468	1443
其中：												
国立和市立学校毕业的人数（千人）	360	460	401	395	579	978	1056	1109	1125	1167	1178	1157
非国立学校毕业的人数（千人）	—	—	—	8	56	173	199	227	233	275	290	286
每10000就业人口中毕业于中等职业教育机构的专业人士人数（人）	56	63	53	61	99	172	188	197	198	215	217	213

（六）医疗卫生

表15-33 俄罗斯医疗机构状况

年份	医院数量（千家）	病床数量		诊所数量（千家）	诊所规模，出诊班次	
		总数（千床）	每10000人占有病床数		总数（千次）	每10000人访问人次
1990	12.8	2037.6	137.4	21.5	3221.7	217.3
1995	12.1	1850.5	125.8	21.1	3457.9	235.1
2000	10.7	1671.6	115.0	21.3	3533.7	243.2
2001	10.6	1653.4	114.4	21.3	3548.4	245.4
2002	10.3	1619.7	112.6	21.4	3565.2	247.8
2003	10.1	1596.6	111.6	21.5	3557.8	248.7
2004	9.8	1600.7	112.5	22.1	3577.5	251.3

续表

年份	医院数量（千家）	病床数量		诊所数量（千家）	诊所规模，出诊班次	
		总数（千床）	每10000人占有病床数		总数（千次）	每10000人访问人次
2005	9.5	1575.4	111.3	21.8	3637.9	256.9
2006	7.5	1553.6	109.2	18.8	3646.2	256.4
2007	6.8	1521.7	107.2	18.3	3673.9	258.7
2008	6.5	1398.5	98.0	15.5	3651.0	255.8
2009	6.5	1373.4	96.2	15.3	3657.2	256.0
2010	6.3	1339.5	93.8	15.7	3685.4	258.0
2011	6.3	1347.1	94.2	16.3	3727.7	260.6

表15-34 俄罗斯母婴医疗救助状况

年份	孕、产妇的床位数	婴儿的床位数		妇科咨询、妇产科门诊及儿童门诊数（千次）	助产中心数量（千家）
		总数（千床）	每10000婴儿占用床位数		
1990	122.7	309.6	91.2	13.7	47.7
1995	105.1	267.8	86.6	15.6	45.8
2000	90.7	228.6	89.3	16.0	44.6
2001	87.8	229.1	94.1	15.9	44.3
2002	85.9	224.1	96.6	15.3	43.9
2003	85.0	214.0	96.2	15.3	43.6
2004	83.7	210.1	97.7	15.2	43.4
2005	81.9	200.3	93.5	15.0	43.1
2006	82.3	194.9	93.3	13.5	42.3
2007	82.0	190.2	91.3	11.5	39.8

续表

年份	孕、产妇的床位数	婴儿的床位数		妇科咨询、妇产科门诊及儿童门诊数（千次）	助产中心数量（千家）
		总数（千床）	每10000婴儿占用床位数		
2008	81.1	191.9	91.0	11.7	39.8
2009	80.5	185.8	86.8	11.7	38.9
2010	80.3	179.0	83.6	17.0	37.8
2011	79.2	178.4	80.4	16.3	35.0

（七）犯罪

表15-35 俄罗斯各类犯罪案件数量

单位：起

年份	1990	1995	2000	2005	2006	2007	2008	2009	2010	2011
登记在案的犯罪案件总数	1839.5	2755.7	2952.4	3554.7	3855.4	3582.5	3209.9	2994.8	2628.8	2404.8
其中：										
谋杀与企图谋杀	15.6	31.7	31.8	30.8	27.5	22.2	20.1	17.7	15.6	14.3
蓄意严重伤害他人身体	41.0	61.7	49.8	57.9	51.4	47.3	45.4	43.1	39.7	38.5
强奸和强奸未遂	15.0	12.5	7.9	9.2	8.9	7.0	6.2	5.4	4.9	4.8
敲诈勒索	83.3	140.6	132.4	344.4	357.3	295.1	244.0	205.4	164.5	127.8
抢劫	16.5	37.7	39.4	63.7	59.8	45.3	35.4	30.1	24.5	20.1
盗窃	913.1	1367.9	1310.1	1573.0	1677.0	1567.0	1326.3	1188.6	1108.4	1038.6
恐怖事件	—	1	135	203	112	48	10	15	31	29
非法毒品买卖	16.3	79.9	243.6	175.2	212.0	231.2	232.6	238.5	222.6	215.2
违反交通规则	96.3	50.0	52.7	26.6	26.3	25.6	24.3	27.5	26.3	27.3
其中：因疏忽造成两人或两人以上死亡的案件	15.9	14.4	15.4	15.7	15.8	15.5	13.6	10.6	10.3	10.9
行贿	2.7	4.7	7.0	9.8	11.1	11.6	12.5	13.1	12.0	11.0

（八）住房

表15-36　俄罗斯居民住房条件主要指标

	1990	1995	2000	2001	2002	2003	2004	2005	2006	2007	2008	2009	2010	2011
人均居住面积（平方米）	16.4	18.0	19.2	19.5	19.8	20.2	20.5	20.9	21.3	21.5	22.0	22.4	22.6	23.0
其中：														
城市	15.7	17.7	18.9	19.2	19.5	19.8	20.3	20.5	20.9	21.3	21.7	22.1	22.1	22.5
农村	18.1	18.7	19.9	20.3	20.7	21.0	21.1	21.8	22.3	22.3	22.7	23.1	23.9	24.5
公寓套数（百万套）	48.8	52.0	55.1	55.6	56.0	56.4	56.9	57.4	58.0	58.6	59.0	59.5	60.1	60.8
其中：														
一室	—	12.1	12.8	12.9	13.0	13.1	13.2	13.3	13.4	13.6	13.7	13.9	14.1	14.4
两室	—	21.9	22.6	22.8	22.9	23.0	23.1	23.2	23.4	23.6	23.6	23.7	23.9	24.1
三室	—	15.0	16.2	16.3	16.4	16.5	16.7	16.8	17.0	17.1	17.2	17.3	17.4	17.6
四室及以上	—	2.4	3.5	3.6	3.7	3.8	3.9	4.1	4.2	4.3	4.5	4.6	4.7	4.8
公寓平均面积（平方米）	46.6	47.7	49.1	49.3	49.6	49.9	50.1	50.4	50.8	51.3	51.8	52.4	52.9	53.2
一室	—	31.7	32.0	32.0	32.1	32.2	32.4	32.3	32.5	32.6	32.9	33.3	33.4	33.6
两室	—	44.7	45.4	45.5	45.7	45.8	45.9	45.7	45.9	46.2	46.5	46.9	47.2	47.4
三室	—	59.3	60.4	60.6	60.7	61.0	61.1	61.0	61.4	61.9	62.3	62.8	63.4	63.6
四室及以上	—	77.3	82.6	84.2	86.2	87.5	88.9	91.8	93.2	95.5	97.5	100.0	101.9	103.7
需要住房的家庭数占总家庭数的比例（%）	20	15	11	10	9	11	10	7	6	6	6	5	5	5
房屋装修总面积（千平方米）	29103	11666	3832	4780	4833	4625	4768	5552	5302	6707	12381	17316	8660	4326
私有化住宅（年底数据，千套）	53	12479	17351	18538	19823	20676	21980	23668	25149	25838	26442	27672	28557	28897
占总私有化住宅的比例（%）	0.2	36	47	50	54	56	59	63	66	69	70	73	75	76

表 15-37 俄罗斯破旧房屋及危房总量

单位：百万平方米，%

年份	破旧房屋及危房总量	其中		破旧房屋及危房总量占总住房面积的比例
		破旧房屋	危房	
1990	32.2	28.9	3.3	1.3
1995	37.7	32.8	4.9	1.4
2000	65.6	56.1	9.5	2.4
2001	87.9	80.0	7.9	3.1
2002	87.4	77.2	10.2	3.1
2003	91.6	78.4	13.2	3.2
2004	93.0	81.8	11.2	3.2
2005	94.6	83.4	11.2	3.2
2006	95.9	83.2	12.7	3.2
2007	99.1	84.0	15.1	3.2
2008	99.7	83.2	16.5	3.2
2009	99.5	80.1	19.4	3.1
2010	99.4	78.9	20.5	3.1

三 行业

（一）农业

表 15-38 俄罗斯农产品生产（按实际价格计算，1998年之前单位：万亿卢布）

单位：十亿卢布

年份	农业			农业企业			居民副业			农户（农场）经济		
	农产品	其中		农产品	其中		农产品	其中		农产品	其中	
		种植业	畜牧业		种植业	畜牧业		种植业	畜牧业		种植业	畜牧业
1990	0.16	0.06	0.10	0.116	0.044	0.072	0.042	0.014	0.028	—	—	—
1991	0.26	0.11	0.16	0.179	0.068	0.111	0.081	0.037	0.044	—	—	—
1992	2.7	1.3	1.4	1.8	0.9	0.9	0.9	0.4	0.5	0.03	0.02	0.01
1993	22.4	10.3	12.1	12.8	5.6	7.2	8.9	4.2	4.7	0.7	0.5	0.2
1994	73.7	37.9	35.8	40.2	17.8	22.4	32.3	19.3	13.0	1.2	0.8	0.4

续表

年份	农业			农业企业			居民副业			农户（农场）经济		
	农产品	其中		农产品	其中		农产品	其中		农产品	其中	
		种植业	畜牧业		种植业	畜牧业		种植业	畜牧业		种植业	畜牧业
1995	203.9	108.3	95.6	102.3	48.8	53.5	97.6	56.8	40.8	4.0	2.7	1.3
1996	283.4	153.7	129.7	140.0	73.0	67.0	137.8	77.1	60.7	5.6	3.6	2.0
1997	303.2	165.6	137.6	143.5	80.8	62.7	152.3	79.7	72.6	7.4	5.1	2.3
1998	298.4	143.1	155.3	120.6	57.0	63.6	171.1	82.3	88.8	6.7	3.8	2.9
1999	586.0	307.1	278.9	249.8	128.1	121.7	320.8	168.6	152.2	15.4	10.4	5.0
2000	742.4	394.7	347.7	335.6	189.0	146.6	383.2	188.5	194.7	23.6	17.2	6.4
2001	918.2	466.1	452.1	421.8	224.4	197.4	460.7	214.6	246.1	35.7	27.1	8.6
2002	968.2	480.7	487.5	409.2	197.5	211.8	520.6	255.3	265.3	38.3	27.9	10.4
2003	1076.4	557.2	519.2	458.3	235.7	222.6	565.7	281.6	284.1	52.4	39.9	12.5
2004	1253.2	650.6	602.6	573.5	307.2	266.3	600.7	280.0	320.7	79.0	63.4	15.6
2005	1380.9	669.8	711.1	615.6	294.4	321.2	681.0	311.4	369.6	84.3	64.0	20.3
2006	1570.6	764.8	805.8	704.6	343.8	360.6	754.8	336.2	418.6	111.3	84.7	26.6
2007	1931.6	1002.4	929.2	918.5	490.4	428.1	856.6	388.5	468.1	156.5	123.5	33.0
2008	2461.4	1306.4	1155.0	1183.7	637.6	546.1	1068.5	501.5	567.0	209.2	167.3	41.9
2009	2515.9	1238.9	1277.0	1141.5	542.8	598.7	1184.7	552.9	631.8	189.7	143.2	46.5
2010	2618.5	1179.8	1438.7	1165.2	477.4	687.8	1266.4	571.3	695.1	186.9	131.1	55.8
2011	3451.3	1853.7	1597.6	1645.2	859.7	785.5	1499.5	751.8	747.9	306.6	242.4	64.2

表15-39 俄罗斯农产品生产结构（按实际价格计算）

单位：%

年份	整个农业	其中		
		农业企业	居民副业	农户（农场）经济
1990	100	73.7	26.3	—
1991	100	68.8	31.2	—
1992	100	67.1	31.8	1.1
1993	100	57.0	39.9	3.1
1994	100	54.5	43.8	1.7
1995	100	50.2	47.9	1.9
1996	100	49.4	48.6	2.0

续表

年份	整个农业	其中		
		农业企业	居民副业	农户（农场）经济
1997	100	47.4	50.2	2.4
1998	100	40.4	57.4	2.2
1999	100	42.6	54.8	2.6
2000	100	45.2	51.6	3.2
2001	100	45.9	50.2	3.9
2002	100	42.3	53.8	3.9
2003	100	42.6	52.5	4.9
2004	100	45.8	47.9	6.3
2005	100	44.6	49.3	6.1
2006	100	44.9	48.0	7.1
2007	100	47.6	44.3	8.1
2008	100	48.1	43.4	8.5
2009	100	45.4	47.1	7.5
2010	100	44.5	48.4	7.1
2011	100	47.7	43.4	8.9

表 15-40 俄罗斯农业生产指数（按可比价格计算，与上年同期相比）

单位：%

年份	农业			农业企业			居民副业			农户（农场）经济		
	农产品	其中		农产品	其中		农产品	其中		农产品	其中	
		种植业	畜牧业		种植业	畜牧业		种植业	畜牧业		种植业	畜牧业
1990	96.4	92.4	98.8	94.2	90.7	96.6	104.0	101.0	105.2	—	—	—
1991	95.5	100.4	92.7	91.0	94.7	88.7	108.7	124.6	102.6	—	—	—
1992	90.6	94.6	88.1	82.7	85.0	81.2	108.1	120.1	102.7	—	—	—
1993	95.6	97.1	94.6	90.9	91.4	90.5	102.7	106.6	100.6	166.7	163.9	171.8
1994	88.0	89.6	86.9	83.9	86.0	82.5	95.3	98.3	93.6	86.2	77.3	101.5
1995	92.0	95.4	89.6	84.6	83.8	85.1	103.4	116.1	95.7	97.4	94.5	101.2
1996	94.9	100.3	89.0	89.9	98.3	82.9	100.4	102.4	97.6	95.2	94.2	97.4
1997	100.9	106.2	95.0	102.5	113.0	92.7	98.0	98.0	98.0	126.3	143.6	94.7
1998	85.9	75.7	98.2	78.5	65.0	95.8	93.1	87.0	99.8	80.4	69.5	105.3

续表

年份	农业 农产品	农业 其中 种植业	农业 其中 畜牧业	农业企业 农产品	农业企业 其中 种植业	农业企业 其中 畜牧业	居民副业 农产品	居民副业 其中 种植业	居民副业 其中 畜牧业	农户（农场）经济 农产品	农户（农场）经济 其中 种植业	农户（农场）经济 其中 畜牧业
1999	103.8	108.9	99.2	105.4	115.6	96.3	102.3	103.5	101.3	116.6	131.0	98.0
2000	106.2	110.9	101.1	106.4	112.6	99.9	105.3	108.3	102.0	121.9	131.5	101.8
2001	106.9	109.8	103.6	111.1	115.3	105.6	101.5	101.0	102.0	136.3	146.2	109.7
2002	100.9	98.7	103.2	101.8	97.8	106.4	98.9	97.2	100.3	116.7	117.1	115.4
2003	99.9	100.4	99.4	96.1	93.3	98.7	102.1	104.8	99.5	110.9	110.8	111.1
2004	102.4	106.3	98.3	104.9	111.4	97.9	97.8	97.5	98.1	130.9	137.9	108.8
2005	101.6	102.7	100.4	103.1	102.2	104.3	98.9	101.6	96.6	110.5	109.9	113.0
2006	103.0	100.3	105.6	104.3	101.4	106.6	100.0	96.0	103.7	117.4	116.4	120.0
2007	103.3	102.3	104.3	104.9	103.3	105.9	101.6	100.6	102.4	105.2	102.7	113.3
2008	110.8	118.0	103.0	116.2	124.9	106.1	102.2	104.6	99.9	127.8	133.3	107.2
2009	101.4	98.6	104.6	100.8	93.8	109.2	102.9	105.8	100.4	97.0	95.1	104.2
2010	88.7	76.2	100.9	89.4	71.9	105.5	88.8	80.4	96.3	83.9	76.4	106.6
2011	122.1	147.2	101.5	125.3	158.4	102.4	115.6	134.2	100.4	145.8	163.3	104.7

表15－41 俄罗斯农业播种面积

单位：千公顷

年份	1990	1991	1992	1993	1994	1995	1996	1997	1998	1999	2000
总播种面积	117705	115508	114591	111827	105340	102540	99481	96264	91227	87742	84670
粮食和粮用豆类	63068	61783	61939	60939	56280	54705	53379	53615	50697	46511	45585
小麦	24244	23152	24284	24665	22191	23909	25708	26058	26103	23022	23205
黑麦	8008	6480	7592	6000	3903	3247	4147	4005	3777	3393	3539
大麦	13723	15282	14564	15478	16404	14710	11787	12505	11266	9833	9150
燕麦	9100	9032	8540	8402	8333	7928	6903	6437	5227	5332	4513
玉米	869	733	810	800	524	643	619	911	778	690	798
粟	1936	1997	1875	1464	1002	698	1228	1086	976	1610	1589
荞麦	1278	1646	1709	1808	1756	1604	1369	1112	1226	1339	1576
大米	287	267	265	261	193	171	172	151	145	173	175
小黑麦	—	—	—	—	—	—	—	—	—	—	—
高粱	67	33	32	16	11	11	15	11	15	49	121

续表

年 份	1990	1991	1992	1993	1994	1995	1996	1997	1998	1999	2000
粮用豆类	3556	3163	2266	2042	1962	1784	1430	1339	1184	1071	920
经济作物	6111	5626	5891	5536	5311	6476	6021	5394	5947	7518	6458
亚麻	418	328	327	263	135	177	154	114	107	104	108
甜菜	1460	1399	1439	1333	1104	1085	1060	933	810	900	805
油料作物	4007	3717	3921	3804	3996	5149	4748	4281	4963	6447	5489
其中：											
葵花籽	2739	2576	2889	2923	3133	4127	3876	3591	4173	5598	4643
黄豆	675	664	645	625	580	487	485	404	452	439	421
芥末	226	198	177	106	120	247	185	139	127	140	162
冬油菜	57	52	43	18	11	8	22	26	49	12	48
春油菜（菜籽）	201	146	111	94	136	268	167	113	150	236	184
马铃薯	3124	3187	3404	3548	3337	3409	3320	3184	3015	2921	2834
蔬菜	618	662	682	684	704	758	722	718	696	751	744
其中：											
卷心菜	—	—	—	—	—	—	—	160	157	166	157
黄瓜	—	—	—	—	—	—	—	82	76	74	77
西红柿	—	—	—	—	—	—	—	144	137	136	140
红菜头	—	—	—	—	—	—	—	58	52	56	57
胡萝卜	—	—	—	—	—	—	—	77	73	76	81
葱	—	—	—	—	—	—	—	93	100	102	99
蒜	—	—	—	—	—	—	—	25	25	25	26
夏南瓜	—	—	—	—	—	—	—	—	—	35	29
南瓜	—	—	—	—	—	—	—	—	—	26	27
其他蔬菜	—	—	—	—	—	—	—	72	72	47	43
饲料作物	44560	44039	42474	40987	39596	37056	35900	33186	30758	29877	28899
其中：											
块根饲料作物	732	599	495	383	299	243	222	191	157	169	151
一年生草料	12612	11747	11210	10468	10319	9350	8197	7550	7027	6409	5946
多年生草料	18287	19501	18813	18831	19250	19518	19341	19074	18437	18066	18046
饲料用玉米	10089	9606	9535	8862	7420	6147	6359	5053	4059	4231	3668

续表

年　份	2001	2002	2003	2004	2005	2006	2007	2008	2009	2010	2011
总播种面积	83820	83468	78297	77323	75837	75277	74759	76923	77805	75188	76662
粮食和粮用豆类	47176	47396	42072	43597	43593	43174	44265	46742	47553	43194	43572
小麦	23764	25657	22158	24003	25343	23591	24382	26633	28698	26613	25552
黑麦	3634	3811	2346	1890	2338	1787	2103	2166	2147	1762	1551
大麦	10095	10247	10125	9932	9083	9928	9618	9621	9035	7214	7881
燕麦	4862	4261	3726	3556	3325	3586	3548	3561	3374	2895	3046
玉米	664	600	699	877	820	1031	1509	1812	1365	1416	1716
粟	1214	581	830	1026	499	668	506	572	522	521	826
荞麦	1593	836	733	938	917	1164	1301	1113	932	1080	907
大米	153	148	156	132	144	163	162	164	183	203	211
小黑麦	—	—	—	—	—	—	—	—	190	165	226
高粱	123	44	32	30	22	46	41	94	28	20	104
粮用豆类	1074	1211	1267	1213	1103	1211	1094	1006	1080	1305	1553
经济作物	5404	5810	7471	6863	7615	8825	8117	8717	8962	10900	11836
亚麻	127	111	118	112	96	84	74	77	69	51	56
甜菜	773	808	923	849	799	996	1060	819	819	1160	1292
油料作物	4453	4847	6355	5826	6680	7690	6931	7783	8020	9616	10447
其中:											
葵花籽	3827	4126	5359	4862	5568	6155	5326	6199	6196	7153	7614
黄豆	417	476	584	570	718	845	777	747	875	1206	1229
芥末	59	80	142	103	107	91	58	58	101	110	134
冬油菜	40	33	49	89	85	80	150	145	178	218	175
春油菜（菜籽）	95	113	181	163	159	432	508	535	511	638	718
马铃薯	2740	2646	2531	2415	2277	2129	2069	2104	2193	2212	2225
蔬菜	720	703	713	673	641	635	624	641	653	662	698
其中:											
卷心菜	146	141	138	123	114	109	104	116	118	120	128
黄瓜	75	74	73	68	67	67	61	67	67	67	67
西红柿	141	140	137	125	121	117	104	113	119	117	120
红菜头	51	48	52	47	43	45	42	45	46	46	52
胡萝卜	74	72	73	71	65	67	66	70	69	70	78

续表

年 份	2001	2002	2003	2004	2005	2006	2007	2008	2009	2010	2011
葱	94	90	93	98	90	84	90	92	87	90	97
蒜	28	28	28	29	29	28	30	25	27	27	27
夏南瓜	27	25	25	24	24	22	25	23	25	25	26
南瓜	26	23	24	27	26	30	32	25	30	30	33
其他蔬菜	49	50	53	52	52	53	56	51	49	54	52
饲料作物	27652	26777	25369	23652	21610	20395	19532	18560	18288	18071	18137
其中：											
块根饲料作物	143	127	104	93	70	62	56	51	49	50	53
一年生草料	5659	6318	6041	5475	4930	4640	4489	4326	4488	4680	4913
多年生草料	17759	16864	16261	15633	14557	13775	13119	12397	11898	11463	11134
饲料用玉米	3162	2707	2255	1863	1570	1504	1500	1457	1504	1502	1628

表15-42 俄罗斯农作物总收成

单位：千吨

年 份	1990	1991	1992	1993	1994	1995	1996	1997	1998	1999	2000
粮食和粮用豆类	116676	89094	106856	99094	81297	63406	69195	88461	47771	54637	65420
小麦	49596	38899	46167	43547	32128	30118	34834	44235	26995	30997	34460
黑麦	16431	10639	13887	9166	5989	4098	5928	7476	3266	4781	5444
大麦	27235	22174	26989	26843	27054	15786	15913	20752	9765	10576	14039
燕麦	12326	10372	11241	11556	10757	8562	8326	9383	4656	4393	6002
玉米	2451	1969	2135	2441	892	1738	1081	2652	800	1034	1489
粟	1946	1040	1535	1128	482	488	441	1216	451	925	1124
荞麦	809	688	1038	806	781	597	482	628	465	578	997
大米	896	773	754	688	523	462	389	328	412	443	584
小黑麦	—	—	—	—	—	—	—	—	—	—	—
高粱	62	33	28	21	12	13	9	12	8	32	83
粮用豆类	4922	2506	3080	2898	2677	1541	1792	1779	954	879	1197
经济作物											
亚麻	119	145	122	83	76	96	80	38	43	34	70
甜菜	32327	24280	25548	25468	13946	19072	16165	13879	10796	15226	14051
油料作物	4662	3820	3883	3455	3154	4667	3225	3275	3426	4673	4473

续表

年 份	1990	1991	1992	1993	1994	1995	1996	1997	1998	1999	2000
其中：											
葵花籽	3427	2896	3110	2765	2553	4200	2763	2829	2993	4149	3919
黄豆	717	622	505	497	422	290	283	280	295	334	342
芥末	192	80	69	79	51	47	39	58	7	43	46
冬油菜	105	83	67	20	13	11	24	33	48	15	62
春油菜（菜籽）	153	98	98	77	110	113	110	71	76	120	87
马铃薯	30848	34329	38224	37650	33828	39909	37619	35138	28953	27998	29465
蔬菜	10328	10425	10018	9827	9621	11275	10325	10630	9746	11010	10822
其中：											
卷心菜	—	—	—	—	—	—	—	3003	2739	3549	3017
黄瓜	—	—	—	—	—	—	—	1097	1024	983	948
西红柿	—	—	—	—	—	—	—	1608	1648	1562	1509
红菜头	—	—	—	—	—	—	—	878	745	798	853
胡萝卜	—	—	—	—	—	—	—	1411	1127	1224	1387
葱	—	—	—	—	—	—	—	1059	1009	993	1134
蒜	—	—	—	—	—	—	—	167	155	165	179
夏南瓜	—	—	—	—	—	—	—	—	—	512	486
南瓜	—	—	—	—	—	—	—	—	—	304	364
其他蔬菜	—	—	—	—	—	—	—	812	767	412	398
饲料作物	17217	11604	8688	8050	5272	5144	3885	3938	2688	3024	3079

年 份	2001	2002	2003	2004	2005	2006	2007	2008	2009	2010	2011
粮食和粮用豆类	85084	86479	66962	77832	77803	78227	81472	108179	97111	60960	94213
小麦	46996	50622	34070	45434	47615	44927	49368	63765	61740	41508	56240
黑麦	6632	7122	4147	2864	3622	2959	3909	4505	4333	1636	2971
大麦	19478	18678	17926	17088	15684	18037	15559	23148	17881	8350	16938
燕麦	7719	5683	5169	4937	4545	4860	5384	5835	5401	3220	5332
玉米	808	1499	2031	3373	3060	3510	3798	6682	3963	3084	6962
粟	550	293	974	1113	455	599	417	711	265	134	878
荞麦	574	302	525	649	605	865	1004	924	564	339	800

续表

年　份	2001	2002	2003	2004	2005	2006	2007	2008	2009	2010	2011
大米	496	488	448	470	571	681	705	738	913	1061	1056
小黑麦	—	—	—	—	—	—	—	—	508	249	523
高粱	35	27	33	44	28	35	40	76	13	9	60
粮用豆类	1797	1764	1639	1861	1618	1754	1287	1794	1529	1371	2453
经济作物											
亚麻	81	53	66	71	66	41	54	59	61	40	51
甜菜	14553	15659	19355	21809	21276	30673	28836	28995	24892	22256	47643
油料作物	3182	4275	5580	5726	7557	8218	7037	8972	8186	7457	13115
其中:											
葵花籽	2682	3688	4887	4810	6470	6743	5671	7350	6454	5345	9697
黄豆	350	423	392	554	686	805	650	746	944	1222	1756
芥末	28	35	86	55	63	64	11	29	24	36	88
冬油菜	62	53	45	154	142	127	227	246	308	395	304
春油菜（菜籽）	51	63	147	123	162	395	404	506	359	275	752
马铃薯	29499	26923	29358	27876	28137	28260	27195	28846	31134	21141	32681
蔬菜	11169	10665	11739	11214	11348	11370	11509	12960	13402	12126	14696
其中:											
卷心菜	3180	2860	3401	2944	2830	2751	2668	3177	3319	2737	3533
黄瓜	933	949	1029	1000	1034	1005	1001	1130	1133	1162	1202
西红柿	1714	1700	1704	1662	1855	1927	1791	1939	2170	2050	2201
红菜头	820	759	909	822	812	844	824	927	988	836	1072
胡萝卜	1312	1190	1354	1319	1287	1356	1347	1530	1519	1303	1735
葱	1096	1074	1158	1226	1231	1218	1318	1713	1602	1536	2123
蒜	208	210	202	220	242	240	249	227	227	213	234
夏南瓜	446	408	427	408	407	381	466	477	537	482	560
南瓜	405	352	419	456	438	476	564	477	586	507	616
其他蔬菜	498	580	575	571	619	585	702	774	660	679	756
饲料作物	2756	2254	2162	1981	1520	1450	1267	1315	1278	902	1434

表 15-43 俄罗斯种植业主要产品生产指数（与上年同期相比）

单位：%

年 份	粮食	亚麻	甜菜	油料作物	其中：		马铃薯	蔬菜
					葵花籽	黄豆		
1991	76.4	143.0	75.1	—	85.0	—	111.3	101.0
1992	119.9	76.5	105.2	—	107.4	—	112.0	96.0
1993	92.7	74.6	99.7	—	88.9	—	98.5	98.0
1994	82.0	93.0	54.8	91.3	92.3	84.9	89.8	97.9
1995	78.0	127.0	136.8	147.9	164.5	68.9	118.0	117.2
1996	109.1	85.8	84.8	69.2	65.8	97.5	94.3	915.0
1997	127.8	39.5	85.9	101.5	102.4	98.8	93.4	103.0
1998	54.0	144.6	77.8	104.6	105.8	105.5	82.4	91.7
1999	114.4	70.3	141.0	136.4	138.6	113.3	96.7	113.0
2000	119.7	215.9	92.3	95.7	94.4	102.2	105.2	98.3
2001	130.1	113.3	103.6	71.1	68.4	102.3	100.1	103.2
2002	101.6	65.0	107.6	134.3	137.5	120.8	91.3	95.5
2003	77.4	146.5	123.6	130.5	132.5	92.9	109.0	110.1
2004	116.2	104.5	112.7	102.6	98.4	141.2	95.0	95.5
2005	100.0	96.7	97.3	132.0	134.5	123.8	100.9	101.2
2006	100.5	64.6	144.2	108.7	104.2	117.3	100.4	100.2
2007	104.1	131.5	94.0	85.6	84.1	80.8	96.2	101.2
2008	132.8	110.6	100.6	127.5	129.6	114.7	106.1	112.6
2009	89.8	99.6	85.8	91.2	87.8	126.3	107.9	103.4
2010	62.8	67.4	89.4	91.1	82.8	129.5	67.9	90.5
2011	154.6	123.4	214.1	175.9	181.4	143.7	154.6	121.2

表 15-44 俄罗斯农业企业种植业主要产品销售状况

单位：千吨

年 份	粮食作物	甜菜	葵花籽	马铃薯	蔬菜
1990	44466	25185	—	4820	6614
1991	34098	18380	1818	4059	5134
1992	39135	10976	1528	2730	3701
1993	37820	7143	1399	2131	2817
1994	26450	1312	1418	1350	2326
1995	25580	2071	1710	1162	2017
1996	28577	2375	1920	1157	1749
1997	37669	2418	1754	1059	1762
1998	25097	3886	1837	1124	1662
1999	26561	8056	2065	891	1781
2000	31988	9263	2546	856	1835

续表

年份	粮食作物	甜菜	葵花籽	马铃薯	蔬菜
2001	40415	9746	1860	951	1840
2002	45380	10550	2061	943	1723
2003	36373	12489	2793	846	1722
2004	34708	14782	2628	1050	1595
2005	39607	15334	3187	1206	1537
2006	37150	19517	3637	1371	1518
2007	38769	20668	3465	1663	1550
2008	44467	21929	2934	1843	1711
2009	52190	18902	4198	2037	1865
2010	40072	17123	3594	1855	1654
2011	45381	32198	4418	1762	1774

表15－45 俄罗斯畜牧业牲畜存栏数（年末数据）

单位：千头/只

年份	大牲畜	其中：牛	猪	羊	其中：绵羊	山羊	马	禽	驯鹿	兔	蜂
1990	57043.0	20556.9	38314.3	58194.9	55242.1	2952.8	2618.4	659807.5	2260.6	3354.1	4502.6
1991	54676.7	20564.1	35384.3	55254.8	52194.6	3060.2	2590.0	652187.3	2207.8	3366.0	4593.0
1992	52226.0	20243.4	31519.7	51368.4	48182.5	3185.9	2556.0	568277.9	2126.6	3298.6	4711.4
1993	48914.0	19831.3	28556.6	43712.4	40615.9	3096.5	2490.1	565184.3	1965.5	2988.3	4333.0
1994	43296.5	18397.9	24858.7	34540.4	31767.3	2773.1	2431.1	490848.7	1833.9	2470.5	4303.5
1995	39696.0	17436.4	22630.6	28026.6	25344.6	2682.0	2363.0	422600.5	1695.0	1578.9	4082.8
1996	35102.8	15874.1	19115.0	22772.4	20327.0	2445.4	2197.2	371873.5	1592.3	1352.5	3741.3
1997	31519.9	14536.4	17348.3	18774.0	16482.7	2291.3	2013.4	359717.2	1484.6	1201.9	3578.6
1998	28480.8	13473.2	17248.3	15556.4	13412.5	2143.9	1800.2	355663.1	1357.3	1149.6	3521.1
1999	28060.3	13138.6	18341.1	14776.2	12622.2	2154.1	1682.0	346433.2	1244.0	1210.1	3440.6
2000	27519.8	12742.6	15824.4	14961.9	12730.5	2231.4	1622.2	340665.1	1197.0	1276.7	3473.9
2001	27390.2	12310.7	16227.0	15572.9	13253.6	2319.4	1581.7	346834.7	1246.6	1695.0	3446.3
2002	26846.1	11854.2	17600.6	16370.3	14012.3	2358.0	1540.9	346164.2	1236.4	1855.5	3414.6
2003	25091.1	11083.3	16278.2	17261.3	14875.8	2385.5	1497.3	342613.9	1275.1	1714.1	3302.5
2004	23153.8	10244.1	13717.2	18077.7	15774.7	2303.0	1407.7	341581.5	1272.6	1565.4	3297.1
2005	21625.0	9522.2	13811.4	18581.4	16417.7	2163.7	1316.6	357467.9	1298.5	1584.6	3228.5
2006	21561.6	9359.7	16184.9	20194.5	17997.9	2196.6	1300.6	374686.6	1445.6	1900.6	3060.4
2007	21546.9	9320.2	16340.0	21503.2	19290.4	2212.9	1321.3	388964.1	1475.3	1987.3	3097.1
2008	21038.0	9125.6	16161.9	21770.2	19602.3	2167.9	1353.2	404549.9	1520.8	2091.8	2975.9
2009	20671.3	9025.8	17231.0	21986.2	19849.7	2136.6	1375.0	433702.7	1553.4	2407.8	3047.2
2010	19970.0	8844.3	17217.9	21819.9	19761.3	2058.5	1340.6	449296.5	1571.0	2653.5	3049.3
2011	20069.4	8948.1	17332.8	22400.8				471013.7			

表 15-46 俄罗斯畜牧业单位产出

单位：公斤，个

年份	整体农业		农业企业			居民副业		农户（农场）经济	
	每头奶牛产奶量	每头绵羊产毛量	每头奶牛产奶量	每只母鸡平均产蛋量	每头绵羊产毛量	每头奶牛产奶量	每头绵羊产毛量	每头奶牛产奶量	每头绵羊产毛量
1990	2731	3.9	2783	236	3.8	2576	4.2	4448	1.3
1991	2567	3.6	2574	231	3.5	2543	4.2	6072	5.0
1992	2332	3.4	2243	224	3.2	2545	3.9	2799	3.7
1993	2328	3.3	2246	222	3.1	2497	3.6	2453	3.7
1994	2162	3.0	2033	214	2.9	2407	3.1	2001	3.3
1995	2153	2.9	2016	212	2.7	2388	3.1	1989	3.9
1996	2144	3.0	1965	217	2.9	2412	3.1	1993	3.2
1997	2239	2.9	2074	234	2.8	2462	3.1	2077	3.2
1998	2381	2.8	2242	240	2.7	2558	3.0	2135	2.7
1999	2432	2.9	2282	248	2.8	2615	3.0	2186	2.8
2000	2502	3.1	2341	264	3.2	2687	3.1	2253	2.9
2001	2651	3.1	2551	273	3.1	2767	3.1	2328	3.1
2002	2797	3.2	2802	279	3.1	2812	3.2	2401	2.9
2003	2949	3.2	2976	285	3.1	2948	3.2	2538	2.9
2004	3037	3.1	3065	292	2.8	3043	3.2	2565	2.8
2005	3176	3.0	3280	301	2.7	3130	3.2	2607	2.9
2006	3356	3.0	3564	302	2.7	3249	3.2	2642	2.8
2007	3501	2.8	3758	303	2.5	3378	3.1	2714	2.4
2008	3595	2.7	3892	304	2.8	3456	3.1	2746	2.3
2009	3737	2.8	4089	305	2.3	3513	3.1	3268	2.3
2010	3776	2.6	4189	307		3510	3.0	3291	2.4

表 15-47　俄罗斯畜牧业主要产品产出量

年份	禽畜屠宰总量（千吨）	其中（千吨）：				奶	蛋（百万个）	羊毛（吨）	蜂蜜（吨）
		大牲畜	猪	羊	禽				
1990	10111.6	4329.3	3480.0	395.0	1801.0	55715.3	47469.7	226743	46091
1991	9375.2	3989.0	3189.7	347.4	1750.9	51885.5	46874.9	204497	48433
1992	8260.3	3631.5	2783.5	329.4	1427.8	47236.0	42902.1	178640	49556
1993	7512.9	3358.8	2432.1	359.2	1276.8	46524.0	40297.1	158390	52747
1994	6803.3	3240.2	2103.5	315.5	1068.4	42176.2	37476.6	122166	43899
1995	5795.8	2733.5	1865.4	261.3	859.2	39240.7	33830.2	93012	57748
1996	5335.8	2630.0	1705.2	229.7	689.6	35818.9	31902.3	76930	46228
1997	4853.9	2394.9	1545.1	199.2	630.3	34135.6	32198.7	60768	48756
1998	4702.8	2246.5	1504.9	178.2	690.2	33255.2	32744.2	47883	49554
1999	4313.0	1867.6	1485.0	143.6	748.1	32273.6	33134.6	40234	51034
2000	4445.8	1897.9	1578.2	140.3	767.5	32259.0	34084.7	40088	54248
2001	4477.4	1878.6	1514.7	134.2	885.7	32874.1	35241.7	40515	52960
2002	4732.8	1967.4	1608.3	136.1	955.7	33462.2	36377.8	42870	49700
2003	4993.3	2002.3	1742.6	134.1	1047.6	33315.5	36625.2	44988	48495
2004	5046.4	1953.9	1685.8	144.8	1192.2	31861.2	35900.7	47359	52964
2005	4989.5	1809.2	1569.1	154.1	1387.8	31069.9	37139.7	48800	52469
2006	5278.1	1721.5	1699.2	156.3	1632.1	31339.1	38216.3	50276	55678
2007	5790.1	1699.2	1929.7	167.9	1925.3	31988.4	38208.3	52024	53670
2008	6268.1	1768.7	2042.1	174.2	2216.7	32362.6	38057.7	53491	57440
2009	6719.5	1740.6	2169.5	182.6	2555.1	32570.0	39428.8	54658	53598
2010	7166.8	1727.3	2330.8	184.6	2846.8	31847.3	40599.2	53521	51535
2011	7481.0	1635.3	2413.7	187.6	3173.6	31741.6	41037.8	—	—

表 15-48　俄罗斯畜牧业产品生产指数（与上年同期相比）

单位：%

年份	禽畜屠宰总量	大牲畜	猪	羊	禽	奶	蛋	羊毛	蜂蜜
1991	92.7	92.1	91.7	87.9	97.2	93.1	98.7	90.2	105.1
1992	88.1	91.0	87.3	94.8	81.5	91.0	91.5	87.4	102.3
1993	91.0	92.5	87.4	109.0	89.4	98.5	93.9	88.7	106.4
1994	90.6	96.5	86.5	87.8	83.7	90.7	93.0	77.1	83.2
1995	85.2	84.4	88.7	82.8	80.4	93.0	90.3	76.1	131.5

续表

年 份	禽畜屠宰总量	大牲畜	猪	羊	禽	奶	蛋	羊毛	蜂蜜
1996	92.1	96.2	91.4	87.9	80.3	91.3	94.3	82.7	80.1
1997	91.0	91.1	90.6	86.8	91.4	95.3	100.9	79.0	105.5
1998	96.9	93.8	97.4	89.4	109.5	97.4	101.7	78.8	101.6
1999	91.7	83.1	98.7	80.6	108.4	97.0	101.2	84.0	103.0
2000	103.1	101.6	106.3	97.7	102.6	100.0	102.9	99.6	106.3
2001	100.7	99.0	96.0	95.7	115.4	101.9	103.4	101.1	97.6
2002	105.7	104.7	106.2	101.4	107.9	101.8	103.2	105.8	93.8
2003	105.5	101.8	108.4	98.8	109.6	99.6	100.7	104.9	97.6
2004	101.1	97.6	96.7	107.7	113.8	95.6	98.0	105.3	109.2
2005	98.9	92.6	93.1	106.4	116.4	97.5	103.5	103.0	99.1
2006	105.8	95.2	108.3	101.4	117.6	100.9	102.9	103.0	106.1
2007	109.7	98.7	113.6	107.4	118.0	102.1	100.9	103.5	96.4
2008	108.3	104.1	105.8	103.8	115.1	101.2	99.6	102.8	107.0
2009	107.2	98.4	106.2	104.9	115.3	100.1	103.6	102.2	93.3
2010	106.7	99.2	107.4	101.1	111.4	97.8	103.0	97.9	96.2
2011	104.4	94.7	103.6	101.6	111.5	99.7	101.1	—	—

表15-49 俄罗斯农业企业主要农机设备

单位：千台

年 份	1990	1991	1992	1993	1994	1995	1996	1998	1999	2000	2001
拖拉机	1365.6	1344.2	1290.7	1243.3	1147.5	1052.1	966.1	856.7	786.8	746.7	697.7
犁	538.3	495.7	460.3	463.7	411.9	368.3	328.6	281.1	253.3	237.6	220.8
中耕机	602.7	578.7	541.6	494.4	449.4	403.5	359.6	310.0	275.9	260.1	243.3
播种机	673.9	629.1	582.8	554.0	504.0	457.5	414.1	361.2	329.0	314.9	296.7
联合收割机：											
粮食收割机	407.8	394.1	370.8	346.6	317.4	291.8	264.1	231.2	210.1	198.7	186.4
玉米收割机	9.6	10.2	10.0	9.0	8.4	7.4	6.5	5.6	4.8	4.4	4.0
亚麻收割机	9.1	9.2	8.5	7.7	6.8	5.9	5.2	4.0	3.5	3.2	2.9
马铃薯收割机	32.3	32.6	30.9	27.2	23.8	20.6	17.5	13.8	11.4	10.0	8.5
饲料收割机	120.9	122.6	120.1	110.4	102.9	94.1	84.4	72.0	63.9	59.6	54.8
甜菜机	25.3	25.5	24.7	23.3	21.5	19.7	17.7	15.4	13.6	12.5	11.6
割草机	275.1	236.9	208.2	213.7	187.6	161.6	139.3	114.6	103.3	98.4	92.8

续表

年 份	1990	1991	1992	1993	1994	1995	1996	1998	1999	2000	2001
捡拾机	80.4	80.5	79.5	75.0	72.2	65.1	58.0	49.1	45.5	44.0	42.5
辊式收割机	247.0	236.5	218.7	192.9	173.2	152.2	132.5	110.4	93.8	85.2	77.1
喷洒和灌溉装置	79.4	75.6	69.5	62.7	54.4	46.3	38.7	29.5	22.6	19.2	16.8
撒肥机	110.7	114.9	111.3	94.5	83.4	71.6	60.0	44.9	38.1	34.3	30.7
施肥机：											
固体肥料	92.6	87.8	80.0	67.1	57.9	48.8	40.3	28.9	24.7	22.0	19.9
液体肥料	41.9	40.1	38.6	34.3	30.5	26.2	22.1	15.9	13.6	12.1	10.8
拖拉机式喷洒机	103.2	97.8	88.6	73.9	65.3	56.9	48.4	38.5	34.6	32.5	31.0
挤奶机及组件	242.2	200.6	197.5	185.0	171.9	157.3	141.1	112.0	96.4	88.7	82.1

年 份	2002	2003	2004	2005	2006	2007	2008	2009	2010	2011
拖拉机	646.4	586.0	532.0	480.3	439.6	405.7	364.4	330.0	310.3	292.6
犁	202.4	184.5	166.1	148.8	132.8	121.2	106.3	94.7	87.7	81.9
中耕机	226.4	208.5	191.8	175.5	162.6	153.4	138.4	127.1	119.8	114.1
播种机	276.9	255.5	238.4	218.9	203.9	178.7	159.0	144.2	134.0	123.7
联合收割机：										
粮食收割机	173.4	158.3	143.5	129.2	117.6	107.7	95.9	86.1	80.7	76.7
玉米收割机	3.6	3.1	2.6	2.2	1.8	1.5	1.3	1.1	1.1	0.9
亚麻收割机	2.6	2.4	2.1	1.8	1.6	1.3	1.1	0.9	0.7	0.7
马铃薯收割机	7.4	6.2	5.2	4.5	4.0	3.7	3.4	3.0	2.9	2.8
饲料收割机	49.7	43.9	38.7	33.4	29.5	26.6	24.0	21.4	20.0	18.9
甜菜机	10.6	9.6	8.5	7.2	6.2	5.3	4.2	3.6	3.2	3.1
割草机	86.0	78.0	71.1	63.9	58.3	53.8	49.2	44.1	41.3	39.3
捡拾机	40.6	38.0	35.2	32.4	30.2	28.7	27.2	24.7	24.1	24.2
辊式收割机	68.7	60.2	53.5	46.9	41.9	37.6	33.3	29.5	27.0	25.2
喷洒和灌溉装置	14.4	12.1	10.1	8.6	7.5	6.7	6.0	5.7	5.4	5.3
撒肥机	27.7	24.4	21.7	19.7	18.7	17.9	17.4	17.0	16.6	16.5
施肥机：										
固体肥料	17.5	15.1	12.8	10.9	9.6	8.8	7.6	6.9		
液体肥料	9.3	8.1	6.9	5.8	5.1	4.7	4.3	4.1		
拖拉机式喷洒机	29.1	27.2	25.7	24.6	24.1	24.5	24.4	23.4	23.2	23.2
挤奶机及组件	74.2	65.7	58.0	50.3	44.0	39.8	36.2	33.2	31.4	30.1

（二）工业

表 15-50　俄罗斯工业生产指数（与上年同期相比）

单位：%

年　份	1992	1993	1994	1995	1996	1997	1998	1999	2000	2001
整体工业	84.0	86.3	78.4	95.4	92.4	101.0	95.2	108.9	108.7	102.9
采掘工业：	88.2	89.6	92.0	97.3	97.0	100.2	97.7	104.0	106.4	106.0
能源类矿产开采	94.7	91.2	93.0	96.8	98.3	100.4	98.9	101.4	104.9	106.1
非能源类矿产开采	71.0	83.8	88.3	99.1	91.9	99.3	92.6	115.5	118.2	96.2
加工工业：	81.8	84.6	72.8	94.2	89.7	102.0	93.8	112.8	110.9	102.0
食品工业（包含饮料和香烟）	80.0	88.5	80.1	88.5	93.1	99.4	99.2	112.6	105.3	108.0
纺织和缝纫业	71.9	78.9	55.0	70.6	78.4	102.1	92.3	115.3	124.9	107.8
皮革及皮革制品生产、制鞋业	78.0	78.0	50.3	67.9	73.0	88.5	78.9	134.2	107.6	113.7
木材加工和木制品制造业	78.7	83.6	67.1	92.2	80.1	94.4	95.8	111.2	114.1	97.5
造纸和印刷业	88.0	83.0	79.0	108.6	86.5	100.9	105.4	119.3	118.0	109.6
焦炭和石油制品生产业	82.8	86.5	86.6	100.4	98.6	99.1	91.8	105.2	102.4	102.8
化学工业	79.0	80.7	79.3	102.8	89.5	103.4	93.6	127.6	115.2	100.3
橡胶和塑料制品制造业	79.5	80.1	63.8	94.7	89.9	103.2	95.4	122.3	126.1	101.6
其他非金属矿产制造业	80.9	85.3	73.2	92.9	76.9	95.4	93.1	113.7	110.6	103.8
冶金业和金属制品制造业	82.3	82.7	82.8	102.2	94.4	104.2	94.2	108.5	115.3	104.6
机器制造业	84.4	82.6	62.6	87.3	80.9	100.1	87.5	113.2	105.7	106.4
电气设备和光电设备制造业	79.8	87.7	60.2	88.5	91.9	99.8	100.3	105.5	125.0	108.4
交通工具及设备制造业	85.3	88.4	66.7	89.5	95.0	111.5	88.4	113.8	110.7	73.6
其他制造业	91.2	91.8	72.0	100.6	83.9	105.6	88.6	113.6	111.5	108.5
电、气、水的生产和调配业	95.3	95.3	91.2	96.8	97.3	98.2	97.7	98.8	104.0	101.4

续表

年 份	2002	2003	2004	2005	2006	2007	2008	2009	2010	2011
整体工业	103.1	108.9	108.0	105.1	106.3	106.8	100.6	90.7	108.2	104.7
采掘工业：	106.8	108.7	106.8	101.4	102.8	103.3	100.4	99.4	103.6	101.9
能源类矿产开采	107.3	110.3	107.7	102.0	102.7	102.7	100.1	100.4	103.1	101.3
非能源类矿产开采	99.1	102.5	108.5	97.7	104.2	104.0	101.1	92.6	107.3	104.8
加工工业：	101.1	110.3	110.5	107.6	108.4	110.5	100.5	84.8	111.8	106.5
食品工业（包含饮料和香烟）	107.2	106.9	104.4	106.6	107.3	107.3	101.9	99.4	105.4	101.0
纺织和缝纫业	97.5	101.2	96.0	103.6	111.8	99.5	94.6	83.8	112.1	102.6
皮革及皮革制品生产、制鞋业	111.4	111.5	99.4	100.2	122.0	102.3	99.7	99.9	118.7	108.6
木材加工和木制品制造业	104.2	109.7	108.7	107.1	103.6	107.9	99.9	79.3	111.4	104.0
造纸和印刷业	104.1	107.8	105.1	103.6	106.7	108.3	100.3	85.7	105.9	101.8
焦炭和石油制品生产业	104.6	102.2	102.4	104.4	106.6	102.8	102.8	99.4	105.0	102.9
化学工业	100.2	105.4	106.6	104.1	104.7	106.6	95.4	93.1	114.6	105.2
橡胶和塑料制品制造业	100.2	105.5	113.5	116.4	121.0	125.5	122.8	87.4	121.5	113.1
其他非金属矿产制造业	101.2	107.3	108.4	104.9	114.2	108.3	97.1	72.5	110.7	109.3
冶金业和金属制品制造业	105.1	107.2	103.9	107.0	109.7	104.5	97.8	85.3	112.4	102.9
机器制造业	91.2	119.0	120.8	99.7	111.7	126.7	99.5	68.5	112.8	109.5
电气设备和光电设备制造业	92.3	143.2	134.5	133.2	115.0	110.9	92.6	67.8	122.8	105.1
交通工具及设备制造业	99.0	114.0	111.5	107.1	104.7	107.8	100.4	62.8	132.2	124.6
其他制造业	103.9	110.8	110.2	108.7	109.8	104.6	98.3	79.3	117.7	104.5
电、气、水的生产和调配业	104.8	103.3	101.1	100.9	103.4	99.4	100.6	96.1	104.1	100.1

表 15-51　俄罗斯工业自主生产的产品、工程及服务的销售额

单位：亿卢布

年　份	2005	2006	2007	2008	2009	2010	2011
采掘工业：	30620	37210	44890	52720	50910	62270	80310
能源类矿产开采	26860	32930	39840	46510	45380	54790	70430
非能源类矿产开采	3760	4280	5050	6210	5530	7470	9880
加工工业：	88720	111850	139780	168640	143520	188720	228020
食品工业（包含饮料和香烟）	14860	17290	21430	26560	28220	32620	36020
纺织和缝纫业	1010	1310	1370	1570	1560	2050	2120
皮革及皮革制品生产、制鞋业	197	247	295	344	348	437	503
木材加工和木制品制造业	1450	1650	2210	2450	2140	2640	3030
造纸和印刷业	3150	3890	4980	5500	4990	6360	6800
焦炭和石油制品生产业	14380	20020	22770	29840	26620	35140	45430
化学工业	6720	7640	9450	13120	10620	14270	18130
橡胶和塑料制品制造业	1990	2600	3570	4050	3750	5150	5710
其他非金属矿产制造业	4260	5690	8530	10100	6830	8270	10180
冶金业和金属制品制造业	19030	24160	29530	32950	23930	34240	40450
机器制造业	4770	6210	7960	10010	8020	10130	12370
电气设备和光电设备制造业	4520	6000	8290	9100	8170	11320	13290
交通工具及设备制造业	8330	10240	12840	15130	11190	16700	23400
其他制造业	2230	2770	3760	4570	3040	4790	5130
电、气、水的生产和调配业	16910	21620	21460	25730	30300	36650	42190

表 15-52　俄罗斯各联邦区用电量

单位：百万千瓦小时

年　份	2008	2009	2010
俄罗斯	1022746.2	977122.4	1020632.5
中央联邦区	204149.3	196558.9	206821.0
西北联邦区	103261.1	100087.7	105640.9
南方联邦区	60106.7	57665.3	60955.6
北高加索联邦区	23837.0	22407.0	22813.5
伏尔加河沿岸联邦区	190423.1	179794.7	183014.0
乌拉尔联邦区	177960.5	170147.6	180620.9
西伯利亚联邦区	222149.9	210776.2	218316.5
远东联邦区	40858.6	39685.1	42450.1

（三）渔业和养鱼业

表 15-53　渔业和养鱼业企业主要指标

年　份	2003	2005	2006	2007	2008	2009	2010	2011
企业数量（年末数据，千家）	5.3	7.4	7.8	8.4	8.7	8.9	9.2	9.0
生产指数（与上年同期相比,%）	101.9	113.7	105.2	100.0	96.4	109.3	98.5	112.2
企业年平均职工数量（千人）	86.2	98.2	95.0	89.7	83.6	81.0	69.8	70.0
净盈余（百万卢布）	-7194	29	1955	4963	616	10415	10344	12459
盈利率（%）	-3.3	5.2	4.2	8.4	7.4	20.7	19.6	18.2

表 15-54　俄罗斯渔业主要产品产量

单位：千吨

年　份	2009	2010	2011
活鱼和冰鲜鱼	1325	1264	1395
鲜活贝类、牡蛎等	44.8	39.5	42.8
其他海洋生物资源	2.0	3.5	6.9

（四）建筑业

表 15-55　建筑业主要指标

年　份	1992	1995	2000	2005	2006	2007	2008	2009	2010	2011
产值（百万卢布，按现价计算，1995年单位：亿卢布）	16/080	1456900	503837	1754406	2350840	3293723	4528145	3998342	4386108	5140310
生产指数（与上年同期相比，按可比价格计算,%）	64	93.8	113.5	113.2	118.1	118.2	112.8	86.8	103.5	105.1

表 15-56 各种所有制下建筑业企业产值

	1993年 产值（亿卢布）	%	2000年 产值（百万卢布）	%	2005年 产值（百万卢布）	%	2006年 产值（百万卢布）	%	2007年 产值（百万卢布）	%	2008年 产值（百万卢布）	%	2009年 产值（百万卢布）	%	2010年 产值（百万卢布）	%
建筑企业总产值	170820	100	503837	100	1754406	100	2350840	100	3293323	100	4528145	100	3998342	100	4386108	100
其中：																
国有	48570	28.4	52903	10.5	95606	5.4	105312	4.5	135132	4.1	165029	3.6	142570	3.6	154192	3.5
市政所有	1990	1.2	4535	0.9	13400	0.8	13831	0.6	19365	0.6	21771	0.5	15756	0.4	16904	0.4
私有	41620	24.4	321952	63.9	1428205	81.4	1976815	84.1	2831069	86.0	3994642	88.2	3557972	89.0	3903831	89.0
混合所有制（俄企）	71040	41.6	111852	22.2	131544	7.5	137742	5.9	158070	4.8	142291	3.1	108403	2.7	103266	2.4
其他	7600	4.4	12595	2.5	85651	4.9	117140	4.9	149687	4.5	204412	4.6	173641	4.3	207915	4.7

表 15 – 57 建筑企业数量

单位：家

年 份	建筑企业数量	其中：100 人以下的企业数	年份	建筑企业数量	其中：100 人以下的企业数
1970	10681	—	2006	122598	118406
1980	18120	—	2007	131394	126991
1990	70862	48425	2008	155036	150370
1995	127764	117603	2009	175817	171453
2000	129340	123716	2010	197507	193514
2005	112846	108630	2011	209185	205354

表 15 – 58 2011 年各种所有制下建筑企业数量

单位：家

	建筑企业总数量	其中：		
		100 人以下	101 ~ 250 人	250 人以上
总数	209185	205354	2348	1483
其中：				
国有	1108	763	235	110
市政所有	499	422	42	35
私有	205416	202399	1853	1164
混合所有制（俄企）	605	416	110	79
其他	1557	1354	108	95

表 15 – 59 建筑业固定资产投资

年 份	1992	1995	2002	2005	2006	2007	2008	2009	2010	2011
固定资产投资额（亿卢布，按现价计算）	1135	94855	801	1727	2884	4425	6635	6962	7701	10336
在固定资产投资总额中的占比（%）	4.3	3.6	5.6	6.0	7.6	8.5	9.9	11.5	11.6	12.3

表 15 – 60　建筑业固定资金情况

单位：%

年　份	1992	1995	2003	2005	2006	2007	2008	2009	2010	2011
现有固定资金（亿卢布）	—	—	2738	2643	3248	4825	5209	6184	14999	14991
现有固定资金结构：										
厂房	39	67	23.9	26.2	24.1	21.7	23.0	24.2	23.6	22.7
设施			29.6	9.9	12.8	23.1	12.8	13.3	13.4	13.5
机器设备	42	22	30.3	42.1	42.0	36.4	42.0	41.2	41.4	41.9
运输工具	17	10	13.8	18.4	18.1	16.1	19.3	18.6	18.7	19.0
其他	2	1	2.4	3.4	3.0	2.7	2.9	2.7	2.9	2.9
年末固定资金磨损度	—	—	39.3	42.0	41.4	36.1	39.8	42.1	48.3	49.0
完全损耗固定资金在总固定资金中的比例（%）	—	—	11.9	12.2	11.4	9.4	10.5	11.2	11.4	11.5
新投入使用固定资金（按现价计算，亿卢布）	—	—	305	399	575	951	1240	1044	1483	2003

表 15 – 61　建筑业经营状况评估

单位：%

年　份	2000	2005	2006	2007	2008	2009	2010
评估结果（在所有受访企业中的占比）							
低于一般水平	32	15	15	11	9	28	24
一般水平	65	77	75	76	77	68	71
高于一般水平	3	8	10	13	14	4	6

表 15 – 62　限制建筑企业发展的因素

年　份	2000	2005	2006	2007	2008	2009	2010
高税收	81	45	45	42	43	40	39
订货方不具备支付能力	81	38	32	27	24	43	37
材料价格	53	36	37	42	46	32	28
缺乏订单	29	18	15	12	11	27	26
来自其他建筑企业的竞争压力大	16	31	35	35	32	29	33
缺乏技术熟练工人	14	24	25	26	30	16	17
机器设备短缺或磨损度高	19	7	6	7	5	3	4
商业单款的高利息	14	12	14	13	11	18	17

表 15-63 新投入使用住房

年 份	总建筑面积（百万平方米）	其中：		在所有投入使用住房面积中的占比（%）	
		居民自有住房及租用住房	住建合作社拥有住房	居民住房占比	住建合作社住房占比
1918~1928 年	129.9	113.9	—	87.7	—
1929~1932 年	38.3	15.2	—	39.7	—
1933~1937 年	44.6	17.7	—	39.7	—
1938~1941 年上半年	54.1	28.9	—	53.4	—
1941 年下半年~1945 年	60.8	35.0	—	57.6	—
1946~1950 年	104.0	59.0	—	56.7	—
1956~1960 年	280.8	128.6	—	45.8	—
1966~1970 年	284.5	56.9	21.7	20.0	7.6
其中：1970 年	58.6	9.1	4.8	15.5	8.2
1976~1980 年	295.1	22.9	13.5	7.8	4.6
其中：1980 年	59.4	4.0	2.5	6.7	4.2
1986~1990 年	343.4	25.2	18.5	7.3	5.4
其中：1990 年	61.7	6.0	2.9	9.7	4.7
1995 年	41.0	9.0	1.7	22.0	4.2
2000 年	30.3	12.6	0.7	41.6	2.4
2005 年	43.6	17.5	0.6	40.2	1.4
2006 年	50.6	20.0	0.6	39.5	1.2
2007 年	61.2	26.3	0.9	43.0	1.5
2008 年	64.1	27.4	0.6	42.7	0.9
2009 年	59.9	28.5	0.5	47.7	0.8
2010 年	58.4	25.5	0.3	43.7	0.6
2011 年	62.3	26.8	0.4	43.0	0.6

(五) 交通运输业

表 15-64　交通运输业主要指标

年份	1990	1995	2000	2005	2006	2007	2008	2009	2010	2011
各类运输方式运营里程（年末，千公里）										
铁路	87	87	86	85	85	85	86	86	86	86
其中：电气铁路运输	37	39	41	43	43	43	43	43	43	43
公路	657	750	752	724	754	771	754	776	786	841
有轨电车	3.0	3.0	3.0	2.8	2.8	2.7	2.7	2.6	2.6	2.5
无轨电车	4.4	4.6	4.8	4.9	4.9	4.9	4.9	4.9	4.9	4.8
地铁	0.34	0.39	0.40	0.44	0.44	0.44	0.47	0.47	0.48	0.49
国内水路船运	103	84	85	102	102	102	102	102	101	101
管道	68	64	63	65	65	65	65	65	65	71
载重量（百万吨）										
铁路	2140	1028	1047	1273	1312	1345	1304	1109	1312	1382
公路	15347	6786	5878	6685	6753	6861	6893	5240	5236	5663
管道	558	309	318	482	489	490	488	505	524	576
货运量（亿吨公里）										
铁路	25230	12140	13730	18580	19510	20900	21160	18650	20110	21280
公路	2990	1560	1530	1940	1990	2060	2160	1800	1990	2230
管道	12400	6680	7450	11560	11540	11410	11130	11230	11230	11200
载客量（百万人）										
铁路	3143	1833	1419	1339	1339	1282	1296	1137	948	993
公路	28626	22817	23001	16374	14734	14795	14718	13704	13434	13305
有轨电车	6000	7540	7421	4123	3267	2660	2537	2217	2079	2004
无轨电车	6020	8475	8759	4653	3775	2972	2733	2414	2206	2152
地铁	3695	4150	4186	3574	3466	3528	3594	3307	3294	3351
水路	91	32	23	37	40	47	51	47	59	66
客运量（亿客公里）										
铁路	2740	1920	1670	1720	1780	1740	1760	1510	1390	1400
公路	2620	1880	1740	1420	1360	1500	1520	1410	1410	1390

表 15－65　各类运输方式载重量

单位：百万吨

年份	1970	1980	1990	1995	2000	2005	2006	2007	2008	2009	2010	2011
总载重量	10185	16815	19265	8814	7907	9167	9300	9450	9451	7469	7750	8337
其中：												
铁路	1648	2048	2140	1028	1047	1273	1312	1345	1304	1109	1312	1382
公路	7853	13597	15347	6786	5878	6685	6753	6861	6893	5240	5236	5663
管道	303	576	1101	783	829	1048	1070	1062	1067	985	1061	1131
海运	69	111	112	71	35	26	25	28	35	37	37	34
国内水运	311	481	562	145	117	134	139	153	151	97	102	126
空运	1.4	2.4	2.5	0.6	0.8	0.8	0.9	1.0	1.0	0.9	1.1	1.2

表 15－66　国际运输载重量

单位：百万吨

年份	1970	1980	1990	1995	2000	2005	2006	2007	2008	2009	2010	2011
各类运输方式载重量：												
公路运输	—	1.29	1.63	2.05	1.58	1.82	3.56	1.75	3.24	2.10	2.22	2.82
其中：												
出口	—	0.48	0.88	0.99	0.61	1.02	0.41	0.54	0.84	0.60	0.71	0.76
进口	—	0.35	0.44	0.87	0.86	0.76	3.11	1.17	2.36	1.46	1.48	2.01
中转	—	0.46	0.31	0.07	0.06	0.00	0.00	0.01	0.01	0.01	0.01	0.03
外国境内	—	—	—	0.11	0.05	0.04	0.04	0.02	0.02	0.02	0.02	0.02
海运	50.8	82.5	82.8	57.4	22.2	12.4	10.7	20.3	27.0	29.1	27.8	24.5
其中：												
出口	—	—	—	—	8.3	9.1	7.7	12.9	15.9	17.5	16.8	15.8
进口	—	—	—	—	0.9	0.7	0.4	2.1	3.6	2.9	2.0	1.8
外国港口间	—	—	—	—	13.0	2.6	2.6	5.3	7.4	8.7	8.8	6.7
国内水运	3.2	9.0	17.5	23.5	19.3	29.3	21.0	21.8	12.4	15.6	17.0	17.9
其中：												
出口	2.0	5.2	11.2	10.7	10.8	21.3	15.2	15.3	10.8	14.5	15.6	16.6
进口	0.7	2.1	2.4	1.0	0.8	1.4	1.1	1.4	0.6	0.3	0.7	0.8
中转	—	0.3	0.5	0.02	1.3	0.1	0.05	0.4	0.01	0.2	0.1
空运	—	—	—	0.2	0.3	0.4	0.4	0.5	0.5	0.5	0.7	0.7

表 15-67 各种运输方式货运量

单位：亿吨公里

年 份	1970	1980	1990	1995	2000	2005	2006	2007	2008	2009	2010	2011
总货运量	26070	44080	61220	36880	36380	46760	48000	49150	49480	44460	47510	49150
其中：												
铁路	16720	23160	25230	12140	13730	18580	19510	20900	21160	18650	20110	21280
公路	1160	2410	2990	1560	1530	1940	1990	2060	2160	1800	1990	2230
管道	2430	10870	25750	18990	19160	24740	24990	24650	24640	22460	23820	24220
海运	4120	5340	5080	3260	1220	600	620	650	840	980	1000	780
国内水运	1640	2280	2140	910	710	870	870	860	640	530	540	590
空运	—	22	26	16	25	28	29	34	37	36	47	50

表 15-68 国际运输货运量

单位：亿吨公里

年 份	1970	1980	1990	1995	2000	2005	2006	2007	2008	2009	2010	2011
货运量												
公路运输		22	30	24	17	198	21	29	48	29	34	35
海运				2867	936	417	401	533	719	864	877	645
其中：												
出口			—	—	300	275	256	347	408	438	405	355
进口				—	37	17	11	25	65	48	51	42
外国港口间				—	599	126	134	161	246	378	415	245
国内水运	52	170	281	403	313	438	302	415	191	221	223	229
其中：												
出口	37	106	191	216	187	318	211	281	163	205	204	211
进口	5	26	28	21	15	24	20	31	11	6	4	7
中转	—	19	16	1	20	1	1	5	0.3	1	4	1
外国港口间	10	19	46	165	91	96	70	99	17	09	11	10
空运				9	17	20	22	26	29	28	38	40

表 15-69　各类运输方式载客量

单位：百万人

年　份	1970	1980	1990	1995	2000	2005	2006	2007	2008	2009	2010	2011
总载客量	29109	40670	48238	44944	44854	30128	26647	25314	24957	22850	22044	21891
其中：												
铁路	2500	2971	3143	1833	1419	1339	1339	1282	1296	1137	948	993
汽运	15053	23356	28626	22817	23001	16374	14734	14795	14718	13704	13434	13305
出租车	608	684	557	66	16	6	7	8	7	7	8	5
有轨电车	5370	5695	6000	7540	7421	4123	3267	2660	2537	2217	2079	2004
无轨电车	3358	4739	6020	8475	8759	4653	3775	2972	2733	2414	2206	2152
地铁	2047	3036	3695	4150	4186	3574	3466	3528	3594	3307	3294	3351
海运	11	20	16	3.4	1.1	1.3	1.4	1.4	1.4	1.5	1.5	1.3
国内水运	117	103	90	27	28	21	20	21	20	17	16	14
空运	45	66	91	32	23	37	40	47	51	47	59	66

表 15-70　各种运输方式客运量

单位：亿客公里

年　份	1970	1980	1990	1995	2000	2005	2006	2007	2008	2009	2010
总客运量	4061	6183	7910	5523	4962	4733	4765	4973	5122	4642	4839
其中：											
铁路	1911	2273	2744	1922	1671	1722	1778	1741	1759	1515	1390
汽运	1001	2097	2622	1882	1737	1423	1360	1499	1521	1415	1406
出租车	60	90	89	10	2	1	1	1	1	1	1
有轨电车	172	181	191	251	251	135	111	87	82	71	67
无轨电车	114	162	205	265	281	150	124	98	90	79	71
地铁	199	294	410	462	469	434	442	426	434	427	424
海运	7	10	6	3	1	0.9	0.6	0.7	0.7	0.6	0.6
国内水运	48	53	48	11	10	9	9	10	8	8	8
空运	549	1023	1595	717	540	858	939	1110	1226	1125	1471

表 15-71 交通工具现状（年末数据）

单位：千辆

年 份	1970	1980	1990	1995	2000	2005	2006	2007	2008	2009	2010	2011
货运交通工具：												
货运火车车厢（平均一昼夜）	—	—	—	252	240	270	276	289	287	221	328	393
货运汽车	1766	2437	2744	2937	4401	4848	4929	5168	5349	5323	5414	5545
其中：												
个人所有	—	—	4	798	1568	2300	2440	2627	2818	2857	2950	3097
海运货船（艘）	—	—	—	5351	3830	3514	3417	3244	3033	2805	2723	2692
河运货船（艘）	—	—	—	37.0	31.8	31.4	31.3	29.5	29.5	29.4	29.0	28.5
客运交通工具：												
小汽车	1033	4603	8964	14195	20353	25570	26794	29405	32021	33084	34354	36415
其中：个人所有	724	4195	8677	13688	19097	24125	25282	27755	30300	31341	32629	34624
有轨电车	14.3	13.7	14.8	13.3	12.1	10.3	9.9	9.7	9.4	9.0	8.8	8.6
无轨电车	8.3	12.1	13.8	13.2	12.2	11.4	11.3	11.2	11.2	11.0	11.0	11.0
地铁车厢	2.3	3.7	5.2	5.7	5.8	6.1	6.2	6.3	6.3	6.3	6.3	6.5
海运客船和客货船（艘）	—	—	—	158	78	60	61	60	61	60	56	58
河运客船和客货船（艘）	—	—	—	2.3	1.9	2.0	2.0	2.0	2.0	2.1	2.1	2.1
客运飞机	—	—	—	8.0	6.5	5.5	5.6	5.6	5.9	6.0	6.0	6.2

（六）通信业

表 15-72 通信业主要指标

年 份	1990	1995	2000	2005	2006	2007	2008	2009	2010	2011
发出：										
信件（十亿次）	4.4	1.5	1.1	1.3	1.4	1.6	1.8	1.6	1.6	1.7
印刷品（十亿次）	31.8	5.6	3.4	2.3	2.1	2.0	1.8	1.6	1.5	1.5

续表

年　份	1990	1995	2000	2005	2006	2007	2008	2009	2010	2011
包裹（百万次）	146	26	14	25	41	51	57	51	51	62
邮局转账汇款及发放退休金（百万次）	490	475	425	595	654	671	669	635	646	616
电报（百万次）	289	106	56	31	25	19	16	13	12	
发送特快专递数（千次）										
国内	—	15.5	343.6	1740.7	2098.5	2546.9	3193.2	3498.3	4726.5	5517.4
国际	—	36.0	51.1	142.2	93.9	101.5	109.2	117.7	144.5	162.5
固话拨打城市、区域及国际长途电话（百万小时）	—	—	165.9	383.5	520.4	541.3	582.1	543.8	515.7	597.2
每100人拥有话机数量（包括公用电话，年末数据，部）	15.8	18.1	22.6	30.0	31.1	31.8	32.1	32.0	31.4	30.9
每100人拥有移动电话终端数量（年末数据，部）	—	0.1	2.2	86.6	108.6	120.6	140.6	162.4	166.3	179.0
电视台数量（年末数据，千家）	6.6	7.4	7.1	7.2	7.3	7.2	7.2	8.0	8.1	8.3
无线电广播数量（年末数据，百万）	47.0	37.9	23.6	15.1	13.5	11.9	10.6	9.3	8.0	7.0
其中：乡村	10.7	7.0	2.8	0.9	0.6	0.5	0.3	0.2	0.2	0.1

表15-73　通信服务产值（按现价计算，2000年以前单位：十亿卢布）

单位：百万卢布

年　份	1990	1995	2000	2005	2006	2007	2008	2009	2010	2011
通信业	8.2	21416.5	146431.2	659909.5	833168.1	1035949.7	1221499.7	1274257.3	1355549.9	1424869.3
其中：										
邮政和特殊通信	2.4	4070.4	12518.7	42681.0	53693.7	68321.2	85090.7	93844.4	100326.8	115966.8
文件	0.6	957.9	8192.6	48648.1	64165.7	82135.8	110235.5	134711.8	147321.3	164873.5
城市间、区域内和国际长途电话	3.2	8925.1	46761.5	78470.2	96798.9	113310.3	125460.4	115341.0	109186.9	93446.8
本地通话	1.0	5915.4	31990.1	105792.3	118630.4	133921.6	137500.4	142801.0	158182.7	156411.8

续表

年份	1990	1995	2000	2005	2006	2007	2008	2009	2010	2011
公用电话通话	—	—	2134.1	1470.6	787.6	224.6	156.0	122.5	106.3	—
无线电、广播、电视、卫星通信、有线电台	1.0	1451.3	6820.1	25403.2	28431.6	37961.3	46017.0	47981.1	51273.6	68467.9
移动通信	—	—	37389.8	282915.7	380231.7	456095.6	545115.7	554600.0	593700.3	629337.8
连接和流量	—	—	—	71285.1	85140.2	136852.7	163810.6	176750.0	186739.6	196364.7

表15-74 居民通信服务产值（按现价计算，2000年以前单位：十亿卢布）

单位：百万卢布

年份	1990	1995	2000	2005	2006	2007	2008	2009	2010	2011
通信业	2.6	6830.4	52052.5	351141.6	453325.4	566358.3	655219.3	690862.9	750523.6	798012.0
其中：										
邮政	0.9	1395.4	4662.4	10540.8	12273.2	15397.5	18486.4	20239.2	21686.9	23002.2
文件	0.2	228.0	1012.5	10763.1	15306.9	22785.9	34433.5	50463.5	63006.7	77397.6
城市间、区域内和国际长途电话	0.8	2962.0	16714.2	33901.3	38239.6	42829.3	41582.8	39008.4	35938.0	30953.8
本地通话	0.5	1888.9	13846.4	62603.5	68625.0	77111.6	76467.7	80108.1	85441.2	89244.4
公用电话通话	—	—	1865.0	1400.1	748.0	191.5	140.3	107.5	98.0	—
无线电、广播、电视、卫星通信、有线电台	0.2	355.3	2150.4	7915.8	9230.5	11302.6	13941.2	15360.0	15551.3	19249.2
移动通信	—	—	11792.3	223992.6	308879.7	396718.8	470145.7	485554.2	528784.3	558164.8

表15-75 邮政发展主要指标

年份	1990	1995	2000	2005	2006	2007	2008	2009	2010	2011
投递网点数量（千个）	145.0	137.0	129.9	130.3	130.3	131.1	131.8	132.1	127.5	122.0
城市	63.9	51.6	47.5	47.8	48.1	47.9	48.8	49.8	49.2	48.5
乡村	91.1	85.4	82.4	82.5	82.2	83.2	83.0	82.3	78.3	73.5
邮件处理设备数量（千台）	9.4	7.2	6.8	5.0	5.4	4.9	3.9	3.9	3.9	4.2
装卸及运输工具数量（千辆）	76.9	81.9	40.2	21.3	21.2	21.7	23.7	28.0	28.8	30.8

续表

年 份	1990	1995	2000	2005	2006	2007	2008	2009	2010	2011
每10000居民占有邮箱数量（个）	19.5	14.9	12.2	11.6	11.2	11.0	10.7	10.5	10.2	10.1
城市	9.6	7.0	6.0	5.7	5.5	5.5	5.3	5.2	5.0	4.9
乡村	47.2	36.3	29.1	27.4	26.6	26.0	25.5	24.9	25.0	24.7
投递邮件的邮递员数量（千人）	171.8	136.9	128.1	129.4	136.3	138.1	139.1	138.0	131.5	123.8
城市	83.3	56.4	51.3	51.4	56.6	56.1	57.0	57.5	56.9	56.4
乡村	88.5	80.5	76.8	78.0	79.7	82.0	82.1	80.5	74.6	67.4

表 15-76　电话及移动通信主要指标

年 份	1990	1995	2000	2005	2006	2007	2008	2009	2010	2011
本地电话网络电话交换机数量（千）	33.1	34.2	42.6	45.8	46.9	48.9	50.0	52.1	53.5	54.5
城市	6.4	7.1	15.4	18.3	19.4	21.2	22.6	25.0	26.6	27.8
乡村	26.7	27.1	27.2	27.6	27.5	27.7	27.5	27.1	26.9	26.7
电话交换机总装机容量（百万号码）	21.1	25.7	36.2	47.6	49.2	51.3	53.2	54.7	56.2	58.5
城市	17.6	21.6	31.6	42.2	43.7	45.7	47.5	49.0	50.5	52.7
乡村	3.5	4.1	4.5	5.4	5.5	5.6	5.7	5.7	5.7	5.8
本地电话网络的数字化程度：										
城市	—	13.0	35.3	64.2	69.0	73.8	78.6	80.7	83.0	87.6
乡村	—	0.7	7.9	35.8	40.9	49.9	57.9	62.1	63.9	65.9
自动站容量（千频）										
城市间	280.0	455.4	718.9	1306.8	1647.7	2083.9	2422.4	2863.1	2957.8	3764.4
国际	—	23.5	102.5	138.7	204.8	335.2	390.7	422.0	419.2	564.6
长途电话薄波频长度（百万公里）	245.6	295.8	1222.7	16017.8	19463.9	31864.7	50354.2	86103.7	169865.4	447648.8
自动化设备频道总数占城际及国际间长途电话频道总数的比例（%）	62.6	80.5	94.9	98.5	99.5	99.7	99.8	99.9	99.9	
数字传输系统形成的波频长度占长途电话总长度的比例（%）	0.7	9.1	76.9	98.9	99.3	99.6	99.8	99.9	100	

续表

年 份	1990	1995	2000	2005	2006	2007	2008	2009	2010	2011
其中：光纤电缆	0.03	4.5	50.5	90.9	98.6	99.1	99.3	99.7	99.8	
电话机（包括公用电话）数量（百万台）	23.4	26.8	33.0	42.9	44.2	45.2	45.5	45.4	44.9	44.2
城市	20.1	23.3	29.1	37.8	38.9	39.8	40.1	40.0	39.6	38.9
乡村	3.3	3.5	4.0	5.1	5.3	5.4	5.4	5.4	5.3	5.2
可拨打长途电话的电话机占电话机总数的比例（%）										
城市	79.9	88.6	91.7	95.2	96.1	96.2	96.7	97.5	97.5	97.4
乡村	21.0	38.4	79.0	96.7	97.8	98.2	98.6	98.8	99.1	99.3
家庭电话数量（百万部）	14.6	18.7	25.0	32.5	33.2	33.8	33.9	33.7	33.2	32.4
城市	12.8	16.2	21.8	28.1	28.7	29.3	29.4	29.2	28.8	28.0
乡村	1.8	2.5	3.2	4.4	4.5	4.5	4.5	4.5	4.4	4.3
公用电话数量（百万部）	259.1	212.8	209.0	150.8	112.6	151.3	209.0	194.5	190.0	182.8
城市	249.2	206.2	200.7	139.9	95.3	77.8	69.1	55.3	51.2	44.4
乡村	9.9	6.6	8.3	10.9	17.3	73.6	139.9	139.2	138.7	138.4
移动终端数量（百万部）	—	0.1	3.3	123.5	154.5	171.2	199.5	230.5	237.7	256.1

（七）信息技术

表15-77　俄罗斯企业信息技术使用主要指标

年 份	数 量					占总受访企业的比重（%）				
	2003年	2005年	2008年	2009年	2010年	2003年	2005年	2008年	2009年	2010年
总受访企业数（家）	121393	150934	169880	174137	176684	100	100	100	100	100
个人计算机用户	102737	137436	159158	163237	165809	84.6	91.1	93.7	93.7	93.8

续表

年 份	数 量					占总受访企业的比重（%）				
	2003年	2005年	2008年	2009年	2010年	2003年	2005年	2008年	2009年	2010年
其他类型电脑	10134	13990	24660	27929	32070	8.3	9.3	14.5	16.0	18.2
局域网	55624	79054	100668	105268	120825	45.8	52.4	59.3	60.5	68.4
电子邮箱	58988	84538	126309	136677	144741	48.6	56.0	74.4	78.5	81.9
全球信息网络	60874	81910	126979	138057	147311	50.1	54.3	74.7	79.3	83.4
其中：										
互联网	52728	80444	125165	136287	145509	43.4	53.3	73.7	78.3	82.4
其中：宽带	—	—	66600	82392	100220	—	—	39.2	47.3	56.7
内部网	—	—	18415	20628	23143	—	—	10.8	11.8	13.1
外联网	—	—	6383	7830	9452	—	—	3.8	4.5	5.3
在互联网上有个人网站	16366	22348	38812	41951	50324	13.5	14.8	22.8	24.1	28.5

表15-78 企业中个人计算机用户占比

单位：%

年 份	2003	2005	2006	2007	2008	2009	2010	2011
企业中个人计算机用户占比：								
10%以下	29.7	27.5	27.3	24.7	18.4	15.4	13.3	10.2
10%~29%	18.3	21.5	19.1	19.2	18.1	17.4	16.6	24.6
30%~49%	8.3	9.9	9.3	9.5	9.7	9.7	9.5	10.7
50%~69%	8.3	9.3	10.1	9.7	10.8	10.7	10.4	11.8
70%~100%	20.1	22.8	27.5	30.2	36.6	40.4	44.0	35.9
不使用的企业	15.4	8.9	6.7	6.7	6.3	6.3	6.2	5.7

表 15-79 各部门中使用信息技术企业的占比

单位：%

	个人计算机					企业使用信息技术情况					局域网			
						其他类型电脑								
	2004年	2005年	2009年	2010年	2011年	2004年	2005年	2009年	2010年	2011年	2004年	2005年	2009年	2010年	2011年
整个经济	87.6	91.1	93.7	93.8	94.1	8.4	9.3	16.0	18.2	19.7	49.7	52.4	60.5	68.4	71.3
采掘工业：	91.9	93.9	94.4	93.9	94.6	14.9	16.5	28.1	31.7	30.0	67.1	69.8	76.9	82.2	85.1
能源类矿产开采	92.9	95.5	92.8	92.2	94.3	24.1	24.1	33.0	37.1	35.8	75.4	75.4	78.6	83.1	87.1
非能源类矿产开采	91.0	92.1	96.8	96.5	95.1	6.5	8.5	21.0	23.5	21.2	59.6	63.8	74.6	80.9	82.0
加工工业：	88.0	92.0	96.5	97.0	97.3	10.5	12.0	20.6	23.3	25.9	59.7	64.4	73.7	81.8	84.2
食品工业（包含饮料香烟）	88.6	91.3	97.0	97.6	97.6	9.0	11.3	22.3	25.6	27.5	58.3	63.6	77.8	85.9	86.9
纺织和缝纫业	71.7	77.0	87.4	90.3	89.4	4.9	5.5	11.8	15.4	15.0	35.5	40.8	54.2	63.4	65.5
皮革及皮革制品生产、制鞋业	86.0	90.6	94.1	91.9	94.6	3.6	5.7	14.1	11.8	14.6	50.0	58.9	63.7	72.8	76.9
木材加工和木制品制造业	84.2	88.2	93.4	93.9	94.2	7.7	9.1	16.5	19.0	23.1	48.9	56.9	61.2	69.7	71.0
造纸和印刷业	80.4	92.6	96.4	97.2	97.8	7.2	7.0	11.2	12.0	14.8	41.4	47.5	57.5	70.4	74.8
焦炭和石油制品生产业	100	98.8	99.0	100.0	99.0	34.7	43.5	46.5	49.5	58.3	89.3	88.2	88.1	93.5	93.8
化学工业	95.9	96.8	97.8	98.0	98.3	16.3	18.6	28.6	31.4	34.5	82.2	82.8	83.8	89.0	91.6
橡胶和塑料制品制造业	94.4	96.6	97.8	95.7	97.3	12.8	14.9	18.5	22.3	28.3	67.1	74.9	71.4	80.4	85.0
其他非金属矿产制品制造业	91.1	93.7	97.8	97.6	97.3	9.4	11.8	22.1	25.6	29.1	63.3	70.6	80.5	87.4	88.3
冶金业和金属制品制造业	92.8	96.0	97.4	97.7	97.3	13.9	15.6	25.8	28.8	30.9	67.7	75.7	80.4	86.5	88.1
机器制造业	88.0	91.3	97.5	97.7	97.4	9.9	12.2	23.0	26.3	28.8	60.4	67.2	80.2	85.9	89.0

续表

	个人计算机					企业使用信息技术情况 其他类型电脑					局域网				
	2004年	2005年	2009年	2010年	2011年	2004年	2005年	2009年	2010年	2011年	2004年	2005年	2009年	2010年	2011年
电气设备和光电设备制造业	95.3	98.5	98.6	98.8	98.5	16.5	18.9	27.4	30.0	30.7	77.4	83.6	86.7	90.4	90.4
交通工具及设备制造业	95.1	97.0	97.0	97.6	98.2	16.8	21.3	27.5	31.4	33.3	79.4	81.6	85.5	90.4	92.5
电力、天然气和水的生产和供应	94.5	90.9	90.3	90.5	91.4	12.8	10.7	16.9	19.4	20.7	66.9	55.8	58.1	64.0	67.3
建筑业	88.5	93.2	96.5	96.6	96.0	4.1	6.2	15.5	18.4	20.7	50.9	58.6	70.6	79.6	82.7
批发与零售业、摩托车、汽车及日用品维修	81.6	86.0	92.5	93.1	93.9	4.9	6.7	17.3	22.4	25.5	41.3	47.9	60.7	72.6	75.9
餐馆和旅店业	70.9	83.1	91.2	91.4	92.0	1.5	4.5	11.3	12.2	15.9	26.3	37.6	50.4	61.4	65.6
运输和通信业	90.9	92.7	95.2	95.1	94.6	12.0	13.7	24.1	27.2	28.5	60.2	64.5	73.2	80.3	81.7
其中：通信业	98.2	99.6	98.7	97.8	98.9	32.1	34.2	47.1	50.8	52.3	80.7	85.4	87.4	90.5	92.6
金融业	93.9	96.0	96.0	96.5	97.1	28.9	34.4	43.0	45.7	45.5	79.1	83.7	84.3	87.8	88.6
房地产业、租赁及服务	88.6	89.7	87.4	86.6	87.0	10.1	9.0	15.4	16.9	18.6	58.4	54.6	58.4	63.7	65.5
其中：科研	95.7	96.3	98.3	97.5	97.6	18.0	19.2	28.5	31.3	31.3	72.8	76.1	81.0	83.9	84.9
国家机关、保证战争安全、必要社会职能	86.1	93.3	98.1	98.3	98.3	6.4	8.5	15.3	16.9	17.7	38.6	44.3	58.2	67.6	71.0
高等职业教育	97.4	98.1	98.5	98.8	98.8	19.5	22.0	31.7	34.0	36.5	84.1	85.2	87.8	91.3	92.9
卫生、社会服务业	96.0	95.3	98.1	98.0	97.9	4.7	4.7	11.1	13.7	16.3	50.7	51.4	70.4	80.4	83.7
休闲、娱乐、文化和体育活动	92.8	77.6	82.5	83.8	86.4	6.4	3.9	5.2	5.8	7.1	46.9	30.3	27.0	34.0	39.7
其他公共、社会和个人服务业	77.2	31.1	95.5	95.6	95.4	3.2	1.1	8.3	8.9	9.6	35.3	14.8	55.5	67.9	70.3

表15-80 各部门中使用全球信息网络的企业占比

单位：%

	个人计算机					企业使用信息技术情况								
						其他类型电脑					局域网			
	2004年	2005年	2009年	2010年	2011年	2004年	2005年	2009年	2010年	2011年	2004年	2005年	2009年	2010年	2011年
整个经济	50.4	54.3	79.3	83.4	85.6	48.8	53.3	78.3	82.4	84.8	14.4	14.8	24.1	28.5	33.0
采掘工业:	68.2	74.1	89.5	91.0	91.8	67.7	73.6	88.7	90.4	91.2	14.8	16.4	24.8	27.9	30.0
能源类矿产开采	76.8	81.1	88.4	90.3	91.0	76.5	80.6	87.8	89.5	90.1	14.3	16.6	23.8	25.4	28.1
非能源类矿产开采	60.3	66.7	91.1	92.0	92.9	59.6	66.2	90.0	91.7	92.7	15.2	16.2	26.2	31.5	32.9
加工工业:	62.1	71.0	91.7	93.5	94.3	61.8	70.8	91.4	93.2	93.9	27.3	29.5	46.1	50.8	53.3
食品工业（包含饮料和香烟）	59.2	66.2	91.7	94.0	94.6	59.0	66.1	91.5	93.8	94.4	18.9	22.2	38.4	42.7	44.6
纺织和缝纫业	38.3	45.7	74.8	80.8	81.9	38.1	45.6	74.8	80.8	81.8	15.5	16.2	34.2	40.5	42.7
皮革及皮革制品生产、制鞋业	52.3	65.1	86.7	85.3	90.0	52.3	65.1	86.7	85.3	90.0	23.0	28.7	42.2	43.4	46.9
木材加工和木制品制造业	49.4	58.9	85.7	89.2	89.4	48.8	58.4	85.7	88.8	89.2	18.6	19.2	34.5	37.5	38.1
造纸和印刷业	49.8	71.9	90.2	92.7	94.0	49.7	71.7	90.1	92.7	93.9	17.1	19.4	30.6	37.1	42.2
焦炭和石油制品生产业	94.7	92.9	95.0	97.2	97.9	94.7	92.9	95.0	96.3	97.9	34.7	43.5	36.6	40.2	49.0
化学工业	85.2	88.1	95.4	96.4	97.0	85.1	88.1	95.4	96.4	97.0	49.4	48.2	60.5	64.2	66.5
橡胶和塑料制品制造业	74.9	83.2	94.1	93.0	95.8	74.6	83.2	94.1	93.0	95.1	41.7	44.1	60.3	62.9	66.3
其他非金属矿产制造业	61.7	70.6	94.1	95.2	95.1	61.3	70.3	94.0	95.0	94.9	26.9	32.4	53.3	58.3	60.3
冶金业和金属制品制造业	70.1	78.1	94.5	94.9	95.2	69.8	78.0	94.4	94.6	94.8	36.2	39.8	58.5	61.6	61.7
机器制造业	63.3	71.8	94.3	95.0	95.3	63.1	71.6	94.1	95.0	95.1	31.7	35.7	55.8	60.0	62.5

续表

	企业使用信息技术情况														
	个人计算机					其他类型电脑					局域网				
	2004年	2005年	2009年	2010年	2011年	2004年	2005年	2009年	2010年	2011年	2004年	2005年	2009年	2010年	2011年
电气设备和光电设备制造业	81.0	86.9	96.2	96.3	96.0	80.9	86.9	96.2	96.3	96.0	44.9	47.9	62.9	67.3	69.3
交通工具及设备制造业	80.2	84.7	94.3	95.6	95.8	78.3	82.6	89.5	91.2	92.0	39.1	43.3	54.6	57.9	58.9
电力、天然气和水的生产和供应	62.6	53.3	73.3	77.4	82.4	62.0	53.2	73.2	77.1	82.0	12.6	10.2	17.2	24.0	29.2
建筑业	47.5	58.8	90.1	92.2	92.5	46.5	58.1	89.5	91.5	91.8	10.6	13.7	27.5	31.2	34.3
批发与零售业、摩托车、汽车及日用品维修	46.3	55.6	84.2	88.1	89.0	45.6	55.2	83.7	87.5	88.6	11.8	14.2	29.1	35.7	35.5
餐饮和旅店业	21.5	38.0	72.7	78.0	80.5	20.9	37.7	72.2	77.7	80.3	4.7	13.3	25.0	28.5	31.5
运输和通信业	57.6	63.8	87.0	89.4	89.3	53.1	60.1	81.2	82.9	82.7	15.0	16.7	27.3	30.8	32.3
其中：通信业	90.0	94.3	95.7	95.4	96.2	88.8	94.0	93.8	93.8	94.7	38.8	42.9	60.2	62.5	65.7
金融业	79.5	85.1	92.5	93.7	94.5	76.2	83.3	91.9	93.5	93.9	34.5	38.8	52.2	54.9	57.2
房地产业、租赁及服务	61.9	56.4	75.2	77.3	79.2	61.4	56.1	74.9	77.0	78.8	19.8	15.5	23.2	26.4	29.1
其中：科研	81.9	85.0	94.3	94.6	94.7	81.7	85.0	94.2	94.5	94.7	38.7	41.8	60.5	63.7	64.8
国家机关、保证党安全、必要社会保障	36.6	42.8	77.3	84.9	88.6	34.4	41.0	75.6	83.2	87.6	6.6	8.2	19.2	24.6	30.5
高等职业教育	89.5	91.1	96.2	97.2	97.6	89.5	91.0	96.2	97.1	97.6	52.3	50.4	74.3	77.2	79.1
卫生、社会服务业	54.6	48.4	89.9	93.2	94.5	53.1	47.8	89.5	93.0	94.4	8.6	7.4	12.8	18.1	31.6
休闲、娱乐、文化和体育活动	61.5	39.8	51.5	57.1	62.8	61.5	39.6	51.2	56.7	62.6	23.3	11.2	12.6	14.9	18.6
其他公共、社会和个人服务业	33.2	17.7	83.7	89.2	90.3	32.8	17.7	83.7	89.1	90.2	6.2	4.9	6.5	8.2	10.7

表 15-81 企业中的个人计算机用户

年份	2003	2005	2006	2007	2008	2009	2010	2011
受访企业中个人计算机数量（千台）	4150.5	5709.6	6684.0	7528.4	8267.3	8743.7	9288.1	9972.2
其中：								
使用局域网的计算机	2794.2	4057.6	4871.5	5731.0	6369.1	6893.6	7480.2	8018.3
使用全球信息网的计算机	1204.0	2032.0	2606.3	3267.5	3873.5	4313.5	4997.1	5663.2
其中：使用互联网的计算机	986.0	1686.1	2232.0	2888.4	3411.5	3866.4	4553.3	5198.3
当年新增个人计算机数量（千台）	656.2	984.2	1170.9	1257.9	1159.2	890.6	999.9	1251.6
每100名员工拥有计算机数量（台）	18	23	26	29	32	35	36	39
其中：使用互联网的计算机数量	4	7	9	11	13	15	18	21

表 15-82 使用互联网与产品供应商及订货商联系的企业数量

	千台							占总受访企业的比例（%）						
	2003年	2005年	2006年	2007年	2008年	2009年	2010年	2003年	2005年	2006年	2007年	2008年	2009年	2010年
使用互联网的企业总数	52.7	80.4	99.1	115.3	125.2	136.3	124.9	43.4	53.3	61.3	67.8	73.7	78.3	70.7
与供应商联系的使用目的：														
获取商品信息	29.8	44.0	55.8	65.8	71.6	81.2	92.8	24.6	29.1	34.5	38.7	42.1	46.6	52.5
向供应商提供消费需求信息	16.6	26.4	36.7	44.6	49.1	56.1	66.5	13.7	17.5	22.7	26.2	28.9	32.2	37.6
下订单	14.7	24.7	33.1	41.0	42.9	50.1	61.8	12.1	16.3	20.5	24.1	25.3	28.8	35.0
付款	7.3	12.0	17.0	23.0	26.3	32.5	40.7	6.0	7.9	10.5	13.6	15.5	18.7	23.0

续表

年份	千台							占总受访企业的比例（%）						
	2003年	2005年	2006年	2007年	2008年	2009年	2010年	2003年	2005年	2006年	2007年	2008年	2009年	2010年
获取电子产品	13.6	20.3	23.8	28.1	30.9	34.1	38.3	11.2	13.4	14.7	16.5	18.2	19.6	21.7
与订货商联系的使用目的：														
提供产品信息	21.3	30.6	36.5	42.8	47.3	54.5	64.3	17.6	20.3	22.6	25.2	27.8	31.3	36.4
取得产品订单	12.7	19.0	20.4	23.1	22.1	25.1	29.8	10.5	12.6	12.6	13.6	13.0	14.4	16.9
收取订货商的在线付款	7.5	11.7	14.8	18.9	20.7	24.4	29.0	6.1	7.8	9.2	11.1	12.2	14.0	16.4
宣传电子产品	3.0	4.3	4.9	5.5	5.5	6.3	7.8	2.5	2.8	3.0	3.2	3.2	3.6	4.4
售后服务	2.7	3.6	4.7	5.5	5.9	6.8	8.5	2.2	2.4	2.9	3.3	3.5	3.9	4.8

表15-83　企业使用信息技术的各种费用占比

单位：%

年份	2003	2005	2006	2007	2008	2009	2010	2011
企业使用信息技术的总费用	100	100	100	100	100	100	100	100
其中：								
购买设备	52.3	37.3	33.7	31.2	27.5	20.3	21.9	23.0
购买程序	7.7	11.0	11.3	14.7	15.9	16.4	15.7	17.3
通信服务费	20.9	25.9	31.4	29.4	31.4	33.8	32.6	30.7
其中：互联网付费	—	—	5.7	6.0	6.6	7.9	7.6	8.8
对员工进行信息通信技术使用及发展的培训的费用	0.7	1.6	0.8	0.7	0.8	1.2	0.7	0.8
支付信息技术专业人员及外部服务的费用	11.3	14.7	15.2	16.5	17.5	19.0	19.2	19.9
其他费用	7.1	9.5	7.6	7.5	6.9	9.2	9.9	8.3

(八) 商业及服务

表15-84 企业从事商业活动的主要指标

	从事汽车和摩托车贸易及维修和保养的企业			从事批发贸易的企业				从事零售贸易的企业			
	2005年	2009年	2010年	2011年	2005年	2009年	2010年	2011年	2005年	2009年	2010年	2011年
企业数量（年末数据，千家）	44.0	72.6	80.3	90.2	398.6	560.5	605.3	686.8	133.3	216.1	236.0	259.4
年均职工数量（千人）	397.4	507.5	513.2	495.7	2265.0	2605.1	2595.0	2343.9	1808.4	2376.7	2366.6	2440.8
工人月均名义工资（卢布）	7112.0	17551.5	20600.5	21939	7521.9	18233.5	21315.3	22974	5214.3	13125.0	14739.6	15913
流转额（按现价计算，亿卢布）	12117	21914	31736	46295	102517	211044	238486	290993	26597	51846	63376	74927
固定资产投资（按现价计算，百万卢布）	8424.7	24443.2	25608.4	32791.5	58948.7	94116.7	90500.4	103796.6	34243.7	67233.4	70328.2	68117.0
总利润（亿卢布）	760	1734	2467	3551	14596	26728	33335	41705	2237	6540	8306	8530
商业及管理支出（亿卢布）	486	1502	1674	2369	8877	16841	20054	23396	1833	5964	7453	7935

表 15-85 商业企业流转额（按现价计算）

单位：亿卢布，%

	2005 年		2008 年		2009 年		2010 年		2011 年	
	流转额	占比	流转额	占比	流转额	占比	流转额	占比	流转额	占比
从事汽车和摩托车贸易及维修和保养的企业	6426	100	19099	100	13962	100	20804	100	29082	100
其中：										
交通工具贸易	3089	48.1	10461	54.8	6706	48.1	11466	55.1	15079	51.8
交通工具技术服务及维修	653	10.2	1998	10.5	924	6.6	1129	5.4	2588	8.9
汽车零部件及配件贸易	1019	15.9	2519	13.2	2013	14.4	3015	14.5	4358	15.0
摩托车及零部件和配件贸易，摩托车维修及技术服务	03	0.0	07	0.0	12	0.1	17	0.1	32	0.1
摩托车燃料零售贸易	1662	25.9	4113	21.5	4306	30.8	5177	24.9	7025	24.2
从事批发贸易的企业	50397	100	124839	100	124850	100	142348	100	177657	100
其中：										
通过代理商的批发贸易	2466	4.9	7267	5.8	5334	4.3	8742	6.1	7388	4.2
农业原料及动物的批发贸易	531	1.1	1093	0.9	1864	1.5	1605	1.1	2024	1.1
食品（包括饮料及烟草制品）批发贸易	7496	14.9	13521	10.8	21721	17.4	22596	15.9	28513	16.0
家居用品的批发贸易	5068	10.1	13025	10.4	14732	11.8	18180	12.8	20466	11.5

续表

	2005年		2008年		2009年		2010年		2011年	
	流转额	占比	流转额	占比	流转额	占比	流转额	占比	流转额	占比
非农业产品的中间商品、废物及废料的批发	28337	56.2	78492	62.9	68525	54.9	75836	53.3	98099	55.2
其中燃料批发	23962	47.5	69253	55.5	60895	48.8	65250	86.0	84507	47.6
机器设备的批发贸易	2585	5.1	4149	3.3	3758	3.0	5499	3.9	7861	4.4
其他批发贸易	3914	7.8	7293	5.8	8917	7.1	9890	6.9	13306	7.5
人事零售贸易的企业	10670	100	24971	100	26656	100	31088	100	36634	100
其中：										
非专业商店的零售贸易	6221	58.3	14582	58.4	16289	61.0	19626	63.6	23169	63.2
商店中食品（包括饮料及烟草）的零售贸易	619	5.8	1620	6.5	1348	5.1	984	3.1	914	2.5
药品和医疗用品，化妆品和盥洗用品的零售贸易	1315	12.3	2493	10.0	2575	9.7	2612	8.3	2853	7.8
商店中其他商品的零售贸易	2407	22.6	6185	24.8	6232	23.4	7676	24.5	9481	25.9
商店中二手商品的零售贸易	3.0	0.0	5.0	0.0	7.0	0.0	10	0.0	6.0	0.0
商店外的零售贸易	83	0.8	68	0.3	178	0.7	164	0.5	202	0.6
家用及个人用品的维修	21	0.2	17	0.1	25	0.1	15	0.0	9.0	0.0

表 15-86 商业企业商品的生产及销售的支出结构

单位：%

	从事汽车和摩托车贸易及维修和保养的企业			批发贸易				零售贸易				餐饮企业			
	2005年	2009年	2010年	2011年	2005年	2009年	2010年	2011年	2005年	2009年	2010年	2011年	2005年	2009年	2010年	2011年
产品生产和消费的支出	100	100	100	100	100	100	100	100	100	100	100	100	100	100	100	100
其中：																
购买商品原料、半成品及零部件的支出	19.8	24.1	25.3	20.4	15.8	14.9	10.8	12.1	9.8	6.3	6.4	8.2	43.7	40.9	39.8	41.5
购买燃料的支出	3.5	2.0	1.8	7.7	1.0	0.7	0.8	1.2	5.0	3.1	2.9	3.7	2.2	1.6	1.9	1.8
劳动力支出	19.9	20.9	19.0	17.4	6.9	8.4	8.9	10.0	31.1	30.7	28.1	27.2	23.6	24.3	25.5	23.7
统一社会税	3.7	4.0	3.6	4.2	1.3	1.5	1.5	2.1	5.8	6.1	5.8	7.7	4.6	4.7	5.6	6.9
固定资产折旧	3.8	4.8	4.5	3.7	13.5	16.6	12.9	11.3	4.2	4.4	4.5	4.2	3.1	2.1	2.2	2.4
无形资产折旧	0.0	0.1	0.0	0.0	0.1	0.2	0.2	0.3	0.1	0.0	0.1	0.0	0.1	0.0	0.0	0.0
租金支出	5.7	7.9	7.0	6.2	1.9	2.9	2.9	3.5	12.5	19.5	19.9	19.1	4.6	7.7	7.7	6.8
强制保险金	0.3	0.4	0.3	0.3	0.2	0.2	0.3	0.2	0.6	0.7	0.4	0.3	1.5	0.2	0.5	0.1
自愿保险金	0.5	0.3	0.3	0.3	0.6	0.5	0.5	0.4	0.3	0.1	0.1	0.2	0.1	0.1	0.2	0.1
娱乐费用	0.1	0.1	0.1	0.1	0.1	0.1	0.1	0.1	0.1	0.0	0.1	0.1	0.01	0.0	0.0	0.0
差旅费	0.3	0.1	0.2	0.1	0.2	0.1	0.1	0.1	0.3	0.1	0.2	0.1	0.1	0.1	0.0	0.1
包含在产品成本中的税费（不包括统一社会税）	3.4	1.2	1.1	1.2	1.4	1.1	1.2	1.1	0.9	0.5	0.6	1.0	0.6	1.1	1.0	1.5
劳动力及外包服务支出	22.8	24.4	27.2	29.2	51.0	45.9	53.3	50.2	16.2	16.0	17.9	18.8	10.1	10.1	9.4	9.9
产品生产和销售产生的其他支出	16.2	9.7	9.6	9.2	6.0	7.0	6.5	7.4	13.1	12.5	13.0	9.4	5.7	7.1	6.1	5.2

表15-87 零售贸易流转额

年 份	流转额（百万卢布，2000年以前单位：亿卢布，按现价计算）	与上年同期相比（%，按可比价格计算）	年 份	流转额（百万卢布，2000年以前单位：亿卢布，按现价计算）	与上年同期相比（%，按可比价格计算）
1928	76	—	1995	5120260	93.8
1940	101	107.0	2000	2352274	109.0
1950	210	101.0	2005	7041509	112.8
1960	420	111.0	2006	8711920	114.1
1970	790	106.0	2007	10868976	116.1
1980	1360	104.4	2008	13924897	113.6
1985	1690	103.4	2009	14584747	94.9
1990	2530	106.0	2010	16468608	106.3

表15-88 人均零售贸易流转额

年 份	流转额（卢布，2000年以前单位：千卢布，按现价计算）			与上年同期相比（%，按可比价格计算）		
	总额	其中		总额	食品贸易（包括饮料和烟草）	非食品类产品
		食品贸易（包括饮料和烟草）	非食品类产品			
1970	0.6	0.3	0.3	—	—	—
1980	1.0	0.5	0.5	104.4	104.1	104.7
1990	1.7	0.7	1.0	112.2	106.5	116.9
1995	3451	1610	1841	93.8	91.1	95.9
2000	16162	7511	8651	109.4	107.9	110.9
2005	49202	22483	26719	113.4	111.0	115.7
2006	61142	27704	33438	114.6	111.5	117.3
2007	76480	34418	42062	116.4	112.9	119.4
2008	98093	45694	52399	113.7	111.7	115.2
2009	102775	49970	52805	94.9	98.2	91.9
2010	115215	55945	59270	105.6	104.3	106.8

表 15-89 零售贸易流转额实际增长指数

年 份	1992	1995	1998	2000	2005	2006	2007	2008	2009	2010	2011
零售贸易流转额增长指数（1990年=100%）	95	91.2	86	95.3	160.9	183.7	213.3	242.5	230.1	244.9	262.1
食品贸易（包括饮料和烟草）	85	87.4	80	90.8	142.5	158.2	178.1	199.0	195.3	205.3	212.0
食品	84	77.7	77	82.4	123.7	139.1	158.0	172.7	169.5	180.6	184.8
酒精饮料及啤酒	85	145.8	90	130.5	239.6	253.7	275.2	290.8	283.0	286.5	298.6
非食品类产品	104	92.4	89	97.2	174.8	204.1	243.1	280.2	257.3	277.2	307.2

表 15-90 零售贸易商品来源

年 份	所有零售贸易商品	其中：	
		本土生产	进口
1992	100	77	23
1995	100	46	54
1998	100	52	48
2000	100	60	40
2005	100	55	45
2006	100	54	46
2007	100	53	47
2008	100	56	44
2009	100	59	41
2010	100	56	44
2011	100	57	43

表 15-91 批发贸易流转额

年 份	批发贸易流转额		其中批发贸易企业流转额	
	亿卢布，按现价计算	与上年同期相比（%，按可比价格计算）	亿卢布，按现价计算	与上年同期相比（%，按可比价格计算）
1998	16986	96.9	5581	104.2
2000	42568	144.5	31337	154.8
2005	156260	114.8	110075	100.7
2006	199218	110.3	147580	116.0
2007	240156	109.5	196046	120.6
2008	311364	105.4	255496	105.9
2009	282588	102.0	235148	103.4
2010	319762	102.7	257696	99.5
2011	39521.5	105.4	31514.6	104.1

表 15－92　商品交易所活动的主要指标

年　　份	1993	1995	2000	2001	2002	2003	2004	2005	2006	2007	2008	2009	2010	2011
交易所数量（年末数据，家）	159	91	45	44	40	38	35	31	26	23	28	26	23	17
举行拍卖会次数（千次）	14.3	6.6	2.6	2.3	2.5	2.0	1.9	1.8	1.7	1.8	2.8	3.6	3.4	2.9
实物交易次数（千次）	182.5	125.2	9.8	8.3	17.4	36.8	28.5	22.6	4.9	36.0	46.2	85.8	73.0	51.7
平均在编员工人数（人）	4300	1736	472	392	329	325	251	241	192	239	364	437	476	229
兼职人数（人）	1000	287	70	90	77	79	74	55	47	47	44	25	31	25
应付职工薪酬（包括兼职职工）（百万卢布，1995年以前单位：亿卢布）	30	116	11.8	19.4	20.2	27.7	26.6	31.2	33.0	80.1	329	552	682	379
支付预算（百万卢布，1995年以前单位：亿卢布）	—	111	13.6	19.4	14.0	15.4	13.2	33.3	25.7	50.7	186	357	327	142
其中：利润税	—	21	2.0	1.9	1.2	1.4	1.5	16.0	9.0	17.6	58.4	99.5	97.1	15.6
交易所营业额（百万卢布，1995年以前单位：亿卢布）	8724	16750	4997	2722	11596	6657	6346	7404	5345	46895	66800	115523	257110	340732
其中：														
消费品、粮食	2155	6643	3015	1417	6965	1646	5092	6007	989	3409	32184	29434	6284	14447
工业用途产品	6566	9512	1812	1043	4408	4822	972	1155	4071	43412	33649	48658	157831	324375
其他	3	596	170	262	223	189	282	242	285	74.1	967	37431	92995	1910

表 15-93 居民付费服务产值

年份	居民付费服务产值（百万卢布，2000年以前单位：亿卢布）	与上年同期相比（%，按可比价格计算）	年份	居民付费服务产值（百万卢布，2000年以前单位：亿卢布）	与上年同期相比（%，按可比价格计算）
1990	440	110.2	2007	3424731	107.7
1995	1130430	82.3	2008	4079603	104.3
2000	602755	104.7	2009	4504455	97.5
2005	2271733	106.3	2010	4851018	101.5
2006	2798901	107.6	2011	5540168	103.2

表 15-94 各类付费服务实物量增长指数

单位：%

年份	2002	2005	2006	2007	2008	2009	2010	2011
所有付费服务	103.7	106.3	107.6	107.7	104.3	97.5	101.5	103.2
其中：								
日常生活	104.1	105.5	105.7	105.0	104.3	96.8	100.7	101.4
交通运输	99.1	104.2	105.3	106.3	101.9	93.1	100.5	103.4
通信服务	123.6	118.6	115.5	118.1	116.2	104.9	104.5	107.3
住房	96.3	102.5	107.8	105.1	101.0	102.5	104.8	104.4
公用事业	95.9	100.7	101.3	103.4	102.0	99.5	103.0	102.3
酒店及旅馆	98.3	96.1	107.5	108.0	98.1	87.4	102.7	103.3
文化	110.0	99.1	101.2	82.0	99.4	98.6	95.3	98.7
旅游	99.6	121.6	116.7	105.1	112.9	94.5	109.8	103.6
体育	109.4	137.7	90.5	118.5	98.9	93.6	100.4	105.0
医疗	106.9	106.8	107.8	104.6	104.1	98.8	101.7	104.1
疗养	92.4	105.6	103.1	101.2	97.5	91.6	96.7	103.8
兽医	105.1	95.5	103.5	101.1	95.8	96.5	98.1	100.1
法律	108.0	106.3	116.0	109.6	90.3	70.2	70.2	87.5
教育	105.5	107.7	108.2	108.2	102.4	95.1	100.5	100.5

表 15-95 　居民付费服务结构

单位：%，百万卢布

年份	1992	1995	2002	2005	2006	2007	2008	2009	2010	2011 比例	2011 产值
所有付费服务	100	100	100	100	100	100	100	100	100	100	5540168
其中：											
日常生活	29.4	19.3	11.7	10.1	9.9	9.7	9.9	9.9	9.9	9.6	533294
交通运输	29.3	28.0	24.2	21.5	21.2	20.9	21.6	20.3	19.0	19.3	1067765
通信服务	5.9	7.6	14.8	18.5	18.6	19.9	19.7	19.5	19.2	18.9	1044376
住房	10.3	19.4	4.3	5.3	5.6	5.4	5.2	5.5	5.8	5.9	327654
公用事业			16.1	18.3	18.0	17.6	17.6	19.3	21.1	21.7	1209566
酒店及旅馆	—	—	3.0	2.6	2.7	2.7	2.6	2.4	2.3	2.3	125529
文化	1.6	1.1	2.0	2.3	2.2	1.7	1.6	1.7	1.7	1.6	89516
旅游	2.0	1.3	1.4	1.5	1.6	1.6	1.8	1.7	2.0	2.0	112821
体育	0.2	0.3	0.4	0.7	0.6	0.6	0.6	0.6	0.6	0.6	33909
医疗	1.7	2.6	4.9	4.8	4.9	4.7	4.8	4.9	5.1	5.2	286056
疗养	5.0	3.4	2.1	1.6	1.5	1.4	1.4	1.4	1.2	1.2	68521
兽医	—	—	0.3	0.2	0.2	0.2	0.2	0.2	0.2	0.2	8903
法律	6.8	8.1	3.9	2.3	2.5	2.6	2.5	1.9	1.7	1.6	87803
教育	2.4	2.5	6.7	6.7	6.9	7.1	7.0	6.9	6.6	6.3	347350
其他服务	5.4	6.4	4.2	3.6	3.6	3.9	3.5	3.8	3.6	0.1	5391

(九) 科研及创新

表 15-96 从事研究和开发的机构数量

单位：家

年份	1992	1993	1994	1995	1996	1997	1998	2000	2005	2006	2007	2008	2009	2010	2011
研究和开发机构总数	4555	4269	3968	4059	4122	4137	4019	4099	3566	3622	3957	3666	3536	3492	3682
其中：															
科学研究机构	2077	2150	2166	2284	2360	2528	2549	2686	2115	2049	2036	1926	1878	1840	1782
设计事务所	865	709	545	548	513	438	381	318	489	482	497	418	377	362	364
设计及设计勘察机构	495	395	297	207	165	135	108	85	61	58	49	42	36	36	38
试验厂	29	17	19	23	24	30	27	33	30	49	60	58	57	47	49
高等职业教育机构	446	456	400	395	405	405	393	390	406	417	500	503	506	517	581
企业中的科研及设计部门	340	299	276	325	342	299	240	284	231	255	265	239	228	238	280
其他	303	243	265	277	313	302	321	303	234	312	550	480	454	452	588

表 15-97　各类机构中从事研究和开发的机构数量

年份	总数	其中				年份	总数	其中			
		国家	企业	高校	非商业组织			国家	企业	高校	非商业组织
1994	3968	1150	2300	511	7	2007	3957	1483	1742	616	116
1995	4059	1193	2345	511	10	2008	3666	1429	1540	603	94
1998	4019	1212	2238	531	38	2009	3536	1406	1446	603	81
2000	4099	1247	2278	526	48	2010	3492	1400	1405	617	70
2005	3566	1282	1703	539	42	2011	3682	1457	1450	696	79
2006	3622	1341	1682	540	59						

表 15-98　国家科学院中从事研究和开发的机构数量

年份	2000	2005	2006	2007	2008	2009	2010	2011
俄罗斯科学院	454	451	465	479	468	469	472	483
俄罗斯农业科学院	291	297	292	312	304	302	294	295
俄罗斯医学科学院	62	66	68	69	68	67	64	65
俄罗斯建筑与建筑科学研究院	5	5	6	6	5	5	5	7
俄罗斯教育科学院	17	17	19	22	18	20	20	21
俄罗斯艺术学院	2	1	1	3	2	1	2	2

表 15-99　与纳米技术相关的研究人员和研究支出

年份	2008	2009	2010	2011
从事与纳米技术研发相关的企业数（家）	463	465	480	485
从事纳米技术研发的研究人员数量（人）	14873	14500	17928	21166
纳米技术研发的内部成本（百万卢布）	11026.2	15113.1	21283.7	26086.0

表 15-100　从事研究与开发的人员数量

单位：人

年　份	1992	1993	1994	1995	1996	1997	1998	2000	2005	2006	2007	2008	2009	2010	2011
人员总数	1532600	1315000	1106300	1061044	990700	934600	855200	887729	813207	807066	801135	761252	742433	736540	735273
其中：															
研究人员	804000	644900	525300	518690	484800	455100	417000	425954	391121	388939	392849	375804	369237	368915	374791
技术人员	180700	133900	115500	101371	87800	80300	74800	75184	65982	66031	64569	60218	60045	59276	61562
辅助人员	382200	379400	291300	274925	260000	244900	220100	240506	215555	213579	208052	194769	186995	183713	178449
其他人员	165700	156800	174100	166058	158100	154300	143300	146085	140549	138517	135665	130461	126156	124636	120471

表 15-101　各类机构从事研究与开发的人员数量

单位：人

年份	研究人员总数	其中				年份	研究人员总数	其中			
		国家	企业	高校	非商业组织			国家	企业	高校	非商业组织
1994	1106250	289424	759810	56818	198	2007	801135	272255	478401	49059	1420
1995	1061044	282166	726568	52065	245	2008	761252	260854	451532	47595	1271
1998	855190	255147	558547	41164	332	2009	742433	260360	432415	48498	1160
2000	887729	255850	590646	40787	446	2010	736540	259007	423112	53290	1131
2005	813207	272718	496706	43500	283	2011	735273	254896	419752	59454	1171
2006	807066	274802	486613	44473	1178						

表 15-102　国家科学院中的研发人员数量

单位：年，人

	研究人员总数	其中	
		博士	副博士
俄罗斯科学院			
2000	61864	9404	25863
2005	60613	10185	25193
2006	58423	10311	24676
2007	56764	10426	24187
2008	54576	10355	23495
2009	55402	10549	24105
2010	55183	10641	24166
2011	53702	10709	24400
俄罗斯农业科学院			
2000	12834	1165	4786
2005	13350	1374	4958
2006	13430	1405	5070
2007	13914	1539	5222
2008	13367	1571	5103
2009	13200	1589	5105
2010	12642	1567	4957
2011	12273	1562	4855

续表

	研究人员总数	其中	
		博士	副博士
俄罗斯医学科学院			
2000	7166	1621	3607
2005	7842	1939	3672
2006	7859	1949	3679
2007	8007	1984	3731
2008	7798	1958	3690
2009	7998	1969	3766
2010	7393	1905	3522
2011	7378	1910	3442
俄罗斯建筑与建筑科学研究院			
2000	239	23	84
2005	424	26	97
2006	445	29	94
2007	461	36	91
2008	462	38	92
2009	396	38	96
2010	420	33	95
2011	382	31	91
俄罗斯教育科学院			
2000	1086	190	524
2005	1116	189	490
2006	1168	207	512
2007	1176	237	539
2008	1016	200	487
2009	1136	237	521
2010	1065	239	500
2011	1044	241	507
俄罗斯艺术学院			
2000	84	19	33
2005	64	22	33
2006	64	22	33
2007	122	24	31
2008	96	24	31
2009	74	23	28
2010	165	23	44
2011	161	23	42

表 15-103　各类研究人员数量

年份	研究人员总数	其中					
		自然	工程学	医学	农业	社会学	人文
1994	525319	116391	345921	18866	18228	17917	7996
1995	518690	114335	342906	16781	18077	18049	8542
1998	416958	100269	265175	15944	13889	13777	7904
2000	425954	99834	274955	15539	14390	13259	7977
2005	391121	91570	249358	15672	13724	12497	8300
2006	388939	89304	248201	15896	13447	13721	8370
2007	392849	94668	244475	16734	13743	13740	9489
2008	375804	91117	232463	16713	13622	13012	8877
2009	369237	89856	227403	16652	13217	13272	8837
2010	368915	89375	224641	16516	12734	14347	11302
2011	374791	89778	226492	16793	12933	16967	11828
其中：博士							
1994	18140	8743	3441	2638	852	994	1472
1995	19330	9248	3835	2699	948	1110	1490
1998	20514	9788	3994	3035	1037	1143	1517
2000	21949	10297	4480	3217	1153	1175	1627
2005	23410	10738	4495	3715	1356	1336	1770
2006	23880	10966	4502	3757	1370	1437	1848
2007	25213	11479	4809	3934	1478	1632	1881
2008	25140	11399	4738	3911	1526	1614	1952
2009	25295	11520	4612	3988	1547	1706	1922
2010	26789	12251	4620	4045	1542	2057	2274
2011	27675	12345	4737	4158	1663	2410	2362
副博士							
1994	97306	40694	34341	7287	6139	5270	3575
1995	97135	39793	35094	7195	6214	5209	3630
1998	85370	37287	28719	6932	4880	4291	3261
2000	83962	36326	28206	6853	5078	4090	3409
2005	76018	32969	23677	6791	4922	4158	3501
2006	75627	32413	23365	6910	4926	4545	3468
2007	78512	33359	23552	7540	5100	5008	3953
2008	75909	32304	22372	7492	5031	4686	4024
2009	75980	32692	21851	7552	5006	4982	3897
2010	78325	33664	21260	7475	5004	5861	5061
2011	81818	34289	21740	7536	5248	7573	5432

表 15-104　研究生培养的主要指标

单位：人

年　份	培养研究生机构的数量（家）	研究生人数	入学人数	毕业人数	其中参加论文答辩的人数
总数					
1992	1296	51915	13865	14857	3135
1995	1334	62317	24025	11369	2609
1998	1338	98355	34351	17972	4691
2000	1362	117714	43100	24828	7503
2005	1473	142899	46896	33561	10650
2006	1493	146111	50462	35530	11893
2007	1490	147719	51633	35747	10970
2008	1529	147674	49638	33670	8831
2009	1547	154470	55540	34235	10770
2010	1568	157437	54558	33763	9611
2011	1570	156279	50582	33082	9635
研究所					
1992	853	15168	2627	5325	922
1995	828	11488	4024	2814	596
1998	800	15771	5411	3140	665
2000	797	17502	6075	3813	873
2005	833	19986	6577	4806	1009
2006	820	19542	6330	4865	852
2007	799	18346	6072	4847	895
2008	811	17397	5381	4781	715
2009	800	16549	5549	4359	734
2010	809	16936	5655	4335	729
2011	805	15865	4784	4028	693
高校					
1992	443	36747	11238	9532	2213
1995	506	50829	20001	8555	2013
1998	538	82584	28940	14832	4026
2000	565	100212	37025	21015	6630
2005	640	122913	40319	28755	9641
2006	673	126569	44132	30665	11041
2007	691	129373	45561	30900	10075
2008	718	130277	44257	28889	8116
2009	730	137068	49736	29678	9996
2010	748	139908	48748	29268	8854
2011	750	139542	45561	28847	8869

表 15 - 105 各学科研究生人数

单位：人

年份	1992	1995	1998	2000	2005	2006	2007	2008	2009	2010	2011
研究生总数	51915	50296	98355	117714	142899	146111	147719	147674	154470	157437	156279
物理数学	5168	5888	7237	7522	7435	7236	7195	7157	7766	8396	8388
化学	1825	1964	2754	2987	3142	3107	3133	3098	3499	3481	3480
生物	2655	3146	4651	5589	6509	6661	6729	6861	6893	7065	7044
工程学	16585	17424	27160	29295	33991	34832	35167	34318	36869	38694	40448
其中建筑学	238	266	459	486	570	533	506	474	348	393	577
农业	1850	1926	3027	4072	4972	4974	4806	4793	4934	5093	5171
其中兽医和畜牧学	400	501	821	1855	2264	2263	2162	2214	2270	2373	2450
历史和考古学	2242	2464	3506	4152	4601	4554	4443	4392	4495	4531	4559
语言学	2572	3375	5172	6295	6966	6835	6763	6577	6896	6897	6640
哲学	1385	1808	2269	2617	3060	3035	2936	2909	2941	3087	3035
艺术学	731	1136	1427	1654	1881	1975	2085	2132	2264	2235	2370
文化学	—	—	—	768	913	999	1143	1107	1115	1157	1103
文献资料	—	—	—	249	379	347	435	480	461	436	444
心理学	698	1304	2025	2481	3317	3474	3720	3816	3915	3985	3786
经济学	5310	7194	15660	21404	26100	26631	26856	26828	27689	27309	25939
教育学	2519	3791	5588	6915	9079	9506	9884	10054	10300	10298	9821
社会学	652	978	1496	2143	2726	2868	3006	3175	3179	3134	2907
法学	1029	1892	3997	5786	10722	11502	11584	11770	12294	12078	11268
政治学	235	407	793	997	1818	1961	2030	1937	1993	2046	2082
医学	3739	4290	6355	8017	10104	10425	10540	10750	10956	11448	11495
其中药学	154	157	210	234	340	363	396	382	381	416	415
地球科学	—	—	—	4625	4960	4963	5022	5233	5654	5754	6013
其他科学	5	305	674	146	224	226	242	287	357	313	286

表 15 - 106 博士研究生培养的主要指标

年份	1992	1995	1998	2000	2005	2006	2007	2008	2009	2010
培养博士生的机构数量（家）	338	384	452	492	535	548	579	593	598	602
其中：										
研究所	198	167	167	178	173	178	201	205	204	192
高校	140	217	184	314	362	370	378	388	391	407
其他职业教育机构	—	—	—	—	—	—	—	—	3	3
博士生人数（人）	1644	2190	1850	4213	4282	4189	4109	4242	4294	4418
其中：										
研究所	516	483	446	505	445	426	358	336	327	299

续表

年 份	1992	1995	1998	2000	2005	2006	2007	2008	2009	2010
高校	1128	1707	3238	3708	3837	3763	3751	3906	3962	4116
其他职业教育机构	—	—	—	—	—	—	—	—	5	3
博士生入学人数（人）	540	904	1473	1637	1457	1499	1520	1517	1569	1650
其中：										
研究所	125	197	161	192	147	142	118	111	114	100
高校	415	707	1312	1445	1310	1357	1402	1406	1454	1548
其他职业教育机构	—	—	—	—	—	—	—	—	1	2
博士生毕业人数（人）	617	464	821	1251	1417	1383	1320	1216	1302	1259
其中：										
研究所	216	128	159	151	148	139	116	123	107	95
高校	401	336	662	1100	1269	1244	1204	1093	1193	1162
其他职业教育机构	—	—	—	—	—	—	—	—	2	2
参加论文答辩的人数（人）	247	137	312	486	516	450	429	297	435	336
其中：										
研究所	91	41	55	63	48	35	33	23	23	20
高校	156	96	257	423	468	415	396	274	412	316
其他职业教育机构	—	—	—	—	—	—	—	—	—	—

表15-107　2011年各学科博士研究生入学及毕业人数

单位：人

学 科	博士生人数	入学人数	毕业人数	参加论文答辩的人数	学 科	博士生人数	入学人数	毕业人数	参加论文答辩的人数
总人数	4562	1696	1321	382	文化学	57	23	17	6
物理数学	347	115	87	23	文献资料	10	5	5	—
化学	141	54	50	13	心理学	93	39	21	4
生物	169	57	55	8	经济学	536	201	163	66
工程学	1234	474	345	103	教育学	455	171	110	31
其中：建筑学	16	8	—	—	社会学	109	44	29	9
农业	108	41	37	11	法学	117	46	32	13
其中：兽医和畜牧学	40	13	11	4	政治学	43	18	28	12
历史和考古学	206	77	62	12	医学	276	92	88	25
语言学	339	112	89	24	其中：药学	6	2	3	—
哲学	165	68	48	9	地球科学	122	44	46	10
艺术学	21	8	6	2	其他科学	14	7	3	1

表 15－108　联邦预算的科研拨款

年份	1992	1995	1998	2000	2005	2006	2007	2008	2009	2010	2011
联邦预算的科研拨款（百万卢布，1995年以前单位：亿卢布）	953	44136	62394	17396.4	76909.3	97363.2	132703.4	162115.9	219057.6	237656.6	313899.3
其中：											
基础研究	—	—	—	8219.3	32025.1	42773.4	54769.4	69735.8	83198.1	82173.8	91684.5
应用研究	—	—	—	9177.1	44884.2	54589.8	77934.0	92380.1	135859.5	155482.8	222214.8
占比：											
科研拨款占联邦预算支出的比例（%）	0.5	0.29	0.23	1.69	2.19	2.27	2.22	2.14	2.27	2.35	2.87
科研拨款占GDP的比例（%）	2.43	1.6	1.6	0.24	0.36	0.36	0.40	0.39	0.56	0.57	0.57

表 15－109　研发的内部成本

年份	1992	1995	1998	2000	2005	2006	2007	2008	2009	2010	2011
研发的内部成本（百万卢布，1995年以前单位：亿卢布，按现价计算）	1406	121495	25082.1	76697.1	230785.2	288805.2	371080.3	431073.2	485834.3	523377.2	610426.7
按1989年价格计算（亿卢布）	32.3	24.9	28.4	33.2	45.4	49.4	55.7	54.9	60.7	58.7	5.89
占GDP的比例（%）	0.74	0.85	0.93	1.05	1.07	1.07	1.12	1.04	1.25	1.16	1.12

表 15-110 研发内部成本的资金来源（1995年单位：亿卢布）

单位：百万卢布

年份	1995	2000	2005	2006	2007	2008	2009	2010	2011
所有费用	121495	76697.1	230785.2	288805.2	371080.3	431073.2	485834.3	523377.2	610426.7
其中：									
预算拨款	73493	41190.9	140463.8	173482.4	228449.2	272098.8	315928.7	360334.2	400235.7
科研机构自有资金	12860	6947.2	20743.8	25599.2	30555.8	35855.1	35312.3	47407.6	73293.5
预算外资金	8153	4969.7	4048.3	4752.2	6649.6	6343.7	7952.7	10140.0	8808.5
企业科研部门资金	21185	14326.2	47759.8	56939.9	77491.6	89959.7	94529.9	85863.3	99408.1
高校资金	160	58.1	181.2	592.1	890.0	518.1	327.2	508.2	1568.8
私人非商业机构资金	26	32.6	60.4	239.0	248.3	674.9	377.3	556.5	966.5
外资	5618	9172.4	17528.0	27200.5	26795.8	25622.8	31406.1	18567.5	26145.5

表 15-111 各类机构研发的内部成本（1995年单位：亿卢布）

单位：百万卢布

年份	所有费用	其中				年份	所有费用	其中			
		国家	企业	高校	非商业组织			国家	企业	高校	非商业组织
1994	51461	14451	33967	3038	4	2007	371080.3	107984.9	238386.2	23471.9	1237.3
1995	121495	31654	83239	6574	27	2008	431073.2	129871.2	271206.3	28868.6	1127.1
1998	25082.1	6465.9	17296.6	1297.1	22.4	2009	485834.3	147023.2	303051.1	34642.2	1117.8
2000	76697.1	18748.6	54288.8	3489.3	170.4	2010	523377.2	161988.4	316701.7	43714.0	973.1
2005	230785.2	60158.2	156880.0	13338.0	409.0	2011	610426.7	182135.3	372088.9	55134.9	1067.6
2006	288805.2	77950.6	192484.8	17639.2	730.6						

表 15-112 研发内部成本明细（1995年单位：亿卢布）

单位：百万卢布

年 份	1995	2000	2005	2006	2007	2008	2009	2010	2011
所有费用	12149.5	76697.1	230785.2	288805.2	371080.3	431073.2	485834.3	523377.2	610426.7
内部经常性支出	11672.1	73873.3	221119.5	277784.8	352917.7	410865.0	461006.2	489450.8	568386.7
劳动力支出	4605.8	27762.7	94274.4	119354.7	157514.4	193344.9	217897.0	241472.2	275925.1
统一社会税	1722.5	10419.2	22597.4	28352.9	34565.9	40020.3	43723.5	47904.6	68647.5
购买设备	348.9	3433.4	9936.2	12417.6	14027.4	14604.2	16144.7	18067.7	20065.2
其他重大开支	2419.0	17470.9	51304.4	66886.8	83427.0	72945.5	89861.8	89279.1	101591.8
其他经常性支出	2575.8	14787.2	43007.1	50772.7	63383.0	89950.1	93379.2	92727.3	102157.1
资本开支	477.4	2823.8	9665.6	11020.5	18162.6	20208.2	24828.1	33926.4	42040.0
土地及建筑	221.0	496.2	1647.6	1993.8	3577.7	5474.7	4298.6	8077.5	8421.3
购买设备	166.8	1448.7	5818.1	6715.8	11689.0	10775.2	15438.8	19887.6	23968.3
其他资本开支	89.5	878.9	2199.9	2310.9	2896.0	3958.4	5090.8	5961.3	9650.4

表 15-113 按工作形式分内部经常性开支明细（1995年单位：亿卢布）

单位：百万卢布

| 年 份 | 所有费用 | 其 中 | | | 年 份 | 所有费用 | 其 中 | | |
		基础研究	应用研究	研发			基础研究	应用研究	研发
1995	11672.1	1829.9	2118.1	7724.0	2008	410865.0	77121.3	79885.8	253857.9
2000	73873.3	9875.7	12117.5	51880.2	2009	461006.2	96809.1	92557.1	271640.0
2005	221119.5	31022.9	36360.2	153736.4	2010	489450.8	95881.3	92010.7	301558.8
2006	277784.8	42707.5	42459.1	192618.1	2011	568386.7	106924.0	113096.8	348365.9
2007	352917.7	63590.4	54492.6	234834.7					

表 15-114 国家科学院研发内部经常性支出明细

单位：年，百万卢布

	所有费用	其中		
		基础研究	应用研究	研发
俄罗斯科学院				
2000	7057.8	5209.8	1003.5	844.6
2005	23557.6	18378.1	3189.0	1990.5
2006	31780.9	24471.3	4170.9	3138.7
2007	41308.6	32529.5	5090.2	3688.9
2008	53072.4	43449.8	5637.2	3985.4
2009	57876.3	47791.0	6203.7	3881.6
2010	60061.0	48106.3	7844.8	4110.0
2011	64990.7	53846.6	7837.9	3306.2
俄罗斯农业科学院				
2000	1027.8	468.1	274.8	284.8
2005	3436.4	2035.4	871.8	529.2
2006	4317.5	2505.6	1101.3	710.6
2007	5914.7	3795.5	1288.5	830.8
2008	7157.4	4610.2	1528.6	1018.5
2009	9260.4	5967.3	2372.2	920.9
2010	8511.8	5331.3	2110.5	1070.0
2011	9312.8	5699.7	2359.7	1253.4
俄罗斯医学科学院				
2000	501.0	365.9	103.5	31.5
2005	2408.5	1769.4	582.3	56.8
2006	3124.1	2433.9	528.8	161.5
2007	3990.6	2604.6	1177.0	208.9
2008	4471.8	2808.5	1418.0	245.3
2009	6207.7	4325.5	1698.7	183.4
2010	5815.0	4026.9	1629.5	158.6
2011	7212.7	5097.7	1892.4	222.6

续表

	所有费用	其 中		
		基础研究	应用研究	研发
俄罗斯建筑与建筑科学研究院				
2000	16.3	9.1	4.8	2.4
2005	177.3	77.0	33.8	66.5
2006	240.5	85.4	13.1	142.0
2007	361.2	187.5	16.5	157.3
2008	392.9	67.9	313.0	12.0
2009	400.3	122.1	263.9	14.2
2010	382.2	222.6	97.6	61.9
2011	482.5	234.8	123.1	124.6
俄罗斯教育科学院				
2000	49.6	46.1	3.5	—
2005	184.9	177.6	7.3	—
2006	251.6	196.7	52.8	2.1
2007	533.5	197.3	312.4	23.8
2008	412.6	356.6	55.9	—
2009	607.9	574.1	33.8	—
2010	577.4	556.4	20.9	—
2011	592.0	428.2	159.9	3.9
俄罗斯艺术学院				
2000	3.1	3.1	—	—
2005	12.9	12.9	—	—
2006	15.5	15.5	—	—
2007	43.8	43.8	—	—
2008	64.6	25.1	—	39.4
2009	32.1	32.1	—	—
2010	219.7	219.7	—	—
2011	269.7	269.7	—	—

表 15-115 知识产权专利的申请及授予

年 份	2000	2005	2006	2007	2008	2009	2010	2011
提交专利申请:								
发明	28688	32254	37691	39439	41849	38564	42500	41414
其中俄罗斯申请者	23377	23644	27884	27505	27712	25598	28722	26495
实用新型	4631	9473	9699	10075	10995	11153	12262	13241
其中俄罗斯申请者	4549	9082	9265	9588	10483	10728	11757	12584
外观设计	2290	3917	4385	4823	4711	3740	3997	4197
其中俄罗斯申请者	1918	2516	2627	2742	2356	1972	1981	1913
授予专利:								
发明	17592	23390	23299	23028	28808	34824	30322	29999
其中俄罗斯申请者	14444	19447	19138	18431	22260	26294	21627	20339
实用新型	4098	7242	9568	9757	9673	10919	10581	11079
其中俄罗斯申请者	4044	—	9195	9311	9250	10500	10187	10571
外观设计	1626	2469	2675	4020	3657	4766	3566	3489
其中俄罗斯申请者	1228	—	1753	2298	2062	2184	1741	1622
使用中的专利数量:	—	164099	171536	180721	206610	240835	259698	236729
其中:								
发明	—	123089	123882	129910	147067	170264	181904	168558
实用新型	—	28364	33033	35082	41092	48170	54848	46876
外观设计	—	12646	14621	15729	18451	22401	22946	21295

表 15-116 领先技术的数量

	所有技术	其 中					具有专利纯度
		对俄罗斯而言的新技术	全新技术	专 利			
				发明	实用新型	外观设计	
2000 年							
领先技术总数	688	569	72	222	73	18	262
设计与工程	165	136	12	50	13	9	54
生产、加工和装配	281	231	32	107	37	6	126
自动装卸、原材料和零件的运输	20	19	1	4	2	—	5
自动监控设备	76	66	6	36	6	1	33
通信与管理	90	74	9	14	10	—	21
工业信息系统	18	14	4	1	—	—	2
综合管理和控制	38	29	8	10	5	2	21

	所有技术	其中					具有专利纯度
		对俄罗斯而言的新技术	全新技术	专利			
				发明	实用新型	外观设计	
2005 年							
领先技术总数	637	538	60	234	79	25	295
设计与工程	138	125	12	47	17	6	60
生产、加工和装配	291	239	30	114	34	9	149
自动装卸、原材料和零件的运输	9	8	—	2	3	—	2
自动监控设备	91	72	12	51	15	7	47
通信与管理	57	52	4	10	6	2	25
工业信息系统	21	20	1	5	1	1	4
综合管理和控制	30	22	1	5	3	—	8
2007 年							
领先技术总数	780	653	75	250	114	37	401
设计与工程	177	140	17	50	24	15	96
生产、加工和装配	365	314	30	127	49	6	188
自动装卸、原材料和零件的运输	8	8	—	—	2	—	4
自动监控设备	110	91	14	46	24	13	60
通信与管理	67	52	12	14	9	3	36
工业信息系统	14	13	1	2	2	—	3
综合管理和控制	39	35	1	11	4	—	14
2008 年							
领先技术总数	787	687	45	268	111	28	479
设计与工程	173	150	7	53	24	3	105
生产、加工和装配	369	316	24	136	52	14	239
自动装卸、原材料和零件的运输	14	12	1	8	3	—	7
自动监控设备	99	87	8	44	20	4	65
通信与管理	68	65	1	13	2	4	43
工业信息系统	23	20	1	3	4	2	5
综合管理和控制	41	37	3	11	6	1	15

续表

	所有技术	其 中					具有专利纯度
		对俄罗斯而言的新技术	全新技术	专 利			
				发明	实用新型	外观设计	
2009 年							
领先技术总数	789	684	105	—	—	—	440
设计与工程	196	169	27	—	—	—	103
生产、加工和装配	328	283	45	—	—	—	200
自动装卸、原材料和零件的运输	21	17	4	—	—	—	13
自动监控设备	102	92	10	—	—	—	55
通信与管理	67	61	6	—	—	—	29
工业信息系统	26	22	4	—	—	—	11
综合管理和控制	49	40	9	—	—	—	29
2010 年							
领先技术总数	864	762	102	—	—	—	526
设计与工程	216	191	25	—	—	—	122
生产、加工和装配	383	336	47	—	—	—	233
自动装卸、原材料和零件的运输	18	16	2	—	—	—	11
自动监控设备	116	98	18	—	—	—	84
通信与管理	70	67	3	—	—	—	38
工业信息系统	20	17	3	—	—	—	10
综合管理和控制	41	37	4	—	—	—	28
2011 年							
领先技术总数	1138	1028	110	—	—	—	670
设计与工程	316	272	44	—	—	—	183
生产、加工和装配	405	371	34	—	—	—	262
自动装卸、原材料和零件的运输	24	23	1	—	—	—	16
自动监控设备	128	117	11	—	—	—	88
通信与管理	154	147	7	—	—	—	67
工业信息系统	51	41	10	—	—	—	18
综合管理和控制	60	57	3	—	—	—	36

表15-117　2011年技术进出口类型明细

单位：百万美元

	出口			进口		
	协议数量	标的价值	每年收到资金	协议数量	标的价值	每年支付资金
其中：						
发明专利	6	0.0	0.1	7	15.8	3.5
发明专利授权	58	39.5	20.3	90	321.7	71.8
实用新型	8	5.4	0.7	4	3.1	2.3
专门技术	17	32.8	4.9	43	144.7	92.2
商标	20	1.6	1.3	136	443.4	406.7
外观设计	1	53.3	2.3	2	0.1	0.0
工程服务	646	3186.1	382.2	1044	2423.0	692.5
科学研究	600	270.7	111.5	149	172.1	72.7
其他	314	126.9	61.5	504	1185.5	521.0
总数	1670	3716.3	584.7	1979	4709.3	1862.6

表15-118　2011年各类机构技术进出口明细

单位：百万美元

	出口			进口		
	协议数量	标的价值	每年收到资金	协议数量	标的价值	每年支付资金
其中：						
国家机构	467	795.9	154.9	78	79.8	38.2
企业	1168	2863.8	426.0	1893	4629.2	1824.1
高校	30	3.1	1.4	7	0.3	0.3
非商业机构	5	53.5	2.4	1	0.0	0.0
总数	1670	3716.3	584.7	1979	4709.3	1862.6

表 15 – 119　2011 年各种形式所有制技术进出口明细

单位：百万美元

	出口			进口		
	协议数量	标的价值	每年收到资金	协议数量	标的价值	每年支付资金
总数	1670	3716.3	584.7	1979	4709.3	1862.6
俄罗斯所有	1383	3434.8	435.4	962	2208.5	539.1
其中：						
国有	631	882.0	193.1	110	80.2	51.9
其中：						
联邦所有	612	878.3	190.1	92	64.7	47.5
联邦主体所有	19	3.7	3.0	18	15.6	4.3
私有	617	2435.5	206.6	709	1782.7	402.6
混合所有	135	117.3	35.8	141	313.0	84.4
外资	97	136.7	97.5	578	1290.0	858.4
合资	190	144.8	51.7	439	1210.7	465.0

表 15 – 120　创新的主要指标

年份	2000	2005	2006	2007	2008	2009	2010	2011
工业								
进行技术创新的企业占总企业数的比例（%）	10.6	9.3	9.4	9.4	9.6	9.4	9.3	9.6
创新产品占所有商品销售总额的比例（%）	4.4	5.0	5.5	5.5	5.1	4.6	4.9	6.1
技术创新支出（百万卢布）								
按现价计算	49428.0	125678.2	188492.2	207499.2	276262.3	358861.1	349763.3	469442.2
按 2000 年价格计算	49428.0	57138.4	74389.0	71959.7	81191.9	103500.7	90553.7	104664.7
技术创新支出占商品销售总额的比例（%）	1.4	1.2	1.4	1.2	1.4	1.9	1.5	1.5
进行组织创新的企业占总企业数的比例（%）	—	—	3.2	3.5	3.5	3.7	3.4	3.5

续表

年　份	2000	2005	2006	2007	2008	2009	2010	2011
工　业								
进行营销创新的企业占总企业数的比例（%）	—	—	2.3	2.5	2.6	2.4	2.5	2.5
通信业								
进行技术创新的企业占总企业数的比例（%）	13.1	15.8	13.7	12.9	12.0	11.2	11.9	11.1
创新产品占所有商品销售总额的比例（%）	17.3	8.1	7.6	2.9	3.2	2.4	3.6	3.6
技术创新支出（百万卢布）								
按现价计算	11359.3	16397.2	16935.8	21707.4	20847.7	26373.5	33710.4	130211.3
按2000年价格计算	11359.3	7454.8	6683.7	7528.0	6127.0	7606.5	8727.6	29031.3
技术创新支出占商品销售总额的比例（%）	11.0	3.5	2.7	2.6	2.0	2.4	2.8	9.5
进行组织创新的企业占总企业数的比例（%）	—	—	5.9	5.9	5.7	5.7	6.1	4.6
进行营销创新的企业占总企业数的比例（%）	—	—	5.6	5.7	6.2	6.4	6.5	5.5

表15-121　工业企业的创新积极性

单位：%

	进行技术创新的企业占受访企业的比例				进行工艺创新的企业占受访企业的比例				进行产品创新的企业占受访企业的比例			
	2008年	2009年	2010年	2011年	2008年	2009年	2010年	2011年	2008年	2009年	2010年	2011年
工业	9.6	9.4	9.3	9.6	5.3	5.1	5.4	5.5	6.1	6.0	5.8	5.9
采掘工业：	5.1	5.8	6.6	6.8	4.0	4.6	5.4	5.1	1.7	1.7	1.5	2.3
能源类矿产开采	5.6	7.0	8.0	9.0	4.5	5.8	5.9	7.1	1.8	1.6	1.5	2.8
非能源类矿产开采	4.5	4.2	4.8	3.9	3.3	2.9	3.5	2.5	1.5	1.7	1.5	1.7

续表

	进行技术创新的企业占受访企业的比例				进行工艺创新的企业占受访企业的比例				进行产品创新的企业占受访企业的比例			
	2008年	2009年	2010年	2011年	2008年	2009年	2010年	2011年	2008年	2009年	2010年	2011年
加工工业：	11.5	11.5	11.3	11.6	5.9	5.7	5.9	6.1	8.3	8.2	8.0	8.0
食品工业（包含饮料和香烟）	9.9	9.5	9.5	9.6	4.6	4.1	4.6	4.9	6.7	6.8	6.6	6.1
纺织和缝纫业	5.7	6.9	7.5	7.2	2.8	3.5	4.2	4.0	4.0	4.4	4.2	3.9
皮革及皮革制品生产、制鞋业	4.9	5.5	8.1	5.8	2.1	1.6	4.4	2.9	2.8	3.9	5.2	4.3
木材加工和木制品制造业	4.6	3.5	4.1	3.8	3.1	2.3	3.1	3.0	2.2	1.6	1.8	1.7
造纸和印刷业	3.0	2.6	3.0	2.8	2.2	2.1	2.3	1.9	1.0	0.7	1.1	1.2
焦炭和石油制品生产业	31.9	32.7	30.2	31.7	22.3	21.4	19.8	19.2	23.4	24.5	19.8	22.1
化学工业	22.6	23.6	23.3	21.4	11.3	13.0	12.4	11.7	17.1	17.2	17.5	15.2
橡胶和塑料制品制造业	10.8	11.5	9.6	10.3	4.2	4.3	4.4	5.1	8.2	8.8	7.1	7.2
其他非金属矿产制造业	8.2	7.1	7.2	8.4	5.0	4.3	5.0	5.4	4.4	3.7	3.5	4.4
冶金业和金属制品制造业	13.8	12.9	13.2	13.3	8.6	7.6	8.2	8.2	8.1	8.4	8.2	7.4
机器制造业	16.9	14.9	14.8	15.3	6.8	6.1	6.3	6.6	13.1	11.8	11.6	11.3
电气设备和光电设备制造业	23.9	25.7	24.3	24.9	11.5	11.6	11.2	11.2	21.6	21.2	20.1	20.9
交通工具及设备制造业	24.2	19.2	19.0	19.7	11.6	10.0	9.0	9.9	16.4	14.3	14.9	14.6
其他加工工业	13.7	15.7	14.1	15.0	7.7	6.8	6.8	7.5	11.2	12.0	10.6	11.3
电力、天然气和水的生产和供应	4.2	4.3	4.3	4.7	3.6	3.6	3.8	3.9	0.8	0.8	0.6	0.9

表15-122 工业企业技术创新支出的资金来源

单位：百万卢布，%

	技术创新支出						技术创新支出资金来源					
	2003年	2005年	2007年	2008年	2009年	2010年	2011年	2003年	2005年	2007年	2008年	2009年	2010年	2011年
总数	105444.7	125678.2	207499.2	276262.3	358861.1	349763.3	469442.2	100	100	100	100	100	100	100
其中：														
自有资金	93135.4	98920.0	165216.1	199830.2	265611.3	241703.9	326642.0	88.3	78.7	79.6	72.3	74.0	69.1	69.6
联邦预算资金	2251.9	5489.0	7888.5	7717.0	11860.5	16386.5	22146.2	2.1	4.4	3.8	2.8	3.3	4.7	4.7
联邦主体及地方预算	580.8	887.6	744.9	789.2	378.3	1004.8	1167.7	0.6	0.7	0.4	0.3	0.1	0.3	0.2
非预算基金	169.6	137.8	212.9	372.0	22.1	34.2	349.0	0.2	0.1	0.1	0.1	0.01	0.01	0.1
外国投资	1932.3	1908.1	628.2	221.3	12543.0	9446.1	5042.8	1.8	1.5	0.3	0.1	3.5	2.7	1.1
其他资金	7374.7	18335.7	32808.6	67332.6	68445.9	81187.7	114094.5	7.0	14.6	15.8	24.4	19.1	23.2	24.3

第三编 主要经济指标汇编 | 513

表 15-123 工业企业创新产品及服务的产值及在总销售收入中的占比

单位：百万卢布，%

	2005 年		2007 年		2008 年		2009 年		2010 年		2011 年	
	产值	%	产值	%	产值	%	产值	%	产值	%	产值	%
工业	545540.0	5.0	916131.6	5.5	1046960.0	5.1	877684.8	4.6	1165747.6	4.9	1847370.4	6.1
采掘工业:	81199.0	2.7	110950.2	3.0	133553.9	3.0	122998.3	2.7	151581.1	2.7	516779.7	6.7
能源类矿产开采	75521.7	2.9	103476.6	3.2	109627.6	2.8	111636.8	2.8	143117.4	3.0	506198.0	7.5
非能源类矿产开采	5677.3	1.6	7473.6	1.6	23926.2	4.2	11361.5	2.2	8463.7	1.2	10581.7	1.1
加工工业:	462739.3	7.0	796855.2	7.1	897801.7	6.6	713042.6	6.1	990624.4	6.7	1309228.6	6.8
食品工业（包含饮料和香烟）	50307.4	4.5	86872.0	5.3	97480.8	4.6	101767.1	4.8	117788.3	4.9	116193.1	4.1
纺织和缝纫业	1481.8	2.0	2249.4	2.5	2697.1	1.6	4229.2	4.7	3787.9	3.3	2996.1	2.3
皮革及皮革制品生产，制鞋业	486.5	2.8	610.0	2.9	446.9	1.9	1615.9	6.1	686.4	2.3	531.5	1.4
木材加工和木制品制造业	2525.9	2.5	3861.0	2.2	10610.5	6.6	2610.3	2.1	2670.0	1.7	2546.8	1.3
造纸和印刷业	3217.0	1.4	10131.4	2.9	7081.5	2.0	9778.5	2.7	19812.1	4.4	31252.3	5.9
焦炭和石油制品生产业	39737.9	7.0	59216.1	3.4	97014.0	4.4	40472.7	1.6	112621.7	3.9	93082.1	2.3
化学工业	33694.8	7.1	85898.8	12.0	122895.1	11.9	99605.8	11.4	126182.3	11.5	156757.3	10.2
橡胶和塑料制品制造业	12546.8	10.5	22084.4	9.1	17723.0	5.5	16404.9	6.8	20050.7	6.5	31746.0	7.8
其他非金属矿产制造业	10496.2	3.4	23552.9	3.4	18655.7	2.4	17067.6	3.0	16781.4	2.6	21659.1	2.6
冶金业和金属制品制造业	67491.3	3.8	130453.2	5.0	137627.9	4.6	116051.9	5.5	146468.7	4.8	232940.9	6.2
机器制造业	22578.8	6.2	37001.1	6.1	57278.6	7.5	55135.8	8.3	47272.7	6.5	58384.1	5.9
电气设备和光电设备制造业	33317.9	8.9	60102.9	10.2	57449.2	8.8	57526.4	9.9	74892.5	10.0	87661.4	9.1
交通工具及设备制造业	152684.9	20.1	216311.5	18.4	239616.7	17.9	159928.7	16.2	256918.0	17.1	398495.0	18.9
其他加工工业	32172.1	9.7	58510.4	11.3	31224.8	5.1	30847.9	5.8	44691.8	7.2	74983.0	9.5
电力，天然气和水的生产和供应	1601.7	0.1	8326.2	0.4	15604.5	0.6	41643.8	1.5	23542.1	0.7	21362.1	0.6

(十) 财政和金融

表 15-124　2005~2011 年俄罗斯联邦综合预算

单位：亿卢布

年份	2005	2006	2007	2008	2009	2010	2011
总收入	85796	106258	133683	160039	135997	160319	208554
其中：							
企业利润税	13329	16706	21720	25132	12646	17746	22705
自然人收入税	7071	9304	12666	16663	16658	17905	19958
社会税费	11781	14413	19808	21132	23005	—	—
其中：统一社会税	4365	6142	7825	8119	9760	—	—
强制性社会保险的保险供款	—	—	—	—	—	24771	35283
增值税：							
俄境内销售的商品的增值税	10258	9244	13906	9987	11769	13291	17536
进口到俄境内商品的增值税	4465	5867	8711	11338	8734	11695	14972
消费税：							
俄境内生产的商品	2361	2533	2882	3147	3274	4414	6039
进口到俄境内的商品	176	173	262	353	198	301	466
总收入税	775	1100	1419	1851	1755	2077	2343
房产税	2531	3109	4112	4934	5697	6282	6780
自然资源使用的税费和定期付款	9286	11873	12351	17426	10809	14408	20850
已取消的税费和强制性付款的应收账款	539	288	229	62	52	561	57
其中：统一社会税	—	—	—	—	—	457	-3
外贸收入	16809	23063	24083	35849	26833	32277	46647
使用国家和市政财产的收入	2558	3525	5266	4395	6539	6797	6743
自然资源使用费	730	944	824	1369	852	776	1118

续表

年份	2005	2006	2007	2008	2009	2010	2011
无偿收入	221	216	182	743	1324	1141	1532
经营及其他创收活动收入	591	795	980	802	642	461	489
总支出	68206	83752	113786	139918	160483	176167	199946
其中：							
国家一般性支出	7543	8274	11713	12910	13138	14406	13570
其中：国家和市政债务管理支出	2392	2026	1751	1882	2363	2607	3289
国防支出	5818	6834	8340	10436	11912	12797	15172
维护国家安全和执法支出	5852	7141	8643	10921	12459	13394	15186
国民经济支出	7642	9489	15580	22586	27821	23233	27934
其中：							
燃料动力综合体	105	181	335	401	747	485	554
农业							
渔业	786	1108	1464	2383	2791	2623	2687
交通运输业	2505	4121	5804	2900	3727	4617	4991
道路	—	—	—	6404	6019	6450	7142
信息及通信	138	203	368	529	491	692	772
国民经济应用研究	395	472	629	755	1136	1229	1806
国民经济其他支出	3192	2676	5895	7881	11194	5352	8140
住房公用事业支出	4714	6317	11023	11532	10061	10714	11950
社会文化活动支出	36420	45464	58223	71221	84796	101338	112459
其中：							
教育	8018	10364	13430	16581	17835	18939	22318
卫生和体育	7971	9622	13815	15463	16530	17088	19331
盈余/赤字	17590	22506	19897	20121	-24486	-15847	8607

表 15-125　2011 年俄罗斯联邦预算支出使用情况

单位：亿卢布，%

	预算汇编清单	实际使用	占原定预算的比例	占 GDP 的比例
总数	11126.0	10925.6	98.2	20.0
其中：				
国家一般性支出	815.1	777.8	95.4	1.4
其中：国家和市政债务管理支出	266.6	262.7	98.5	0.5
国防支出	1524.4	1516.0	99.4	2.8
维护国家安全和执法支出	1258.2	1259.8	100.1	2.3
国民经济支出	1861.7	1790.2	96.2	3.3
其中：				
燃料动力综合体	41.7	41.0	98.3	0.1
农业和渔业	142.3	141.4	99.4	0.3
交通运输业	315.9	291.0	92.1	0.5
道路	376.7	349.5	92.8	0.6
信息及通信	44.1	42.6	96.6	0.1
国民经济应用研究	185.8	178.7	96.2	0.3
国民经济其他支出	566.2	559.5	98.8	1.0
社会文化支出	4448.0	4370.6	98.3	8.0
政府间转移支付	651.4	651.3	100.0	1.2

表 15-126　1995~2001 年俄罗斯联邦预算赤字情况（1998 年以前单位：万亿卢布）

单位：亿卢布

年　份	1995	1996	1997	1998	1999[1)]	2000	2001
资金总额	431	743	931	1463	514	-1029	-2721
其中：							
国内融资	197	410	397	612	169	-29	-119
其中：							
俄罗斯银行贷款	-12	-2	-6	—	—	—	—
银行卢布账户中的预算资金余额的变化	-28	47	-29	-14	-359	-415	19
短期国债	247	381	364	-1978	-119	-40	151
联邦债券	—	—	-1	2660	528	106	-260
国库券	-8	-72	—	—	—	—	—

续表

年份	1995	1996	1997	1998	1999[1]	2000	2001
国家储蓄贷款债券	20	63	51	15	-92	-18	-30
出售国家和市政财产所得	—	—	—	—	-45	272	98
国家储备	—	—	—	—	155	399	6
其他资金来源	-22	-7	18	-71	101	-333	-103
国外融资	234	333	534	851	345	-1000	-2602
其中：							
国际金融机构贷款	295	225	249	130	-548	-743	-295
外国政府贷款，外国商业银行及企业贷款	-61	108	285	784	1067	337	-1709
银行外币账户中预算资金余额的变化	—	—	—	-63	-174	-515	-359

表 15-127　2002~2004 年俄罗斯联邦预算赤字情况

单位：亿卢布

年份	2002	2003	2004
资金总额	-1505	-2276	-7300
国内融资	598	634	-5127
短期国债	-4	-149	-26
联邦可变利息债券	—	—	-241
联邦不变利息债券	429	-2827	-72
国家非市场债券	-92	—	-115
联邦固定利息债券	575	-80	-253
联邦折旧债券	—	3316	1668
出售国家和市政财产所得	85	941	692
国家储备	146	-81	260
预算资金余额的变化	-690	-224	-6714
其他资金来源	149	-262	-326
国外融资	-2103	-2910	-2173
国际金融机构贷款	-565	-710	-617
外国政府贷款	-1340	-1150	-1021
外国商业银行及企业贷款	-2	-515	-533

表15-128　2005~2007年俄罗斯联邦预算赤字情况

单位：亿卢布

年份	2005	2006	2007
资金总额	-16129	-19941	-17946
国内融资	-7074	-12436	-16141
以卢布股票形式存在的长期国债	981	1776	2235
政府证券及其他资金形式	350	176	193
国家储备	96	16	129
预算资金余额的变化	-8157	-13982	-17611
国外融资	-9055	-7505	-1805
以外币股票形式存在的长期国债	-1080	-412	-953
以外币形式存在的国家贷款合同	-6393	-6814	-852
其他资金来源	-1582	-279	—

表15-129　2008~2011年俄罗斯联邦预算赤字情况

单位：亿卢布

年份	2008	2009	2010	2011
资金总额	-17051	23223	18120	-442.0
国内融资	-15700	24509	16924	-336.9
以卢布形式存在的政府证券	1716	4159	6215	1079.7
其他资金来源	2497	-35	-6140	223.2
政府证券及其他资金形式	67	20	149	126.2
国家储备	-21	56	105	4.3
汇兑差额	7226	3507	-1324	142.3
以卢布形式存在的国内预算贷款	-159	-1360	-1693	-83.7
其他资金来源	-4725	-2413	-3491	25.4
预算资金余额的变化	-19913	20385	16849	-1639.7
国外融资	-1350	-1286	1197	-105.2
以外币形式存在的政府证券	-801	-480	1216	-66.7
外国政府贷款、国际金融机构贷款、其他国际金融法主体贷款、以外币形式存在的外国法人贷款	-345	-525	-419	-30.9
其他资金来源	-204	-282	401	-7.5

表15-130 俄罗斯联邦稳定基金

单位：亿卢布，%

年　份	稳定基金	占GDP的比例
2004	1060	0.8
2005	5223	3.1
2006	12370	5.7
2007	23469	8.7
2008	38491	11.6

表15-131 俄罗斯联邦储备基金及国家福利基金

单位：亿卢布，%

年　份	2008	2009	2010	2011	2012
储备基金	30579	40276	18305	7752	811.5
占GDP的比例	9.2	9.8	4.7	1.7	1.5
国家福利基金	7833	25845	27690	26955	2794.4
占GDP的比例	2.4	6.3	7.1	6.0	5.1

表15-132 俄罗斯外债结构

单位：亿美元

年　份	2001	2006	2007	2008	2009	2010	2011	2012
外债（包括苏联时期）	1393	765	520	449	405	376	400	358
巴黎俱乐部	461	252	31	18	14	10	8	5
非巴黎俱乐部国家	175	57	52	37	33	31	28	24
企业债	60	11	8	7	12	8	1	1
国际金融机构	162	57	55	50	45	38	31	25
债券	364	315	319	286	277	262	305	292
外币债券	108	71	49	45	18	18	18	0
对外经贸银行贷款	64	—	—	—	—	—	—	—
外币国家担保	—	3	6	6	6	9	9	10

表15-133 货币供应量

年　份	1994	1996	2001	2006	2007	2008	2009	2010	2011	2012
M2（亿卢布）	33.2	220.8	11506	60321	89707	128690	129759	152677	200119	244831
M0（亿卢布）	13.3	80.8	4189	20092	27852	37022	37948	40381	50627	59386
M0占M2的比例（%）	40.0	36.6	36.4	33.3	31.0	28.8	29.2	26.4	25.3	243

表 15-134　企业、自然人和信贷机构的贷款

年份	贷款	贷款总额	其中		
			企业贷款	信贷机构贷款	自然人贷款
2001	总额	956293	763346	104714	44749
	卢布贷款	588340	507383	44757	34555
	外币贷款	367953	255963	59957	10194
2006	总额	6211992	4484376	667974	1055822
	卢布贷款	4244088	3110082	250922	883084
	外币贷款	1967904	1374294	417052	172738
2007	总额	9218221	6298067	1035601	1882704
	卢布贷款	6537765	4601204	357928	1578632
	外币贷款	2680456	1696863	677673	304072
2008	总额	13923789	9532561	1418099	2971125
	卢布贷款	10182858	7101808	514313	2566736
	外币贷款	3740931	2430753	903786	404389
2009	总额	19362452	12843519	2501238	4017212
	卢布贷款	13454543	9165304	752027	3537211
	外币贷款	5907909	3678215	1749211	480001
2010	总额	19179636	12879199	2725931	3573752
	卢布贷款	13326589	9386042	770646	3169902
	外币贷款	5853047	3493157	1955286	403850
2011	总额	21537339	14529858	2921119	4084821
	卢布贷款	15600900	10773870	1101786	3725244
	外币贷款	5936439	3755988	1819333	359577
2012	总额	27911610	18400917	3957996	5550884
	卢布贷款	20731370	13878544	1625506	5227319
	外币贷款	7180240	4522373	2332490	323565

表 15-135 信贷机构的数量

单位：家

年份	2001	2006	2007	2008	2009	2010	2011	2012
俄境内注册的信贷机构数量	2124	1409	1345	1296	1228	1178	1146	1112
其中：有权进行银行业务的信贷机构数量	1311	1253	1189	1136	1108	1058	1012	978
有外资参与的并有权进行银行业务的信贷机构数量	130	136	153	202	221	226	220	230
外国独资	22	41	52	63	76	82	80	77
有 50%~100% 外资参与	11	11	13	23	26	26	31	36
俄境内信贷机构分支机构数量	3793	3295	3281	3455	3470	3183	2926	2807
俄罗斯储蓄银行	1529	1009	859	809	775	645	574	524
外国独资银行	7	29	90	169	242	241	203	155
境外信贷机构的分支机构数量	3	3	2	3	5	5	6	6
信贷机构注册资金（十亿卢布）	207.4	444.4	566.5	731.7	881.4	1244.4	1186.2	1214.3
有许可证的信贷机构								
可以吸纳居民存款许可的信贷机构	1239	1045	921	906	886	849	819	797
可以进行外币交易的信贷机构	764	827	803	754	736	701	677	661
具有信贷机构总部许可证的信贷机构	244	301	287	300	298	291	283	273
可以从事贵重金属交易的信贷机构	163	184	192	199	203	203	208	207

表 15-136 信贷机构存款

年份	存款	吸引资金总额	其中			
			企业存款	自然人存款	信贷机构存款	个体户资金
2001	总额	695811	212030	453204	30579	—
	卢布存款	358430	51317	304659	2455	—
	外币存款	337381	160713	148545	28124	—
2006	总额	5152274	1271137	2761194	1086449	33494
	卢布存款	3001929	636241	2088657	244325	32706
	外币存款	2150344	634896	672537	842123	788
2007	总额	7738429	2146735	3809714	1730549	51431
	卢布存款	4893573	1165351	3179789	497549	50884
	外币存款	2844857	981385	629925	1233000	547

续表

年份	存款	吸引资金总额	其中			
			企业存款	自然人存款	信贷机构存款	个体户资金
2008	卢布存款	7659754	2095557	4492868	989532	81797
	外币存款	3909270	1424453	666332	1817875	610
	总额	11569024	3520009	5159200	2807407	82407
2009	卢布存款	8250063	2606703	4332678	1233554	77128
	外币存款	6323313	2338731	1574312	2406030	4241
	总额	14573376	4945434	5906990	3639584	81369
2010	卢布存款	10219096	3198590	5511093	1420474	88939
	外币存款	5940349	2267990	1973876	1696829	1654
	总额	16159446	5466580	7484970	3117303	90593
2011	卢布存款	13411488	3541232	7918536	1832124	119596
	外币存款	6318311	2494371	1899512	1922808	1620
	总额	19729799	6035603	9818048	3754932	121216
2012	卢布存款	17531987	5488017	9702267	144007	2197699
	外币存款	7412949	2879380	2169096	2019	2362454
	总额	24944937	8367397	11871363	146023	4560154

表15－137　主要外币兑卢布的官方汇率变化

时间	美元		欧元	
	汇率	与上年同期相比（%）	汇率	与上年同期相比（%）
1995年	4640.00	130.7		
2000年	28.16	104.3	26.14	96.0
2005年	28.78	103.7	34.19	90.4
2006年	26.33	91.5	34.70	101.5
2007年	24.55	93.2	35.93	103.6
2008年	29.38	119.7	41.44	115.3
2009年	30.24	102.9	43.39	104.7
2010年	30.48	100.8	40.33	93.0
2011年 1月	29.67	97.3	40.65	100.8

续表

时间	美元		欧元	
	汇率	与上年同期相比（%）	汇率	与上年同期相比（%）
2月	28.94	97.5	40.01	98.4
3月	28.43	98.2	40.02	100.0
4月	27.50	96.7	40.81	102.0
5月	28.07	102.1	40.06	98.2
6月	28.08	100.0	40.39	100.8
7月	27.68	98.6	39.52	97.8
8月	28.86	104.3	41.84	105.9
9月	31.88	110.5	43.40	103.7
10月	29.90	93.8	42.38	97.7

表15-138 政府证券市场主要指标

指标	2000年	2005年	2006年	2007年	2008年	2009年	2010年	2011年
政府证券发行额（亿卢布）	195	1600	1860	2620	2770	3810	7600	9400
政府证券发行及配发票面金额（亿卢布）	205	1691	1860	2452	1853	4192	7156	7561
政府证券重组金额（亿卢布）	10	0.3	—	—	—	—	—	—
流通中的政府证券的金额（亿卢布）	1851	7216	8756	10474	11440	14697	20542	28033
按票面价格计算的政府证券市场的流转额（亿卢布）	2104	2817	3192	4674	3097	3084	4748	7646
年利率（%）	23.55	6.78	6.57	6.53	9.11	8.64	7.43	8.07
期限（天）	505.7	1892.63	1993.84	2104.30	1963.50	1577.16	1337.14	1391
证券发行收益（亿卢布）	203	1716	1922	2533	1833	4269	7285	7608
票息支付金额（亿卢布）	933	1181	1137	1385	1615	1744	2443	4711
纳入预算（亿卢币）	-730	535	785	1148	219	2525	4842	2897

表 15-139 保险机构的主要指标

指　标	2000年	2005年	2006年	2007年	2008年	2009年	2010年	2011年
保险机构数量（家）	1166	983	921	849	777	693	600	514
保险机构分支结构数量（家）	4507	5038	5171	5341	5443	5213	4567	4332
法定资本（百万卢布）	16041.6	142042.1	149411.2	156556.0	158722.0	150687.1	185145.3	177860.3
全职保险代理人平均数（人）	50452	67218	40766	37056	20346	28736	29355	35099
兼职保险代理人平均数（人）	9346	8460	21895	2378	2385	2012	893	1126
签订民法合同的保险代理人平均数（人）	42810	128691	177254	188465	191777	194457	176413	162561
签订保险合同数量（百万份）	90.9	138.1	133.4	147.2	157.8	120.0	128.1	133.2
其中自愿保险合同数量（百万份）	88.8	103.3	97.0	106.3	114.8	83.2	90.1	92.6
签订保险合同的总金额（亿卢布）	148824	1079454	1340301	1598483	1962581	2167392	3328021	370384.2
其中自愿保险合同总金额（亿卢布）	128342	933152	1112670	1426251	1786191	1993912	3113586	351158.3
保费（百万卢布）	170074.1	506151.1	614001.9	775083.0	954754.4	979099.3	1036677.0	1269762.8
其中自愿保险保费（百万卢布）	138650.5	303741.1	340692.2	404288.5	468764.4	420018.3	451035.0	545112.2
其中自然人签订保险合同保费（百万卢布）	83432.1	99022.4	118365.1	163546.3	203500.2	177121.3	187743.4	231590.7
保险合同付款（百万卢布）	138566.0	308484.4	356934.3	486597.2	633233.6	739908.1	774830.6	902205.7
其中自愿保险的付款（百万卢布）	109590.9	142877.9	128593.2	161914.0	200512.4	232853.5	235017.8	242452.5
其中由自然人签订的付款（百万卢布）	91364.0	76258.2	65143.0	75803.1	100409.9	124742.1	114617.0	114168.8
损益（百万卢布）	2089.3	28800.4	30550.8	26330.2	11748.0	-1074.7	38121.1	42233.9
应收账款（百万卢布）	—	107985.1	118432.9	144571.8	183219.2	184033.7	201893.8	178254.4
应付账款（百万卢布）	—	71530.9	75533.7	103392.1	112607.9	105692.1	101453.3	96929.8

表 15-140　2011年经济各部门企业负债（年末数据）

单位：百万卢布

	总负债额	其中：逾期负债	其中				应收账款	逾期应收账款
			应付账款	逾期应付账款	应付银行贷款及借贷	逾期应付银行贷款及借贷		
总额	44018275	1381947	20954272	1208299	23064003	173648	21796875	1167488
农业、狩猎业和林业	1350241	39141	334758	24677	1015483	14464	339719	13323
渔业、养鱼业	57069	1481	24638	1442	32431	39	28706	335
矿产资源开采业	3951908	162361	1730735	140716	2221173	21645	1805449	185490
加工业	12602263	419569	5405829	336529	7196434	83040	5338493	264558
电力、天然气和水的生产和供应	2708442	214538	1489368	205461	1219074	9077	1747392	255195
建筑业	3279841	96896	2482489	86776	797352	10120	1792809	57050
批发与零售业、摩托车、汽车及日用品维修	8677127	311333	4605646	299898	4071481	11435	6334637	222122
餐馆和旅店业	142928	867	57724	782	85204	85	45935	695
运输和通信业	4868610	64124	1534090	51101	3334520	13023	1601643	94715
其中通信业	1281006	5218	276509	4808	1004497	410	298451	7975
金融业	1081909	457	330011	16	751898	441	499843	2003
房地产业	5048839	63359	2815503	55189	2233336	8170	2129936	66653
国家机关、保证战争安全、必要社会保障	5705	1447	4450	387	1255	1060	4628	372
教育	18530	166	16314	155	2216	11	8932	117
卫生、社会服务业	59576	539	28038	428	31538	111	16083	150
其他公共、社会和个人服务业	165287	5669	94679	4742	70608	927	102670	4710

表15-141 2011年经济各部门企业负债结构

单位：%

	总负债	其中		逾期负债	其中	
		应付账款	应付银行贷款及借贷		应付账款	应付银行贷款及借贷
总额	100	47.6	52.4	100	87.4	12.6
农业、狩猎业和林业	100	24.8	75.2	100	63.0	37.0
渔业、养鱼业	100	43.2	56.8	100	97.4	2.6
矿产资源开采业	100	43.8	56.2	100	86.7	13.3
加工业	100	42.9	57.1	100	80.2	19.8
电力、天然气和水的生产和供应	100	55.0	45.0	100	95.8	4.2
建筑业	100	75.7	24.3	100	89.6	10.4
批发与零售业、摩托车、汽车及日用品维修	100	53.1	46.9	100	96.3	3.7
餐馆和旅店业	100	40.4	59.6	100	90.2	9.8
运输和通信业	100	31.5	68.5	100	79.7	20.3
其中通信业	100	21.6	78.4	100	92.1	7.9
金融业	100	30.5	69.5	100	3.5	96.5
房地产业	100	55.8	44.2	100	87.1	12.9
国家机关、保证战争安全、必要社会保障	100	78.0	22.0	100	26.7	73.3
教育	100	88.0	12.0	100	93.5	6.5
卫生、社会服务业	100	47.1	52.9	100	79.3	20.7
其他公共、社会和个人服务业	100	57.3	42.7	100	83.6	16.4

四 投资

表 15-142 非金融资产投资结构

单位：%

年 份	非金融资产投资	其 中			
		固定资产投资	无形资产投资	其他非金融资产投资	科研、设计、技术投入
1995	100	98.8	1.1	0.1	—
1996	100	98.6	1.3	0.1	—
1997	100	98.5	1.4	0.1	—
1998	100	97.8	1.8	0.4	—
2000	100	98.4	1.5	0.1	—
2005	100	98.2	0.8	0.7	0.3
2006	100	98.7	0.6	0.4	0.3
2007	100	98.8	0.5	0.4	0.3
2008	100	98.7	0.5	0.5	0.3
2009	100	98.8	0.4	0.5	0.3
2010	100	98.7	0.4	0.5	0.4
2011	100	98.4	0.5	0.7	0.4

表 15-143 固定资产投资

年 份	固定资产投资额（百万卢布，2000年以前单位：亿卢布，按现价计算）	与上年同期相比（%）	年 份	固定资产投资额（百万卢布，2000年以前单位：亿卢布，按现价计算）	与上年同期相比（%）
1918~1928	55		其中1970年	949	112.1
1929~1932	119		1976~1980	7699	104.1
1933~1937	272		其中1980年	1631	102.9
1938~1941（上半年）	280		1986~1990	11689	106.6
1941（下半年）~1945	293		其中1990年	2491	100.1

续表

年份	固定资产投资额（百万卢布，2000年以前单位：亿卢布，按现价计算）	与上年同期相比（%）	年份	固定资产投资额（百万卢布，2000年以前单位：亿卢布，按现价计算）	与上年同期相比（%）
1946~1950	579	117.9	1995	2669740	89.9
其中1950年	158	119.6	2000	1165234	117.4
1951~1955	1152	112.9	2005	3611109	110.9
其中1955年	286	111.7	2006	4730023	116.7
1956~1960	2112	113.3	2007	6716222	122.7
其中1960年	512	107.6	2008	8781616	109.9
1961~1965	2908	104.3	2009	7976013	84.3
其中1965年	658	107.2	2010	9151411	106.0
1966~1970	4071	107.2	2011	10776839	108.3

表15-144 按类型分固定资产投资

	2000年	2005年	2006年	2007年	2008年	2009年	2010年	2011年
亿卢布								
固定资产投资总额	11652	36111	47300	67162	87816	79760	91514	107768
住房	1320	4342	5572	8763	11938	10369	10473	15669
厂房	5022	14602	19353	27984	37422	34822	38963	47519
机器、设备和交通工具	4266	14840	19175	26123	33119	29702	35345	37912
其他	1044	2327	3200	4292	5337	4867	6733	6668
百分比								
固定资产投资	100	100	100	100	100	100	100	100
住房	11.3	12.0	11.8	13.0	13.6	13.0	11.4	14.5
厂房	43.1	40.4	40.9	41.7	42.6	43.7	42.6	44.1
机器、设备和交通工具	36.6	41.1	40.5	38.9	37.7	37.2	38.6	35.2
其他	9.0	6.5	6.8	6.4	6.1	6.1	7.4	6.2

表 15-145 各类所有制形式的固定资产投资

	1993 年	1995 年	2000 年	2005 年	2006 年	2007 年	2008 年	2009 年	2010 年	2011 年
亿卢布（1995 年以前单位：万亿卢布）										
固定资产投资		267.0	11652	36111	47300	67162	87816	79760	91521	107768
内资		259.7	10054	29090	38613	55807	73589	67956	78866	95775
国家所有		83.5	2779	6777	8283	11908	15896	15373	15771	17226
市政所有		16.8	529	1376	1975	2981	3801	2889	2945	3135
私有		35.7	3483	16231	22496	33369	44906	44054	52139	61463
消费合作社		—	08	25	26	34	32	27	30	23
社会及宗教团体所有		0.4	15	25	38	54	78	51	40	29
混合内资		123.3	3240	4656	5795	7461	8876	5562	6830	12118
外资		—	177	2984	3673	4768	6557	5450	5378	5810
合资		7.3	1421	4037	5014	6587	7670	6354	7277	6183
百分比										
固定资产投资	100	100	100	100	100	100	100	100	100	100
内资	97.5	97.3	86.3	80.6	81.6	83.1	83.8	85.2	86.2	88.9
国家所有	50.8	31.3	23.9	18.8	17.5	17.7	18.1	19.3	17.2	16.0
市政所有	12.4	6.3	4.5	3.8	4.2	4.4	4.3	3.6	3.2	2.9
私有	12.1	13.4	29.9	44.9	47.5	49.7	51.1	55.2	57.0	57.0
消费合作社	—	—	0.1	0.1	0.1	0.1	0.04	0.03	0.03	0.02
社会及宗教团体所有	0.1	0.1	0.1	0.1	0.1	0.1	0.1	0.1	0.04	0.03
混合内资	22.1	46.2	27.8	12.9	12.2	11.1	10.1	7.0	7.5	11.2
外资	—	—	1.5	8.2	7.8	7.1	7.5	6.8	5.9	5.4
合资	2.5	2.7	12.2	11.2	10.6	9.8	8.7	8.0	7.9	5.7

表 15-146 固定资产投资的资金来源

	1995 年	2000 年	2005 年	2006 年	2007 年	2008 年	2009 年	2010 年	2011 年
亿卢布（1995 年单位：万亿卢布）									
固定资产投资	267	10537	28932	38090	52172	67055	60408	66250	84066
自有资金	131	5006	12872	16036	21050	26486	22433	27150	35383
其中：									
利润	55.7	2464	5873	7596	10101	12354	9637	11307	15079
折旧	60.4	1906	6055	7296	9200	11613	11014	13590	17138

续表

	1995年	2000年	2005年	2006年	2007年	2008年	2009年	2010年	2011年
亿卢布（1995年单位：万亿卢布）									
吸引资金	136	5531	16060	22054	31122	40569	37975	39100	48683
其中：									
银行贷款	—	306	2356	3642	5440	7919	6215	5958	7113
其中：外国银行贷款	—	62	279	592	869	1981	1952	1500	1469
从其他企业借入资金	—	756	1711	2270	3704	4135	4453	4047	4846
预算拨款	58.2[2)	2321	5892	7692	11190	14047	13241	12949	15926
其中：									
联邦预算	27	629	2022	2674	4313	5379	6918	6619	8224
联邦主体预算	27.5[3)	1512	3561	4464	6111	7595	5528	5428	6709
预算外资金	30.6	503	156	198	273	237	162	210	183
其他	—	1645	5945	8251	10515	14231	13904	15936	20615
百分比									
固定资产投资	100	100	100	100	100	100	100	100	100
自有资金	49.0	47.5	44.5	42.1	40.4	39.5	37.1	41.0	42.1
其中：									
利润	20.9	23.4	20.3	19.9	19.4	18.4	16.0	17.1	17.9
折旧	22.6	18.1	20.9	19.2	17.6	17.3	18.2	20.5	20.4
吸引资金	51.0	52.5	55.5	57.9	59.6	60.5	62.9	59.0	57.9
其中：									
银行贷款	—	2.9	8.1	9.5	10.4	11.8	10.3	9.0	8.5
其中：外国银行贷款	—	0.6	1.0	1.6	1.7	3.0	3.2	2.3	1.7
从其他企业借入资金	—	7.2	5.9	6.0	7.1	6.2	7.4	6.1	5.8
预算拨款	21.8[2)	22.0	20.4	20.2	21.5	20.9	21.9	19.5	18.9
其中：									
联邦预算	10.1	6.0	7.0	7.0	8.3	8.0	11.5	10.0	9.8
联邦主体预算	10.3[3)	14.3	12.3	11.7	11.7	11.3	9.2	8.2	8.0
预算外资金	11.5	4.8	0.5	0.5	0.5	0.4	0.3	0.3	0.2
其他	—	15.6	20.6	21.7	20.1	21.2	23.0	24.1	24.5

表 15-147 经济中各部门固定资产投资（1995年单位：万亿卢布，按现价计算）

单位：亿卢布

年份	1995	2000	2005	2006	2007	2008	2009	2010	2011
固定资产投资总额	267.0	11652	36111	47300	67162	87816	79760	91514	107768
农业、狩猎业和林业	9.8	348	1423	2242	3385	3997	3252	3061	3800
渔业、养鱼业	0.6	22	31	45	48	50	46	47	78
矿产资源开采业	38.0	2114	5019	6907	9298	11737	11118	13847	15731
其中：									
能源类矿产资源开采	34.8	1950	4470	6272	8384	10673	10238	12721	14279
非能源类矿产资源开采	3.2	164	549	635	914	1064	880	1126	1452
加工工业	39.5	1902	5939	7370	9864	13178	11357	12976	13847
其中：									
食品工业（包括饮料和烟草）	7.7	439	1126	1280	1699	1940	1571	1704	1808
纺织和缝纫工业	0.7	19	38	45	73	93	79	106	111
皮革及皮革制品生产、制鞋业	0.1	02	12	22	25	23	16	43	61
木材加工及木制品制造业	1.3	69	205	209	283	481	285	214	520
造纸和印刷业	1.7	92	269	320	403	507	339	400	551
焦炭和石油制品制造业	4.0	216	510	646	878	1210	1710	2458	2373
化学工业	3.7	159	568	784	1072	1356	1059	1129	1625
橡胶和塑料制品制造业	0.9	37	168	194	323	315	275	246	319
非金属矿产制造业	2.7	97	472	518	931	1509	1130	1235	1228
冶金业和金属制品制造业	7.0	359	1372	1744	2056	2901	2418	2477	2291
其中：冶金业	6.6	322	1229	1592	1834	2593	2192	2172	2035
机器制造业	1.8	88	319	466	587	753	552	687	598
电气设备和光电产品制造业	1.8	69	196	229	326	408	335	371	407

续表

年　份	1995	2000	2005	2006	2007	2008	2009	2010	2011
交通工具及设备制造业	4.3	164	341	450	681	978	922	1036	1202
其中：									
汽车、拖车和半挂车制造业	2.8	99	194	228	402	647	546	593	620
船舶、飞机和空间飞行器及其他交通工具制造业	1.5	65	147	222	278	331	376	442	582
水、电、气的生产和调配业	20.3	698	2441	2981	4657	6170	6841	9035	10156
建筑业	12.1	749	1295	1762	2664	3998	2898	3603	3370
批发与零售业、摩托车、汽车及日用品维修	5.2	310	1291	1666	2900	3235	2631	3010	3420
其中：汽车和摩托车贸易及技术维修服务	0.4	23	140	208	383	578	401	425	465
批发贸易	3.4	205	750	793	1508	1347	1206	1418	1461
零售贸易	1.4	82	401	665	1009	1310	1024	1167	1494
餐馆和旅店业	2.1	93	129	193	330	399	387	455	542
运输和通信业	33.7	2466	8848	11167	14885	20236	21184	24408	29876
其中：通信业	3.8	311	1961	2146	2489	2790	2240	2532	3148
金融业	6.7	94	494	533	873	982	1007	1170	1740
房地产、租赁及其他服务	67.5	1774	6075	8042	12284	16182	12241	12140	16349
其中：科研	1.1	58	194	244	287	399	564	686	833
国家机关、保证战争安全、必要社会保障	8.6	175	570	818	1118	1446	1382	1410	1667
教育	4.8	156	688	1006	1446	1706	1406	1734	1976
卫生、社会服务业	6.7	297	948	1274	1699	2069	1807	2109	2143
其他公共、社会和个人服务业	11.4	454	920	1294	1711	2431	2203	2508	3073

表 15-148　经济中各部门固定资产投资结构

单位：%

年　份	1995	2000	2005	2006	2007	2008	2009	2010	2011
固定资产投资总额	100	100	100	100	100	100	100	100	100
农业、狩猎业和林业	3.7	3.0	3.9	4.8	5.0	4.6	4.1	3.3	3.5
渔业、养鱼业	0.2	0.2	0.1	0.1	0.1	0.1	0.1	0.1	0.1
矿产资源开采业	14.2	18.1	13.9	14.6	13.8	13.4	13.9	15.1	14.6
其中：									
能源类矿产资源开采	13.0	16.7	12.4	13.3	12.5	12.2	12.8	13.9	13.3
非能源类矿产资源开采	1.2	1.4	1.5	1.3	1.3	1.2	1.1	1.2	1.3
加工工业	14.8	16.3	16.4	15.6	14.7	14.9	14.2	14.2	12.9
其中：									
食品工业（包括饮料和烟草）	2.9	3.8	3.1	2.7	2.5	2.2	2.0	1.9	1.7
纺织和缝纫工业	0.3	0.2	0.1	0.1	0.1	0.1	0.1	0.1	0.1
皮革及皮革制品生产、制鞋业	0.03	0.02	0.03	0.05	0.04	0.03	0.02	0.04	0.1
木材加工及木制品制造业	0.5	0.6	0.6	0.4	0.4	0.5	0.4	0.2	0.5
造纸和印刷业	0.6	0.8	0.7	0.7	0.6	0.6	0.4	0.4	0.5
焦炭和石油制品制造业	1.5	1.9	1.4	1.4	1.3	1.4	2.1	2.7	2.2
化学工业	1.4	1.4	1.6	1.7	1.6	1.5	1.3	1.2	1.5
橡胶和塑料制品制造业	0.3	0.3	0.5	0.4	0.5	0.4	0.3	0.3	0.3
非金属矿产制造业	1.0	0.8	1.3	1.1	1.4	1.7	1.4	1.3	1.1
冶金业和金属制品制造业	2.6	3.1	3.8	3.7	3.1	3.3	3.0	2.7	2.1
其中：冶金业	2.5	2.8	3.4	3.4	2.7	3.0	2.7	2.4	1.9
机器制造业	0.7	0.8	0.9	1.0	0.9	0.9	0.7	0.8	0.6
电气设备和光电产品制造业	0.7	0.6	0.5	0.5	0.5	0.5	0.4	0.4	0.4

续表

年　份	1995	2000	2005	2006	2007	2008	2009	2010	2011
交通工具及设备制造业	1.6	1.4	0.9	1.0	1.0	1.1	1.2	1.1	1.1
其中：									
汽车、拖车和半挂车制造业	1.0	0.8	0.5	0.5	0.6	0.7	0.7	0.6	0.6
船舶、飞机和空间飞行器及其他交通工具制造业	0.6	0.6	0.4	0.5	0.4	0.4	0.5	0.5	0.5
水、电、气的生产和调配业	7.6	6.0	6.8	6.3	6.9	7.0	8.6	9.9	9.4
建筑业	4.5	6.4	3.6	3.7	4.0	4.6	3.6	3.9	3.1
批发与零售业、摩托车、汽车及日用品维修	2.0	2.7	3.6	3.5	4.3	3.7	3.3	3.3	3.2
其中：汽车和摩托车贸易及技术维修服务	0.2	0.2	0.4	0.4	0.6	0.7	0.5	0.5	0.4
批发贸易	1.3	1.8	2.1	1.7	2.2	1.5	1.5	1.5	1.4
零售贸易	0.5	0.7	1.1	1.4	1.5	1.5	1.3	1.3	1.4
餐馆和旅店业	0.8	0.8	0.4	0.4	0.5	0.5	0.5	0.5	0.5
运输和通信业	12.6	21.2	24.5	23.6	22.2	23.0	26.5	26.7	27.8
其中：通信业	1.4	2.7	5.4	4.5	3.7	3.2	2.8	2.8	2.9
金融业	2.5	0.8	1.4	1.1	1.3	1.1	1.3	1.3	1.6
房地产、租赁及其他服务	25.3	15.2	16.8	17.0	18.3	18.4	15.3	13.3	15.1
其中：科研	0.4	0.5	0.5	0.5	0.4	0.5	0.7	0.7	0.8
国家机关、保证战争安全、必要社会保障	3.2	1.5	1.6	1.7	1.7	1.6	1.7	1.5	1.5
教育	1.8	1.3	1.9	2.1	2.2	1.9	1.8	1.9	1.8
卫生、社会服务业	2.5	2.6	2.6	2.7	2.5	2.4	2.3	2.3	2.0
其他公共、社会和个人服务业	4.3	3.9	2.5	2.8	2.5	2.8	2.8	2.7	2.9

表 15-149 经济中各部门固定资产变化（与上年同期相比）

单位：%

年 份	2005	2006	2007	2008	2009	2010	2011
固定资产投资总额	110.9	116.7	122.7	109.9	84.3	106.0	108.3
农业、狩猎业和林业	109.5	143.0	132.2	98.8	78.1	89.7	114.6
渔业、养鱼业	89.4	130.9	95.7	88.1	88.1	96.1	137.4
矿产资源开采业	99.7	121.0	116.1	106.5	89.9	116.8	113.8
其中：							
能源类矿产资源开采	97.3	123.4	115.1	107.5	90.9	116.5	112.3
非能源类矿产资源开采	118.9	102.1	126.7	97.6	78.6	119.6	127.4
加工工业	112.4	112.1	116.6	112.5	82.8	109.0	105.3
其中：							
食品工业（包括饮料和烟草）	107.8	101.8	117.5	97.0	76.3	102.9	96.0
纺织和缝纫工业	80.5	107.8	140.4	107.1	82.0	127.8	92.7
皮革及皮革制品生产、制鞋业	108.5	164.0	96.3	79.3	64.7	82.5	136.4
木材加工及木制品制造业	112.3	90.2	117.1	144.6	56.3	72.3	178.1
造纸和印刷业	107.4	110.0	110.4	107.5	63.6	114.0	115.0
焦炭和石油制品制造业	111.2	113.6	116.3	116.2	139.1	139.1	102.9
化学工业	137.3	124.2	118.0	107.0	75.6	100.5	124.7
橡胶和塑料制品制造业	107.8	103.8	146.2	81.7	83.4	84.4	98.7
非金属矿产制造业	121.8	98.8	154.2	136.5	71.6	104.2	93.2
冶金业和金属制品制造业	119.2	115.1	102.8	118.1	79.3	98.5	100.1
其中：冶金业	120.1	117.5	100.0	118.2	79.6	95.1	103.7
机器制造业	98.6	132.2	110.7	108.9	69.7	119.2	90.7
电气设备和光电产品制造业	108.3	104.5	126.1	107.4	78.6	106.3	109.0
交通工具及设备制造业	88.4	119.3	129.6	122.5	90.1	107.4	111.7

续表

年份	2005	2006	2007	2008	2009	2010	2011
其中：							
汽车、拖车和半挂车制造业	85.4	105.8	153.0	138.4	81.5	103.7	101.4
船舶、飞机和空间飞行器及其他交通工具制造业	95.5	135.4	108.8	101.7	107.8	112.7	125.4
水、电、气的生产和调配业	108.6	108.7	132.8	111.6	108.9	124.1	114.7
建筑业	113.3	119.8	128.8	126.2	69.9	116.8	90.6
批发与零售业、摩托车、汽车及日用品维修	117.2	114.4	150.5	93.1	79.2	107.4	90.0
其中：汽车和摩托车贸易及技术维修服务	192.1	130.0	158.6	127.2	66.5	99.5	81.6
批发贸易	103.3	94.7	163.8	75.3	86.8	110.6	90.5
零售贸易	131.9	147.5	132.0	107.1	76.6	106.8	92.4
餐馆和旅店业	115.6	132.4	146.4	102.1	93.3	111.3	106.7
运输和通信业	120.0	113.8	117.2	116.1	103.5	107.0	118.3
其中：通信业	116.9	100.4	103.9	101.0	76.7	108.9	113.9
金融业	110.8	97.7	142.7	94.9	99.7	110.3	136.8
房地产、租赁及其他服务	106.0	115.0	130.3	109.5	73.7	92.9	91.9
其中：科研	97.7	113.4	103.0	118.3	134.8	114.7	112.4
国家机关、保证战争安全、必要社会保障	99.5	125.8	116.1	108.6	93.0	95.1	122.0
教育	119.3	131.1	125.6	102.5	79.4	116.2	113.0
卫生、社会服务业	121.4	124.6	120.4	108.1	83.8	111.4	103.5
其他公共、社会和个人服务业	118.5	125.4	115.2	121.1	85.7	106.5	116.0

表 15-150　经济各部门固定资产投资中外资金额（按现价计算）

单位：百万卢布

年份	2003	2005	2006	2007	2008	2009	2010*	2011
固定资产投资总额	327230	667291	832895	1093751	1176239	1117339	1159310	1602164
农业、狩猎业和林业	2082	5475	8521	15281	28978	26353	14558	32320
渔业、养鱼业	132	259	391	235	140	169	138	600
矿产资源开采业	63816	114373	212356	216128	251819	184631	294807	354309
其中：								
能源类矿产资源开采	58711	105395	203903	202421	234293	157877	262716	313878
非能源类矿产资源开采	5105	8978	8453	13707	17526	26755	32091	40431
加工工业	130207	265767	292770	367797	425804	366984	380642	502694
其中：								
食品工业（包括饮料和烟草）	33200	42868	55344	63842	65895	45305	48780	58304
纺织和缝纫工业	1022	1341	1272	1363	1596	822	1600	1660
皮革及皮革制品生产、制鞋业	33	130	50	63	4	36	61	371
木材加工及木制品制造业	7195	15180	10951	11217	17082	8741	6810	16969
造纸和印刷业	6910	13942	11424	19070	18657	21637	22990	33606
焦炭和石油制品制造业	8334	21478	11827	10622	7170	11081	11195	35239
化学工业	6608	25717	33718	53372	44128	39580	40834	65849
橡胶和塑料制品制造业	4033	8216	9329	14877	12164	8733	9934	16706
非金属矿产制造业	7855	24088	20518	29506	43480	33475	28433	40890
冶金业和金属制品制造业	42661	88620	101525	112856	159497	120885	136693	148101
其中：冶金业	38618	86358	98465	107188	153361	116608	132512	139595
机器制造业	2378	7359	11328	12461	9460	13704	17003	20483
电气设备和光电产品制造业	2397	4453	3900	6883	7591	8631	4947	6405

续表

年　份	2003	2005	2006	2007	2008	2009	2010*	2011
交通工具及设备制造业	4952	8070	15843	26981	29737	40977	45372	51777
其中：								
汽车、拖车和半挂车制造业	3940	6520	12141	20775	24079	32939	38478	45927
船舶、飞机和空间飞行器及其他交通工具制造业	1012	1550	3702	6206	5658	8038	6894	5850
水、电、气的生产和调配业	26317	36747	29189	61192	48936	73942	94946	126532
建筑业	2275	13924	15905	33545	53973	28279	90439	57832
批发与零售业、摩托车、汽车及日用品维修	21732	33606	55004	56652	77671	88715	65242	95861
其中：汽车和摩托车贸易及技术维修服务	1359	1292	1452	4332	2660	4159	5972	11674
批发贸易	12599	24267	34852	24336	44999	45895	38766	53665
零售贸易	7774	8047	18700	27984	30012	38662	20504	30523
餐馆和旅店业	2003	1599	3254	6687	5223	14644	12065	17707
运输和通信业	49553	135130	136256	154987	92119	98396	100545	186088
其中：通信业	35605	102506	110393	127956	61881	69065	75882	117264
金融业	6417	15484	6704	54989	50412	32088	10475	70187
房地产、租赁及其他服务	20713	42756	66027	121282	135092	197632	92087	150766
其中：科研	306	370	646	1132	500	567	874	1785
教育	41	51	71	169	12	19	37	48
卫生、社会服务业	300	190	479	1223	1187	1608	550	3324
其他公共、社会和个人服务业	1638	1928	5967	3574	4872	3871	2778	3892

* 不含微型企业。

表 15-151 各类型外资金额及占比

单位：百万美元，%

年 份	1995		2000		2005		2007		2008		2009		2010		2011	
外资总额	2983	100	10958	100	53651	100	120941	100	103769	100	81927	100	114746	100	190643	100
其中：																
直接投资	2020	67.7	4429	40.4	13072	24.4	27797	23.0	27027	26.0	15906	19.4	13810	12.1	18415	9.7
其中：																
资本投入	1455	48.8	1060	9.7	10360	19.3	14794	12.2	15883	15.3	7997	9.8	7700	6.7	9080	4.8
从外资企业取得的贷款	341	11.4	2738	25.0	2165	4.0	11664	9.7	9781	9.4	6440	7.8	4610	4.1	7495	3.9
其他直接投资	224	7.5	631	5.7	547	1.1	1339	1.1	1363	1.3	1469	1.8	1500	1.3	1840	1.0
间接投资	39	1.3	145	1.3	453	0.8	4194	3.5	1415	1.4	882	1.1	1076	0.9	805	0.4
其中：																
股份	11	0.4	72	0.6	328	0.6	4057	3.4	1126	1.1	378	0.5	344	0.3	577	0.3
债券	28	0.9	72	0.6	125	0.2	128	0.1	286	0.3	496	0.6	680	0.6	219	0.1
其他投资	924	31.0	6384	58.3	40126	74.8	88950	73.5	75327	72.6	65139	79.5	99860	87.0	171423	89.9
其中：																
商业贷款	187	6.3	1544	14.1	6025	11.2	14012	11.6	16168	15.6	13941	17.0	17594	15.3	27775	14.6
其他贷款	493	16.5	4735	43.2	33745	62.9	73765	61.0	57895	55.8	50830	62.0	79146	69.0	139931	73.4
其他	244	8.2	105	1.0	356	0.7	1173	0.9	1264	1.2	368	0.5	3120	2.7	3717	1.9

表 15-152 经济中各部门外资金额及占比

单位：百万美元，%

年份	2003		2005		2007		2008		2009		2010		2011	
外资总额	29699	100	53651	100	120941	100	103769	100	81927	100	114746	100	190643	100
农业、狩猎业和林业	154	0.5	156	0.2	468	0.4	862	0.8	437	0.5	466	0.4	638	0.3
渔业、养鱼业	38	0.1	22	0.0	49	0.0	27	0.0	45	0.1	16	0.0	25	0.0
矿产资源开采业	5737	19.3	6003	11.2	17393	14.4	12396	12.0	10327	12.6	13858	12.1	18634	9.8
其中：														
能源类矿产资源开采	5149	17.3	5164	9.6	15860	13.1	9868	9.5	8294	10.1	11880	10.4	14861	7.8
非能源类矿产资源开采	588	2.0	839	1.6	1533	1.3	2528	2.5	2033	2.5	1978	1.7	3773	2.0
加工工业	6522	22.0	17987	33.5	31948	26.4	33914	32.7	22216	27.1	33157	28.9	41086	21.6
其中：														
食品工业（包括饮料和烟草）	1012	3.4	1210	2.2	2907	2.4	3974	3.8	2382	2.9	2803	2.4	3099	1.6
纺织和缝纫工业	21	0.1	20	0.0	57	0.0	77	0.1	92	0.1	55	0.0	53	0.0
皮革及皮革制品生产、制鞋业	6.0	0.0	13	0.0	3.0	0.0	6.0	0.0	5.0	0.0	5.0	0.0	20	0.0
木材加工及木制品制造业	320	1.1	512	1.0	528	0.4	812	0.8	682	0.8	353	0.3	854	0.4
造纸和印刷业	234	0.8	269	0.5	934	0.8	1336	1.3	1208	1.5	875	0.8	853	0.4
焦炭和石油制品制造业	175	0.6	8113	15.1	4353	3.6	3272	3.2	5357	6.5	13248	11.6	15820	8.3
化学工业	369	1.2	1440	2.7	1637	1.4	2518	2.4	1571	1.9	2220	1.9	4367	2.3
橡胶和塑料制品制造业	316	1.1	264	0.5	324	0.3	745	0.7	432	0.5	530	0.5	749	0.4
非金属矿产制品制造业	215	0.7	640	1.1	865	0.7	1650	1.6	940	1.2	639	0.6	1032	0.5
冶金业和金属制品制造业	3071	10.3	3420	6.4	15229	12.6	14499	14.0	4494	5.5	7627	6.7	9235	4.8
其中：冶金业	2802	9.4	3087	5.8	14904	12.3	13977	13.5	4257	5.2	7433	6.5	8979	4.7
机器制造业	83	0.3	637	1.2	927	0.8	1089	1.1	1209	1.5	1758	1.5	1135	0.6
电气设备和光电产品制造业	131	0.4	162	0.3	276	0.2	731	0.7	976	1.2	807	0.7	887	0.5
交通工具及设备制造业	192	0.7	948	1.8	3015	2.5	2857	2.7	2634	3.2	2109	1.8	2800	1.5

续表

年份	2003		2005		2007		2008		2009		2010		2011	
其中：														
汽车、拖车和半挂车制造业	173	0.6	863	1.6	2894	2.4	2557	2.4	2402	2.9	1882	1.6	2585	1.4
船舶、飞机和空间飞行器及其他交通工具制造业	19	0.1	85	0.2	121	0.1	300	0.3	232	0.3	227	0.2	215	0.1
水、电、气的生产和调配业	35	0.1	328	0.6	822	0.7	3394	3.3	437	0.5	543	0.5	1425	0.7
建筑业	101	0.3	228	0.4	2911	2.4	3387	3.3	1012	1.2	1136	1.0	1958	1.0
批发与零售业、摩托车、汽车及日用品维修	10527	35.5	20461	38.2	47310	39.1	23905	23.0	22792	27.8	13334	11.6	24456	12.8
其中：汽车和摩托车贸易及技术维修服务	179	0.6	219	0.4	518	0.4	2126	2.0	1739	2.1	1369	1.2	1558	0.8
批发贸易	10010	33.7	19574	36.5	45538	37.7	19915	19.2	20146	24.6	11407	9.9	22313	11.7
零售贸易	338	1.2	668	1.3	1254	1.0	1864	1.8	907	1.1	558	0.5	585	0.3
餐馆和旅店业	23	0.1	52	0.1	59	0.1	188	0.2	140	0.2	229	0.2	99	0.1
运输和通信业	1114	3.8	3840	7.2	6703	5.5	4861	4.7	13749	16.8	6576	5.7	5943	3.1
其中：通信业	688	2.3	3287	6.1	3295	2.7	1320	1.3	3950	4.8	4698	4.1	4736	2.5
金融业	781	2.6	1813	3.4	4450	3.7	4977	4.8	2658	3.3	37913	33.1	86885	45.6
房地产、租赁及其他服务	4583	15.4	2602	4.9	8414	7.0	15378	14.8	7937	9.7	7341	6.4	9237	4.9
其中：存量房的管理与维修	—	—	0.0	0.0	17	0.0	7.0	0.0	139	0.2	4.0	0.0	0.1	0.0
科研	47	0.2	16	0.0	395	0.3	71	0.1	52	0.1	41	0.0	224	0.1
国家机关、保证安全、必要社会保障	4.0	0.0	0.0	0.0	48	0.0	26	0.0	25	0.0	25	0.0	25	0.0
教育	0.1	0.0	0.1	0.0	3.0	0.0	0.0	0.0	0.4	0.0	1.0	0.0	2.0	0.0
卫生、社会服务业	7	0.0	15	0.0	68	0.1	20	0.1	26	0.0	13	0.0	42	0.0
其他公共、社会和个人服务业	73	0.3	144	0.3	295	0.2	434	0.4	126	0.2	138	0.1	188	0.1

表 15-153 主要外资来源国

单位：百万美元，%

年份	1995		2000		2005		2007		2008		2009		2010		2011	
外资总额	2983	100	10958	100	53651	100	55109	100	120941	100	103769	100	81927	100	114746	100
英国	183	6.1	599	5.5	8588	16.0	7022	12.7	26328	21.8	14940	14.4	6421	7.8	40770	35.5
荷兰	85	2.9	1231	11.2	8898	16.6	6595	12.0	18751	15.5	14542	14.0	11640	14.2	10696	9.3
德国	308	10.3	1468	13.4	3010	5.6	5002	9.1	5055	4.2	10715	10.3	7366	9.0	10435	9.1
塞浦路斯	40	1.3	1448	13.2	5115	9.5	9851	17.9	20654	17.1	19857	19.1	8286	10.1	9003	7.8
中国	6.0	0.2	16	0.2	127	0.2	367	0.7	302	0.3	402	0.4	9757	11.9	7631	6.7
卢森堡	4.0	0.1	203	1.9	13841	25.8	5908	10.7	11516	9.5	7073	6.8	11723	14.3	5374	4.7
瑞士	436	14.6	784	7.2	2014	3.7	2047	3.7	5340	4.4	3062	3.0	3586	4.4	4679	4.1
法国	108	3.6	743	6.8	1428	2.7	3039	5.5	6696	5.5	6157	5.9	2491	3.0	3702	3.2
爱尔兰	61	2.1	34	0.3	595	1.1	986	1.8	5175	4.3	2903	2.8	748	0.9	2557	2.2
维尔京群岛	17	0.6	137	1.3	1211	2.3	2054	3.7	2140	1.8	3529	3.4	1792	2.2	2383	2.1
其他	1735	58.2	4295	39	8824	16.5	12238	22.2	18984	15.6	20589	19.9	18117	22.2	17516	15.3

表 15-154 俄罗斯对外投资

单位：百万美元，%

年份	1995		2000		2005		2007		2008		2009		2010		2011	
对外投资	15154	100	31128	100	51978	100	74630	100	114284	100	82895	100	96222	100	151673	100
直接投资	382	2.5	558	1.8	3208	6.2	9179	12.3	21818	19.1	17454	21.1	10271	10.7	19040	12.6
其中：																
资本投入	301	2.0	371	1.2	3050	5.9	8972	12.0	15379	13.5	6977	8.4	3005	3.1	7730	5.1
从外资企业取得的贷款	—	—	107	0.3	4.0	0.0	133	0.2	6088	5.3	10463	12.7	6964	7.3	11248	7.4
其他直接投资	81	0.5	80	0.3	154	0.3	74	0.1	351	0.3	14	0.0	302	0.3	62	0.1
间接投资	31	0.2	406	1.3	798	1.5	2276	3.0	532	0.5	2434	2.9	795	0.8	11113	7.3
其中：																
股份	0.0	0.0	291	0.9	650	1.2	348	0.4	172	0.2	1912	2.3	474	0.5	1446	1.0
债券	31	0.2	115	0.4	148	0.3	1928	2.6	360	0.3	521	0.7	321	0.3	9639	6.3
其他投资	14741	97.3	30164	96.9	47972	92.3	63175	84.7	91934	80.4	63007	76.0	85156	88.5	121520	80.1
其中：																
商业贷款	2165	14.3	12246	39.3	21866	42.1	22482	30.1	80210	70.2	56143	67.7	75076	78.0	101160	66.7
其他贷款	11	0.1	1407	4.5	5041	9.7	12849	17.2	9729	8.5	5944	7.2	9217	9.6	19139	12.6
银行存款	12558	82.9	16206	52.1	20651	39.7	27394	36.7	655	0.5	789	0.9	766	0.8	1148	0.8
其他	7.0	0.0	305	1.0	414	0.8	450	0.7	1340	1.2	131	0.2	97	0.1	73	0.0

五 价格

表15-155 消费价格和生产者价格指数

单位:%

年 份	1992	1995	2000	2005	2006	2007	2008	2009	2010	2011
当年12月与上年12月相比										
消费价格指数	—	2.3	120.2	110.9	109.0	111.9	113.3	108.8	108.8	106.1
工业品生产者价格指数	—	—	131.9	113.4	110.4	125.1	93.0	113.9	116.7	112.0
农产品生产者价格指数	—	—	122.2	103.0	110.4	130.2	102.5	98.2	123.6	94.9
建筑品价格总指数	—	2.5	135.9	112.1	112.4	117.4	116.9	100.1	109.1	108.0
货运价格指数	—	2.7	151.5	116.6	115.8	106.8	132.3	97.5	133.1	107.7
与上年相比										
消费价格指数	26.1	3.0	120.8	112.7	109.7	109.0	114.1	111.7	106.9	108.4
工业品生产者价格指数	33.8	3.3	—	118.2	112.4	112.2	121.7	95.7	114.9	117.3
农产品生产者价格指数	9.4	3.3	136.5	109.6	104.3	118.2	126.7	97.1	106.5	118.6
建筑品价格总指数	16.1	2.7	142.2	114.1	111.2	115.2	119.4	105.2	105.4	109.2
货运价格指数	20.5	3.0	136.8	119.1	116.4	109.4	120.7	114.9	124.1	110.5

表15-156 商品和劳务的消费价格指数（当年12月与上年12月相比）

单位:%

年 份	所有商品和劳务	其 中		
		食品	非食品类产品	劳务
1992	2608.8	2626.2	2673.4	2220.5
1995	231.3	223.4	216.3	332.2
2000	120.2	117.9	118.5	133.7
2005	110.9	109.6	106.4	121.0
2006	109.0	108.7	106.0	113.9
2007	111.9	115.6	106.5	113.3
2008	113.3	116.5	108.0	115.9
2009	108.8	106.1	109.7	111.6
2010	108.8	112.9	105.0	108.1
2011	106.1	103.9	106.7	108.7

表 15-157 平均生产者价格和主要能源产品平均购买价格

	平均价格										购买价格与生产者价格之比（倍数）				
	生产者价格					购买价格									
	2005	2008	2009	2010	2011	2005	2008	2009	2010	2011	2005	2008	2009	2010	2011
煤炭（卢布/吨）	433	565	624	683	1005	1119	1698	1620	2082	2228	2.6	3.0	2.6	3.0	2.2
焦煤	787	1125	1026	1555	2456	2402	4505	3782	5920	6505	3.1	4.0	3.7	3.8	2.6
石煤	453	746	712	822	1001	792	1101	1174	1308	1498	1.7	1.5	1.6	1.6	1.5
石油（卢布/吨）	4812	3377	6633	7566	9765	6569	3025	7429	11045	12417	1.4	0.9	1.1	1.5	1.3
天然气（卢布/千立方米）	330	533	510	626	686	1436	2312	2764	3081	3562	4.4	4.3	5.4	4.9	5.2
汽油（卢布/吨）	9159	8963	13831	16699	18576	16984	24834	23377	24814	28775	1.9	2.8	1.7	1.5	1.5
柴油（卢布/吨）	12000	10180	11938	16340	20766	16830	20286	19661	24157	30488	1.4	2.0	1.6	1.5	1.5
燃油（卢布/吨）	4108	3673	7584	7805	8843	5242	6325	11594	12058	13856	1.3	1.7	1.5	1.5	1.6
电力（卢布/千瓦小时）	451	677	559	665	782	914	1284	1551	1539	1914	2.0	1.9	2.8	2.3	2.4

表 15-158 主要资源生产者平均价格与石油价格的对比

单位：%

年份	1994	1995	2000	2005	2006	2007	2008	2009	2010	2011
石油	100	100	100	100	100	100	100	100	100	100
焦煤	49	43	19	16	17	11	33	15	21	25
石煤	26	25	16	9	10	8	22	11	11	10
天然气	7	6	6	7	9	6	16	8	8	7
汽油	264	268	363	190	247	202	265	209	221	190
柴油	228	227	337	249	253	240	301	180	216	213
燃油	112	101	145	85	88	96	109	114	103	91
电力	58	58	27	19	23	17	42	25	27	21

表 15-159 主要资源购买价格指数（与上年相比）

单位：%

年份	1995	2000	2005	2006	2007	2008	2009	2010	2011
焦煤	226.3	207.8	98.3	94.5	127.0	166.0	77.5	154.2	110.4
石煤	309.8	130.3	106.6	110.9	106.6	117.7	106.9	112.9	113.1
褐煤	—	151.8	105.1	110.5	114.1	120.1	115.6	107.8	109.3
石油	304.2	166.5	144.4	85.9	161.8	29.3	252.2	146.3	112.3
天然气	370.8	126.1	119.1	110.9	119.4	125.2	121.9	114.2	113.5
汽油	517.7	137.7	116.9	111.0	109.2	106.8	102.2	105.8	115.0
柴油	362.3	156.2	130.9	102.2	113.0	108.9	94.0	117.1	126.6
燃油	339.8	184.6	151.9	130.4	126.1	89.6	154.2	102.7	112.0
各类润滑油	—	154.3	142.4	129.6	103.8	111.9	98.8	114.1	111.5
液体沥青	—	176.8	126.9	107.3	130.1	111.5	110.6	96.8	148.2
电力	321.7	142.9	109.9	108.4	118.3	114.0	120.2	113.3	107.5
热能	382.9	136.4	118.2	108.7	120.4	118.6	118.0	110.3	106.7

六　对外贸易

表 15-160　2011 年俄罗斯国际收支平衡表

单位：百万美元

	收支平衡	其　中	
		与非独联体国家	与独联体国家
经常项目	98834	22662	76172
商品与劳务	162233	36666	125567
• 出口	576036	94051	481985
• 进口	-413803	-57385	-356418
商品	198181	35271	162909
• 出口	522011	83825	438186
• 进口	-323831	-48554	-275277
劳务	-35947	1395	-37343
• 出口	54025	10227	43798
• 进口	-89972	-8831	-81141
投资收益及劳务收支	-60208	-8953	-51255
• 收	42376	2705	39670
• 支	-102583	-11658	-90925
劳务收支	-9461	-11132	1671
• 收	3926	94	3833
• 支	-13387	-11226	-2161
投资收益	-50747	2179	-52926
• 收	38449	2611	35838
• 支	-89196	-432	-88764
经常项目转移	-3191	-5052	1860
• 收	16358	7216	9142
• 支	-19549	-12267	-7281
资本和金融项目	-88844	-14820	-74024
资本项目	-120	353	-473
资本转移	-120	353	-473
• 收	868	583	285
• 支	-988	-230	-758
非生产、非金融资产的购买和出售	0	—	0

续表

	收支平衡	其中	
		与非独联体国家	与独联体国家
金融账户	-88724	-15173	-73551
直接投资	-14405	-4116	-10289
• 俄对外国投资	-67283	-4473	-62811
• 外国对俄投资	52878	357	52521
间接投资	-17857	-425	-17432
• 资产	-10578	-420	-10158
• 负债	-7279	-5	-7274
金融衍生品	-1394	41	-1435
• 资产	16438	184	16254
• 负债	-17832	-143	-17689
其他投资	-42438	-10674	-31764
资产	-83326	-12553	-70733
外币现钞	3397	-1	3398
经常账户和存款余额	-12526	-81	-12444
贸易信贷及垫款	-3969	-5778	1809
贷款及借款	-31540	-3673	-27868
逾期债务	-1371	-31	-1340
政府间协议的商品供货债务	-1652	-1589	-63
可以操作	-32268	-89	-32179
其他资产	-3398	-1310	-2088
负债	40888	1879	39009
本币现钞	-643	-318	-325
经常账户和存款余额	13853	1273	12580
贸易信贷及垫款	262	186	76
贷款及借款	25312	683	24629
逾期债务	645	0	645
其他负债	1459	55	1405
储备资产	-12630	—	-12630
调整值	—	12439	-12439
再出口的外币现钞	—	—	3433
其他	—	—	-15873
净误差与遗漏	-9990	-14588	4598
整体平衡	0	0	0

表 15-161 俄罗斯对外贸易额（按国际收支法统计，按现价计算）

单位：百万美元

		出口								进口							
	1992年	1995年	2000年	2005年	2008年	2009年	2010年	2011年	1992年	1995年	2000年	2005年	2008年	2009年	2010年	2011年
与非独联体国家	42376	65446	90783	210249	400456	255270	337802	83825	36984	44259	31434	103535	252908	167726	213570	48554
与独联体国家	11229	16973	14250	33549	71148	48118	62617	438186	5987	18344	13428	21899	38953	24077	35168	275277
总额	53605	82419	105033	243798	471603	303388	400419	522011	42971	62603	44862	125434	291861	191803	248738	323831

表 15-162 俄罗斯对外贸易额（根据海关统计数据）

单位：百万美元

	出口							进口						
	1995年	2000年	2005年	2008年	2009年	2010年	2011年	1995年	2000年	2005年	2008年	2009年	2010年	2011年
与非独联体国家	63687	89269	208846	397925	254856	337467	437776	33117	22276	79712	230494	145530	197184	261017
与独联体国家	14530	13824	32627	69656	46811	59601	78705	13592	11604	18996	36607	21818	31728	44588
总额	78217	103093	241473	467581	301667	397068	516481	46709	33880	98708	267101	167348	228912	305605

表 15-163　与独联体国家的对外贸易额（按现价计算）

单位：百万美元

	出口							进口					
	1995年	2000年	2005年	2008年	2009年	2010年	2011年	1995年	2000年	2005年	2008年	2009年	2010年	2011年
总额	14530	13824	32627	69656	46811	59685	78705	13592	11604	18996	36607	21818	31606	44588
其中：与欧亚经济共同体国家间的贸易额	5815	7974	17269	40946	29057	32409	40149	5128	6236	9181	18935	11843	16451	21214
阿塞拜疆	85.6	136	858	1966	1469	1562	2505	107	135	206	412	311	386	572
亚美尼亚	127	27.5	191	692	612	701	785	75.1	44.0	101	204	111	159	209
白俄罗斯	2965	5568	10118	23507	16726	18081	24930	2185	3710	5716	10552	6718	9954	14509
格鲁吉亚	48.9	42.3	353	530	150	—	—	57.9	76.6	158	49.1	23.4	—	—
哈萨克斯坦	2555	2247	6534	13299	9147	10796	13348	2675	2200	3225	6379	3697	4478	7146
吉尔吉斯坦	105	103	377	1308	916	992	1159	101	88.6	146	491	367	387	293
摩尔多瓦	413	210	448	1147	695	1111	1484	636	325	548	652	352	421	469
塔吉克斯坦	190	55.9	240	794	573	673	719	167	237	95.0	213	213	213	89.3
土库曼	93.1	130	224	808	992	759	1156	179	473	77.2	100	45.1	147	143
乌兹别克斯坦	824	274	861	2038	1694	1890	2107	889	663	904	1300	847	1556	1860
乌克兰	7149	5024	12402	23567	13836	23143	30520	6617	3651	7819	16254	9131	14044	20122

表 15-164 俄罗斯出口商品结构（按现价计算）

单位：百万美元，%

年份	1994		1995		2000		2005		2008		2009		2010		2011	
食品和农业原料	2800	4.2	1378	1.8	1623	1.6	4492	1.9	9278	2.0	9967	3.3	9365	2.3	13324	2.6
矿产品	30100	45.1	33278	42.5	55488	53.8	156372	64.8	326314	69.8	203408	67.4	272840	68.8	367280	71.1
化工产品、橡胶	5500	8.2	7843	10.0	7392	7.2	14367	6.0	30234	6.4	18708	6.2	25192	6.3	32520	6.3
皮革、皮草及制品	400	0.6	313	0.4	270	0.3	330	0.1	354	0.1	242	0.1	307	0.1	394	0.1
木材和造纸	2600	3.9	4363	5.6	4460	4.3	8305	3.4	11560	2.5	8436	2.8	9862	2.5	11564	2.2
纺织品和鞋	1300	2.0	1154	1.5	817	0.8	965	0.4	870	0.2	716	0.2	814	0.2	901	0.2
金属、宝石及制品	17700	26.4	20901	26.7	22370	21.7	40592	16.8	61751	13.2	38851	12.8	51326	13.0	59009	11.4
机器设备和交通工具	5600	8.3	7962	10.2	9071	8.8	13505	5.6	22764	4.9	17879	5.9	22582	5.7	25717	5.0
其他商品	900	1.3	1026	1.3	1603	1.5	2545	1.0	4458	0.9	3761	1.3	4356	1.1	5772	1.1
出口总额	66900	100	78217	100	103093	100	241473	100	467581	100	301667	100	396644	100	516481	100

表15-165 俄罗斯进口商品结构（按现价计算）

单位：百万美元，%

年 份	1994		1995		2000		2005		2008		2009		2010		2011	
食品和农业原料	10700	27.7	13152	28.1	7384	21.8	17430	17.7	35189	13.2	30015	17.9	36482	15.9	4169	5.3
矿产品	2500	6.5	3001	6.4	2137	6.3	3034	3.1	8279	3.1	4079	2.4	5914	2.6	44189	56.1
化工产品、橡胶	3800	10.0	5088	10.9	6080	18.0	16275	16.5	35209	13.2	27872	16.7	37232	16.3	7343	9.3
皮革、皮草及制品	200	0.5	167	0.3	126	0.4	275	0.3	1038	0.4	771	0.5	1244	0.5	76.9	0.1
木材和造纸	600	1.5	1104	2.4	1293	3.8	3290	3.3	6504	2.4	5103	3.0	5897	2.6	2639	3.4
纺织品和鞋	3100	7.9	2644	5.7	1991	5.9	3619	3.7	11658	4.4	9544	5.7	14221	6.2	616	0.8
金属、宝石及制品	2600	6.7	3956	8.5	2824	8.3	7652	7.7	19337	7.2	11330	6.8	17568	7.6	8005	10.2
机器设备和交通工具	13600	35.2	15704	33.6	10649	31.4	43436	44.0	140759	52.7	72669	43.4	101823	44.5	9855	12.5
其他商品	1600	4.0	1893	4.1	1394	4.1	3697	3.7	9127	3.4	5964	3.6	8663	3.8	1813	2.3
进口总额	38700	100	46709	100	33880	100	98708	100	267101	100	167348	100	229045	100	78705	100

表 15-166 俄罗斯劳务进出口额

单位：百万美元

年份	出口	其中		进口	其中	
		与非独联体国家	与独联体国家		与非独联体国家	与独联体国家
1995	10567	8456	2111	20205	17229	2976
2000	9565	7168	2396	16230	13108	3122
2005	24970	20589	4381	38745	33885	4860
2006	31102	25149	5953	44716	39599	5117
2007	39257	31585	7672	58145	52003	6142
2008	51178	40496	10683	75468	67982	7486
2009	41594	33906	7687	61429	55185	6245
2010	45120	36870	8250	74332	65830	8502
2011	54025	10227	43798	89972	8831	81141

表 15-167 俄罗斯劳务进出口结构

单位：%

	2000年		2005年		2006年		2007年		2008年		2009年		2010年		2011年	
	出口	进口	出口	进口	出口	进口	出口	进口	出口	进口	出口	进口	出口	进口	出口	进口
总额	100	100	100	100	100	100	100	100	100	100	100	100	100	100	100	100
其中：																
交通运输	37.2	14.4	36.5	13.3	32.4	15.0	30.1	16.1	29.3	17.2	29.7	15.4	33.0	16.2	31.5	17.0
承运	35.8	54.5	23.5	44.7	24.5	40.5	24.1	36.5	23.1	31.5	22.5	34.0	19.9	35.7	21.1	36.1
建筑	1.8	2.5	8.9	10.4	9.8	10.3	8.8	11.1	9.1	11.7	7.9	7.3	5.8	6.9	5.8	6.3
保险	0.4	2.5	1.3	1.8	1.2	1.6	1.0	1.5	1.3	1.6	1.1	1.5	1.0	1.4	0.8	1.4
通信服务	4.0	1.8	2.6	1.9	2.1	2.11	3.2	2.2	2.9	2.5	3.1	3.0	2.8	2.7	2.8
金融服务	1.0	0.2	1.6	2.3	1.9	2.0	3.0	2.5	2.6	2.7	2.5	2.4	2.3	2.3	2.0	1.9
计算机及信息服务	0.6	2.9	1.7	1.2	2.0	1.4	2.8	1.6	3.2	1.9	3.1	2.3	3.0	2.5	3.2	2.7
专项权利使用费	1.0	0.5	1.0	4.1	1.0	4.5	1.0	4.8	0.9	6.1	1.2	6.7	1.4	6.8	1.6	6.8
其他商务服务	18.2	20.7	21.3	16.7	23.1	19.1	24.5	20.0	25.6	21.2	26.9	22.4	28.3	21.3	29.0	21.4
文娱服务	—	—	0.7	1.1	0.7	1.2	0.7	1.5	0.8	1.1	0.8	1.3	1.3	1.0	1.3
国家服务	—	—	0.9	2.5	0.8	2.3	0.8	2.4	1.2	2.5	1.1	3.6	1.2	2.8	1.3	2.3

表 15-168 出口商品实物量及平均价格变化（与上年相比）

单位：%

	2010年						2011年					
	平均价格指数			实物量指数			平均价格指数			实物量指数		
	所有国家	其中		所有国家	其中		所有国家	其中		所有国家	其中	
		与非独联体国家	与独联体国家		与非独联体国家	与独联体国家		与独联体国家	与非独联体国家		与独联体国家	与非独联体国家
所有商品	123.1	122.9	124.6	106.9	107.5	103.5	132.9	128.6	133.7	97.9	102.7	97.0
食品和农业原料	105.4	106.5	102.3	88.0	86.4	92.7	120.6	110.0	123.5	124.3	125.6	123.9
矿产品	129.3	128.6	139.2	105.8	104.7	122.4	136.7	137.4	136.6	97.7	95.3	97.9
其中能源类矿产	129.2	128.4	139.3	105.7	104.6	122.9	136.5	137.4	136.5	97.4	96.0	97.5
化工产品、橡胶	103.8	103.0	109.4	129.5	131.8	116.1	136.0	131.2	136.8	96.2	117.5	93.3
皮革、皮草及制品	103.5	100.5	240.0	121.7	125.6	50.2	103.2	229.8	100.6	124.1	56.6	127.2
木材和造纸	108.9	109.4	106.2	107.0	107.3	105.6	106.2	112.9	105.2	109.0	109.7	108.9
纺织品和鞋	100.8	99.5	102.7	120.2	129.8	107.7	115.1	120.5	112.4	104.2	108.0	102.4
金属、宝石及制品	128.2	128.9	120.6	98.1	98.7	93.0	120.9	118.0	121.2	92.7	113.5	91.3
机器设备和交通工具	114.1	112.3	119.3	110.5	108.5	116.9	118.8	115.3	120.0	95.1	104.8	92.2
其他商品	74.7	66.7	111.9	154.0	161.2	127.6	133.9	109.7	140.3	98.9	94.5	100.1

表 15-169 进口商品实物量及平均价格变化（与上年相比）

单位：%

	2010年						2011年					
	平均价格指数			实物量指数			平均价格指数			实物量指数		
		其中			其中			其中			其中		
	所有国家	与非独联体国家	与独联体国家	所有国家	与非独联体国家	与独联体国家	所有国家	与非独联体国家	与独联体国家	所有国家	与非独联体国家	与独联体国家
所有商品	99.1	103.4	77.5	63.3	61.1	76.9	109.2	117.9	107.8	122.3	119.2	122.8
食品和农业原料	101.1	103.2	85.5	84.0	83.1	91.8	110.2	106.4	110.6	105.9	91.4	107.5
矿产品	75.5	86.6	71.7	64.7	42.9	78.1	125.3	137.2	113.8	136.0	144.5	128.7
其中能源类矿产	81.9	91.0	78.2	71.1	59.3	77.3	127.3	140.6	111.6	140.4	149.2	131.1
化工产品、橡胶	94.9	96.2	77.1	83.4	83.3	84.1	110.0	119.1	109.6	112.7	119.8	112.4
皮革、皮草及制品	110.8	111.2	69.5	67.2	67.1	91.7	113.1	94.0	113.3	107.6	99.0	107.7
木材和造纸	100.9	101.1	99.8	78.7	77.4	89.0	107.1	106.2	107.3	106.3	109.4	105.9
纺织品和鞋	104.2	104.9	95.5	78.9	78.6	82.0	111.2	121.5	110.5	106.2	102.9	106.4
金属、宝石及制品	90.2	104.1	66.0	65.6	61.2	75.3	109.0	112.6	108.0	122.0	130.1	119.9
机器设备和交通工具	105.3	107.0	81.4	49.1	48.6	58.4	107.2	120.4	106.5	133.9	117.2	135.0
其他商品	108.8	111.4	81.7	61.0	59.4	84.4	102.8	111.3	102.3	125.0	124.4	125.0

七 国际比较

表 15-170 人口数量

单位：百万人，%

	人口数									2000年为基数的变化					
	1990年	1995年	2000年	2005年	2007年	2008年	2009年	2010年	2011年	2005年	2007年	2008年	2009年	2010年	2011年
俄罗斯	148.5	148.3	146.3	142.8	142.0	141.9	141.9	142.9	143.0	97.6	97.1	97.0	97.0	97.3	97.8
澳大利亚	17.1	18.1	19.2	20.4	21.1	21.4	22.0	22.3	22.6	106	110	112	115	117	118
奥地利	7.7	7.9	8.0	8.2	8.3	8.3	8.4	8.4	8.4	103	104	104	104	105	105
阿塞拜疆	—	7.7	8.1	8.6	8.8	8.9	9.0	9.1	9.2	105	108	110	111	112	114
阿根廷	32.5	34.8	36.8	38.6	39.4	39.7	40.1	40.5	40.9	105	107	108	109	110	111
亚美尼亚	—	3.2	3.2	3.2	3.2	3.2	3.3	3.3	3.3	100	101	101	101	101	103
白俄罗斯	—	10.2	10.0	9.6	9.5	9.5	9.5	9.5	9.5	97	96	96	95	95	95
比利时	10.0	10.1	10.3	10.5	10.6	10.7	10.8	10.9	11.0	102	104	104	105	106	107
保加利亚	9.0	8.4	8.2	7.7	7.7	7.6	7.6	7.5	7.5	95	94	93	93	92	92
巴西	145	156	171	183	188	190	192	193	—	107	110	111	112	113	—
匈牙利	10.4	10.2	10.0	10.1	10.1	10.0	10.0	10.0	10.0	101	100.3	100.1	100	100	99
德国	79.4	81.7	82.2	82.5	82.3	82.1	81.9	81.8	81.8	100.3	100.1	100	100	100	99
丹麦	5.1	5.2	5.3	5.4	5.5	5.5	5.5	5.5	5.6	101	102	103	103	104	104
印度	835	924	1016	1101	1134	1150	1166	1182	1193	108	112	113	115	116	117
意大利	57.7	56.8	56.9	58.6	59.4	59.8	60.2	60.3	60.7	103	104	106	106	106	107
哈萨克斯坦	—	15.7	14.9	15.2	15.6	16.0	16.2	16.4	16.7	102	105	108	109	111	112
加拿大	27.8	29.3	30.7	32.3	33.0	33.3	33.7	34.1	34.5	105	107	109	110	111	112

续表

	人口数									2000年为基数的变化					
	1990年	1995年	2000年	2005年	2007年	2008年	2009年	2010年	2011年	2005年	2007年	2008年	2009年	2010年	2011年
吉尔吉斯斯坦	—	4.6	4.9	5.2	5.3	5.3	5.4	5.5	5.6	105	107	109	110	111	112
中国	1155	1205	1263	1304	1325	1328	1335	—	1344	103	105	105	106	—	106
立陶宛	—	3.6	3.5	3.4	3.4	3.4	3.3	3.3	3.2	98	96	96	95	94	93
墨西哥	86.2	93.6	98.4	104	106	107	108	—	—	106	107	108	109	—	—
荷兰	15.0	15.5	15.9	16.3	16.4	16.4	16.5	16.6	16.7	102	103	103	104	104	105
挪威	4.2	4.4	4.5	4.6	4.7	4.8	4.8	4.9	5.0	103	105	106	108	109	110
波兰	38.1	38.6	38.3	38.2	38.1	38.1	38.2	38.2	38.2	99.8	99.6	99.7	100	100	100
韩国	42.9	45.1	47.0	48.1	48.5	49.4	48.7	48.9	50.1	102	103	105	104	104	107
摩尔多瓦	—	4.3	3.6	3.6	3.6	3.6	3.6	3.6	3.6	98.8	98.3	98.1	98.0	97.9	100
罗马尼亚	23.2	22.7	22.4	21.6	21.5	21.5	21.5	21.4	21.4	96	96	96	96	96	95
英国	57.6	58.0	58.9	60.2	61.0	61.4	61.8	62.0	62.4	102	104	104	105	106	106
美国	249	266	282	296	302	304	307	309	312	105	107	108	109	110	110
塔吉克斯坦	—	5.7	6.3	6.9	7.2	7.4	7.5	7.6	7.8	111	115	118	120	121	124
土库曼	—	4.6	5.4	6.7	—	—	—	—	—	—	—	—	—	—	—
土耳其	56.1	61.8	67.4	72.1	73.9	71.1	71.9	72.7	74.0	107	109	111	112	113	115
乌兹别克斯坦	—	22.9	24.8	26.3	27.1	27.5	28.0	28.5	29.6	106	109	111	113	115	119
乌克兰	—	50.9	48.7	46.7	46.2	46.0	45.8	45.6	45.5	96.1	94.9	94.4	94.1	93.7	93.4
芬兰	5.0	5.1	5.2	5.2	5.3	5.3	5.3	5.4	5.4	101	102	103	103	104	104
法国	56.7	57.8	59.0	63.0	63.8	64.2	64.5	64.7	63.3	107	109	111	112	113	107
瑞士	6.7	7.0	7.2	7.4	7.6	7.6	7.7	7.8	7.9	104	105	106	108	109	110
瑞典	8.6	8.8	8.9	9.0	9.1	9.2	9.3	9.4	9.4	102	103	104	105	106	106
日本	124	125	127	128	128	128	127	127	128	101	101	101	113	100	101

表 15-171　人口的出生率、死亡率和自然增长率

	出生率							死亡率							自然增长率						
	1995年	2000年	2005年	2008年	2009年	2010年	2011年	1995年	2000年	2005年	2008年	2009年	2010年	2011年	1995年	2000年	2005年	2008年	2009年	2010年	2011年
俄罗斯	9.3	8.7	10.2	12.1	12.4	12.5	12.6	15.0	15.3	16.1	14.6	14.2	14.2	13.5	-5.7	-6.6	-5.9	-2.5	-1.8	-1.7	-0.9
澳大利亚	14.2	13.0	12.7	13.8	13.5	13.4	—	—	6.7	6.4	6.7	6.4	6.5	—	7.3	6.3	6.3	7.1	—	—	—
奥地利	11.0	9.8	9.5	9.3	9.2	9.4	9.3	10.1	9.6	9.1	9.0	9.2	9.2	9.1	0.9	0.2	0.4	0.3	0.0	0.2	0.2
阿塞拜疆	18.9	14.8	16.9	17.8	17.2	18.5	19.4	6.7	5.9	6.2	6.2	5.9	6.0	5.9	12.2	8.9	10.7	11.6	11.3	12.5	13.5
阿根廷	18.9	19.1	18.5	18.8	18.6	—	—	7.7	7.5	7.6	7.6	7.6	—	—	11.2	11.5	10.8	11.0	11.0	—	—
亚美尼亚	15.0	10.6	11.7	12.7	13.7	13.8	13.3	7.6	7.5	8.2	8.5	8.5	8.6	8.6	7.4	3.1	3.5	4.2	5.2	5.2	4.7
白俄罗斯	9.9	9.4	9.2	11.1	11.5	11.4	11.5	13.1	13.5	14.5	13.8	14.2	14.4	14.3	-3.2	-4.1	-5.3	-2.7	-2.7	-3.0	-2.8
比利时	11.4	11.2	11.3	11.7	11.5	11.7	11.9	10.5	10.2	9.9	9.5	9.4	9.6	9.6	0.9	1.0	1.4	2.2	2.1	2.1	2.3
保加利亚	8.6	9.0	9.2	10.2	10.7	10.0	9.6	13.6	14.1	14.6	14.5	14.3	14.6	14.7	-5.1	-5.1	-5.5	-4.3	-3.8	-4.6	-5.1
巴西	15.1	21.1	18.4	16.4	15.8	15.2	—	5.8	6.3	6.3	6.3	6.3	6.3	—	9.3	14.8	12.1	10.1	9.5	8.9	—
匈牙利	11.0	9.7	9.7	9.9	9.7	9.0	8.8	14.2	13.5	13.5	13.0	13.0	13.0	12.9	-3.3	-3.7	-3.8	-3.1	-3.3	-4.0	-4.1
德国	9.4	9.3	8.3	8.3	7.9	8.3	8.1	10.8	10.2	10.1	10.3	10.2	10.5	10.4	-1.5	-0.9	-1.8	-2.0	-2.3	-2.2	-2.3
丹麦	13.3	12.6	11.9	11.8	11.3	11.4	10.6	12.1	10.9	10.1	9.9	9.9	9.8	9.4	1.3	1.7	1.9	1.9	1.4	1.6	1.2
印度	28.3	25.8	23.8	22.8	22.5	22.2	—	9.0	8.5	7.6	7.4	8.1	8.0	—	19.3	17.3	16.2	15.4	14.4	14.2	—
意大利	9.2	9.5	9.5	9.6	9.2	9.3	9.1	9.7	9.8	9.7	9.7	9.7	9.7	9.7	-0.2	-0.3	-0.2	-0.1	-0.5	-0.4	-0.6
哈萨克斯坦	17.5	14.9	18.4	22.2	22.2	22.5	22.5	10.7	10.1	10.4	9.7	8.9	8.9	8.7	6.8	4.8	8.0	13.1	13.3	13.6	13.8
加拿大	12.9	10.7	10.6	11.3	—	—	—	7.2	7.1	7.1	7.2	—	—	—	5.7	3.6	3.5	4.1	—	—	—
吉尔吉斯斯坦	25.6	19.7	21.3	23.9	25.2	26.8	27.1	8.0	6.9	7.2	7.1	6.7	6.6	6.5	17.6	12.8	14.1	16.8	18.5	20.2	20.6

续表

国家	出生率							死亡率							自然增长率						
	1995年	2000年	2005年	2008年	2009年	2010年	2011年	1995年	2000年	2005年	2008年	2009年	2010年	2011年	1995年	2000年	2005年	2008年	2009年	2010年	2011年
中国	17.1	14.0	12.4	12.1	12.1	—	—	6.6	6.4	6.5	7.1	7.1	—	—	10.5	7.6	5.9	5.0	5.0	—	—
立陶宛	11.1	9.8	8.9	10.4	11	10.8	10.7	12.2	11.1	12.8	13.1	12.6	12.8	12.7	-1.1	-1.4	-3.9	-2.6	-1.6	-2.0	-2.0
墨西哥	30.4	—	—	24.7	23.8	—	—	4.8	4.4	4.8	5.0	5.2	—	—	25.6	—	—	19.7	18.6	—	—
荷兰	12.3	13.0	11.5	11.2	11.2	11.1	10.7	8.8	8.8	8.4	8.2	8.1	8.2	8.1	3.5	4.2	3.2	3.0	3.1	2.9	2.6
挪威	13.8	13.2	12.3	12.7	12.7	12.6	12.2	10.4	9.8	8.9	8.7	8.7	8.5	8.4	3.5	3.4	3.4	3.9	4.1	4.1	3.8
波兰	11.2	9.9	9.5	10.9	11.2	10.8	10.2	10.0	9.6	9.7	10.0	10.1	9.9	9.8	1.2	0.3	—	0.1	0.9	1.1	0.9
摩尔多瓦	13.0	10.2	10.5	10.9	11.4	11.4	11.0	12.2	11.3	12.4	11.8	11.8	12.3	11.8	0.8	-1.1	-1.9	-0.9	-0.4	-0.9	-0.02
罗马尼亚	10.4	10.5	10.2	10.3	10.6	9.9	9.2	12.0	11.4	12.1	11.8	12.0	12.1	11.8	-1.5	-0.9	-1.9	-1.5	-1.4	-2.2	-2.6
英国	12.5	11.5	12.0	12.9	12.7	12.5	12.9	10.9	10.3	9.7	9.4	9.2	8.9	8.8	1.5	1.2	2.3	3.5	3.6	3.6	4.1
美国	14.8	14.4	14.0	14.0	—	—	—	8.8	8.5	8.3	8.1	—	—	—	6.0	5.9	5.7	5.9	—	—	—
塔吉克斯坦	33.6	27.0	26.4	27.9	26.8	29.4	—	6.1	4.7	4.6	4.4	—	4.4	—	27.5	22.3	21.8	23.5	22.5	25.0	—
乌兹别克斯坦	29.8	21.4	20.4	23.7	23.4	—	21.4	6.4	5.5	5.4	5.1	4.7	—	4.9	23.4	15.9	15.0	18.6	18.7	—	16.5
乌克兰	9.6	7.8	9.0	11.0	11.1	10.8	11.0	15.4	15.4	16.6	16.3	15.3	15.2	14.5	-5.8	-7.6	-7.6	-5.3	-4.2	-4.4	-3.5
芬兰	12.3	11.0	11.0	11.2	11.3	11.4	11.1	9.6	9.5	9.1	9.2	9.3	9.5	9.4	2.7	1.4	1.9	2.0	2.0	1.9	1.7
法国	12.5	13.1	12.7	12.9	12.7	12.7	12.7	9.1	9.1	8.6	8.6	8.6	8.4	8.5	3.4	4.0	4.0	4.3	4.2	4.4	4.2
瑞士	11.7	10.9	9.8	10.1	10.1	10.2	10.2	9.0	8.7	8.2	8.1	8.0	8	7.8	2.7	2.2	1.6	2.0	2.1	2.2	2.4
瑞典	11.7	10.2	11.2	11.9	12.2	12.3	11.8	10.6	10.5	10.2	9.9	9.7	9.6	9.5	1.1	-0.3	1.1	1.9	2.6	2.7	2.3
日本	9.5	9.4	8.4	8.7	8.4	8.4	—	7.4	7.6	8.6	9.1	9.0	9.4	—	2.1	1.8	-0.2	-0.4	—	—	—

表 15-172 年平均就业人数

单位：百万人

年 份	1992	1995	2000	2005	2006	2007	2008	2009	2010	2011
俄罗斯	72.1	66.3	64.5	66.8	67.2	68.0	68.5	67.5	67.6	67.7
澳大利亚	7.6	8.2	9.0	10.0	10.2	10.5	10.7	10.9	11.2	11.4
奥地利	3.5	3.8	3.8	3.8	3.9	4.0	4.1	4.1	4.1	4.1
阿塞拜疆	—	3.6	3.7	3.9	4.0	4.1	4.1	4.1	4.3	4.4
亚美尼亚	—	1.5	1.3	1.1	1.1	1.1	1.1	1.1	1.1	1.2
白俄罗斯	—	4.4	4.4	4.4	4.5	4.5	4.6	4.6	4.7	4.7
比利时	3.8	3.8	4.1	4.2	4.3	4.4	4.4	4.4	4.5	4.5
保加利亚	3.3	3.0	—	3.0	3.1	3.3	3.4	3.3	3.1	2.9
巴西	65.4	69.6	—	87.2	89.3	90.8	—	—	—	—
匈牙利	4.2	3.7	3.8	3.9	3.9	3.9	3.9	3.8	3.8	3.8
德国	36.9	36.0	36.6	36.7	37.4	38.2	38.9	38.8	38.7	39.7
丹麦	2.7	2.6	2.7	2.8	2.8	2.8	2.8	2.8	2.7	2.7
意大利	21.3	20.2	21.2	22.6	23.0	23.2	23.4	23.0	22.9	23.0
哈萨克斯坦	—	6.6	6.2	7.3	7.4	7.6	7.9	7.9	8.1	8.3
加拿大	12.8	13.3	14.8	16.2	16.5	16.9	17.1	16.8	17.0	17.3
吉尔吉斯斯坦	—	1.6	1.8	2.1	2.1	2.2	2.2	2.2	2.2	2.3
中国	655	681	721	758	764	770	775	—	—	—
立陶宛	—	1.6	1.4	1.5	1.5	1.5	1.5	1.4	1.3	1.4
荷兰	606	6.8	7.8	8.1	8.3	8.5	8.6	8.6	8.4	8.4
挪威	2.0	2.1	2.3	2.3	2.4	2.4	2.5	2.5	2.5	2.5
波兰	15.5	14.8	14.5	14.1	14.6	15.2	15.8	15.9	16.0	16.1
韩国	19.0	20.4	21.2	22.9	23.2	23.4	23.6	23.5	23.8	24.2
摩尔多瓦	—	1.7	1.5	1.3	1.3	1.2	1.3	1.2	1.1	1.2
罗马尼亚	10.5	11.2	10.8	9.1	9.3	9.4	9.4	9.2	9.2	9.1
英国	25.8	26.0	27.4	28.7	28.9	29.1	29.4	28.9	28.9	29.1
美国	118	125	135	142	144	146	145	140	139	139.9
塔吉克斯坦	—	1.9	1.7	2.1	2.1	2.1	2.2	2.2	2.2	2.2
土耳其	20.0	19.9	21.6	22.0	22.3	20.7	21.2	21.3	22.6	24.1
乌兹别克斯坦	—	8.4	9.0	10.2	10.5	10.7	11.0	11.3	11.6	11.9
乌克兰	—	24.1	20.2	20.7	20.7	20.9	21.0	20.2	20.3	20.3
芬兰	2.2	2.1	2.4	2.4	2.4	2.5	2.5	2.5	2.4	2.5
法国	22.3	22.2	23.3	25.0	25.2	25.6	25.9	25.7	25.7	25.8
瑞士	3.8	3.7	3.9	4.0	4.1	4.1	4.2	4.3	4.3	4.4
瑞典	4.2	4.0	4.2	4.3	4.4	4.5	4.6	4.5	4.5	4.6
日本	64.4	64.6	64.5	63.6	63.8	64.1	63.9	62.8	62.6	61.1

表 15-173 总失业人数

单位：千人

年份	1992	1995	2000	2005	2006	2007	2008	2009	2010	2011
俄罗斯	3937	6684	7059	5208	4999	4246	5289	6373	5636	5020
澳大利亚	925	751	608	529	518	487	483	649	621	—
奥地利	193	144	139	208	196	186	186	162	204	179
阿塞拜疆	—	—	—	318	291	281	262	260	258	251
亚美尼亚	—	—	—	—	—	—	232	266	278	266
白俄罗斯	—	131	96	68	52	44	37	40	33	—
比利时	473	390	308	390	383	353	333	380	406	347
保加利亚	577	565	559	334	306	240	200	238	348	372
匈牙利	663	417	263	304	317	312	329	421	475	468
德国	1808	4035	3127	4583	4279	3608	3136	3228	2946	2501
丹麦	318	196	131	143	118	115	98	177	218	221
意大利	2799	2638	2495	1889	1673	1506	1692	1945	2102	2108
哈萨克斯坦	—	—	906	641	625	597	558	555	497	473
加拿大	1640	1394	1083	1173	1108	1079	1119	1516	1484	1393
吉尔吉斯斯坦	—	—	—	184	189	191	196	204	212	212
立陶宛	—	347	274	133	89	69	94	225	291	249
荷兰	386	523	246	441	366	306	268	327	390	389
挪威	126	107	81	109	84	64	65	81	91	84
波兰	2509	2277	2785	3045	2344	1619	1211	1411	1699	1723
韩国	465	420	979	887	827	783	769	889	918	855
摩尔多瓦	—	—	140	104	100	67	52	81	92	84
英国	2779	2460	1559	1444	1642	1623	1753	2363	2440	2534
美国	9613	7404	5655	7591	7001	7077	8924	14264	14825	13747
塔吉克斯坦	—	—	1964	—	—	—	241	—	—	—
乌兹别克斯坦	—	25	35	28	25	23	17	—	—	622
乌克兰	—	1437	2656	1601	1515	1418	1425	1959	1786	1733
芬兰	328	382	253	220	204	183	172	221	224	209
法国	2591	2899	2265	2601	2606	2384	2231	2758	2847	2612
瑞士	92	129	106	185	169	156	147	—	204	184
瑞典	233	333	203	361	336	298	305	408	416	379
日本	1420	2100	3190	2942	2751	2568	2652	3357	3336	2912

表 15-174　工人实际工资增长（2000 年 = 100%）

单位：%

年　份	2001	2005	2006	2007	2008	2009	2010	2011
俄罗斯	119.9	192.5	218.1	255.6	285.0	275.0	289.3	297.4
澳大利亚	—	—	107.4	—	—	—	—	—
阿塞拜疆	115.5	223.6	248.8	308.8	325.0	347.8	366.0	372.7
亚美尼亚	104.5	195.1	226.9	259.0	279.9	297.3	293.8	287.4
白俄罗斯	129.6	204.8	240.3	264.2	287.8	288.1	331.6	337.7
保加利亚	99.6	111	115	127	141	156	—	—
匈牙利	104	130	132	130	131	128	—	—
哈萨克斯坦	111.1	168.9	186.3	216.3	214.2	221.0	237.8	254.6
吉尔吉斯斯坦	110.9	174.1	206.4	227.3	247.3	265.2	286.5	318.3
中国	115	183	207	234	259	—	—	—
荷兰	102	106	—	—	—	—	—	—
波兰	102	109	114	120	127	130	132	111
韩国	101	124	128	132	130	—	—	—
摩尔多瓦	121.6	199.8	228.1	247.2	268.7	291.8	293.9	303.1
罗马尼亚	111	147	163	189	221	218	—	—
英国	103	109	109	109	108	—	—	—
美国	99.7	102	103	105	103	—	—	—
塔吉克斯坦	110.5	264.7	329.0	380.3	447.9	516.9	605.2	671.0
乌克兰	120.7	238.5	282.3	324.7	346.6	315.7	346.2	377.0
芬兰	102	114	116	117	118	123	—	—
日本	100	98	99.1	98	96	93	—	—

表15-175 国内生产总值增长率（按可比价格计算，2000年=100%）

单位：%

	国内生产总值增长率											人均国内生产总值增长率										
	2001年	2005年	2006年	2007年	2008年	2009年	2010年	2011年				2001年	2005年	2006年	2007年	2008年	2009年	2010年	2011年			
俄罗斯	105.1	134.7	145.6	158.1	166.4	153.4	159.5	166.8				105.5	137.9	149.8	163.0	171.8	158.4	163.6	171.1			
澳大利亚	103	118	121	127	130	132	135	—				101	111	112	115	116	115	116	—			
奥地利	101	108	112	116	118	114	116	120				100.1	105	109	112	114	109	111	114			
阿塞拜疆	110	188	253	317	351	383	403	403				109	179	237	293	320	346	359	355			
阿根廷	96	110	120	130	139	140	—	167				95	105	113	122	129	128	—	150			
亚美尼亚	110	178	202	229	245	210	215	225				110	178	202	229	244	209	212	222			
白俄罗斯	105	143	158	171	189	189	203	214				105	148	164	179	198	199	214	226			
比利时	101	108	111	115	116	112	114	117				100.4	106	108	111	111	107	—	—			
保加利亚	104	130	138	147	150	142	142	144				108	137	147	156	161	153	154	157			
巴西	101	115	119	127	133	133	143	147				99.8	107	110	116	120	117	—	—			
匈牙利	104	123	128	129	130	122	123	123				102	122	127	129	130	122	124	124			
德国	101	103	106	109	110	105	108	112				101	103	106	109	110	105	109	113			
丹麦	101	106	110	112	111	105	108	108				100.3	105	108	109	108	102	104	104			
印度	106	140	154	168	180	194	211	226				104	129	140	151	159	169	181	192			
意大利	102	105	107	108	107	101	102	103				102	102	103	104	102	96	—	97			
哈萨克斯坦	114	164	181	197	204	206	221	238				114	161	176	190	194	193	202	214			
加拿大	102	113	117	119	120	117	120	123				101	108	110	111	110	106	—	110			
吉尔吉斯斯坦	105	120	124	135	146	150	148	158				105	117	120	130	141	143	139	147			

续表

	国内生产总值增长率								人均国内生产总值的增长率							
	2001年	2005年	2006年	2007年	2008年	2009年	2010年	2011年	2001年	2005年	2006年	2007年	2008年	2009年	2010年	2011年
中国	108	159	180	205	225	245	270	296	107	154	172	196	214	232	—	278
墨西哥	100	110	116	119	121	114	120	124	99	104	108	111	112	104	—	—
荷兰	102	107	110	115	117	112	114	116	101	104	108	112	113	108	110	—
挪威	102	112	114	117	119	118	—	118	102	108	110	112	112	109	—	107
波兰	101	116	124	132	138	141	146	153	101	117	124	132	139	141	147	153
韩国	104	125	131	138	141	142	—	156	103	122	128	133	137	137	—	—
摩尔多瓦	106	141	148	152	164	154	165	175	106	143	150	155	167	157	168	179
罗马尼亚	106	132	142	151	162	151	149	153	106	137	148	158	169	158	156	160
英国	102	113	116	119	120	114	116	116	102	111	113	115	115	109	—	110
美国	101	113	116	118	119	116	119	119	100.1	108	109	111	110	106	—	108
塔吉克斯坦	110	159	170	183	197	205	218	235	107	143	150	159	167	170	178	189
土耳其	94	125	134	140	141	134	146	—	93	117	124	128	127	120	129	—
乌兹别克斯坦	104	130	139	153	166	180	195	211	103	122	130	140	150	160	171	178
乌克兰	109	145	156	168	172	146	152	160	110	151	163	177	182	156	163	174
芬兰	102	114	119	125	126	116	120	123	102	112	117	122	123	113	—	—
法国	102	108	111	113	113	110	112	114	101	104	106	108	107	101	105	106
瑞典	101	114	119	123	123	116	123	127	101	112	116	119	118	111	116	119
日本	100.2	107	109	111	110	104	108	108	99.9	106	108	111	109	104	108	107

表 15-176　总固定资产增长率（按可比价格计算，2000年=100%）

单位：%

年　份	1992	2001	2005	2006	2007	2008	2009	2010
俄罗斯	49	110	160	189	229	253	217	230
澳大利亚	93	109	156	165	181	188	186	198
奥地利	106	98	100	102	106	110	101	97
阿塞拜疆	—	121	460	527	559	674	580	808
亚美尼亚	—	105	275	367	434	485	360	352
白俄罗斯	—	98	182	240	279	346	363	426
比利时	97	101	111	114	121	125	118	112
匈牙利	87	105	136	131	136	140	127	104
德国	114	96	91	98	103	105	95	97
丹麦	96	99	107	123	123	119	102	98
印度	103	104	137	—	—	—	—	254
意大利	99	103	108	112	114	109	96	99
哈萨克斯坦	—	125	234	303	355	359	356	370
加拿大	95	104	132	141	146	148	133	142
吉尔吉斯斯坦	—	98	101	150	167	189	205	190
墨西哥	123	94	109	120	128	136	121	127
荷兰	101	100	96	103	109	115	100	98
挪威	96	99	122	137	154	157	145	133
波兰	98	90	96	110	129	142	140	140
韩国	112	100	117	121	126	123	123	131
摩尔多瓦	—	117	182	221	277	283	196	229
罗马尼亚	76	110	167	200	260	301	225	212
英国	89	103	116	123	133	126	107	113
美国	98	99	111	114	112	107	91	93
塔吉克斯坦	—	165	200	220	245	268	239	237
土耳其	107	70	138	156	161	151	122	159
乌克兰	—	106	168	204	253	250	124	129
芬兰	66	103	111	113	125	125	106	111
法国	97	102	111	116	123	123	115	110
瑞典	81	100	115	126	137	139	116	124
日本	102	99	98	99	97	95	82	83

表 15-177 工业生产增长率（2000年=100%）

单位：%

年　份	2001	2005	2006	2007	2008	2009	2010
俄罗斯	110	160	189	229	253	217	230
澳大利亚	109	156	165	181	188	186	198
奥地利	98	100	102	106	110	101	97
阿塞拜疆	121	460	527	559	674	580	808
亚美尼亚	105	275	367	434	485	360	352
白俄罗斯	98	182	240	279	346	363	426
比利时	101	111	114	121	125	118	112
匈牙利	105	136	131	136	140	127	104
德国	96	91	98	103	105	95	97
丹麦	99	107	123	123	119	102	98
印度	104	137	—	—	—	—	254
意大利	103	108	112	114	109	96	99
哈萨克斯坦	125	234	303	355	359	356	370
加拿大	104	132	141	146	148	133	142
吉尔吉斯斯坦	98	101	150	167	189	205	190
墨西哥	94	109	120	128	136	121	127
荷兰	100	96	103	109	115	100	98
挪威	99	122	137	154	157	145	133
波兰	90	96	110	129	142	140	140
韩国	100	117	121	126	123	123	131
摩尔多瓦	117	182	221	277	283	196	229
罗马尼亚	110	167	200	260	301	225	212
英国	103	116	123	133	126	107	113
美国	99	111	114	112	107	91	93
塔吉克斯坦	165	200	220	245	268	239	237
土耳其	70	138	156	161	151	122	159
乌克兰	106	168	204	253	250	124	129
芬兰	103	111	113	125	125	106	111
法国	102	111	116	123	123	115	110
瑞典	100	115	126	137	139	116	124
日本	99	98	99	97	95	82	83

表 15-178　2009 年俄罗斯重要工农业产品生产的世界排名

产品名称	俄罗斯的世界排名	产品名称	俄罗斯的世界排名
石油	1	水泥、钢材	6
天然气	2	动物油	7
铸铁、马铃薯	3	皮鞋	9
电力、钢、谷物和豆类	4	羊毛织物	11
甜菜、牛奶	4	纸和纸板	14
铁矿石、煤炭、牛和家禽的屠宰	4	汽车	16
未加工木材、棉织物	5		

表 15-179　农产品生产指数（与上年相比）

单位：%

	总量						人均					
	2003年	2005年	2006年	2007年	2008年	2009年	2010年	2003年	2005年	2006年	2007年	2008年	2009年
俄罗斯	99.9	101.6	103.0	103.3	110.8	101.4	88.7	100.4	102.1	103.5	103.6	110.9	101.4
澳大利亚	113	110	83	104	106	101	—	111	108	82	103	105	100
奥地利	95	98	99	104	103	97	—	93	98	98	104	102	97
阿塞拜疆	105.6	107.5	100.9	104.0	106.1	103.5	97.8	—	—	—	—	—	—
阿根廷	107	109	101	109	96	86	—	106	108	100	108	96	85
亚美尼亚	104.3	111.2	100.4	109.6	101.3	99.9	86.4	—	—	—	—	—	—
白俄罗斯	106.6	101.7	106.0	104.4	108.6	101.3	101.9	—	—	—	—	—	—
比利时	97	96	98	101	99	103	—	96	95	97	101	99	102
保加利亚	85	82	115	76	118	96	—	85	82	118	76	118	98
巴西	108	102	103	108	104	99	—	106	100	103	107	103	98
匈牙利	90	87	96	86	129	91	—	91	87	97	85	130	91
德国	96	96	96	103	105	102	—	96	95	97	103	105	102
丹麦	101	100	96	103	107	100	—	101	99	96	103	107	100
印度	111	105	106	107	102	98	—	109	103	103	107	100	95
意大利	97	98	95	98	102	101	—	97	97	95	97	102	100
哈萨克斯坦	101.4	107.3	106.2	108.9	93.6	113.9	88.3	—	—	—	—	—	—

续表

	总 量							人 均					
	2003年	2005年	2006年	2007年	2008年	2009年	2010年	2003年	2005年	2006年	2007年	2008年	2009年
加拿大	110	106	99	97	112	98	—	109	104	98	96	112	96
吉尔吉斯斯坦	103.2	95.8	101.8	101.8	100.9	107.2	97.2	—	—	—	—	—	—
中国	102	103	103	102	105	102	—	101	103	102	102	103	102
立陶宛	111	102	91	118	101	101	—	112	103	91	121	101	102
墨西哥	104	100	105	102	101	97	—	102	99	104	101	100	96
荷兰	96	98	98	101	100	101	—	95	97	98	101	99	101
挪威	100	97	101	99	103	94	—	99	97	100	98	102	93
波兰	99	96	101	103	102	101	—	100	97	101	103	102	101
韩国	99	99	101	101	104	100	—	98	98	102	100	103	100
摩尔多瓦	86.4	100.8	98.9	76.9	132.1	90.4	107.9	—	—	—	—	—	95
罗马尼亚	107	83	102	77	136	94	—	108	84	103	77	136	—
英国	98	100	100	97	105	98	—	98	99	100	97	104	98
美国	103	99	99	105	100	103	—	102	98	99	103	100	101
塔吉克斯坦	109.0	101.6	105.6	106.5	106.1	110.8	106.8	—	—	—	—	—	—
土库曼	118.5	119.8	—	—	—	—	—	—	—	—	—	—	—
土耳其	102	106	102	96	104	103	—	99	105	100	95	103	101
乌兹别克斯坦	107.3	105.4	106.7	106.1	104.5	105.7	106.8	—	—	—	—	—	—
乌克兰	89.0	99.9	102.5	93.5	117.1	98.2	98.5	—	—	—	—	—	—
芬兰	97	105	98	100	99	101	—	96	104	98	100	98	101
法国	92	96	97	99	103	102	—	92	95	97	98	103	101
瑞典	99	98	97	100	101	102	—	98	98	97	99	100	102
日本	96	101	97	102	100	98	—	97	101	98	101	100	99

表 15-180 铁路运输货运量（十亿）

单位：吨公里

年 份	1995	2000	2005	2006	2007	2008	2009	2010	2011
俄罗斯	1214	1373	1858	1951	2090	2116	1865	2011	2128
奥地利	13.2	16.6	19.0	21.0	21.4	21.9	17.8	—	—
阿塞拜疆	2.8	5.8	9.6	11.1	10.4	10.0	7.6	8.2	7.8
亚美尼亚	0.4	0.4	0.7	0.7	0.8	0.7	0.7	0.7	0.8
白俄罗斯	25.5	31.4	43.6	45.7	47.9	49.0	42.7	46.2	49.4
比利时	7.3	7.7	8.1	8.6	9.3	8.6	6.4	—	—
保加利亚	8.6	5.5	5.2	5.4	5.2	4.7	3.1	—	—
匈牙利	8.4	8.8	9.1	10.2	10.1	9.9	7.7	—	—
德国	70.5	82.7	95.4	107.0	114.6	115.7	95.8	—	—
丹麦	2.0	2.0	2.0	1.9	1.8	1.9	1.7	—	—
印度	271	312	407	440	481	521	551	—	—
意大利	21.7	22.8	22.8	24.2	25.3	23.8	17.8	—	—
哈萨克斯坦	124.5	125.0	171.9	191.2	200.8	214.9	194.9	210.7	223.6
吉尔吉斯斯坦	0.4	0.3	0.7	0.8	0.8	0.9	0.7	0.7	0.8
中国	1305	1377	2073	2195	2380	2511	2524	—	—
立陶宛	7.2	8.9	12.5	12.9	14.4	14.7	11.9	—	—
墨西哥	37.6	48.3	54.4	54.4	71.1	—	—	—	—
荷兰	3.1	4.5	5.9	6.3	7.2	7.0	5.6	—	—
挪威	2.7	3.0	3.2	3.3	3.5	3.6	3.7	—	—
波兰	68.2	54.0	50.0	53.6	54.3	52.0	43.4	48.7	—
韩国	13.8	10.8	10.1	10.6	10.9	11.6	9.3	—	—
摩尔多瓦	3.1	1.5	3.1	3.7	3.1	2.9	1.1	1.0	1.2
罗马尼亚	17.9	16.4	16.6	15.8	15.8	15.2	11.1	—	—
英国	13.3	18.1	22.3	27.4	26.4	29.4	21.2	—	—
美国	1923	2258	2531	2710	2657	2593	2237	—	—
塔吉克斯坦	2.1	1.3	1.1	1.2	1.3	1.3	1.3	0.8	0.7
土库曼	8.6	8.0	9.7	11.9	11.0	13.2	11.3	10.9	9.2
土耳其	8.5	9.6	8.8	9.3	9.7	10.1	10.3	—	—
乌兹别克斯坦	16.9	15.0	18.1	19.3	21.6	22.4	22.2	22.3	22.5
乌克兰	195.8	172.8	224.0	240.8	262.5	257.0	196.2	218.0	243.9
芬兰	9.6	10.1	9.7	11.1	10.4	10.8	8.9	—	—
法国	48.3	57.7	40.7	41.2	42.6	40.6	—	—	—
瑞典	19.4	19.5	21.7	22.5	23.3	22.9	19.4	—	—
日本	25.1	22.1	22.8	23.2	23.3	22.3	—	—	—

表15-181 铁路客运量（十亿）

单位：客公里

年份	1995	2000	2005	2006	2007	2008	2009	2010	2011
俄罗斯	192.2	167.1	172.2	177.8	174.1	175.9	151.5	139.0	139.8
奥地利	10.1	8.7	9.1	9.3	9.6	10.8	10.7	—	—
阿塞拜疆	0.8	0.5	0.9	1.0	1.1	1.0	1.0	0.9	0.7
亚美尼亚	0.2	0.05	0.03	0.03	0.02	0.03	0.03	0.05	0.05
白俄罗斯	12.5	17.7	10.4	10.0	9.4	8.2	7.4	7.6	7.9
比利时	6.8	7.7	9.2	9.6	9.9	10.4	10.5	—	—
保加利亚	4.7	3.5	2.4	2.4	2.4	2.3	2.1	—	—
匈牙利	8.4	9.7	9.9	9.7	8.8	8.3	8.1	—	—
德国	71.0	75.4	75.0	77.8	79.1	81.8	80.7	—	—
丹麦	4.9	5.5	6.0	6.1	6.2	6.3	6.2	—	—
印度	342	457	576	616	695	770	838	—	—
意大利	46.7	49.6	50.5	50.9	49.7	49.8	45.1	—	—
哈萨克斯坦	13.2	10.2	12.1	13.7	14.6	14.7	14.7	16.1	16.6
吉尔吉斯斯坦	0.09	0.04	0.05	0.06	0.06	0.09	0.1	0.1	0.08
中国	355	453	606	662	722	778	788	—	—
立陶宛	1.1	0.6	0.3	0.3	0.2	0.3	0.4	—	—
墨西哥	1.9	0.1	0.1	0.1	0.1	0.2	—	—	—
荷兰	16.4	14.7	15.2	15.9	16.3	16.0	16.8	—	—
挪威	2.4	2.6	2.7	2.8	3.0	3.1	3.1	—	—
波兰	26.6	24.1	18.2	18.6	19.9	20.2	18.6	17.9	—
韩国	29.3	27.8	31.0	31.4	31.6	32.0	31.3	—	—
摩尔多瓦	1.0	0.3	0.4	0.5	0.5	0.5	0.4	0.4	0.4
罗马尼亚	18.9	11.6	8.0	8.1	7.5	7.0	6.1	—	—
英国	30.3	38.4	44.4	47.0	50.2	52.7	52.8	—	—
美国	25.9	31.1	31.9	32.4	35.3	37.1	—	—	—
塔吉克斯坦	0.1	0.07	0.05	0.05	0.05	0.06	0.05	0.03	0.03
土库曼	1.9	0.9	1.3	1.6	1.7	1.7	1.7	1.7	—
土耳其	5.8	5.8	5.0	5.3	5.6	5.1	5.4	—	—
乌兹别克斯坦	2.5	2.2	2.1	2.1	2.3	2.5	2.6	2.9	3.0
乌克兰	63.8	51.8	52.7	53.2	53.1	53.1	48.3	50.2	50.6
芬兰	3.2	3.4	3.5	3.5	3.8	4.1	3.9	—	—
法国	55.6	69.9	76.5	78.8	80.3	85.0	88.6	—	—
瑞典	6.8	8.2	8.9	9.6	10.3	11.1	11.3	—	—
日本	400	384	391	396	406	405	—	—	—

表 15-182　零售贸易流转额（按可比价格计算，2000 年 = 100%）

单位：%

年　份	2001	2005	2006	2007	2008	2009	2010	2011
俄罗斯	111.0	168.8	192.7	223.7	254.1	241.1	256.4	275.0
阿塞拜疆	110	170	192	220	255	277	301	332
亚美尼亚	116	185	208	231	242	244	246	251
白俄罗斯	129	214	251	289	346	358	414	452
保加利亚	103	168	190	226	246	227	212	204
匈牙利	104	134	141	138	136	128	126	126
德国	100.2	99.7	100	99	99	96	97	98
意大利	99	95	96	96	94	92	93	91
哈萨克斯坦	116	184	212	235	242	236	277	310
加拿大	103	119	125	132	137	135	141	146
吉尔吉斯斯坦	106	165	191	217	237	237	231	254
波兰	101	112	126	140	146	151	161	160
摩尔多瓦	115	202	216	233	253	241	252	286
罗马尼亚	99.9	149	178	214	258	232	219	214
英国	105	126	130	135	138	140	142	137
美国	99.8	109	111	111	106	99	104	107
塔吉克斯坦	101	202	223	236	259	292	314	343
乌兹别克斯坦	110	129	148	171	202	236	270	319
乌克兰	115	237	300	386	456	377	414	475
法国	103	117	120	125	127	126	131	135
日本	99	99	99	99	98	97	99.8	99

表 15-183　消费价格指数（2000 年 = 100%）

单位：%

年　份	2001	2005	2006	2007	2008	2009	2010	2011
俄罗斯	121	200	219	239	272	304	325	353
澳大利亚	104	116	120	123	128	131	134	139
奥地利	103	111	112	115	118	119	121	125
阿塞拜疆	102	125	135	158	191	193	204	221

续表

年份	2001	2005	2006	2007	2008	2009	2010	2011
亚美尼亚	103	118	121	126	138	142	154	166
白俄罗斯	161	384	411	446	512	578	623	955
比利时	103	111	113	115	120	120	123	127
匈牙利	109	133	138	149	158	165	173	180
德国	102	108	110	113	115	116	117	120
丹麦	102	110	112	114	118	120	122	126
意大利	103	112	115	117	121	122	123	—
哈萨克斯坦	108	140	152	169	198	212	227	246
加拿大	103	112	114	117	120	120	122	126
吉尔吉斯斯坦	107	122	129	142	177	189	204	238
中国	101	107	109	114	120	120	124	130
立陶宛	101	104	108	114	127	133	134	140
墨西哥	106	127	132	137	144	152	—	164
荷兰	105	113	114	116	119	121	122	—
挪威	103	109	112	112	117	119	122	124
波兰	106	115	116	119	124	128	132	137
摩尔多瓦	110	162	182	205	231	231	248	267
罗马尼亚	135	232	247	259	279	295	313	331
英国	101	107	110	113	117	119	123	128
美国	103	113	117	120	125	125	127	131
塔吉克斯坦	137	203	227	276	332	353	376	423
乌克兰	112	147	160	181	226	262	287	310
芬兰	103	106	108	111	115	115	117	121
法国	102	110	112	113	117	117	119	121
瑞士	101	104	105	106	109	108	—	109
瑞典	103	108	109	111	115	115	116	119
日本	99.3	98	98	98	99.5	98	97	99.7

表 15-184　进出口总额

单位：亿美元

国家		1995年	2000年	2005年	2006年	2007年	2008年	2009年	2010年	2011年
俄罗斯	出口	782	1031	2415	3012	3519	4676	3017	3966	5165
	进口	467	339	987	1378	1997	2671	1673	2290	3056
	差额	315	692	1428	1634	1522	2005	1343	1676	2109
澳大利亚	出口	531	639	1058	1233	1411	1872	1539	2124	2717
	进口	613	715	1253	1393	1654	2006	1655	2016	2437
	差额	-82	-77	-194	-160	-242	-133	-116	107	280
奥地利	出口	577	642	1177	1304	1573	1734	1308	1445	1697
	进口	664	690	1200	1309	1568	1762	1361	1498	1804
	差额	-87	-48	-22	-6	06	-28	-53	-53	-107
阿塞拜疆	出口	6	17	43	64	61	478	147	214	266
	进口	7	12	42	53	57	72	61	66	98
	差额	-1	5	1	11	4	406	86	148	168
阿根廷	出口	210	263	404	466	558	706	561	647	843
	进口	201	252	287	342	447	574	391	480	739
	差额	8	12	117	124	111	132	170	167	103
亚美尼亚	出口	3	3	10	10	12	11	7	10	13
	进口	7	9	18	22	33	44	33	37	41
	差额	-4	-6	-8	-12	-21	-33	-26	-27	-28
白俄罗斯	出口	48	73	160	197	243	326	213	252	403
	进口	56	86	167	224	287	394	286	349	457
	差额	-08	-13	-07	-27	-44	-68	-73	-97	-54
比利时	出口	1759	1879	3357	3668	4311	4736	3701	4113	4764
	进口	1597	1770	3198	3516	4120	4676	3532	3902	4619
	差额	162	109	159	152	191	60	189	211	144
保加利亚	出口	54	48	117	151	186	225	164	206	280
	进口	57	65	182	233	301	370	236	254	321
	差额	-3	-17	-64	-82	-115	-145	-72	-48	-41
巴西	出口	465	551	1185	1378	1606	1979	1530	2019	2589
	进口	541	586	776	958	1266	1824	1337	1915	2141
	差额	-76	-35	409	420	340	156	193	105	448

续表

国家		1995年	2000年	2005年	2006年	2007年	2008年	2009年	2010年	2011年
匈牙利	出口	128	280	622	742	934	1075	846	948	1109
	进口	154	320	658	772	944	1064	780	876	1010
	差额	-26	-39	-36	-30	-10	11	66	71	99
德国	出口	5239	5502	9780	11221	13238	14514	11207	12714	14755
	进口	4644	4955	7805	9224	10560	11867	9262	10681	12554
	差额	595	548	1975	1997	2678	2647	1945	2033	2201
丹麦	出口	498	504	836	917	1020	1161	928	968	1127
	进口	457	444	743	851	973	1092	819	845	978
	差额	40	60	93	66	46	69	109	123	150
印度	出口	306	424	996	1218	1502	1948	1649	2169	2980
	进口	347	516	1429	1785	2293	3210	2572	3236	4474
	差额	-41	-92	-432	-567	-792	-1262	-923	-1068	-1494
意大利	出口	2340	2399	3730	4162	4999	5450	4067	4475	5230
	进口	2061	2381	3848	4409	5099	5634	4147	4866	5569
	差额	280	19	-119	-246	-100	-185	-80	-391	-339
哈萨克斯坦	出口	53	88	278	383	478	712	432	592	880
	进口	38	50	174	237	328	379	284	298	371
	差额	15	38	104	146	150	333	148	294	509
加拿大	出口	1922	2766	3594	3895	4164	4522	3140	3860	4517
	进口	1640	2388	3234	3490	3798	4072	3203	3905	4521
	差额	283	378	360	406	366	450	-63	-45	-04
吉尔吉斯斯坦	出口	4	5	7	9	13	19	17	18	22
	进口	5	6	12	19	28	41	30	32	43
	差额	-1	-1	-5	-10	-15	-22	-13	-14	-21
中国	出口	1488	2492	7620	9694	12178	14287	12018	15783	18992
	进口	1321	2250	6602	7918	9562	11316	10042	13947	17421
	差额	167	242	1017	1776	2616	2970	1976	1836	1571
立陶宛	出口	20	35	118	142	172	238	165	208	281
	进口	30	52	155	194	244	313	183	234	316
	差额	-10	-17	-37	-53	-73	-75	-18	-26	-34

续表

国家		1995年	2000年	2005年	2006年	2007年	2008年	2009年	2010年	2011年
墨西哥	出口	795	1664	2139	2504	2721	2918	2297	2981	3496
	进口	725	1745	2214	2561	2833	3106	2344	3015	3509
	差额	71	-81	-75	-57	-112	-187	-47	-33	-13
荷兰	出口	1963	2134	3498	3996	4768	5414	4318	4923	5631
	进口	1769	1989	3106	3585	4211	4950	3823	4406	5077
	差额	194	145	392	411	557	464	496	516	554
挪威	出口	420	601	1037	1221	1364	1726	1209	1314	1582
	进口	330	344	555	643	804	903	693	773	907
	差额	90	257	483	578	560	823	516	541	675
波兰	出口	229	317	892	1109	1388	1687	1368	1558	1872
	进口	291	490	1008	1273	1624	2049	1497	1738	2068
	差额	-62	-173	-115	-163	-237	-362	-129	-180	-197
韩国	出口	1251	1723	2844	3255	3716	4220	3616	4664	5566
	进口	1351	1605	2612	3094	3566	4353	3228	4252	5244
	差额	-101	118	232	161	149	-133	388	412	322
摩尔多瓦	出口	7	5	11	11	13	16	13	15	22
	进口	8	8	23	27	37	49	33	39	52
	差额	-1	-03	-12	-16	-24	-33	-20	-24	-30
罗马尼亚	出口	79	104	277	323	400	495	406	494	627
	进口	103	131	405	511	696	830	543	619	763
	差额	-24	-27	-127	-188	-296	-334	-136	-125	-136
英国	出口	2420	2818	3714	4283	4348	4682	3565	4102	4803
	进口	2653	3346	4831	5475	6221	6413	4852	5615	6374
	差额	-233	-528	-1117	-1193	-1873	-1731	-1287	-1513	-1570
美国	出口	5847	7819	9072	10383	11630	13011	10568	12776	14804
	进口	7709	12593	17351	19181	20204	21695	16053	19681	22654
	差额	-1861	-4774	-8279	-8798	-8574	-8684	-5486	-6905	-7850
塔吉克斯坦	出口	7	8	09	14	15	14	10	12	13
	进口	8	7	13	17	25	33	26	27	32
	差额	-1	1	-4	-3	-10	-19	-16	-15	-19

续表

国家		1995年	2000年	2005年	2006年	2007年	2008年	2009年	2010年	2011年
土库曼	出口	19	25	—	—	—	—	—	—	168
	进口	14	18	—	—	—	—	—	—	114
	差额	5	7	—	—	—	—	—	—	54
土耳其	出口	216	278	735	855	1073	1320	1021	1140	1350
	进口	357	545	1168	1396	1701	2020	1409	1855	2408
	差额	-141	-267	-433	-540	-628	-699	-388	-716	-1059
乌克兰	出口	131	146	342	384	493	670	397	514	684
	进口	155	140	361	450	606	855	454	607	826
	差额	-24	06	-19	-66	-113	-185	-57	-93	-142
芬兰	出口	396	455	652	773	901	969	629	696	789
	进口	281	339	585	694	818	922	608	685	840
	差额	115	116	68	78	83	47	20	11	-51
法国	出口	2849	2988	4436	4907	5505	6085	4748	5197	5812
	进口	2815	3108	4906	5465	6314	7150	5566	5992	7011
	差额	34	-121	-470	-558	-810	-1065	-819	-794	-1199
瑞典	出口	798	878	1302	1472	1690	1839	1310	1581	1873
	进口	648	733	1113	1266	1535	1690	1203	1484	1748
	差额	151	144	189	206	155	149	108	97	125
日本	出口	4433	4792	5950	6499	7142	7821	5807	7700	8227
	进口	3360	3795	5150	5796	6197	7626	5506	6926	8541
	差额	1073	997	800	703	945	194	302	774	-314

表15-185 各国在世界进出口总额中的比例

单位：%

	出口								进口							
	1995年	2000年	2005年	2006年	2007年	2008年	2009年	2010年	1995年	2000年	2005年	2006年	2007年	2008年	2009年	2010年
总额	100	100	100	100	100	100	100	100	100	100	100	100	100	100	100	100
俄罗斯	1.5	1.6	2.3	2.5	2.6	2.9	2.4	2.7	0.9	0.5	0.9	1.1	1.4	1.7	1.3	1.5
澳大利亚	1.0	1.0	1.0	1.0	1.0	1.2	1.2	1.4	1.2	1.1	1.2	1.1	1.2	1.2	1.3	1.3

续表

	出　口								进　口							
	1995年	2000年	2005年	2006年	2007年	2008年	2009年	2010年	1995年	2000年	2005年	2006年	2007年	2008年	2009年	2010年
奥地利	1.1	1.0	1.1	1.1	1.1	1.1	1.1	1.0	1.3	1.1	1.1	1.1	1.1	1.1	1.1	1.0
阿塞拜疆	0.01	0.03	0.04	0.05	0.04	0.3	0.1	0.1	0.01	0.02	0.04	0.04	0.04	0.04	0.05	0.04
阿根廷	0.4	0.4	0.4	0.4	0.4	0.4	0.5	0.4	0.4	0.4	0.3	0.3	0.3	0.4	0.3	0.3
亚美尼亚	0.01	0.0	0.01	0.01	0.01	0.01	0.01	0.01	0.01	0.01	0.02	0.02	0.02	0.03	0.03	0.03
白俄罗斯	0.1	0.1	0.2	0.2	0.2	0.2	0.2	0.2	0.1	0.1	0.2	0.2	0.2	0.2	0.2	0.2
比利时	3.4	3.0	3.2	3.1	3.1	3.0	3.0	2.8	3.1	2.7	3.0	2.9	2.9	2.9	2.8	2.6
保加利亚	0.1	0.1	0.1	0.1	0.1	0.1	0.1	0.1	0.1	0.1	0.2	0.2	0.2	0.2	0.1	0.2
巴西	0.9	0.9	1.1	1.2	1.2	1.2	1.2	1.4	1.0	0.9	0.7	0.8	0.9	1.1	1.1	1.3
匈牙利	0.2	0.4	0.6	0.6	0.7	0.7	0.7	0.6	0.3	0.5	0.6	0.6	0.7	0.7	0.6	0.6
德国	10.2	8.7	9.5	9.4	9.6	9.1	9.1	8.5	9.0	7.6	7.4	7.6	7.5	7.3	7.4	7.1
丹麦	1.0	0.8	0.8	0.8	0.7	0.7	0.8	0.7	0.9	0.7	0.7	0.7	0.7	0.7	0.7	0.6
印度	0.6	0.7	1.0	1.0	1.1	1.2	1.3	1.5	0.7	0.8	1.4	1.5	1.6	2.0	2.1	2.2
意大利	4.6	3.8	3.6	3.5	3.6	3.4	3.3	3.0	4.0	3.6	3.6	3.6	3.6	3.5	3.3	3.2
哈萨克斯坦	0.1	0.1	0.3	0.3	0.3	0.3	0.3	0.4	0.1	0.1	0.2	0.2	0.2	0.2	0.2	0.2
加拿大	3.7	4.4	3.5	3.3	3.0	2.8	2.5	2.6	3.2	3.7	3.1	2.9	2.7	2.5	2.6	2.6
吉尔吉斯斯坦	0.01	0.01	0.01	0.01	0.01	0.01	0.01	0.01	0.01	0.01	0.01	0.02	0.02	0.03	0.02	0.02
中国	2.9	3.9	7.4	8.1	8.8	9.0	9.7	10.6	2.6	3.4	6.2	6.5	6.8	7.0	8.1	9.3
立陶宛	0.0	0.1	0.1	0.1	0.1	0.1	0.1	0.1	0.1	0.1	0.1	0.2	0.2	0.2	0.1	0.2
墨西哥	1.6	2.6	2.1	2.1	2.0	1.8	1.9	2.0	1.4	2.7	2.1	2.1	2.0	1.9	1.9	2.0
荷兰	3.8	3.4	3.4	3.3	3.5	3.4	3.5	3.3	3.4	3.0	2.9	2.9	3.0	3.1	3.1	2.9
挪威	0.8	0.9	1.0	1.0	1.0	1.1	1.0	0.9	0.6	0.5	0.5	0.6	0.6	0.6	0.6	0.5
波兰	0.4	0.5	0.9	0.9	1.0	1.1	1.1	1.0	0.6	0.7	1.0	1.0	1.2	1.3	1.2	1.2
韩国	2.4	2.7	2.8	2.7	2.7	2.6	2.9	3.1	2.6	2.5	2.5	2.5	2.7	2.6	2.6	2.8
摩尔多瓦	0.01	0.01	0.01	0.01	0.01	0.01	0.01	0.01	0.02	0.01	0.02	0.02	0.03	0.03	0.03	0.03
罗马尼亚	0.2	0.2	0.3	0.3	0.3	0.3	0.3	0.3	0.2	0.2	0.4	0.4	0.5	0.5	0.4	0.4
英国	4.7	4.4	3.6	3.6	3.2	2.9	2.9	2.8	5.1	5.1	4.6	4.5	4.4	4.0	3.9	3.7
美国	11.4	12.3	8.8	8.7	8.4	8.2	8.6	8.6	14.9	19.3	16.4	15.8	14.4	13.4	12.9	13.1

续表

	出口								进口						
	1995年	2000年	2005年	2006年	2007年	2008年	2009年	2010年	1995年	2000年	2005年	2006年	2007年	2008年	2009年	2010年
塔吉克斯坦	0.01	0.01	0.01	0.01	0.01	0.01	0.01	0.01	0.02	0.01	0.01	0.02	0.02	0.02	0.02	0.02
土库曼	0.04	0.04	—	—	—	—	—	—	0.03	0.03	—	—	—	—	—	—
土耳其	0.4	0.4	0.7	0.7	0.8	0.8	0.8	0.8	0.7	0.8	1.1	1.1	1.2	1.2	1.1	1.2
乌兹别克斯坦	0.1	—	—	—	—	—	—	—	0.1	—	—	—	—	—	—	—
乌克兰	0.3	0.2	0.4	0.3	0.4	0.4	0.3	—	0.3	0.2	0.4	0.4	0.5	0.6	0.4	—
芬兰	0.8	0.7	0.6	0.6	0.7	0.6	0.5	0.5	0.5	0.5	0.6	0.6	0.6	0.6	0.5	0.5
法国	5.6	4.7	4.3	4.1	4.0	3.8	3.8	3.5	5.5	4.8	4.6	4.5	4.5	4.4	4.5	4.0
瑞典	1.6	1.4	1.3	1.2	1.2	1.2	1.1	1.1	1.3	1.1	1.1	1.0	1.1	1.0	1.0	1.0
日本	8.6	7.5	5.8	5.4	5.2	4.9	4.7	5.2	6.5	5.8	4.9	4.8	4.4	4.7	4.4	4.6

图书在版编目(CIP)数据

俄罗斯经济二十年：1992~2011/陆南泉主编.—北京：
社会科学文献出版社，2013.10
（中国社会科学院老年学者文库）
ISBN 978-7-5097-4994-4

Ⅰ.①俄… Ⅱ.①陆… Ⅲ.①经济史-研究-俄罗斯-1992~2011 Ⅳ.①F151.29

中国版本图书馆CIP数据核字（2013）第201144号

·中国社会科学院老年学者文库·

俄罗斯经济二十年（1992~2011）

主　　编／陆南泉

出 版 人／谢寿光
出 版 者／社会科学文献出版社
地　　址／北京市西城区北三环中路甲29号院3号楼华龙大厦
邮政编码／100029

责任部门／全球与地区问题出版中心（010）59367004	责任编辑／王玉敏　张文静
电子信箱／bianyibu@ssap.cn	责任校对／牛立明　李有江
项目统筹／王玉敏	责任印制／岳　阳
经　　销／社会科学文献出版社市场营销中心（010）59367081　59367089	
读者服务／读者服务中心（010）59367028	

印　　装／三河市尚艺印装有限公司			
开　　本／787mm×1092mm　1/16		印　　张／38	
版　　次／2013年10月第1版		字　　数／638千字	
印　　次／2013年10月第1次印刷			
书　　号／ISBN 978-7-5097-4994-4			
定　　价／149.00元			

本书如有破损、缺页、装订错误，请与本社读者服务中心联系更换
▲ 版权所有　翻印必究